XIBEIMINZUDAXUE NIANJIAN

西北民族大学

年鉴 2021

西北民族大学学校办公室 编

民族出版社

领导关心

2021 年 3 月 15 日—19 日，国家民委党组成员、副主任边巴扎西一行 7 人来校调研（张鹏摄）

2021 年 3 月 29 日，国家民委副主任、党组成员赵勇一行 5 人来校调研（张骞摄）

2021 年 5 月 18 日—23 日，国家民委专职委员、中央民族大学党委书记张京泽来校调研（钟玉菡摄）

2021 年 5 月 20 日，国家民委巡视组组长李学锋出席学校铸牢中华民族共同体意识工作领导小组会议（张鹏摄）

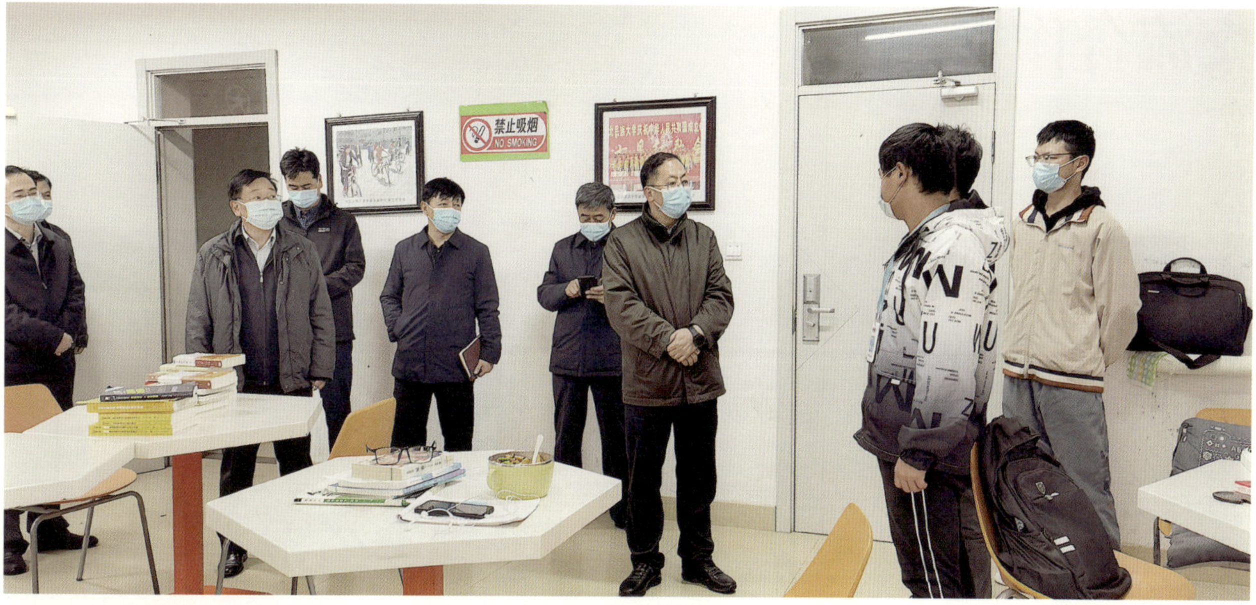

2021 年 11 月 1 日，甘肃省教育厅副厅长王光亚疫情期间来校调研（张骞摄）

2021 年 12 月 31 日，甘肃省委教育工委副书记张晓东出席学校 2021 年度二级单位党组织书记抓基层党建工作述职评议考核大会（钟玉菡摄）

交流合作

2021 年 3 月 30 日，学校举办与甘肃民族师范学院联合共建马克思主义学院合作协议签约仪式（钟玉菡摄）

2021 年 5 月 10 日，学校举办西藏阿里地区统战民族宗教干部筑牢中华民族共同体意识专题培训班开班仪式（张骞摄）

2021 年 6 月 1 日，学校举办“老携幼 共忆党史 高参小 同庆六一”主题活动（张骞摄）

2021 年 7 月 12 日，学校举办与中国民族博物馆战略合作框架协议签约仪式（张鹏摄）

2021 年 10 月 12 日，学习举办“智汇巴林”校招引才西北民族大学启动仪式（张鹏摄）

党建工作

2021 年 5 月 12 日，学校召开国家民委党组第二巡视组巡视西北民族大学党委工作动员会议（钟玉菡摄）

2021 年 5 月 20 日，学校召开党史学习教育专题学习研讨会（钟玉菡摄）

2021 年 5 月 20 日，学校举办“南梁精神进校园”主题教育宣讲报告会（张鹏摄）

2021 年 6 月 5 日，学校召开中国共产党人的精神谱系理论研讨会（钟玉菡摄）

2021 年 7 月 1 日，学校举办“七一”升国旗仪式（张鹏摄）

2021 年 9 月 8 日，学校召开党委理论学习中心组（扩大）专题学习研讨会（张骞摄）

2021 年 6 月 19 日，学校举办“理论热点面对面 民大师生心连心”主题教育活动（学生工作部、团委摄）

2021 年 6 月 23 日，学校举办“丝路兰山”国际大讲堂（钟玉菡摄）

2021年9月14日，学校举办2021级新生开学典礼暨教师节表彰大会（张鹏摄）

民 族 大 學
开训仪式）暨教师节表彰大会
9月13日
担当民族复兴大任的时代新人
凝 聚
法 学 院
中国语言文学学部

2021 年 10 月 18 日，学校召开研究生教育综合改革工作部署会（研究生处摄）

学生工作

2021 年 4 月 9 日，学校举办“礼敬中华”大讲堂启动仪式暨党史学习教育主题宣讲活动（张骞摄）

2021 年 4 月 22 日，学校举办 2021 年大中城市联合招聘高校毕业生春季专场活动——西北民族大学现场招聘会（甘肃站）（张骞摄）

2021 年 4 月 23 日，学校共青团举办“学党史、强信念、跟党走”学习教育第二次专题宣讲活动（学生工作部、团委摄）

2021 年 6 月 12 日，学校举办“我唱红歌给党听”——西北民族大学第二十九届校园十佳歌手大赛总决赛（学生工作部、团委摄）

2021 年 6 月 20 日，学校举办永远跟党走歌咏比赛（张骞摄）

2021 年 6 月 25 日，学校举办 2021 届学生毕业典礼暨学位授予仪式（张鹏摄）

2021 年 6 月 27 日，学校师生参加湖南卫视“七一”节目“百年正青春”录制（舞蹈学院摄）

2021 年 6 月 30 日，学校举办“石榴花开 同心向党”主题文艺晚会（张鹏摄）

目　录

学校概况

西北民族大学章程

工作总结、工作计划

疫情防控工作

党史学习教育

党建与思想政治工作、统战工作

工作规则办法

乡村振兴工作

干部人事、机构调整工作

教学工作

科研工作

学生管理工作

学科建设与研究生工作

合作与交流工作

教代会、工代会

国资、财务、基建与后勤工作

综合治理与安全保卫工作

西北民族大学 2021 年大事记

学校概况

学校介绍

西北民族大学坐落于“一带一路”重要节点城市兰州，是中华人民共和国成立后创建的第一所民族高等学府，隶属于国家民委，是国家民委与教育部、国家民委与甘肃省人民政府共建院校，是甘肃省确定的高水平大学建设单位。

学校肇始于1941年中国共产党在延安创建的民族学院，后民族学院并入延安大学，1949年延安大学更名为西北人民革命大学。1950年8月在西北人民革命大学兰州分校第三部基础上正式成立西北民族学院，2003年4月更名为西北民族大学，2007年学校以“优秀”成绩通过教育部本科教学工作水平评估。学校设有西北新村校区、榆中校区和附属医院、附属中学、附属小学、附属幼儿园，校园总面积1776亩，总建筑面积77万平方米，图书馆藏图书文献等406万余册/件（含电子图书），教学科研仪器设备总值5亿余元。历经七十余年的发展，学校形成了以“黄土地”和“黄河”为表征，以“朴实无华，甘于清贫，淡泊名利，无私奉献”和“志存高远，奔流不息，百折不挠，勇往直前”为核心的西北民族大学精神，为国家培养了19万余名各级各类专门人才。

学校拥有学士、硕士、博士三级学位授予权。设有25个教学科研单位，学科专业涵盖经济学、法学、教育学、文学、历史学、理学、工学、农学、医学、管理学、艺术学11个门类，有本科专业72个，博士学位授权一级学科2个，博士学位授权二级学科1个，硕士学位授权一级学科16个，硕士学位授权二级学科2个，硕士学位授权交叉学科1个，硕士专业学位类别13个，中国语言文学专业设有博士后科研流动站。面向全国31个省、自治区、直辖市和港澳台地区招生。现有师生3万余人。

学校拥有“国家西部大开发突出贡献集体”1个，“全国黄大年式教师团队”1个，“全国专业技术人才先进集体”2个，国家级教学团队1个，“国家百千万人才工程”人选1人，“全国劳动模范”1人，享受国务院政府特贴专家6人；有省部级重点学科27个，在甘肃省“双一流”学科建设中，民族学为优势学科，中国语言文学、计算机科学与民族信息技术、生物工程为特色学科。有国家级特色专业4个，国家级、省级一流本科专业建设点27个，省级一流本科课程21门，是国家级专业综合改革、国家级卓越农林人才培养模式改革试点项目单位。

学校现有国家级实验教学（示范）中心2个，教育部民族教育研究发展中心重点研究基地1个，中国统一战线理论研究会民族宗教理论甘肃研究基地1个，国家民委中华民族共同体研究中心1个，国家民委人文社科重点研究基地4个，其他省部级人文社科研究基地、新型智库和协同创新中心11

个。建有国家国际合作联合实验室 1 个，教育部重点实验室 1 个，国家民委重点实验室 4 个，其他省部级实验室、工程中心等科技创新平台 10 个。定期出版发行《西北民族研究》（CSSCI 来源期刊）、《西北民族大学学报》，其中《西北民族研究》被评为“改革开放 40 年我最喜爱的优秀甘版期刊”。

近年来，学校承担各级各类科研项目 4000 余项，先后 2 次荣获国家科技进步二等奖。编纂出版《格萨尔文库》，成为新时代《格萨尔》研究的学术重镇。出版英、法藏敦煌文献，被誉为敦煌文献整理中的又一个里程碑。学校民海生物工程有限公司入选“甘肃省战略性新兴产业第一批骨干企业”，为国内新冠肺炎病毒灭活疫苗提供了 70% 以上的生产用血清。学校先后同美国、俄罗斯、马来西亚、哈萨克斯坦等数十个国家和我国港澳台地区的大学、科研机构建立校际合作交流关系，拓展与“一带一路”沿线国家高校和科研机构的实质性合作交流。

在玉树地震救灾中，中国语言文学学部师生受到了中共中央、国务院和中央军委的嘉奖；在抗击新冠肺炎疫情中，学校附属医院选派 32 人白衣执甲、驰援武汉，彰显各民族手足相亲、守望相助的团结大爱。学校先后两次被国务院授予“全国民族团结进步模范集体”荣誉称号，多次被团中央评为“全国大中专学生志愿者暑期‘三下乡’社会实践活动优秀单位”，荣获“甘肃省脱贫攻坚先进集体”称号。

学校坚持以习近平新时代中国特色社会主义思想为指导，立足新发展阶段，贯彻新发展理念，融入新发展格局，坚守为党育人、为国育才的初心使命，坚持为人民服务，为中国共产党治国理政服务，为巩固和发展中国特色社会主义制度服务，为改革开放和社会主义现代化建设服务，以铸牢中华民族共同体意识为工作主线，全面落实立德树人根本任务，努力把学校建设成为坚持党的领导的坚强阵地、新时代中国特色社会主义建设者和接班人的培养高地、构筑中华民族共有精神家园的模范之地、服务协调推进“四个全面”战略布局的特色智库，为建设高水平现代化综合大学而努力奋斗。

附件 1：西北民族大学 2021 年干部队伍基本情况统计表

西北民族大学干部队伍基本情况统计表

单位：人

项目	合计				学历					年龄						
	男	女	少数民族	中共党员	博士	硕士	大学本科	大学专科	中专及以下	35 岁及以下	36 岁至 40 岁	41 岁至 45 岁	46 岁至 50 岁	51 岁至 55 岁	56 岁至 60 岁	60 岁及以上
处级	185	68	138	226	46	56	146	5	0	0	21	60	41	69	62	0
科级	78	119	79	185	0	146	49	2	0	84	84	16	7	3	3	0
总计	263	187	217	411	46	202	195	7	0	84	105	76	48	72	65	0

（填表截止日期：2021 年 12 月 31 日）

备注：36 岁至 40 岁出生日期为 1980—1984 年，以此类推。

附件 2：西北民族大学 2021 年师资队伍基本情况统计表

西北民族大学师资队伍基本情况

单位：人

项目	合计						学历				年龄						
	男	女	少数民族	中共党员	博士	硕士	研究生	大学本科	大学专科	中专及以下	35 岁以下	36 岁至 40 岁	41 岁至 45 岁	46 岁至 50 岁	51 岁至 55 岁	56 岁至 60 岁	61 岁及以上
正高级	160	114	112	161	114	70	159	113	2	0	0	8	31	59	77	98	1
副高级	232	285	149	306	238	216	418	97	2	0	11	137	184	96	56	33	0
中级	203	274	139	319	89	357	433	44	0	0	186	187	75	23	5	1	0
初级	19	33	25	46	0	39	39	13	0	0	42	9	0	0	1	0	0
未定职称	12	9	8	16	7	11	18	3	0	0	19	1	1	0	0	0	0
总计	626	715	433	848	448	693	1067	270	4	0	258	342	291	178	139	132	1

附件3：西北民族大学2021年离退休人员情况统计表

西北民族大学2021年离退休人员情况统计表

单位：人

类别	性别		其中	总数
	男	女	干部	
离休	8	4	12	12
退休	283	348	483	631

（截止日期2021年12月31日）

附件4：西北民族大学2021年在校研究生情况统计表

西北民族大学2021年在校研究生情况统计表

单位：人

项目 类别	招生数	毕业生数				在校研究生数			
		合计	毕业生人数	合计	学位授予人数	合计	2019	2020	2021
总计	828	629	629	621	621	2140	591	741	808
其中：女	448	374	374	371	371	1184	329	415	440
博士生	49	34	34	34	34	166	74	42	50
硕士生	779	595	595	587	587	1974	517	699	758
国家任务合计	828	629	629	621	621	2140	591	741	808
博士生	49	34	34	34	34	166	74	42	50
硕士生	779	595	595	587	587	1974	517	699	758
委培任务合计									
博士生									
硕士生									
自筹经费合计									
博士生									
硕士生									

备注：在校研究生合计人数中包括延期至2018年毕业的研究生57人，在校研究生共计1997人。

附件 5：西北民族大学 2021 年普通在校学生情况统计表

西北民族大学 2021—2022 学年度普通在校学生统计表

单位：人

层次 \ 人数 \ 项目	在校普通本科、预科学生分年级情况统计					
	总数	2017 级	2018 级	2019 级	2020 级	2021 级
本科	24253	257	5951	5922	6027	6096
预科	425	0	0	0	45	380
合计	24678	257	5951	5922	6072	6476

附件 6：西北民族大学 2021 年科研情况统计表

西北民族大学 2021 年科研情况统计表

省部级以上奖励	省部级以上项目结项数	新增省部级以上项目	著作出版	发表学术论文	授权专利
24	58	103	37	519	117

附件 7：西北民族大学 2021 年继续教育与职业教育学生情况统计表

西北民族大学继续教育学院在校生人数统计表

单位：人

年级	校本部							联合办学						合计
	函授生		夜大生			自考生		函授生		夜大生		自考生		
	专本	专科	高本	专本	专科	专本	专科	专本	专科	专本	专科	专本	专科	
2019						0		254	0	320	107	0	0	681
2020						245		1185	0	663	0	108	140	2341
2021						162		4118	0	476	0	111	0	4867
小计						407		5557		1459	107	219	140	7889
合计						407		5557		1566		359		7889

附件8：西北民族大学2021年校舍情况统计表

西北民族大学2021年全校校舍情况统计表

单位：平方米

项目		学校产权建筑面积		
		总计	当年新增	正在施工
1. 教学及辅助用房	教室	199967.96		
	图书馆	50187		
	实验室	60928		实验实训大楼二期工程：6295
	体育馆	12214		
	会堂	4000		
	小计	327296.96		
2. 行政办公用房		26260.98		
3. 生活用房	学生宿舍（公寓）	225715.24		
	学生食堂	46299.8		
	生活福利及其他	72870.11		
	教工宿舍（公寓）	26788.6		
	小计	371673.75		
4. 教工住宅		49800.78		新建3、4、5、10号教职工公寓：70088.78
总计		775032.47		

附件9：西北民族大学2021年资产情况统计表

西北民族大学2021年全校资产情况统计表

占地面积（平方米）			图书藏量		教学用计算机（台）	语音实验室座位数	多媒体教室座位	固定资产总值（元）	
合计	绿化用地面积	运动场地面积	一般图书（万册）	电子图书（万册）				合计	教学科研仪器设备
2047454.91	862899.83	77049.22			9461			4,199,483,820.06	510,878,489.76

西北民族大学章程

西北民族大学章程

序　言

西北民族大学是中华人民共和国成立后创建的第一所民族高等院校。学校肇始于1949年9月中国人民解放军第一野战军在兰州开办的藏民问题研究班和藏民学校，1950年1月改建为西北人民革命大学兰州分校第三部，1950年8月正式成立西北民族学院。2003年4月更名为西北民族大学。

学校遵循“以人为本，助人成功”的办学理念，坚持“立足西北，服务民族”的办学宗旨，弘扬以“黄土地”和“黄河”为表征，以“朴实无华，甘于清贫，淡泊名利，无私奉献”和“志存高远，奔流不息，百折不挠，勇往直前”为核心的西北民族大学精神，恪守“勤学、敬业、团结、创新”的校训，突出办学特色，提升教育教学质量，服务国家战略，服务少数民族和民族地区，办人民满意的民族大学。

第一章　总则

第一条　为保障学校依法办学和自主管理，根据《中华人民共和国教育法》《中华人民共和国高等教育法》等法律、法规，结合学校实际，制定本章程。

第二条　学校名称为西北民族大学，中文简称“西北民大”，英文名称为 Northwest Minzu University，简称“NWMU”。学校网址为 http：//www.xbmu.edu.cn。

第三条　学校住所地为甘肃省兰州市城关区西北新村1号，设西北新村校区和榆中校区。榆中校区地址为甘肃省榆中县夏官营镇。经举办者批准可视需要设立和调整校区及校址。

第四条　学校为非营利性事业单位，具有独立法人资格，依法享有办学自主权，独立承担法律责任。

校长是学校的法定代表人。

第五条　学校实行中国共产党西北民族大学委员会（以下简称“校党委”）领导下的校长负责制，坚持教授治学和民主管理。

第六条　学校建立科学、民主、规范的议事规则和决策制度。

学校重大事项决策前须进行合法性审查，除依法保密的以外，决策事项、决策依据、决策过程和决策结果应当公开。

第七条　学校坚持民主管理，依法保障教职工和学生在学校管理中的知情权、监督权和参与权。

第八条　学校坚持依法治校，实行校务公开和信息公开制度，依法接受社会监督。

第二章　举办者与学校

第九条　学校是由国家举办的全日制普通高等学校，主管部门为国务院民族事务部门。学校的分立、合并与终止等重要事项由举办者作出决定。

第十条　举办者支持学校依照法律、法规和本章程自主办学，按照有关规定任命学校领导；依法监督和规范学校办学行为，维护学校合法权益；为学校提供办学条件，保障学校办学资金；履行法律法规规定的其他权利和义务。

第十一条　学校享有下列权利：

（一）依法行使办学自主权，制定学校发展规划并组织实施；

（二）按照章程管理学校，制定相应的管理制度，开展教育教学、科学研究、技术开发和社会服务活动；

（三）决定学校教学、科学研究、行政管理等机构设置，任免内部组织机构负责人，聘任和解聘教师及其他工作人员；

（四）按照国家有关政策招收学生，对学生进行学籍管理，颁发相应的学业证书；

（五）依法自主管理和使用学校的资产和经费，依据国家事业单位收入分配政策自主确定内部收入分配；

（六）拒绝任何组织和个人对学校自主办学活动的非法干涉；

（七）法律法规规定的其他权利。

第十二条　学校履行下列义务：

（一）遵守国家法律、法规，贯彻党和国家教育方针和民族政策；

（二）履行人才培养、科学研究、社会服务、文化传承创新等基本职能，提高办学水平；

（三）维护师生员工的合法权益，改善师生员工的学习、工作和生活条件；

（四）接受举办者和主管部门的指导和监督；

（五）实施学校信息公开，接受师生和社会公众的监督与评议；

（六）法律法规规定的其他义务。

第三章　学校功能与教育形式

第十三条　学校贯彻党和国家教育方针，坚持社会主义办学方向，遵循高等教育规律，把握民族高等教育特殊性，履行人才培养、科学研究、社会服务和文化传承创新等基本职能。

第十四条　学校把人才培养作为办学的根本目标和中心工作，引导学生牢固树立“三个离不开”思想，不断增强“五个认同”，树立正确的国家观、民族观、宗教观、历史观、文化观，主动适应国家战略和少数民族、民族地区经济社会发展需要，培养德智体美全面发展，专业基础扎实，实践能力强，综合素质高，富有创新精神和发展潜能的专门人才。

第十五条　学校营造良好的学术环境和科学研究氛围，鼓励师生开展基础研究、应用研究与技术开发，促进知识创新、技术创新和成果转化，提升学校的创新能力。

第十六条　学校充分发挥学科专业特色和多语种教学科研优势，通过多种形式和途径开展社会服务，推动国家和民族地区经济社会发展和民族团结进步。

第十七条　学校坚持社会主义文化发展道路，吸收和借鉴人类优秀文明成果，促进少数民族优秀文化和中华多民族文化遗产的研究、传承与弘扬，促进多民族文化和谐发展。

第十八条　学校按照国家有关规定，全方位、多层次、宽领域地开展国（境）外交流与合作，引进国（境）外智力和优质教育资源，促进教育国际化。

第十九条　学校实施普通高等教育，主要教育形式为全日制学历教育。以本科教育为主，大力发展研究生教育，积极发展预科教育、职业技术教育、继续教育和国际教育。

第二十条　学校根据国家政策、社会需要及学校办学实际，自主制定招生方案，以少数民族生源为主。学校根据国家核定的办学规模，合理确定和调整办学规模。

第二十一条　学校根据社会需求、办学宗旨和培养目标，注重学科交叉融合，依法自主设置、调整学科和专业。

第二十二条　学校依法确定和调整学历教育修业年限，实行修业年限与学分相结合的弹性学制。

第二十三条　学校根据人才培养需要和各民族学生特点，因材施教，自主制定人才培养计划、选编教材、组织实施教学活动和决定学生考试考核评判标准。

第二十四条　学校建立科学合理的教学管理制度，加强对教学质量的监控与评价，定期公布教学质量报告，不断提高教育教学质量，提高人才培养水平。

第二十五条　学校依法颁发学业证书，依法授予学士、硕士和博士学位。

学校可向对社会作出卓越贡献的杰出人士，依法授予名誉博士学位或其他荣誉称号。

第四章　学校成员

第一节 学生

第二十六条　学生是指被学校依法录取，取得入学资格，具有学校学籍的受教育者。

学校以学生为中心，关心爱护学生，引导和激励学生勤奋学习，全面发展。

第二十七条　学生享有下列权利：

（一）知悉学校改革发展及涉及切身利益的重大事项，参与民主管理和监督；

（二）接受学校教育，合理利用学校公共教育资源；

（三）按规定条件和程序选择专业，跨学科、学院选修课程；

（四）达到规定的学历和学位条件后，获得学历和学位证书；

（五）依照法律和学校规定组织和参加学生社团；

（六）按照规定申请国家和学校的资助；

（七）获得就业创业指导和职业生涯规划指导；

（八）公平获得各级各类荣誉称号和奖励，就评优评奖、纪律处分和涉及自身利益的相关决定表达意见和提出申诉；

（九）申请退学和依照规定转学；

（十）法律法规规定的其他权利。

第二十八条　学生应履行下列义务：

（一）遵守宪法、法律法规；

（二）努力学习，完成规定学业；

（三）遵守学术道德和学术规范，践行学术诚信；

（四）珍惜和维护学校名誉，维护学校合法权益；

（五）尊重各民族风俗习惯，维护民族团结；

（六）按规定缴纳学费及有关费用，履行获得奖励、资助的相应义务；

（七）爱护并合理使用教育设备和生活设施；

（八）法律法规规定的其他义务。

第二十九条　学生在学习和生活中遇到特殊困难时，学校应按相关规定提供必要的扶持和帮助。

第三十条　学生在德智体美等方面全面发展，或在思想品德、学业成绩、科技创新及社会服务等方面表现突出，或为学校争得荣誉，学校给予表彰和奖励；对违纪学生给予批评教育或纪律处分。

第三十一条　学校建立学生权利保护机制，设立学生申诉处理委员会，按规定程序受理学生申诉，维护学生合法权益。

第三十二条　在学校接受培训、成人教育、在职学习等其他类型的无学籍受教育者，其权利义务由受教育者与学校按照平等自愿的原则依法另行约定。

第二节　教职工

第三十三条　学校教职工包括教师、其他专业技术人员、管理人员和工勤人员等。

学校以教师为办学主体，尊重和爱护教师，为教师开展教学、科研、社会服务活动提供必要的条件和保障。

第三十四条　教职工享有下列权利：

（一）知悉学校改革发展及涉及切身利益的重大事项，参与民主管理和监督；

（二）公平使用学校公共资源、享受相应待遇；

（三）公平获得自身发展所需的工作机会和条件；

（四）公平取得教师资格和其他专业技术资格，获得专业技术职务评聘机会；

（五）在品德、能力和业绩等方面获得公正评价，公平获得各级各类奖励及各种荣誉称号；

（六）公平获得国内外学习、交流、进修机会；

（七）就职称评聘、福利待遇、评优评奖、纪律处分等事项表达异议和提出申诉；

（八）法律、法规规定和聘约规定的其他权利。

第三十五条　学校教职工履行下列义务：

（一）遵守宪法、法律、法规；

（二）忠诚民族教育事业，爱岗敬业、教书育人、严谨治学；

（三）为人师表，尊重、爱护学生，促进学生全面发展；

（四）遵守学术道德和学术规范，践行学术诚信；

（五）珍惜和维护学校名誉，维护学校合法权益；

（六）尊重各民族风俗习惯，维护民族团结；

（七）法律、法规规定和聘约规定的其他义务。

第三十六条　学校建立教职工发展制度，建立和完善培训体系，鼓励和支持教职工开展国内外学术交流与合作。

第三十七条　学校对教职工的思想政治表现、职业道德、业务能力和工作业绩进行考核，并实施奖惩制度。

第三十八条　学校建立教职工权利救济机制，设立教职工申诉委员会，发挥工会职能，保障教职工合法权益。

学校鼓励和支持教职员工通过教职工代表大会等形式依法民主参与、民主管理、民主监督学校事务。

第三十九条　学校全面贯彻落实国家离退休政策，关心离退休教职工生活，发挥离退休教职工在学校改革、发展、稳定和关心教育青年一代中的作用。

第五章　学校治理结构

第一节　校党委与校长

第四十条　校党委是学校的领导核心，依法领导学校工作，支持校长独立负责地开展工作。其主要职责是：

（一）全面贯彻执行党的路线方针政策，坚持社会主义办学方向，坚持立德树人，依法治校，依靠全校师生员工推动学校科学发展，培养德智体美全面发展的中国特色社会主义事业合格建设者和可靠接班人；

（二）讨论决定事关学校改革发展稳定及教学、科研、行政管理中的重大事项和基本管理制度；

（三）按照干部管理权限，负责干部的选拔、教育、培养、考核和监督，讨论决定学校内部组织机构的设置及其负责人的人选，依照有关程序推荐校级领导干部和后备干部人选；

（四）讨论决定学校人才工作规划和重大人才政策，创新人才工作体制机制，优化人才成长环境，统筹推进学校各类人才队伍建设；

（五）领导学校思想政治工作和德育工作，坚持用中国特色社会主义理论体系武装师生员工头脑，培育和践行社会主义核心价值观，牢牢掌握学校意识形态工作的领导权、管理权、话语权。维护学校安全稳定，促进和谐校园建设；

（六）加强大学文化建设，发挥文化育人作用，培育良好校风学风教风；

（七）加强对学校基层党组织的领导，做好党员发展和党员教育、管理、服务工作，充分发挥基层党组织的战斗堡垒作用和党员的先锋模范作用；

（八）领导学校党的纪律检查工作，落实党风廉政建设主体责任，推进惩治和预防腐败体系建设；

（九）做好统一战线工作，领导学校工会、共青团、学生会等群众组织和教职工代表大会；

（十）讨论决定其他事关师生员工切身利益的重要事项。

第四十一条　校党委由党员代表大会选举产生，每届任期 5 年。校党委全体委员会会议（以下简称“党委全委会”）每学期至少召开 1 次，如遇重大问题可随时召开。党委全委会须有 2/3 以上委员到会方能召开。表决事项时，以同意人数超过应到会委员人数的半数为通过。

党委全委会闭会期间，由其选举产生的常务委员会（以下简称“党委常委会”）作为常设机构依其议事规则履行职责。党委常委会由校党委书记召集并主持，会议须有 1/2 以上常务委员到会方能召开；讨论决定干部任免等重要事项时，应有 2/3 以上常务委员到会方能召开。表决事项时，以同意人数超过应到会常务委员人数半数为通过。

校党委实行“集体领导、民主集中、个别酝酿、会议决定”的议事和决策制度，依照其规则议事和决策。

第四十二条　中国共产党西北民族大学纪律检查委员会是学校的党内监督机构，在学校党委和上级纪委的领导下，落实党风廉政建设监督责任，围绕学校中心工作，履行党章、党内法规规定的职责，保障学校各项事业的健康发展。

第四十三条　学校设校长、副校长、总会计师，根据工作需要可设立校长助理。副校长、总会计师和校长助理共同协助校长管理学校行政事务。

第四十四条　校长主持学校行政工作，全面负责教学、科学研究和其他行政管理工作。其主要职责是：

（一）组织拟订和实施学校发展规划、基本管理制度、重要行政规章制度、重大教学科研改革措施、重要办学资源配置方案。组织制定和实施具体规章制度、年度工作计划；

（二）组织拟订和实施学校内部组织机构的设置方案。按照有关规定，推荐副校长人选，任免内部组织机构的负责人；

（三）组织拟订和实施学校人才发展规划、重要人才政策和重大人才工程计划。负责教师队伍建设，依据有关规定聘任与解聘教师以及内部其他工作人员；

（四）组织拟订和实施学校重大基本建设、年度经费预算等方案。加强财务管理和审计监督，管理和保护学校资产；

（五）组织开展教学活动和科学研究，创新人才培养机制，提高人才培养质量，推进文化传承创新，服务国家和民族地区经济社会发展；

（六）组织开展思想品德教育，负责学生学籍管理并实施奖励或处分，开展招生和就业工作；

（七）做好学校安全稳定和后勤保障工作；

（八）组织开展学校对外交流与合作，依法代表学校与各级政府、社会各界和境外机构等签署合作协议，接受社会捐赠；

（九）向党委报告重大决议执行情况，向教职工代表大会报告工作，组织处理教代会、学代会、工代会和团代会有关行政工作的提案。支持学校各级党组织、民主党派组织、群众组织和学术组织开展工作；

（十）履行法律法规和学校章程规定的其他职责。

第四十五条　校长办公会议是学校行政议事决策机构，是校长行使职责的基本形式，由学校领导班子成员、总会计师、校长助理组成。校长办公室、发展规划、监察、教代会、工会等部门负责人和校长根据审议事项指定的相关人员列席会议。

校长办公会议由校长召集并主持或由校长指定的副校长主持。实际到会人数达到应参会人数半数以上方可召开。会议决议由校长在广泛听取与会人员意见基础上作出决定，依照其规则议事和决策。

第四十六条　学校实行校、院两级管理体制，按照精简效能的原则设置其内部组织机构：

（一）根据人才培养和学科建设的需要设立学院、研究院（所、中心）、重点实验室。其设立、变更或撤销，由校长在广泛听取意见和充分调研论证的基础上，提交学术委员会审议，经校长办公会议讨论通过后，由校党委常委会审定；

（二）根据人才培养、办学需要设置职能部门，承担学校党政工作的计划、组织、指挥、协调、服务和对外联络等职责；

（三）根据办学活动需要和生活服务需要设置直（附）属单位，为教学、科研提供图书资料、档案信息、网络信息、后勤保障、医疗卫生等公共服务保障。

第四十七条　学校根据需要设置招生、学生工作、国际交流、大学文化建设等管理服务类专门委员会，各委员会依据学校授权或各自章程履行职责。

第四十八条　学校举办、投资的或与学校具有附属关系的具有独立法人资格的机构，依法实行相对独立的运营与管理。

第二节 学术治理

第四十九条 学校设立学术委员会。学术委员会是学校最高学术机构，统筹行使学术事务的决策、审议、评定和咨询等职权。其主要职责是：

（一）对学校重大发展规划，教学、科研、学科建设和国际合作交流中的重大问题提出意见和建议；

（二）审议学科、专业的设置和调整方案；

（三）审议学术机构设置方案、交叉学科、跨学科协调创新机制的建设方案、学科资源的配置方案；

（四）审议教育教学方案、人才培养质量标准及考核办法；

（五）审议学位授予标准、学历教育的培养标准、教学计划方案；

（六）审议学术评价、学术争议的处理规则，裁决学术纠纷，裁定学术不端行为；

（七）审议学术委员会专门委员会组织规程、学院教授委员会章程；

（八）评定教学、科学研究成果和奖励、教师的学术成就；

（九）其他应由学术委员会审议和评定的学术事项。

第五十条 学术委员会就学科建设、教师聘任、教学指导、科学研究、学术道德等事项设若干专门委员会。各专门委员会根据法律、学术委员会授权及各自章程或规程开展工作。

第五十一条 学术委员会应由不同学科、专业的教授和其他具有正高级专业技术职务的人员组成，并应有一定比例的青年教师。学术委员会委员由自下而上的民主推荐、公开公正的遴选方式产生候选人，经校长办公会议审定，由校长聘任，每届任期 4 年。

学术委员会人数应当与学校的学科、专业设置相匹配，并为不低于 15 人的单数。学术委员会组成人员中，担任学校及职能部门党政领导职务的委员，不超过委员总人数的 1/4；不担任党政领导职务及学院主要负责人的专任教授，不少于委员总人数的 1/2。

学术委员会设主任委员 1 名，副主任委员若干名。主任委员候选人由校长提名，全体委员选举产生。学术委员会会议由主任委员主持，按其章程议事并开展工作。实际到会人数达到应到会人数的 2/3 以上方可召开，议事决策实行少数服从多数的原则，重大事项应当以与会委员的 2/3 以上同意，方可通过。

第五十二条 学校设立学位评定委员会。

学位评定委员会依照有关规定制定学校学位授予办法，负责学位的评定、授予、撤销以及研究和处理授予学位的争议和其他事项，负责研究生培养方案审定和研究生指导教师遴选等工作。

学位评定委员会可按学位的学科门类设置若干分委员会，按其章程组建并履行职责。

第三节　民主管理与监督

第五十三条　学校实行以教师为主体的教职工代表大会制度（以下简称“教代会”）。

教代会是学校教职工依法行使民主权利、参与学校民主管理与监督的基本形式和制度，是学校治理体系的重要组成部分，其主要职责是：

（一）听取学校章程制定和修订情况报告、学校年度工作报告、学校重大改革和重大问题解决方案等报告，提出意见和建议；

（二）讨论通过与教职员工切身利益有关的重大事项和重要规章制度；

（三）按照有关规定和安排评议学校各级党政负责人，民主评议学校各项工作，监督学校章程、重要规章制度和重大决策的落实情况，提出整改意见和建议；

（四）学校委托的其他需要教职工代表大会审议或者决定的事项。

教代会代表由教职工民主选举产生，实际到会人数达到应到会人数的2/3以上方可召开，采取表决制作出决定，赞成人数超过应到会人数的半数方为通过。

第五十四条　学校设立教代会常设主席团。

教代会常设主席团由教代会选举产生，在校党委领导下开展工作。教代会闭会期间，由教代会常设主席团按有关规定履行职责。

第五十五条　学校工会是学校党委和上级工会组织领导下的教职员工自愿参加的群众组织，代表教职工利益，维护教职工的合法权益。依照有关法律和其章程开展工作。

第五十六条　学校团委是学校先进青年的群众组织。在校党委和上级团组织的领导下，依照法律、法规和其章程履行职责。

第五十七条　学生代表大会是学生实现自我管理、自我教育和自我服务，参与学校民主管理和监督，维护学生合法权益的重要组织形式。学生代表大会在学校党委领导下，按其章程开展活动，闭会期间由学生会代为行使职权。

第五十八条　学校支持校内各民主党派组织及社会团体按照各自章程开展活动，参与学校民主管理和监督。

第四节　教学科研机构

第五十九条　学校设立学院。

学院作为人才培养、科学研究、社会服务和文化传承创新的具体组织实施单位，在学校授权范围内实行自主管理。

学校本着事权相宜和权责一致的原则，在人、财、物等方面规范有序地赋予学院相应管理权，指导和监督学院相对独立地自主运行，学校定期评估学院的绩效。

第六十条　学院根据学校规划、规定或者授权，履行以下职责：

（一）制定学院发展规划；

（二）组织开展教学、学科建设、科学研究、社会服务和学生思想品德教育，实施专业建设、课程建设和教学改革，保证教育教学质量；

（三）设置学院内部管理机构和教学、科研基层组织；

（四）建立学院财务与资产具体工作制度，统筹管理使用学院办学资源；

（五）负责本院教职工的管理与考核；

（六）负责本院学生教育和管理；

（七）制定内部工作规则；

（八）行使学校赋予的其他职责。

第六十一条　学院设院长、副院长，副院长协助院长开展工作。

院长是学院的行政负责人，全面负责学院的教育教学、科学研究、学科建设、专业建设、课程建设、师资队伍建设和教学改革及行政管理事务。

第六十二条　学院党组织发挥政治核心作用，贯彻落实党的路线、方针、政策和学校的决定与规章制度，负责学院教职工和学生的思想政治教育和党建工作，参与讨论决定学院教学、科研、行政管理工作中的重要事项，支持院长在其职责范围内独立负责地开展工作。

第六十三条　学院党政联席会议是学院议事决策的主要形式，讨论决定学院发展规划、党建和思想政治工作、人才培养、科学研究、学科建设、队伍建设等重要事项。

党政联席会议由院长、书记、副院长、副书记等人员组成，根据需要相关人员可以列席会议。党政联席会议根据会议议题，由院长或书记主持，实际到会人数达到应到会人数的2/3以上方可召开。会议采取表决制作出决定，赞成人数超过应到会人数的半数方为通过。党政联席会议依其议事规则开展工作。

第六十四条　学院设立教授委员会。

教授委员会是学院的学术咨询、监督和决策机构。履行学术评价、学术决策、学术论证、学风建设、教学指导与评价、专业技术职务评聘初步审查或推荐、审议专业技术人员引进等学术职责，按其章程组建并开展工作。

教授委员会接受校学术委员会的监督和指导。

第六十五条　学院按照学校规定，可按专业建设需要提出设立系、研究所（中心）等学术机构建议方案，报学校审批。

第六十六条　学院建立教职工代表大会制度，设立二级工会委员会。

学院实行院务公开，院长定期向本单位教职工大会或教职工代表大会报告工作，接受教职工监督。

第六十七条　科研机构是学校依据交叉学科研究需要和科学研究任务需要而设置的、以科学研究为主要任务的学术机构，根据有关规定和学校授权开展活动。

第六章　学校与社会

第六十八条　学校积极开展与各级政府、社会团体、行业组织、科研院所、企业单位以及国际组织和机构等的合作，争取广泛的社会支持。

第六十九条　学校可以与公民、法人和其他组织联合设置教学科研机构，开展合作办学、合作研究与社会服务等活动。

第七十条　学校依据有关规定，遵循公正、公平、便民的原则，开展信息公开工作，保障公民、法人和其他组织依法获取学校信息。

第七十一条　学校建立全过程、全方位、常态化的监督体系和问责机制，依法接受政府、社会、教职工和学生的监督。

第七十二条　校友是指曾在学校学习或工作过的中外人士，以及被学校授予荣誉称号的人员等。

学校鼓励校友参与学校的建设与发展。对学校建设做出突出贡献的校友，学校授予荣誉称号。

第七十三条　学校设立校友联络组织机构，依据国家有关规定及章程开展活动，负责联系和服务校友，凝聚校友力量，利用社会资源，促进学校事业发展。

学校鼓励和支持校友成立具有届别、行业、地域等特点的校友会和校友分会。

第七十四条　学校设立理事会。理事会是学校加强社会合作，争取办学资源，扩大决策民主，加强社会监督，促进学校发展改革的咨询、协商、审议与监督机构，按其章程组建和开展工作。

第七十五条　学校设立教育发展基金会。通过教育基金会接受社会捐赠，管理捐赠项目和基金，支持学校事业发展。教育基金会按其章程开展活动。

第七章　经费、资产、后勤

第七十六条　学校的经费来源主要包括举办者的财政补助收入、事业收入、上级补助收入、附属单位上缴收入、经营收入和其他收入等。

第七十七条　学校实行“统一领导、集中核算、分级管理”的财务管理体制。

第七十八条　学校实行经济责任制度，严格执行国家有关财经方面的法律、法规，建立审计和监察制度，完善监督机制，保障资金运行安全。

第七十九条　学校资产包括流动资产、固定资产、在建工程、无形资产和对外投资等。学校对占有、使用的资产，依法自主管理和使用，保障学校资产安全、完整。

第八十条　学校后勤服务部门坚持为学校教学、科研、师生服务的宗旨，为师生员工的学习、工作和生活做好后勤保障工作，接受学校教职工和学生的监督。

第八十一条　学校加强办学资源监控，优化资源配置，提高资金使用效益，建设节约型校园。

第八章　学校标识

第八十二条　学校校徽包括徽志和徽章。

徽志由学校中、英文校名、学校创立时间等组成的双圆套形复合图案。

徽章为题有毛体汉字校名的长方形证章。

第八十三条　学校校旗为长方形旗帜，中央印有中文校名，中文校名正下方为英文名称，左上角配以学校徽志。

第八十四条　学校校歌为《西北民族大学校歌》。

第八十五条　学校校庆日为 8 月 8 日。

第九章　附则

第八十六条　本章程的制定和修订提交教职工代表大会讨论，校长办公会议审议通过后，由党委全委会审定，经主管部门同意，报国务院教育行政部门核准。

第八十七条　学校依据本章程制订、修改校内其他规章制度，建立健全章程配套制度体系。

第八十八条　由校长提议，或者教代会 1/3 以上代表联名提议，经校党委常委会研究决定，可启动本章程修订程序。

第八十九条　本章程由校党委会负责解释。

第九十条　本章程经核准，自发布之日起施行。

工作总结、工作计划

西北民族大学2021年工作要点

2021年是实施“十四五”规划、开启全面建设社会主义现代化国家新征程的第一年，也是我们党成立100周年。学校总体工作思路是：以习近平新时代中国特色社会主义思想为指导，全面贯彻党的十九大和十九届二中、三中、四中、五中全会精神，认真学习贯彻习近平总书记关于民族工作、关于教育的重要论述，坚持和加强党对学校的全面领导，坚持立德树人根本任务，坚持以铸牢中华民族共同体意识为工作主线和战略性任务，立足新发展阶段，贯彻新发展理念，融入新发展格局，胸怀两个大局，统筹发展和安全两件大事，突出高质量发展的时代主题，为建设现代化高水平大学开好局、起好步，以优异成绩庆祝建党100周年。

一、坚定不移全面从严治党，以高质量党建引领保障学校高质量发展

1. 坚持把党的政治建设摆在首位。深入贯彻《中共中央关于加强党的政治建设的意见》，落实坚定维护党中央权威和集中统一领导的各项制度，健全推动党中央决策部署和习近平总书记重要指示批示落实机制。坚持旗帜鲜明讲政治，严肃政治纪律和政治规矩，提高政治判断力、政治领悟力、政治执行力，增强意志力、坚忍力、自制力。坚持政治立校是民族大学的立身之本，把准办学正确政治方向，落实学校《加强党的政治建设的具体措施及重点任务分解方案》。严格执行党委领导下的校长负责制，全面落实党委常委会会议、校长办公会议议事规则。强化提升党员领导干部政治能力的措施，加强对党员、干部特别是年轻干部的思想淬炼、政治历练、实践锻炼、专业训练。

牵头单位：党委办公室、纪监审办公室、组织人事部

2. 持续强化理论武装。精心组织中国共产党成立100周年系列庆祝活动，激励广大党员干部不忘初心、牢记使命，坚定政治信仰，立志做党光荣传统和优良作风的忠实传人。按照中央和国家民委党组、甘肃省委安排，开展学习教育，深刻领会“三个必然要求”，高标准高质量完成“四大任务”，做到学史明理、学史增信、学史崇德、学史力行，学党史、悟思想、办实事、开新局。持续深入学习《习近平谈治国理政》《论中国共产党历史》等权威读本，推动学习贯彻习近平新时代中国特色社会主义思想走深走实。抓好党的十九届五中全会精神学习培训、贯彻落实。组织学习、宣传贯彻《中国共产党统一战线工作条例》，纳入干部教育培训的重要内容。贯彻落实理论学习中心组学习规则，制定《中共西北民族大学委员会理论学习中心组2021年学习计划》。强化党课宣讲和形势政策教育，建立健全领导干部为党员、干部作形势报告制度。进一步规范教职工政治学习，举办处科级干部暑期专题

培训班，引导党员干部用好“学习强国”“甘肃党建”平台。

牵头单位：宣传部、统战部、中华民族共同体建设工作处、党委办公室、组织人事部、马克思主义学院

3. 推动基层党组织全面进步全面过硬。全面贯彻新时代党的组织路线，认真落实党支部工作条例，严格执行《关于新形势下党内政治生活的若干准则》，落实“三会一课”制度，提高党内政治生活质量。树立“大抓基层”导向，持续推进党支部标准化建设和党建“双创”工作，提升教师党支部书记“双带头人”建设质量，突出党支部管到人头的优势，推动党支部均衡发展、全面规范。进一步做好学生党员发展工作，加大高层次人才、优秀青年教师党员发展力度。选优配强领导班子，加大对年轻干部选拔和骨干人才培养力度。

牵头单位：组织人事部、党委办公室、宣传部、统战部、中华民族共同体建设工作处

4. 持之以恒抓好纪律作风建设。召开学校全面从严治党工作会议。实施《中共西北民族大学委员会校内巡察工作规划（2018—2022年）》，扎实开展第四轮常规巡察，适时开展巡察“回头看”。深入贯彻中央八项规定及其实施细则精神，力戒形式主义、官僚主义。深化运用“四种形态”，从严落实《中国共产党问责条例》。坚持不懈开展纪律教育、警示教育，组织新任职领导干部廉政谈话。严格执行领导干部报告个人有关事项规定。

牵头单位：纪监审办公室、党委办公室、组织人事部

5. 进一步强化统战群团老干部工作。加强民主党派、统战团体、党外代表人士、新归侨及侨眷、归国留学人员等的思想建设、组织建设和制度建设。坚持和完善党建带群建工作机制，增强群团组织政治性、先进性、群众性。发挥群团组织桥梁纽带作用，营造良好工作氛围。落实离退休干部的各项政治、生活待遇。召开“两代会”，进一步发挥校院（部）两级教代会在学校民主管理中的作用。深化共青团和学生会组织改革。

牵头单位：宣传部、统战部、中华民族共同体建设工作处、工会、离退休干部处、学生工作部（处）、团委

二、突出工作主线，将铸牢中华民族共同体意识融入立德树人各方面全过程

6. 扎实开展大学习、大讨论、大调研、大培训活动。聚焦学深悟透习近平总书记关于民族工作的一系列重要讲话，对标党的十九届五中全会关于民族工作的新部署新要求，围绕“六个搞清楚”，按照国家民委党组实施方案，制定学校活动方案，抓好集中学习、交流研讨、调查研究、整改提高等环节，引导全校师生进一步深化对党的民族工作创新理论的理解和把握，深化对铸牢中华民族共同体意识重大意义、深刻内涵、实践要求的认识，进一步夯实师生的思想根基。

牵头单位：组织人事部、宣传部、统战部、中华民族共同体建设工作处、党委办公室、发展规划与学科建设处

7. 做深做实做细铸牢中华民族共同体意识教育工作。牢牢把握马克思民族理论中国化正确方向，制定落实《关于铸牢中华民族共同体意识的实施意见》，发挥铸牢中华民族共同体意识工作领导小组、中华民族共同体建设工作处、研究院职能作用，筹建中华民族共同体学院。加大对铸牢中华民族共同体意识的理论阐释，鼓励、支持科研人员多出重大研究成果。将铸牢中华民族共同体意识作为人才培养主要目标，扎实推进中华民族共同体教育的学科、专业、课程、教材建设。加大对铸牢中华民族共同体意识宣传教育力度，促进各民族师生交往交流交融。扎实做好国家通用语言文字推广普及工作。协助、配合做好第六届全国少数民族文艺会演编演任务，参与《中华民族交往交流交融史》编撰工作。参与甘肃省民族团结进步创建“一廊一区一带”行动，举办第26个民族团结进步教育月活动，全面深入持久开展民族团结进步创建，培养更多铸牢中华民族共同体意识、投身中国特色社会主义建设的合格人才。

牵头单位：宣传部、统战部、中华民族共同体建设工作处、教务处、学生工作部（处）、团委、科研处、马克思主义学院、中国语言文学学部、舞蹈学院、历史文化学院、铸牢中华民族共同体意识研究院

8. 强化思想理论教育和价值塑造。持续推进习近平新时代中国特色社会主义思想进教材进课堂进头脑。紧紧抓住教师队伍“主力军”、课程建设“主战场”、课堂教学“主渠道”，健全完善所有教师、所有课程、所有课堂育人网络，构建全员全程全方位育人大格局。结合文明校园创建和校园文化建设弘扬社会主义核心价值观，坚持把以爱国主义为核心的中华民族共同体教育贯穿落实到教育教学全过程，传承创新中华优秀传统文化，发挥哲学社会科学育人功能，提升“一院一节一特色”活动内涵，教育引导师生树立正确的“五观”、增强“五个认同”“三个意识”。落实《高等学校课程思政建设指导纲要》，发挥甘肃省形势与政策教指委秘书长单位作用，聚焦热点宣讲。推进重点马院和甘肃省首批辅导员名师工作室建设，深入实施“三个100”课程思政建设工程，加强与兰州外语职业学院思政教育的对口支援，完成思政工作创新项目和案例库项目。

牵头单位：宣传部、统战部、中华民族共同体建设工作处、学生工作部（处）、团委、教务处、马克思主义学院

三、统筹发展和安全，高质量促进学校内涵建设

9. 加强人才队伍建设。落实《关于加强和改进新时代师德师风建设的意见》，执行新时代高校教师职业行为十项准则，选树优秀教师典型，从严查处师德失范行为。深化人员聘用年薪制、协议工资等灵活薪酬分配体系，推动养老金全员参保，多形式多渠道多方式引才稳才育才，不断优化人才队伍质量结构。落实教育部《关于正确认识和规范使用高校人才称号的若干意见》，推进人才称号回归学术性、荣誉性本质。落实年度公开招聘计划，多措并举引进高层次人才。促进教师媒介素养教育，提升教师专业能力水平，加快建设高水平研究生导师队伍。

牵头单位：组织人事部、研究生处、教育科学与技术学院

10. 推动学科建设提档升级。优化学科专业结构，持续推进民族学等5个优势特色学科内涵发展。创新学科组织模式，加大对学科交叉融合的支持力度，推动跨学科、多学科研究，拓展学科育人功能，培育高水平学科团队、梯队。深化第五轮学科评估成果，开展学科思政、专业思政、课程思政、科研思政工作。围绕“一带一路”建设、新时代推进西部大开发等国家战略需求和榆中生态创新城等区域经济社会发展需要，凝练学科方向，改革科研评价和学科评价办法。积极构建具有中国特色民大特点的哲学社会科学学科体系，提升学校的影响力和话语权。

牵头单位：发展规划与学科建设处、研究生处、组织人事部、科研处、教务处、国际合作交流处

11. 提升教育教学质量。坚持“以本为本”，推进“四个回归”，对标《普通高等学校本科教育教学审核评估实施方案（2021—2025年）》，做好迎评促建工作。以“新工科、新农科、新医科、新文科”建设为导向，深入落实《加快建设一流本科教育行动计划（2018—2022）》，制定学校美育、体育、劳动教育工作方案。推进一本招生，发挥入选“双万计划”一流本科专业的示范带头作用，加大师范类专业建设力度，持续推进专业优化、调整、升级、换代和新建工作，论证设置急需紧缺、优势突出、特色鲜明的专业，改善实习实践条件，优化创新创业环境，承办第十三届“挑战杯”甘肃省大学生课外学术科技作品竞赛，全面提升本科教育的根本质量、整体质量、服务质量。持续抓好本科“强基行动”，提前谋划、创新方法、精准施策、严格督查，全力保障2021届毕业生早就业、就好业。贯彻落实全国研究生教育会议精神，改革研究生课程教学模式，加大研究生招生宣传力度，做好学位点评估，特别是临床医学硕士专业学位授权点建设、整改工作。努力构建终身学习支持服务体系、服务平台，多渠道扩大继续教育资源供给，把面向人人、面向处处、面向时时的学习理念落到实处。

牵头单位：教务处、研究生处、学工部（处）、团委、信息化建设与服务中心、继续教育学院

12. 增强科研创新能力。坚持教育“四为”方针，以国家战略需求为牵引，发挥学校在生物医学、信息技术等方面的特色优势，完善学校科研创新体系，高质量建设部、省重点实验室，推进“‘一带一路’特色农产品多语言电子商务平台”建设，提升大学科技园综合服务水平。结合承担的国家、省部级重大科研任务，融合校内外创新力量，加强协同创新团队建设，支持创新团队建设。发挥科研机构带头作用，抓好国家基金申报工作，深入开展横向科研合作，力争2021年学校获批国家级项目的数量、质量取得新突破。深化校地（企）合作，完善科研成果转化工作机制，强化产业链培育，推进产学研用一体化。组织重大科研奖励申报，提升获奖的层次数量，着力发挥科技创新在人才培养中的支撑和引领作用。坚持正确办刊方向，提高《西北民族研究》、学报编校质量与社会效益。

牵头单位：科研处、资产经营公司、中国民族信息技术研究院、生物医学研究中心、铸牢中华民族共同体意识研究院、学报编辑部

13. 提升开放办学水平。创新服务方式，持续深化与地方政府的合作交流。推动落实《四川大学西北民族大学对口支援合作协议》的目标任务和川大华西医院与学校附属医院对口支援合作协议。加

快国际化办学进程，拓展学校与“一带一路”沿线国家高校和科研机构的实质性合作。深化国际合作育人功能，引进优质国外在线课程，积极利用线上方式开展各类学术人文交流，确保在常态化疫情防控形势下对外交流合作不断档。持续建好学校附属幼儿园、中小学，增强办学辐射能力，放大办学效益。加强和改进校友工作，更好发挥校友在密切联系社会、拓展办学资源等方面的作用。

牵头单位：校长办公室、发展规划与学科建设处、科研处、国际合作交流处、学生工作部（处）、团委、中国民族信息技术研究院、医学部、附属医院

14. 严格落实意识形态工作责任制。坚持教育与宗教相分离原则，坚决做好防范抵御“三股势力”渗透工作，健全完善防范校园传教和抵御宗教渗透的工作机制。建立意识形态校内巡察制度，落实主管主办责任，加强意识形态阵地建设和管理，持续强化对教育教学、科学研究、会议培训等的政治把关和全过程审查。完善教材建设工作机制，坚决、全面、彻底清除教材毒素，发挥教材育人功能。建好用好融媒体中心，强化自媒体管理和新闻信息发布审核，提升网络舆情监测应对水平，稳妥做好重大突发事件和热点敏感问题的舆论引导。定期召开意识形态工作专题会和形势研判会，落实意识形态工作月报、半年报要求。

牵头单位：宣传部、统战部、中华民族共同体建设工作处、保卫处、教务处、研究生处、科研处、国际合作交流处、信息化建设与服务中心

15. 防范化解重大风险隐患。抓好总体国家安全观宣传教育，坚决维护政治安全、制度安全和国家安全。坚持问题导向，增强问题意识，践行群众路线，做好师生工作，提升为民服务能力。建立健全防范化解风险隐患工作机制，加强涉民族、教育因素风险隐患排查，强化对潜在风险的预判，做好工作预案，提高应急处置能力，防止发生“黑天鹅”“灰犀牛”事件。做好重大活动安保、重要敏感节点维稳、重点个人教育管控工作，强化临机处置。健全完善校园安全稳定综合治理工作体系，加强网络安全防护能力建设和实验室安全、生产安全管理水平，对照平安甘肃考核目标任务，完成平安甘肃建设各项工作，深入推进更高水平平安校园建设。

牵头单位：校长办公室、宣传部、统战部、中华民族共同体建设工作处、保卫处、信息化建设与服务中心、学生工作部（处）、团委、实验教学部

16. 抓好常态化疫情防控。坚决贯彻中央决策部署，严格落实属地疫情防控要求，扎实做好“外防输入、内防反弹”工作，确保师生生命安全。做好学生开学返校、线上线下教学等方案预案，加强传染病防治知识的宣传普及，做好心理疏导和人文关怀。按照“非必须不离校”要求，严格校园管理，强化应急设施设备、救治药品等物资的调度和保障。设置临时隔离观察场所，做好公共区域、关键部位的定期消毒。发挥爱卫会作用，助力常态化疫情防控。

牵头单位：校长办公室、组织人事部、学生工作部（处）、团委、教务处、校医院、保卫处、国有资产管理处、后勤管理处、爱卫会

四、深化综合改革，高质量推进学校治理体系和治理能力现代化

17. 科学编制“十四五”发展规划。以《中共中央关于制定国民经济和社会发展第十四个五年规划和二〇三五年远景目标的建议》为遵循，完整准确全面贯彻新发展理念，高质量编制符合学校实际的《西北民族大学“十四五”规划》及其专项规划，并确保学校“十四五”规划与国家民委、教育部、甘肃省“十四五”规划有效衔接。完成甘肃省社会心理服务体系建设“十四五”规划编制工作。

牵头单位：发展规划与学科建设处、学生工作部（处）、团委

18. 深化教育评价改革。对标《深化新时代教育评价改革总体方案》，完善立德树人体制机制，扭转不科学的教育评价导向，坚决克服“五唯”顽瘴痼疾。坚持破立结合，全面梳理、修订与总体方案不相适应的规章制度，着力推进教育教学、科学研究、管理服务等领域的评价改革，提高学校治理能力和水平，加快现代化高水平大学建设步伐。

牵头单位：发展规划与学科建设处、组织人事部、学生工作部（处）、团委、教务处、研究生处、科研处

19. 推进管理制度改革。完成《西北民族大学章程》修订，做好学术委员会结构优化、章程修订等工作。推进招生制度改革，推动招生、培养、就业有效联动，逐步增加大类招生数量，实现大类培养。突出就业、人才引进等专项工作量化考核，深化绩效改革。理清产权和责任关系，完成学校所属企业体制改革。更加注重改革的内在联系，推动各方面制度充分联动和衔接配套，提升改革综合效能。

牵头单位：发展规划与学科建设处、校长办公室、组织人事部、教务处、科研处、研究生处、资产经营公司

五、加强统筹协调，高质量做好服务保障支撑工作

20. 推动巩固拓展脱贫攻坚成果同乡村振兴有效衔接。

严格落实过渡期“四个不摘”要求，制订学校主要帮扶政策分类优化调整的意见，保持政策总体稳定和工作平稳过渡。落实属地、国家民委定点帮扶工作任务。充分利用学校教育资源优势，举办乡村振兴专题培训班。加强帮扶地困难学生精准资助。全面提升帮扶成效，巩固脱贫攻坚成果。

牵头单位：组织人事部、学生工作部（处）、团委、宣传部、统战部、中华民族共同体建设工作处、继续教育学院

21. 推进基础设施建设。抢抓榆中生态创新城规划建设机遇，加强与地方主管部门对接，推进榆中校区征地和住宅楼建设。完成西北新村校区棚户区改造项目住宅小区（一期）建设和6号楼规划工作，开工建设榆中校区正大门（南）工程、绿化广场及周边道路工程、实验实训大楼二期工程和西北新村校区新建锅炉房工程，完成榆中校区文科教学楼、实验实训大楼一期工程、西北新村校区留学生公寓楼工程竣工结算。加快推进两校区基础设施维修改造，完成兰山居1号学生公寓维修、加固、改

造项目。持续改善附属医院、附属中小幼办学条件。

牵头单位：基建处、国有资产管理处、后勤管理处、财务处

22. 强化服务支撑体系建设。进一步强化内部审计监督，完善内部控制体系建设。落实必须真正过“紧日子”要求，加大资金统筹力度，强化绩效管理。加快资产报废处置、固定资产盘点、周转房清理，加强土地房屋管理信息化系统建设。推进校园绿化、节能改造和垃圾分类工作，建设绿色校园、节约型校园；加大食堂改革力度，确保食品安全，提升后勤服务保障质量水平。进一步完善大型仪器设备开放共享机制。用好智慧校园二期建设项目成果，加快推进学校教育新基建。持续开展阅读推广活动，做好“智慧图书馆建设”后期推广和延续项目。加大“甘肃省档案管理特级单位”建设力度，做好学校档案异地备份工作。完善医院内部控制体系和规范化管理，更好服务师生健康。

牵头单位：校长办公室、纪监审办公室、财务处、国资处、后勤管理处、信息化建设与服务中心、实验教学部、图书馆、校医院

西北民族大学 2021 年工作总结

2021 年，学校在委党组坚强领导下，坚持以习近平新时代中国特色社会主义思想为指导，坚持正确办学方向，坚持铸牢中华民族共同体意识主线要求，坚持立德树人根本任务，坚持改革创新，努力在高质量发展征程中交出满意答卷。

一、突出政治立校，坚持和加强党的领导

学习领会习近平总书记关于加强和改进民族工作的重要思想，坚持马克思主义指导地位，实施“政治立校”工作方案，把党的领导落实到管党治党、办学治校全过程，牢牢把握社会主义办学方向。深入贯彻习近平总书记关于高校党建工作重要论述和新时代党的建设总要求，全面落实高校基层组织工作条例，严格执行党委领导下的校长负责制，着力提升党委把方向、管大局、作决策、抓班子、带队伍、保落实能力。坚决落实全面从严治党要求，严明政治纪律和政治规矩，开展第 4 轮校内巡察，连续 14 年举办党风廉政宣传教育月活动，从严从实抓好巡视反馈意见整改，确保始终在政治立场、政治方向、政治原则上与党中央保持高度一致，捍卫“两个确立”，做到“两个维护”。坚持党管意识形态原则，落实意识形态工作责任制，实现马工程教材应选尽选，坚持教育与宗教相分离，严格做到“两个不得”和“五个严禁”，积极防范化解各类风险隐患，推进更高水平平安校园建设，做到守土有责、守土负责、守土尽责。平安甘肃考核居全省高校第一。

二、践履知行合一，深入开展党史学习教育

紧紧围绕“学史明理、学史增信、学史崇德、学史力行”总要求，将开展“大学习、大讨论、大调研、大培训”活动作为学习教育重要抓手，深入学习习近平总书记关于党的历史的重要论述和习近平总书记在十九届六中全会、党史学习教育动员大会、在庆祝中国共产党成立 100 周年大会上的重要讲话精神。组织主题大调研，举办党史大讲堂、专题读书班、“党史百年”网络学习、理论热点面对面宣讲、“永远跟党走，奋进新时代”社会实践，构建“全媒体 + 党史学习教育”宣传格局，用党的辉煌历程、重大成就、历史经验教育师生、引领师生、团结师生。光明网、新华网等主流媒体发表学校党史学习教育稿件 300 余篇，短视频《汪锋》《蒙定军》入选教育部“党史故事百校讲述”展播。开展“为党旗添光彩、为师生办实事”实践活动，按期完成办实事清单项目 350 项，教职工养老保险参保等重大民生问题取得实质性进展。通过学思践悟，深刻理解党百年奋斗的历史意义和宝贵历史经

验，深刻认识伟大建党精神，进一步增强了用习近平新时代中国特色社会主义思想武装头脑的政治自觉和使命担当，振奋了师生奋进新时代的精气神。

三、聚焦工作主线，推进学校转型发展创新发展

学校党委把学习贯彻中央民族工作会议精神作为重大政治任务，第一时间组织全覆盖学习宣传，以社会主义核心价值观、爱国主义教育为主要内容开展第26个民族团结进步教育月活动，打造“石榴花开”大讲堂理论学习高地，组织二级中心组联学，做到中央民族工作会议精神“天天见”“处处见”。聚焦铸牢中华民族共同体意识开展理论研究和学术交流，调整《西北民族研究》刊期，设置研究专栏，加强研究阐释。按照增进共同性方向推进革命性重塑，制定铸牢中华民族共同体意识实施意见和实施方案，明确任务书、时间表、路线图。优化学科布局，设立中华民族共同体意识学博士点，建设中华民族共同体概论课程，推动民族语言文化历史等现有特色学科加快转型形成新优势；推进“四新”建设，优化调整生源区域布局，压缩民语、双语专业招生计划，逐步提高理工农医师专业比例；建立招生培养就业联动制度，全面使用国家通用语言文字开展教育教学，提升学生就业能力，年底学生就业率87.07%。获批铸牢中华民族共同体意识研究国家级省部级项目19项，获评第二批国家级通用语言文字推广基地、甘肃省首批铸牢中华民族共同体意识研究基地。

四、弘扬抗疫精神，坚决打赢疫情防控阻击战

面对甘肃突发疫情，学校深入学习习近平总书记关于疫情防控重要指示精神，全面落实国家民委党组、甘肃省委部署安排，坚持人民至上、生命至上，迅速启动战时机制，建立疫情防控包抓工作机制和“日调度”协调机制，调派附属医院和口腔医院300多名医护人员支援兰州核酸采集点，选派8批1300人次医学专业师生支援开展隔离管控等工作，为打赢疫情防控阻击战贡献了民大力量。疫情期间党员领导干部带头坚守在一线，党员志愿服务队、党员先锋岗履职尽责，让党旗在疫情防控第一线高高飘扬；各单位领导班子成员、辅导员、班主任坚守岗位，始终与广大学生在一起；群团组织和学生干部、学生党员主动参与志愿服务，践行时代青年的使命担当；全体师生积极配合、主动落实疫情防控各项规定，后勤服务保障到位，教育教学秩序良好；26万人次线上“同上一堂思政课”，让疫情防控成为彰显中华民族共同体理念最生动的思政“大课堂”。实现创建无疫校园目标，疫情防控工作受到甘肃省委领导充分肯定，兰州市委市政府致信感谢学校疫情防控作出的贡献。

五、加强思政工作，全面提升人才培养质量

坚持用习近平新时代中国特色社会主义思想铸魂育人，深化人才培养模式改革，推进“三全育人”，完善“十大育人”体系，加强思政课程和课程思政建设，深化“只争朝夕、不负韶华”等学风建设主题活动。推进辅导员职业化专业化和学生“一日生活规范化”，开展“国旗天天升、国歌天天

唱”活动，深化学生“混居”模式，加快一站式学生社区建设，促进交往交流交融。开展“四史”宣传教育，加强中华文化教育，用中华文化引领校园文化建设，引导师生牢固树立共同体理念，成为铸牢中华民族共同体意识的时代新人，思政项目获“我心中的思政课”全国高校大学生微电影展示活动优秀奖。深化新时代教师队伍建设改革，把师德师风作为第一标准，强化政治引领，突出师德养成，引导广大教师成为中华民族共同体意识最坚定的传播者践行者，生物工程科研团队获“全国专业技术人才先进集体”“全国民委系统先进集体”“甘肃省抗疫先进集体”荣誉称号。深入落实教育评价改革要求，修订章程，编制“十四五”发展规划，加强“双一流”建设，新增调整民族学等9个一级学科硕、博士学位授权点，获批5个国家级新文科、新工科研究与改革实践项目，通过临床医学专业学位授权点专项评估。坚持“以本为本”，推进一流本科专业建设，全面实施大类招生，持续开展本科“强基行动”，新增国家级省级一流本科专业13个，获批甘肃省就业创业能力提升工程重大项目，获评全国西部计划绩效考核优秀等次，在第十四届全国大学生结构设计竞赛中获一等奖，实现重大赛事上的新突破。

六、坚持“四个面向”，积极服务国家重大发展战略

立足学科和人才实际，加强和改进科研工作，深入实施校地（企）合作，组建“青藏高原信息安全技术产业研究院”等4个产业发展研究院，设立太子山生态系统野外科学观测研究站，开展科普边疆行，服务西部大开发、乡村振兴、黄河流域生态保护和高质量发展等国家战略。成立“一带一路”多语言智能处理与人文社会大数据研究中心，服务推进新时代军民融合。召开首届《黄河大合唱》国际研讨会，承办“寻甘同味 魅力敦煌”台湾大学生敦煌文化研习营，守望历史文脉，传承弘扬中华文化。完成甘肃省社会心理服务体系建设“十四五”规划，助力平安甘肃建设和市域社会治理现代化。校办企业为国内新冠灭活疫苗提供70%以上生产用血清，为推进国家预防医学体系建设和疫苗产业高质量发展、促进农牧民增产增收发挥重要作用。2021年，学校获批国家社科基金重大项目2项，社科、自然科学基金项目24项，全口径科研经费1.06亿元，被评为“甘肃省脱贫攻坚先进集体”。

疫情防控工作

西北民族大学疫情防控应急预案

为认真落实新冠肺炎疫情防控工作的各项安排部署，切实做好学校新冠肺炎疫情防控工作，及时管控和妥善处置校园突发新冠肺炎疫情，最大限度缩小疫情危害范围，保障广大师生身体健康和生命安全，做到早发现、早报告、早隔离、早治疗，依据《中华人民共和国传染病防治法》《国家突发公共卫生事件应急条例》《高等学校新型冠状病毒肺炎防控指南》等文件精神，结合学校实际，制定本预案。

一、工作原则

（一）以人为本，安全第一

始终把保护师生生命安全和身体健康放在第一位，对出现新冠肺炎症状或疑似症状者，全力迅速组织救治和集中管理。

（二）属地管理，快速反应

校园突发疫情遵循属地管理原则，学校及时采取应急响应措施，在第一时间报告当地教育行政主管部门、属地卫健疾控部门，同时报告国家民委。

（三）联防联控，科学应对

一旦出现疫情，学校主要负责人应立即深入一线，掌握情况，靠前指挥，控制局面，迅速与当地教育主管部门和疫情防控指挥部门联系，形成联防联控，启动学校疫情防控应急预案，并按规定快速有效处置。

（四）即时检测，强化预防

学校建立晨午检、凡进必检等即时检测制度，全面掌控学校疫情防控工作，落实落细各项防范措施，做到早发现、早报告、早处置，避免出现校内突发聚集性疫情。

二、组织机构与职责

学校疫情防控工作领导小组承担疫情防控应急处置工作，出现应急情况，由疫情应急处置组组长任总指挥，疫情处置组具体实施新冠肺炎疫情防控的紧急应对与处置工作。按程序及时向县区疾控部门、省卫健委、省教育厅和国家民委报告突发疫情的处置与进展情况。

疫情防控领导小组各工作组各司其职，快速反应，密切协作，确保各项防控措施有效实施、突发事件处置迅速得当。

三、应急处置措施

（一）开学前防控要求

学生返校前，要求所有学生须持有48小时内核酸检测阴性证明及“健康新甘肃”绿码和国务院通信大数据行程卡“绿码”方能返校，同时做好以下返校准备：

1. 返校前至少提前14天开始，每日完成健康打卡。

2. 出发前主动进行健康申报，提供一码（甘肃省健康出行码）一卡（通信大数据行程卡）和按“应接尽接”原则完成新冠疫苗接种。

3. 提前做好返程计划，并向学院（部）申报行程信息。

4. 主动接种新冠疫苗，并向学院（部）汇报接种结果。

学生管理组汇总全校返校学生数据，统计学生返校的具体行程、健康状况等信息，有异常情况随时报告学校疫情防控领导小组办公室。同时根据返校学生数据，做好入住登记、日常管理工作。条件保障组做好防控物资、车辆调度、卫生防疫、环境卫生等准备工作。

（二）返校途中处置措施

准备必要的个人防疫物品，返校途中须全程佩戴口罩，做好个人防护；在公共交通工具上尽量减少与其他人员交流，避免聚集。接触公共设施、咳嗽手捂之后、饭前便后，及时洗手消毒；避免用手接触口、鼻、眼；打喷嚏或咳嗽时用纸巾或手肘遮住口鼻。

在返校途中出现发热、咳嗽、乏力、胸闷、腹泻等症状应当立即告知乘务人员，按照乘务人员指示，就近就便就医。要主动配合乘务等工作人员进行健康监测、防疫管理等措施，并及时将有关情况报告学院（部）。学生抵兰后出现疑似症状，由接站人员负责，第一时间联系“两站一场”联防联控部门，采取防护措施，送专业医疗机构诊断治疗，确诊前不返校。所在教学单位须指派专人负责跟踪、记录疑似症状学生的诊断、治疗及康复过程，建立工作台账，并及时向疫情防控办报告治疗进展情况。

（三）返校报到处置措施

1. 学生返校报到期间，只准学生本人进校，家长亲友及车辆一律不得进入学校。

2. 学生报到实行“一消二测三验四查五签六进”程序。即进校前行李消毒，各校区体温检测区测体温，人脸识别系统核验身份，查验“一码一卡”和48小时内核酸检测阴性证明，符合通行条件的学生入住学生公寓，报到完成。

3. 不符合返校条件的学生，一律不得返校。

（四）返校后处置措施

1. 监测与报告

（1）建立、健全传染病监测系统，加强对教室、学生宿舍、食堂、图书馆公共场所的监测。

（2）严控进校人员管理，加强疫情动态监测和防控。在校门口等人群密集场所入口设置体温监测岗，对进入人员和师生进行体温监测，要求佩戴口罩做好个人防护。发现异常情况，立即向学校疫情防控工作领导小组办公室报告。

（3）学生返校后须配合学校进行疫情防控管理，学生返校后，学校立即组织再次进行核酸检测，在核酸检测结果待出期间，原则上在本宿舍进行健康管理，非必要不出宿舍；秋季学期开学后按相关要求实行闭环管理，非必要不出校。

（4）全体学生须每日进行晨午检体温检测，加强学生健康状况监测。实行因病缺课缺勤登记与病因追踪报告制度、复课证明查验制度。给每个新生配发一只体温计（老生已发），以宿舍为单位，舍长负责落实各宿舍同学体温测量及症状问询（发热、咳嗽、乏力等），并向学院（部）报告，对出现异常情况的学生及时向班主任报告情况，班主任第一时间报告所在学院（部），由学院（部）及时向学工部和校医院预防保健科（0931–2938343）报告，不允许带病上课。因传染性疾病未到校的学生，应由校医院根据医疗机构返校证明和隔离期限确认后方可返校。

2. 应急防控措施

（1）疑似或确诊的新冠肺炎疫情发生后，在领导小组的统一部署下，按照分级响应的原则，根据相应级别作出应急反应。

（2）采取边隔离、边核实调查的方式，以有效的措施控制事态发展。

（3）未发生疑似或确诊患者的学院和部门由主要负责人组织实施相应的预防控制措施，并开展卫生宣传教育，提高全校师生员工的预防和自我保护意识。

（4）发生疑似或确诊患者的学院（部）和部门主要负责人必须在第一时间赶赴现场，并向学校疫情防控领导小组报告实施情况。

（5）校医院负责校内来院就诊师生的医疗救治工作，对就诊病人必须详细、完整的记录病历。对新冠肺炎疑似症状者开展流行病学调查，做好现场污染物的处理，标本采集、环境消毒、病人救护和转运与隔离等。

（6）校园内出现新冠肺炎疑似症状患者时，由校医院医疗组指派当班大夫做好防护的前提下进行初筛检查后，无法排除的病例，西北新村校区由医院校本部医疗组组长（赵兴荣）负责联系西北民族大学附属医院应急办（丰晖），负责将患者安全转运至附属医院；榆中校区由医院榆中医疗组组长（赵国琴）负责联系榆中县医院应急办，负责将患者安全转运至榆中县医院。

（7）疑似或确诊患者必须立即隔离治疗，疑似病人和密切接触者采取医学观察，切实切断传播途径，防止疫情进一步扩大。

（8）条件保障组负责对发生传染病的场所在专业人员的指导下进行彻底消毒处理。

3. 现场处置

（1）若发现疑似新冠肺炎患者是学生或正在上课的教师，则将全班学生及上课老师留置在本班教室内，由任课老师立即报告所在学院（部）和学校疫情防控领导小组办公室。校医院预防保健科立即上报县区疾病预防控制中心，根据专家组的要求处理。

（2）学校宿舍发现疑似新冠肺炎患者时，则将全栋公寓楼学生留置在宿舍内，由当班宿舍管理员立即报告学校疫情防控工作领导小组办公室。校医院预防保健科立即上报县区疾病预防控制中心，根据专家组的要求处理。

（3）如果在教职工办公室内发现疑似新冠肺炎患者，则将在办公室的人员留置在办公室内，由办公室负责人立即报告学校疫情防控工作领导小组办公室。校医院预防保健科立即上报县区疾病预防控制中心，根据专家组的要求处理。

（4）若发现疑似新冠肺炎患者是学校其他工作人员或食堂员工等，则将其周围密切接触者进行登记、并安排在留观室，由该场所管理人员立即报告学校疫情防控工作领导小组办公室。校医院预防保健科立即上报县区疾病预防控制中心，根据专家组的要求处理。

（5）校医院医疗工作组成员协助省卫建委做好患者的转运、排查和救治。病人转运后，校医院、条件保障组对病人分泌物、接触过的物品进行严格消毒等处理。

（6）医护人员的防护：凡与病人接触需戴 N95 口罩或医用外科口罩、穿防护服、戴防护目镜，并要注意及时更换新口罩（不超过 4 小时），注意手的清洁和消毒。

4. 启动隔离预案

技术措施参照国家疾控中心指定的《新型冠状病毒感染的肺炎诊疗方案（试行第八版）》执行（若有变化，以最新版本为依据）。疑似或确诊病例的密切接触者必须进行医学隔离观察，隔离地点由条件保障组安排（西北新村校区设在留学生公寓 2、3 楼，榆中校区设在新教工公寓 2、3 楼），医学隔离观察时间不得少于 14 天。

5. 流行病学调查

重点对病人的接触史进行详细的流行病学调查，特别是发病前 14 天与外界接触情况，是否去过中高风险地区，是否与可疑或确诊新型冠状病毒感染的肺炎病人及其密切接触者接触的情况，以便发现可能的感染来源。

四、信息报送及发布

由综合协调组建立畅通的信息报送渠道和严格的信息发布机制，报送信息需经领导小组负责人审批后方可上报。

（一）报送原则

1. 迅速。学校应在第一时间向省教育厅和县、区人民政府报告，同时上报国家民委。

2. 准确。信息内容要客观详实，不主观臆断，不漏报、瞒报、谎报。

3. 直报。发现疑似病例，校医院预防保健科负责报送县区疾病预防控制中心进行后续处置。发生重大聚集性疫情（3 例及以上新冠肺炎症状或疑似症状者），学校直接报教育部应对新冠肺炎疫情工作领导小组办公室，同时上报国家民委。

（二）信息报告

1. 报告责任主体

责任报告单位：西北民族大学。

责任报告人：学校疫情防控工作领导小组办公室负责报告国家民委、教育厅和县区人民政府；医院预防保健科负责报告县区疾病预防控制中心。

2. 报告时限及程序

初次报告。学校发现新冠肺炎症状或疑似症状者，在 2 小时内向省教育厅和县区疾病预防控制中心报告，同时上报国家民委。

进程报告。在突发疫情处置过程中，学校每天将疫情发展情况报告省教育厅和县区疾病预防控制中心报告，同时上报国家民委。

结案报告。突发疫情结束后，将疫情防控结果逐级报告县区疾病预防控制中心、省教育厅直至教育部应对新冠肺炎疫情工作领导小组办公室，同时上报国家民委。

3. 报告内容

初次报告内容。疫情发生的时间、地点、人数、症状、可能的原因、已采取的措施等。

进程报告内容。病例诊断与治疗情况、病情变化情况、密接人员排查情况及隔离情况、疫情控制情况、造成疫情的原因、进一步的防控措施等。

结案报告内容。疫情处理结果（包括疫情性质与发生原因）、防控情况、责任追究情况等。

（三）信息发布

由省卫建委向社会发布本行政区域内新冠肺炎疫情信息。学校和信息报送人员不得擅自向社会发布疫情信息。

五、工作保障

（一）组织保障

各工作组、各单位主要负责同志要深刻认识疫情防控的严峻形势，把全校师生的身体健康和生命安全放在第一位，严明工作纪律，严格执行学校疫情处置预案的工作安排和相关工作要求。

（二）信息保障

建立完善的信息报送机制，对于突发新冠肺炎疫情信息收集、报送、处理等环节层层审核，确保信息报送精准、畅通。设立校内24小时值班电话，及时受理有关突发疫情处置的咨询、举报和投诉。

（三）物资保障

条件保障组统筹安排防控物资、车辆调度、卫生防疫、环境卫生等具体工作。准备足够数量的疫情防护物资，包括口罩、隔离服、消毒液、洗手液、体温计等防护用品。

（四）场所保障

1. 如出现新冠肺炎确诊病例，相关密切接触者需要进行隔离观察，学校在两校区安排密接者集中隔离点，安排专人负责，加强隔离期间师生的吃、住、用等保障工作。

2. 条件保障组在专业人员的指导下，负责对发生确诊病例的场所进行彻底消毒处理。

（五）人员保障

1. 应急处置组包括各教学单位学生工作领导小组成员等，校医院负责加强对应急工作人员防护知识、救治技术的培训，会同地方卫生健康部门，组织应急工作人员开展应急演练。

2. 对参加医疗救护和现场救援的工作人员采取严格的卫生防护措施，防止交叉感染。

3. 安排专人对隔离师生提供生活保障及心理疏导，管理和服务人员做好个人防护。

六、善后恢复

（一）及时整改

学校认真做好或积极协调相关部门做好确诊师生的善后工作，对疫情中暴露出的问题和不足，认真研究整改，严防疫情复发。

（二）恢复秩序

因突发疫情而致暂时集体停课的，须对学生复课后需要使用的所有场所进行彻底消毒，在有关部门研判校内疫情彻底结束后，合理有序地安排学生复课。因疫情隔离或住院的师生，在恢复健康后，须经卫健部门核检无传染性、定点医院开具复课健康证明后方可返校。

（三）调查追责

突发疫情结束后，由学校纪检监察部门对所有工作环节进行调查，对事件中发生的工作不扎实、耽误管控等情况，根据调查结果对导致事件发生的有关责任人和责任单位，依规依纪追责问责。

西北民族大学2021年秋季学期开学工作方案

根据《甘肃省高等学校2021年秋季学期开学及疫情防控工作指导方案》，为切实做好学校秋季学期开学工作，确保秋季学期疫情防控工作平稳安全有序，制定本方案。

一、组织领导

2021年秋季学期开学及疫情防控工作由学校党委统一领导，学校疫情防控工作领导小组统筹安排，领导小组下设办公室，以及综合协调组、接待组、条件保障组、宣传组、心理健康服务组、应急处置组等6个工作组，具体负责开学及疫情防控各项工作。

（一）综合协调组

组长：王彦斌

成员：王志军、冶生贵、齐卫权、李志强、李国剑、安永国、原牧、刘丽江

联络员：果建业、卢敏

工作职责：

1. 负责协调各工作组，督促工作落实；

2. 负责对外各类信息的报送。

（二）接待组

组长：李辉

成员：冶生贵、久美道杰、刘曜、马鸿波、许国栋、马莉，各学院（部）、研究院班子成员

联络员：孙向涛、晁代发、于凌霄

工作职责：

1. 负责学生到校前健康状况、行程安排、报到情况等信息统计汇总；

2. 负责办理公寓入住手续、入住信息统计；

3. 负责各接待点设置、学生身份核验、体温检测，查验核酸检测报告、甘肃省健康出行码和国务院通信大数据行程卡；

4. 负责两校区新生报到点的组织协调工作；

5. 负责学生志愿者招募、培训工作。

（三）条件保障组

组长：马世俊

成员：马国柱、马志学、杨朝继、郭天龙、孙力、刘丽江、赵国忠，各学院（部）、研究院班子成员

联络员：张银霞、岳学林

工作职责：

1. 负责设置和维护教学楼、宿舍楼、图书馆、体育馆等人员密集场所的临时留观点，留观人员日常生活保障；

2. 负责环境卫生防疫，清除校内环境卫生死角，对教室、会议室、办公室、食堂、宿舍、卫生间、实验实训室、功能室、图书馆、机房、垃圾场所、建筑工地等重点场所做好清洁消毒、通风换气、清理垃圾等工作；

3. 负责消毒液、口罩、洗手液等符合相关要求的疫情防控物资储备，确保数量充足；

4. 负责确定核酸检测机构；

5. 负责校门秩序维护、身份验证、健康码查验、体温检测和消杀等工作；

6. 负责校园治安巡逻，校园迎新点、接站点的安保工作；

7. 负责接站车辆调度，协调接站站点车辆停靠等工作；

8. 负责做好开学及疫情防控工作的经费预算。

（四）宣传组

组长：石迎春

成员：韩瑛、孙罡、马丽英、胡俊

联络员：张鹏

工作职责：

1. 负责疫情防控政策、防护知识、开学相关通知推送宣传和舆情监测工作；

2. 负责学生报到期间两校区的氛围营造工作。

（五）心理健康服务组

组长：李辉

成员：冶生贵、冯丽娟、雍克勤、金荷香、王小丽、鲁玉福、周小钰，各学院（部）、研究院心理健康指导教师

联络员：程光远

工作职责：

负责学生心理健康教育、心理疏导、咨询、危机干预等工作。

（六）应急处置组

组长：王彦斌

成员：王志军、刘丽江、齐卫权、冶生贵、郭天龙、马国柱、马志学、安永国

联络员：张银霞

工作职责：

1. 负责与属地疫情防控部门和社区协调对接，落实甘肃省疫情防控有关学生入校后进行核酸检测等有关政策要求；

2. 负责临时留观点的布置，隔离观察、诊疗分诊等工作；

3. 负责疑似、确诊病例、密切接触人员、校园人员聚集等突发情况的处置；

4. 负责组织防控培训和应急演练，确保相关人员明确开学疫情防控各项要求，熟悉全流程管理措施和疫情防控应急预案。

二、工作安排

（一）学生报到安排

2021年秋季学期开学报到严格按照错峰分批的原则，分年级安排到班、计划到人，每天安排一个年级学生到校。未经学校同意，学生一律不得提前返校。具体要求如下：

1. 老生报到时间：9月3日、4日、5日。

2. 新生报到时间：9月9日、10日。

3. 中、高风险地区（以国务院客户端实时发布信息为准）学生暂缓到校报到，具体到校时间根据属地疫情防控有关政策，由学校研究决定后另行通知。

4. 境外学生未经学校同意一律不得返校。

5. 共同生活的家庭成员为确诊病例、无症状感染者、疑似病例，或被属地疫情防控相关部门确定为密切接触者、次密切接触者的学生，不得返校。

6. 开学前14天有中高风险区旅居史的学生，一律由属地疫情联防联控领导小组集中隔离14天；集中隔离期满且3次核酸检测结果均为阴性、转为“绿码”，经属地疫情联防联控领导小组同意通行，并向学院（部）提交到校申请审核通过后，方可到校报到。

7. 学生到校时均须提供出行前48小时核酸检测阴性证明，同时查验甘肃省健康出行码和国务院通信大数据行程卡并测温。不能提供核酸检测阴性证明的，属地联防联控领导小组临时留观，待核酸

检测结果阴性后，方可入校。

8.2021 年秋季学生报到期间，学校在飞机场、火车站、兰州西站、汽车南站、汽车东站设置接待点，接站时间为 8：00 到 21：00。

9. 老生返校批次安排

	时间	年级	本预科生	研究生	合计
第一批次	9 月 3 日	2018 级	5587 人		5587 人
第二批次	9 月 4 日	2019 级	5881 人	527 人	6408 人
第三批次	9 月 5 日	2020 级	6087 人	738 人	6825 人

（二）教职工报到安排

1. 目前在中高风险区的教职员工暂缓返校，具体到校时间根据甘肃省疫情防控有关政策，由学校研究决定后另行通知。

2. 目前在低风险区的教职员工须于 8 月 20 日（含）前返回兰州，并于 27 日到岗上班。学校将于 25 日、26 日集中组织对所有教职员工进行核酸检测。

3. 教职员工到校时，须查验甘肃省健康出行码、国务院通信大数据行程卡并测温。

4. 境外教职员工未经学校同意一律不得返校。

5. 开学前 14 天有中高风险区旅居史的返兰教职员工，一律由属地疫情联防联控领导小组集中隔离 14 天。集中隔离期满且 3 次核酸检测结果均为阴性，转为“绿码”后，经属地疫情联防联控领导小组同意通行后，方可返校。

（三）接待安排

1. 后勤管理处负责车辆调度、站点停靠等工作，保证车辆供给，确保交通运输安全。

2. 接待组统筹做好接站点秩序维护、身份验证、核验 48 小时核酸检测阴性证明、甘肃省健康出行码和国务院通信大数据行程卡查验、测温，保障有序乘车。每个接站点安排负责老师和学生志愿者。

3. 保卫处在两校区校门口做好秩序维护、核验 48 小时核酸检测阴性证明、甘肃省健康出行码和国务院通信大数据行程卡、测温等工作；乘坐私家车或其他社会车辆来校的学生，在学校门口指定地点接受检查。学生家长或其他陪同人员原则上不得进入校园。

4. 如有发热、干咳、乏力、咽痛、嗅（味）觉减退、腹泻等不适症状的师生，第一时间报告应急处置组，启动《西北民族大学疫情防控应急预案》。

5. 学生报到当日，进行全员核酸检测，检测结果未出前，不得随意流动。由校医院牵头，学生工作部、各学院（部）、研究院负责组织、管理好本单位学生集中分批进行核酸检测，组织检测和结果完成前实行闭环管理。

三、前期准备工作

（一）发布开学须知，确定报到流程

学生工作部拟定学生报到须知，宣传部负责发布。

（二）做好健康监测，严格返校审批

根据学校《关于加强返校前14天健康日报和返校信息登记的通知》要求，持续做好师生健康日报工作。学生均须通过学工一体化平台提交返校申请，准确提交返校日期、乘坐交通工具、抵达站点等信息，经所在单位审批通过后方可按规定要求返校报到。

（三）加强家校互动，协同做好疫情防控

学校通过学工一体化平台家校互动模块，及时向学生及家长发布学校返校工作安排、注意事项和纪律要求；引导家长督促学生做到返校前14天不外出、不聚集，根据属地疫苗接种要求，积极接种疫苗，做到应接尽接。

（四）开通新生服务网，做好新生服务工作

通过新生服务网及时发布报到须知、报到流程；全面采集学生抵兰时间、交通工具、抵达车站，联系方式等信息，完成网上预报到，确保学校准确掌握新生入学报到情况。

（五）做好条件保障、确保工作顺利进行

1. 条件保障组全面测算现有消毒液、口罩、洗手液等防控物资储备情况，多渠道做好防控物资储备，确保供应。

2. 按规定在两校区设立隔离留观点。

（六）开展消毒消杀，排查安全隐患

全面开展学校清洁消毒工作，对教学楼、实验室、办公楼、图书馆、食堂、运动场、卫生间、公共浴室、学生公寓等区域进行全覆盖清洁消毒、开窗通风，做好校园环境卫生整治，确保不留死角。对校内供水、供电、食品、消防、实验室、学生公寓等进行全覆盖安全检查、隐患排查、维修维护，确保安全运行。

（七）制定教学预案，保证教学顺利开展

教务处、研究生处制定学校疫情防控期间本（预）科生教学工作实施方案和研究生教学工作实施方案，安排好疫情防控期间的教育教学工作。

四、开学后管理

（一）实行校园闭环管理

加大校园疫情防控力度，管住门、管好人，校外无关人员一律不准进入校园；进入校园必须戴口罩、测温，必要时核验甘肃省健康出行码、国务院通信大数据行程卡；发现健康码或通信大数据行程卡“红码”或“黄码”，以及发热等异常症状人员禁止入校，并第一时间报告属地疫情防控部门，由属地疫情防控部门落实后续核酸检测及分类管控措施；师生员工非必要不离兰不离校。

（二）开好第一次班会

逐一核实学生到校报到情况，持续做好疾病防控健康教育管理。通过主题班会，开展疫情防控政策宣传、防疫纪律和健康教育，提高师生法治意识、防范意识和应对能力，促进师生养成良好卫生习惯。

（三）严格落实“日报告、零报告”要求

师生员工每日进行体温检测，各学院（部）、研究院要掌握学生每日体温及身体、心理情况。出现异常，第一时间上报应急处置组，由应急处置组进行隔离、分检、留观并建立疫情信息管理台账。

（四）做好疫情防控期间教学管理工作

各教学单位要根据学校疫情防控期间本（预）科生教学工作实施方案和研究生教学工作实施方案，充分发挥教师的主导作用和学生的主体作用，按照教学计划落实各项教学任务，做好线上线下融合式教学的组织管理工作，确保疫情防控期间全校教学工作平稳、有序。

（五）严格执行请销假和因病缺勤追查与登记制度

学生报到后，如有特殊原因离校外出，须请假审批。因病请假学生须指派专人负责跟踪，建立工作台账。

（六）加强心理咨询服务

心理健康服务组密切关注学生心理和思想动态，特别是中高风险地区未到校学生的心理情况；加强学生心理辅导，消除不必要的紧张和恐惧心理，稳定学生情绪，妥善进行危机干预。

（七）严格值班值守

各单位要严格执行值班制度，加强对学生宿舍的检查巡查，配合校医院做好重点检查，严防严控，不留死角。

（八）加强联防联控

发挥学校、学院（部）、年级（班级）校内三级防控工作机制作用，加强与属地疫情防控部门、社区、定点发热门诊、定点医院联系，开展联防联控。

五、工作要求

（一）提高政治站位，压实防控责任

各工作组、各单位要提高政治站位、统一思想，紧绷疫情防控这根弦，严格执行学校党委工作部署和学校疫情防控领导小组各项要求，切实担负起主体责任，完善本单位秋季开学工作方案，及时掌握师生健康动态，做到守土有责，守土尽责，确保师生安全。

（二）强化全局意识，加强沟通协调

各工作组、各单位要牢固树立全校一盘棋的思想，强化大局意识和全局观念，坚决服从指挥、协调和调度，做到令行禁止。坚决落实学校党委统一部署，自觉从保障全校师生身体健康和生命安全、维护校园和谐稳定的高度想问题、办事情、抓落实，做好信息沟通和工作协调，确保开学各项工作顺利进行。

（三）严明纪律规矩，严肃追责问责

各工作组、各单位党员领导干部，特别是主要负责人要以身作则，率先垂范，严明纪律，严守规矩，层层压实责任，坚决服从学校开学工作的部署安排，严格执行、不打折扣。学校纪委要对开学和疫情防控工作不充分、不扎实，措施要求落实不到位的部门和个人，依规依纪严肃追究相关责任。

关于疫情防控期间教学运行相关工作的通知

各教学单位：

根据甘肃省教育厅高校疫情防控相关工作的紧急通知和学校党委安排部署，为确保教学平稳、有序开展，现将疫情防控期间本（预）科教学运行工作安排通知如下：

一、自2021年10月22日起，所有课程采用线上教学。各教学单位要高度重视，按照《西北民族大学疫情防控期间本（预）科在线教学工作实施方案（预案）》（民大教字〔2021〕114号）相关要求，统筹做好本（预）科教学各项工作。

二、实验、实训类课程可根据教学实际，充分利用线上资源组织线上教学，确因实验、实训条件不能组织线上教学的，可适当调整教学计划，教学计划调整须及时向教务处报批。

三、各教学单位要认真做好本（预）科线上教学督导、检查工作，及时了解、发现和解决师生在教学和学习中的问题，确保疫情防控期间教学质量。

四、信息化建设与服务中心要做好网络保障工作，确保线上教学顺利进行。

关于建立疫情防控包抓工作机制的通知

各党委、党总支、直属党支部，校属各单位：

为落实网格化管理要求，进一步完善学校疫情防控工作机制，按照“党政同责、一岗双责、齐抓共管、失职追责”工作原则，学校实行疫情防控包抓工作机制，形成全覆盖的管理格局。现就有关事宜通知如下。

一、校领导班子成员包抓分管部门、联系点，工作职责主要是：两校区封闭管理期间，采取各种方式督导检查分管部门、联系点深入贯彻党中央、国务院和国家民委党组、甘肃省委省政府关于疫情防控的决策部署，全面落实教育厅和属地各级联防联控领导小组工作要求，坚决扛起疫情防控政治责任。持续加强对分管部门工作的督促指导，确保管理到位。按照教育厅、学校疫情防控视频调度会和《西北民族大学疫情防控基本情况通报》要求，深入开展疫情防控风险隐患排查，分析、解决分管部门、联系点疫情防控工作中存在的问题与不足，指导细化实化改进举措，确保整改到位、万无一失（具体分工附后）。

二、院（部）领导班子成员包抓年级，工作职责主要是：各院（部）结合实际制定工作方案，明确任务分工，定期召开学院（部）、研究院疫情防控工作视频会议，安排部署疫情防控工作任务，第一时间解决防控中存在的问题和师生诉求。落实落小落细学校疫情防控各项工作要求和制度措施，组织包抓年级开展流调摸排、核酸检测、隔离留观等工作；全面分析研判和掌握包抓年级学生心理健康、生活困难、外出实习、就业创业和思想动态等情况；组织开展普法教育、疫情防控期间行为规范的宣传解读和隐患排查化解等工作；根据单位疫情防控需要及时向包抓校领导汇报工作。引导师生党员干部发挥先锋模范作用，积极参加党员先锋岗，让党旗在抗“疫”一线高高飘扬。

三、组织员、辅导员会同班主任包抓班级，工作职责主要是：定期召开线上班级会议，加强疫情防控教育，对班级学生的所有情况进行仔细排查，准确掌握班级学生构成以及重点关注学生的基本情况。认真组织包抓班级开展流调摸排、核酸检测、信息统计、隔离留观等工作。深入班级学生宿舍督导检查线上学习、开窗通风、内务卫生等情况，排查化解风险隐患，发现异常情况第一时间向包抓院领导报告。精准掌握包抓班级学生心理健康、生活困难、外出实习、就业创业和思想动态等情况，提供必要关心帮助和心理疏导。教育引导包抓班级学生做好个人防护，遵守疫情防控纪律规定。引导班干部、团干部积极参加志愿服务队，共同做好疫情防控工作。

西北民族大学2022年元旦春节和寒假期间疫情防控实施方案

根据甘肃省教育厅《关于加快落实甘肃省2022年元旦春节期间新冠肺炎疫情防控工作部署要求的通知》要求，为切实做好学校2022年元旦春节和寒假期间学校疫情防控和安全稳定工作，制定本方案。

一、组织领导

2022年元旦春节（含寒假）期间学校疫情防控和安全稳定工作由学校党委统一领导，学校疫情防控工作领导小组统筹安排，领导小组下设综合协调组、师生管理组、条件保障组、宣传组、心理健康服务组、应急处置组等6个工作组，具体负责开学及疫情防控各项工作。

（一）综合协调组

组长：王彦斌

成员：王志军、向党、丁运来

联络员：果建业、段燕华

工作职责：

1. 负责协调各工作组，督促工作落实；

2. 负责对外各类信息的报送。

（二）师生管理组

组长：李辉

成员：齐卫权、冶生贵、李志强、李国剑、刘丽江，各学院（部）、研究院班子成员

联络员：杨扬、孙向涛、张薇、姚道霞、郑艳华

工作职责：

1. 负责有序组织师生返乡，加强对返乡师生的健康管理和流动管理，动态掌握师生健康状态和行动轨迹；

2. 负责留校学生的教育管理服务；

3. 负责提早谋划春季学期开学工作，科学制定开学方案，做到开学前防控措施落实、教育教学安排等各项准备工作。

（三）条件保障组

组长：马世俊

成员：马国柱、马志学、杨朝继、郭天龙、孙力、刘丽江、赵国忠，各学院（部）、研究院班子成员

联络员：张银霞、岳学林

工作职责：

1. 负责设置和维护教学楼、宿舍楼、图书馆、体育馆等人员密集场所的临时留观点，留观人员日常生活保障；

2. 负责环境卫生防疫，清除校内环境卫生死角，对教室、会议室、办公室、食堂、宿舍、卫生间、实验实训室、功能室、图书馆、机房、垃圾场所、建筑工地等重点场所做好清洁消毒、通风换气、清理垃圾等工作；

3. 负责消毒液、口罩、洗手液等符合相关要求的疫情防控物资储备，确保数量充足；

4. 负责确定核酸检测机构；

5. 负责校门秩序维护、身份验证、健康码查验、体温检测和消杀等工作；

6. 负责校门管理，校园治安巡逻等安保工作；

7. 负责做好疫情防控各项工作的经费预算。

（四）宣传组

组长：石迎春

成员：韩瑛、孙罡、马丽英、胡俊

联络员：张鹏

工作职责：

负责疫情防控政策、防护知识、各类疫情通知推送宣传和舆情监测工作。

（五）心理健康服务组

组长：李辉

成员：冶生贵、冯丽娟、雍克勤、金荷香、王小丽、鲁玉福、周小钰，各学院（部）、研究院心理健康指导教师

联络员：程光远

工作职责：

负责学生心理健康教育、心理疏导、咨询、危机干预等工作。

（六）应急处置组

组长：王彦斌

成员：王志军、刘丽江、齐卫权、冶生贵、郭天龙、马国柱、马志学、安永国

联络员：张银霞

工作职责：

1. 负责与属地疫情防控部门和社区协调对接，落实甘肃省疫情防控有关政策要求；
2. 负责临时留观点的布置，隔离观察、诊疗分诊等工作；
3. 负责疑似、确诊病例、密切接触人员、校园人员聚集等突发情况的处置；
4. 负责相关人员明确疫情防控各项要求，熟悉全流程管理措施和疫情防控应急预案。

二、工作安排

（一）开好主题班会

在元旦和寒假前召开一次主题班会，集中对学生进行安全教育和文明离校教育。开展以常态化疫情防控要求、学生人身安全、出行安全、求职安全、财产安全等为主要内容的教育工作，帮助广大学生增强安全防范意识，掌握安全防范知识。

（二）做好诚信教育

做好学生期末考试前动员工作，针对学习有困难的学生，安排任课教师做好有针对性的考前辅导；召开学院（部）或者分年级的考风考纪动员大会，引导学生诚信考试，并签订诚信考试承诺书。

（三）加强宿舍安全检查

深入学生宿舍做好各类安全隐患和不稳定因素的排查工作。学生离校前要整理好寝室内务，妥善处置好贵重物品，关闭好宿舍门窗与电源，消除火灾隐患，避免造成不必要的损失。

（四）做好常态化疫情防控

今冬明春是疫情防控关键时期，在思想上行动上决不能有丝毫侥幸和松懈，引导师生落实疫情防控要求、切实增强个人防护意识，少流动、少聚集、勤洗手、常通风，佩戴口罩，做好返乡期间的个人防护；严格限制师生员工前往中、高风险地区。盯紧各地新发本土确诊病例和风险等级调整等信息，及时掌握师生身体健康状况，出现疑似或确诊病例，及时报告学校新冠疫情防控工作领导小组。

（五）深化心理健康服务

相关学院（部）、研究院领导要主动协调学生心理健康教育与咨询中心，做好学生心理辅导，随时掌握学生病情发展和心理状况。认真落实已经备案的各类心理健康教育工作方案，针对经排查存在心理问题的学生，加强关注并与家长定期沟通联系，确保假期期间学生人身安全。

（六）加强学生的遵纪守法教育

提醒学生一律乘坐具备合格运营资质的客运单位交通工具，严禁租车自驾、无证驾驶车辆，严禁酒驾、醉驾；不轻信他人提供的虚假就业信息，谨防误入传销组织；不从事封建迷信活动，不参加邪教或各种非法组织；不采取非法手段浏览、下载、上传或向他人传播有害信息；不参与吸毒、酗酒、赌博和打架斗殴事件。

（七）加强家校联动

督促学生登陆民大青年APP提交离校申请，班主任核实后进行确认。学工一体化平台将根据班主任确认结果，向家长发送离校通知以及疫情防控有关要求，各学院（部）、研究院要逐一与家长联系，核实学生是否到家，确保学生人身安全。

（八）精准掌握师生健康信息

各单位要严格落实职工请销假制度，及时掌握本单位职工健康状况和行程轨迹。各学院（部）、研究院要做好学生每天的“日报告”“零报告”工作。班主任每天逐一核实班内学生的健康情况，学院（部）、研究院指定专人汇总核查班主任报送内容，通过民大青年APP报送新冠肺炎确诊病例、疑似病例、密切接触者、次密切接触者；发热、咽痛、咳嗽、胸闷等不适症状；中高风险区旅居史人员等情况。

（九）做好留校学生管理服务

各学院（部）、研究院值班老师要加强值班，走访学生公寓，引导留校学生做好疫情防控工作，认真检测留校学生体温、身体状况，了解留校学生在公寓内学习、生活、安全、疫情防控等情况。严格执行请销假制度，学生外出（去外地或回家）须向学院（部）、研究院值班老师请假，批准后方可离校。

三、工作要求

（一）提高政治站位，压实防控责任

各工作组、各单位要提高政治站位、统一思想，紧绷疫情防控这根弦，严格执行学校党委工作部

署和学校疫情防控领导小组各项要求，切实担负起主体责任，完善本单位春季开学工作方案，及时掌握师生健康动态，做到守土有责，守土尽责，确保师生安全。

（二）强化全局意识，加强沟通协调

各工作组、各单位要牢固树立全校一盘棋的思想，强化大局意识和全局观念，坚决服从指挥、协调和调度，做到令行禁止。坚决落实学校党委统一部署，自觉从保障全校师生身体健康和生命安全、维护校园和谐稳定的高度想问题、办事情、抓落实，做好信息沟通和工作协调，确保寒假及春季开学各项工作顺利进行。

（三）严明纪律规矩，严肃追责问责

各工作组、各单位党员领导干部，特别是主要负责人要以身作则，率先垂范，严明纪律，严守规矩，层层压实责任，坚决服从学校各项工作的部署安排，严格执行、不打折扣。学校纪委要对疫情防控工作不充分、不扎实，措施要求落实不到位的部门和个人，依规依纪严肃追究相关责任。

附件：学校疫情防控隔离留观组成员名单

组长：刘丽江

成员：齐卫权、冶生贵、王志军、马志学、郭天龙

隔离留观组要加强与属地、学校附属医院的对接联系，迅速制定隔离留观工作流程，一旦发现师生有突发情况，第一时间介入，做到反应迅速、处置得当。

党史学习教育

邓光玉同志在全校党史学习教育动员部署会上的讲话

（2021 年 3 月 12 日）

同志们：

今年是中国共产党成立 100 周年。在全党开展党史学习教育，是以习近平同志为核心的党中央立足党的百年历史新起点、统筹中华民族伟大复兴战略全局和世界百年未有之大变局、为动员全党全国各族人民满怀信心投身全面建设社会主义现代化国家而作出的重大决策。2 月 20 日，党中央召开党史学习教育动员大会，习近平总书记发表重要讲话，深刻阐明开展党史学习教育的重大意义、重点内容和工作要求。2 月 26 日，甘肃省委召开了全省党史学习教育动员大会，3 月 4 日，国家民委党组召开了党史学习教育动员会，都作出了具体部署安排。今天，我们召开学校党史学习教育动员部署会，就是要迅速有力推动党史学习教育起步起势、落地落实，切实增强党员、干部开展学习教育的思想自觉、政治自觉和行动自觉，推进现代化高水平大学建设。刚才，我们传达学习了习近平总书记在党史学习教育动员大会上的重要讲话精神和国家民委党组、甘肃省委党史学习教育动员大会精神，学校党委按照中央和国家民委党组、甘肃省委部署，制定印发了《关于开展党史学习教育的实施方案》，我们要认真抓好落实。

下面，我就深入学习贯彻习近平总书记重要讲话精神，扎实开展党史学习教育，强调四个方面的意见。

一、提高政治站位，深刻认识开展党史学习教育的重大意义

在庆祝中国共产党百年华诞的重大时刻，在“两个一百年”奋斗目标历史交汇的关键节点，开展党史学习教育，对于开启全面建设社会主义现代化国家新征程、实现中华民族伟大复兴中国梦，具有重大而深远的意义。我们要深入学习贯彻习近平总书记在党史学习教育动员大会上的重要讲话精神，从增强“四个意识”、坚定“四个自信”、做到“两个维护”的政治高度，扎实开展学习教育，上好党史这堂必修课。

（一）深刻领会开展党史学习教育是牢记初心使命、推进中华民族伟大复兴历史伟业的必然要求

习近平总书记指出：“一个忘记来路的民族是没有出路的民族，一个忘记初心的政党必定是没有

未来的政党”。回顾党的百年历史，从建党的开天辟地，到新中国成立的改天换地，到改革开放的翻天覆地，再到党的十八大以来党和国家事业取得历史性成就、发生历史性变革，我们党之所以能够带领人民战胜无数艰难险阻，迎来从站起来、富起来到强起来的伟大飞跃，其中最根本的一条，就是不管形势和任务如何变化，不管遇到什么样的惊涛骇浪，都始终坚守“为中国人民谋幸福、为中华民族谋复兴”的初心使命。开展党史学习教育，就是要传承红色基因、牢记初心使命、坚持正确方向，引导全党深刻认识党的性质宗旨，坚持一切为了人民、一切依靠人民，始终把人民放在心中最高位置、把人民对美好生活的向往作为奋斗目标，推动改革发展成果更多惠及全体人民，推动共同富裕取得更为明显的实质性进展，把14亿中国人民凝聚成推动中华民族伟大复兴的磅礴力量。

（二）深刻领会开展党史学习教育是坚定信仰信念、在新时代坚持和发展中国特色社会主义的必然要求

习近平总书记指出：“要加强党史学习和教育，努力从党走过的风云激荡的历史中、从党开创和不断推进的伟大事业中、从党全心全意为人民服务的根本宗旨和长期实践中，深化对党的信赖，坚定对党的领导的信念”。一百年来，我们党坚持解放思想和实事求是相统一、培元固本和守正创新相统一，不断开辟马克思主义新境界，产生了毛泽东思想、邓小平理论、“三个代表”重要思想、科学发展观，产生了习近平新时代中国特色社会主义思想，为党和人民事业发展提供了科学理论指导。开展党史学习教育，就是要坚持思想建党、理论建党，引导广大党员干部从党的非凡历程中领会马克思主义是如何深刻改变中国、改变世界的，感悟马克思主义的真理力量和实践力量，深刻学习领会新时代党的创新理论，坚定理想信念、筑牢信仰之基，使之成为各级党组织和广大党员在新时代坚持和发展中国特色社会主义的思想灯塔、精神支柱、力量源泉。

（三）深刻领会开展党史学习教育是推进党的自我革命、永葆党的生机活力的必然要求

我们党一步步走过来，很重要的一条就是不断总结经验、提高本领，不断提高应对风险、迎接挑战、化险为夷的能力水平。更好应对前进道路上各种可以预见和难以预见的风险挑战，必须从历史中获得启迪，从历史经验中提炼出克敌制胜的法宝。党的百年历史，也是我们党不断保持先进性和纯洁性、不断防范被瓦解、被腐化的危险的历史。开展党史学习教育，就是要从具有许多新的历史特点的伟大斗争出发，总结历史经验、认识历史规律、掌握历史主动，引导全党通过总结历史经验教训，着眼于解决党的建设的现实问题，不断提高党的领导水平和执政水平、增强拒腐防变和抵御风险能力。

（四）深刻领会开展党史学习教育是铸牢中华民族共同体意识、建设现代化高水平大学的必然要求

党的十八大以来，习近平总书记就教育、民族工作作出一系列重要讲话、指示、批示，提出一系列新理念新思想新观点，是我们推动改革发展的强大思想武器和科学行动指南。建校70多年来，学校传承红色基因、秉持初心使命，坚持立德树人根本任务，投身民族团结进步事业，为巩固红色政权、维护国家统一、促进民族团结，为铸牢中华民族共同体意识，发挥了重要作用。进入新发展阶段，全面推动学校党的建设、人才培养、科学研究、服务社会、文化传承创新、国际交流合作高质量发展的任务更加艰巨。在这一关键阶段，按照中央部署开展党史学习教育，可以充分发挥党的历史以史鉴今、资政育人的作用，引导全体党员、干部进一步统一思想、统一意志、统一行动，坚定不移把习近平总书记关于民族工作、关于教育的重要论述贯彻落实到位，更好地肩负起政治责任、工作责任、历史责任。

二、聚焦重点方向，准确把握开展党史学习教育的目标任务

这次学习教育贯穿2021年全年，要聚焦“深刻铭记中国共产党百年奋斗的光辉历程，深刻认识中国共产党为国家和民族作出的伟大贡献，深刻感悟中国共产党始终不渝为人民的初心宗旨，系统掌握中国共产党推进马克思主义中国化形成的重大理论成果，学习传承中国共产党在长期奋斗中铸就的伟大精神，深刻领会中国共产党成功推进革命、建设、改革的宝贵经验”六个方面学习内容，着力抓好专题学习（培训）、政治引领、实践活动和专题民主生活会、组织生活会。要通过学习教育，进一步感悟思想伟力，增强用党的创新理论武装头脑的政治自觉；进一步把握历史发展规律和大势，始终掌握党和国家事业发展的历史主动；进一步深化对党的性质宗旨的认识，始终保持马克思主义政党的鲜明本色；进一步总结党的历史经验，不断提高应对风险挑战的能力水平；进一步发扬革命精神，始终保持艰苦奋斗的昂扬精神；进一步增强党的团结和集中统一，确保步调一致向前进，真正做到学党史、悟思想、办实事、开新局。

（一）坚持学史明理

我们要在党员、干部自学为主的基础上，采取校院两级理论学习中心组学习、举办读书班等方式，分专题开展学习研讨。各党支部要通过“三会一课”和主题党日等形式，结合单位实际开展主题突出、特色鲜明、形式多样的学习教育。领导干部要坚持以上率下，“七一”前后党员领导干部、党组织书记讲一次专题党课，在学习上要有更高标准、更高要求，在学党史、讲党史、懂党史、用党史方面发挥示范带头作用。通过学习教育，树牢唯物史观，强化理论思维、历史思维，不断深化对共产党执政规律、社会主义建设规律、人类社会发展规律的认识，深入理解把握马克思主义中国化成果特别是习近平新时代中国特色社会主义思想的科学性真理性，系统掌握贯穿其中的马克思主义立场观点方法，提高党员、干部的思想理论水平。

（二）坚持学史增信

我们要围绕庆祝中国共产党成立100周年开展研究宣传阐释，引导师生树立正确的党史观。组织召开研讨会、座谈会，开展专题研究，不断深化规律性认识。要发挥学校学科专业优势，创作一批党史题材的作品，充分展示中国共产党百年光辉历程和伟大功绩，充分展示党的民族政策和民族区域自治制度的优越性。要开展以党史为重点的“四史”宣传教育，突出大学生群体、贴近大学生需求，引导青年学生听党话、感党恩、跟党走。通过学习教育，增强历史自觉，保持战略定力，筑牢信仰之基，深刻认识红色政权来之不易、新中国来之不易、中国特色社会主义来之不易，坚定对马克思主义的信仰，对社会主义、共产主义的信念，对实现中华民族伟大复兴中国梦的信心，夯实忠诚核心、维护核心、拥戴核心、紧跟核心的政治根基，立志做党光荣传统和优良作风的忠实传人。

（三）坚持学史崇德

我们要围绕党史学习教育，精心设置课程，组织处级以上领导干部的专题培训。充分利用红色资源、70年办学历史开展教育教学，组织党员、干部瞻仰参观革命遗址遗迹、纪念场馆，发挥先进典型的教育引领作用。要创新线上学习培训模式，运用新媒体平台开发微党课网课，多措并举深化对党史内容的学习掌握。通过学习教育，弘扬优良传统，传承红色基因，增强党的意识、党员意识，自觉践行社会主义核心价值观，大力弘扬以爱国主义为核心的民族精神和以改革创新为核心的时代精神，立政德、明大德、守公德、严私德，永葆对党的忠诚之心、对人民的赤子之心，永葆党的先进性和纯洁性。

（四）坚持学史力行

我们要扎实开展“我为群众办实事”实践活动，组织广大党员继承发扬优良传统，结合单位实际，做好本职工作，推动解决师生最关心最直接最现实的利益问题，始终保持党同人民群众的血肉联系，充分展示新时代共产党人的良好风貌。通过学习教育，加强党性锤炼，砥砺政治品格，践履知行合一，不断提高把握大局大势、应对风险挑战、推进实际工作的能力水平，在进行伟大斗争、建设伟大工程、推进伟大事业、实现伟大梦想中增长才干、建立新功。

三、狠抓工作落实，努力彰显开展党史学习教育的实际成效

党史学习教育，是我们党在进入新发展阶段开展的全党集中教育“第一课”。党的历史是明灯，也是号角。我们要立足实际、守正创新，以对党、对人民、对教育事业高度负责的态度，精心组织、精细推进，确保党史学习教育彰显实实在在的成效。

（一）把学习教育成效体现在全面从严治党上

要全面贯彻新时代党的建设总要求，毫不放松抓好党的政治、思想、组织、作风、纪律建设，把

制度建设贯穿其中，建设忠诚干净担当的领导班子和干部队伍，以高质量党建引领保障学校高质量发展。要认真落实中央八项规定及其实施细则精神，持之以恒纠治“四风”，坚持不懈改作风树新风，推动基层减负走深走实。要认真履行“两个责任”，不断提高政治判断力、政治领悟力、政治执行力，纵深推进全面从严治党，着力营造风清气正的干事创业氛围。

（二）把学习教育成效体现在落实立德树人根本任务上

要从党和国家事业发展全局的高度，把立德树人融入思想道德教育、文化知识教育、社会实践教育各环节，体现到学科体系、教学体系、教材体系、管理体系建设各方面，培根铸魂、启智润心。要把为党育人作为永恒初心，把为国育才作为根本立场，把立德树人成效作为检验学校一切工作的根本标准，培养和造就一代又一代坚定理想信念的各族青年英才。要教育引导广大师生深入学习中国近代以来的斗争史、我们党成立以来的奋斗史、新中国成立以来的发展史，深刻理解中国共产党为什么“能”、马克思主义为什么“行”、中国特色社会主义为什么“好”，持续激发广大师生爱党爱国爱社会主义的热情。

（三）把学习教育成效体现在突出铸牢中华民族共同体意识工作主线上

要聚焦学深悟透习近平总书记关于民族工作的重要论述，对标党的十九届五中全会关于民族工作的新部署新要求，围绕“六个搞清楚”，扎实开展大学习、大讨论、大调研、大培训活动，进一步夯实师生的思想根基。要聚焦工作体系、教育体系、研究体系建设，紧跟时代步伐，突出工作主线，做到职能职责向主线优化、工作举措向主线发力、人员力量向主线加强。要聚焦主线抓教育，深入挖掘党史中的铸牢中华民族共同体意识元素，扎实开展马克思主义“五观”“五个认同”“三个离不开”教育，促进各族师生广泛交往全面交流深度交融，认真做好国家通用语言文字推广普及工作，全面深入持久开展民族团结进步创建。

（四）把学习教育成效体现在推动高质量发展上

要完整、准确、全面贯彻新发展理念，始终把加快发展作为第一要务，毫不动摇坚持发展是硬道理的要求，科学编制学校“十四五”规划及其专项规划。要加强人才队伍建设，推动学科建设提档升级，提高教育教学质量，增强科研创新能力，提升开放办学水平，加快推进教育“新基建”，高质量做好服务保障支撑工作。要坚持以国家战略需求为牵引，突出服务党和国家工作大局，不断提升服务经济社会发展的能力，主动融入国家“一带一路”建设、新时代西部大开发战略以及黄河流域生态保护和高质量发展战略，推动巩固拓展脱贫攻坚成果同乡村振兴有效衔接。

四、加强组织领导，切实压紧开展党史学习教育的工作责任

党史学习教育是党的政治生活中的一件大事，时间紧、任务重、要求严、标准高。要精准把握学习教育的目标任务、基本要求和核心要义，确保学习教育组织到位、责任到位、措施到位、落实到位。

（一）坚持以上率下，压紧压实责任

学校成立党史学习教育领导小组，负责学习教育的具体部署、推进落实、督促指导等工作。要努力形成各工作机构联动、各部门互动、整体协调推动的工作格局，确保学习教育上下贯通、运转有序、协同高效。各党组织负责人要切实履行第一责任人责任，既要率先垂范，带头参加学习、接受教育，又要站到一线、加强领导、精心组织，确保党史学习教育各项部署要求不折不扣得到落实。

（二）坚持严实标准，强化督促检查

学校成立督导组，通过列席会议、调研访谈等方式，及时掌握工作进度，加强指导，加强督促，发现问题，及时纠偏。要发扬优良作风和学风，坚决克服形式主义、官僚主义，注重实际效果，在学习中防止为完成任务应付了事，防止照本宣科，防止肤浅化、碎片化。党员领导干部要结合工作实际，开展调查研究，主动深入分管部门、联系点，加强指导，切实把中央要求落到实处。

（三）坚持统筹兼顾，注重方法创新

今年大事喜事要事多，要强化系统思维，把握时间节点、突出工作重点、打造特色亮点，把开展党史学习教育与做好2021年重点工作相结合，与落实立德树人根本任务相结合，与推动现代化高水平大学建设相结合，加大统筹协调力度。要用好用活甘肃本地资源，深入开展主题党日、重温入党誓词、过政治生日等活动，推进学习教育内容、形式、方法的创新，做到规定动作到位、自选动作出彩。

（四）坚持正面宣传，营造浓厚氛围

要全面深入宣传中央关于党史学习教育的决策部署，宣传党史学习教育的重大意义、目标任务、基本要求，推出系列化、有深度、有吸引力的报道。要牢牢把握舆论工作主动权，构建“全媒体＋党史学习教育”宣传工作格局，及时反映学校党史学习教育的动态，凝练好经验好做法，营造比学赶超的舆论氛围。

同志们，开展党史学习教育意义重大、影响深远。让我们更加紧密地团结在以习近平同志为核心的党中央周围，以高度负责的态度、扎实有效的举措、求真务实的作风抓好党史学习教育，把学习教育激发出来的斗志和热情转化为攻坚克难、拼搏奋进的实际行动，为学校“十四五”时期高质量发展开好局、起好步，以优异成绩庆祝建党100周年。

中共西北民族大学委员会关于开展党史学习教育的实施方案

2021年是中国共产党成立100周年。党中央决定，在全党开展党史学习教育，激励全党不忘初心、牢记使命，建功新时代、奋进新征程，这是党的政治生活中的一件大事。为高标准高质量完成党史学习教育各项任务，按照党中央及国家民委党组、甘肃省委关于开展党史学习教育的安排部署，结合学校实际，制定实施方案如下。

一、重大意义

中国共产党领导中国人民走过的百年历程，是光荣辉煌的一百年，也是艰苦卓绝的一百年；是奠基立业的一百年，也是开辟未来的一百年。中国共产党的历史是一部丰富生动的教科书，是中国近现代以来历史最为可歌可泣的篇章。在庆祝我们党百年华诞的重大时刻，在“两个一百年”奋斗目标历史交汇的关键节点，集中开展党史学习教育，讲清楚党的过去、现在、未来，是以习近平同志为核心的党中央立足党的百年历史新起点、统筹中华民族伟大复兴战略全局和世界百年未有之大变局、为动员全党全国满怀信心投身全面建设社会主义现代化国家而作出的重大决策，具有深远的意义。

（一）开展党史学习教育，是牢记初心使命、推进中华民族伟大复兴历史伟业的必然要求

历史充分证明，江山就是人民，人民就是江山，人心向背关系党的生死存亡。赢得人民信任，得到人民支持，党就能够克服任何困难，就能够无往不胜。开展党史学习教育，就是要传承红色基因、牢记初心使命、坚持正确方向，引导全党深刻认识党的性质宗旨，坚持一切为了人民、一切依靠人民，始终把人民放在心中最高位置、把人民对美好生活的向往作为奋斗目标，推动改革发展成果更多惠及全体人民，推动共同富裕取得更为明显的实质性进展，把14亿中国人民凝聚成推动中华民族伟大复兴的磅礴力量。

（二）开展党史学习教育，是坚定信仰信念、在新时代坚持和发展中国特色社会主义的必然要求

我们党的历史，是一部不断推进马克思主义中国化的历史，是一部不断推进理论创新、进行理论创造的历史。一百年来，我们党坚持解放思想和实事求是相统一、培元固本和守正创新相统一，不断

开辟马克思主义新境界，产生了毛泽东思想、邓小平理论、“三个代表”重要思想、科学发展观，产生了习近平新时代中国特色社会主义思想，为党和人民事业发展提供了科学理论指导。开展党史学习教育，就是要坚持思想建党、理论建党，引导广大党员干部从党的非凡历程中领会马克思主义是如何深刻改变中国、改变世界的，感悟马克思主义的真理力量和实践力量，深刻学习领会新时代党的创新理论，坚定理想信念、筑牢信仰之基，使之成为各级党组织和广大党员在新时代坚持和发展中国特色社会主义的思想灯塔、精神支柱、力量源泉。

（三）开展党史学习教育，是推进党的自我革命、永葆党的生机活力的必然要求

我们党一步步走过来，很重要的一条就是不断总结经验、提高本领，不断提高应对风险、迎接挑战、化险为夷的能力水平。更好应对前进道路上各种可以预见和难以预见的风险挑战，必须从历史中获得启迪，从历史经验中提炼出克敌制胜的法宝。党的百年历史，也是我们党不断保持先进性和纯洁性、不断防范被瓦解、被腐化的危险的历史。开展党史学习教育，就是要从具有许多新的历史特点的伟大斗争出发，总结历史经验、认识历史规律、掌握历史主动，引导全党通过总结历史经验教训，着眼于解决党的建设的现实问题，不断提高党的领导水平和执政水平、增强拒腐防变和抵御风险能力。

（四）开展党史学习教育，是铸牢中华民族共同体意识、建设现代化高水平大学的必然要求

党的十八大以来，习近平总书记多次对民族、教育工作作出重要讲话和指示，为我们做好各项工作提供了思想指引、行动指南和强大精神力量。建校 71 年来，学校传承红色基因、秉持初心使命，坚持立德树人根本任务，投身民族团结进步事业，为巩固红色政权、维护国家统一、促进民族团结、推动民族地区发展，为铸牢中华民族共同体意识，发挥了重要作用。新发展阶段，全面推动学校党的建设、人才培养、科学研究、社会服务、文化传承创新、国际交流合作高质量发展任务更加艰巨。在这一关键阶段，开展党史学习教育，就是要充分发挥党的历史以史鉴今、资政育人的作用，引导全体党员领导干部进一步统一思想、统一意志、统一行动，坚定不移把习近平总书记关于民族工作和教育的重要论述贯彻落实到位，更好地肩负起政治责任、工作责任、历史责任，坚决扛好底线任务，补齐短板弱项，担当作为开好新局，以优异成绩迎接中国共产党成立 100 周年。

二、目标任务

坚持以马克思列宁主义、毛泽东思想、邓小平理论、“三个代表”重要思想、科学发展观、习近平新时代中国特色社会思想为指导，深入学习贯彻党的十九大和十九届二中、三中、四中、五中全会精神，紧紧围绕学懂弄通做实党的创新理论，坚持学习党史与学习新中国史、改革开放史、社会主义发展史相贯通，做到学史明理、学史增信、学史崇德、学史力行，引导广大党员、干部增强“四个意识”、坚定“四个自信”、做到“两个维护”，不断提高政治判断力、政治领悟力、政治执行力，以立德树人为根本，以铸牢中华民族共同体意识为主线，推动新时代民族高等教育事业高质量发展，为培养堪当民族复兴大任的时代新人而努力奋斗。

坚持学史明理。通过学习教育，树牢唯物史观，强化理论思维、历史思维，不断深化对共产党执政规律、社会主义建设规律、人类社会发展规律的认识，深入理解把握马克思主义中国化成果特别是习近平新时代中国特色社会主义思想的科学性真理性，系统掌握贯穿其中的马克思主义立场观点方法，提高党员、干部的思想理论水平。

坚持学史增信。通过学习教育，增强历史自觉，保持战略定力，筑牢信仰之基，深刻认识红色政权来之不易、新中国来之不易、中国特色社会主义来之不易，坚定对马克思主义的信仰，对社会主义、共产主义的信念，对实现中华民族伟大复兴中国梦的信心，增强忠诚核心、维护核心、看齐核心的政治自觉和行动自觉。

坚持学史崇德。通过学习教育，弘扬优良传统，传承红色基因，增强党的意识、党员意识，自觉践行社会主义核心价值观，大力弘扬以爱国主义为核心的民族精神和以改革创新为核心的时代精神，立政德、明大德、守公德、严私德，永葆对党的忠诚之心、对人民的赤子之心，永葆党的先进性和纯洁性。

坚持学史力行。通过学习教育，加强党性锤炼，砥砺政治品格，践履知行合一，不断提高把握大局大势、应对风险挑战、推进实际工作的能力水平，在进行伟大斗争、建设伟大工程、推进伟大事业、实现伟大梦想中增长才干、勇于担当、善于作为、建立新功。

三、学习内容

（一）深入学习领会习近平总书记在党史学习教育动员大会上的重要讲话精神

深刻领会开展党史学习教育的重大意义、重大部署、工作要求，把讲话精神贯彻落实到党史学习教育全过程。

（二）深入学习领会习近平总书记在庆祝中国共产党成立 100 周年大会上的重要讲话精神

深刻领会讲话的时代意义、科学内涵、核心要义、实践要求，树牢正确党史观，进一步加深对党的历史的系统把握，更好地知党史、听党话、跟党走，更好地继承传统、立足当前、开创未来。

（三）深入学习领会习近平总书记在党史学习教育总结大会上的重要讲话精神

深刻领会党史学习教育的重大成果、宝贵经验，把党史学习教育成果转化为全面加强党的建设、全面建设社会主义现代化国家的强大力量。

（四）深入研读习近平同志《论中国共产党历史》

坚持读原著、学原文、悟原理，逐篇学习、深刻领会。及时跟进学习习近平总书记关于党史学习教育的重要讲话和最新指示精神。学习好《毛泽东邓小平江泽民胡锦涛关于中国共产党历史论述摘编》。

（五）深入研读《习近平新时代中国特色社会主义思想学习问答》

坚持学党史和悟思想相统一，结合学习习近平总书记最新重要讲话精神，进一步在学懂弄通做实习近平新时代中国特色社会主义思想上下功夫。

（六）深入研读《中国共产党简史》

深刻领会百年来党的光辉历程、伟大贡献、初心宗旨、重大理论成果、伟大精神、宝贵经验。

（七）深入研读有关学习材料

学好《中国共产党的100年》《中华人民共和国简史》《改革开放简史》《社会主义发展简史》《中国共产党统一战线工作条例》《习近平关于民族工作论述摘编》等重要材料。结合实际学好习仲勋同志在西北民族学院开学典礼上的讲话、《西北民族大学校史》等重要材料。

（八）深入学习甘肃红色文化

深入学习党领导陇原儿女进行革命、建设、改革过程中铸就的“人一之、我十之，人十之、我百之”的甘肃精神，涌现出的南梁精神、铁人精神、航天精神、莫高精神、八步沙精神，自觉继承革命传统、传承红色基因、补足精神之钙。

四、学习安排

党史学习教育面向全体党员，以处级以上领导干部为重点开展学习教育实践，贯穿2021年全年。要把学习习近平新时代中国特色社会主义思想贯穿始终，把学史明理、学史增信、学史崇德、学史力行贯穿始终，把学党史、悟思想、办实事、开新局贯穿始终。

（一）从动员大会到“七一”庆祝大会

全面系统学习党的百年奋斗史，进一步感悟思想伟力，增强用党的创新理论武装全党的政治自觉；进一步把握历史发展规律和大势，始终掌握党和国家事业发展的历史主动；进一步深化对党的性质宗旨的认识，始终保持马克思主义政党的鲜明本色；进一步总结党的历史经验，不断提高应对风险挑战的能力水平；进一步发扬革命精神，始终保持艰苦奋斗的昂扬精神；进一步增强党的团结和集中统一，确保步调一致向前进。

以中国共产党百年历史为基本时间线索，进行专题学习。

专题学习新民主主义革命时期历史。深刻领会我们党领导人民经过二十八年浴血奋战，完成民族独立和人民解放的历史任务，建立中华人民共和国，实现中国从几千年封建专制政治向人民民主的伟大飞跃。

专题学习社会主义革命和建设时期历史。深刻领会我们党领导人民完成社会主义革命，建立社会主义基本制度，进行社会主义建设，实现中华民族由不断衰落到根本扭转命运、持续走向繁荣富强的伟大飞跃。

专题学习改革开放新时期历史。深刻领会我们党领导人民进行改革开放新的伟大革命，成功开创、坚持和发展中国特色社会主义，实现中华民族从落后时代到大踏步赶上时代的历史性跨越。

专题学习党的十八大以来的历史。与学习习近平总书记系列重要讲话重要篇目结合起来，深刻领会中国特色社会主义进入新时代，我们党领导人民推动党和国家事业取得历史性成就、发生历史性变革，如期打赢脱贫攻坚战、全面建成小康社会，开启全面建设社会主义现代化国家新征程，中华民族迎来了从站起来、富起来到强起来的伟大飞跃。

（二）从“七一”庆祝大会到党的十九届六中全会

重点学习习近平总书记在庆祝中国共产党成立100周年大会上的重要讲话精神，以“七一”重要讲话精神为指导，深化学校党史学习教育。

（三）从党的十九届六中全会到总结大会

把党史学习教育同学习党的十九届六中全会精神结合起来，引导党员干部更好地用党中央精神统一思想、统一意志、统一行动。学习习近平总书记在党史学习教育总结大会上的重要讲话精神，以习近平总书记重要讲话精神为指导，认真做好党史学习教育总结工作，确保学习教育善始善终、善作善成。以总结为新的起点，使党史学习教育融入日常、抓在经常，形成长效机制、发挥长效作用。

五、工作举措

（一）全面动员部署

召开党史学习教育动员部署大会，制定印发党史学习教育的实施方案，明确目标任务、学习教育要求等，确保党史学习教育扎实有序开展。组织党委理论学习中心组学习会，深入学习领会习近平总书记在党史学习教育动员大会上的重要讲话精神。

（二）开展专题学习

各党委、党总支、直属党支部分层次制定专题学习计划，针对领导干部和普通党员不同特点要求，确定学习重点，抓好党员干部集中学习和个人自学。围绕重点难点问题，采取理论学习中心组学习、举办读书班等形式，分专题开展学习研讨。领导干部要坚持以上率下，在学习上有更高标准、更高要求，在学党史、讲党史、懂党史、用党史方面发挥示范带动作用。基层党组织要采取“三会一课”和主题党日等形式，结合实际开展主题突出、特色鲜明、形式多样的学习活动。“七一”前后，学校党委主要负责同志带头讲专题党课，其他班子成员到分管联系单位讲专题党课。各党委、党总支、直属党支部书记在适当范围内讲专题党课，各党支部书记在所在支部讲专题党课。

（三）丰富学习形式

组织人事部要将党史学习教育作为2021年党员、干部教育培训重点任务，选派党员、干部参加上级党组织有关党史学习教育专题调训、专题研修，举办党史学习教育专题研讨班。各级党组织通过召开座谈会、交流会、撰写学习文章等，深入开展学习研讨；对标党中央党史学习教育重大决策部署和习近平总书记关于民族工作和教育的重要论述，结合学校重点工作开展调查研究。鼓励基层党组织开展跨部门、跨单位联学联讲等活动。发挥线上学习培训优势，运用新媒体平台，深化对党史内容的学习掌握。

（四）加强政治引领

发挥课程教材的主渠道作用、思政工作的主阵地作用、网络空间的主平台作用、研学实践的大课堂作用、党史研究队伍的支撑保障作用，围绕庆祝中国共产党成立100周年，开展形式多样的主题宣传教育活动。开展庆祝中国共产党成立100周年理论研讨，推出理论阐释文章。《西北民族大学学报》《西北民族研究》开设建党100周年理论专栏。组织各族师生收看庆祝大会直播盛况，参观革命历史教育基地、场馆，组织庆祝中国共产党成立100年文艺演出、党史知识竞赛等活动。开展“两优一先”表彰活动。开设“奋斗百年路 启航新征程”党史学习教育专题网，全媒体平台开设专栏，发挥好学校“学习强国号”“新华号”等主渠道主阵地作用。

（五）开展“大学习、大讨论、大调研、大培训”活动

根据国家民委工作部署，开展“大学习、大讨论、大调研、大培训”活动（以下简称“四大”活动）。把“四大”活动作为党史学习教育的重要抓手，深度融入党史学习教育，推动党史学习教育在学校落实落细。把党史学习教育成效体现在全面从严治党、体现在铸牢中华民族共同体意识、体现在深化综合改革、体现在服务大局、体现在坚守安全底线、体现在推进学校高质量发展。

（六）开展“我为群众办实事”实践活动

把“我为群众办实事”实践活动作为党史学习教育重要内容贯穿全年，通过调研、座谈等广泛听取意见，上下联动、多方协作。各部门、各单位结合民主生活会征求意见整改落实和两代会提案办理等，解决师生最关心最直接最现实的利益问题，始终保持党同人民群众的血肉联系，教育引导广大党员、干部始终牢记为人民服务的根本宗旨，让广大师生感受到学习教育带来的新变化新气象。

（七）召开专题组织生活会和民主生活会

“七一”前后，召开一次专题组织生活会，领导干部以普通党员身份参加所在党支部或党小组组织生活。年底，围绕党史学习教育召开专题民主生活会，认真进行党性分析，开展批评和自我批评。

六、工作要求

（一）加强组织领导

学校成立党史学习教育领导小组，下设办公室，具体负责日常工作。各党委、党总支、直属党支部要成立专门工作机构，负责本部门本单位党史学习教育的组织实施。领导小组派出指导组对各党委、党总支、直属党支部的学习教育进行督导，对于工作不力的及时督导纠正，确保学习教育质量。

（二）把握正确导向

坚持马克思主义历史观，牢牢把握党的历史发展的主题和主线、主流和本质，以两个历史决议等中央文件精神为依据，正确认识党史上的重大事件、重要人物、重要会议等，旗帜鲜明反对历史虚无主义，坚决抵制歪曲和丑化党的历史的错误倾向，引导各族师生树立正确的历史观、民族观、国家观、文化观。

（三）务求学习实效

坚持从讲政治的高度开展好党史学习教育，准确把握规定动作与自选动作、自主学习与集中学习、理论学习和开展活动、办实事与履行职能、督促指导与发挥主体作用、学习教育与日常工作的关系，切实增强学习教育效果。要坚持把开展学习教育同巩固“不忘初心、牢记使命”主题教育成果结合起来，与高质量推进铸牢中华民族共同体意识、建设现代化高水平大学各项工作结合起来，稳步落实学习教育任务要求。要坚决防止和反对形式主义、官僚主义，防止“两张皮”，杜绝“把说了当做了”“把做了当做好了”的歪风邪气，确保两不误两促进。

（四）加强宣传引导

加大融媒体中心资源配置整合力度，统筹“报、台、网、微、端、屏”立体传播矩阵建设，构建

“全媒体＋党史学习教育”宣传工作格局，深入宣传党中央精神和有关决策部署，宣传学习教育的重大意义、目标任务和基本要求，宣传学校各级党组织开展学习教育的工作情况和实际效果，做好简报编发工作，及时反映学习教育推进情况，营造良好舆论氛围。

西北民族大学在党史学习教育中开展师德师风教育的工作方案

为深入推进党史学习教育，教育引导广大教师学懂弄通做实习近平新时代中国特色社会主义思想，深入学习贯彻习近平总书记关于师德师风建设重要论述，更好践行初心使命，落实立德树人根本任务，根据《国家民委关于在党史学习教育中开展师德师风教育的通知》要求，结合学校实际，制定本方案。

一、总体要求

结合民委系统开展“大学习、大讨论、大调研、大培训”活动，把解决党中央关心、师生关切、社会关注的问题摆在突出位置，重点加强师德师风教育。引导广大教师深刻感悟中国共产党始终不渝为人民的初心宗旨，系统掌握中国共产党推进马克思主义中国化形成的重大理论成果，把教育培养和自我修养结合起来，以德立身、以德立学、以德施教，把学习教育成果转化为加强师德师风建设的动力和成效。

二、主要内容

（一）开展“立师德　铸师魂　开学第一讲”教师教育系列活动

1. 专家讲座及新入职教职工宣誓活动

邀请西北师范大学马克思主义学院院长、全国教书育人楷模王宗礼作题为“新时代人民教师的师德修养”的讲座；2019 年 9 月至今新入职教职工进行入职宣誓。

完成时限：2021 年 5 月中旬前

2. 专题学习研讨

各单位集中安排 1 至 2 天，通过文件学习、经验介绍、探讨交流等多种形式，以教研室、党支部为单位，面向全体教职工组织对《中华人民共和国教育法》《中华人民共和国教师法》《教师资格条例》等法律法规以及《新时代高校教师职业行为十项准则》《教育部关于高校教师师德失范行为处理的指导意见》《教育部等七部门关于印发加强和改进新时代师德师风建设的意见》《甘肃省高校教师师德失范行为处理办法（试行）》《西北民族大学师德师风行为负面清单》《西北民族大学教师职业道德规范》《西北民族大学师德考核办法》等相关规定的系统学习教育，引导全体教职工进一步提高法治素养和规则意识，严格遵守课堂教学、关爱学生、学术研究、社会活动、网络言行等方面的纪律要求，坚守师德底线。

完成时限：2021 年 5 月中旬前

3. 践行师德师风承诺

各单位严格按照《西北民族大学师德考核办法》《西北民族大学师德建设工作考核办法》要求，全员签订《教师职业道德规范承诺书》，逐项对照“西北民族大学师德建设工作考核评价量化指标”，排查梳理存在的问题，提出整改举措。要进一步压实师德建设工作责任、完善工作机制、加强教育引导、典型培塑和师德考核，始终把立德树人的成效作为检验一切工作的根本标准，将立德树人融入渗透到教育教学全过程，实现全员全过程全方位育人，增强育人的主动性、针对性、实效性。

完成时限：2021 年 5 月中旬前

4. 开展警示教育

各单位组织学习教育部近期通报的违反教师职业行为准则典型问题案例，结合案例进行警示教育，引导广大教职员工进一步规范自己言行举止，坚守底线，不碰红线，坚决杜绝有损职业道德的行为。引导广大教师要有“捧着一颗心来，不带半根草去”的奉献精神，坚守精神家园、坚守人格底线，在大是大非、善恶曲直、义利得失等方面以身作则、率先垂范，以自己的模范行为影响和带动学生。学校组织召开师德师风建设工作专题推进会，通报师德失范典型案例，督促落实师德师风问题整改，交流研讨加强师德师风建设工作经验做法。

完成时限：2021 年 5 月中旬前

（二）开展师德师风专题网络培训

聚焦学校内涵式发展，结合工作实际，依托中国干部网络学院，开设“教师队伍建设”“立德树人”“课程思政与教学改革”“民族宗教与意识形态”“网络舆情引导”“网络信息安全”六大模块课程，组织各教学、科研单位、实验教学部 350 名教师代表参加专题培训。引导广大教师要坚持教育者先受教育，自觉用习近平新时代中国特色社会主义思想武装头脑，努力成为先进思想文化的传播者，党执政的坚定支持者，更好担起学生健康成长指导者和引路人的责任。

完成时限：2021 年 6 月中旬前

（三）召开师德师风专题组织生活会

以教师党支部为单位，围绕师德师风建设开展大学习大讨论。严肃认真召开专题组织生活会，党员教师开展党性分析，查摆存在的问题，深化思想教育，抓好整改落实。非党员教师由各单位师德建设工作小组组织召开师德师风建设座谈会，交流思想、分享感悟、提高育德育人能力。全体教师要认真学习领悟，深刻把握习近平总书记关于师德师风建设重要论述，自觉贯彻落实到教育教学全过程各环节，切实提升师德师风建设水平。

完成时限：2021 年 6 月中旬前

三、工作要求

（一）坚持把党的政治建设摆在首位，强化教师党支部政治功能，发挥教师党支部在教师思想政治工作中的作用，坚定教师政治信仰，强化教师党员身份意识，全面提升教师思想政治素质。要统筹结合党史学习教育，教育引导党员干部从党的非凡历程中感悟马克思主义的真理力量和实践力量，深化对中国化马克思主义既一脉相承又与时俱进的理论品质的认识，更好地用习近平新时代中国特色社会主义思想武装头脑、指导实践、推动工作。

（二）各单位师德建设工作小组、师德自律委员会要把师德师风作为评价教师队伍的第一标准，切实加强对师德师风建设的领导，发挥教师党支部示范引领作用，切实担起主体责任，认真落实师德师风教育要求。要把开展师德师风教育与解决教师面临的实际问题有机结合，为教师办实事、解难题。

（三）各单位要从贯彻落实习近平总书记对广大教师提出“四个服务”“四有好老师”“四个引路人”“四个相统一”的殷切希望出发，进一步提高思想认识，切实加强组织领导，确保教育活动覆盖每名在职教职工，取得实实在在的成效，营造风清气正的良好教育生态环境。

中共西北民族大学委员会开展党史学习教育的总结

按照中央和国家民委党组部署要求，在委党史学习教育领导小组的领导和指导下，西北民族大学党委紧紧围绕“学史明理、学史增信、学史崇德、学史力行”总要求，立足实际、守正创新，以对党、对人民、对教育事业和民族团结进步事业高度负责的态度，高质量高标准抓好党史学习教育，引导广大党员干部师生接受精神洗礼，锤炼党性修养，砥砺政治品格，践履知行合一，把党史学习教育取得的显著成果转化为建设高水平现代化综合大学的强劲动力。

一、主要做法及成效

学校党委始终坚持以习近平新时代中国特色社会主义思想为指导，紧盯“学党史、悟思想、办实事、开新局”目标任务，深刻把握以史为鉴、开创未来的重大要求，将党史学习教育与推动学校高质量发展结合起来，推进学习教育往深里走、往实里走、往心里走。

（一）加强组织领导，高站位严要求开展党史学习教育

学校党委把党史学习教育作为一项重大政治任务，作为历史教育课、党性修养课、立德树人必修课抓紧抓实，实现组织到位、责任到位、措施到位、落实到位。

1. 坚决扛起政治责任

成立由党委书记、校长任组长，分管宣传、党建工作的校领导任副组长的党史学习教育领导小组。学校党委主要负责同志切实担负起第一责任人职责，第一时间组织学习习近平总书记在党史学习教育动员大会上的重要讲话精神以及国家民委动员部署会精神，深刻领会、准确把握党史学习教育的重大意义、目标要求、重点任务。领导小组坚持既理“线”，又找“点”，统筹谋划、精心组织、周密安排。定期召开领导小组会议和重点工作推进会研究部署。疫情期间，领导小组坚持通过线上进行工作安排，做到学习教育与疫情防控两不误，持续推进不断线。制定党史学习教育工作方案和“四史”宣传教育方案，明确责任分工。同步嵌入党组部署开展的“四大”活动，使之作为党史学习教育的重要抓手，确保“规定动作精准到位，自选动作特色务实”。

2. 协调督导压茬推动

抽调专人组成“一办四组”工作专班，各司其职、各负其责，具体实施党史学习教育各项工作。各二级单位也及时成立相应机构，紧密结合实际，细化实施方案，形成层层压实领导责任、上下联

动、统筹推进的工作格局。领导小组办公室依据学校党史学习教育总体安排，制定分阶段工作计划、任务清单，做好内外协调、综合服务等日常工作。成立3个学习教育指导组，聘请近年来退出学校领导岗位、具有丰富党务工作经验的老同志担任组长，对各单位学习教育进行督促指导，对各项重点工作落实情况进行督查督办，保质保量抓好每个步骤。开展第四轮校内巡察，把党史学习教育情况纳入巡察重要范畴。与国家民委巡视有机结合，确保学校党史学习教育有力有序有效推进。

3. 深入开展调查研究

为进一步推动党史学习教育下实功、出实招、见实效，精准把握发展所需、基层所盼、民心所向，防止学习工作“两张皮”，学校党委分别以“铸牢中华民族共同体意识”“贯彻落实委属高校工作座谈会精神”为主题，于4月、11月组织开展两次大调研、大走访。学校领导班子成员深入基层、深入师生，察民情、摸家底、访民意，坚持问题导向，切实做到广泛问需、精准问策。在深入调研基础上，分类梳理汇总，形成问题清单、项目清单、责任清单，推动学习教育不断转化深化。开展全校性大调研，在零距离接触中，全面了解师生所思所盼，及时回应师生关切，摸清找准学校发展的症结短板和师生反映的热点难点问题，在调研中悟透以人民为中心发展思想。

4. 召开专题组织生活会

根据统一安排，组织全校205个党支部5190名党员召开“学习贯彻习近平总书记‘七一’重要讲话精神”专题组织生活会。坚持理论学习“实”，检视问题“准”，剖析根源“透”，相互批评“辣”，整改措施“全”，督促指导“严”的标准，确保组织生活会开出高质量好效果。党委常委以普通党员身份参加所在支部专题组织生活会，指导组下沉各支部进行督导。通过检视问题、交心谈心、批评与自我批评，进一步促进党员干部师生真刀真枪、见筋见骨，打扫思想上、政治上、行动上的灰尘，达到了强化党性、锤炼作风、振奋精神、凝聚力量的目的。目前，正认真准备召开学习六中全会精神专题组织生活会和党史学习教育专题民主生活会。

（二）坚持以学为基，把理论武装贯穿学习教育始终

学校党委坚持把学习党的创新理论作为党史学习教育的重中之重，推动习近平新时代中国特色社会主义思想天天见、天天新、天天深，教育引导师生学出理想信念、学出政治忠诚、学出使命担当。

1. 全面系统学

党委常委会会议坚持将学习作为“第一议题”。坚持理论学习中心组示范引领。通过“三会一课”、主题党日活动等，组织师生深入学习领会习近平总书记关于党史的重要论述，特别是重点学习习近平总书记关于加强和改进民族工作的重要思想、“七一”重要讲话和十九届六中全会精神。研读习近平《论中国共产党历史》《习近平新时代中国特色社会主义思想学习问答》等指定书目。同时把《中国共产党统一战线工作条例》、中央民族工作会议精神传达提纲作为必学内容。推动党史与新中国史、改革开放史、社会主义发展史、民族工作史一体学习。结合学校实际，学习校史和习仲勋同志

在西北民族学院开学典礼上的讲话。组织开展专题研讨，撰写心得体会。举办两期专题读书班。举办二级单位党组织书记、宣传思想骨干、纪检委员、辅导员班主任等培训班。开展组织员、思政课教师暑期实践研修。举办全省形势与政策课教师“同上一堂党史课”集体备课活动，将党史学习教育有机融入思政课堂。运用“学习强国”“甘肃党建”等学习平台实现线上学习全覆盖。组织全校651个团支部22000多名团员青年参加“青年大学习·一起学党史”网上主题团课，推出“党史天天读”“‘月（悦）’读党史”等线上菜单。学习教育做到内容完整、重点明确、层次清晰、效果突出。

2. 及时跟进学

及时跟进学习习近平总书记在中央人才工作会议、纪念辛亥革命110周年大会、中国重返联合国合法席位50周年纪念会议以及在青海、西藏、河北承德、陕西榆林考察期间的重要讲话精神，《求是》杂志上发表的《用好红色资源，传承好红色基因，把红色江山世世代代传下去》等重要文章。党的十九届六中全会召开后，学校组织全校党员师生参加国家民委举办的学习贯彻六中全会精神视频宣讲报告会，聆听中央政策研究室主任江金权的辅导报告。及时组织学习国家民委党组人民日报刊文，学习陈小江同志在委属高校工作座谈会上的讲话精神。

3. 创新方式学

制作党史知识口袋书。充分利用校报、橱窗、电子显示屏、新媒体平台及时推送《红色档案》《百年瞬间》《同心共筑中国梦》等学习资料，方便党员师生随时“充电”“补钙”。用好甘肃红色资源，组织师生赴兰州张一悟纪念馆、八路军驻兰办事处纪念馆等红色旧址和爱国主义教育基地，带领党外知识分子赴玉门铁人干部学院，以“行走的课堂”参与体验式学习。结合隆重庆祝建党百年活动，举办“丹青颂党”美术创作展、“弘音颂党”音乐会和“石榴花开心向党”文艺晚会。邀请“五老”与学生党员代表围绕“我和我的信仰”开展座谈交流。在离退休老同志中开展“口述民大历史”活动。举行“中国共产党人的精神谱系”理论研讨会。在第26个民族团结进步教育月中，组织统一战线成员学习统战工作条例，深化对党的统战工作史的认识理解。设立“红色书屋”，开展百本红色经典书籍阅读推荐活动。开展“永远跟党走 奋进新时代”为主题的暑期社会实践和志愿者服务活动。举办以“红色记忆”为主题的百部电影展播、书法大赛、知识竞答、抖音短视频大赛、五四拉练等丰富多彩的校园文化活动。

（三）深化宣讲宣传，持续营造真学深学实学的浓厚氛围

学校围绕党史学习教育，充分调动校内外资源，开展理论宣讲、加强正面宣传、注重研究阐释，不断丰富学习教育载体，积极营造“时时受教育、处处悟党史”的学习氛围。

1. 开展理论宣讲

成立由校领导、党政干部、专业教师、学生党员组成的党史学习教育宣讲团，深入各部门各单位、基层党组织、学生班级开展专题宣讲。校领导班子成员发挥“头雁效应”，带头上讲台宣讲党史

和十九届六中全会、中央民族工作会议精神。马克思主义学院教师作为宣讲主力军，依托思政课宣讲“四史”，精心设计“理论热点面对面 民大师生心连心”学习沙龙。学生党员宣讲员从新时代新青年的视角出发，发挥朋辈教育作用，引导各族同学努力做习近平新时代中国特色社会主义思想的坚定信仰者和忠实实践者。各二级单位通过党组织书记讲党课、院长谈“十四五”等不同形式开展宣讲。离退休老同志结合党史、校史，用真挚的话语和鲜活的故事，讲述个人与国家同呼吸共命运的人生历程。举办“百年红色讲堂”，邀请领导、专家开展系列宣讲。先后邀请甘肃省委常委、统战部部长马廷礼来校宣讲六中全会精神；红军后代、“中国好人”、甘肃省延安精神宣讲团成员进行“辅学导学”，讲述经典革命故事，培固奋斗之源；多名甘肃省委讲师团成员从不同角度阐释习近平总书记“七一”重要讲话精神；甘肃省“南梁精神”宣讲团成员讲述南梁精神的主要内涵和时代价值；外交部原驻外大使姚培生宣讲党的外交工作史，系统阐释习近平外交思想。

2. 加强研究阐释

依托哲学社会科学学科群，组织专家学者开展理论研究阐释。在《中国统一战线》刊发《把民族院校建成铸牢中华民族共同体意识的坚强阵地》学校署名文章，组织撰写《铸牢中华民族共同体意识更好服务富民兴陇》《象征与传播：形塑红西路军革命精神的文化路径》等34篇理论文章。《西北民族研究》《西北民族大学学报》相继开设“建党100周年”“铸牢中华民族共同体意识”“学习六中全会精神”等理论专栏。中央高校基本科研业务费列专项支持党史学习教育课题研究。

3. 加强宣传报道

汇编党史学习教育大事记，编印工作简报35期。充分发挥学校融媒体中心作用，积极构建“全媒体+党史学习教育”宣传工作格局。开设党史学习教育专题网站。校报、新闻网、微博、微信、抖音等媒体平台开设“庆祝建党百年”“学党史 颂党恩”“榜样的力量”等专题专栏，及时反映学习教育动态和成果。制作“听西北民族大学讲述首任院长汪锋的故事”短视频，参与“教育部思政司‘网上重走长征路’党史故事百所高校接力讲述活动”。在新华网、学习强国号、委属媒体上发表新闻通讯近400篇，阅读量超过800万人次。

（三）厚植为民情怀，扎实开展“为党旗添光彩 为师生办实事”实践活动

学校党委坚持在学习教育中办实事，在办实事中受教育，以知促行、以行践知，推动解决学校改革发展中的堵点、痛点，解决师生急难愁盼问题，增强师生获得感幸福感。目前，国家民委下达的9项、学校领导班子的34项、校属各单位的307项办实事项目已顺利办结或完成年度计划，其中9项重点民生项目全部落实到位。党员为身边群众办实事4680多项。

1. 把坚决打赢疫情防控遭遇战、确保3万余名师生生命安全作为最大“实事”

在前不久的抗疫大战大考中，学校党委坚持人民至上、生命至上，近1个多月日夜奋战，为师生身体健康、生命安全严防死守，把共创“无疫校园”作为办实事最具体、最鲜明、最生动的实践。党

员干部下沉一线，分片包干，组建“党员突击队”，设置“党员先锋岗”，让党旗高高飘扬。为全校学生发放电子测温器3万个、口罩45万个、保温饭盒2.7万个。向滞留在外、家庭突发变故的460名学生发放26万元补助。为师生免费赠送50G流量，保障线上教学。加强在校外被隔离师生心理疏导，多措并举开展思想安抚，解决师生后顾之忧。探索特定时期网络育人有效路径，开展“战疫有我”学风建设主题活动，76万人次在线同上战“疫”思政课，微博话题“西北民族大学抗疫日记”阅读量超1000万人次。选派300名医护人员支援兰州核酸检测，1300人次医学专业学生服务社区，兰州市委市政府专门致信感谢，人民日报、光明日报、新华社等30多家主流媒体跟踪报道。党员师生用坚守与担当书写人间大爱，舍小家顾大家，彰显了中华民族共同体理念的新高度。

2. 着力解决师生操心事揪心事烦心事，以师生满意为第一要求

积极推进更高水平平安校园建设，在“平安甘肃”考核中排名甘肃高校第一。加强与属地协调沟通，推动解决全校教职工养老保险参保这一重大历史性民生遗留问题取得实质性进展。推进饮食服务模式改革，大幅提升、改善餐饮质量。教职工住宅楼工程竣工，维修加固学生公寓，推进榆中校区征地工作。实施老旧小区提质改造项目，师生居住环境和生活品质显著改善。持续开展本科“强基行动”，推动更充分更高质量就业，2021届本科生就业率在甘本科院校排名第四。推进与地方政府合作，帮助80多名教职工子女顺利入园入学。河南发生洪涝灾害后，第一时间给50名河南籍学生发放困难补助5万元。推进校园网络提速降费。延长图书馆开放时间，新增300个阅览座位，满足学生学习、备考刚性需求。推进“一表通办”和“最多跑一次”，实现“师生少跑腿、数据多跑路”，让师生感受到实实在在的变化和温暖。

3. 积极服务国家重大需求，办实事呈现新的“打开方式”

参与建设军民融合重大项目“‘一带一路’多语言智能处理与人文社会大数据研究中心”。推进“一带一路”特色农产品多语言电商平台建设。助力巩固脱贫攻坚成果，推进线上线下消费帮扶，促进农牧民增产增收，被评为甘肃省脱贫攻坚先进集体。为民族地区和边疆地区开展乡村振兴等系列培训。组建“黄河上游生态保护产业发展研究院”等4个研究机构，新设甘肃太子山野外科学观测站，服务黄河流域生态保护和高质量发展。指导帮助临夏州的屠宰企业进行屠宰废弃血液生产氨基酸液体肥的产业化项目，解决行业瓶颈，实现废弃物再利用、再增值。编制《甘肃省“十四五”社会心理服务体系建设规划》，牵头成立甘肃省社会心理服务联合会，服务甘肃社会心理体系建设。

（四）聚焦民族工作主线，在转型重塑中推动学校高质量发展

学校党委坚持把学习党史同总结经验、观照现实、推动学校高质量发展结合起来，实现学习教育与事业发展两促进、两提高。

1. 中华民族共同体建设有新进展

建立健全铸牢中华民族共同体意识的宣传教育体系、学科专业体系、科学研究体系、实践创新体系、组织保障体系。以铸牢中华民族共同体意识为纲，修订学校章程、人才培养方案，制定实施意见和工作方案。开设《中华民族共同体概论》《中华民族精神》等共同体建设课程。推进铸牢中华民族共同体意识研究院建设，论证筹建中华民族共同体学院。第二批国家级通用语言文字推广基地、甘肃省首批铸牢中华民族共同体意识研究基地落户学校。

2. 学科专业建设有新突破

新增民族学一级学科、中华民族共同体意识学二级学科博士学位授权点，以及土木工程等 7 个硕士学位授权点。优化学科布局，深化民族语言文化历史等学科专业改革。推进“四新”建设，促进学科专业交叉融合，新增 13 个国家级、省级一流本科专业，获批 8 个国家级新文科、新工科研究与改革实践项目。

3. 人才培养有新举措

开展学生“一日生活规范化”和“天天唱国歌、天天升国旗”活动。持续实施本科“强基行动”、研究生“树人工程”，深化“只争朝夕 不负韶华”学风建设主题活动。加强学生创新创业教育，获得国家级、省部级项目 75 项，省部级以上学科竞赛奖近 300 项。

4. 综合改革有新步伐

深化教育评价改革，破除“五唯”顽瘴痼疾，科学编制“十四五”规划。突出质量导向，建立代表性科研成果奖励机制。深化职称评审改革，实施教师高级职称校内聘任。推进“放管服”改革，做好规章制度“废改立释”工作，制定修订规章制度 90 多项。实施新时代研究生教育综合改革。推进 11 家校企关停并转，完成校企改革任务。

5. 科研能力有新提升

获国家社科基金重大招标项目 2 项，列甘肃高校第二。获国家社科、自然科学基金项目 24 项，铸牢中华民族共同体意识研究国家级省部级项目 19 项，科研经费超过 1 亿元。

6. 人才队伍建设有新气象

实施重点人才工程，引进高层次人才 37 人。18 名教师获得省部级以上各类人才称号。生物工程科研团队荣获“全国专业技术人才先进集体”“全国民委系统先进集体”“甘肃省抗击新冠肺炎先进集体”。在甘肃省级重点人才项目绩效评价考核中，学校位列在甘高校和科研单位第一。

二、主要收获与体会

通过开展党史学习教育，全校党员师生增强了党的意识、党员意识，增强了历史自觉和历史主动，在学习领悟中坚定理想信念，在奋发有为中践行初心使命。

一是感悟思想伟力，坚决捍卫“两个确立”，做到“两个维护”。党员干部师生通过学习教育，对党的创新理论特别是习近平新时代中国特色社会主义思想的科学性、真理性领会更深入、把握更准确，强化了理论思维，升华了精神境界，筑牢了信仰之基，增强了忠诚核心、维护核心、看齐核心的思想自觉、政治自觉和行动自觉。

二是树立正确党史观，做到知史爱党、知史爱国。党员干部师生通过学习教育，对党的历史发展的主题主线、主流本质领会更深入，对历史发展规律和大势把握更准确。在旗帜鲜明反对历史虚无主义，正本清源、固本培元中增进了对党和国家的政治认同、思想认同、情感认同。

三是传承红色基因，鼓起奋进新征程的精气神。党员干部师生通过学习教育，弘扬共产党人的精神谱系和红色传统，赓续学校红色血脉，更加坚定社会主义办学方向，坚定把服务各民族共同走向社会主义现代化作为重要使命，着力破解学校发展难题，厚植发展优势，不断提振干事创业的信心和决心，增强开拓前进的勇气和力量。

四是彰显主线意识，写好学校高质量发展的时代答卷。党员干部师生通过党史学习教育，不断提高“政治三力”，更加自觉地把铸牢中华民族共同体意识作为检验办学治校的重要尺度，衡量教书育人的重要标准。对学校所处的时代方位和发展目标、服务面向有了更加清晰的认识，增强了按照共同性方向推动学校高质量发展的紧迫感、责任感和使命感，努力办好让党中央放心、各族人民满意的高水平现代化综合大学。

五是坚持知行合一，牢记党员使命担当。党员干部师生通过学习教育，进一步自觉用伟大建党精神滋养初心，淬炼党性，引领使命，胸怀“国之大者”，不断提高把握新发展阶段、贯彻新发展理念、服务新发展格局的政治能力、战略眼光、专业水平，在主动担当作为上体现出强烈的社会责任和家国情怀，将爱国之情、报国之志、强国之行更好地融入中华民族伟大复兴的历史进程。

六是坚守人民立场，画好最大同心圆。党员干部师生通过学习教育，进一步深化了对党的性质、宗旨的理解和把握，深刻认识到必须牢牢根植师生办实事、紧紧依靠师生办实事、着眼造福师生办实事，以办实事的成效凝聚师生，以解决难题的成果汇聚共识，在师生的信任和支持中凝聚推动学校建设发展的磅礴力量。

三、下一步打算

学校党委将坚持以习近平新时代中国特色社会主义思想为指导，深入学习贯彻十九届六中全会和中央民族工作会议精神，贯彻落实委直属高校工作座谈会精神，把党史学习教育的经验总结好、成果巩固好、转化运用好，以昂扬的奋斗姿态、优异成绩迎接党的二十大胜利召开。

一是理论学习贯穿始终。坚持深学细悟笃行习近平新时代中国特色社会主义思想，不断强化学思用贯通、知信行统一，促进党员干部师生常学常新，在思想上再升华，在精神上再洗礼，在行动上再对标，在能力上再提升。

二是政治建设常抓不懈。始终把党的政治建设摆在首位，毫不动摇坚持党对学校的全面领导，把好正确政治办学方向，突出育人政治标准，营造良好政治生态，教育和引导各民族师生不断增强“四个意识”、坚定“四个自信”，坚定不移做“两个确立”的忠诚拥护者、“两个维护”的示范引领者。

三是历史主动精神不断增强。进一步总结办学历史经验，探究历史规律，掌握历史主动，顺势而为，不断增强学校工作的系统性、预见性、创造性。保持战略定力，树立底线思维，科学分析研判学校转型发展面临的历史机遇与挑战，提高应对风险的能力与水平，更加意气风发地走向未来。

四是教育成果持续巩固。坚持以史鉴今、资政育人，不断巩固深化党史学习教育成果，把党史学习教育中创造的好做法、好经验固化上升为长效机制，推进党史学习教育常态化开展，推进为师生办实事实践活动常态化开展，引导师生进一步明理增信、崇德力行，永远听党话、跟党走。

附件：西北民族大学党史学习教育领导小组成员名单

组　长：邓光玉（党委书记）

郭郁烈（党委副书记、校长）

副组长：石迎春（党委副书记）

王彦斌（党委常委、副校长）

领导小组下设办公室，负责党史学习教育日常工作，内设综合组、材料组、宣传组、指导组

主　任：石迎春（兼）

成　员：韩瑛、王志军、齐卫权、杜永红、冶生贵、文化、马玉堂

一、综合组

负责统筹推进学习教育各项工作安排、情况综合、服务保障等工作；研究制定学校党史学习教育实施方案；筹备领导小组会议和有关工作会议；负责与国家民委指导组沟通联络；负责编发简报和印制学习材料；完成领导小组交办的其他工作。

组　长：韩瑛

副组长：王振国、孙罡

成　员：薛珊、李鹏、陈晓佳、丁晓东、王惠

二、材料组

负责撰写党史学习教育相关稿件，主要包括起草领导小组负责同志的讲话、汇报和学习教育工作总结等材料，撰写理论文章。

组　长：王志军

副组长：马玉堂、向党、刘曜

成　员：刘梅、白笑天、赵志桥、汤宁、李斌、赵恺

三、宣传组

负责统筹协调相关媒体对中央精神，国家民委党组、甘肃省委有关要求及学校党委安排、学习教育进展等宣传报道，宣传先进典型，做好舆论引导，营造良好氛围。

组　长：韩瑛

副组长：马丽英、胡俊

成　员：冯岩、张鹏、李明哲、张骞、钟玉蕊

四、指导组

负责传达中央和国家民委党组、甘肃省委有关部署要求，督促指导各部门各单位认真落实学校党委工作任务和党史学习教育工作安排；参加所指导部门单位学习教育的重要会议和重要活动，指导开好专题组织生活会；了解掌握学习教育进展情况，提出工作建议；总结推广典型经验，发现和分析存在的问题，并督促解决；及时向领导小组办公室反映情况，提出意见建议。

组　长：王扎西、闵文义、何烨

副组长：齐卫权、郝宇、孙沛华

成　员：邓文科、于兰生、张纬、李铭、牛丽娟、苏知洋

党建与思想政治工作、统战工作

邓光玉同志在西北民族大学2021年全面从严治党工作会议上的讲话

（2021年3月12日）

同志们：

今天，学校党委召开全面从严治党工作会议，主要任务是，认真学习贯彻习近平总书记在十九届中央纪委五次全会上的重要讲话精神和国家民委全面从严治党工作会议、甘肃省纪委十三届五次全会精神，总结分析过去一年学校全面从严治党工作，部署安排今年全面从严治党工作任务。

刚才，杨晓同志总结了过去一年全面从严治党工作和纪委工作，对今年的工作进行了部署，要认真抓好贯彻落实。

2020年，是极不平凡的一年。在国家民委党组和甘肃省委的坚强领导下，学校党委坚决贯彻落实党中央关于全面从严治党的决策部署，始终坚持严的主基调，强化政治引领、践行“两个维护”，强化理论武装、夯实党建基础，强化作风建设、持续纠治“四风”，强化纪律建设、严肃监督执纪，强化制度执行，压实责任环节，站在政治高度推进全面从严治党取得了新成效，为统筹推进疫情防控和学校高质量发展提供了坚强保障。

2021年，是中国共产党成立100周年，也是实施“十四五”规划、开启全面建设社会主义现代化国家新征程的第一年，做好全面从严治党工作意义重大。总体要求是：以习近平新时代中国特色社会主义思想为指导，全面贯彻党的十九大和十九届二中、三中、四中、五中全会精神，认真落实中央纪委五次全会精神，增强“四个意识”、坚定“四个自信”、做到“两个维护”，坚持稳中求进工作总基调，立足新发展阶段，贯彻新发展理念，融入新发展格局，坚持和加强党对学校工作的全面领导，深入贯彻全面从严治党方针，为推进建设现代化高水平大学提供坚强保障，以优异成绩迎接中国共产党建党100周年。

习近平总书记在中央纪委五次全会上发表的重要讲话，深刻阐述全面从严治党新形势新任务，强调全面从严治党首先要从政治上看，不断提高政治判断力、政治领悟力、政治执行力，一刻不停推进党风廉政建设和反腐败斗争，以强有力的政治监督确保“十四五”时期目标任务落到实处。习近平总书记的重要讲话高屋建瓴、思想深邃、内涵丰富，具有很强的政治性、思想性、指导性，是推进全面从严治党向纵深发展的重要遵循，是新时代党风廉政建设和反腐败工作的行动指南。我们要深刻认识全面从严治党是应对重大风险考验的有力保证，深刻把握党风廉政建设和反腐败斗争形势依然严峻复杂的重大判断，深刻领悟“全面从严治党首先要从政治上看”的根本要求，深刻理解充分发挥全面从严治党引领保障作用的核心要义，自觉把思想和行动统一到习近平总书记重要讲话精神上来，坚定不移推进全面从严治党，不断实现不敢腐、不能腐、不想腐一体推进的战略目标。

下面，我就贯彻习近平总书记重要讲话精神，按照中央和国家民委党组、甘肃省委部署，推进学校全面从严治党工作，强调几点意见。

一、充分发挥全面从严治党引领保障作用

（一）坚持学懂弄通做实党的创新理论

扎实开展党史学习教育，教育引导党员干部加强党性锻炼、党性修养，坚定理想信念。深学细悟习近平总书记关于教育、关于民族工作的重要论述，开展大学习、大讨论、大调研、大培训活动。坚决把思想和行动统一到习近平新时代中国特色社会主义思想和党中央决策部署上来，充分发挥全面从严治党引领保障作用，坚定政治方向，保持政治定力，做到态度不变、决心不减、尺度不松，确保“十四五”开局之年学校改革发展各项任务落到实处，努力将学校建设成为铸牢中华民族共同体意识的理论创新基地、智力支撑基地和人才培养基地。

（二）坚持和加强党对学校工作的全面领导

进一步强化学校党委把方向、管大局、作决策、抓班子、带队伍、保落实的政治能力，全面贯彻党的教育方针，坚持社会主义办学方向，巩固深化“不忘初心、牢记使命”主题教育成果，统筹推进“三全育人”“五育并举”人才培养综合改革，加快构建“大思政”育人格局，培养德智体美劳全面发展的社会主义建设者和接班人。抓好《中国共产党统一战线工作条例》的学习宣传贯彻，加强对群团组织的领导，巩固马克思主义在意识形态领域的指导地位，确保学校始终成为坚持党的领导的坚强阵地。

（三）落实立德树人根本任务

以铸牢中华民族共同体意识为主线，以推进高质量发展为主题，以推动教育评价体系改革为牵引，以强化教师队伍建设为关键，坚持系统观念，把为党育人作为永恒初心，坚定青年学生政治信仰，培养和造就一代又一代理想信念坚定，听党话、感党恩、跟党走的各族青年英才；把为国育才作为根本立场，培养越来越多的掌握现代科技文化知识、有一技之长的有用人才，投身到建设社会主义现代化国家新征程中奋勇争先、建功立业；把维护民族团结作为神圣职责，认真贯彻落实好学校党委《关于做好铸牢中华民族共同体意识工作的实施意见》，牢固树立马克思主义“五观”，增强“五个认同”，确保学校始终成为铸牢中华民族共同体意识的坚强阵地。

二、不断提高政治判断力、政治领悟力、政治执行力

习近平总书记在十九届中央纪委五次全会上的重要讲话，对我们加强政治建设提出了明确要求。我们要胸怀“两个大局”，不断增强政治意识，提高政治能力，完整、准确、全面贯彻新发展理念，找准民族高校在党和国家事业全局、国家教育整体布局中的地位，推进学校高质量发展。

一要在胸怀“国之大者”中提高政治判断力。胸怀决定格局，视野影响判断。要在推进学校改革发展的重大问题和关键环节上头脑特别清醒、眼睛特别明亮，善于从一般事务中发现政治问题，善于从倾向性、苗头性问题中发现政治端倪，善于从错综复杂的矛盾关系中把握政治逻辑，深刻认识各类问题中的政治本质，有效抵御风险挑战，始终做政治上的明白人。

二要在深学细悟党的创新理论中提高政治领悟力。政治上的坚定源于理论上的清醒，我们办学承担的是政治责任，必须学深悟透习近平新时代中国特色社会主义思想，坚持用党中央精神分析形势、推动工作。要牢牢把握全面从严治党的重大方针、重大原则、重点任务，深刻领会党中央关于党风廉政建设和反腐败斗争的精神实质，自觉同以习近平同志为核心的党中央保持高度一致。

三要在坚决践行“两个维护”中提高政治执行力。政治执行力检验的是对党的绝对忠诚度，考验的是不折不扣的贯彻力。要经常主动地同党中央精神对表对标，按照党中央指明的方向、确定的前进路线，开展全面从严治党工作，及时校准偏差，强化责任意识，确保习近平总书记重要指示批示和党中央重大决策部署落实到办学治校全过程、各环节，体现在各项工作中。

三、增强基层党组织防范化解风险能力

（一）毫不动摇坚持和加强基层党组织建设

认真学习贯彻新修订的《中国共产党普通高等学校基层组织工作条例》，进一步树立大抓基层的鲜明导向，强化政治引领，下大气力解决基层党组织建设存在的薄弱环节，更加突出基层党组织的政治功能。坚持底线思维，增强忧患意识，着力完善管思想、管工作、管作风、管纪律的从严管理制度，着力提升基层党组织组织力，充分发挥党支部战斗堡垒作用和党员的先锋模范作用，把基层党组织建设得更加坚强有力，确保党的教育方针和党中央的重大决策部署有效贯彻落实。

（二）防范和化解重大风险

我们既要警惕“黑天鹅”事件，也要防范“灰犀牛”事件；既要有防范风险的先手，也要有应对和化解风险的高招。要做好精准研判，防止校内问题的校际传播，甚至是校外传播；要筑牢思想防线，把思想政治工作作为学校各项工作的生命线，紧紧抓在手中，贯彻到教育教学全过程；要强化风险排查和增强临机处置的能力，做好预案，防患于未然。

（三）严格落实意识形态工作责任制

加强对课堂、讲座、论坛、报告会、研讨会等阵地管理，强化校园网络、自媒体管理。加强完善防范校园传教和抵御宗教渗透工作机制，持续开展摸排涉“三股势力”渗透的风险隐患，切实提高防范意识和化解能力，确保校园安全稳定。

四、坚定不移推进正风肃纪长效化

不正之风与腐败互为表里，作风不正，腐败难断其根。整治不正之风，就是反腐败的治本之策。必须以钉钉子精神，反复抓、抓反复，抓出好作风，营造校园风清气正的政治生态和干事创业的良好环境。

（一）深化监督执纪问责

坚决整治师生身边腐败和作风问题，不断实现不敢腐、不能腐、不想腐一体推进战略目标。要加强教育管理监督，既要扎实开展好党风廉政宣传教育月活动，又要组织好经常性纪律教育、警示教育、家风教育，以案促改、以案促治，引导教育党员干部师生筑牢思想防线，不断强化纪律规矩意识，时刻自重自省自警自励，慎独慎微慎始慎终，做政治信念坚定、遵规守纪的明白人。

（二）加强“关键少数”日常监督管理

强化对学校重点领域和关键岗位的监督，紧盯“关键少数”，增强对各单位各部门“一把手”的监督，防止滋生和出现特权思想和特权现象，规范履职尽责。精准运用“四种形态”，把正风肃纪反腐与深化改革、完善制度、促进治理贯通起来，坚持严管与厚爱相结合，综合发挥惩治震慑、惩戒挽救、教育警醒的功效。特别要运用好第一种形态，多做红脸出汗、咬耳扯袖的工作。

（三）持续纠治“四风”

坚决落实中央八项规定及其实施细则精神，持之以恒加强作风建设，一以贯之纠治形式主义、官僚主义，大力弘扬真抓实干作风。深入开展师生面对面、心贴心调研活动，实打实做好工作、解决问题，抓具体、补短板、强弱项，克服惯性思维和路径依赖，着力解决师生反映强烈的突出问题，加大问题整改的反馈力度，不断提升师生的获得感和满意度。在正风肃纪中，还要坚持不懈培育优良校风、教风、学风，把强化师德师风建设贯穿教师管理全过程，做到治理有方、管理到位、风清气正。

五、形成全面从严治党的强大合力

落实全面从严治党，关键是要抓好落实，坚持党建工作与业务工作同谋划、同部署、同推进、同考核。一要强化责任贯通。把党委的主体责任和纪委的监督责任、党委书记第一责任和班子成员“一岗双责”结合起来，推动各方同向发力，同频共振。各部门各单位党组织要定期分析研判、及时研究解决本部门和本单位党建工作中的突出问题，切实把全面从严治党落到实处。二要落实政治监督。学校党委履行全面监督、纪委履行专责监督，党的工作职能部门、党支部以及广大党员要各司其职、各尽其责。三要统筹巡视巡察。既要积极做好接受国家民委党组新一轮巡视学校的准备，也要积极推进校内巡察工作开展。四要形成监督合力。促进党内监督与教代会监督、民主监督、行政监督、审计监督、财会监督、统计监督、群众监督、舆论监督有机贯通、相互协调。

纪检监察机关在全面从严治党中承担着重要职责。要带头加强党的政治建设，知责于心、担责于身、履责于行，充分发挥监督保障执行、促进完善发展作用，自觉接受最严格的约束和监督，加大严管严治，自我净化力度，不断提高纪法意识、纪法思维、纪法素养，努力做到政治素养高、专业能力强、敢于斗争、忠诚干净担当。

同志们，站在新起点、踏上新征程，全面从严治党永远在路上。我们要更加紧密地团结在以习近平同志为核心的党中央周围，锐意进取、真抓实干，奋力书写现代化高水平大学发展新篇章，以优异成绩庆祝中国共产党百年华诞！

杨晓同志在西北民族大学2021年全面从严治党工作会议上的讲话

——以强有力的政治监督推进学校事业高质量发展

（2021年3月12日）

同志们：

按照学校党委的安排，我就2020年学校全面从严治党工作和纪委工作进行汇报，并对今年主要工作任务进行安排部署。

一、学校党委履行全面从严治党主体责任情况

2020年，学校党委以党的政治建设为统领，严格履行全面从严治党的主体责任，党委主要负责同志严格落实第一责任人责任，班子成员落实“一岗双责”，统筹推进学校疫情防控和各项事业发展，全面从严治党工作取得了新成效。

（一）坚持以党的创新理论武装头脑

深入学习领会习近平新时代中国特色社会主义思想，坚持把学习习近平总书记重要讲话重要指示批示精神作为党委常委会会议、校长办公会会议首要议题，及时用党的最新理论武装头脑指导实践推动工作。认真学习《习近平谈治国理政》（第三卷），贯彻落实《关于新形势下党内政治生活的若干准则》《中国共产党请示报告条例》《中共中央政治局关于加强和维护党中央集中统一领导的若干规定》《党委（党组）落实全面从严治党主体责任规定》等党内法规，落实不忘初心、牢记使命制度。深刻领会党的十九届五中全会精神，稳步推进学校“十四五”事业发展规划编制工作，系统谋划人才培养工作发展路径，深入推进一流学科一流专业建设，进一步强化提升科研服务能力，持续发力加快改善基本办学环境，推进实施新时代教育评价改革意见，加快学校现代化高水平大学建设进程。党委理论学习中心组集体学习16次，召开党委常委会会议23次，校长办公会议21次，举办专题研讨会、学习班，校领导带头在光明日报等刊物发表理论文章，讲授专题党课和形势与政策课。

（二）坚持自觉践行“两个维护”

引领党员干部师生把“两个维护”作为最高政治原则和根本政治规矩，切实维护习近平总书记党中央的核心、全党的核心地位，维护党中央权威和集中统一领导，始终同以习近平同志为核心的党中央保持高度一致。引领党员干部师生不忘初心，坚持社会主义办学方向，紧紧围绕落实立德树人根本任务，推进学校人才培养、科学研究、社会服务、文化传承创新、国际交流与合作高质量发展，培养德智体美劳全面发展的社会主义建设者和接班人。引领党员干部强化思想淬炼，坚守理想信念，加强民族团结进步教育，强化意识形态阵地管理，突出铸牢中华民族共同体意识教育工作主线，开设中华民族共同体意识教育课程，巩固马克思主义在学校意识形态领域的指导地位。引领党员干部师生坚决贯彻落实党中央关于疫情防控和“六稳”“六保”等重大决策部署，采取强有力措施守护校园安全和推进学生就业工作，有力有序有效推进学校各项事业发展。

（三）坚持正风肃纪反腐节俭

认真贯彻中央八项规定及其实施细则精神，持续强化作风建设，深化拓展基层减负工作，从严整治不正之风，力戒形式主义、官僚主义。改进调查研究，学校领导班子围绕谋划“十四五”规划，有计划聚焦学校高质量发展等重点内容开展调研；精简会议，对全校性会议严格把关，从严控制会议规模和会议时间，充分利用视频形式召开会议。精简文件，继续严控发文总量和规格，以学校党委和行政名义发文数量同比明显减少。规范外出活动，所有校领导外出必须事前经学校主要负责同志同意后向委领导请假，并报备国家民委办公厅。改进新闻报道，充分释放融媒体传播效应，提高报道质量。持续保持纠治“四风”高压态势，紧盯重要时间节点，充分利用多种信息平台加强警示教育，严明纪律要求，强化纪律意识。积极倡导艰苦奋斗、勤俭节约风气，坚决纠治餐饮浪费行为，牢固树立必须真正过“紧日子”的思想。2020 年学校差旅费支出减少 54%，因公出国（境）费用支出减少 67%，会议费支出减少 45%。

（四）坚持突出党组织政治功能

贯彻落实新时代党的组织路线，坚持党的全面领导，进一步强化党对学校的政治领导，坚定党员干部师生的政治信仰，突出育人工作的政治标准，增强学校党组织的政治功能，提高领导干部的政治能力，涵养良好的校园政治生态，落实学校党的政治责任，不断把学校各级党组织建设得更加坚强有力。坚持党委领导下的校长负责制，贯彻落实民主集中制，优化选人用人机制，开拓高层次人才引进渠道，系统强化教师队伍建设，充分发挥党支部战斗堡垒作用和党员干部先锋模范带头作用，让党旗在疫情防控、脱贫攻坚、教学科研等一线高高飘扬。学校现有党支部 212 个，党员 5159 人，其中教职工党员 1306 人，学生党员 3579 人，离退休党员 274 人，2020 年新发展党员 1871 人。

（五）坚持压实管党治党政治责任

学校党委带头落实全面从严治党主体责任，制定实施全面从严治党主体责任清单及重点任务，推动主体责任与监督责任贯通协同，形成党委不松手、书记不甩手、班子成员不缩手、纪委监督有抓手的良好局面。充分用好巡察这个党内监督“利器”，开展了第三轮校内巡察，巡察工作质效不断提升。勇于担当，敢于作为，狠抓巡视巡察、审计、主题教育检视问题整改。坚持严字当头，一严到底，强化师德师风建设，加大对师生身边腐败问题和不正之风的惩戒力度，坚决杜绝师德师风失范行为发生。深化运用监督执纪“四种形态”特别是第一种形态，抓早抓小，防微杜渐。

在看到成绩的同时，也要清醒地认识到，与党中央全面从严治党的新要求相比，与推进高质量发展的新目标相比，与广大师生员工对事业发展的新期盼相比，我们的工作还存在不少差距和弱项。一是学习领会习近平总书记关于教育、关于民族工作的重要论述不够深入，思想引领作用发挥还不够显著。二是党建基础工作还存在薄弱环节，基层党组织的组织力提升、政治功能的作用发挥还不够有效。三是形式主义、官僚主义在日常工作中还不同程度存在。四是网络意识形态工作的认识、把握、引导、驾驭、保障能力还需要加强。五是少数党组织管党治党主体责任意识不强，能力不足，本领不高。这些突出问题和薄弱环节，学校党委高度重视，正在逐步加以整改和完善。

二、学校纪委履行协助职能和专责监督情况

2020年，学校纪委在上级纪检监察机关和学校党委的坚强领导下，协助学校党委履行全面从严治党、党风廉政建设和反腐败斗争，聚焦监督职责，特别是政治监督，自觉践行“两个维护”，为学校各项事业发展提供了有力保障。

（一）推动“两个责任”贯通协同

贯彻落实《党委（党组）落实全面从严治党主体责任规定》，扭住主体责任这个“牛鼻子”，强化协助职责、监督职责、推动作用。把坚持和加强党对高校的全面领导和落实立德树人根本任务作为监督的出发点和落脚点，推动校院两级党委认真落实全面从严治党主体责任和“三重一大”决策制度。高度关注师德师风建设、思政课程改革、“三全育人”创新等内容，积极协助党委塑造优良校风、教风、学风。组织召开全面从严治党工作会议，制定全面从严治党主体责任清单及重点任务安排，强化二级单位“一把手”第一责任人和班子成员“一岗双责”意识，进一步推动管党治党主体责任和监督责任有效落实。

（二）强化落实监督职责

开展疫情防控纪律监督，督促疫情防控措施落实落地。组织就业工作督导调研，贯彻落实党中央“六稳”“六保”部署要求。开展脱贫攻坚专项督查检查，助力脱贫攻坚任务落到实处。加强节约

粮食、制止餐饮浪费监督检查，坚决贯彻落实习近平总书记关于制止餐饮浪费行为重要指示精神的。强化日常监督，紧盯重要时间节点，利用短信、微信向党员干部发送廉洁过节提醒信息，严明纪律，确保节日期间风清气正。加强巡察监督，对 2 个二级单位党组织开展常规巡察。开展巡察整改专项督导，推进整改任务落实。

（三）深化运用“四种形态”

聚焦主责主业，坚持严管和厚爱相结合，依规依纪依法开展监督执纪问责。精准运用“四种形态”特别是第一种形态，加大整治师生身边违规违纪问题力度，处置各类问题线索 16 件，给予政务警告处分 1 人，提醒谈话、批评教育等 5 人，澄清匿名诬告线索 1 件。严把党风廉政意见回复关，出具廉政函 57 份，涉及 514 人次。

（四）加强党风廉政宣传教育

深化干部纪律教育，开展党风廉政宣传教育月活动，组织党员干部深入学习党章、中国共产党纪律处分条例等党内法规，并开展党内法规知识测试，增强廉政宣传教育实际效果。开展“‘手’望清风 廉洁校园”主题手抄报活动，把廉洁教育融入到学生日常思想教育中。加强警示教育，举办专题讲座，以案说纪、以案警示，强化党员干部党性观念，筑牢知敬畏、存戒惧、守底线意识。

（五）加强纪检监察干部队伍建设

组织纪委委员、纪检监察干部、巡察组成员赴哈达铺开展爱国主义教育，教育引导纪检干部提高政治觉悟，厚植爱国情怀，进一步增强斗争精神和斗争能力。认真学习贯彻落实《纪检监察机关处理检举控告工作规则》，规范检举控告秩序。举办二级单位党组织纪检委员培训班，进一步提升纪检监察干部履职尽责能力。

三、充分发挥全面从严治党引领保障作用，推动新时代纪检监察工作高质量发展

2021 年，是中国共产党建党 100 周年，是实施“十四五”规划、开启全面建设社会主义现代化国家新征程的第一年，做好学校全面从严治党、党风廉政建设和反腐败斗争工作意义重大，使命光荣。学校党委书记邓光玉同志将对今年全面从严治党工作提出明确要求，学校纪委将始终坚持以习近平新时代中国特色社会主义思想为指导，全面贯彻党的十九大和十九届二中、三中、四中、五中全会精神，坚决贯彻落实党中央关于全面从严治党的决策部署，积极协助党委推进全面从严治党、党风廉政建设和反腐败工作，充分发挥专责监督职责，一体推进不敢腐、不能腐、不想腐，以强有力的监督保障学校党委各项要求落到实处。

下面重点讲以下几点：

（一）压实全面从严治党责任

督促校院两级党委落实全面从严治党主体责任，加强监督检查，及时了解掌握全面从严治党工作推进情况，发现和解决实际问题，推动完善制度，强化制度执行，层层压实主体责任。强化政治监督，加强对贯彻落实习近平总书记重要指示批示精神和党中央决策部署的监督检查，建立检查机制，确保落实见效。督促各级党组织和党员领导干部以党的政治建设为统领，强化政治引领，深化理论武装，坚决把讲政治的要求落实到管党治党各方面、办学治校各领域。坚持问题导向，督促落实招生就业、教学科研、国资管理、后勤改革以及疫情防控等各项任务，进一步探索创新监督方式，提升监督质效。

（二）做实做细日常监督

紧盯"关键少数"，加强对各单位各部门"一把手"的监督，进一步完善履职监督、强化教育提醒等举措，一体推进不敢腐、不能腐、不想腐。坚决整治师生身边违规违纪问题，重点查处选人用人、招生招聘、后勤基建、科研经费管理使用等重点领域问题，以强有力的监督确保权力在正确的轨道上运行。巩固落实中央巡视整改成果，聚焦学校重点工作，持续深化校内巡察。提高政治站位和政治觉悟，积极协助党委做好国家民委党组巡视准备工作。

（三）毫不松懈纠治"四风"

深刻认识作风建设的长期性、复杂性，以钉钉子精神打好持久战，坚决防止"四风"问题反弹回潮。保持高压态势，精准运用"四种形态"，对违反中央八项规定精神的问题线索查深查透，同时，做好节约粮食、制止餐饮浪费行为的监督。持续深化整治形式主义、官僚主义，在正学风教风、转文风会风上下功夫，落实为基层单位减负任务。

（四）持续涵养校园廉洁文化

深化警示教育，以典型案例上好廉政教育"第一课"，以案促改、以案促建、以案促治。开展党纪法规宣传，使党员干部牢记初心使命，强化纪律意识和规矩意识。学习贯彻落实《中国共产党党员权利保障条例》，严明工作纪律，严肃责任追究，进一步压实各级党组织和领导干部保障党员权利的政治责任。

（五）坚持不懈加强自身建设

进一步加强纪检监察干部教育培训，强化纪法意识、纪法思维、纪法素养。深学细悟党的创新理论，不断提高政治判断力、政治领悟力、政治执行力。自觉接受监督和约束，严守纪律，规范行为，知责于心，担责于身，履责于行，在监督执纪工作上展示新气象、实现新作为，为推进学校事业高质量发展提供坚强保障。

邓光玉同志在学习习近平总书记“七一”重要讲话精神专题读书班结业式上的讲话

（2021年3月27日）

刚才五位同志作了很好的发言。经过大家的共同努力，读书班圆满完成了各项学习任务，今天就要结束了。这次读书班虽然时间比较短，但主题鲜明、内容突出、组织周密、学风优良，大家精神饱满、心无旁骛，专心学习、深入思考，展现出良好风貌。特别是在分组讨论中，大家感悟思想伟力，理论联系实际，突出问题导向，在认识体会上相互切磋，在实践经验上相互借鉴，升华了思想境界，明确了形势任务，强化了责任担当，增强了履职能力。刚才五位同志的发言体现了读书班的成果。总的看，读书班办得很好、很成功，达到了立根、铸魂、赋能的预期目标。

今年以来，学校围绕庆祝建党百年和“十四五”高质量开局，扎实推进各项工作，事业发展取得了新成效、实现了新跨越。特别是我们举全校之力，办成了几件大事：获批民族学一级学科博士学位授权点和中华民族共同体意识学二级学科博士点，实现了全校师生夙愿；2020年平安甘肃建设责任制考核获评“优秀”等次，位列甘肃省高校第一名；临床医学专业学位授权点专项合格评估获得通过；学校入选国家通用语言文字推广基地。除了这几件喜事，在一些重点领域上的成效也是可圈可点，主要表现在“五个新”。一是理论武装取得新提升。我们扎实开展党史学习教育，把握“六个进一步”的要求，努力做到学党史、悟思想、办实事、开新局。这几天，我们又集中深入学习习近平总书记“七一”重要讲话精神和中央民族工作会议精神，学习高校党的基层组织工作条例，全面加强和改进学校党的建设和思想政治工作。二是事业发展有了新蓝图。我们对标对表中央要求，科学研判学校发展方位，认真分析形势任务，扎实开展调查研究，精心编制学校事业发展“十四五”规划，围绕“三地一库”建设目标，提出“五个一流”建设目标。特别是突出党的领导、突出接班人培养的主题，擘画现代化高水平大学建设。同时还就政治立校、“三全育人”等六项重点工作分别制定了工作方案。三是学科建设取得新突破。学位点除2个博士授权点外，获批5个专业硕士学位授权点，动态调整新增2个一级学科硕士学位授权点；重大科研项目、科研成果、科研平台建设有力推进，科研经费持续增长，服务大局的能力水平有了新的提升；各级各类学科竞赛也喜报频传。四是统筹安全与发展呈现新气象。派出所在暑期配齐了警力，实体化建设取得实质性突破，一般派出所权限内业务均可实现校内办理；暑期家访工作提质扩面增效，教育评价改革有序实施，“四新”建设稳步推进，“强基行动”取得显著成效。五是解决急难愁盼问题有了新进展。深入开展“为党旗添光彩，为师生办实事”实践活动，扎实推进领导班子为师生办实事项目清单清零销号，加快推进教职工住宅楼建设、学生公寓维修加固工作进度，争取政府老旧小区改造项目，开展旧家属楼改造和电梯加装，持续解决教职工子女入学入园难题。调整机制改进师生就餐服务。探索建立校聘教授、副教授机制。

在肯定成绩的同时，我们还存在一些不容忽视的问题：政治能力特别是政治判断力、政治领悟力、政治执行力需要提高，政治上不够敏锐，对“国之大者”胸中无数；对新发展理念理解不够深入，对高质量发展要求落实不够全面，有时还在用惯性思维推动工作；工作领悟能力、组织能力、执行能力、沟通能力、谋划能力需要提升，“中梗阻”“断头路”的现象依然存在，关键时刻顶不上去，甚至找不到人；在工作原则性和灵活性相结合上把握的还不够，简单化、机械化落实工作要求，导致目标与结果达成度不高；学科专业调整力度不够，招就联动不够；维护安全稳定的压力越来越大，防范化解风险挑战的意识和能力需要进一步提升；攻坚克难的勇气和韧劲还有欠缺，一些工作“拖了后腿”，等等。委领导对学校批评性批示也有，学校就业率在六个学校中垫底，研究生就业率低于本科生，考研率也低。

新学期，要有新面貌、新作为。总的要求就是要立足新发展阶段，贯彻新发展理念，服务构建新发展格局，全面深入学习贯彻习近平总书记“七一”重要讲话和中央民族工作会议精神，扎实开展党史学习教育，统筹发展与安全两件大事，统筹改革发展稳定，全面落实立德树人根本任务，更加鲜明突出铸牢中华民族共同体意识主线，切实抓好政治立校、“三全育人”、落实主线、学生工作、教师队伍建设、安全稳定等六项重点工作，扎实推进学校转型发展、创新发展、高质量发展，加快建设高质量教育体系。这次读书班，郭校长作了《把握和顺应高教改革形势，推进现代化高水平大学建设》的辅导报告，分析了形势任务，进一步统一了思想，明确了工作任务和要求。各校领导对秋季学期工作作出了详细安排、提出了明确要求。请大家结合全年工作要点，认真抓好贯彻落实。这里，我再强调几项重点任务。

第一，抓好理论学习，重在学深悟透上下功夫。深入学习宣传贯彻习近平总书记“七一”重要讲话精神，是当前和今后一个时期的一项重大政治任务，各级党组织要把“七一”重要讲话作为党员干部理论武装的重中之重，作为党史学习教育的核心内容，进一步组织好学习研讨，广泛开展宣传宣讲，不断深化研究阐释。广大党员干部要认真读原著、学原文、悟原理，深入学习习近平总书记关于教育的重要论述，在常学常新中学出对党忠诚、理想信念、自觉自信、责任担当、能力水平。要突出重点学，深入学习领会习近平总书记关于贯彻党的教育方针、关于高校党建和党的领导、关于落实立德树人根本任务、关于思想政治教育、关于办好思政课、关于教师思想建设的重要论述。要观照现实学，践履知行合一，把学习成效转化为做好本职工作、推动事业发展的生动实践，转化为砥砺奋进的实际成效和推进工作的硬招实招，高度变力度，方向变方法，想法变办法。要切实提升“我为群众办实事”实践活动质量，着力解决师生“急难愁盼问题”，不能把说了当做了、把做了当做好了，只求过得去、不求过得硬。要进一步强化细化党史学习教育巡回指导，发掘典型事例，总结经验、形成亮点，推动党史学习教育走深、走实。

第二，抓好主线落实，重在牢固树立共同体理念上下功夫。要迅速掀起学习贯彻中央民族工作会议精神的热潮，特别是准确把握和全面贯彻习近平总书记关于加强和改进民族工作的重要思想。更加鲜明突出铸牢中华民族共同体意识主线，教育引导各族师生坚定不移走中国特色解决民族问题的正确道路，坚持正确的中华民族历史观，坚定“五个认同”，自觉维护祖国统一、国家安全、社会稳定。要搭建平台、创新载体，促进各族师生广泛交往交流交融，促进团结统一、守望相助、手足情深，牢固树立休戚与共、荣辱与共、生死与共、命运与共的共同体理念。要引导各族师生在思想观念、精神情趣、生活方式上向现代化迈进，努力把学校建设成为铸牢中华民族共同体意识的坚强阵地、构筑中华民族共有精神家园的模范之地，努力培养“四个特别”的时代新人。

第三，抓好党的建设，重在加强党的全面领导上下功夫。这是我们办学治校的基本功，也是最大的、第一位的政治任务。抓好党建是最大政绩也是最大责任。要着力健全学校党建工作体系，深入贯彻新修订的《中国共产党普通高等学校基层组织工作条例》，与时俱进完善党对学校全面领导的具体制度办法，确保正确办学方向。要压实高校党建工作政治责任，坚持以党的政治建设为统领，不断提高政治判断力、政治领悟力、政治执行力，强化刚性约束，明确硬性要求。要强化党支部政治功能，作为党的工作的一线堡垒，基层党组织建设的根本着眼点就是提升政治功能和组织力，必须坚持业务工作开展到哪里、支部工作就覆盖到哪里，实现从要素建设向功能建设提升，从学习交流“单循环”向“多循环”拓展，发挥好基层党支部战斗堡垒作用，把党的建设贯穿于双一流建设。要做好巡视整改后半篇文章，以巡视带巡察，举一反三，开列清单，确保发现问题全部整改到位。

第四，抓好思政工作，重在守正创新上下功夫。思想政治工作是党的优良传统、鲜明特色和突出政治优势，是一切工作的生命线。要坚持不懈传播党的创新理论，用习近平新时代中国特色社会主义思想铸魂育人，不断健全完善全员育人、全过程育人、全方位育人的体制机制。要抓好课堂教学这个主渠道，推动“思政课程”和“课程思政”双向发力，推动所有课程都承担起育人功能，相应的政策、评价和考核办法也要跟上。要严格落实意识形态工作责任制，做到守土有责。同时，还要深化对意识形态工作的规律性认识，做到善抓善管，管理、引导“双管齐下”，管好更要用好课堂、沙龙、报告会、研讨会、校园网络、自媒体等阵地，特别是要想方设法把网络这个“最大变量”变为“最大增量”。要把师德师风作为评价教师队伍素质的第一标准，着力加强政治理论学习和政治吸纳、政治引领，不断提高广大教师政治理论素质、思想道德修养和职业道德水平。通过加强制度建设、开展典型宣传、强化警示教育、深化价值引领、完善评价考核等方式，健全师德师风建设长效机制。

第五，抓好安全与发展，重在守住底线上下功夫。安全是发展的前提。要提高政治站位，牢固树立安全发展理念，增强忧患意识，层层压实责任，确保职责明晰、任务明确、责任到人，把各项工作措施落地、落实、落细、落到位，形成全链条防控。要增强政治敏锐性，及时发现掌握渗透争夺动向，防范“三股势力”抢滩登陆，谋划做好二十大前的安全工作。要加强对重点人的管控稳控工作，保卫处和重点人所在单位领导要定期与重点人谈心谈话，变化不大的要做出处理。要统筹疫情防控和事业发展，坚持生命至上、安全至上，从严从细落实疫情防控措施。要把新发展理念贯穿学校发展全过程和各方面，切实推动学校事业转型发展、创新发展、高质量发展，不断健全教育体系、培养体系、保障体系、评价体系建设和“六个方案”的落实。学校事业发展“十四五”规划已基本成熟，下一步要抓好规划的实施工作，建立健全组织保障，明确路线图和时间表，强化实施监督评估。要着力优化学科布局和创新机制，推动原有特色学科的转型，形成学科新优势和核心竞争力，加强铸牢中华民族共同体意识学科建设，加快适应各民族共同走向社会主义现代化的“四新”学科布局。

同志们，疫情当前，学生开学返校在即，再强调几件开学后马上要做的工作，请大家务必高度重视。一是要严格按照最新的疫情防控技术方案和开学整体方案进行防控管理，抓好应急演练，进一步细化各项方案预案，绝不能麻痹大意，更不能存在侥幸心理，确保校园疫情防控绝对安全有效、学生返校报到安全有序。二是上好开学第一课，把习近平总书记“七一”重要讲话精神和中央民族工作会议精神作为重要内容。纪律意识、安全教育和法治教育要做到位，“一日行为规范化”养成教育从开学就要抓。特别要加强心理疏导，防止极端事件发生。三是要强化闭环管理下的管理服务保障，做好师生思想引导、心理疏导，避免引发舆情，以更高标准、更高要求确保校园各项生活服务保障措施落实到位，做到细心、用情，既有力度又有温度，防止工作方式方法简单化。四是就业工作，我们目前是委属高校倒数第一，委里面很关注，小江主任和边巴副主任专门作了批示，请大家高度重视，认认真真做一点分析研究，拿出一些好办法，努力实现2021届毕业生更高质量和更充分就业。

郭郁烈同志在学习习近平总书记“七一”重要讲话精神专题读书班开班式上的讲话

（2021年8月30日）

为深入学习贯彻习近平总书记“七一”重要讲话精神，推动各级党组织和党员干部赓续伟大建党精神，铭记四个伟大成就，把握“九个必须”宝贵经验，推动党史学习教育走深走实，根据学校党委部署安排，经过前期精心筹备，学习习近平总书记“七一”重要讲话精神专题读书班今天开班了。

7月1日，习近平总书记在庆祝中国共产党成立100周年大会上发表了重要讲话。总书记的重要讲话，立足我们党百年华诞的重大时刻和“两个一百年”历史交汇的关键节点，紧紧围绕实现中华民族伟大复兴这个主题，统揽伟大斗争、伟大工程、伟大事业、伟大梦想，贯通历史、现实、未来，高屋建瓴、视野宏阔，思想深邃、饱含深情，具有很强的政治动员力、历史穿透力、理论说服力、心灵震撼力，具有极为重要的政治意义、理论意义、实践意义。

学校党委把学习贯彻总书记“七一”重要讲话精神，作为当前和今后一个时期的一项重大政治任务，第一时间学习领会，第一时间安排部署。7月1日当天，在收听收看中国共产党成立100周年庆祝大会直播后召开党委常委会会议，深入学习“七一”重要讲话精神，并对学习宣传贯彻落实工作作出安排。这段时间以来，总书记“七一”重要讲话在全校师生中引发强烈共鸣，掀起了学习宣传贯彻热潮。大家纷纷表示要深刻感悟思想伟力，进一步凝聚前行力量，推进现代化高水平大学建设。

通过前一阶段的学习，我们深刻认识到，习近平总书记“七一”重要讲话，贯穿着辩证唯物主义和历史唯物主义的世界观方法论，提出了一系列新的重大思想、重大观点、重大论断，进一步丰富和发展了习近平新时代中国特色社会主义思想，集中体现了当代中国马克思主义、21世纪马克思主义的最新理论成果。我们深刻认识到，习近平总书记“七一”重要讲话，向全党、全国、全世界作出一系列庄严宣示，气贯长虹、振奋人心，展现了马克思主义政治家、思想家、战略家的宏大格局和宏伟气魄，体现了新时代中国共产党人的高度自信，是一篇让中国共产党和中国人民长志气、强骨气、增底气的豪迈政治宣言和行动纲领。

今天，面向全校副处级以上干部、各党支部书记、辅导员和班主任举办专题读书班，目的就是要进一步增强学习贯彻的政治自觉、思想自觉、行动自觉，深刻领会和把握习近平总书记“七一”重要讲话的重大意义、丰富内涵、核心要义、实践要求，不断弘扬伟大建党精神，学出坚定信念，学出科学方法，学出务实作风，学出使命担当，更高质量地开展工作。本次专题读书班线上线下同时进行。

主会场设在礼堂三楼会议室，各党委、党总支、直属党支部设分会场。在主会场参加读书班的有：全体校领导、学校两委委员。在分会场参加的有：学校处级干部、党史学习教育领导小组办公室成员、各党支部书记、政治辅导员和班主任共1000余人。

下面，我就办好这次专题读书班，结合自己的学习体会，谈几点要求。

一要深刻领会坚持党的领导是做好学校工作的根本保证，使学校成为坚持党的领导的坚强阵地。习近平总书记在“七一”重要讲话中把坚持中国共产党的坚强领导作为“九个必须”的第一条来强调，凸显了党的领导的极端重要性。要在健全党的领导体制上下功夫，坚持党委领导下的校长负责制，充分发挥党建工作领导小组作用，进一步完善学校、院（部）、党支部三级联动运行机制，构建党的领导纵到底、横到边、全覆盖的格局。要在强化政治建设上下功夫，引导党员干部师生不断增强政治判断力、政治领悟力、政治执行力，切实增强“四个意识”，坚定“四个自信”，做到“两个维护”，胸怀“国之大者”。要在夯实党建基层基础上下功夫，推进标准化建设，推动党建与业务深度融合，以永远在路上的执着推动全面从严治党向基层延伸，切实让党旗在基层高高飘扬。

二要自觉主动落实好立德树人根本任务，着力培养担当民族复兴大任的时代新人。习近平总书记指出：要坚持社会主义办学方向，把立德树人作为教育的根本任务。学校的发展始终坚持与国家共进步，与民族同命运，扎根西北办大学，艰苦创业、开拓进取、求真务实、砥砺奋进，形成了较为鲜明的办学特色，为经济社会发展培养了大批优秀人才，为促进各民族团结进步作出了积极贡献。进入新时代，我们要强化理想信念教育，把社会主义核心价值观贯穿于立德树人全过程各方面，加强“四史”教育，全面深化学校思政工作体系，充分发挥教师队伍“主力军”、课程建设“主战场”、课堂教学“主渠道”作用，促进“课程思政”和思政课程同向同行、有机融合，为培养德智体美劳全面发展的社会主义建设者和接班人创造新业绩。

三要切实履行铸牢中华民族共同体意识职责使命，为服务中华民族伟大复兴作出新贡献。习近平总书记在“七一”重要讲话中16次谈到“团结”，把“必须加强中华儿女大团结”作为以史为鉴、开创未来“九个必须”的经验启示和根本要求，揭示了中国共产党铸就百年辉煌的成功密码，指明了中华民族实现伟大复兴的力量之源。刚刚召开的中央民族工作会议上，习近平总书记在讲话时强调，做好新时代党的民族工作，要把铸牢中华民族共同体意识作为党的民族工作的主线；铸牢中华民族共同体意识是新时代党的民族工作的“纲”，所有工作要向此聚焦。铸牢中华民族共同体意识是习近平总书记对党的民族理论与时俱进的创新发展，是马克思主义民族理论中国化的最新成果。要深入学习贯彻习近平总书记关于加强和改进民族工作的重要思想，在办学治校中鲜明突出铸牢中华民族共同体意识工作主线，持续加强理论研究，推进中华民族共同体建设，大力推广普及国家通用语言文字，深化各民族师生交往交流交融，努力把各民族青年学子培养成中华民族的“参天大树”，为服务中华民族伟大复兴作出新贡献。

四要高举党的百年思想旗帜，更加自觉地用党的创新理论凝心铸魂。习近平总书记在“七一”重要讲话中深刻指出，“中国共产党为什么能，中国特色社会主义为什么好，归根到底是因为马克思主义行！”学习贯彻习近平总书记重要讲话精神，必须始终坚持马克思主义的指导地位，大力传播马克思主义科学理论，切实擦亮教育领域马克思主义的底色。要坚持不懈抓好马克思主义理论教育，扎实推进习近平新时代中国特色社会主义思想这一马克思主义中国化的最新理论成果进教材、进课堂、进头脑，教育引导师生坚定马克思主义信仰和中国特色社会主义信念，切实感党恩、听党话、跟党走。要引导广大师生传承弘扬伟大建党精神，对党忠诚、不负人民，凝聚在党的旗帜下，从党的百年奋斗历程中感悟真理力量、信仰力量，铸牢信仰之基、把稳思想之舵、补足精神之钙。

同志们，这次专题读书班时间紧凑，参训人数多，共设分会场41个。各位参训学员要严格组织纪律，保持会场安静。各二级单位党组织要组织好分会场的学习和研讨，严格请假、考勤制度。要以此次专题读书班为契机，吃准吃透讲话中蕴含的重大意义、核心要义，从伟大实践铸就的伟大精神中学出“坚持真理、坚守理想”的政治定力；学出“践行初心、担当使命”的强烈责任；学出“不怕牺牲、英勇斗争”的顽强作风；学出“对党忠诚、不负人民”的真挚情怀，要把学习成果转化为创新发展思路、提高能力本领，努力推进学校转型发展、创新发展、高质量发展。

中共西北民族大学委员会2021年党建工作要点

2021年是中国共产党成立100周年，是“十四五”规划开局之年，也是全面建成小康社会、开启全面建设社会主义现代化国家新征程的关键之年。学校党建工作总体要求是：坚持以习近平新时代中国特色社会主义思想为指导，全面贯彻落实党的十九大和十九届二中、三中、四中、五中全会精神，贯彻新时代党的建设总要求和新时代党的组织路线，认真落实全国、全省组织部长会议精神，坚定不移加强党的全面领导，全面贯彻党的教育方针，坚持社会主义办学方向，落实立德树人根本任务，铸牢中华民族共同体意识；以党的政治建设为统领，全面贯彻新发展理念，着力服务和融入新发展格局，抓好党史学习教育，巩固深化“不忘初心、牢记使命”主题教育成果，全面推动党的政治建设、思想建设、组织建设、作风建设、纪律建设、制度建设，推动基层党组织全面进步全面过硬，全面提升学校党的建设质量，以高质量党建引领学校高质量发展，以优异成绩庆祝中国共产党成立100周年。

一、持之以恒加强党的政治建设

1. 加强党的政治领导。旗帜鲜明讲政治，及时跟进学习习近平总书记最新重要讲话精神，深入学习习近平总书记关于民族工作和教育重要论述，不断提高政治判断力、政治领悟力、政治执行力。认真贯彻落实党内法规和规范性文件，建立健全党的全面领导的组织体系、制度体系、工作体系，推进甘肃省委“四抓两整治”重点措施落地落实，增强“四个意识”、坚定“四个自信”、做到“两个维护”。

2. 严肃党内政治生活。严格执行《关于新形势下党内政治生活的若干准则》，认真落实“三会一课”制度，全面净化党内政治生态。坚持党员领导干部讲党课制度，严格党员领导干部参加双重组织生活制度。充分发挥红色资源优势，开展重温入党誓词和入党志愿书、过“政治生日”等活动，增强党性修养。

3. 抓实意识形态工作。落实意识形态工作责任制，健全完善意识形态领域制度体系，坚持月研判、月报告联动机制，定期听取分析、安排部署意识形态工作。管好守住网络意识形态阵地，压实网站、新媒体、自媒体规范管理责任，开展专项督查，严排意识形态阵地管理漏洞、风险隐患和薄弱环节，及时采取措施改进完善。进一步发挥意识形态工作领导小组职能作用，加强教材、讲台等阵地日常监管，严格科研论文意识形态审查，严格执行“一会一报”“一事一报”制度。

4. 不断提高政治能力。加强党员干部政治历练自觉，使党员干部的政治能力同担任的工作职责相匹配。发扬斗争精神，加强斗争历练，提高斗争能力。加强战略谋划，把握大势大局，抓住主要矛盾和矛盾的主要方面，增强底线思维，定期对风险因素进行全面排查。

5. 扎实做好庆祝建党100周年有关工作。积极开展系列庆祝活动，教育引导党员干部发扬党的优良传统，积极为师生排忧解难。认真做好“七一”前走访慰问老党员、生活困难党员等工作。做好“两优一先”表彰工作，表彰一批先进基层党组织、优秀党员和优秀党务工作者。深入研究100年来加强党的建设的重大成就和成功经验，形成一批高质量的研究成果。

二、坚定不移用习近平新时代中国特色社会主义武装头脑

6. 扎实开展党史学习教育。把开展“大学习、大讨论、大调研、大培训”作为党史学习教育的重要举措，将开展党史学习教育作为各级党组织当前一项重大政治任务，高度重视、精心组织。深入学习领会习近平总书记关于党史的重要论述，紧紧围绕学懂弄通做实党的创新理论，将开展党史学习教育同开展新中国史、改革开放史、社会主义发展史学习教育结合起来，用好《中国共产党简史》、习近平同志《论中国共产党历史》等读物，做到学史明理、学史增信、学史崇德、学史力行。突出学党史、悟思想、办实事、开新局，注重融入日常、抓在经常。发扬马克思主义优良学风，把握正确导向，加强监督指导，营造浓厚舆论氛围，确保党史学习教育取得扎实成效。

7. 学懂弄通做实习近平新时代中国特色社会主义思想。始终把学习宣传贯彻习近平新时代中国特色社会主义思想作为首要政治任务，认真落实党委常委会会议学习、党委理论学习中心组等各项学习制度。提升党委理论学习中心组学习质量和效果，制定理论学习中心组2021年学习计划。进一步聚焦铸牢中华民族共同体意识这一主线开展工作，把学习成效转化为推动学校各项事业改革发展的强大动力。

8. 切实加强思想政治工作。深化“三全育人”综合改革，推动“十大”育人体系建设提质增效，推动党建与业务深度融合、同步推进。加强思政课教师队伍建设，建成政治强、情怀深、思维新、视野广、自律严、人格正的思想政治理论课教师队伍。深化思政课教学改革，全面推进习近平新时代中国特色社会主义思想、铸牢中华民族共同体意识等进教材、进课堂、进头脑。加强校园文化建设，推进校园文化建设“十四五”发展规划，持续打造“一院一节一特色”校园文化品牌，大力营造庆祝中国共产党成立100周年浓厚校园文化氛围。

9. 持续加强师德师风建设。贯彻落实新时代高校教师职业行为十项准则，健全师德师风建设长效机制，制订《西北民族大学健全教师思想政治教育和师德师风建设长效机制实施方案》。开展师德师风专题教育，引导广大教师继承发扬老一辈教育工作者“捧着一颗心来，不带半根草去”的精神，以赤诚之心、奉献之心、仁爱之心投身教育事业。强化师德师风管理，建强师德师风督导队伍，创新师德建设工作模式，将师德师风建设要求贯穿教师管理全过程。

10. 提升重点马克思主义学院建设水平。贯彻落实习近平总书记主持召开的学校思想政治理论课

教师座谈会精神，坚持重点马克思主义学院建设标准，坚持以“四个自信”统揽学校思政课建设，推动实施思政课提质创优，努力形成学校特色思政课课程体系。继续做好甘肃省“形势与政策”课集体备课会工作和“形势与政策”课建设。加强习近平新时代中国特色社会主义思想理论研究，在“四报一刊”等发表更多理论研究成果，把理论学习和研究成果融入课堂教学，发挥理论育人功效。

11. 提升党校教育培训质量。坚持党校姓党，教育引导广大党员干部始终做习近平新时代中国特色社会主义思想的坚定信仰者和忠实实践者。制定2021年党校工作要点，落实好“大学习、大讨论、大调研、大培训”这个党史学习教育的重要措施，开展党的创新理论、党史学习、铸牢中华民族共同体意识、党性教育、干部能力提升等培训研修，不断开创新时代学校党校工作新局面。

12. 加强党对统一战线工作的领导。抓好《中国共产党统一战线工作条例》的学习培训和宣讲解读，纳入党委理论学习中心组学习内容，纳入党员干部培训、教师岗前培训的内容。进一步强化统战部门、相关职能部门、各二级单位党组织在推动学校统战工作中的职能和责任。坚决抵御境外宗教渗透和防范校园传教，坚持教育与宗教相分离原则，引导广大师生树立正确的宗教观。

13. 加强和改进党对群团组织的领导。进一步深化工会教代会体制机制改革，持续做好民主管理、文化建设和智慧工会建设，贯彻落实习近平总书记关于关心下一代工作的重要论述精神，支持更多老同志关心下一代工作。全面加强党对团组织和学生会工作的领导和指导，加强学生社团管理，创新思想政治引领格局，深化学生社团育人功能。

三、着力打造忠诚干净担当的高素质干部队伍

14. 加强干部队伍政治能力和专业化建设。推动“一把手”政治能力提升，加强政治监督和政治督查，经常性开展政治体检，督促各级领导干部不折不扣贯彻落实党中央决策部署和习近平总书记重要指示批示。着力提高干部队伍专业化能力，加强干部政治能力和履职能力培训，加强各级领导班子思想政治建设，有计划选派干部在急难险重任务中经受历练。

15. 激发干部队伍活力。贯彻落实《中共西北民族大学委员会关于进一步激励干部新时代新担当新作为的实施意见》《中共西北民族大学委员会关于加强发现培养选拔优秀年轻干部工作的实施意见》，激发干部担当作为的内生动力，提高优秀年轻干部提拔使用比例。建立健全正向激励和容错纠错机制，落实干部谈心谈话制度，着力提升能干事干成事的本领能力。

16. 着力提高选人用人规范化科学化水平。坚持党管人才，落实《中共西北民族大学委员会关于新时代全面加强人才队伍建设工作的指导意见》，进一步完善人才队伍建设的制度和机制保障。优化人才引进政策，拓宽人才引进渠道，落实《西北民族大学柔性引进人才办法》。建立健全干部人才教育培训体系，加强中青年人才职业发展规划，加快高层次人才队伍建设，制定2021年学校干部人才教育培训计划。

四、坚持不懈完善上下贯通执行有力的组织体系

17. 坚持一体推进党的组织体系建设。着力健全加强党的领导的组织体系、制度体系、工作机制，完善党委领导下的校长负责制。充分发挥各级党建工作领导小组职能作用，认真落实党组织书记抓基层党建述职评议考核制度，以责任落实推动任务落实。把严密党的组织体系和扩大党同人民群众的联系统一起来，推动各级党组织和党员干部积极帮助师生解决急难愁盼问题。

18. 持续推进党支部规范化标准化建设。认真贯彻《中国共产党支部工作条例（试行）》《甘肃省事业单位党支部建设标准化手册》，落实学校《党支部建设标准化实施方案》，强化党支部政治功能。不断优化党支部设置，扩大党组织覆盖面。

落实党员领导班子成员联系党支部工作制度，推动党员领导干部下支部、抓支部。选优配强学生党支部书记，持续推进教师党支部书记“双带头人”建设。加大党支部党务工作者培训力度，举办党支部书记培训班、“双带头人”教师党支部书记培训班、组织员沙龙活动等，提升党务工作者能力水平。

19. 着力提高发展党员和党员教育管理质量。严把党员入口关，严格落实政治审查制度，强化二级党委审核把关作用。按照甘肃省委组织部相关要求，有序推进发展党员工作，注重向少数民族学生和高知识群体倾斜。落实校领导、二级单位党组织成员、专家教授、学术带头人联系青年教师入党积极分子制度和谈心谈话制度。贯彻落实《中国共产党党员权利保障条例》《中国共产党党员教育管理工作条例》，保障党员正确行使权利，严格履行义务。从严抓好党员教育管理，利用好学习强国、甘肃党建 APP 等信息化手段和大数据资源，规范党员发展、组织关系转入转出、党员参加组织生活等工作。

20. 完善党建基础保障机制。根据各教学单位工作实际，选优配强组织员。提高党员活动室建设质量，创新党员教育服务载体。加大党建工作经费投入，确保基层党组织建设各项工作顺利开展。完善教师党支部保障机制，进一步明确相关措施，激励教师党支部书记更好履职尽责。

五、锲而不舍营造风清气正的办学环境

21. 严格落实中央八项规定精神。持续推动党的作风建设，坚决防止和反对特权思想、特权现象，聚焦师生反映强烈的突出问题整风肃纪。持续推动精减文件、改进文风会风。严格落实公务接待相关要求，坚决防止“四风”问题反弹回潮。落实党委书记、校长带头深入基层，班子其他成员深入分管和联系点单位调查研究、现场办公等制度，建立问题清单和整改台账，解决师生急忧盼的实际问题。

22. 坚持深化校内巡察。强化巡视整改和成果运用，抓好中央巡视反馈意见整改工作，督促各部门认真落实整改主体责任，确保整改任务不折不扣落到实处。落实《中共西北民族大学委员会巡察工作规划（2018—2022 年）》，高质量推进校内巡察全覆盖。

23. 严明党的政治纪律。召开学校全面从严治党工作会议，压实党风廉政建设责任制。加强纪律

教育，以案为鉴、以案促改，以反面典型为案例，持续开展警示教育。加强思想道德和党纪国法教育，强化党员干部的纪律规矩意识，增强不想腐的自觉。积极开展校园廉政文化创建活动，开展第十四届党风廉政宣传教育月活动，扎实推进廉政文化进校园。

六、健全完善党的制度体系

24. 巩固深化“不忘初心、牢记使命”主题教育成果。落实《中共西北民族大学委员会巩固深化“不忘初心、牢记使命”主题教育成果实施方案》，推动全体师生党员不忘初心、牢记使命，落实立德树人根本任务，铸牢中华民族共同体意识，团结带领师生为建设现代化高水平大学、完成新时代党的历史使命而不懈奋斗。

25. 健全完善规章制度。修订党委全委会会议、常委会会议和校长办公会议事规则，确保党委履行好把方向、管大局、作决策、抓班子、带队伍、保落实的领导职责。对照高等教育“四个服务”要求，修订学校章程、人才培养方案，谋划学校“十四五”发展，推进新时代教育评价改革落实落地。修订完善《西北民族大学学院（部）党组织会议议事规则》《西北民族大学学院（部）党政联席会议议事规则》。

七、凝神聚力服务乡村振兴

26. 切实巩固好脱贫攻坚帮扶成果，助力乡村振兴。学习贯彻落实习近平总书记在全国脱贫攻坚总结表彰大会上的重要讲话精神，在脱贫攻坚战全面胜利基础上乘势而上、再接再厉、接续奋斗，助力乡村振兴这项实现中华民族伟大复兴的重大任务，关心关爱奋斗在一线的帮扶干部，制定完善学校2021年乡村振兴工作方案，瞄准突出问题和薄弱环节狠抓工作落实，真抓实干、埋头苦干，向着实现第二个百年奋斗目标奋勇前进。

中共西北民族大学委员会 2021 年全面从严治党工作要点

2021 年，是中国共产党成立 100 周年，也是实施“十四五”规划、开启全面建设社会主义现代化国家新征程的第一年。学校全面从严治党工作总体要求是：以习近平新时代中国特色社会主义思想为指导，全面贯彻党的十九大和十九届二中、三中、四中、五中全会精神，认真落实中央纪委五次全会精神，增强“四个意识”、坚定“四个自信”、做到“两个维护”，坚持稳中求进工作总基调，立足新发展阶段，贯彻新发展理念，融入新发展格局，坚持和加强党对学校工作的全面领导，深入贯彻全面从严治党方针，为建设现代化高水平大学提供坚强保障，以优异成绩迎接中国共产党建党 100 周年。

一、充分发挥全面从严治党引领保障作用

（一）坚持学懂弄通做实党的创新理论

扎实开展党史学习教育，教育引导党员干部加强党性锻炼、党性修养，坚定理想信念。深学细悟习近平总书记关于教育、关于民族工作的重要论述，开展大学习、大讨论、大调研、大培训活动。坚决把思想和行动统一到习近平新时代中国特色社会主义思想和党中央决策部署上来，充分发挥全面从严治党引领保障作用，坚定政治方向，保持政治定力，做到态度不变、决心不减、尺度不松，确保“十四五”开局之年学校改革发展各项任务落到实处，努力将学校建设成为铸牢中华民族共同体意识的理论创新基地、智力支撑基地和人才培养基地。

牵头单位：宣传部、统战部、中华民族共同体建设工作处、党委办公室、纪监审办公室

（二）坚持和加强党对学校工作的全面领导

进一步强化学校党委把方向、管大局、作决策、抓班子、带队伍、保落实的政治能力，全面贯彻党的教育方针，坚持社会主义办学方向，巩固深化“不忘初心、牢记使命”主题教育成果，统筹推进“三全育人”“五育并举”人才培养综合改革，加快构建“大思政”育人格局，培养德智体美劳全面发展的社会主义建设者和接班人。抓好《中国共产党统一战线工作条例》的学习宣传贯彻，加强对群团组织的领导，巩固马克思主义在意识形态领域的指导地位，确保学校始终成为坚持党的领导的坚强阵地。

牵头单位：党委办公室、组织人事部、宣传部、统战部、中华民族共同体建设工作处、教务处、研究生处、学生工作部（处）、团委、马克思主义学院

（三）落实立德树人根本任务

以铸牢中华民族共同体意识为工作主线，以推进高质量发展为主题，以推动教育评价体系改革为牵引，以强化教师队伍建设为关键，坚持系统观念，把为党育人作为永恒初心，坚定青年学生政治信仰，培养和造就一代又一代理想信念坚定，听党话、感党恩、跟党走的各族青年英才。把为国育才作为根本立场，培养越来越多的掌握现代科技文化知识、有一技之长的有用人才，投身到建设社会主义现代化国家新征程中奋勇争先、建功立业。把维护民族团结作为神圣职责，认真贯彻落实学校党委《关于做好铸牢中华民族共同体意识工作的实施意见》，牢固树立马克思主义“五观”，增强“五个认同”，确保学校始终成为铸牢中华民族共同体意识的坚强阵地。

牵头单位：宣传部、统战部、中华民族共同体建设工作处、组织人事部、教务处、研究生处、学生工作部（处）、团委、马克思主义学院

二、不断提高政治判断力、政治领悟力、政治执行力

（四）胸怀“国之大者”，提高政治判断力

在推进学校改革发展的重大问题和关键环节上头脑特别清醒、眼睛特别明亮，善于从一般事务中发现政治问题，善于从倾向性、苗头性问题中发现政治端倪，善于从错综复杂的矛盾关系中把握政治逻辑，深刻认识各类问题中的政治本质，有效抵御风险挑战，始终做政治上的明白人。

牵头单位：党委办公室、组织人事部、纪监审办公室

（五）深学细悟党的创新理论，提高政治领悟力

学深悟透习近平新时代中国特色社会主义思想，坚持用党中央精神分析形势、推动工作。要牢牢把握全面从严治党的重大方针、重大原则、重点任务，深刻领会党中央关于党风廉政建设和反腐败斗争的精神实质，自觉同以习近平同志为核心的党中央保持高度一致。

牵头单位：宣传部、统战部、中华民族共同体建设工作处、党委办公室、纪监审办公室

（六）坚决践行“两个维护”，提高政治执行力

经常主动地同党中央精神对表对标，按照党中央指明的方向、确定的前进路线，开展全面从严治党工作，及时校准偏差，强化责任意识，确保习近平总书记重要指示批示和党中央重大决策部署落实到办学治校全过程、各环节，体现在各项工作中。

牵头单位：党委办公室、组织人事部、纪监审办公室

三、增强基层党组织防范化解风险能力

（七）毫不动摇坚持和加强基层党组织建设

认真学习贯彻新修订的《中国共产党普通高等学校基层组织工作条例》，进一步树立大抓基层的鲜明导向，强化政治引领，下大气力解决基层党组织建设存在的薄弱环节，更加突出基层党组织的政治功能。坚持底线思维，增强忧患意识，着力完善管思想、管工作、管作风、管纪律的从严管理制度，着力提升基层党组织组织力，充分发挥党支部战斗堡垒作用和党员的先锋模范作用，把基层党组织建设得更加坚强有力，确保党的教育方针和党中央的重大决策部署有效贯彻落实。

牵头单位：组织人事部

（八）防范和化解重大风险

警惕"黑天鹅"事件，防范"灰犀牛"事件。做好精准研判，防止校内问题的校际传播，甚至是校外传播。筑牢思想防线，把思想政治工作作为学校各项工作的生命线，紧紧抓在手中，贯彻到教育教学全过程。强化风险排查和增强临机处置的能力，做好预案，防患于未然。

牵头单位：党委办公室、宣传部、统战部、学生工作部（处）、教务处、保卫处

（九）严格落实意识形态工作责任制

加强对课堂、讲座、论坛、报告会、研讨会等阵地管理，强化校园网络、自媒体管理。加强完善防范校园传教和抵御宗教渗透工作机制，持续开展摸排涉"三股势力"渗透的风险隐患，切实提高防范意识和化解能力，确保校园安全稳定。

牵头单位：宣传部、统战部、中华民族共同体建设工作处、保卫处、信息化建设与服务中心

四、坚定不移推进正风肃纪长效化

（十）深化监督执纪问责

坚决整治师生身边腐败和作风问题，不断实现不敢腐、不能腐、不想腐一体推进战略目标。加强教育管理监督，既要扎实开展好党风廉政宣传教育月活动，又要组织好经常性纪律教育、警示教育、家风教育，以案促改、以案促治，引导教育党员干部师生筑牢思想防线，不断强化纪律规矩意识，时刻自重自省自警自励，慎独慎微慎始慎终，做政治信念坚定、遵规守纪的明白人。

牵头单位：纪监审办公室、组织人事部、宣传部

（十一）加强"关键少数"日常监督管理

强化对学校重点领域和关键岗位的监督，紧盯"关键少数"，增强对各单位各部门"一把手"的监督，防止滋生和出现特权思想和特权现象，规范履职尽责。精准运用"四种形态"，把正风肃纪反

腐与深化改革、完善制度、促进治理贯通起来，坚持严管与厚爱相结合，综合发挥惩治震慑、惩戒挽救、教育警醒的功效。特别要运用好第一种形态，多做红脸出汗、咬耳扯袖的工作。

牵头单位：纪监审办公室

（十二）持续纠治“四风”

坚决落实中央八项规定及其实施细则精神，持之以恒加强作风建设，一以贯之纠治形式主义、官僚主义，大力弘扬真抓实干作风。深入开展师生面对面、心贴心调研活动，实打实做好工作、解决问题，抓具体、补短板、强弱项，克服惯性思维和路径依赖，着力解决师生反映强烈的突出问题，加大问题整改的反馈力度，不断提升师生的获得感和满意度。在正风肃纪中，还要坚持不懈培育优良校风、教风、学风，把强化师德师风建设贯穿教师管理全过程，做到治理有方、管理到位、风清气正。

牵头单位：纪监审办公室、党委办公室、组织人事部、宣传部

五、形成全面从严治党的强大合力

（十三）强化责任贯通

把党委的主体责任和纪委的监督责任、党委书记第一责任和班子成员“一岗双责”结合起来，推动各方同向发力，同频共振。各部门各单位党组织要定期分析研判、及时研究解决本部门和本单位党建工作中的突出问题，切实把全面从严治党落到实处。

牵头单位：党委办公室、纪监审办公室

（十四）落实政治监督

学校党委履行全面监督、纪委履行专责监督，党的工作职能部门、党支部以及广大党员要各司其职、各尽其责。

牵头单位：党委办公室、纪监审办公室、组织人事部、宣传部、统战部、各级党组织

（十五）统筹巡视巡察

既要积极做好接受国家民委党组新一轮巡视学校的准备，也要积极推进校内巡察工作开展。

牵头单位：纪监审办公室、党委办公室、组织人事部、宣传部、巡察办

（十六）形成监督合力

促进党内监督与教代会监督、民主监督、行政监督、审计监督、财会监督、统计监督、群众监督、舆论监督有机贯通、相互协调。

牵头单位：党委办公室、纪监审办公室、宣传部、工会、教代会、团委、财务处

（十七）加强纪检监察干部队伍建设

带头加强党的政治建设，知责于心、担责于身、履责于行，充分发挥监督保障执行、促进完善发展作用，自觉接受最严格的约束和监督，加大严管严治，自我净化力度，不断提高纪法意识、纪法思维、纪法素养，努力做到政治素养高、专业能力强、敢于斗争、忠诚干净担当。

牵头单位：纪监审办公室

西北民族大学2021年纪检监察工作要点

2021年，是中国共产党建党100周年，是实施“十四五”规划、开启全面建设社会主义现代化国家新征程的第一年，做好纪检监察工作责任重大。学校2021年纪检监察工作总体要求是：以习近平新时代中国特色社会主义思想为指导，深入学习贯彻党的十九大和十九届二中、三中、四中、五中全会精神，认真落实中央纪委五次全会精神，增强“四个意识”、坚定“四个自信”、做到“两个维护”，以党的政治建设为统领，坚定不移推进全面从严治党，加强党风廉政建设，持之以恒正风肃纪反腐，一体推进不敢腐、不能腐、不想腐，以强有力的监督保障学校事业高质量发展。

一、坚持用党的创新理论武装头脑，坚决做到“两个维护”

（一）持续加强理论武装

深入学习贯彻习近平新时代中国特色社会主义思想特别是习近平总书记关于全面从严治党、纪检工作的重要论述，认真贯彻落实十九届中央纪委五次全会精神，围绕庆祝建党100周年、党史学习教育和开展“大学习、大讨论、大调研、大培训”活动，进一步深化理论武装。

（二）强化政治监督

加强对贯彻落实习近平总书记重要指示批示和党中央决策部署的监督检查，建立检查机制，确保落地见效。督促各级党组织和党员领导干部以党的政治建设为统领，坚定政治方向，保持政治定力，充分发挥全面从严治党引领保障作用，坚决把讲政治的要求落实到管党治党、办学治校各方面。

（三）督促落实立德树人根本任务

加强对师德师风建设、思政课程建设、“三全育人”、“五育并举”、人才培养综合改革等工作的督促检查，以优良党风促校风带教风正学风。持续加强对意识形态工作责任制落实情况的督促检查，对发现问题依规依纪严肃查处。加强对学习宣传贯彻《中国共产党统一战线工作条例》、贯彻落实《关于做好铸牢中华民族共同体意识工作的实施意见》的督促检查，持续巩固马克思主义在意识形态领域的指导地位。

二、推进监督贯通融合，不断提升监督治理效能

（四）做实做细日常监督

紧盯“关键少数”，加强对各单位各部门“一把手”的监督，进一步完善履职监督、强化教育提醒等举措，坚持抓早抓小抓苗头。坚决整治师生身边违规违纪问题，重点查处选人用人、招生招聘、后勤基建、科研经费管理使用等重点领域问题，以强有力的监督确保权力在正确的轨道上运行。坚持问题导向，督促落实招生就业、教学科研、国资管理、后勤改革以及疫情防控等各项任务，进一步探索创新监督方式，提升监督质效。

（五）深化巡视巡察监督

巩固落实中央巡视整改成果，加强对巡视整改措施和建立完善制度执行情况的监督检查。提高政治站位和政治觉悟，积极协助党委做好国家民委党组巡视准备工作。落实《中共西北民族大学委员会巡察工作规划（2018—2022年）》，开展第四轮校内巡察。督促被巡察单位党组织做好整改落实，对整改不力的，严肃追责问责。

三、毫不松懈纠治“四风”，巩固深化作风建设成果

（六）持续推动正风肃纪长效化

深刻认识作风建设的长期性、复杂性，以钉钉子精神打好持久战，坚决防止“四风”问题反弹回潮。保持高压态势，精准运用“四种形态”，对违反中央八项规定精神的问题线索查深查透。做好节约粮食、制止餐饮浪费行为的监督。持续深化整治形式主义、官僚主义，在正学风教风、转文风会风上下功夫，落实为基层单位减负任务。

四、加强纪律和廉政教育，持续涵养校园廉洁文化

（七）突出警示教育

以典型案例上好廉政教育“第一课”，以案促改、以案促建、以案促治。持续开展党风廉政宣传教育月活动，加强党纪法规宣传教育，使党员干部牢记初心使命，强化纪律意识和规矩意识。开展经常性纪律教育，对新任职党员领导干部进行廉政谈话。学习贯彻落实《中国共产党党员权利保障条例》，严明纪律要求，严肃责任追究，进一步压实各级党组织和领导干部保障党员权利的政治责任。为受到不实举报的干部澄清正名，做好被问责和受处分干部跟踪回访工作。

（八）加强制度建设

完善受处分人员跟踪回访、党风廉政意见回复、处级干部廉政档案管理等制度，进一步规范工作程序。加强对制度执行情况的督促检查，强化制度刚性约束。

五、加强纪检监察干部队伍建设，不断提升履职能力

（九）加强纪检监察干部能力建设

进一步加强纪检监察干部教育培训，强化纪法意识、纪法思维、纪法素养。深学细悟党的创新理论，不断提高政治判断力、政治领悟力、政治执行力。自觉接受监督和约束，严守纪律，规范行为，知责于心、担责于身、履责于行。落实国家民委系统纪检干部“强基计划”，积极参加国家民委、甘肃省纪委纪检干部培训班，不断提高监督执纪问责能力。

中共西北民族大学委员会党校 2021 年工作要点

2021 年是中国共产党成立 100 周年，是“十四五”规划开局之年，也是全面建成小康社会、开启全面建设社会主义现代化国家新征程的关键之年。学校党校工作的总要求是：以习近平新时代中国特色社会主义思想为指导，贯彻落实党的十九大和十九届二中、三中、四中、五中全会精神，贯彻落实习近平总书记关于党校办学治校系列重要指示精神，认真贯彻落实《中国共产党党校（行政学院）工作条例》，坚持把党校姓党全面贯穿党校工作始终，以铸牢中华民族共同体意识为主线，以党史学习教育为抓手，把党的理论教育、党史教育和党性教育作为主业主课，着力提高党员干部的治理能力和专业水平，不断开创新时代学校党校工作新局面，以优异成绩庆祝建党 100 周年。

一、以政治建设为统领，全面提升党的建设引领力和干部队伍建设水平

1. 强化党校姓党。开展党的创新理论培训，旗帜鲜明讲政治，坚定政治方向、保持政治定力，打造一支具有钢铁般信仰和意志的党员干部队伍，不断提高政治判断力、政治领悟力、政治执行力，形成推动学校各项事业高质量发展的强大合力。坚持党校姓党、因党而立、为党而办的职责定位，忠诚于党，坚持把习近平新时代中国特色社会主义思想教育培训作为首要任务和中心内容，坚持把旗帜鲜明讲政治作为党员干部教育培训的根本要求，坚持理论教育和党性教育主业主课地位，教育引导广大党员干部始终做习近平新时代中国特色社会主义的坚定信仰者和忠实实践者，以优异成绩庆祝中国共产党成立 100 周年。

2. 守好思想阵地。把提高政治能力摆在首要位置，开展党员干部政治能力、履职能力提升培训，自觉加强政治历练，接受严格的党内政治生活淬炼，把准政治方向，站稳政治立场，明确政治态度，严守政治纪律和政治规矩，使自己的政治能力同担任的工作职责相匹配。坚定理想信念，牢固树立共产主义远大理想和中国特色社会主义共同理想，围绕“十四五”时期教育改革发展面临的新形势、建设高质量教育体系的新要求等开展培训，强化思想引领，把党校作为学习研究宣传习近平新时代中国特色社会主义思想及其在学校实践的重要阵地。

3. 发挥党建引领。加强党对学校事业的全面领导，铸牢中华民族共同体意识，教育引导党员干部和广大师生从历史和现实、理论和实践、国内和国外的结合上深刻认识、强化认同，在思想上政治上行动上切实增强“四个意识”、坚定“四个自信”、做到“两个维护”。坚持社会主义办学方向，坚持立德树人，牢牢掌握党对学校工作领导权，牢牢掌握意识形态工作领导权，以高质量党建凝聚起全校

师生为建设现代化高水平大学奋力前行的强大力量，引领和保障学校各项事业高质量发展。

二、增强工作前瞻性和主动性，在适应新格局中全面提升党校质量和水平

4. 加强党性教育。开展二级单位党组织书记培训、党务干部培训、教师党支部书记“双带头人”培训等，增强党性教育实效。抓好“四史”教育，用好红色资源，让广大党员干部在接受党性教育中守初心、担使命，把提高党性修养转化为干事创业的动力。持续学习习近平新时代中国特色社会主义思想，巩固深化“不忘初心、牢记使命”主题教育成果，深化党的十九届五中全会精神、铸牢中华民族共同体意识的培训学习研讨，推动党员干部不断在学懂弄通做实上下功夫，切实用党的创新理论武装头脑、指导实践、推动工作，完整、准确、全面贯彻新发展理念，立足新发展阶段、贯彻新发展理念、构建新发展格局，为学校高质量发展奋力拼搏。

5. 突出党史教育。扎实开展党史学习教育，确保广大党员干部通过党史学习教育在思想上再升华，在精神上再洗礼，在行动上再对标，准确把握学习内容，深刻铭记中国共产党百年奋斗的光辉历程，深刻认识中国共产党为国家和民族作出的伟大贡献，深刻感悟中国共产党始终不渝为人民的初心使命，系统掌握中国共产党推进马克思主义中国化形成的重大理论成果，学习传承中国共产党在长期奋斗中铸就的伟大精神，深刻领会中国共产党成功推进革命、建设、改革的宝贵经验，做到学史明理、学史增信、学史崇德、学史力行，做到学党史、悟思想、办实事、开新局。

6. 强化教学改革。认真贯彻落实中共中央《2018—2022 年全国干部教育培训规划》和学校党委《2020—2022 年干部教育培训规划》，紧紧围绕服务学校中心工作开展培训，举办铸牢中华民族共同体意识研修培训，教育引导全校师生进一步深化对铸牢中华民族共同体意识重大意义、深刻内涵、实践要求的认识，进一步夯实师生的思想根基。强化教学改革，建强教师队伍，选聘一批政治素质过硬、实践经验丰富、理论水平较高的党员教育讲师，实行动态管理，注重发挥党员教育讲师的积极性、主动性、创造性。加强课程建设，整合课程资源，做好党员干部学习书目推荐，为党员干部提供学习资料。创新教学方式，灵活运用讲授式、研讨式、模拟式、互动式、观摩式、体验式等教学方法，探索“课堂 + 基地”实训模式，加大案例教学力度，推动案例库建设，增强党员干部培训的吸引力感染力。

三、全面从严治学、从严治校，加强制度建设，塑造党校新形象

7. 加强制度建设。坚持和加强党对党校工作的领导，制定党校工作暂行办法，建立和完善学习考核体系和教学效果评估体系，推进党校工作科学化、制度化、规范化，提高党校工作治理体系和治理能力现代化水平，推动党校工作高质量发展。建立健全党校、分党校工作制度，形成职责明确、分工协作的教学实施和运行机制。

8. 加强党校管理。制定党校 2021 年领导干部教育培训计划，将党校培训与“大学习、大讨论、

大调研、大培训”工作的部署要求结合起来，科学合理设置班次，提高培训实效。加强教学的组织管理，建立和完善学习考核体系和教学效果评估体系。加强和完善党校教师师资库建设，推动教学质量不断提升。加强学员管理，将党性教育贯穿学员管理全过程；加强导学、促学、督学，引导学员完成学习任务。

9. 加强学风建设。坚持严以治校、严以治教、严以治学，强化校规校纪，严格落实学校党委关于党校办学治校的原则和要求，严格落实中央八项规定及其实施细则精神，严格落实意识形态工作责任制。弘扬理论联系实际的马克思主义学风，倡导崇尚学习、勤奋学习的风气。聚焦党的建设的重大理论和实践问题，鼓励教师与学员之间、学员相互之间切磋交流，实现教学相长、学学相长。

中共西北民族大学委员会政治立校工作方案

为深入贯彻落实习近平新时代中国特色社会主义思想，落实旗帜鲜明讲政治的根本要求，按照新时代党的建设总要求，不断加强党对学校工作的全面领导，坚持社会主义办学方向，落实立德树人根本任务，铸牢中华民族共同体意识，现制定政治立校工作方案。

一、总体要求

以习近平新时代中国特色社会主义思想为指导，坚持马克思主义指导地位，全面贯彻党的教育方针，坚持社会主义办学方向，深刻把握新时代民族工作的历史方位，以铸牢中华民族共同体意识为主线，坚持党的政治领导，突出教育的政治属性，夯实政治根基，涵养政治生态，防范政治风险，始终在政治立场、政治方向、政治原则上同党中央保持高度一致，增强“四个意识”、坚定“四个自信”、做到“两个维护”，推动学校高质量发展。

二、目标任务

把加强党的全面领导落实到管党治党、办学治校全过程，强化思想引领，深化理论武装，夯实党建基础，发挥基层党组织和党员先锋模范作用。全面加强思想政治工作，培育优良校风教风学风，强化“三全育人”。突出铸牢中华民族共同体意识主线，不断健全和完善学校治理体系，提升治理能力和水平，推进现代化高水平大学建设，培养德智体美劳全面发展的社会主义建设者和接班人。

三、具体任务及措施

（一）坚持党的政治领导，强化中国特色社会主义大学政治属性，全面加强学校党的建设

任务一：把做到“两个维护”作为加强学校党的政治建设的首要任务。

责任单位：党委办公室、组织人事部、发展规划与学科建设处、教务处、研究生处

具体措施：

1. 对标对表习近平新时代中国特色社会主义思想特别是习近平总书记关于民族工作和教育的重要论述，以及党的政治路线和党中央关于高等教育决策部署，把加强党对高校的全面领导、全面贯彻党的教育方针、坚持马克思主义指导地位、坚持社会主义办学方向、落实立德树人根本任务等要求全面体现在学校章程等制度规范中，强化中国特色社会主义大学政治属性。

2. 坚持办学的正确政治方向和以人民为中心的发展思想，对照高等教育“四个服务”要求和服务中华民族伟大复兴的重大使命，以铸牢中华民族共同体意识为工作主线，系统梳理学校人才培养方案、学科发展规划、师资队伍建设计划、综合改革方案等，完善任务举措，深化新时代学校改革发展。

3. 完善贯彻落实习近平总书记重要讲话和指示批示精神督查督办问责机制，坚决把习近平总书记重要论述和中央重大决策部署落到实处。

任务二：不断完善党对学校工作全面领导的体制机制。

责任单位：党委办公室、发展规划与学科建设处、教务处、组织人事部

具体措施：

4. 严格执行党委领导下的校长负责制，坚决履行管党治党、办学治校主体责任，有效担负起全面领导学校工作的重任。落实党委全委会、党委常委会和校长办公会等议事决策制度，确保党委履行好把方向、管大局、作决策、抓班子、带队伍、保落实的领导职责。

5. 深化学校评价机制改革，将党的建设和思想政治工作成效作为“双一流”建设和本科教育教学评估、学科专业质量和学生培养质量评价、人才项目评审、学术成果评比等重要指标，制定标准突出权重，充分运用，突出育人政治标准。

任务三：坚持和加强党的领导，承担起为党育人为国育才的政治责任。

责任单位：党委办公室、组织人事部、统战部、工会

具体措施：

6. 坚持民主集中制，严格集体领导和个人分工负责相结合制度，坚持“三重一大”等事项集体讨论决定。在重大事项决策前、重要会议召开前，党委书记和校长应充分酝酿、充分讨论取得一致意见，在常委会、校长办公会上须“末位表态”。党委常委严格执行党委的集体决策，每年在一定范围内对履行常委职责情况作出报告。

7. 完善民主管理、推进依法治校，充分发挥教代会及群众组织作用，深化党务公开和校务公开。党委全委会讨论涉及师生切身利益的重大事项时，邀请师生代表列席。牢固树立依法办学、依法治校的理念，改善学生法治教育，加强以章程为核心的制度体系建设，加强对制度执行情况的监督检查。

8. 贯彻落实《关于加强新时代党外知识分子思想政治工作和无党派代表人士队伍建设的意见》，深入开展领导干部同学校教师“面对面”谈心交流活动，加强对党外知识分子思想政治引领。注重把一部分优秀人才留在党外培养，发挥作用。

（二）坚持不懈用习近平新时代中国特色社会主义思想铸魂育人，坚定干部师生政治信仰

任务四：坚持不懈用党的科学理论武装头脑。

责任单位：宣传部、党委办公室、组织人事部

具体措施：

9. 落实不忘初心、牢记使命制度，推进“两学一做”常态化制度化，始终把学习宣传贯彻习近平新时代中国特色社会主义思想作为首要政治任务，及时跟进学习习近平总书记重要讲话和指示批示精神，把学习传达、研究落实工作作为党委全委会、常委会和校长办公会首要议题。认真落实党委理论学习中心组等各项学习制度，党委理论学习中心组每季度至少专题学习 1 次习近平新时代中国特色社会主义思想特别是习近平总书记关于教育的重要论述。

10. 强化教职工理论学习力度，严格执行《西北民族大学政治理论学习制度》，教职工政治理论学习每两周 1 次，教师党支部每周 1 次，扎实推动政治理论学习常态化长效化。

任务五：落实立德树人根本任务，持续推动学校思想政治工作创新发展。

责任单位：宣传部、教务处、研究生处、学生工作部（处）、团委、发展规划与学科建设处、教务处、马克思主义学院

具体措施：

11. 加强习近平新时代中国特色社会主义思想研究中心（院）等平台建设，组织优秀教师讲师团、大学生骨干宣讲团，常态化开展习近平新时代中国特色社会主义思想校园巡讲、网络巡礼和青年大学习行动。

12. 以习近平新时代中国特色社会主义思想为核心内容，加强思政课程群建设，持续推进习近平新时代中国特色社会主义思想“三进”工作，将蕴含其中的立场、观点、方法贯穿到各门学科课程。

13. 加强中华民族共同体意识教育，推进中华民族共同体学科、专业、课程、教材建设。高质量开好中华民族共同体概论课，教育引导广大师生树牢马克思主义“五观”，增强“五个认同”，树立为祖国为人民永久奋斗，赤诚奉献的坚定理想。

14. 加强“课程思政”内涵建设，充分挖掘利用各类课程的思想政治教育元素和资源，尤其是融入中华民族共同体教育元素，全面落实学校每门课程、每名教师、每个课堂的育人职责，把思想引领和价值塑造融入每一门课程的教学之中，实现思政教育与知识教育有机统一。

任务六：完善育人管理模式，提升政治育人效果。

责任单位：教务处、研究生处、学生工作部（处）、团委、组织人事部

具体措施：

15. 紧扣立德树人根本任务，经常性在学校分层次、分主题开展“大学习大讨论大落实”，以自学和集中学习相结合的方式，加强对青年学生的政治引领。推进“三全育人”综合改革，不断完善“三全育人”制度体系、职责体系、实施体系和监测体系。

16. 积极探索实施“一站式”学生社区综合管理模式改革，不断完善学生管理服务模式。严格落实领导干部深入班级联系学生、联系师生党支部制度，严格学生政治辅导员、班主任管理，把校院领导力量、管理力量、思政力量、服务力量凝聚到学生。

17. 加强对共青团、学生会（研究生会）、学生社团的政治领导。配齐配强指导教师，遴选党员、入党积极分子担任学生会（研究生会）和学生社团负责人，建立以服务学生、志愿奉献为导向的激励表彰、纪律约束等机制，增强群团组织的政治性、先进性和群众性。

18. 学校专职党务工作人员、思想政治工作人员按照中央要求配备到位、培训到位、激励保障到位、监督考核到位。

任务七：加强党对师德师风工作的领导。

责任单位：组织人事部、教师工作部

具体措施：

19. 始终坚持党管教师工作原则，坚持把师德师风建设摆在教师队伍建设首位，以全面提升教师思想政治素质和职业道德水平、打造“四有”好老师为目标，按照“四个服务”“四个相统一”“四个引路人”要求，建立健全长效教育管理机制。

20. 强化党委对师德师风建设工作全面领导，坚持不懈贯彻落实党的各项政策规定，建立健全师德师风体制机制，形成党委全面抓，分管领导重点抓，相关职能部门分头抓，各二级单位师德建设工作小组、师德自律委员会具体抓，强化师德师风警示教育，营造风清气正育人环境，把师德师风建设各项任务要求落到实处。

21. 加强教师工作部建设，扎实开展教师政治把关、理论学习、培养培训、实践锻炼、师德师风建设工作。立足教师队伍，开展教学传帮带，发挥示范引领作用，积极开展培训，选派、组织教师参加思想政治教育和师德师风专题培训，开展年度教师思想政治轮训。对各单位师德建设相关工作人员进行培训，提高其理论水平和实践能力。

22. 严把教师交流、引进、培养、使用、推优政审关口，在教师评优推先、职称评聘、培训访学等审批过程中，坚决实行思想政治、师德师风“一票否决制”，保证教师队伍建设坚持正确政治方向。

（三）聚焦政治功能发挥，夯实组织基础，切实把基层党组织建设成为实现党的领导、推动重大任务落实的坚强战斗堡垒

任务八：加强领导班子队伍建设。

责任单位：组织人事部、发展规划与学科建设处

具体措施：

23. 严格按照习近平总书记提出的“把方向、管大局、作决策、抓班子、带队伍、保落实”要求，不断加强领导班子建设，从基本制度、基本队伍严起，贯彻落实组织部部长、宣传部部长、统战部部长担任学校党委常委的要求。

24. 坚持新时期好干部标准，持续优化干部队伍结构，选优配强学院（部）领导班子特别是党政正职，增强班子整体功能。推动符合条件的基层党组织书记参加学术委员会、教授委员会等学术

组织。

任务九：增强党组织政治功能和组织力。

责任单位：组织人事部

具体措施：

25. 突出基层党组织的政治功能，把党的政治建设、思想建设、作风建设、纪律建设落实到基层党组织，完善学院（部）党组织会议、党政联席会议决策内容和程序，强化党组织在人才培养、队伍建设、教学科研管理等重大事项上的领导把关作用。

26. 深入实施“对标争先”建设计划、党支部标准化建设。创新优化基层党组织设置，实现党的组织和工作在各类教学科研实体机构全覆盖。探索以师生结合、专业联合、跨年级整合等方式成立党支部，解决低年级学生党组织“空白点”，集中整治软弱涣散党支部和后进党支部。

27. 加强教师党支部书记“双带头人”培育。充分发挥教师党支部在教师思想政治工作中的重要作用，教师入职、考核、评优、晋升应由所在单位党支部考察其政治立场、思想素质、师德师风，给出明确意见。

任务十：严把党员发展政治关。

责任单位：组织人事部、学生工作部（处）、团委

具体措施：

28. 坚持政治标准，突出思想入党，规范发展程序。严格执行党员发展计划，落实《中共西北民族大学委员会关于进一步做好在大学生中发展党员工作的若干措施》，落实团组织“推优”入党制度，切实提高发展质量。

29. 加强高层次人才、优秀青年教师入党力度，建立沟通联系机制。党员领导干部要带头联系一批中青年人才。把吸纳高层次人才、优秀青年教师入党情况列入年度党建考核指标，对多年未发展党员的教师党支部，采取有力措施督促改进。

（四）健全干部工作体系，着力打造忠诚干净担当的高素质干部队伍

任务十一：提高领导干部政治能力。

责任单位：组织人事部

具体措施：

30. 按照国家民委党组、甘肃省委关于干部调训的安排，积极组织配合选派干部参加培训。坚持校院两级党委理论学习中心组学习、党支部集中学习研讨等制度，突出党的理论教育、党性教育和党章党规教育，打牢党员干部举旗铸魂、看齐追随、忠诚使命的思想根基。

31. 紧紧围绕提高政治判断力、政治领悟力、政治执行力，大力实施干部政治能力提升计划，落实年度干部教育培训计划，有计划让干部通过一线维稳、基层锻炼、乡村振兴等途径强化政治实践历

练，切实加强思想淬炼、政治历练、实践锻炼和专业训练，不断提高党员干部政治本领。

32. 推动“一把手”政治能力提升，落实对“一把手”和领导班子监督的意见，加强政治监督和政治督查，经常性开展政治体检，督促各级领导干部不折不扣贯彻落实党中央决策部署和习近平总书记重要指示批示精神。

任务十二：突出选人用人政治标准。

责任单位：组织人事部、教师工作部

具体措施：

33. 建立健全学校领导干部政治素质识别和评价机制，把准把严干部政治标准，深入考察政治忠诚、政治定力、政治担当、政治能力、政治自律等方面的情况，考准考实干部政治素质，及时发现、培养、使用政治素质过硬，熟悉高等教育，品行作风优良的优秀干部。对政治上不合格的“一票否决”。

34. 规范人才引进工作程序，严把政治关，做到“凡引必审”。强化对人才的政治把关、政治引领和政治吸纳作用，细化、量化审核内容和标准，把师德表现作为教师引进的首要条件，把政治取向、道德素质放在学术成果价值与科研能力水平评估的优先地位。

（五）涵养政治生态，加强党风廉政建设，营造风清气正的干事创业环境

任务十三：严肃党内政治生活。

责任单位：组织人事部、党委办公室、纪监审办公室

具体措施：

35. 认真落实《县以上党和国家机关党员领导干部民主生活会若干规定》，校院两级党委班子成员带头落实民主生活会制度，坚持高质量开好班子民主生活会。学校党委班子成员定期按时主动参加所属基层党组织的组织生活会和民主评议，用好批评与自我批评的武器，增强党内政治生活的政治性、时代性、原则性、战斗性。

36. 坚持党委常委列席二级单位党组织民主生活会制度，对二级单位党组织民主生活会情况进行点评，进一步完善对二级单位党组织党建工作的指导、监督、检查机制，及时发现和纠正组织生活不规范问题，督促整改，对问题突出的单位要进行约谈，切实提高民主生活会质量。

37. 推动“三会一课”等组织生活制度落实，党支部每月相对固定时间开展主题党日活动，用好红色教育基地、红色家书等鲜活教材，在“七一”、国庆等重要活动节点，组织党员重温入党誓词、重温入党志愿书、过集体“政治生日”等来增强政治意识。

任务十四：加强党对意识形态的全面领导。

责任单位：宣传部、组织人事部、纪监审办公室

具体措施：

38. 落实意识形态工作责任制，建立意识形态校内巡查制度，不断压紧压实主体责任。强化热点问题辨析、风险监测预警、校园舆论引导等工作力度，旗帜鲜明反对历史虚无主义。

39. 强化风险意识，做好风险评估、制定工作预案，定期召开意识形态工作领导小组会议，听取招生就业、教学科研、师德师风、学生管理、国际交流合作等工作情况，加强情报信息搜集与分析研判，深入排查梳理各类苗头风险隐患，正确应对处理各种风险，防止发生连锁反应。

40. 围绕贯彻落实新修订的《教育系统贯彻落实〈党委（党组）意识形态工作责任制实施办法〉的实施细则》，健全风险防控体系和工作协同机制，强化约谈、通报、问责，进一步将意识形态工作作为办学评价的硬约束、干部任用的硬条件、政治巡查的硬指标。

任务十五：依法依规加强各类阵地管理。

责任单位：宣传部、教务处、研究生处、学生工作部（处）、团委、科研处、国际合作交流处、学报编辑部、铸牢中华民族共同体意识研究院、信息化建设与服务中心、保卫处

具体措施：

41. 健全网络意识形态工作责任制，管好守住网络意识形态阵地，压实网站、新媒体、自媒体规范管理责任，开展专项督查，严排意识形态阵地管理漏洞、风险隐患和薄弱环节，及时采取措施改进完善。

42. 加强课堂、报告会、研讨会、讲座、论坛等意识形态阵地的建设和管理。加强学生社团、校友会管理，强化日常指导督查，开展意识形态工作巡察，健全网络舆情预警和防控机制。对散布错误政治观点和言论的，坚决及时制止、有效教育引导，并视情节依纪依规作出处理。

任务十六：坚决抵御和防范校园宗教渗透活动。

责任单位：统战部、保卫处、组织人事部

具体措施：

43. 完善防范抵御宗教渗透工作机制，毫不动摇坚持教育与宗教相分离原则，落实“严禁在学校传播宗教、发展教徒，严禁在学校设立宗教活动场所、举行宗教活动，严禁在学校建立宗教团体和组织，严禁租借宗教活动场所开办学校或其他教育培训机构，严禁教育培训机构开展宗教活动”的“五个严禁”原则。

44. 强化宣传教育，提高广大师生的政治鉴别力和防范各种宗教渗透的抵御能力，筑牢防范境外敌对势力利用宗教进行渗透的思想基础，挤压宗教渗透活动空间，有效防范校园传教。

任务十七：严明党的政治纪律和政治规矩。

责任单位：纪监审办公室

具体措施：

45. 把做到“两个维护”作为首要政治纪律，坚决把思想和行动统一到党中央决策部署上来，坚定不移推进全面从严治党向基层延伸，每年组织召开全面从严治党工作会议，制定学校党委全面从严

治党工作要点，明确任务及责任分工，压实全面从严治党政治责任。

46. 严格执行《中国共产党纪律处分条例》，严肃查处违反政治纪律的行为，加强执纪问责和调查处置，坚决处理违反政治纪律的行为。坚持用作风导向引领具体实践，严格执行中央八项规定及其实施细则精神，坚决防止和反对形式主义、官僚主义、享乐主义和奢靡之风。

47. 建立健全日常廉洁教育和重要时间节点廉洁提醒机制，每年至少开展 1 次集中性警示教育和党风廉政建设教育月活动，以案示警、以案明纪，把握运用监督执纪“四种形态”，把全面从严治党、从严治校落实落细。

任务十八：发展积极健康的校园政治文化。

责任单位：宣传部、学生工作部（处）、团委、教师工作部、纪监审办公室

具体措施：

48. 把政治标准融入制度建设，培育积极健康的校园政治文化，坚决防止和反对个人主义、分散主义、自由主义、本位主义、好人主义，坚决防止和反对宗派主义、圈子文化、码头文化。

49. 深入挖掘校史资源、校园红色文化资源和革命文化积淀，面向学生开设专题校史展、老一辈教育家办学治校事迹展，编撰《西北民族大学教师风采录》，发掘学校在建立、发展和改革中形成的红色基因，发挥育人功能，激励学生见贤思齐，奋发有为。

50. 持续把铸牢中华民族共同体意识教育融入校园环境建设，将“中华民族一家亲，同心共筑中国梦”主题融入校园景观、校训内涵建设。利用天天升国旗、日日唱国歌等仪式、活动、载体，教育引导学生真正从思想深处增强铸牢中华民族共同体意识行动自觉，自觉做中华民族共同体的热爱者、建设者、捍卫者。深入打造以铸牢中华民族共同体意识为主题的“一院一节一特色”校园文化品牌项目。

51. 深化文明校园创建，建设文化传承创新实践基地，组织先进模范人物进校园宣讲，开展“弘扬爱国奋斗精神、建功立业新时代”“礼敬中华优秀传统文化”等活动，坚持不懈培育和弘扬社会主义核心价值观。

四、保障措施

（一）强化工作责任

建立健全推进政治建设工作责任制，学校党委承担政治立校主体责任，认真研究部署、大力推进落实。党委书记履行第一责任人职责，对重要工作要亲自部署、重要问题亲自过问、重大事件亲自处理。领导班子其他成员要根据职责分工，落实“党政同责”“一岗双责”，抓好分管部门单位政治建设工作。学校纪委督促学校党委履行政治建设党内监督主体责任。各二级单位党组织各司其职、各负其责，履行推进党的政治建设工作职责。

（二）落实工作保障

严格按照规定保障党建工作经费，加强学校党建理论研究。配齐建强党务工作队伍，专心专责抓党建。确保党支部活动经费和场所，健全保障激励机制，使他们干事有动力、待遇有保障、发展有空间。

（三）加强监督问责

强化政治监督，加强监督检查，将学校党的政治建设工作作为校内巡察和督查检查的重要内容，着力发现和纠正政治偏差。健全考核评价机制，纳入党建工作考核、党组织书记抓党建述职评议考核、领导班子和领导干部考核，与领导班子调整和干部选拔任用工作挂钩。坚持失责必问、问责必严，对落实党的建设不到位、推进党的建设工作不力以及违反党的政治纪律和政治规矩的行为严肃追责问责。

中共西北民族大学委员会关于做好铸牢中华民族共同体意识工作的实施意见

铸牢中华民族共同体意识是习近平总书记站在全局和战略高度作出的重大原创性论断，是马克思主义民族理论中国化的最新成果。为深入贯彻落实习近平总书记关于民族工作和教育的重要论述，坚持把学校建设成为铸牢中华民族共同体意识的坚强阵地，根据中央及国家民委党组安排部署，结合学校实际，制定本实施意见。

一、深刻认识新时代铸牢中华民族共同体意识的重大意义

（一）铸牢中华民族共同体意识是维护祖国统一的根本要求

铸牢中华民族共同体意识不仅是民族工作，更是事关祖国统一大业的基础性、全局性工作。习近平总书记准确把握我国统一多民族国家的历史演进客观规律，鲜明提出铸牢中华民族共同体意识，是不断增强国家认同和国民身份认同的时代要求，更是全党和全国各族人民坚决反对分裂、捍卫国家主权和领土完整的思想堤坝和铜墙铁壁。落实为党育人、为国育才的使命任务，必须要推动铸牢中华民族共同体意识全覆盖，打牢国家统一、社会稳定和长治久安的思想根基。

（二）铸牢中华民族共同体意识是促进民族团结的固本之举

中国处于近代以来最好的发展时期，世界处于百年未有之大变局，两者同步交织、相互激荡。敌对势力利用民族、宗教问题对我国进行分化、渗透、遏制的图谋一刻都未停止，世界范围内种族矛盾、宗教争端、民族冲突事件频发，特别是在后疫情时代，影响民族团结的不利因素更加复杂。面对更加不稳定不确定的外部环境，必须要将铸牢中华民族共同体意识作为最先进的“杀毒软件”、最坚实的“防火墙”，不断增强凝聚力向心力，坚定走中国特色解决民族问题的正确道路。

（三）铸牢中华民族共同体意识是服务民族复兴伟业的长远之策

铸牢中华民族共同体意识，是推动中华民族走向包容性更强、凝聚力更大的命运共同体的战略举措，也是实现中华民族伟大复兴的重要象征。新发展阶段，中华民族伟大复兴机遇和挑战都有了新的发展变化，前进道路上面临的风险考验越来越复杂，甚至会遇到难以想象的惊涛骇浪。在民族工作领域，“五个并存”阶段性新特征更加凸显、民族地区发展的不平衡不充分、各民族跨区域大流动引发

的涉民族因素矛盾纠纷等问题依然存在。在更高层次上把中华民族更好地凝聚起来，必须要突出铸牢中华民族共同体意识主线，融入立德树人根本任务，融入实现中国梦这一历史进程，促进各民族像石榴籽一样紧紧拥抱在一起，共建美好家园、共创美好未来。

（四）铸牢中华民族共同体意识是民族院校与时俱进的光荣使命

民族院校作为培养各民族人才的摇篮，加强民族团结进步教育，培养堪当民族复兴大任的时代新人，始终是党和国家的深切期待和重要要求，也是民族高校肩负的特殊办学使命和育人责任。立足新发展阶段，民族院校必须坚持以习近平新时代中国特色社会主义思想为指导，把铸牢中华民族共同体意识作为办学治校必须坚持的正确方向，以铸牢中华民族共同体意识为主线，在牢固树立“三个离不开”思想、坚持“四个共同”、增进“五个认同”上谋篇布局，在推动构建新时代民族团结进步事业工作体系、研究体系、教育体系上奋发有为。

二、准确把握新发展阶段铸牢中华民族共同体意识的总体要求和核心要义

（一）把握总体要求

以习近平新时代中国特色社会主义思想为指导，全面贯彻落实习近平总书记关于民族工作和教育的重要论述，增强“四个意识”、坚定“四个自信”、做到“两个维护”，坚持在解放思想中统一思想，广泛凝聚师生共识；坚持把铸牢中华民族共同体意识作为坚定社会主义办学方向的重要体现，融入立德树人根本任务，贯穿办学治校全过程；坚持问题导向，着力解决铸牢中华民族共同体意识工作中面临的矛盾和突出问题；坚持实事求是、稳中求进，巩固和发展“中华民族一家亲、同心共筑中国梦”的良好局面，谱写新时代学校铸牢中华民族共同体意识新篇章。

（二）把握核心要义

铸牢中华民族共同体意识是习近平新时代中国特色社会主义思想的重要组成部分，内涵丰富、意蕴深厚，是马克思主义民族观的理论逻辑、中华民族多元一体格局形成与发展的历史逻辑与新中国民族团结进步事业的实践逻辑的辩证统一体。中华民族共同体意识是各民族在共同开拓疆域、共同书写历史、共同创造文化、共同培育民族精神中淬炼形成的，是中华民族由弱到强、合之又合、实现伟大复兴的内生动力。要正确认识多元和一体的关系，坚持一体是主线和方向，多元是要素和动力。正确处理共同性与差异性的关系，深刻认识“同”具有主导性，“异”具有从属性。正确认识共同体意识与民族意识的关系，各民族的民族意识既不能自外于中华民族，也不能有悖于“五个认同”。正确处理统一与自治的关系，国家统一是各民族最高利益，政令统一、国家和文化认同是民族区域自治的根本前提。

三、建立健全铸牢中华民族共同体意识的工作体系

（一）健全体制机制

健全党委统一领导，党政齐抓共管，宣传部、中华民族共同体建设工作处组织协调，各单位、各部门协同推进的领导体制和工作机制。中华民族共同体建设工作处要突出铸牢中华民族共同体意识核心职责，加强工作力量。发挥铸牢中华民族共同体意识工作领导小组等议事协调机构职能，定期研究推进工作，切实把铸牢中华民族共同体意识纳入学校党建工作、巡察工作、意识形态工作中。

牵头单位：宣传部、中华民族共同体建设工作处

责任单位：各部门、各二级单位党委（党总支、直属党支部）

（二）强化顶层设计

将铸牢中华民族共同体意识融入学校治理体系，修订完善学校章程和有关规章制度，推进制度优势转化为治理效能。以铸牢中华民族共同体意识为主线，科学编制实施“十四五”发展规划，推动学校一切工作由此着眼，一切资源往此着力。

牵头单位：发展规划与学科建设处

责任单位：各部门、各二级单位党委（党总支、直属党支部）

（三）建立系统化的落实机制

坚持把铸牢中华民族共同体意识贯穿办学治校全过程，在突出工作主线中育先机开新局，实现重构性重塑性调整和发展，推动有机融入教育教学、科学研究、校园文化、社会实践、网络育人和全面从严治党工作。各单位、各部门紧密结合工作实际，制定铸牢中华民族共同体意识实施方案，明确目标任务，细化落实举措。

牵头单位：宣传部、中华民族共同体建设工作处

责任单位：各部门、各二级单位党委（党总支、直属党支部）

四、构建完善铸牢中华民族共同体意识工作的研究体系

（一）坚持正确方向

在民族理论政策研究中坚守政治底线，坚持铸牢中华民族共同体意识的时代方向、价值取向和鲜明导向，聚焦民族领域基础理论问题和重大现实问题，着力加强中华民族共同性研究。聚焦服务新发展格局，高标准实施学校“铸牢中华民族共同体意识研究专项”，加大资金、人员投入力度，提升科学化、系统化、精准化、成果化水平；整合科研团队，组织开展铸牢中华民族共同体意识研究国家级、省部级课题多学科、多部门协同攻关。

牵头单位：科研处

责任单位：各学院（部）、科研院所

（二）把握研究重点

深化习近平总书记关于民族工作和教育重要论述的研究阐释，加强对中华民族、中华民族共同体、中华民族共同体意识、铸牢中华民族共同体意识等重要概念的研究，加强党的民族工作理论、政策历史演进的研究，加强中华民族共同体历史、中华民族多元一体格局的研究，加强中华民族共同体与中华民族伟大复兴等重大关系、各民族共享的中华文化符号和中华民族形象标识研究，加强西北地区各民族交往交流交融史的研究，拿出一批有影响、有价值的成果。

牵头单位：科研处

责任单位：各学院（部）、科研院所

（三）建强研究平台

加强铸牢中华民族共同体意识研究中心、民族教育研究发展中心、中华优秀传统文化传承基地、民族地区全面建成小康社会研究中心等省部级人文社会科学重点研究基地、协同创新中心、智库建设，加大人、财、物等资源保障力度。组建铸牢中华民族共同体意识研究院中华民族共同体理论与实践研究所、中华民族交往交流交融史研究所和中华民族优秀传统文化研究所等内设研究机构。定期举办铸牢中华民族共同体意识学术论坛等，打造高端学术交流平台。发挥《西北民族研究》《西北民族大学学报》示范导向作用，打造“铸牢中华民族共同体意识”精品理论专栏。加快推进与北京大学、四川大学等共建“铸牢中华民族共同体意识研究协同创新基地”各项工作，整合拓展凉州会盟旧址、兰州八路军办事处纪念馆和青海贵德县等铸牢中华民族共同体意识理论和实践研究基地各类资源，打造校内外可持续发展的协同研究平台。

牵头单位：科研处

责任单位：各学院（部）、科研院所、学报编辑部

五、创新推进铸牢中华民族共同体意识的教育教学体系

（一）强化理论武装

坚持用习近平新时代中国特色社会主义思想铸魂育人，开展大学习、大讨论、大调研、大培训，深入学习贯彻习近平总书记关于民族工作和教育的重要论述，深入推进铸牢中华民族共同体意识“三进”工程。开展党史学习教育，准确把握党的民族工作理论、政策和实践发展史，做到学党史、悟思想、办实事、开新局。加强党委理论学习中心组学习教育、干部培训、教职工政治理论学习、“三会一课”、党校团校培训等，把铸牢中华民族共同体意识作为政治理论学习“必修课”，作为新生入学教育、新进教师岗前教育“第一课”。

牵头单位：组织人事部、宣传部、统战部、中华民族共同体建设工作处、学生工作部（处）、团委

责任单位：各部门、各二级单位党委（党总支、直属党支部）

（二）加强学科教学体系建设

优化学科专业设置，在中国语言文学一级学科博士学位授权点下设置中华民族共同体意识二级学科，培育、建设铸牢中华民族共同体意识一级学科，加强相关基础学科、重点学科、特色学科、新兴交叉学科建设。筹建中华民族共同体学院，设置中华民族共同体建设工程专业。修订培养方案，将铸牢中华民族共同体意识纳入人才培养目标，推动融入专业教学、实践教学、通识教学。推动铸牢中华民族共同体意识贯通思政课程和课程思政，建设中华民族共同体教育、中华民族史、中华民族交往交流交融史等系列核心专业课程，加强中国共产党史、新中国史、改革开放史和社会主义发展史教育课程建设，打造铸牢中华民族共同体意识的课程“生态圈”。严格教材选用标准，科学编用中华民族共同体教育等课程教材讲义。建好“铸牢中华民族共同体意识虚拟实践创新中心”。

牵头单位：发展规划与学科建设处、教务处、研究生处、宣传部、中华民族共同体建设工作处

责任单位：各学院（部）、科研院所

（三）加强国家通用语言教育

坚持把国家通用语言文字作为教育教学语言，加强国家通用语言文字试验教学中心和甘肃省首批省级国家语言文字推广基地建设，做好少数民族汉语水平等级考试测试考点有关工作。编写好国家通用语言文字简明学习读本，研发网络学习平台，建立综合培训示范基地，为推动解决少数民族进城务工人员学习国家通用语言文字提供智力支持。

牵头单位：教务处

责任单位：各学院（部）

（四）更加注重以文化人以文育人

增强文化自信，以社会主义核心价值观为引领，把铸牢中华民族共同体意识作为鲜明主线，着力打造有效载体、营造浓厚氛围、利用重要仪式、颂扬先进典型、激励使命担当，贯通“一院一节一特色”校园文化活动，全面展示、深入阐释多元一体中华文化精髓。坚持把促进各族师生广泛交往、全面交流、深度交融作为根本途径，深化居住生活、工作学习、文化交流等嵌入式格局。坚持开展志愿服务、调查研究等社会实践活动，使各族师生在服务社会中感受党领导各族人民共同团结奋斗、共同繁荣发展的伟大实践。

牵头单位：宣传部、中华民族共同体建设工作处、学生工作部（处）、团委

责任单位：各部门、各二级单位党委（党总支、直属党支部）

六、持续夯实铸牢中华民族共同体意识的保障体系

（一）加强党的全面领导

深刻把握新发展阶段民族工作、教育工作的新方位新挑战新机遇，以党的政治建设为统领，深入推进全面从严治党，发挥好党委把方向、管大局、做决策、抓班子、带队伍、保落实的作用，专题研究部署、专项支持保障、专门督查考核，全面谋划和系统推进铸牢中华民族共同体意识工作。加强基层党组织建设，以提升组织力为重点，把铸牢中华民族共同体意识深度融入党建工作标杆院部、样板支部创建和“双带头人”培育全过程。坚持党的群众工作的优良传统和政治优势，落实好领导干部联系师生等制度，把解决思想问题与解决师生关切紧密结合起来，切实提升基层治理水平，不断凝聚“中华民族一家亲，同心共筑中国梦”的最大共识。

牵头单位：党委办公室、组织人事部、纪监审办公室、工会、离退休工作处、学生工作部（处）、团委

责任单位：各部门、各二级单位党委（党总支、直属党支部）

（二）加强统筹谋划

融入中华民族伟大复兴的历史进程，推动铸牢中华民族共同体意识教育纳入各项工作指标体系，统筹推进教育强国、文化强国、人才强国战略在学校的任务要求落地见效。完善国家意识、法律意识、公民意识教育体系，贯通德智体美劳全面培养，融入坚定理想信念、厚植爱国主义情怀、加强品德修养、增长知识见识、培养奋斗精神、增强综合素质全过程。创新开展民族团结进步创建工作，持续提升“民族团结进步教育月”系列品牌活动的影响力、渗透力、感染力。支持附属中学、小学开展铸牢中华民族共同体意识主题教育活动，推动建立铸牢中华民族共同体意识教育实践基地。

牵头单位：党委办公室、组织人事部、宣传部、统战部、中华民族共同体建设工作处、学生工作部（处）、团委、教务处

责任单位：各部门、各二级单位党委（党总支、直属党支部）

（三）加强队伍建设

精心打造一支会做铸牢中华民族共同体意识工作的高素质专业化教师队伍，把师德师风作为评价第一标准，把“四有好老师”标准和“三个特别”民族地区好干部标准结合起来，提升“七种能力”，练就“八种本领”，践行“四个相统一”。加强研究队伍建设，引进高端人才，壮大研究团队，全力打造一支有中华民族共同体意识、有中国特色社会主义理论水平、有做大学问做真学问高尚情操、有实现中华民族伟大复兴理想信念的“四有”学者共同体。

牵头单位：组织人事部

责任单位：各部门、各二级单位党委（党总支、直属党支部）

（四）营造浓厚舆论氛围

主动融入党和国家大宣传工作格局，加强宣传阵地建设，用中华民族共同体鼓舞人、凝聚人、激励人。加强创新理论的宣传报道和解读阐释，宣传中华民族是家园不可分、民族不可散、文明不可乱的共同体。建强大数据和“融媒体”中心，加大官方微博、微信、抖音等新媒体建设力度，加强“学习强国”等平台信息推送工作，推进“全媒体+铸牢中华民族共同体意识”工程，讲好民族团结故事。围绕庆祝建党100周年、实现全面小康，推出具有时代特色和民族特点的精品力作。强化网络舆论引导管控，严格落实涉民族宗教等重点信息发布、突发舆情应对、舆情风险评估机制，营造共建美好家园、共创美好未来的清朗网络空间。

牵头单位：宣传部、信息化建设与服务中心

责任单位：各部门、各二级单位党委（党总支、直属党支部）

西北民族大学铸牢中华民族共同体意识实施方案

铸牢中华民族共同体意识是习近平总书记站在全局和战略高度作出的重大原创性论断，是马克思主义民族理论中国化的最新成果，是指导学校各项工作创新推进的根本遵循。为深入贯彻落实习近平总书记关于民族工作和高等教育发展的重要论述，把学校建设成为铸牢中华民族共同体意识的坚强阵地，根据国家民委党组安排部署，结合学校实际，制定实施方案。

一、指导思想

坚持以习近平新时代中国特色社会主义思想为指导，深入学习贯彻习近平总书记关于民族工作和高等教育发展的重要论述，贯彻落实党的十九大和十九届二中、三中、四中、五中全会精神，贯彻落实中央民族工作会议、中央第七次西藏工作座谈会和第三次中央新疆工作座谈会等精神，以铸牢中华民族共同体意识为主线，落实立德树人根本任务，为培养担当民族复兴大任的时代新人努力奋斗。

二、目标任务

坚决贯彻党的教育方针和民族政策，贯彻落实中央及国家民委党组有关铸牢中华民族共同体意识决策部署，增强“四个意识”、坚定“四个自信”、做到“两个维护”。坚持把铸牢中华民族共同体意识作为学校肩负的时代使命，作为建设现代化高水平大学的重大战略性任务；坚持科学谋划、系统推进，在牢固树立“三个离不开”思想、增进“五个认同”上谋篇布局，在推动构建学校铸牢中华民族共同体意识领导协调机制、教育教学体系、理论研究体系、实践创新体系、支撑保障体系上奋发有为，把学校建设成为新时代铸牢中华民族共同体意识的人才培养重要基地、理论创新重要基地和智力支撑重要基地。

三、工作内容

（一）健全铸牢中华民族共同体意识领导协调机制

1. 健全体制机制。健全党委统一领导，党政齐抓共管，中华民族共同体建设工作处组织协调，各单位、各部门协同推进的领导体制和工作机制。发挥铸牢中华民族共同体意识领导小组等议事协调机构职能，定期研究推进工作。中华民族共同体建设工作处要突出铸牢中华民族共同体意识核心职责，加强工作力量，发挥参谋助手、综合协调、督促检查的职能作用。

牵头单位：中华民族共同体建设工作处

责任单位：各部门、各二级单位党委（党总支、直属党支部）

完成时限：2021 年基本健全有关体制机制并长期坚持

2. 强化顶层设计。将铸牢中华民族共同体意识融入学校治理体系，修订学校章程，制定完善与之相适应的规章制度。以铸牢中华民族共同体意识为主线，科学编制实施“十四五”发展规划。

牵头单位：发展规划与学科建设处

责任单位：各部门、各二级单位党委（党总支、直属党支部）

完成时限：2021 年完成学校章程和“十四五”规划编制工作，其他工作持续推进并长期坚持

3. 全面推进落实。坚持系统观念，把铸牢中华民族共同体意识落实到“三全育人”方方面面，推动有机融入学科建设、教育教学、科学研究、校园文化、社会服务和全面从严治党工作。各单位、各部门紧密结合工作实际，制定铸牢中华民族共同体意识实施方案和年度工作计划，明确目标任务，细化落实举措。

牵头单位：中华民族共同体建设工作处

责任单位：各部门、各二级单位党委（党总支、直属党支部）

完成时限：2021 年 4 月完成实施方案和年度工作计划，其他工作持续推进并长期坚持

（二）深化铸牢中华民族共同体意识教育教学体系

4. 强化理论武装。坚持用习近平新时代中国特色社会主义思想铸魂育人，通过党委常委会会议、理论学习中心组、教职工政治理论学习、“三会一课”、党校团校培训等，开展大学习、大讨论、大调研、大培训，把铸牢中华民族共同体意识作为“必修课”“第一课”。打造“石榴花开大讲堂”理论学习新高地。深入推进铸牢中华民族共同体意识“三进”工程。开展党史学习教育，准确把握党的民族工作理论、政策和实践发展史，强化师生中华民族共同体意识。强化政治自觉、思想自觉、行动自觉。

牵头单位：组织人事部、宣传部、统战部、中华民族共同体建设工作处、学生工作部（处）、团委

责任单位：各部门、各二级单位党委（党总支、直属党支部）

完成时限：长期坚持

5. 加强国家通用语言文字教育。全面加强国家通用语言文字教育和推广普及工作，坚持教师用国家通用语言文字教、学生用国家通用语言文字学。加强落户学校的国家通用语言文字试验教学中心和甘肃省首批省级国家语言文字推广基地建设，做好脱贫攻坚与乡村振兴衔接阶段的“推普”工作。加强少数民族汉语水平等级考试测试考点建设，提高国家普通话水平等级考试、少数民族汉语水平考试通过率。按照国家民委教科司安排，编好国家通用语言文字简明学习读本，研发网络学习平台，建立

综合培训示范基地，为推动解决少数民族进城务工人员学习国家通用语言文字提供智力支持。加强毕业论文（设计）各环节管理，使用国家通用语言文字指导和撰写论文，强化审查、提升质量。

牵头单位：教务处、研究生处、组织人事部、学生工作部（处）、团委

责任单位：各学院（部）、科研单位

完成时限：2021 年完成国家通用语言文字简明学习读本编用等工作，其他工作持续推进并长期坚持

6. 加强学科专业建设。优化学科专业设置，在中国语言文学一级学科博士学位授权点下设置中华民族共同体意识二级学科，培育建设铸牢中华民族共同体意识一级学科，加强相关基础学科、重点学科、特色学科、新兴交叉学科建设。论证筹建中华民族共同体学院。修订培养方案，将铸牢中华民族共同体意识纳入人才培养目标，推动融入专业教学、实践教学、通识教学。

牵头单位：发展规划与学科建设处、教务处、研究生处

责任单位：各学院（部）、科研单位

完成时限：2022 年完成并长期坚持

7. 加强教材课程建设。落实教材建设与管理办法，严格教材选用标准，确保优质教材进课堂，应选尽选、应用全用“马工程”重点教材；加强少语类教材审核把关，非通用语言编写教材须提供通用语言对照版本；科学编用中华民族共同体意识教育等课程教材讲义。推动铸牢中华民族共同体意识贯通思政课程和课程思政，高标准讲好“中华民族共同体意识教育”课，建设中华民族史、中华民族交往交流交融史等系列核心专业课程，加强党史、新中国史、改革开放史和社会主义发展史教育课程建设，打造铸牢中华民族共同体意识课程“生态圈”。

牵头单位：教务处、研究生处

责任单位：各学院（部）、科研单位

完成时限：2021 年完成并长期坚持

（三）完善铸牢中华民族共同体意识理论研究体系

8. 坚持正确方向。坚守政治底线，坚持铸牢中华民族共同体意识的时代方向、价值取向和鲜明导向，聚焦民族领域基础理论问题和重大现实问题，着力加强中华民族共同性研究。服务新发展格局，实施学校“铸牢中华民族共同体意识研究专项”，加大投入，提升研究水平；整合科研团队，组织开展铸牢中华民族共同体意识研究国家级、省部级课题立项申报和协同攻关。

牵头单位：科研处

责任单位：各学院（部）、科研单位

完成时限：长期坚持

9. 把握研究重点。深化习近平总书记关于民族工作和高等教育发展重要论述的研究阐释，加强对

中华民族、中华民族共同体、中华民族共同体意识、铸牢中华民族共同体意识等重要概念的研究，加强党的民族工作理论、政策历史演进的研究，加强中华民族共同体历史、中华民族多元一体格局的研究，加强中华民族共同体与中华民族伟大复兴等重大关系、各民族共享的中华文化符号和中华民族形象标识研究，加强西北地区各民族交往交流交融史的研究，拿出一批有影响、有价值的成果。

牵头单位：科研处

责任单位：各学院（部）、科研单位

完成时限：长期坚持

10. 建强研究平台。加强铸牢中华民族共同体意识研究中心、民族教育研究发展中心、中华优秀传统文化传承基地、民族地区全面建成小康社会研究中心等省部级人文社会科学重点研究基地、协同创新中心、智库建设，加大人、财、物等资源保障力度。铸牢中华民族共同体意识研究院组建中华民族共同体理论与实践研究所、中华民族交往交流交融史研究所和中华民族优秀传统文化研究所等内设研究机构。定期举办铸牢中华民族共同体意识学术论坛、青年论坛等，构筑高端学术交流平台。发挥《西北民族研究》《西北民族大学学报》示范导向作用，打造“铸牢中华民族共同体意识”精品理论专栏。加快推进与北京大学、四川大学等共建“铸牢中华民族共同体意识研究协同创新基地”各项工作。用好凉州会盟旧址、兰州八路军办事处纪念馆和青海贵德县等校地共建铸牢中华民族共同体意识理论和实践研究基地各类资源，推进建设校内外可持续发展的协同研究平台。

牵头单位：科研处

责任单位：各学院（部）、科研单位、学报编辑部

完成时限：长期坚持

（四）拓展铸牢中华民族共同体意识实践创新体系

11. 更加注重实践育人。坚持把促进各族师生广泛交往、全面交流、深度交融作为根本途径，以学生宿舍、学习援助中心、创新创业团队、学生社团等为依托，深化居住生活、工作学习、文化交流等嵌入式格局。以社会主义核心价值观为引领，以铸牢中华民族共同体意识为根本方向，着力通过建设有效载体、营造浓厚氛围、利用重要仪式、颂扬先进典型、激励使命担当等，打造“一院一节一特色”精品校园文化活动，深入推进一体化育人项目、民族团结进步创建项目，发挥文化浸润滋养的作用。积极开展志愿服务、社会调查等各类实践活动，使各族师生在服务社会中感受党领导各族人民共同团结奋斗、共同繁荣发展的伟大实践。实施大中小学铸牢中华民族共同体意识一体化建设工程，探索构建德、智、体、美、劳“五育共建”和制度联建、机制联动、人员联通、平台联用、项目联报“五联共进”模式，推进附属小学铸牢中华民族共同体意识教育实践基地建设。积极做好筹建“铸牢中华民族共同体意识虚拟实践创新中心”工作。

牵头单位：宣传部、中华民族共同体建设工作处、学生工作部（处）、团委、教务处

责任单位：各部门、各二级单位党委（党总支、直属党支部）

完成时限：2021 年 6 月完成附属小学联创共建方案制定实施等工作，其他工作持续推进并长期坚持

（五）夯实铸牢中华民族共同体意识支撑保障体系

12. 加强党的全面领导。以党的政治建设为统领，发挥好党委把方向、管大局、做决策、抓班子、带队伍、保落实的领导核心作用，专题研究部署、专项支持保障，全面谋划和系统推进铸牢中华民族共同体意识工作。加强基层党组织建设，以提升政治功能和组织力为重点，把铸牢中华民族共同体意识深度融入党建工作标杆院部、样板支部创建和“双带头人”培育全过程。落实好领导干部联系师生等制度，开展“为党旗添光彩，为师生办实事”实践活动，解决师生关切，提升学校内部治理水平。通过加强与地方教育、统战、民族、公安等部门协作，共同营造铸牢中华民族共同体意识良好育人环境。

牵头单位：党委办公室、组织人事部、纪监审办公室、工会、离退休工作处、学生工作部（处）、团委

责任单位：各部门、各二级单位党委（党总支、直属党支部）

完成时限：长期坚持

13. 做好考核评估。结合《深化新时代教育评价改革总体方案》落实落地，推动铸牢中华民族共同体意识教育纳入各项工作指标体系，纳入年度考核、目标管理和干部培养考察，纳入督查巡察和执纪问责。

牵头单位：发展规划与学科建设处、组织人事部、纪监审办公室、中华民族共同体建设工作处

责任单位：各部门、各二级单位党委（党总支、直属党支部）

完成时限：长期坚持

14. 加强专门力量建设。通过思想淬炼、政治历练、实践锻炼、专业训练，精心打造适应铸牢中华民族共同体意识的专门力量。以师德师风教育为抓手，加强专业教师队伍建设，落实“四有好老师”“四个引路人”要求，构建新时代的“大先生”和“筑梦人”团队。以内培外引为途径，加强研究队伍建设，汇聚壮大研究团队，力争多出成果、出大成果。以增强政治判断力、政治领悟力、政治执行力为要求，加强管理服务队伍建设，不断提升铸牢中华民族共同体意识的能力本领。

牵头单位：组织人事部

责任单位：各部门、各二级单位党委（党总支、直属党支部）

完成时限：长期坚持

四、工作要求

（一）提高政治站位，强化思想认识

立足新发展阶段，贯彻新发展理念，以庆祝中国共产党成立100周年为契机，深化“四史”教育，突出铸牢中华民族共同体意识主线，充分认识铸牢中华民族共同体意识是维护祖国统一的根本要求、促进民族团结的固本之举、服务民族复兴伟业的长远之策，更是民族院校与时俱进的光荣使命和实现高质量发展的重大机遇，必须始终高举铸牢中华民族共同体意识旗帜，推进中华民族共同体建设行稳致远。

（二）坚持合力推进，做深做细做实

加强统筹协调，不断完善月总结、季调度、年推进的工作机制，通过领导小组会议、工作推进会等，定期通报情况、定期研究问题，推动工作落地落实。加强督查检查，形成职能定位向此汇聚、工作力量向此集中、办学资源向此倾斜、工作成效向此展示的良好局面。

（三）营造舆论氛围，讲好共同体故事

加强党的创新理论的宣传报道和解读阐释，构建“全媒体＋铸牢中华民族共同体意识”舆论宣传格局，讲好大团结故事、铸牢中华民族共同体意识故事。围绕重大宣传教育主题，推出具有时代特色的精品力作。强化网络舆论引导管控，严格落实涉民族宗教等重点信息发布、突发舆情应对、舆情风险评估机制，营造共建美好家园、共创美好未来的清朗网络空间。

中共西北民族大学委员会二级单位党组织书记抓党建述职评议考核办法

第一条　为坚持和加强党对学校的全面领导，完善二级单位党组织书记抓党建述职评议考核制度，夯实学校基层党建工作，落实管党治党政治责任，推进全面从严治党向基层延伸，根据《中国共产党章程》《党政领导干部考核工作条例》《党委（党组）书记抓基层党建工作述职评议考核办法（试行）》等规定，结合学校实际，制定本办法。

第二条　开展二级单位党组织书记抓党建述职评议考核（以下简称“述职评议考核”），必须坚持以习近平新时代中国特色社会主义思想为指导，以贯彻落实新时代党的组织路线为重点，以铸牢中华民族共同体意识为主线，把党的政治建设摆在首位，全面从严治党；坚持围绕中心、服务大局，推动基层党建与学校中心工作深度融合；坚持书记抓、抓书记，强化责任落实；坚持分类指导、务求实效，重在解决问题，坚决防止形式主义。

第三条　述职评议考核应聚焦坚持和加强党的全面领导，落实中央和国家民委党组、甘肃省委关于党建工作的决策部署，履行基层党建工作责任，以提升组织力为重点，突出政治功能，主要包括以下内容：

（一）推进基层党组织和广大党员、干部深入学习贯彻习近平新时代中国特色社会主义思想，尤其是习近平总书记关于加强和改进民族工作的重要思想、关于教育工作的重要论述，认真落实党中央和国家民委党组、甘肃省委重大决策部署，落实学校党委重点工作安排，把不忘初心、牢记使命作为全体党员、干部的终身课题，增强“四个意识”、坚定“四个自信”、做到“两个维护”等情况；

（二）二级单位党组织书记履行抓党建和全面从严治党工作第一责任人职责，推动二级单位党组织履行抓党建工作主体责任、班子其他成员履行分管领域党建工作责任等情况；

（三）落实学校党建工作重点任务，推进基层党组织建设，加强党支部建设和党员队伍建设，联系服务师生群众等情况；

（四）紧紧围绕学校党委工作大局，立足于学校中心任务，充分发挥基层党组织战斗堡垒作用和党员先锋模范作用等情况；

（五）落实党风廉政建设责任制、意识形态工作责任制等全面从严治党有关工作情况。

第四条　学校党委根据每年年初明确的党建工作重点任务，结合甘肃省委每年度印发的党委（党组）书记抓基层党建工作述职评议考核的通知要求，确定年度述职评议考核重点内容，注重考核上年度述职评议考核整改清单落实情况和巡视、巡察反馈中涉及基层党建工作问题整改情况，着力解决突出问题，防止面面俱到、走过场。

第五条　述职评议考核工作原则上安排在当年年底或次年年初进行。

第六条　述职采取现场述职与书面述职相结合的方式进行。述职的党组织书记要紧扣述职评议考核重点内容，把自己摆进去，总结工作成效，主要查摆突出问题、分析问题根源、提出破解工作瓶颈的措施。

第七条　二级单位党组织书记应经常深入一线调研了解基层党建工作情况，推动解决突出问题。述职评议前要对履职尽责抓基层党建工作情况进行总结，为述职做好准备。

第八条　学校以党委常委会扩大会议或党委扩大会议的形式，听取二级单位党组织书记述职。党委工作部门主要负责同志列席，根据情况可邀请部分熟悉基层党建工作情况的党代表、人大代表、政协委员、党支部书记、党员干部群众代表参加。

第九条　学校党委书记逐一进行点评，班子其他成员可结合工作分工进行点评，重点指出存在的问题和努力的方向。点评一般采取“一述一评”的方式进行。现场述职评议时，参会人员进行测评。述职报告在一定范围内公布，接受基层党组织和党员群众监督。

第十条　将基层党建考核分数纳入二级单位党组织书记抓基层党建工作述职评议考核。

第十一条　述职评议考核前，学校党委结合年度基层党建考核工作，成立考核工作组，深入各二级单位党组织进行实地调研或情况抽查，了解各二级单位党组织书记抓党建工作情况。注重改进考核方法，多到现场看，多见具体事，多听师生说，对可以通过现场查看、走访党员师生群众作出评价的，一般不以听汇报、查资料、看台账的方式进行考核，不以开会发文、领导批示、记录留痕、信息宣传数量等评判工作好坏，防止形式主义，切实为基层减负。

第十二条　学校党委依据述职评议、实地考核或抽查情况，并结合平时调研了解，对二级单位党组织书记抓基层党建工作情况形成综合评价意见，肯定成绩，指出问题，并按“好、较好、一般、差”确定等次，评价为“较好”或以下等次的要占一定比例。

第十三条　二级单位党组织班子成员在年度内违反党的政治纪律、组织纪律、廉洁纪律、群众纪律、工作纪律和生活纪律，被纪委办公室、监察处或组织人事部等部门诫勉谈话、通报批评、责令整改及以上处理的，该二级单位党组织书记不得评为“好”等次。

第十四条　综合评价意见及等次经学校党委研究后，向二级单位党组织书记反馈，在一定范围内通报，由组织人事部根据有关规定归入干部人事档案。

第十五条　学校党委把抓基层党建工作情况作为二级单位党组织书记工作实绩评定的重要内容，作为领导干部选拔任用、培养教育和奖励惩戒的重要依据。对述职评议考核等次未达到“好”的，其年度考核不得评定为“优秀”等次；对综合评价等次为“一般”和“差”的，要约谈提醒、限期整改，问题严重的要依照有关规定严肃追责问责。

第十六条　各二级单位党组织书记应针对述职评议考核中指出的问题，列出问题、责任和整改措施清单，认真抓好整改落实。学校党委定期督促检查，及时通报整改情况。

第十七条　述职评议工作由学校党委统一领导，组织人事部牵头具体组织实施。

第十八条　各二级单位党组织要高度重视述职评议考核工作，周密安排，认真落实，严格要求，全力配合，确保述职评议考核有序有效开展。要客观反映党建工作实际，严禁弄虚作假，严禁突击应付。

第十九条　本办法由组织人事部负责解释。

第二十条　本办法自发布之日起施行。

西北民族大学政治理论学习制度（试行）

第一章　总则

第一条　为进一步加强思想政治建设，强化思想理论教育，铸牢中华民族共同体意识，落实“不忘初心、牢记使命”制度，不断提高广大师生员工的思想政治素质，切实增强贯彻执行党的路线方针政策的自觉性和坚定性，确保政治理论学习扎实、有效开展，根据国家民委党组的部署要求，结合学校实际，制定本制度。

第二条　加强和改进政治理论学习事关学校培养什么样的人、如何培养人和为谁培养人的根本问题，事关党对高校的领导，中国特色社会主义事业后继有人的问题，是一项重大的政治任务和战略工程。要不断加强广大教职工政治理论学习，学通弄懂做实习近平新时代中国特色社会主义思想，在常学常新中加强理论修养、在真学真信中坚定理想信念、在学思践悟中牢记初心使命、在细照笃行中不断修炼自我，在知行合一中主动担当作为，不断增强“四个意识”、坚定“四个自信”、做到“两个维护”。

第三条　政治理论学习要高举中国特色社会主义伟大旗帜，以习近平新时代中国特色社会主义思想为指导，以铸牢中华民族共同体意识为主线，以立德树人为根本任务，以理想信念教育为核心，以社会主义核心价值观为统领，把理论学习成果转化为谋划工作的思路、促进高质量发展的举措和动力，为现代化高水平大学建设提供坚强思想保证。

第二章　学习目标内容

第四条　通过政治理论学习，提升广大师生员工政治理论素质，强化使命担当，胸怀“两个大局”，把习近平新时代中国特色社会主义思想作为根本指针，站稳政治立场，把牢政治方向，始终在思想上政治上行动上同以习近平同志为核心的党中央保持高度一致。

通过政治理论学习，不断提高广大师生员工运用马克思主义立场、观点、方法分析和解决问题的能力，强工作之基、能力之本，切实提高政治能力和专业素养。

通过政治理论学习，强化广大教师思想政治与师德师风建设，引导教师以德立身、以德立学、以德施教、以德育德，全面贯彻党的教育方针，落实立德树人根本任务，积极主动承担起培养德智体美劳全面发展、担当民族复兴大任的时代新人的历史使命。

第五条　学习内容包括以下九个方面：

（一）马克思列宁主义、毛泽东思想、邓小平理论、“三个代表”重要思想、科学发展观、习近平新时代中国特色社会主义思想。

（二）习近平总书记关于民族工作和教育的重要论述。

（三）党章党规党纪和党的基本理论知识。

（四）党的路线、方针、政策和决议。

（五）国家法律法规。

（六）党史、新中国史、改革开放史、社会主义发展史，民族工作史。

（七）高等教育及相关领域知识和理论。

（八）学校重大决策部署，重要文件精神及相关制度规定。

（九）党中央和上级党组织要求学习的其他重要内容等。

第三章　学习时间与形式

第六条　政治理论学习至少两周进行一次（一般在单周星期三下午），每次集中学习时间不少于2小时，每学年组织教职工政治理论集中学习不少于16次。教师党支部每周至少开展1次集中学习，若学校安排全校性学习或活动，以学校安排优先。党支部应当运用“三会一课”制度，经常性组织党员开展政治理论学习。党员应当按期参加党员大会、党小组会和上党课，经常性开展学习交流、思想汇报等。教职工人数较多的单位可以按教研室分组开展集中学习。

第七条　以自学为主，坚持自学和集中学习相结合。集中学习采用精读文件书籍、专题讨论、党日活动、观看视频、辅导讲座与培训、专题报告、经验交流、调查研究、现场教学等方式进行；充分发挥党支部示范引领作用，抓好“三会一课”制度落实；推动广大师生员工开展自学读书活动，做好读书笔记，撰写学习心得体会；积极利用“学习强国”“甘肃党建”平台、微信、微博等新媒体形式，调动政治理论学习的积极性和主动性，提升学习的吸引力和感染力；鼓励教职工加强理论研究，注重理论联系实际，撰写有理论深度和能指导实际工作的文章或调查报告，不断提高理论水平、品德修养与业务素质。

第四章　学习要求

第八条　学校党委和二级单位党组织要带头学习，严格落实党委常委会会议首要议题是学习习近平新时代中国特色社会主义思想的制度，严格落实校、院（部）两级理论学习中心组制度，发挥示范引领作用。

第九条　各部门、单位要建立健全教职工政治理论学习档案制度，包括学习计划、出勤情况、学习情况等材料的归档管理。不得随意占用政治理论学习时间，确保理论学习时间、内容、人员、效果“四落实”。

第十条　各党支部要抓好支部成员政治理论学习，创新学习形式，做到全员参学、全员领学，做到学习跟进、认识跟进、行动跟进，切实增强学习的系统性、针对性和实效性。

第十一条　坚持理论联系实际原则，把集中学习与个人自学、一般性讨论与重点引导、学习理论与召开座谈会、总结经验、研究问题相结合，有针对性地解决思想和实际问题，坚决克服学习讨论不认真、不深入或走过场的现象，努力提高学习实效。

第五章　督导考核

第十二条　各部门、单位应采取考试、测试等方式考察学习效果。把教职工政治理论学习情况作为教职工年度考核的一项重要内容。学校党委把落实政治理论学习情况纳入基层党建工作考核和领导班子年度考核内容，纳入各部门、单位绩效考核及分配管理。

第十三条　各部门、单位根据学校相关工作安排，制定本部门、单位的政治理论学习计划，并组织实施、管理指导和督促检查。

第十四条　学校组织人事部、教师工作部对全校教职工政治理论学习进行宏观指导、统筹管理和安排部署，明确学习内容和学习要求，不定期进行检查抽查。

第六章　附则

第十五条　本制度由学校组织人事部、教师工作部负责解释。从印发之日起执行。

西北民族大学党委理论学习中心组学习巡听旁听实施细则（试行）

第一条　为进一步提升学校党委理论学习中心组学习制度化科学化规范化水平，推动理论武装工作深入开展，提高领导干部理论素养和政策水平，进一步发挥理论武装头脑、指导实践、推动工作的作用，建立党委理论学习中心组学习巡听旁听机制，督促指导提高学校各级党委（党总支、直属党支部）理论学习中心组学习质量，根据《中国共产党党委（党组）理论学习中心组学习规则》、党中央和国家民委党组、甘肃省委关于进一步加强和改进党委（党组）理论学习中心组学习的有关要求，制定本细则。

第二条　本细则适用于学校各级党委（党总支、直属党支部）理论学习中心组学习的巡听旁听工作。

第三条　巡听旁听应当了解党委（党总支、直属党支部）理论学习中心组对习近平新时代中国特色社会主义思想、习近平总书记重要讲话重要指示批示精神和党中央重大决策部署的学习运用和转化落实情况，重点看是否学深悟透原文、是否结合实际进行交流研讨、是否形成解决问题推进工作的办法举措、是否存在形式主义问题等。

第四条　巡听旁听工作由党委宣传部负责总体统筹协调，推动各项工作落实。

第五条　学校设立并向被巡听旁听单位派出工作组，组长由校党委领导担任。

第六条　党委宣传部根据学校党委理论学习中心组年度学习安排，制定年度巡听旁听计划，对全校基层党委（党总支、直属党支部）理论学习中心组学习巡听旁听工作作出安排。每年至少进行一轮巡听旁听。

第七条　巡听旁听工作组成员要做好前期准备工作，认真学习领会《中国共产党党委（党组）理论学习中心组学习规则》《中共国家民委党组贯彻落实〈中国共产党党委（党组）理论学习中心组学习规则〉实施细则》和《中共西北民族大学委员会党委理论学习中心组学习巡听旁听实施细则》，了解掌握被巡听旁听党委理论学习中心组学习研讨主题等情况。

第八条　巡听旁听工作组可以采取下列方式了解被巡听旁听党委理论学习中心组学习情况：

（一）参加理论学习中心组集体学习研讨会，旁听中心组成员研讨交流，巡听旁听工作组组长作现场点评，工作组其他成员可作补充。点评内容包括中心组学习的学习质量、组织保障、管理运行及学习方式等，重点点评学习质量，并指出存在的问题和不足，提出加强改进的意见建议。

（二）利用“学习强国”平台视频会议系统、“钉钉”视频会议等，参加理论学习中心组集体学习研讨会，旁听中心组成员研讨交流情况。会后以书面形式将点评意见反馈给被巡听旁听单位。

（三）与被巡听旁听党委（党总支、直属党支部）的中心组成员、中心组学习秘书通过面对面、电话、视频等方式进行谈话交流或安排简短调研，深入了解其理论学习中心组日常学习、学用转化等情况。

第九条　点评需要把握以下基本原则：

（一）注重客观准确。根据前期了解特别是现场旁听情况，客观、准确点评，点评要言之有据、言之有物、言之有理。

（二）突出问题导向。重点帮助被巡听旁听单位发现制约学习质量提升的主要问题。

（三）坚持效果导向。针对存在的问题提出有针对性、操作性的意见建议，着力解决问题、补齐短板、提升质量。

第十条　巡听旁听重点聚焦学习主题是否鲜明、学习原文是否深入、调查研究是否充分、结合实际是否紧密、工作措施是否扎实、学习成效是否明显、学习形式是否合理、学习管理是否规范、制度执行是否有力等。

第十一条　巡听旁听工作组需做好巡听旁听记录，于巡听旁听结束 1 周内，汇总整理中心组学习有关材料、中心组成员研讨发言材料、巡听旁听记录表等报送党委宣传部。党委宣传部统一建档管理，形成年度巡听旁听工作档案，作为开展巡听旁听年度通报、工作考核的重要参考。

第十二条　巡听旁听工作组在巡听旁听时，同时对被巡听旁听党委（党总支、直属党支部）前一阶段学习情况进行检查。检查内容包括：学习制度是否健全、计划是否完成、参学率是否达标、学习记录是否规范、学习档案（中心组负责人、成员及学习秘书名单、年度学习计划、年度学习情况报告及统计表、中心组成员发言材料、中心组成员学习心得、调研报告和理论文章）是否完整等。

第十三条　党委宣传部应当在党委理论学习中心组年度总结中专题报告巡听旁听情况，并以适当方式予以通报。

第十四条　学校党委将巡听旁听情况纳入党建工作责任制、宣传思想工作和意识形态工作责任制考核内容，作为考核评价领导班子和领导干部的重要依据。

第十五条　各基层党委（党总支、直属党支部）应当参照本实施细则，开展对党支部政治理论学习的巡听旁听工作。

第十六条　本实施细则由党委宣传部负责解释。

第十七条　本实施细则自印发之日起施行。

中共西北民族大学委员会党校工作暂行办法

第一章　总则

第一条　为了坚持和加强党对党校工作的领导，推进党校工作科学化、制度化、规范化建设，根据《中国共产党章程》《中国共产党党校（行政学院）工作条例》《中国共产党普通高等学校基层组织工作条例》和中共中央《干部教育培训工作条例》等有关规定，结合学校党校工作实际，制定本办法。

第二条　中共西北民族大学委员会党校（以下简称“党校”），是培训党员、干部、入党积极分子和发展对象的学校，是学习、宣传和研究马克思列宁主义、毛泽东思想、邓小平理论、“三个代表”重要思想、科学发展观、习近平新时代中国特色社会主义思想的主渠道，是党员、干部、入党积极分子和发展对象加强党性锻炼的重要阵地。

第三条　党校工作的指导思想：高举中国特色社会主义伟大旗帜，坚持以马克思列宁主义、毛泽东思想、邓小平理论、“三个代表”重要思想、科学发展观、习近平新时代中国特色社会主义思想为指导，增强“四个意识”、坚定“四个自信”、做到“两个维护”，落实新时代党的建设总要求，铸牢中华民族共同体意识，紧紧围绕党和国家以及学校发展大局，以培养造就忠诚干净担当的高素质专业化干部队伍和优秀的师生党员队伍为主要目标，发挥干部培训、思想引领、理论建设作用，为学校高质量发展服务。

第四条　党校工作应当遵循的原则：

（一）坚持“党校姓党”根本原则，把旗帜鲜明讲政治融入党校工作全过程和各方面；

（二）坚持实事求是，理论联系实际，强化问题导向，做到学思用贯通、知信行统一；

（三）坚持质量立校，探索和遵循党校教育规律和干部成长规律，提高教学和管理水平；

（四）坚持改革创新，完善体制机制，增强办学活力。

第五条　党校的基本任务：

（一）培训学校管理的各级各类干部；

（二）培训党员和党组织书记；

（三）培训预备党员、发展对象、入党积极分子；

（四）承办有关培训班、研讨班；

（五）负责党校师资队伍建设和党建理论研究等工作；

（六）完成党委和上级部门交办的工作任务。

第六条　党校的教育培训目标：

（一）坚持对党忠诚，增强“四个意识”、坚定“四个自信”、做到“两个维护”，铸牢中华民族共同体意识，在思想上政治上行动上同以习近平同志为核心的党中央保持高度一致；

（二）在学懂弄通做实习近平新时代中国特色社会主义思想上作表率，不忘初心、牢记使命，树立正确的世界观、人生观、价值观；

（三）坚持以人民为中心，增强立党为公、执政为民的意识，践行全心全意为人民服务的根本宗旨；

（四）敢于担当作为，勇于开拓创新，具有斗争精神，善于分析解决学校改革发展稳定中的重大问题；

（五）全面增强工作本领，具备胜任学校事业发展要求的知识和能力；

（六）严守纪律规矩，知敬畏、存戒惧、守底线，坚决反对形式主义、官僚主义、享乐主义和奢靡之风，永葆清正廉洁的政治本色。

第二章　党校的设置和领导体制

第七条　学校党委设立校级党校，在基层党委（党总支、直属党支部）可设立分党校。各级党委（党总支、直属党支部）是办党校、管党校、建党校的主体，各级党委（党总支、直属党支部）书记是各级党校第一责任人。

第八条　学校党委加强对党校工作的领导：

（一）把党校工作纳入党委整体工作部署，每年专题研究党校工作；

（二）指导党校坚持正确的办学方向和教育方针，并进行督促检查；

（三）制定学校党的各级干部和师生党员参加党校培训的规划和政策，把干部的培训和使用结合起来，将干部培训考核情况作为干部任职、晋升、管理的重要参考；

（四）定期邀请党政领导干部到党校讲课、作报告和与学员座谈；

（五）加强党校基础设施建设、师资培养、经费保障、教学基地建设等；

（六）定期召开党校工作会议，交流经验，部署工作；

（七）将各分党校工作纳入各基层党委（党总支、直属党支部）党的建设工作目标考核，列入党组织书记抓党建述职考核。

第九条　学校党校校长由党委书记兼任，常务副校长由组织部门负责同志担任。

第十条　分党校校长由各基层党委（党总支、直属党支部）书记兼任。学校党校应当加强对分党校的业务指导。

第十一条　学校党校设办公室，与组织部门合署办公，配备相应的专职干部，负责日常工作。

第三章　班次和教学

第十二条　学校党校主要班次包括各类干部培训班、党组织书记培训班、党员培训班，以及根据上级和学校党委要求开设的相关专题培训班。以短期集中培训和轮训为主要形式。

第十三条　分党校的主要班次包括入党积极分子培训班、发展对象培训班、预备党员培训班、党支部书记培训班和党员培训班。以短期集中培训和轮训为主要形式。

第十四条　教学是党校的中心工作。教学内容应当坚持以学习习近平新时代中国特色社会主义思想为中心内容和首要任务，坚持以铸牢中华民族共同体意识为主线，着眼于提高党员、干部、入党积极分子的政治判断力、政治领悟力、政治执行力，不断增强政治意识，以掌握理论创新最新成果为重点夯实学员的理论基础，以坚定理想信念、增强宗旨观念和改进作风为重点加强学员的党性修养，以把握高等教育发展规律和人才成长规律为重点培养学员的战略思维、创新思维、辩证思维、法治思维和底线思维。同时，根据形势和任务的要求，不断充实和创新教学内容，提高教学质量。

第十五条　党校的教学应当突出党的理论教育和党性教育的主业主课地位，教学安排中，党的理论教育和党性教育课程的比重不低于总课时的70%。党校的主体班次都设置党性教育课程，党性教育课程的比重不低于总课时的20%。

第十六条　党校应当努力创新教学方式，综合运用讲授式、案例式、模拟式、体验式等互动式教学方法。加强在线学习平台建设，积极开展网络培训，推行线上线下相结合的混合教学模式。

第十七条　党校要规范教学管理，做到培训有计划、教学有安排、管理有制度、工作有考核、效果有反馈，形成职责明确、分工协作的管理机制。

第十八条　党校应当加强对党的理论研究，结合学校工作实际，围绕现代化高水平大学建设和学校高质量发展，积极开展理论研究。

第四章　队伍建设和学员管理

第十九条　党校要建设一支规模适当、结构合理、素质优良、相对稳定、动态管理的专兼职教师队伍。根据工作需要，有计划地聘请校内人员作为兼职教师从事教学工作。同时，聘请校外有较高理论水平和实践经验的党政干部、有关方面的专家到党校授课。

第二十条　党校要坚持严以治校、严以治教、严以致学，不断健全各项管理制度，严格落实党中央关于党校办学治校的原则和要求，严格落实中央八项规定及其实施细则精神，严格落实意识形态工作责任制。

第二十一条　党校要本着以人为本、注重实效的原则，健全学员管理制度，完善运行机制，加强对培训实施过程的管理，并将思想政治教育贯穿学员管理全过程。

第二十二条　学校党校和各分党校要加强协调配合，形成协同管理、共同监督的机制。

第二十三条　党校应当加强对学员培训情况的考核，全面考核评价学员的学习态度和表现、理论知识掌握程度、党性修养和作风养成情况以及解决实际问题的能力等。

第二十四条　党校应当严格执行学员请销假制度。累计请假时间原则上不得超过总学时数的 1/8，党员请假不超过 4 节，预备党员、发展对象、积极分子不超过 3 节，超过的不予结业。

第二十五条　党校学业证书是学员学籍的凭证。学员按照教学计划要求完成学习任务、经考核合格的，取得党校学业证书。因故未按照规定参加党校培训或者未达到培训要求的，应当及时补训。补训合格的，取得党校学业证书。

第五章　保障措施

第二十六条　党校要不断加强自身建设，以适应新时期党校培训工作的需要。

第二十七条　学校为党校提供必要的办公和教学场所，配备必要的教学设备和管理设备，逐步改善办学条件。

第二十八条　党校经费从提留党费中列支。每年所需经费坚持统筹安排、量入为出、收支平衡、略有结余的原则编制预算，专款专用，保证党校教学、科研、购置图书资料等需要。

第六章　附则

第二十九条　各分党校参照本办法执行。

第三十条　本办法由学校党校负责解释。

第三十一条　本办法自发布之日起施行。

附件1：西北民族大学优秀共产党员、优秀党务工作者、先进基层党组织名单

一、西北民族大学优秀共产党员（150名）

马龙　　学校办公室文秘科科长
高永荣　发展规划与学科建设处学科建设科副科长
陈燕　　组织人事部组织科科长、党校办公室主任
冯岩　　宣传部新闻主任编辑
李永生　纪监审办公室综合科科长
康维　　教务处招生工作科科长
顾克东　研究生处副处长
李鹏　　科研处成果管理科科长
许国栋　学生工作部（处）副部（处）长、团委副书记
卢敏　　学生工作部（处）综合办公室主任、团委综合办公室主任
张霞　　财务处综合办公室主任
马青　　国际合作交流处副处长、港澳台办公室副主任、国际教育学院副院长
杨才恩加　保卫处副处长、武装部副部长
刘群　　信息化建设与服务中心高级工程师
李斌　　马克思主义学院讲师
汪瑜　　马克思主义学院讲师
周昕　　马克思主义学院2018级马克思主义民族理论与政策专业硕士研究生
任崇强　经济学院副教授
章辉　　经济学院副教授
罗志民　经济学院2017级保险学专业本科生
金仁然　经济学院2018级金融学专业本科生
白敬萱　经济学院2020级金融专业硕士研究生
李巧华　管理学院副教授
丁旭　　管理学院讲师
赵旭霞　管理学院讲师
许顺英　管理学院2018级财务管理专业本科生
任渝　　管理学院2017级工商管理专业本科生

刘媛　　法学院综合办公室主任、科研管理办公室主任
孙浩圣　法学院教学管理办公室副主任
禹宁宁　法学院 2019 级宪法学与行政法学专业硕士研究生
边巴扎西　法学院 2018 级法学（藏汉双语）专业本科生
罗世生　法学院 2018 级 法学专业本科生
刘荣　　民族学与社会学学院教授
唐梅　　民族学与社会学学院副教授
尹诗媛　民族学与社会学学院 2019 级民俗学专业硕士研究生
石耀东　民族学与社会学学院 2017 级社会工作专业本科生
何燕华　教育科学与技术学院副教授
马永峰　教育科学与技术学院副院长
雷昊　　教育科学与技术学院 2018 级教育技术学专业本科生
张亚楠　教育科学与技术学院 2017 级应用心理学专业本科生
刘万武　体育学院教授
王小玲　体育学院讲师
刘乐晨　体育学院 2018 级社会体育指导与管理专业本科生
史培业　体育学院 2018 级体育专业硕士研究生
阿曼古丽·衣明　中国语言文学学部副教授
敖青泉　中国语言文学学部教学管理办公室副主任
旦正才让　中国语言文学学部党委副书记
刘彬　　中国语言文学学部党委副书记
仁钦东珠　中国语言文学学部教师
张美玲　中国语言文学学部 2017 级汉语言文学专业本科生
张凌霜　中国语言文学学部 2018 级汉语言文学专业本科生
泽仁当州　中国语言文学学部 2017 级藏语言文学专业本科生
杨瑾　　中国语言文学学部 2018 级汉语言文学专业本科生
孟吉多杰　中国语言文学学部 2019 级中国古典文献学硕士研究生
陆昱利　中国语言文学学部 2017 级汉语国际教育专业本科生
李俊男　中国语言文学学部 2019 级文艺学专业硕士研究生
胡学炜　中国语言文学学 2018 级中国语言文学专业博士研究生
陈芯星　中国语言文学学部 2019 级语言学及应用语言学专业硕士研究生
艾力牙生·买买提托合提　中国语言文学学部 2017 级汉语言专业本科生

胡泽允　中国语言文学学部2017级汉语国际教育专业本科生
靳奇异　中国语言文学学部2017级维吾尔语言文学（基础）专业本科生
凯海尔·买买提　中国语言文学学部2017级汉语言（维汉翻译）专业本科生
阿力塔　外国语学院组织员
关桂云　外国语学院副教授
杨华　外国语学院讲师
胡霄　外国语学院2017级俄语专业本科生
马燕红　外国语学院2017级阿拉伯语专业本科生
白姗姗　新闻传播学院讲师
贾倩　新闻传播学院讲师
周新颖　新闻传播学院社聘职工
洪一丹　新闻传播学院2017级广播电视编导专业本科生
陈世祥　音乐学院副院长
康琤琤　音乐学院教学管理办公室主任
刘慧　音乐学院副教授
苏俊超　音乐学院2017级音乐学专业本科生
张帆　舞蹈学院副教授
武晓丹　舞蹈学院综合办公室副主任、科研管理办公室副主任
宗学良　舞蹈学院2019级音乐与舞蹈学专业硕士研究生
范文玲　美术学院讲师
陆春莉　美术学院副教授
李金凤　美术学院2019级美术学专业硕士研究生
耿磊　历史文化学院副教授
康瀚予　历史文化学院实验师
张晋之　历史文化学院2018级文物与博物馆学专业本科生
陆苗苗　历史文化学院2020级中国少数民族史专业硕士研究生
田巧玉　数学与计算机科学学院副教授
拉毛草　数学与计算机科学学院教师
徐永琳　数学与计算机科学学院教授
王凯　数学与计算机科学学院2018级物联网工程专业本科生
拉毛才旦　数学与计算机科学学2020级数学专业硕士研究生
赵婷　数学与计算机科学学院2017级软件工程专业本科生

王卓琳　数学与计算机科学学院 2017 级数学与应用数学专业本科生
张生果　电气工程学院教授
章元　电气工程学院综合办公室主任、科研管理办公室主任
刘明华　电气工程学院讲师
杨荣兴　电气工程学院 2017 级通信工程专业本科生
张龙琴　电气工程学院 2017 级自动化专业本科生
杨静　电气工程学院 2017 级电子信息工程专业本科生
高忠虎　土木工程学院讲师
王丹丹　土木工程学院综合办公室副主任、科研管理办公室副主任
张俊杰　土木工程学院 2017 级土木工程专业本科生
王春雅　土木工程学院 2017 级无机非金属材料工程专业本科生
李裕　化工学院教授
康淑荷　化工学院副教授
张宏　化工学院副院长
石小琴　化工学院 2019 级化学工程专业硕士研究生
白聪艳　化工学院 2018 级高分子材料与工程专业本科生
王雨萱　化工学院 2018 级应用化学专业本科生
乔自林　生物医学研究中心副主任
祁高展　生命科学与工程学院讲师
陆会宁　生命科学与工程学院副院长
李宇红　生命科学与工程学院党委副书记、副院长
张宁　生命科学与工程学院 2017 级动物科学专业本科生
马凯念　生命科学与工程学院 2017 级生物工程专业本科生
黄志　生命科学与工程学院 2020 级特种经济动物饲养专业硕士研究生
刘苗　生命科学与工程学院 2017 级生物技术专业本科生
包广洁　医学部副主任、医学检验技术系主任
谢晓峰　医学部讲师
金浩军　医学部教学管理办公室副主任
窦琦　医学部助教
宋雷　医学部副教授
马玉斌　医学部 2018 级临床医学专业本科生
罗茜　医学部 2018 级临床医学专业本科生

彭芸　医学部2018级 医学检验技术专业本科生
杨叶　医学部2017级口腔医学专业本科生
马忠梅　医学部2017级口腔医学专业本科生
马万军　医学部2019级内科学专业硕士研究生
席建蓉　医学部2018级 护理学专业本科生
彭菲　预科教育学院综合办公室主任、科研管理办公室主任
李积生　继续教育学院（干部培训学院）副院长
吕士良　中国民族信息技术研究院副教授
武堂颖　中国民族信息技术研究院研究生
王国军　铸牢中华民族共同体意识研究院编辑
扎西当知　铸牢中华民族共同体意识研究院教授
德吉卓玛　学报编辑部综合办公室主任
惠姊　国有资产管理处副处长、招标中心副主任
贠小平　后勤管理处（后勤集团）副处长（副总经理）
赵丽良　图书馆馆员
车瑞　图书馆馆员
张文俊　退休职工
张新兰　退休职工
张丽　退休职工
谢兰英　退休职工
王小梅　退休职工
斯琴　退休职工
罗小琍　退休职工
刘丰年　退休职工
才木多　退休职工
马瑾瑜　实验教学部综合办公室副主任
彭嘉瑞　医院医师

二、西北民族大学优秀党务工作者（99名）

任弼霞　学校办公室党支部组织委员
赵自胜　发展规划与学科建设处党支部宣传委员
杜永红　纪监审办公室党支部书记

唐娟　科研处党支部组织委员
刘曜　学生工作部（处）、团委党支部副书记
杨朝继　财务处党支部书记
郭天龙　保卫处党支部书记
原牧　国际合作交流处党支部书记
白雪　信息化建设与服务中心党支部组织委员
寇小丽　马克思主义学院教师第一党支部书记
魏雪梅　马克思主义学院教师第二党支部副书记
梁红绪　经济学院党委书记
李博　经济学院党委副书记
薛珊　经济学院组织员
薛晨浩　管理学院工商管理党支部书记
周自高　管理学院教工第一党支部宣传委员
马晶金　管理学院党委委员
李俊明　管理学院会计学党支部书记
施少梅　法学院党委副书记
祁全明　法学院教师党支部书记
尕永强　法学院本科生第一党支部书记
努妮莎　民族学与社会学学院党委书记
扈永辰　民族学与社会学学院本科生第四党支部书记
姚春蕊　民族学与社会学学院研究生第一党支部书记
汪作礼　教育科学与技术学院党委书记
梁斌　教育科学与技术学院党委委员
毛鲜　教育科学与技术学院党委委员
张水菊　体育学院组织员
轩苏磊　体育学院研究生党支部书记
米尔古丽·阿不来提　中国语言文学学部党委副书记
叶治中　中国语言文学学部组织员
杨德明　中国语言文学学部教工第一党支部书记
昭日格图　中国语言文学学部教工第二党支部书记
张丽萍　中国语言文学学部教工第一党支部副书记
刘思思　中国语言文学学部硕士研究生第一党支部书记

孙婷　　中国语言文学学部本科生第五党支部书记
杨敏　　中国语言文学学部本科生第七党支部书记
刘萍　　外国语学院党委副书记
陈琪　　外国语学院大英教研室党支部书记
李青洁　外国语学院俄语专业学生党支部书记
马月香　新闻传播学院党委副书记
吉合先　新闻传播学院组织员
马小龙　新闻传播学院教工第二党支部书记
秦 伟　 新闻传播学院广告学党支部书记
王 超　 音乐学院党委副书记
张兆麟　音乐学院西洋管弦教研室党支部书记
罗佳　　音乐学院本科生党支部书记
杜才祯　舞蹈学院党委书记
牛丽娟　舞蹈学院党委副书记
刁彦　　舞蹈学院舞蹈表演专业党支部书记
何智奇　美术学院党委书记
才让多杰　美术学院教工第一党支部书记
王振忠　历史文化学院党委副书记
赵光国　历史文化学院教工党支部副书记
杨永锋　历史文化学院研究生党支部书记
赵新梅　数学与计算机科学学院党委副书记
马拉吉尕　数学与计算机科学学院组织员
范忠雄　数学与计算机科学学院教工第一党支部书记
邓涛　　数学与计算机科学学院教工第二党支部书记
张久献　电气工程学院党委书记
王康　　电气工程学院综合办公室教工党支部宣传委员
吴韬　　电气工程学院电气工程及其自动化教工党支部书记
左晓薇　电气工程学院综合办公室教工党支部书记
曹维萍　电气工程学院通信工程教工党支部组织委员
陈万军　电气工程学院物理学教工党支部书记
路韡　　土木工程学院教工第一党支部书记
黄洪猛　土木工程学院学生第四党支部书记

杨 俊　　化工学院党委副书记
向晓明　　化工学院教工第一党支部书记
寇亮　　化工学院教工第二党支部书记
纳丽萍　　化工学院环境工程第一党支部书记
赵连彪　　化工学院高分子材料与工程第二党支部书记
崔璐娟　　化工学院制药工程第二党支部书记
柏家林　　生命科学与工程学院教师第二党支部书记
李琼毅　　生命科学与工程学院教师第三党支部书记
杨妍梅　　生命科学与工程学院动物医学专业学生党支部
丁海娥　　生命科学与工程学院食品科学与工程专业学生党支部书记
叶瑜英　　医学部党委副书记
杨战利　　医学部党委委员
王小恒　　医学部党委委员
张晓慧　　医学部党委委员
李娜　　医学部学生第一党支部书记
马彬　　医学部学生第五党支部书记
闫兵　　医学部学生第七党支部书记
宋易航　　医学部学生第八党支部书记
吴赛　　医学部第一临床学生第二党支部书记
闫莉　　预科教育学院党总支副书记
党晓萍　　继续教育学院教工党支部书记
美拉　　中国民族信息技术研究院学生党支部书记
果建华　　铸牢中华民族共同体意识研究院研究生党支部书记
李晓丽　　学报编辑部党支部书记
王应得　　后勤党委书记
马志学　　后勤第一党支部书记
马雄　　后勤第三党支部宣传委员
杨琳　　图书馆西北新村校区党支部书记
马征麟　　离休党支部书记
孙耀东　　退休第三党支部书记
盛杰　　实验教学部直属党支部组织委员
赵兴荣　　医院直属党支部组织委员

三、西北民族大学先进基层组织

马克思主义学院党委

音乐学院党委

铸牢中华民族共同体意识研究院党总支

舞蹈学院党委

土木工程学院党委

中国语言文学学部党委

电气工程学院党委

组织人事部党支部

宣传部、统战部党支部

教务处党支部

马克思主义学院教工第一党支部

经济学院研究生党支部

管理学院教工第二党支部

法学院研究生第一党支部

民族学与社会学学院研究生第二党支部

教育科学与技术学院数字媒体技术学生党支部

教育科学与技术学院数字媒体教师党支部

体育学院研究生党支部

中国语言文学学部硕士研究生第一党支部

中国语言文学学部教工第二党支部

中国语言文学学部本科生第七党支部

外国语学院阿拉伯语专业学生党支部

新闻传播学院教干第二党支部

音乐学院行政党支部

音乐学院西洋管弦教研室党支部

舞蹈学院研究生党支部

美术学院教工第一党支部

历史文化学院研究生党支部

数学与计算机科学学院教工第一党支部

数学与计算机科学学院学生信数党支部

电气工程学院自动化教工党支部

电气工程学院电子信息教工党支部

电气工程学院电气工程及其自动化学生第四党支部

土木工程学院教工第二党支部

化工学院环境工程第一党支部

化工学院化学工程与工艺第二党支部

化工学院研究生党支部

生命科学与工程学院教工第二党支部

生命科学与工程学院研究生党支部

医学部教工第二党支部

医学部学生第一党支部

医学部学生第五党支部

医学部第一临床学生第二党支部

预科教育学院教师党支部

中国民族信息技术研究院研究生党支部

学报编辑部党支部

后勤第一党支部

图书馆西北新村校区党支部

离退休党委在职干部党支部

退休第七党支部

附件 2：西北民族大学 2020 年度民族团结进步模范集体和模范教职工名单

一、模范集体（10 个）

中国语言文学学部，教育科学与技术学院，音乐学院，舞蹈学院，美术学院，实验教学部，学报编辑部，保卫处，学生工作部（处）、团委，工会、离退休工作处

二、模范教职工（15 人，按姓氏笔画为序）

艾尔肯·依明、丁晓燕、管民、华青太、黄首华、寇文军、刘承宙、梁斌、牛丽娟、却永红、王康、王媛媛、武国亮、杨敏、袁嘉

工作规则办法

西北民族大学学术委员会章程（修订）

第一章　总则

第一条　为规范学术委员会工作，增强学术委员会效能，完善内部治理结构，推进中国特色现代大学制度建设，依据《中华人民共和国高等教育法》、教育部《高等学校学术委员会规程》、《西北民族大学章程》及相关规章制定本章程。

第二条　西北民族大学学术委员会（以下简称“校学术委员会”）是学校最高学术机构，统筹行使学术事务的决策、审议、评定和咨询等职权。

第三条　学校党委统一领导学术事务，校学术委员会应当遵循学术规律，尊重学术自由，保证学术平等，鼓励学术创新，促进学术发展和人才培养，提高学术质量；公平、公正、公开地履行职责，保障教师、科研人员和学生在教学、科研和学术事务管理中充分发挥主体作用，促进学校科学发展。

第四条　校学术委员会设立专门委员会，具体承担相关学术事务。各教学科研机构设立学术分委员会，经校学术委员会授权负责本单位相关学术事务。

第二章　组织机构

第五条　校学术委员会由不同学科、专业的教授和其他具有正高级专业技术职务的人员组成，并应有一定比例的青年教师。

校学术委员会委员由学校根据学科发展、专业构成、教师规模等情况合理确定名额，为不低于15人的单数。其中，担任学校及职能部门党政领导职务的委员，不超过委员总人数的1/4；不担任党政领导职务及教学科研机构主要负责人的专任委员，不少于委员总人数的1/2。

学校可以根据需要聘请校外专家及有关方面代表担任特邀委员。

第六条　校学术委员会委员应具备以下条件：

（一）遵纪守法，学风端正、治学严谨、公道正派；

（二）具有教授或相当专业技术职务；

（三）学术造诣高，在本学科或者专业领域具有良好的学术声誉和公认的学术成果，工作在教学、科研第一线；

（四）关心学校建设和发展，有参与学术议事的意愿和能力，能够正常履行职责。

第七条　校学术委员会委员由自下而上的民主推荐、公开公正的遴选方式产生候选人。各教学科研机构在学术分委员会推选的基础上，经党政联席会议研究向学校推荐学术委员会候选人，校学术委员会秘书处审核后报校长办公会议、党委常委会会议审定。

第八条　校学术委员会委员实行任期制，每届任期四年，可连选连任，原则上连任最长不超过两届。

学术委员会每次换届，连任的委员人数应不高于委员总数的2/3。

校学术委员会出现委员名额空缺时，须按照委员产生程序进行增补。由校学术委员会主任委员提出增补候选人建议，经校学术委员会全体会议表决，全体委员2/3以上同意后，提交校长办公会议、党委常委会会议审定。

第九条　校学术委员会设主任委员1名，副主任委员若干名。主任委员候选人由校长办公会议提名，全体委员选举产生。副主任委员候选人由主任委员提名，全体委员选举产生。

第十条　校学术委员会设立5个专门委员会，分别是：学科建设专门委员会、教师聘任专门委员会、教学指导专门委员会、科学研究专门委员会、学术道德专门委员会。各专门委员会设主任委员1名，副主任委员1名。主任委员候选人由校学术委员会主任委员提名，校学术委员会全体委员选举产生。副主任委员候选人由专委会主任委员提名，专委会全体委员选举产生。专门委员会由校学术委员会委员和其他相关人员组成，其中校学术委员会委员不少于专门委员会总人数的1/5。

各专门委员会的组织结构、职责由各专门委员会章程或规程另行规定。各专门委员会根据法律规定、校学术委员会授权及各自章程或规程开展工作，接受校学术委员会的指导和监督。

第十一条　校学术委员会监督和指导各教学科研机构学术分委员会工作。各教学科研机构学术分委员会的组织结构、职责由学校另行规定。各教学科研机构根据学校教学科研机构学术分委员会章程制定各单位章程实施细则，根据法律规定、校学术委员会授权及各自章程实施细则开展工作。

第十二条　校学术委员会设立秘书处，负责处理日常事务，设秘书长1名，副秘书长4名。

各专门委员会设立办公室，负责处理日常事务。办公室挂靠在相应职能部门，设办公室主任1名，由单位主要负责人兼任。

第十三条　校学术委员会委员在任期内有下列情形的，经校学术委员会全体会议讨论决定，可免除或同意其辞去委员职务：

（一）主动申请辞去委员职务的；

（二）由于身体、年龄及职务变动等原因不能履行职责的；

（三）调离本校的；

（四）怠于履行职责或者违反委员义务的；

（五）有违法、违反教师职业道德或者学术不端行为的；

（六）连续三次无故缺席校学术委员会全体会议的；

（七）由于其他原因不能或不宜担任委员职务的。

第三章　工作职责

第十四条　学校下列事务决策前，应当提交专门委员会审议，或者由专门委员会提交校学术委员会审议后，提交校长办公会议、党委常委会会议审定：

（一）学科、专业及教师队伍建设规划，以及科学研究、对外学术交流合作等重大学术规划；

（二）自主设置或者申请设置学科专业；

（三）学术机构设置方案，交叉学科、跨学科协同创新机制的建设方案、学科资源的配置方案；

（四）教学科研成果、人才培养质量的评价标准及考核办法；

（五）学历教育的培养标准、教学计划方案、招生的标准与办法；

（六）学校教师职务聘任的学术标准与办法；

（七）学术评价、争议处理规则，学术道德规范；

（八）校学术委员会专门委员会规程、教学科研机构学术分委员会章程；

（九）学校认定需要提交审议的其他学术事务。

第十五条　学校实施以下事项，涉及对学术水平作出评价的，应当由专门委员会评审，或者由专门委员会提交校学术委员会评审后，提交校长办公会议、党委常委会会议审定：

（一）学校教学、科学研究成果评价和奖励，对外推荐教学、科学研究成果奖；

（二）学校自主设立各类学术、科研基金、科研项目、以及对外限额推荐申报的教学科研项目；

（三）高层次人才引进岗位人选、名誉（客座）教授聘任人选，推荐国内外重要学术组织的任职人选、人才选拔培养计划人选，推荐各类优秀专家人选和优秀青年科技工作人选；

（四）学校认定需要评审的其他学术事务。

第十六条　学校作出下列决策前，应当通报校学术委员会，由校学术委员会提出咨询意见：

（一）制定与学术事务相关的全局性、重大发展规划和发展战略；

（二）学校预算决算中教学、科研经费的安排和分配及使用；

（三）教学、科研重大项目的申报及资金的分配使用；

（四）开展中外合作办学、赴境外办学，对外开展重大项目合作；

（五）学校认定需要听取学术委员会意见的其他事项。

校学术委员会对上述事项提出明确不同意见的，学校应当作出说明、重新协商研究或者暂缓执行。

第十七条　校学术委员会委员享受的权利：

（一）知悉与学术事务相关的学校各项管理制度、信息等；

（二）就学术事务向学校相关职能部门提出咨询或质询；

（三）在学术委员会会议发表意见，讨论、审议和表决各项决议；

（四）对学校学术事务及学术委员会工作提出建议、实施监督；

（五）学校章程或者本章程规定的其他权利。

特邀委员除不享有表决权以外，享有以上相应权利。

第十八条　校学术委员会委员履行的义务：

（一）遵守国家宪法、法律、法规和规章；

（二）遵守校学术委员会章程，公正履行职责；

（三）遵守学术规范、恪守学术道德，坚持公正独立的学术专业判断；

（四）勤勉尽职，积极参加校学术委员会会议及有关活动；

（五）对在会议中发表的涉及个人、学科和单位评价的言论负责，对会议确定需要保密的内容保密，并执行和维护校学术委员会的审议和评议结果；

（六）学校章程或者本章程规定的其他义务。

第四章　工作制度

第十九条　校学术委员会通过全体会议履行职责，每学年应至少举行两次会议。

第二十条　校学术委员会会议由主任委员主持，主任委员因故不能履行职务时，委托副主任委员代为主持。

第二十一条　校学术委员会议事实行少数服从多数的原则，校学术委员会会议有2/3以上委员出席方可作出表决。

第二十二条　校学术委员会会议应以投票或其他方式进行表决，表决时须经与会委员的2/3以上同意方可通过。

第二十三条　同一事项在同一次学术委员会会议中不进行第二次表决。

校学术委员会认定需表决的事项存在尚待调查的问题，经主任委员同意，可以决定对该事项暂缓表决。

遇有紧急事宜需要表决时，校学术委员会主任委员可决定进行通讯投票或其他方式进行表决。

第二十四条　校学术委员会在召开会议时，根据需要，可要求有关当事人或专家到会陈述意见或接受询问。

第二十五条　校学术委员会会议可以根据议题，设立旁听席，允许学校相关职能部门、教师及学生代表列席旁听。

校学术委员会作出的决定应当公示，并设置公示期。在公示期内如有异议，经1/3以上委员同意，可召开学术委员会全体会议复议。经复议的决定为最终结论。

第二十六条　校学术委员会委员履行职责时，有下列情形之一的，应当回避，不得参加相关调查、考察、审议、讨论、评议、投票、评分、审核、决定等活动，也不得以任何方式施加影响：

（一）涉及本人利害关系的；

（二）涉及与本人有夫妻关系、直系血亲关系、三代以内旁系血亲关系、近姻亲关系、其他亲属关系人员的利害关系的；

（三）其他可能影响公正履行职责的。

第五章　附则

第二十七条　本章程未尽事宜，由校学术委员会另行议定。

第二十八条　本章程解释权属于校学术委员会秘书处。

第二十九条　本章程自公布之日起施行，原《西北民族大学学术委员会章程》（民大发〔2012〕348 号）同时废止。

西北民族大学教学科研机构学术分委员会章程

第一章　总则

第一条　为规范教学科研机构（学部、学院、研究院、中心）学术活动，健全学术管理体系，学校在教学科研机构设立学术分委员会。依据《西北民族大学章程》《西北民族大学学术委员会章程》及相关规章，制定本章程。

第二条　学术分委员会根据学校学术委员会的授权及本章程开展工作，接受学校学术委员会的指导和监督。

第三条　学术分委员会是教学科研机构的学术咨询、监督和决策机构。履行学术评价、学术决策、学术论证、学风建设、教学指导与评价、专业技术职务评聘审查或推荐、审议专业技术人员引进等学术职责。

学术分委员会应公平、公正、公开地履行职责，决定本单位的学术事项，指导和规范本单位的学术活动。

第四条　教学科研机构应充分发挥学术分委员会在学科专业建设、学术评价和学风建设等事项上的重要作用，完善学术管理机制。

第五条　教学科研机构依据国家相关法律法规和本章程，制定本单位学术分委员会章程实施细则，明确学术分委员会组成、职责，以及委员的产生程序、增补办法，会议制度和议事规则及其他章程未尽事宜。

第二章　组织机构

第六条　各教学科研机构学术分委员会由副高级及以上职称人员组成，一般为 7—11 人（单数），学部可适当增加人数，其中担任党政领导职务的委员不超过委员总数的 1/3。

各教学科研机构学术分委员会根据需要可聘请 2 名校外杰出学者作为特聘委员。

教学科研机构应根据教学科研人员的人数和学科结构合理确定委员名额，保证学术分委员会的组成具有广泛的学科代表性和公平性，并在广泛征求意见和民主协商的基础上，提出委员候选人名单，由全体教师公开选举产生，并由单位党政联席会议讨论通过。

第七条　学术分委员会设主任委员 1 名、副主任委员 1—2 名，学部可根据需要设副主任委员

3—4 名。学术分委员会通过选举，推选学术分委员会主任委员和副主任委员，经党政联席会议研究确定，并报学校学术委员会备案。

第八条　学术分委员会委员实行任期制，每届任期 4 年，与学校学术委员会同届。可连选连任，但连任最长不超过 2 届。

学术分委员会每次换届，连任委员人数不得超过委员总数的 2/3。

第九条　学术分委员会委员应具备以下条件：

（一）遵守宪法法律，学风端正、治学严谨、公道正派、清正廉洁；

（二）学术造诣高，在本学科或专业领域具有良好的学术声誉和公认的学术成果；

（三）关心单位建设和发展，有参与学术议事的意愿和能力，能够正常履行职责；

（四）具有副高级及以上职称。

第十条　学术分委员会委员在任期内有下列情形之一的，经学术分委员会会议讨论决定，可免除或同意申请辞去委员职务：

（一）主动申请辞去委员职务的；

（二）由于身体、年龄及职务变动等原因不能履行职责的；

（三）调离本校的；

（四）怠于履行职责或者违反委员义务的；

（五）有违法、违反教师职业道德或者学术不端行为的；

（六）连续三次无故缺席学术分委员会全体会议的；

（七）由于其他原因不能或不宜担任委员职务的。

第十一条　学术分委员会出现委员空缺时，由主任委员提出增补委员建议名单，通过召开学术分委员会会议表决，经全体委员的 2/3 以上同意后，提交本单位党政联席会议会议审定。

第三章　工作职责

第十二条　学术分委员会委员享有以下权利：

（一）知悉本单位与学术事务相关管理制度、信息等；

（二）在学术分委员会会议中发表意见，讨论、审议和表决各项决议；

（三）对本单位学术事务提出建议、实施监督；

（四）学术分委员会章程规定的其他权利。

第十三条　学术分委员会委员须履行以下义务：

（一）遵守国家宪法、法律和法规，遵守学术规范，恪守学术道德；

（二）遵守学术分委员会章程，坚守学术专业判断，公正履行职责；

（三）勤勉尽职，参加学术分委员会会议及有关活动；

（四）学术分委员会章程规定的其他义务。

第十四条　教学科研机构下列事务决策前，应当由学术分委员会审议后，提交党政联席会议审定：

（一）教育教学、学科专业、教师队伍建设、科学研究规划；

（二）对外学术交流合作事项；

（三）学风（教风）建设、学术道德建设等事项；

（四）上报学校的学术评价材料；

（五）学校学术委员会、各专门委员会委托或基层单位认为需要提交审议的其他学术事项。

第十五条　教学科研机构实施以下事项，涉及对学术水平作出评价的，应当由学术分委员会评审或提出咨询意见后，提交党政联席会议审定：

（一）制定与学术事务有关的发展规划；

（二）推荐教学、科研项目及教学、科研成果奖；

（三）高层次人才引进岗位人选，推荐学术组织的任职人选，人才选拔培养计划人选；

（四）学校学术委员会、各专门委员会委托或教学科研机构认为需要提交评审的其他学术事项。

第四章　工作制度

第十六条　学术分委员会根据工作需要召开学术分委员会会议。学术分委员会主任委员或由其委托的副主任委员负责召集并主持会议。学术分委员会会议应有2/3以上委员出席方可举行。

第十七条　学术分委员会议事实行少数服从多数的原则，以投票或其他方式进行表决，表决时须经与会委员的2/3以上同意方可通过。

第十八条　学术分委员会委员履行职责时，有下列情形之一的，应当回避，不得参加相关调查、考察、审议、讨论、评议、投票、评分、审核、决定等活动，也不得以任何方式施加影响：

（一）涉及本人利害关系的；

（二）涉及与本人有夫妻关系、直系血亲关系、三代以内旁系血亲关系、近姻亲关系、其他亲属关系人员的利害关系的；

（三）其他可能影响公正履行职责的。

第十九条　学术分委员会会议可根据议题内容，设立旁听席，邀请教师及学生代表列席旁听。

学术分委员会做出的决定应当予以公示，并设置公示期。在公示期内如有异议，经1/3以上委员同意，可召开全体委员会复议。经复议如仍有异议，提请学校学术委员会各专门委员会复议。

第二十条　学术分委员会负责向学校学术委员会各专门委员会报告本学术分委员会不能解决或有争议的学术事项。

第五章　附则

第二十一条　本章程未尽事宜，由学校学术委员会另行议定。

第二十二条　本章程解释权属于学校学术委员会秘书处。

第二十三条　本章程自公布之日起施行。

西北民族大学学院（部）党组织会议议事规则

一、总则

第一条　根据《中国共产党章程》《中国共产党普通高等学校基层组织工作条例》《关于加强和改进新形势下高校思想政治工作的意见》等文件，结合学校实际，制定本规则。

第二条　学院（部）党组织在学校党委的领导下开展工作，全面负责学院（部）党的建设，履行政治责任，保证监督党的路线方针政策及上级党组织决定的贯彻执行，把握好教学科研管理等重大事项中的政治原则、政治立场、政治方向，在干部队伍和教师队伍建设中发挥主导作用，把好政治关。

第三条　坚持民主集中制，实行集体领导和个人分工负责相结合的制度，凡属重大问题都要按照集体领导、民主集中、个别酝酿、会议决定的原则，由学院（部）党组织集体讨论，作出决定。

二、议事决策范围

第四条　学院（部）党组织会议讨论决定的事项主要包括：

（一）党的建设的事项

1. 学习贯彻习近平新时代中国特色社会主义思想，落实党的路线方针政策和上级党组织决策部署的重要事项；

2. 落实党员大会决议决定的重要事项；

3. 党建工作规划、年度工作计划、改革举措、规章制度的制定和修订等重要事项；

4. 基层党组织和党员队伍建设的重要事项；

5. 学院（部）党内表彰、奖励，上级党组织重要表彰、奖励人选推荐等重要事项；

6. 加强学院（部）党组织自身建设的重要事项；

7. 党的纪律检查工作、党风廉政建设和巡视巡察整改工作的重要事项。

（二）干部队伍建设的事项

1. 配合学校党委完成干部工作的有关事项；推选出席上级党的代表大会代表人选等重要事项；

2. 按照学校党委有关规定，根据干部管理权限，研究决定学院（部）内设各职能部门和所属各研究所、科研中心等二级单位负责人干部推荐事项；

3. 按照有关章程和规定，制定修订学院（部）学术委员会、教学委员会、教授委员会、学位评定分委员会和其他管理、咨询类组织负责人推选等工作的具体实施办法；

4. 干部教育、培训、选拔、考核和监督工作中的重要事项；

5. 基层党组织书记、党务工作人员和辅导员、班主任配备、管理等重要事项。

（三）加强对人才的政治引领、政治吸纳和教育管理、联系服务的重要事项。

（四）思政课程、课程思政建设等师生思想政治工作中的重要事项。

（五）教风学风和师德师风建设中的重要事项。

（六）意识形态、统一战线、安全稳定等工作中的重要事项。

（七）加强对工会、共青团、学生会（研究生会）、学生社团等群众组织，各类学术组织和教职工代表大会，以及老干部和离退休等工作领导的重要事项。

（八）其他需要学院（部）党组织会议研究决定的重要事项。

第五条　应由学院（部）党组织会议对政治原则、政治立场、政治方向先行把关，再提交党政联席会议讨论决定的事项。主要包括：

（一）学院（部）发展规划、学科专业建设规划和重要改革举措、重要规章制度的制定修订等重要事项。

（二）学科和专业设置调整、学生培养方案以及课程建设、教学管理、教材编写选用等重要事项。

（三）人才工作规划制定，人才队伍建设，各级各类人才计划人选推荐申报中的重要事项。

（四）学术委员会、教学委员会、教授委员会、学位评定分委员会和其他管理、咨询类组织负责人选任等重要事项。

（五）开展国（境）内外教学、科研和学术交流合作中的重要事项。

（六）教师引进、培养，教学、科研团队建设，教师兼职、访学、进修、参加各类组织和参与学术交流、社会活动中的重要事项。

（七）教职员工的聘用、调动、晋升、考核、职称职级评定、薪酬分配中的重要事项。

（八）学院（部）表彰、奖励，上级重要表彰、奖励人选推荐等重要事项。

（九）其他应由学院（部）党组织会议先行把关，再提交党政联席会议讨论决定的事项。

三、议事决策原则和程序

第六条　学院（部）党组织会议一般每两周召开一次，遇有重要情况经学院（部）党组织书记同意可以随时召开。会议由学院（部）党组织书记召集并主持。书记不能参加会议的，可以委托副书记召集并主持。

第七条　学院（部）党组织会议的出席成员为学院（部）党组织委员。会议必须有半数以上委员到会方可召开，讨论和决定重大事项时必须有三分之二以上委员到会。委员因故不能参加会议的应当在会前向书记请假。

不是委员的学院（部）行政领导班子成员可以列席会议，不是委员的专职组织员一般应列席会议。根据需要，学院（部）党组织书记可以确定其他人员列席会议。列席人员有发言权，没有表决权。

第八条　会议议题由学院（部）党组织书记提出，也可以由委员提出建议、书记确定。对重要议题，书记应当在会前听取院长（主任）意见，意见不一致的应暂缓上会。集体决定重大事项前，书记、院长（主任）和相关委员要个别酝酿、充分沟通。

第九条　会议要坚持科学决策、民主决策、依法决策。对拟研究讨论的重要事项，会前应深入调查研究，充分听取各方面意见。涉及教职工职称评聘、职级晋升、考核评价等，应征求教工党支部意见；对事关师生员工切身利益的重要事项，应通过教工党支部、教职工代表大会或其他方式，广泛征求意见。涉及干部工作议题，应充分听取行政领导班子成员的意见，按照有关规定做好相关工作。

第十条　会议议题一般一事一报，议题相关材料应提前提交综合办公室，综合办公室应提前将会议议题及相关材料送达有关参会人员。

会议按既定议程逐项进行，无特殊情况或未经书记同意，一般不临时动议议题。

第十一条　会议议事和决策实行民主集中制，在充分讨论的基础上，按照少数服从多数的原则形成决议或决定。如对重要问题发生较大意见分歧，一般应当暂缓作出决定。学院（部）党组织书记应当最后表态。

第十二条　会议讨论决定重要事项时应当进行表决，表决可以根据讨论和决定事项的不同，采用口头、举手、无记名投票或者记名投票等方式进行，赞成票超过应到会委员半数为通过。未到会委员的意见可以用书面形式表达，但不得计入票数。会议讨论和决定多个事项，应当逐项表决。

紧急情况下不能及时召开会议决策的，书记、副书记或者其他委员可以临机处置，事后应当及时向学院（部）党组织报告并按程序予以确认。

第十三条　会议决议分为以下几种：批准或通过，原则批准或原则通过，按要求作相应修改后实施或发布；暂不形成决议，责成相关负责人或相关单位另行提出意见再行研究；不予批准或不予通过。

第十四条　会议议题涉及与会人员本人或者其亲属，以及其他可能影响公正决策的情形，本人必须回避。

第十五条　会议作出的决议或决定，应当及时向行政领导班子成员通报或根据工作需要提交党政联席会议成员共同研究落实。适合公开的应当依据有关规定及时公开。对需保密的会议内容和尚未正式公布的会议决定，参会人员应当遵守保密规定。

四、议定事项执行与监督

第十六条　会议决定的事项，由相关党委（党总支）委员负责组织实施，执行情况应当及时向党组织委员会汇报，学院（部）综合办公室负责传达和督促检查。学院（部）党组织应当建立有效的督查、评估和反馈机制，确保决策落实。

第十七条　会议决定的事项，学院（部）和个人应当及时执行。对执行不力的，应当依照有关规定问责追责；决策执行过程中需作重大调整的，应当提交会议决定；需要复议的，按第八条规定重新提交议题。

五、附则

第十八条　学院（部）综合办公室负责会议的会务工作，主要包括：收集议题，印发会议材料，通知参会人员，做好会议记录，编发会议纪要。

第十九条　本规则同样适用于有学生管理工作的研究院所党组织。

第二十条　本规则由组织人事部制定，经学校党委审核同意后实施，由组织人事部负责解释。

第二十一条　本规则自 2021 年 4 月 28 日起施行。原《西北民族大学学院党组织会议议事规则》（党委发〔2018〕86 号）同时废止。

西北民族大学学院（部）党政联席会议议事规则

一、总则

第一条　根据《中国共产党章程》《中国共产党普通高等学校基层组织工作条例》《关于加强和改进新形势下高校思想政治工作的意见》等文件，制定本规则。

第二条　党政联席会议讨论和决定学院（部）工作中的重要事项。有关党的建设，包括基层党组织和党员队伍建设等工作，由学院（部）党组织会议研究决定；涉及办学方向、教师队伍建设、师生员工切身利益等重大事项，由党组织会议先行把关，再提交党政联席会议决定，要保证党政联席会议对学院（部）重要事项的决定权，同时不能用党政联席会议代替党组织会议。

第三条　坚持民主集中制，按照集体领导、民主集中、个别酝酿、会议决定的原则，集体讨论决定重大问题，建立健全集体领导、党政分工合作、协调运行的工作机制。

二、议事决策范围

第四条　党政联席会议讨论决定学院（部）工作中的重要事项。主要包括：

（一）事关学院（部）改革发展稳定的事项

1. 贯彻落实党的教育工作方针政策、上级有关决策部署和学校整体发展规划、教学科研管理各项工作安排等重要事项；

2. 学院（部）发展规划、学科专业建设规划、年度工作计划和重要改革举措、重要规章制度的制定修订等重要事项；

3. 学院（部）所属机构、单位，以及管理、咨询类组织的设置、调整等重要事项；

4. 年度财务预算决算的审定和执行，大额度资金使用以及接受大额捐赠等重要事项；

5. 大型设备和大宗物资采购或购买服务、基本建设和基建修缮等重要事项；

6. 办学空间、设备设施等办学资源配置，重要资产处置，无形资产授权使用等重要事项；

7. 服务地方经济和社会发展等重要事项；

8. 各类行政审批及后勤管理工作中的重要事项；

9. 维护安全稳定、防范和处置突发事件等重要事项。

（二）事关教师队伍建设的事项

1. 教师引进、培养，教学团队建设，教师兼职、访学、进修、参加各类组织和参与学术交流、社会活动中的重要事项；

2. 教职员工的聘用、调动、晋升、考核、职称职级评定、薪酬分配中的重要事项；

3. 人才工作规划制定，人才队伍建设，各级各类人才计划人选推荐申报中的重要事项；

4. 教职员工违规、违纪惩处等重要事项。

（三）事关学生培养的事项

1. 学科和专业设置、调整，学生培养方案制定、修订，培养项目的设立和终止等重要事项；

2. 课程建设、教学管理、教材编写选用等重要事项；

3. 学生学籍管理，招生、毕业、就业、奖惩、困难学生帮扶，研究生导师遴选等重要事项。

（四）科研平台、科研团队建设，科研项目、科研经费管理，科研成果转化、科研奖励中的重要事项。

（五）开展国（境）内外教学、科研和学术交流合作中的重要事项。

（六）学术委员会、教学委员会、教授委员会、学位评定分委员会和其他管理、咨询类组织组成人员和负责人选任等重要事项。

（七）学院（部）表彰、奖励，上级重要表彰、奖励人选推荐等重要事项。

（八）其他需要党政联席会议讨论决定的事项。

第五条　由学院（部）党组织会议研究形成决议或决定，并提交党政联席会议成员共同研究落实的事项。主要包括：

（一）贯彻落实学校党委关于加强学院（部）党的领导和党的建设有关决策部署的具体措施。

（二）师生思想政治工作、教风学风和师德师风建设有关事项。

（三）意识形态、统一战线和安全稳定工作有关事项。

（四）党风廉政建设和巡视巡察整改工作有关事项。

（五）研究决定学院领导班子建设、内设机构设置调整等方面的重要事项。

（六）其他需要提请党政联席会议成员共同研究落实的重要事项。

三、议事决策原则和程序

第六条　党政联席会议一般每两周召开一次，遇有重要情况经党组织书记、院长（主任）协商同意可以随时召开。根据议题内容，会议由书记或院长（主任）主持。

第七条　党政联席会议成员为学院（部）党政领导班子成员（书记、副书记、纪检委员，院长（主任）、副院长、副主任）。会议必须有半数以上成员到会方可召开，对重大事项进行决策时必须有三分之二以上成员到会。因故不能参加会议的，须在会前向主持人请假。根据议题需要，由书记、院长（主任）协商确定列席人员。列席人员有发言权，没有表决权。

第八条　会议议题由党政领导班子成员提出，由书记、院长（主任）协商确定。对重要议题，书记、院长（主任）应当在会前互相沟通，意见不一致的应暂缓上会。集体决定重大事项前，书记、院长（主任）和党政联席会议有关成员要个别酝酿、充分沟通。

第九条　党政联席会议要坚持科学决策、民主决策、依法决策。对拟研究讨论的重要事项，会前应深入调查研究，充分听取各方面意见，视情况进行合法合规性审查和风险评估。涉及教学科研、人才引进和学科建设中的重要事项，应充分听取学术委员会、教学委员会、教授委员会、学位评定分委员会等的意见。对事关师生员工切身利益的重要事项，应通过教职工代表大会或其他方式，广泛听取师生员工的意见。

第十条　党政联席会议议题一般一事一报，议题相关材料应提前提交学院（部）综合办公室，综合办公室应提前将会议议题及相关材料送达有关参会人员。

党政联席会议按既定议程逐项进行，无特殊情况或未经书记、院长（主任）同意，一般不临时动议议题。

第十一条　党政联席会议议事和决策实行民主集中制，在充分讨论的基础上，按照少数服从多数的原则形成决议或决定。如对重要问题发生较大意见分歧，一般应当暂缓作出决定。书记、院长（主任）应当最后表态。

第十二条　党政联席会议讨论决定重要事项时应当进行表决，表决方式可以根据讨论和决定事项的不同，采用口头、举手、无记名投票或者记名投票等方式进行，赞成票超过应到会正式成员半数为通过。未到会成员的意见可以用书面形式表达，但不得计入票数。会议讨论和决定多个事项，应当逐项表决。紧急情况下不能及时召开党政联席会议决策的，书记、院长（主任）或党政领导班子其他成员可以临机处置，事后应当及时向党政联席会议报告并按程序予以确认。

第十三条　党政联席会议决议分为以下几种：批准或通过；原则批准或原则通过，按要求作相应修改后实施或发布；暂不形成决议，责成相关负责人或相关单位另行提出意见再行研究；不予批准或不予通过。

第十四条　党政联席会议议题涉及与会人员本人或者其亲属以及其他可能影响公正决策的情形，本人必须回避。

第十五条　党政联席会议作出的决议或决定，适合公开的应当依据有关规定及时公开。对需保密的会议内容和尚未正式公布的会议决定，参会人员应当遵守保密规定。

四、议定事项执行与监督

第十六条　党政联席会议决定的事项，由相关领导负责组织实施，学院（部）综合办公室负责传达和督促检查协调落实，执行情况应当及时向党政联席会议汇报。学院（部）应当建立有效的督查、评估和反馈机制，确保决策落实。

第十七条　党政联席会议决定的事项，学院（部）和个人应当及时执行。对执行不力的，应当依照有关规定问责追责；决策执行过程中需作重大调整的，应当提交党政联席会议决定；需要复议的，按第八条规定重新提交议题。

五、附则

第十八条　学院（部）综合办公室负责党政联席会议的会务工作，主要包括：收集议题，印发会议材料，通知参会人员，做好会议记录，编发会议纪要。

第十九条　本规则同样适用于科研院所单位。

第二十条　本规则由组织人事部制定，经学校党委审核同意后实施，由组织人事部负责解释。

第二十一条　本规则自 2021 年 4 月 28 日起施行。原《西北民族大学学院党政联席会议议事规则》（党委发〔2018〕86 号）同时废止。

西北民族大学国内公务接待管理办法

第一章　总则

第一条　为贯彻落实中央八项规定及其实施细则精神，进一步规范学校公务接待工作，根据《国家民委机关公务接待办法》(民办发〔2020〕37号)，结合学校实际，制定本办法。

第二条　本办法适用于学校各单位的国内公务接待活动。

第三条　学校各单位的国内公务接待经费由学校办公室统一管理和使用。

第四条　本办法所称国内公务接待，主要指上级部门及校外有关单位人员来学校视察工作、检查指导、考察调研、合作交流及领导批准的其他公务接待。

第五条　国内公务接待应当坚持有利公务、务实节俭、严格标准、简化礼仪、高效透明、尊重少数民族风俗习惯的原则。

第六条　学校公务接待坚持“谁接待、谁负责”的原则，公务接待实行“学校统筹、对等归口、分级管理、预算控制”。学校层面公务接待由学校办公室负责，其他公务接待由相关单位负责。如果活动内容涉及多个单位，由学校办公室统筹协调。

第二章　接待要求

第七条　公务接待禁止提供香烟和酒水。公务接待严格执行接待审批制度。无公函或邀请函的公务活动和来访人员不予接待。

第八条　公务接待实行先审批、再接待、后报销的原则。各部门、各单位安排公务接待活动前，必须事前填写《西北民族大学国内公务接待用餐审批单》，明确注明接待事由、时间、人员等内容。因特殊情况临时安排的公务接待活动，承办单位须在3个工作日内补办审批手续。

第九条　学校层面公务接待由学校办公室报请分管领导审批；其他单位公务接待由相关单位报请分管领导审批后报学校办公室备案。因特殊情况无法进行事前审批的，应事先通过有效方式报告并征得分管领导同意后，再安排实施，事后按规定完善相关审批手续。

第十条　国（境）外人员来校公务接待，按照现行外事接待管理规定执行。

第十一条　学校公务接待优先安排在学校内部接待场所，确需在校外安排的，需提前报学校办公室审批，按照相关标准和程序报销。公务接待不得使用私人会所、高消费餐饮场所，不得提供高档菜肴，严禁同城公务接待。学校餐厅做好服务工作，所有原材料按购买价和损耗计算成本，不得加价。

第十二条　严格按照国家公务出差住宿标准安排房间。来兰进行公务活动人员住宿的费用，原则上由来宾自理。学校邀请有关专家、学者来校参与相关工作，如受邀人无公职或所在单位无法承担相关费用，由接待部门报分管领导批准后，可按照相关规定报销。

第十三条　公务接待的出行活动应当安排集中乘车，合理使用车型，严格控制随行车辆。公务接待不得跨地区迎送，严格控制陪同人数，不得层层多人陪同。

第三章　接待标准

第十四条　公务接待用餐标准参照国家民委机关公务接待用餐标准：省部级领导出席的接待用餐为 200 元 / 人次、司局级领导出席的接待用餐为 140 元 / 人次、其他人员为 100 元 / 人次。

第十五条　严格控制陪餐人数。接待对象在 10 人以内的，陪餐人数不得超过 3 人；接待对象超过 10 人的，陪餐人数不得超过接待对象人数的三分之一。

第十六条　严禁超标准接待，不得组织旅游和与公务活动无关的参观，不得组织到营业性娱乐、健身场所活动，不得举办师生专场文艺演出，不得以任何名义赠送礼金、有价证券、纪念品和土特产品等。

第四章　财务报销

第十七条　公务接待费用严格执行“一事一结”。公务活动结束后，接待单位须在一周内完成公务接待核销，由部门负责人审签后报学校办公室启用学校公务接待经费。严格控制公务接待范围，不得用公款报销或者支付应由个人负担的费用。

第十八条　公务接待费用报销凭证应当包括公函或邀请函、公务接待用餐审批单、财务票据、用餐明细等。凭证不全或不符合有关规定的，财务部门不得报销。在校外公务接待的，应当使用公务卡结算或对公转账结算。

第五章　监督管理

第十九条　学校各单位主要负责人对本单位公务接待活动负总责，要加强管理，严格把关。

第二十条　纪监审办公室对公务接待执行情况进行监督检查，对违反有关规定的依规依纪处理。

第六章　附则

第二十一条　本办法由学校办公室负责解释。

第二十二条　本办法自颁布之日起施行，原《西北民族大学国内公务接待管理办法》（民大发〔2016〕538 号）同时废止。

乡村振兴工作

西北民族大学2021年服务乡村振兴战略工作方案

为贯彻落实中央和国家民委党组、甘肃省委关于实施乡村振兴战略的决策部署，发挥学校人才培养与学科特色优势，组织和引导全校师生同心聚力、同向而行，积极服务国家实施乡村振兴战略，进一步助力甘南临潭县、“三区三州”临夏州、武陵山片区、国家民委定点帮扶、对口支援、援疆援藏等地帮扶任务落地落实，全力助推实现巩固脱贫攻坚成果同乡村振兴有效衔接。结合学校实际，制定本方案。

一、指导思想

以习近平新时代中国特色社会主义思想为指导，深入贯彻落实中央和国家民委党组、甘肃省委关于实施乡村振兴战略的决策部署，按照“产业兴旺、生态宜居、乡风文明、治理有效、生活富裕”总要求，建立健全巩固拓展脱贫攻坚成果长效机制，保持主要帮扶政策总体稳定，严格落实过渡期内“四个不摘”要求，继续发挥学校在人才培养、科技创新、决策咨询、文化传承等方面的优势，创新思路、完善措施，主动担当、积极作为，切实巩固拓展脱贫攻坚成果，助力全面推进乡村振兴。

二、工作任务

针对帮扶地区需求，结合学校实际，制定以下分类帮扶措施：

（一）以组织振兴为保障，发挥基层战斗堡垒作用

结合党史学习教育，继续做好学校各级党组织同临潭县六个村党支部结对共建工作，开展主题党日活动，送党课、送党史学习教育书籍下乡，建设“农村书屋”等活动，加强党性教育和党组织建设经验交流，稳步提升党支部标准化建设水平和服务质量。进一步加强对已脱贫群众的宣传教育引导动员工作，发动群众、激发群众内生动力，充分发挥基层党组织战斗堡垒作用和党员干部先锋模范作用，切实发挥好党支部在推进乡村振兴战略中的政治引领作用。

（二）以人才振兴为支撑，加大教育培训力度

为甘南临潭县、“三区三州”临夏州、贵州遵义市、内蒙古巴林右旗、广西德保县、江西乐安县等地区举办党员干部党性教育、农技医疗人员技能培训、中小学教师师资培训等各类培训班，把习近

平新时代中国特色社会主义思想和习近平总书记关于实施乡村振兴战略的重要讲话精神贯穿培训全过程，教育引导广大干部群众切实增强贯彻落实中央决策部署的思想自觉和行动自觉，提升巩固拓展脱贫攻坚成果、实施乡村振兴战略的政策理论素养、专业知识和能力水平，以更明确的目标、更有力的举措、更有效的行动，推进乡村振兴工作。

（三）以文化振兴为灵魂，推进优秀文化传承

积极发挥学校文化传承与创新优势，铸牢中华民族共同体意识，积极开展国家通用语言文字推广普及工作，开展“推普宣传周”、暑期“三下乡”社会实践、留守儿童研学、红色经典诵读、红色文化宣讲等活动。善用各类新媒体平台，创作推送展示民大人在乡村振兴事业中体现民大精神和担当作为的网络优秀作品，讲好民大驻村干部故事。以社会主义核心价值观为引领，从文化挖掘、文化宣传、文化传承、文化演出、文化旅游等方面打造文化振兴新模式。为帮扶地区巩固脱贫攻坚成果、加强乡村思想道德建设和公共文化建设，培育文明乡风、良好家风，推动物质与精神协同用力，大力发展群众性文化事业，深入挖掘优秀传统文化，建设先进文化思想阵地提供有力的思想保证、精神动力和文化资源。

（四）以产业振兴为引领，发挥学校智库优势

致力科技帮扶，促进乡村振兴，充分发挥学校智库优势和服务社会作用，为帮扶地开展种植、养殖等领域的产业技术咨询与科技支撑服务，提高人民群众的知识技能和致富本领，积极推进科技成果转化，保障科技服务有效实施；进一步加强消费帮扶力度，做好“三区三州”临夏州、武陵山片区、内蒙古巴林右旗、广西德保县等地农副产品采购工作，为助力帮扶地实现乡村振兴作出新贡献。

（五）以生态振兴为重点，助力乡村生态建设

依托学校在生态、环保、旅游等方面的优势资源，为帮扶地农业绿色发展、乡村生态保护与修复、生态资源价值实现提供技术咨询与科技服务支撑，助力乡村良好生态建设。

（六）持续选派驻村干部，接续奋战乡村振兴建设

坚持有序衔接、平稳过渡，在严格落实脱贫地区“四个不摘”要求的基础上，继续优化驻村力量，持续做好驻村第一书记和工作队员选派工作。坚持派强用好、严管厚爱，确保选得优、下得去、融得进、干得好；坚持真抓实干、务求实效，推动第一书记和工作队员拓展工作内容，用心用情用力驻村干好工作，逐步转向全面推进乡村振兴。

三、保障措施

（一）组织实施

学校成立乡村振兴工作协调领导小组，领导小组统筹研究协调学校服务乡村振兴战略相关工作，督导落实重点工作。各单位要深入学习习近平总书记关于实施乡村振兴战略的重要讲话精神，提高政治站位，坚定工作信心，明确具体人员，细化工作措施，层层压实责任，确保各项任务有效落实。

（二）宣传引导

充分发挥各类媒体作用，组织专题宣传活动，大力宣传各单位贯彻落实的具体举措、实际行动、典型事例和积极成效，推广成功经验，形成良好氛围，引导全校上下转变作风、担当实干，为乡村振兴贡献力量。

（三）保障机制

学校设立专项经费对服务乡村振兴战略项目予以支持。各单位要把服务乡村振兴战略与建设现代化高水平大学紧密结合起来，按照工作任务要求和工作基础，狠抓落实，切实推进学校乡村振兴战略方案顺利实施。

（四）督导考核

各单位加强工作作风建设，坚决反对形式主义、官僚主义，减轻基层负担，做好工作、生活、安全等各方面保障，并及时上报工作进展情况。各单位开展乡村振兴战略方案任务完成情况列入年度考核的重要内容。

附件：西北民族大学乡村振兴工作协调领导小组成员名单

组　　长：邓光玉、郭郁烈

常务副组长：王彦斌

副 组 长：玉苏甫江、李辉、马世俊、石迎春、白日霞、杨晓、郎永杰

成　　员：各二级单位党政主要负责人

领导小组下设办公室：

主　　任：齐卫权

副 主 任：杨志武、王振国

成　　员：王志军、韩瑛、冶生贵、文化、杨具田、马志学、索娜仁、马国柱、杨朝继、沙存

善、郝宇、孙沛华、赵鑫、曹国昭

原西北民族大学脱贫攻坚帮扶工作协调领导小组及成员不再保留。

干部人事、机构调整工作

西北民族大学干部政治素质考察办法（试行）

第一章　总则

第一条　为进一步考准考实干部政治素质，选拔出信念坚定、为民服务、勤政务实、敢于担当、清正廉洁的好干部，根据《中国共产党章程》《关于新形势下党内政治生活的若干准则》和《党政领导干部选拔任用工作条例》等规定，结合学校实际，制定本办法。

第二条　对干部政治素质的考察，是指在干部考察中始终坚持把政治标准放在首位，对干部的政治忠诚、政治定力、政治担当、政治能力、政治自律进行考察了解。

第三条　政治素质考察主要采取个别谈话、查阅资料、征求意见、同考察对象面谈、综合鉴定等方式进行。

第二章　个别谈话

第四条　认真听取考察对象所在单位主要负责人对其政治表现情况介绍，重点看能否增强“四个意识”、坚定“四个自信”、做到“两个维护”。在工作中能否严格遵守政治纪律和政治规矩，坚决执行组织决定、服从组织安排，看是否存在阳奉阴违、口是心非，搞“两面派”、做“两面人”的情况。

第五条　注重听取考察对象分管联系领导以及组织人事部门负责人对其坚定理想信念方面的情况介绍，重点看是否存在在大是大非问题上没有立场、置身事外，对政治上的苗头性倾向性问题不能见微知著、防患未然，对挑战政治底线的错误言论和不良风气听之任之、逃避责任、失职渎职的情况。

第六条　充分听取干部职工对考察对象敢于担当方面的情况介绍，重点看在贯彻中央和国家民委党组、甘肃省委决策部署，落实学校党委工作思路和举措中能否积极作为、主动履职、先行先试、突破瓶颈；重点看在全面贯彻党的教育方针，铸牢中华民族共同体意识，落实立德树人根本任务，落实意识形态工作责任制等方面能否破解难题、狠抓落实；重点看遵守法律、依法办事情况；重点看在处置突发事件或承担其他急难险重任务中能否主动尽责涉险、积极担当，在关键时刻是否能站得出来、顶得上去。

第七条　广泛听取干部职工对考察对象执行党的群众路线情况介绍，看其能否密切联系群众，是否存在形式主义、官僚主义、享乐主义和奢靡之风的行为。

第八条　注重了解考察对象是否存在跑官要官、拉票贿选和拉帮结派、搞团团伙伙的行为，了解其重大事项和重要情况请示报告情况。

第九条　组织干部职工填写《西北民族大学干部政治素质民主测评表》，高度重视测评中的不同意见，进一步了解原因，了解原委。

第三章　查阅资料

第十条　检查考察对象学习习近平新时代中国特色社会主义思想以及党的路线方针政策的学习心得体会或交流研讨记录等资料，看是否结合个人思想实际，自觉把自己摆进去、把问题摆进去、把工作摆进去。

第十一条　查阅考察对象参加组织生活会情况，重点看开展批评和自我批评的情况，其中存在有诫勉谈话等情况或巡视巡察中反馈有问题的，还要看其能否如实作出说明，进行有效整改情况。

第十二条　调阅考察对象党费缴纳记录，询问考察对象缴纳党费标准及数额，看能否牢记党员身份，主动、按时、足额缴纳党费。

第十三条　认真查阅考察对象干部档案，看是否存在弄虚作假、骗取个人利益的行为。

第十四条　查核考察对象个人有关事项报告，看是否存在隐瞒不报、欺骗组织的行为。

第四章　征求意见

第十五条　根据工作需要，征求纪委办公室、教师工作部、统战部、保卫处等有关部门对考察对象的意见，了解其廉洁自律、师德师风、遵纪守法等情况。

第五章　同考察对象面谈

第十六条　考察组与考察对象面谈，听取其对自身思想政治素质评价、对个人成长经历特别是工作情况介绍，听取其不足之处和今后努力方向，询问其需要向组织说明的有关情况。

第十七条　面谈不限定时间，不限定模式，综合运用询问、引导、交流等方式，营造平等和谐、宽松愉悦的谈话氛围。通过面谈，进一步把情况谈深谈透。

第六章　综合鉴定

第十八条　坚持全面、辩证评价干部政治素质。在考察对象所在单位党组织对其现实表现特别是政治素质评价的基础上，把任前考察和巡视巡察、年度考核、信访举报等平时了解的信息结合起来，对考察对象政治素质进行综合鉴定，鉴定分为“政治坚定”和“政治表现一般”两个等次。鉴定结果作为干部选拔任用的重要依据。

第十九条　撰写考察材料时，对政治素质的评价既要有定性判断，又要注重用事实说话，用事例印证，防止抽象的概念组合，避免模糊表述、千篇一律。

第二十条　存在下列情形之一的，经综合鉴定，中止选任程序，取消考察对象资格：

（一）违反“五个必须”要求，搞“七个有之”的。

（二）理想信念缺失，不信马列信鬼神的。

（三）落实学校党委决策部署不力的，不能勇于担当、主动履职不够的。

（四）档案造假、个人有关事项隐瞒不报或对抗组织调查的。

（五）其他情形的。

第七章　附则

第二十一条　本办法由学校组织人事部负责解释。

第二十二条　本办法从发布之日起施行。

西北民族大学教师聘任及人才引进专门委员会规程

第一章　总则

第一条　为规范学校教师岗位聘任工作，根据人社部、教育部《关于高等学校岗位设置管理的指导意见》《国家民委事业单位岗位设置管理实施意见》《西北民族大学章程》《西北民族大学学术委员会章程》，结合学校实际，设立教师聘任专门委员会，并制定本规程。

第二条　教师聘任专门委员会是学校学术委员会下设的专门委员会，在学校学术委员会的指导下开展工作，是负责学校专业技术人员和工勤人员岗位聘任工作的机构。

第二章　组织机构

第三条　教师聘任专门委员会委员由当然委员和推选委员组成。当然委员一般由分管校领导和相关单位负责人担任，当然委员随职务变更自行更替。

推选委员部分由学校学术委员会委员担任，经教师聘任专门委员会主任委员提名产生，学校学术委员会委员不少于教师聘任专门委员会总人数的1/5。部分由自下而上的民主推荐方式产生，各教学科研机构在学术分委员会推选的基础上，经党政联席会议研究向学校推荐专门委员会委员候选人，教师聘任专门委员会办公室审核后报校长办公会议、党委常委会会议审定。

第四条　教师聘任专门委员会委员人数按照实际工作需要设置，为不低于15人的单数。

第五条　教师聘任专门委员会委员经校长办公会议、党委常委会会议审定。委员出现空缺时，按照相应的委员产生办法增补。

第六条　教师聘任专门委员会设主任委员1名，副主任委员1名。主任委员候选人由学校学术委员会主任委员提名，学术委员会全体委员选举产生。副主任委员候选人由专委会主任委员提名，专委会全体委员选举产生。

第七条　教师聘任专门委员会下设“专任教师岗位聘任工作委员会”“非专任教师专业技术和工勤技能岗位聘任工作委员会”等2个分委员会。

（一）专任教师岗位聘任工作委员会

专任教师岗位聘任工作委员会主任委员由专委会主任委员担任；副主任委员由分管组织人事、学科、教学、科研工作的校领导担任；成员由组织人事、教务、研究生、学生、科研、学科等相关管理部门和各学院（部）、科研机构主要负责人组成。

（二）非专任教师专业技术和工勤技能岗位聘任工作委员会

非专任教师专业技术和工勤技能岗位聘任工作委员会主任委员由专委会主任委员担任；副主任委员由分管组织人事、相关教辅单位、后勤的校领导担任；成员由组织人事、教务、研究生、科研、学科、财务、后勤等相关管理部门及相关教辅单位的主要负责人组成。

第八条　教师聘任专门委员会委员实行任期制，每届任期4年。委员因故需要更换时，按本规程规定调整。

第九条　委员在任期内有以下情形之一者，经教师聘任专门委员会审议，可免除或同意其辞去委员职务：

（一）主动申请辞去委员职务的；

（二）由于身体、年龄及职务变动等原因不能履行职责的；

（三）调离本校的；

（四）怠于履行职责或者违反委员义务的；

（五）有违法、违反教师职业道德或者学术不端行为的；

（六）连续三次无故缺席教师聘任专门委员会全体会议的；

（七）由于其他原因不能或不宜担任委员职务的。

第十条 教师聘任专门委员会设立办公室，负责处理日常事务。办公室挂靠在相应职能部门，设办公室主任1名，由单位负责人兼任。

第三章　工作职责

第十一条　教师聘任专门委员会依据《西北民族大学学术委员会章程》，履行以下工作职责：

（一）研究、起草、制订学校专业技术人员岗位设置方案、岗位聘任管理办法、岗位聘任工作实施办法等。

（二）研究、起草、制订学校工勤技能岗位设置方案、岗位聘任管理办法、岗位聘任工作实施办法等。

（三）分类指导和实施专业技术人员和工勤人员的岗位聘任工作。

（四）听取“专任教师岗位聘任工作委员会”和“非专任教师专业技术和工勤技能岗位聘任工作委员会”对专任教师、非专任教师专业技术和工勤技能岗位教师的聘任审核和评议意见，并将意见报请学校校长办公会议、党委常委会会议研究审批。

（五）“专任教师岗位聘任工作委员会”和“非专任教师专业技术和工勤技能岗位聘任工作委员会”根据学校岗位聘任的实施办法，分别负责专任教师、非专任教师专业技术和工勤技能岗位教师的聘任审核和评议工作。

（六）完成学校学术委员会委托或各教学科研机构学术分委员会提交的相关事项。

第十二条　教师聘任专门委员会委员享受的权利：

（一）知悉与教师岗位聘任工作相关的国家、上级主管部门和学校的各项管理制度、信息等；

（二）就教师岗位聘任工作向学校相关职能部门提出咨询或质询；

（三）在委员会会议发表意见，讨论、审议和表决各项决议；

（四）对学校教师岗位聘任工作及委员会工作提出建议、实施监督；

（五）学校章程、学术委员会章程或者本规程规定的其他权利。

第十三条　教师聘任专门委员会委员履行的义务：

（一）遵守国家宪法、法律、法规和规章；

（二）遵守校学术委员会章程和本章程，公正履行职责；

（三）遵守职业道德，坚持公正独立的专业判断；

（四）恪尽职守，积极参加委员会会议及有关活动；

（五）对在会议中发表的涉及个人、学科和单位评价的言论负责，对会议确定需要保密的内容保密，并执行和维护委员会的审议和评议结果；

（六）学校章程、学术委员会章程或者本规程规定的其他义务。

第四章　工作制度

第十四条　教师聘任专门委员会和下设的两个分委员会委员到会2/3以上（含2/3）方可举行会议。

第十五条　教师聘任专门委员会会议的审核、评议工作由主任委员主持。副主任委员协助主任委员工作，主任委员不能出席会议时，由主任委员委托副主任委员主持工作。

第十六条　教师聘任委员会在进行审核、评议时，须遵守以下工作纪律：

（一）坚持原则，实事求是，秉公办事，不徇私情；

（二）充分发扬民主，充分酝酿讨论，充分发表自己的意见和看法；

（三）审核、评议会议期间不接待来访人员，不受理来信和申诉；严格保密审核、评议情况；

（四）主任委员、副主任委员、委员会成员不得委托他人参加会议或实施表决；

（五）严格遵守其他相关规定和程序。

第十七条　教师聘任专门委员会表决办法根据聘任工作实际确定，可对拟聘岗位人员聘任意见进行逐一表决或集体表决，与会人员2/3以上（含2/3）同意方可通过。

第十八条　教师聘任专门委员会委员履行职责时，有下列情形之一的，应当回避，不得参加相关调查、考察、审议、讨论、评议、投票、评分、审核、决定等活动，也不得以任何方式施加影响：

（一）涉及本人利害关系的；

（二）涉及与本人有夫妻关系、直系血亲关系、三代以内旁系血亲关系、近姻亲关系、其他亲属关系人员的利害关系的；

（三）其他可能影响公正履行职责的。

第十九条　教师聘任专门委员会工作人员对专门委员会负责，不代表所在单位、不对外发表评议意见，不得向外泄露会议中对申报对象的评议情况。若工作人员本人或其直系亲属为被审核、评议、表决对象，该工作人员应当回避。

第五章　附则

第二十条　本规程未尽事宜，由教师聘任专门委员会另行议定。

第二十一条　本规程解释权属于教师聘任专门委员会办公室。

第二十二条　本规程自公布之日起施行。

西北民族大学教师专业技术职务任职资格评审办法

第一章　总则

第一条　为深化学校职称制度改革，完善教师评价机制，建立科学评价导向，科学客观公正评价专业技术人才，建设高素质、专业化、创新型教师队伍，根据《中共中央 国务院关于全面深化新时代教师队伍建设改革的意见》《中共中央 国务院深化新时代教育评价改革总体方案》《中共中央办公厅 国务院办公厅关于深化职称制度改革的意见》要求，结合学校实际，特制定本办法。

第二条　基本原则

（一）坚持党的领导，实施人才强校。以习近平新时代中国特色社会主义思想为指导，深入贯彻党的十九大和十九届二中、三中、四中、五中全会以及全国教育大会精神，确保学校教师职称制度改革和人才队伍建设的正确方向。

（二）坚持以德为先，突出教书育人。严把思想政治和师德师风考核，以师德为先，以教学为要，提升师德师风要求，引导广大教师以德立身、以德立学、以德施教，突出教书育人实绩，培养德智体美劳全面发展的社会主义建设者和接班人。

（三）坚持以人为本，创新评价机制。把握学校教师成长的规律和工作特点，完善评价标准，突出教育教学能力和业绩，克服唯学历、唯资历、唯“帽子”、唯论文、唯项目等倾向，推行代表性成果评价，建立重点人才绿色通道，科学客观公正评价，激励教师人人尽展其才。

（四）坚持分类评价，科学精准施策。根据不同类型教师特点，采用共性与特性、水平业绩与发展潜力、定性与定量评价相结合的方式。突出问题导向，增强学校教师职称制度改革的针对性和实效性。

第二章　分类及设置

第三条　学校教师系列专业技术职务包括教授、副教授、讲师、助教四类，其中教授、副教授为高级职务，讲师为中级职务，助教为初级职务。

第四条　学校教师系列专业技术职务评审分为正常评审和绿色通道两种类型。高级专业技术职务分教学为主型、教学科研型、教学社会服务型。

教学为主型是以教学业绩为主、科研业绩为辅的类型；教学科研型是以教学业绩和科研业绩并重的类型；教学社会服务型是以教学业绩为基础，服务国家战略和地方经济社会发展为主的类型。申报人员可选择其中一种类型进行申报。

第五条　学校根据学科专业建设、岗位设置和人员变动情况，确定当年教师系列专业技术职务评审岗位职数，开展职称评审工作。

第六条　本评审条件适用于学校在编在岗专任教师申报晋升高校教师系列专业技术职务任职资格。

第三章　评审条件

学校教师专业技术职务任职资格评审条件由基本条件和能力业绩条件组成。

第一节　基本条件

第七条　思想政治条件。遵守国家宪法和法律，贯彻党的教育方针，自觉践行社会主义核心价值观，具有良好的思想政治素质和师德师风修养，以德立身，以德立学，以德施教，爱岗敬业，为人师表，教书育人。坚持教书与育人相统一、言传与身教相统一、潜心问道与关注社会相统一、学术自由与学术规范相统一。

第八条　师德师风条件。严格遵守《新时代高校教师职业行为十项准则》，不得有《西北民族大学师德师风行为负面清单》行为。

第九条　资格条件。申报晋升高一级职称应具有高等学校教师资格证。

第十条　学生工作条件。申报晋升高一级职称的青年教师（40 周岁以下），任现职以来须有至少连续 1 年担任班主任或辅导员等学生思想政治教育相关工作经历并考核合格。

第十一条　教育培训条件。申报晋升高级职称，须具有任现职以来连续 3 个月及以上脱产培训（含访学、进修、挂职、企业或行业培训、扶贫、援外经历等）。任现职以来有 1 年及以上攻读博士学位、博士后进站经历等同具备脱产培训要求。

第十二条　年度考核条件。申报晋升高一级职称，任现职以来年度考核结果均达到合格及以上，若其中一年考核为基本合格，推迟 1 年申报；一年考核不合格推迟 2 年申报。

第十三条　教学效果同行专家评价。申报晋升高一级职称，须参加由教务处统一组织实施的教学效果同行专家评价（含教学督导评价）且评价结果为合格及以上等次。

第十四条　代表性成果同行专家评价。申报晋升高级职称人员，须参加由学校组织的代表性成果同行专家评价。申报人员提供“个人综述”材料和代表性成果，由组织人事部按相关程序送同行专家评价且评价结果为合格及以上等次。

第十五条　身心素质条件。身心健康，心理素质良好，能全面履行岗位职责。

第十六条　任现职以来，有如下情形不得申报高一级职称：

（一）申报人员任现职以来思想政治和师德师风考核须为合格，对不合格者实行“一票否决”。对经查实的违反《高等学校教师职业道德规范》《教育部关于建立健全高校师德建设长效机制的意见》《新时代高校教师职业行为十项准则》《教育部关于高校教师师德失范行为处理的指导意见》及学校相关规定的人员，取消当年参评或已通过的任职资格；

（二）受到记过以上处分在处分期间的；

（三）发生重大教学事故在影响期内的；

（四）申报当年达到国家规定退休年龄的。

第二节　能力业绩条件

第十七条　申报“教授”职称，须具备以下能力业绩条件：

具有任教课程的专业背景，任现职以来，系统承担过 2 门及以上本科生专业课；艺术、体育专业教师、长期担任公共课教师及学校科研机构聘任人员等可放宽至 1 门。完成所在单位规定的该岗位基本教学工作量要求。具有大学本科及以上学历或学位并担任副教授职务满 5 年。

（一）教学为主型

1. 教学工作质量

（1）严格执行为本科生授课制度，任现职以来，年均完成教育教学工作量（含本科生课程、研究生课程等）不低于 288 标准学时，其中本科课堂教学工作量不低于 180 标准学时。

（2）任现职以来，教学效果综合评价在本单位同级职称人员中总评在前 80%。

2. 代表性业绩成果

具备条件第（1）—（10）中任意 2 项：

（1）公开发表有重大影响的教学研究或者教改论文（须有 2 项在学校组织的同行专家评价中结果为“优秀”）。

（2）作为主编出版省级及以上规划教材或作为主编在 A 类出版社出版教材。

（3）主持完成省部级及以上教育教学改革项目、教学质量工程（提高）项目、创新创业教育改革项目。

（4）省级及以上一流本科专业建设点、一流本科课程负责人。

（5）获省级教师教学竞赛一等奖及以上。

（6）获省级及以上教学成果奖（国家级定额内人员、省级一等奖前 3 名或省级二等奖主持人）。

（7）作为第一指导教师指导学生在学校认定的学科专业竞赛中获国家级一等奖或指导学生在创新创业比赛（中国“互联网 +”大学生创新创业大赛、“挑战杯”全国大学生课外科技作品竞赛、“挑战杯”中国大学生创业计划大赛）中获国家级奖项。

（8）近3年，至少1次教学效果综合评价在全校同级职称人员中排名前1%。

（9）在教学研究方面取得突出业绩成果，由校长提名推荐或经2名院士、学部委员、国务院学位委员会相关学科评议组专家、教育部相关学科教指委委员等在行业内有重大影响、业内公认的高水平专家联名推荐，并经所在单位学术委员会推荐，学校学术委员会审议通过。

（10）艺术体育类教师具有本专业领域有重大影响的标志性成果，经本单位学术委员会推荐。

（二）教学科研型

1. 教学工作质量

（1）严格执行为本科生授课制度，任现职以来，年均完成教育教学工作量（含本科生课程、研究生课程等）不低于252标准学时，其中本科课堂教学工作量不低于144标准学时。

（2）任现职以来，教学效果综合评价在本单位同级职称人员中总评在前80%。

2. 代表性业绩成果

具备条件（1）—（9）中任意1项和条件（10）—（15）中任意1项，或具备条件（10）—（15）中任意2项。其中，条件（9）和（14）至多选择1项。

（1）公开发表过有重大影响的教学研究或者教改论文（须有2项在学校组织的同行专家评价中结果为“优秀”）。

（2）作为主编出版省级规划教材或作为主编在A类出版社出版教材。

（3）主持完成省部级及以上教育教学改革项目、教学质量工程（提高）项目、创新创业教育改革项目。

（4）省级及以上一流本科专业建设点、一流本科课程负责人。

（5）获省级教师教学竞赛一等奖及以上。

（6）获省级及以上教学成果奖（国家级定额内人员、省级一等奖前3名或省级二等奖主持人）。

（7）作为第一指导教师指导学生在学校认定的学科专业竞赛中获国家级一等奖或指导学生在创新创业比赛（中国“互联网+”大学生创新创业大赛、“挑战杯”全国大学生课外科技作品竞赛、“挑战杯”中国大学生创业计划大赛）中获国家级奖项。

（8）近3年，至少1次教学效果综合评价在全校同级职称人员中排名前1%。

（9）在教学研究方面取得突出业绩成果，由校长提名推荐或经2名院士、学部委员、国务院学位委员会相关学科评议组专家、教育部相关学科教指委委员等在行业内有重大影响、业内公认的高水平专家联名推荐，并经所在单位学术委员会推荐，学校学术委员会审议通过。

（10）公开发表过有重大影响的学术研究论文（须有2项在学校组织的同行专家评价中结果为“优秀”）。

（11）在A类出版社独立出版学术专著、译著。

（12）主持完成国家级科研项目。

（13）作为前5名获国家级科研奖励，或作为前3名获省部级科学技术奖、社会科学奖、专利奖等奖项一等奖；或作为前2名获得上述省部级奖项二等奖。

（14）在科学研究方面取得突出成果，由校长提名推荐或经2名院士、学部委员、国务院学位委员会相关学科评议组专家、教育部相关学科教指委委员等在行业内有重大影响、业内公认的高水平专家联名推荐，并经所在单位学术委员会推荐，学校学术委员会审议通过。

（15）艺术体育类教师具有本专业领域有重大影响的标志性成果，经本单位学术委员会推荐。

（三）教学社会服务型

1. 教学工作质量

（1）严格执行为本科生授课制度，任现职以来，年均完成教育教学工作量（含本科生课程、研究生课程等）不低于252标准学时，其中本科课堂教学工作量不低于144标准学时。

（2）任现职以来，教学效果综合评价在本单位同级职称人员中总评在前80%。

2. 代表性业绩成果

具备条件（1）—（15）任意1项，同时具备条件（16）—（18）中任意1项。其中，条件（9）（14）（18）至多选择1项。

（1）公开发表过有重大影响的教学研究或者教改论文（须有2项在学校组织的同行专家评价中结果为“优秀”）。

（2）作为主编出版省级规划教材或作为主编在A类出版社出版教材。

（3）省级及以上一流本科专业建设点、一流本科课程负责人。

（4）主持完成省部级及以上教育教学改革项目、教学质量工程（提高）项目、创新创业教学改革项目。

（5）获省级教师教学竞赛一等奖及以上。

（6）获省级及以上教学成果奖（国家级定额内人员、省级一等奖前3名或省级二等奖主持人）。

（7）作为第一指导教师指导学生在学校认定的学科专业竞赛中获国家级一等奖或指导学生在创新创业比赛（中国“互联网+”大学生创新创业大赛、“挑战杯”全国大学生课外科技作品竞赛、“挑战杯”中国大学生创业计划大赛）中获国家级奖项。

（8）近3年，至少1次教学效果综合评价在全校同级职称人员中排名前1%。

（9）在教学研究方面取得突出业绩成果，由校长提名推荐；或经2名院士、学部委员、国务院学位委员会相关学科评议组专家、教育部相关学科教指委委员等在行业内有重大影响、业内公认的高水平专家联名推荐，并经所在单位学术委员会推荐，学校学术委员会审议通过。

（10）公开发表过有重大影响的学术研究论文（须有2项在学校组织的同行专家评价中结果为“优秀”）。

（11）在A类出版社独立出版学术专著、译著。

（12）主持完成国家级科研项目。

（13）作为前5名获国家级科研奖励，或作为前3名获省部级科学技术奖、社会科学奖、专利奖等奖项一等奖；或作为前2名获得上述省部级奖项二等奖。

（14）在科学研究方面取得突出成果，由校长提名推荐或经2名院士、学部委员、国务院学位委员会相关学科评议组专家、教育部相关学科教指委委员等在行业内有重大影响、业内公认的高水平专家联名推荐，并经所在单位学术委员会推荐，学校学术委员会审议通过。

（15）艺术体育类教师具有本专业领域有重大影响的标志性成果，经本单位学术委员会推荐。

（16）本人所从事专业相关的科技成果（含专利）经推广、转化或主持完成横向科研项目创造较大经济效益和社会效益获地市级及以上政府予以肯定性评价。

（17）作为第一完成人，撰写的应用对策研究报告、建言献策报告、调研报告或政策建议等智库研究成果，获国家部委、省委省政府领导书面肯定性批示，或被国家部委、省委省政府采纳应用。

（18）在社会服务方面取得突出业绩成果，由校长提名或经2名院士、学部委员、国务院学位委员会相关学科评议组专家、教育部相关学科教指委委员等在行业内有重大影响、业内公认的高水平专家联名推荐，并经所在单位学术委员会推荐，学校学术委员会审议通过。

第十八条　申报“副教授”职称，须具备以下能力业绩条件：

具有任教课程的专业背景，任现职以来，系统承担过2门及以上本科生专业课；艺术、体育专业教师、长期担任公共课教师及学校科研机构聘任人员等可放宽至1门。具有大学本科及以上学历或学位并担任讲师职务满5年，或具有博士学历学位并担任讲师职务满2年。

（一）教学为主型

1. 教学工作质量

（1）严格执行为本科生授课制度，任现职以来，年均完成教育教学工作量（含本科生课程、研究生课程等）不低于252标准学时，其中本科课堂教学工作量不低于144标准学时。

（2）任现职以来，教学效果综合评价在本单位同级职称人员中总评在前80%。

2. 代表性业绩成果

具备条件（1）—（10）中任意2项：

（1）公开发表过有重要影响的教学研究或者教改论文（须有2项在学校组织的同行专家评价中结果为“优秀”）。

（2）作为主编出版校级规划教材或作为主编在B类及以上出版社出版教材。

（3）前2名（含主持人）参与完成省部级及以上教育教学改革项目、教学质量工程（提高）项目、创新创业教育改革项目。

（4）前2名（含主持人）参与省级及以上一流本科专业建设点或省级及以上一流本科课程建设。

（5）获省级教师教学竞赛二等奖及以上。

（6）获省级及以上教学成果奖（国家级定额内人员或省级一等奖定额内人员或省级二等奖前2名）。

（7）作为第一指导教师指导学生在学校认定的学科专业竞赛中获国家级二等奖及以上或指导学生在创新创业比赛（中国“互联网+”大学生创新创业大赛、“挑战杯”全国大学生课外科技作品竞赛、“挑战杯”中国大学生创业计划大赛）中获省级一等奖及以上。

（8）近3年，至少1次教学效果综合评价在全校同级职称人员中排名前1%。

（9）在教学研究方面取得突出业绩成果，由校长提名推荐或经2名院士、学部委员、国务院学位委员会相关学科评议组专家、教育部相关学科教指委委员等在行业内有重大影响、业内公认的高水平专家联名推荐，并经所在单位学术委员会推荐，学校学术委员会审议通过。

（10）艺术体育类教师具有本专业领域有重要影响的代表性成果，经本单位学术委员会推荐。

（二）教学科研型

1. 教学工作质量

（1）严格执行为本科生授课制度，任现职以来，年均完成教育教学工作量（含本科生课程、研究生课程等）不低于216标准学时，其中本科课堂教学工作量不低于108标准学时。

（2）任现职以来，教学效果综合评价在本单位同级职称人员中总评在前80%。

2. 代表性业绩成果

具备条件（1）—（9）中任意1项和条件（10）—（15）中任意1项，或具备条件（10）—（15）中任意2项。其中，条件（9）和（14）至多选择1项。

（1）公开发表过有重要影响的教学研究或者教改论文（须有2项在学校组织的同行专家评价中结果为“优秀”）。

（2）作为主编出版校级规划教材或作为主编在B类及以上出版社出版教材。

（3）前2名（含主持人）参与完成省部级及以上教育教学改革项目、教学质量工程（提高）项目、创新创业教育改革项目。

（4）前2名（含主持人）参与省级及以上一流本科专业建设点或省级及以上一流本科课程建设。

（5）获省级教师教学竞赛二等奖及以上。

（6）获省级及以上教学成果奖（国家级定额内人员或省级一等奖定额内人员或省级二等奖前2名）。

（7）作为第一指导教师指导学生在学校认定的学科专业竞赛中获国家级二等奖及以上或指导学生在创新创业比赛（中国“互联网+”大学生创新创业大赛、“挑战杯”全国大学生课外科技作品竞赛、“挑战杯”中国大学生创业计划大赛）中获省级一等奖及以上。

（8）近3年，至少1次教学效果综合评价在全校同级职称人员中排名前1%。

（9）在教学研究方面取得突出业绩成果，由校长提名推荐或经2名院士、学部委员、国务院学位委员会相关学科评议组专家、教育部相关学科教指委委员等在行业内有重大影响、业内公认的高水平专家联名推荐，并经所在单位学术委员会推荐，学校学术委员会审议通过。

（10）公开发表过有重要影响的学术研究论文（须有2项在学校组织的同行专家评价中结果为“优秀”）。

（11）在B类出版社独立出版学术专著、译著。

（12）主持完成省部级科研项目或前3名参与完成国家级科研项目。

（13）作为前7名获国家级科研奖励，或作为前5名获省部级科学技术奖、社会科学奖、专利奖等奖项一等奖；或作为前3名获得上述省部级奖项二等奖；或作为第1名获得上述省部级奖项三等奖。

（14）在科学研究方面取得突出成果，由校长提名推荐或经2名院士、学部委员、国务院学位委员会相关学科评议组专家、教育部相关学科教指委委员等在行业内有重大影响、业内公认的高水平专家联名推荐，并经所在单位学术委员会推荐，学校学术委员会审议通过。

（15）艺术体育类教师具有本专业领域有重要影响的代表性成果，经本单位学术委员会推荐。

（三）教学社会服务型

1. 教学工作质量

（1）严格执行为本科生授课制度，任现职以来，年均完成教育教学工作量（含本科生课程、研究生课程等）不低于216标准学时，其中本科课堂教学工作量不低于108标准学时。

（2）任现职以来，教学效果综合评价在本单位同级职称人员中总评在前80%。

2. 代表性业绩成果

具备条件（1）—（15）任意1项，同时具备条件（16）—（18）中任意1项。其中，条件（9）（14）（18）至多选择1项。

（1）公开发表过有重要影响的教学研究或者教改论文（须有2项在学校组织的同行专家评价中结果为“优秀”）。

（2）作为主编出版校级规划教材或作为主编在B类及以上出版社出版教材。

（3）前2名（含主持人）参与完成省部级及以上教育教学改革项目、教学质量工程（提高）项目、创新创业教育改革项目。

（4）前2名（含主持人）参与省级及以上一流本科专业建设点或省级及以上一流本科课程建设。

（5）获省级教师教学竞赛二等奖及以上。

（6）获省级及以上教学成果奖（国家级定额内人员或省级一等奖定额内人员或省级二等奖前2名）。

（7）作为第一指导教师指导学生在学校认定的学科专业竞赛中获国家级二等奖及以上或指导学生在创新创业比赛（中国“互联网+”大学生创新创业大赛、“挑战杯”全国大学生课外科技作品竞赛、“挑战杯”中国大学生创业计划大赛）中获省级一等奖及以上。

（8）近3年，至少1次教学效果综合评价在全校同级职称人员中排名前1%。

（9）在教学研究方面取得突出业绩成果，由校长提名推荐或经2名院士、学部委员、国务院学位委员会相关学科评议组专家、教育部相关学科教指委委员等在行业内有重大影响、业内公认的高水平专家联名推荐，并经所在单位学术委员会推荐，学校学术委员会审议通过。

（10）公开发表过有重要影响的学术研究论文（须有2项在学校组织的同行专家评价中结果为“优秀”）。

（11）在B类出版社独立出版学术专著、译著。

（12）主持完成省部级科研项目或前3名参与完成国家级科研项目。

（13）作为前7名获国家级科研奖励，或作为前5名获省部级科学技术奖、社会科学奖、专利奖等奖项一等奖；或作为前3名获得上述省部级奖项二等奖；或作为第1名获得上述省部级奖项三等奖。

（14）在科学研究方面取得突出成果，由校长提名推荐或经2名院士、学部委员、国务院学位委员会相关学科评议组专家、教育部相关学科教指委委员等在行业内有重大影响、业内公认的高水平专家联名推荐，并经所在单位学术委员会推荐，学校学术委员会审议通过。

（15）艺术体育类教师具有本专业领域有重要影响的代表性成果，经本单位学术委员会推荐。

（16）本人所从事专业相关的科技成果（含专利）经推广、转化或主持完成横向科研项目创造较大经济效益和社会效益获县级及以上政府予以肯定性评价。

（17）作为第一完成人，撰写的应用对策研究报告、建言献策报告、调研报告或政策建议等智库研究成果，获地市级及以上政府书面肯定性批示或被采纳应用。

（18）在社会服务方面取得突出业绩成果，由校长提名推荐或经2名院士、学部委员、国务院学位委员会相关学科评议组专家、教育部相关学科教指委委员等在行业内有重大影响、业内公认的高水平专家联名推荐，并经所在单位学术委员会推荐，学校学术委员会审议通过。

第十九条　申报“讲师”职称，须具备以下能力业绩条件：

具有任教课程的专业背景，能独立完成1门及以上课程讲授任务，完成所在单位规定的该岗位基本教学工作量要求。具有大学本科学历学位，入职满5年且担任助教职务满4年者，可申请参加评审。

1. 教学工作质量

年均完成教育教学工作量不低于216标准学时，其中本科课堂教学工作量不低于144标准学时。

2. 代表性业绩成果

具备下列条件任1项：

（1）具有扎实的本专业知识，公开发表、出版过学术论文或著作。

（2）参与完成校级及以上教育教学改革、科学研究、思想政治教育类项目或获评校级教学成果奖。

第四章 “绿色通道”申报条件

第二十条 绿色通道是针对在教学、科研或社会服务方面业绩特别突出教师的考核激励机制。具备“绿色通道”教授、副教授申报条件中任意1项，思想政治表现和师德师风考核合格，可视为符合相应能力业绩条件，不受职级、年限、学历等条件限制，直接申报相应等级职称。

（一）申报教授

1. 作为前3名获得国家级教学成果特等、一、二等奖。

2. 本人获得全国高校教师教学竞赛一等奖。

3. 作为前3名获得国家科学技术奖；或作为第一完成人获得省自然科学、技术发明、科技进步一等奖；或作为前2名获得教育部高等学校科学研究优秀成果奖（人文社会科学）特等奖；或作为第一完成人获得教育部高等学校科学研究（人文社会科学、科学技术）优秀成果奖一等奖。

4. 本人所从事专业相关的科技成果（含专利）经推广、转化或主持完成横向科研项目创造较大经济效益和社会效益或作为第一完成人撰写的应用对策研究报告、建言献策报告、调研报告、政策建议等智库研究成果，获党和国家领导人肯定性批示且被采纳应用。

5. 对于取得重大标志性成果或主动服务国家重大战略需求，取得重大基础研究和前沿技术突破、解决重大工程技术难题、在经济社会各项事业中做出重大贡献以及引进的高层次人才和急需紧缺人才，由校长提名推荐或3名院士、学部委员、国务院学位委员会相关学科评议组专家、教育部相关学科教指委委员等在行业内有重大影响、业内公认的高水平专家联名推荐，并经所在单位学术委员会推荐，学校学术委员会审议通过。

（二）申报副教授

1. 本人获得全国高校教师教学竞赛二等奖。

2. 主持获得省级教学成果一等奖。

3. 作为前5名完成人获得国家科学技术奖、国家级教学成果奖；或作为前2名获得省自然科学、技术发明、科技进步一等奖；或作为第一完成人获得省哲学社会科学优秀成果一等奖；或作为前2名获得教育部高等学校科学研究（人文社会科学、科学技术）优秀成果奖一等奖。

4. 本人所从事专业相关的科技成果（含专利）经推广、转化或主持完成横向科研项目创造较大经济效益和社会效益或作为第一完成人撰写的应用对策研究报告、建言献策报告、调研报告或政策建议等智库研究成果，获甘肃省委省政府、国家部委肯定性批示且被采纳应用。

第二十一条 “绿色通道”评审程序与正常评审程序一致。

第五章 相关说明

第二十二条 相关条件说明

（一）所有业绩成果均指任现职以来取得，以西北民族大学为第一署名单位。新调入人员在原单位取得的业绩成果不受此限，但原单位须为第一署名单位。申报人提供的业绩成果须与申报学科（专业）相同（相近、相关）。

（二）任职年限、年龄、学生工作经历、教育培训经历、业绩成果等计算时限以当年评审通知规定时限为准。

（三）业绩中同一项目（成果、论文、著作、教材等）通过鉴定、获奖、效益显著等，只计算1次，不重复计算。同一成果获得不同级别奖励的按最高级别计算。

（四）论文限第一作者（含通讯作者），以通讯作者发表的论文，第一作者须为我校或与我校联合培养的学生。

（五）获得优秀奖的教学、科研成果，若该奖项不设等级，按三等奖认定。

（六）学校对教学工作量有专门规定人员，申报职称晋升时教育教学工作量按相关规定执行。

（七）经学校批准派出驻村帮扶、挂职锻炼、援外等工作，履职期间视作完成教学工作量。但在任现职期间内，须至少有2年以上教学工作经历且具备额定教学工作量要求。

（八）人事关系在马克思主义学院、科研机构的教师，任现职以来具有指导学生研究实验、实习实践、学科竞赛、就业创业、社会服务等工作经历，可等同具备班主任或辅导员工作经历要求。其他特殊情况，学校根据实际予以认定。

（九）申报人员所在单位指专业技术职务受聘的教学单位。

（十）教育教学改革项目：国家民委，或甘肃省教育教学改革项目，或省级及以上教学成果培育项目或教育部“四新”研究与实践项目。教学质量工程（提高）项目：教学团队、特色专业、精品课程、精品资源共享课、精品在线开放课程、实验教学示范中心等。创新创业教育改革项目：创新创业教改项目、创新创业教学团队、创新创业教育慕课、创新创业试点改革专业等。

第二十三条　职称系列转换确认

按照《关于职称评聘中有关问题的规定》（甘职改办〔2003〕9号）第六条“关于系列转换”相关规定执行。

第二十四条　职称考核认定

（一）助教职称：具有硕士学历学位且来校工作试用期满，经考核合格者可申请考核认定；具有大学本科学历学位且来校工作见习期满，经考核合格者可申请考核认定。

（二）讲师职称：具有博士学历学位且来校工作试用期满，经考核合格者可申请考核认定；具有硕士学历学位并担任助教职务满3年，经考核合格者可申请考核认定。

第六章　组织实施

第二十五条　学校成立西北民族大学职称评审工作领导小组（以下简称“职称评审工作领导小组”），组长由学校党委书记、校长担任，副组长由分管组织人事、教务、学科、科研、研究生、学生工作的校领导担任，成员由相关职能部门负责人组成。职称评审工作领导小组负责审议学校职称评审制度、工作方案；研究确定教师系列评审岗位数；抽取并审定学校高级专业技术职务任职资格评审委员会成员名单、学科评议组成员名单；审核推荐拟晋升教师系列专业技术人员；研究决定教师系列专业技术职务评审过程中的其他重大事宜。职称评审工作领导小组办公室设在组织人事部，主要负责统筹安排年度职称评审事宜，具体开展资格审核、组织评审、异议处置、政策解答等相关工作。

第二十六条　各教学科研机构成立本单位职称评审工作组（5—7人），由班子成员、教研室主任、教师代表等相关人员组成。主要负责组织本单位教职工职称申报、审核、推荐、异议答复等相关工作。

第二十七条　学校成立教师系列高级专业技术职务任职资格评审委员会（简称“高评会”）。负责开展教师系列高级职称评审工作，可代评讲师职称。

（一）学校组建高评会专家库，由校内外具有教授或研究员等相关学科正高级职称专家共同组成，专家库报上级主管部门核准备案。高评会成员每年从专家库中抽取，不少于25人。高评会设主任委员1名，副主任委员2名，高评会会议出席人数不得少于委员人数的2/3。

（二）高评会下设学科评议组（以下简称“学科组”），负责申报高级职称的学科评议工作。

学科组由职称评审工作领导小组根据当年申报专业情况设立。学科组成员一般由5—7人组成，设组长1名，副组长1名。召开学科组会议时，出席人数不得少于成员人数的2/3。

第七章　评审程序

第二十八条　正常评审

（一）发布通知

学校职称评审工作领导小组办公室负责制定当年教师系列职称评审工作实施方案，发布职称评审工作通知。

（二）个人申请

申报人员按照评审通知要求，向所在单位提出申请，提交申报材料。

（三）资格审核与同行专家评价

1. 教学效果同行专家评价（含教学督导评价），由教务处统一组织实施；代表性成果同行专家评价，由组织人事部统一组织实施。

2. 推荐单位审核：所在单位党组织负责对申报人进行思想政治和师德师风考核。所在单位职称评审工作组负责对申报人员的评审条件进行全面审核，组织开展民主评议推荐工作，经党政联席会议研究同意后出具推荐报告，报相关职能部门审核。

3. 职能部门审核：教学类相关条件由教务处（研究生处）负责认定；科研类相关条件由科研处负责认定；班主任和辅导员工作经历由学工部负责认定；任职年限、资格时间、年度考核结果等由组织人事部负责认定；涉及其他职能部门业务范畴的，由相关职能部门负责认定。

为规范管理，提高效率，上述评价审核工作也可同步启动、梯次完成，具体以当年评审通知为准。

（四）公示

同行专家评价通过人员，面向全校范围进行公示。

（五）学科组评议

按相关程序组织开展评议工作。

（六）高评会评审

按相关程序组织开展评审工作。

（七）结果公示

高评会通过人员，面向全校范围进行公示。

（八）校长办公会审议

公示无异议人员，提交校长办公会审议。

（九）提交备案

评审结果报上级主管部门备案。

第二十九条　定职程序

（一）本人申请。从事专业工作期满后，符合条件人员应向所在单位提出定职申请，所在单位负责组织考核认定。

（二）资格审核。组织人事部负责审核，提交学校审议研究。

（三）学校审议。

（四）印发文件。

第八章　纪律监督

第三十条　完善信用机制。建立申报教师、评审专家及相关人员诚信承诺和信息诚信共享机制，签订诚信承诺书，建立完善诚信记录，严格规范专家评审行为。

第三十一条　落实回避制度。评审专家及相关工作人员与当年申报职称人员有规定的公务回避情形或其他可能影响客观公正的，应当主动申请回避。

第三十二条　执行保密规定。评审专家及相关工作人员在评审工作保密期不得对外泄露评审内容，不得利用职务之便谋取不正当利益。

第三十三条　畅通投诉渠道。对评审过程和评审结果有异议的，应在结果公示结束前，以书面形式实名向职称评审工作领导小组办公室或纪监审办公室提出复议申请。受理申请后，职称评审工作领导小组办公室负责组织复议，并将复议结果告知申请人。

第三十四条　严惩学术不端。教师在职称申报评审中存在弄虚作假、学术不端等行为，将按国家和学校相关规定处理，已通过评审聘任的教师，撤销其评审聘任结果。

第三十五条　严格追究责任。推荐单位应对申报材料严格审核，如发生把关不严等情形，将在全校范围内进行通报，造成严重影响的，按学校相关制度追究责任。

第九章　附则

第三十六条　在学校事业发展中，因学科建设、学位点建设、认证评估等重点工作或重大任务急需，学校可在评审条件、名额分配、岗位聘任等方面作出适当调整，给予特殊政策支持。

第三十七条　在完成国家、省部级重点工作、重大任务中，或在关键时刻、重大突发事件中表现突出的人员，或对学校事业发展做出重大贡献的人员，可优先晋升专业技术职称。

第三十八条　根据相关政策规定，结合学校实际逐步建立思想政治理论课教师和专职辅导员职称评审体系，制定符合职业特点和岗位要求的评价标准。

第三十九条　完善退出机制。实现人员能上能下、能进能出。严格执行教授为本科生授课制度，连续三年不承担本科课程的教授、副教授，转出教师职称系列。

第四十条　学校对评审办法实施动态管理。根据国家最新政策规定及学校发展实际，对评审办法适时补充、修订、更新、完善，并及时发布执行。

第四十一条　学校可根据人才队伍建设和学科专业建设需要，结合当年职称评定实际情况，对满足本办法规定的其他条件及程序要求，因名额限制而未通过高评会评审人员，聘任为教授、副教授，该聘任仅为校内有效且享受学校相关待遇，并对其加强年度和聘期考核管理。

第四十二条　本评审办法由组织人事部负责解释。

第四十三条　本评审办法自公布之日起执行。原《西北民族大学教师高级职务任职资格评审条件（试行）》（民大发〔2017〕255号）同时废止。原有规定与本办法不一致的，以本办法为准。

西北民族大学教师系列高级职称（岗位）校内聘任管理办法（试行）

第一条　为深化学校职称制度改革，破除束缚学校教师发展的体制机制障碍，进一步调动人才积极性，激发广大教师教书育人、科学研究、服务社会动力活力，根据《西北民族大学教师专业技术职务任职资格评审办法》等文件规定，制定本办法。

第二条　申请条件和范围。达到学校当年教师系列高级职称评审相关条件及程序要求、进入高评会评审环节、因任职资格名额限制而未通过高评会评审的专任教师。

第三条　聘任职称（岗位）。校内聘任教师系列高级职称（岗位）为：教授（四级）、副教授（七级）。

第四条　聘任程序。校内聘任工作在当年教师系列高级职称评审后开展。

（一）个人申请。个人填写提交申请审批表，所在教学单位审核研究同意后报组织人事部。

（二）部门审核。组织人事部负责组织相关职能部门进行审核。

（三）学校审议。校长办公会审议并决定。

（四）公示。对拟聘任人员，面向全校范围公示 5 个工作日。

（五）聘任。公示无异议后，学校与受聘人签订聘任协议，印发聘任文件。

第五条　聘期管理。对校内聘任人员实行聘期管理，聘期一般为三年，距离退休时间不足三年的，聘任截止时间按退休时间计算。受聘人聘期内教师系列高级职称通过晋升评审的，校内聘任协议自动解除，聘期终止。截止聘期期满，受聘人教师系列高级职称未通过晋升评审的，从聘期期满次月起校内聘任协议自动解除，恢复到校内聘任前职称（岗位）等级。

第六条　工作职责。校内聘任人员聘期内，须按照学校相关规定履行相应职称（岗位）的职责，完成年度工作任务，包括教学、科研、学生思想政治教育、社会服务以及所在单位安排的其他各项工作任务。

第七条　聘任待遇。校内聘任协议期内，受聘人的职称（岗位）工资、薪级工资、国家统一规定的津补贴、改革性补贴及各项与职称级别对应的且由国家财政负担的相关待遇按校内聘任前职称（岗位）确定，绩效工资按校内聘任职称（岗位）确定。如遇国家政策调整则相应调整。

校内聘任协议期满或因故解除的，绩效工资恢复到校内聘任前职称（岗位）相应标准或依据学校相关规定确定。

第八条　考核管理。受聘人年度考核按照聘任职称（岗位）的相关规定执行。聘期内如查实受聘人存在思想政治、师德师风、违法违纪等问题，或不履行聘任职称（岗位）的工作职责、不完成所在单位安排的工作任务，或年度考核不合格，或其他不能胜任聘任职称（岗位）的情形，学校有权解除校内聘任协议。

第九条　其他。本办法自校长办公会审议通过之日起执行，由组织人事部负责解释。

西北民族大学青年教师成才奖评选及管理办法

第一章　总则

第一条　为深入贯彻《深化新时代教育评价改革总体方案》，健全教师荣誉制度，发挥典型示范引领作用，进一步调动广大青年教师的工作积极性和创造性，着力提升青年教师的教学水平和科研能力，同时表彰优秀青年教师取得的突出业绩，根据甘肃省青年教师成才奖评选工作的文件精神和有关要求，结合学校实际，特制定本办法。

第二条　评选原则

改革教师评价，积极践行教书育人使命。坚持把师德师风作为第一标准，突出教育教学实绩，强化一线学生工作。青年教师成才奖评选坚持“德才兼备，以德为先”的原则，注重品德、业绩和能力的综合评价，择优选拔优秀青年教师，促进青年教师全面发展。

第二章　评选范围和条件

第三条　评选范围

在学校从事教育教学工作满 3 年及以上，成绩显著，年龄在 45 岁及以下的青年教师。已获省级青年教师成才奖或 2 次校级青年教师成才奖的教师不再参选。

第四条　申报条件

（一）基本条件

1. 坚持以习近平新时代中国特色社会主义思想为指导，深入学习贯彻习近平总书记关于教育的重要论述，增强“四个意识”，坚定“四个自信”，做到“两个维护”，立足“两个大局”，胸怀“国之大者”，坚持铸牢中华民族共同体意识，自觉践行社会主义核心价值观。

2. 热爱民族教育事业，在教书育人过程中，爱岗敬业，为人师表，全面关心学生成长，严格遵守《新时代高校教师职业行为十项准则》，具有良好的职业道德。

3. 无师德失范行为，近 3 年未受过教学事故处理，不在党纪政纪处分影响期内。

4. 近 3 年担任过班主任、辅导员、学生党支部书记等学生思想政治教育工作 1 年（含）以上且考核合格。

5. 近 3 年个人年度考核结果合格及以上。

（二）能力业绩条件

1. 对本学科具有较坚实的理论基础和较丰富的实践经验。认真负责地完成所在单位规定的教学任务，系统承担过 2 门本科生课程（公共课教师承担 1 门）的讲授和其他教学环节的工作，近 3 年教学工作量不低于本单位同职级岗位教师均值。教风严谨，教学效果显著，近 3 年至少一次教学质量评价在所在单位全体教师的前 5 名。

2. 具有本专业系统、扎实的理论基础和渊博的专业知识，具有较高水平的研究成果和学术造诣。具有发表、出版的有较大影响的学术论文、教学研究成果、著作或教科书等代表性成果，受到学术界的好评。参与过重要教学研究或科研项目，或获得代表本领域较高水平的奖项，或从事科技开发、转化工作以及相关领域的创造、创作，取得较为显著经济效益和社会效益。

3. 积极承担学校、所在单位安排的教研、科研和公共服务任务，积极申报教学质量与教学改革工程项目、创新创业教育改革项目及科研项目（课题）和各类人才项目。落实学校课程思政建设要求，在课堂授课、教学研讨、实验实训、作业论文等教学环节体现相关内容，能发挥良好的示范、引领和带动作用。人才培养、实践教学、教学改革、教材编写、实验室建设及其他教学工作中做出较大贡献。

第三章 表彰奖励

第五条 校级青年教师成才奖每年评选一次，每次表彰名额为 15 名以内。

第六条 从校级青年教师成才奖获得者中根据相关要求及推荐名额择优推荐省级青年教师成才奖候选人，优先推荐省部级人才项目申报。

第七条 获评“西北民族大学青年教师成才奖”荣誉称号者，学校颁发荣誉证书，按 6000 元标准核发奖金，并对符合人员推荐参评“甘肃省青年教师成才奖”。

第四章 评选程序

第八条 青年教师成才奖评选，由各单位依据本办法上述条件制定具体评选标准，在定额内进行推荐。按以下程序进行。

（一）组织申报：各教学科研单位根据学校工作安排，对符合条件的教师进行广泛动员和告知，并组织申报。

（二）单位推荐：符合评选条件的教师向所在单位提出申请，提交申报材料，经所在单位师德工作小组审核、党政联席会议研究后推荐候选人，推荐报告须明确候选人的基本条件、能力条件和业绩条件审核结果并在单位内部公示。

（三）部门审核：组织人事部会同教务处、科研处、纪委办公室等有关部门进行资格和业绩审核。

（四）专家评审：以答辩形式进行，由学校学术委员会评审推荐。

（五）公示：推荐结果由组织人事部在全校范围公示。

（五）学校审定：公示无异议后报学校相关会议审定。

第五章　附则

第九条　青年教师成才奖的申报、评审工作须坚持实事求是、客观公正。对弄虚作假者，一经查实，取消评奖资格，已获奖的要追回奖金和证书，并对本人和推荐单位根据相关规定给予处理。

第十条　本办法自公布之日起施行，原《西北民族大学青年教师成才奖评选及管理办法》（民大组人发〔2019〕10号）同时废止。

第十一条　本办法由组织人事部负责解释。

西北民族大学教学名师评选及管理办法

第一章　总则

第一条　为深入贯彻《深化新时代教育评价改革总体方案》，发挥优秀教师的示范引领作用，鼓励广大教师提高教育教学质量，进一步确立教学工作中心地位，建设一支符合新时代要求的高素质专业化创新型教师队伍，根据教育部及甘肃省教学名师评选工作的文件精神和有关要求，结合学校实际，特制定本办法。

第二条　教学名师指在学校全身心投入教学工作，在师生中有良好口碑，赢得师生赞誉，在人才培养、教育教学、教学改革与研究等方面做出突出贡献的教师。

第三条　评选原则

教学名师的评选工作是激发学校教师从事一线教学、提高教学质量的一项重要举措。评选工作本着“德才兼备、以德为先”和“坚持标准、择优评选、宁缺毋滥”的原则，公开、公平、公正地选拔学校教学一线教书育人的优秀教师。

第二章　评选范围及条件

第四条　在学校教学岗位上从事教育教学工作5年及以上并具有中级（含）以上专业技术职务的在岗专业技术人员。已获得省部级、校级教学名师称号的教师不再参选。

第五条　评选条件

（一）基本条件

1. 坚持以习近平新时代中国特色社会主义思想为指导，深入学习贯彻习近平总书记关于教育的重要论述，增强“四个意识”，坚定“四个自信”，做到“两个维护”，立足“两个大局”，胸怀“国之大者”，坚持铸牢中华民族共同体意识，自觉践行社会主义核心价值观。

2. 热爱民族教育事业，严格遵守《新时代高校教师职业行为十项准则》，依法履行教师岗位职责。师德高尚，诚信育人，爱岗敬业，治学严谨，教风端正，为人师表，关爱学生。

3. 无师德失范行为，近5年未受过教学事故处理，不在党纪政纪处分影响期内。

4. 近5年担任过班主任、辅导员、学生党支部书记等学生思想政治教育工作1年（含）以上且考核合格。

5. 近5年个人年度考核结果合格及以上。

（二）能力业绩条件

1. 教学经验丰富，近5年连续承担本科生教学任务，完成本单位要求的教学工作量；教学水平高，教学效果突出，至少1次教学质量评价在推荐单位的前3名。

2. 承担过公共课、基础课或专业课的系统讲授工作，教学水平高超。将思想政治教育有效融入教学，在学生培养工作中做出突出贡献。

3. 具有本专业系统、扎实的理论基础和渊博的专业知识，具有突出水平的研究成果和学术造诣，积极推进教学改革与创新。具有发表、出版的有重要影响的教学研究或者教改论文，著作或教科书等代表性成果，受到学术界的高度评价。主持过具有重要影响的教育教学改革项目，或作为主要参与者获得教学类重要奖项。

4. 能够在人才培养、学科建设、专业建设、课程建设、教学改革与研究等方面发挥示范带头作用；关心青年教师成长，自觉指导和帮助中青年教师不断提高教学水平；重视教学团队建设，对形成合理的教学团队和教学梯队做出重要贡献。

（三）其他条件

参照教育部《高等学校教学名师奖评选指标体系（本科部分）》。

第三章　表彰奖励

第六条　校级教学名师每年评选一次，每次表彰名额为5名以内。

第七条　从校级教学名师中根据相关规定要求及推荐名额择优推荐国家、国家民委和甘肃省教学名师候选人。

第八条　获得“西北民族大学教学名师”荣誉称号者，学校颁发荣誉证书，按10000元标准核发奖金，并对符合条件人员推荐参评“甘肃省教学名师”“国家民委教学名师”。

第四章　评选办法及程序

第九条　教学名师评选由各单位依据本办法上述条件制定具体评选标准，在定额内进行推荐。

第十条　教学名师评选评选程序：

（一）组织申报：各教学科研单位根据学校工作安排，对符合条件的教师进行广泛动员和告知，并组织申报。

（二）单位推荐：符合评选条件的教师向所在单位提出申请，提交申报材料，经所在单位师德工作小组审核、党政联席会议研究后推荐候选人，推荐报告须明确候选人的基本条件、能力条件和业绩条件审核结果并在单位内部公示。

（三）部门审核：组织人事部会同教务处、科研处、纪委办公室等有关部门进行资格和业绩审核。

（四）专家评审：以答辩形式进行，由学校学术委员会评审推荐。

（五）公示：推荐结果由组织人事部在全校范围公示。

（六）学校审定：公示无异议后报学校相关会议审定。

第五章　附则

第十一条　教学名师的申报、评审工作须坚持实事求是、客观公正。对弄虚作假者，一经查实，取消评奖资格，已获奖的要追回奖金和证书，并对本人和推荐单位根据相关规定给予处理。

第十二条　本办法自公布之日起施行，原《西北民族大学教学名师评选及管理办法》（民大组人发〔2019〕10号）同时废止。

第十三条　本办法由组织人事部负责解释。

中共西北民族大学委员会教师队伍建设工作方案

为全面贯彻习近平新时代中国特色社会主义思想，深化新时代教师队伍建设改革，造就党和人民满意的高素质专业化教师队伍，落实立德树人根本任务，根据学校高质量发展总体要求，结合教师队伍建设实际，制定本方案。

一、目标要求

（一）总体目标

坚持以习近平新时代中国特色社会主义思想为指导，深入贯彻党的十九大和十九届二中、三中、四中、五中全会精神，落实习近平总书记关于师德师风的重要论述和《中共中央 国务院关于全面深化新时代教师队伍建设改革的意见》，坚持和加强党对学校的全面领导，坚持社会主义办学方向，全面贯彻党的教育方针，突出铸牢中华民族共同体意识鲜明主线，全面落实立德树人本根任务，坚持思想引领，严把政治标准，持续加强师德师风建设，稳步壮大师资队伍，使教师队伍结构更加合理、水平明显提高，形成教师人人尽展其才、好教师不断涌现的良好局面。

（二）基本要求

一是持续加强师德师风建设。坚持党管教师工作原则，坚持把师德师风作为评价教师队伍素质的第一标准，以党的建设为引领，以全面提升教师思想政治素质和职业道德水平、打造“四有”好老师为目标，按照“四个服务”“四个相统一”“四个引路人”要求，建立健全长效教育管理机制，把师德师风建设各项要求深化、细化、实化到学校人才培养、科学研究和管理服务的各领域、各方面、各环节，做到以树人为核心、以立德为根本。

二是多渠道引进高层次人才。坚持引进、培养、激励并举，优先保障一流学科的教师队伍建设需求，使教师队伍质量与规模、层次与结构尽快向一流学科建设水平迈进。优化人才引进政策，提高待遇标准，拓宽人才引进渠道，广泛搭建交流平台。建立更加灵活的人才引进制度，通过合同聘用、项目合作、指导团队等形式，柔性引进高层次人才，为学校的学科建设、科研合作、人才培养等提供智力支持。

三是全面提升教师队伍水平。加强对领军人才、学科带头人、专业负责人、学术骨干、青年教师的培养，打造人才高地，发挥头雁效应；加强教师培养工作，提升教师教学能力、实践创新能力，提高教学学历层次，支持教师进行国内访学进修，为骨干教师搭建国际交流平台。

二、主要任务

（一）贯彻落实习近平新时代中国特色社会主义思想，坚持党管教师工作原则，突出师德师风第一标准。深入学习习近平总书记关于师德师风的重要论述，落实立德树人根本任务，铸牢中华民族共同体意识，增强“四个意识”、坚定“四个自信”、做到“两个维护”，明确把政治取向、道德素质放在学术成果价值与科研能力水平评估的优先地位。

1. 把好教师“入口关”，完善师德组织制度建设

根据教育部等七部门印发的《关于加强和改进新时代师德师风建设的意见》，进一步明确新时代师德师风建设的指导思想、基本原则、工作目标及任务举措，健全师德师风建设长效机制，印发《西北民族大学建立健全师德师风建设长效机制实施方案》。为把好教师入口关，加强新入职教师思想政治和师德考察，制定《西北民族大学新入职教师思想政治和师德考察办法》。

责任单位：教师工作部，各学院（部）

2. 强化师德师风建设，健全师德师风工作机制

坚持党委对师德师风建设工作全面领导，党委书记分管教师思想政治工作，党委书记、校长任学校师德建设工作领导小组组长。以教师工作部为牵头单位，通过与宣传部、纪监审办公室、教师教学发展中心、学生工作部（处）、工会、教务处、科研处、研究生处、保卫处等部门的积极协调沟通，制定相关制度、探索符合学校实际的师德师风建设联审联动机制。组织党员教师在主题党日活动、“三会一课”等党组织活动中深入学习习近平总书记关于师德师风的重要论述，严格执行师德师风各项规定，充分发挥党组织战斗堡垒作用和党员教师先锋模范作用。各二级单位师德建设工作小组、师德自律委员会及时开展师德建设学习、宣传、培训、监督、奖惩、考核、评价等工作，落实落细校党委各项工作要求。通过师德师风机制建设，形成党委全面抓，分管领导重点抓，相关职能部门分头抓，各二级单位师德建设工作小组、师德自律委员会具体抓，上下协调配合，齐抓共管的工作局面，把师德师风建设各项任务要求落到实处。

责任单位：教师工作部，宣传部，纪监审办公室，学生工作部（处），工会，教务处，科研处，研究生处，保卫处，教师教学发展中心，各学院（部）

3. 开展师德专题教育，铸牢中华民族共同体意识

贯彻落实《国家民委关于在党史学习教育中开展师德师风教育的通知》《教育部关于在教育系统开展师德专题教育的通知》等文件精神，加强思想教育引导，制定《西北民族大学关于在党史学习教育中开展师德师风教育的工作方案》，开展“立师德 铸师魂 开学第一讲”教师教育系列活动及专题网络培训，让教育者先受教育，加强明理、增信、崇德、力行专题研讨，引导教师学习践行新时代师德规范。树立师德典型，通过教师节表彰会等形式，评选“师德标兵”和“三育人”模范，注重师德激励，发挥引导示范作用。集中开展师德警示教育，严格师德惩处，发挥制度规范约束作用，坚持教育与惩处相结合，坚持依法依规确定惩处。以全面提升教师思想政治素质和师德师风水平，落实立德树人根本任务，铸牢中华民族共同体意识，建立健全长效教育管理机制，多措并举、常抓不懈，把师德师风建设各项要求深化、细化、实化到学校人才培养、科学研究和管理服务的各领域、各方面、各环节。

责任单位：教师工作部，教务处，各学院（部）

（二）加强教师队伍建设，加大人才引进力度，拓宽引进渠道，主动出击，重点引进高层次人才，不断优化师资队伍结构。

4. 严格落实公开招聘制度，高效完成公开招聘计划

严格按照国家民委批复学校公开招聘计划，根据《国家民委直属事业单位公开招聘人员暂行办法》《西北民族大学公开招聘人员暂行办法》严格落实公开招聘制度，规范公开招聘程序管理，加强宣传推介，配合用人单位做好公开招聘政策指导与服务，通过组织参加人才招聘会、网络洽谈会等方式，主动出击，吸引广大优秀人才到校工作，提高公开招聘计划完成率，不断优化师资队伍结构。

责任单位：组织人事部，各学院（部）

5. 拓宽人才引进渠道，加大高层次人才引进力度

通过制定、完善系列引才政策，采用特设岗位、柔性引进、兼职聘任等方式不断拓展用人渠道，提高人才引进标准与待遇，以合同聘用、项目合作的形式，充分利用校外优秀人才资源充实学校教师队伍，开展科研合作、团队建设和人才培养。用好高层次人才特设岗位计划和委属高校优秀青年人才特设岗位计划，引进学校学科、学位点和专业建设中紧缺、急需的高层次人才。将持续加大高层次人才引进力度，各学部整合力量，充分发挥学科引领作用，重点引进数名领军人才、学科带头人、学术带头人等高层次人才，促进学校学科建设水平提升。

责任单位：组织人事部，各学院（部）

（三）加强教师培育培养，根据学科、专业和业务建设需要，有针对性地加大教师培养培训力度，鼓励教师提升学历层次和业务能力，通过攻读学位、访学、川大对口支援培训、校本培训、新入职培训等多种培养形式，全面提高教师的教学、科研水平，为办好扎实的本科教育提供有力的师资支撑。

6. 加大教师教育力度，为教师队伍建设提供发展平台

根据《西北民族大学教职工攻读学位管理办法》《西北民族大学教职工教育培训工作管理办法》等规章制度，充分考虑学科、专业和业务建设需要，持续加大教师培养力度，发挥教师发展中心平台职能，促进教师专业发展，通过攻读学位、四川大学对口支援教师培训、国内外访学、教学传帮带和校本培训等方式积极选派中青年教师参加各类访学研修活动，到企业参加锻炼服务，提升教师的学历层次、教学科研能力和国际化水平。

责任单位：组织人事部，学科建设与发展规划处，国际合作交流处，教师教学发展中心，各学院（部）

7. 深化人事制度改革，为教师队伍建设提供坚实保障

落实《深化新时代教育评价改革总体方案》，推动人才“帽子”、人才称号回归学术性、荣誉性本质，针对人才学科背景、人才不同发展阶段，实行分类评价，突出品德、创新能力、业绩贡献导向，多举措激发优秀教师潜心科研、教学工作。不断健全职称制度体系，完善教师专业技术职务任职资格评审办法，科学客观公正评价教师，让优秀教师脱颖而出。为青年教师营造良好的发展环境，做好各类评奖推优培育工作，培养具有较高学术水平和创新能力的学术骨干，打造人才“蓄水池”。完善绩效分配制度，充分发挥薪酬的激励保障作用，根据国家政策适时适当调整绩效结构，进一步提升教师的获得感、幸福感。

责任单位：组织人事部，各学院（部）

三、保障措施

（一）加强组织领导

坚持党的教育方针，坚持社会主义办学方向，坚持党管人才原则，切实履行党委管宏观、管政策、管协调、管服务的职责，组织人事部牵头抓总，有关部门各司其职、密切配合，二级单位具体实施。各学院（部）党委要强化政治功能，履行政治职责，切实加强和改进思想政治教育工作，深入贯彻落实习近平新时代中国特色社会主义思想，把培育和践行社会主义核心价值观融入教师培养的全过程，更好地承担起立德树人根本任务。

（二）加强用人单位主体责任落实

建立健全人才队伍建设工作的校院两级管理体制，实现人才工作重心下移，强化用人单位在教师队伍建设工作中的主体作用。将人才工作纳入领导班子党建工作考核、年度工作考核和任期目标考核，考核结果与单位绩效、干部使用挂钩。加强对教师的监督和管理，如存在师德失范、意识形态、教学事故、学术不端等问题的，要按照相关规定严肃处理。充分发挥各单位的积极性、主动性和创造性，尊重教师创新精神，汇聚力量和智慧，有效推动规划的贯彻实施，为建设现代化高水平大学奠定坚实基础。

（三）加强经费投入和服务保障

坚持人才资源优先投入原则，将人才队伍建设经费作为学校资金预算管理的重点，加强预算执行和绩效考核。不断加大人才工作的投入力度，切实保障人才引进、培养教育、推优评奖、绩效分配、福利待遇等方面的经费投入，发挥人才、资金、设备、项目的综合效益。各单位要增强责任感、使命感，强化服务理念，切实解决人才工作中的具体问题，主动参与人才队伍建设工作，推动学校各项改革任务落地落实。

附件1：西北民族大学设置中华民族共同体建设工作处建设科

经2021年3月23日校党委常委会会议研究决定，设置中华民族共同体建设工作处建设科。

附件2：2021年西北民族大学教学名师奖获得者名单

新闻传播学院朱杰、医学部胜利、美术学院王晓珍、土木工程学院吴忠铁、音乐学院陈世祥、医学部汪晨净

附件3：2021年西北民族大学青年教师成才奖获得者名单

音乐学院桑吉顿珠、新闻传播学院王艳、生命科学与工程学院高丹丹、美术学院冯炳超、管理学院薛晨浩、外国语学院关桂云、体育学院冯刚、数学与计算机科学学院胡文瑾、生物医学研究中心马晓霞

附件4：西北民族大学师德建设委员会成员名单

主　任：邓光玉、郭郁烈

副主任：王彦斌

成　员：齐卫权、王志军、韩瑛、杜永红、索娜仁、冶生贵、李国剑、杨具田、李志强、原牧、郭天龙、马志学、黄炜、马莹、李娜、石丽丽、郝鸿庆，各教学、科研、教辅单位行政主要负责人

师德建设委员会办公室设在党委教师工作部，办公室主任由教师工作部部长齐卫权担任。

附件5：2019—2021年师德标兵、“三育人”模范名单

一、2019—2021年西北民族大学师德标兵（共5人）

柏家林、孙永龙、杨德明、朱惠平、巴特尔

二、2019—2021年西北民族大学“三育人”模范（共19人）

（一）“教书育人”模范（共13人）

阿达来提、马和斌、刘洋、张平、马薇、敖特根、李斌、胡晓婷、刘荣、刘舒雯、杨扬、刘利伟、郑海晨

（二）“服务育人”模范（共3人）

加沙拉提、弓会杰、胡俊

（三）“管理育人”模范（共3人）

蒋宏伟、牛丽娟、艾尔肯依明

教学工作

西北民族大学教学指导专门委员会规程

第一章　总则

第一条　为全面贯彻党的教育方针，贯彻落实全国教育大会和新时代全国高等学校本科教育工作会议精神，促进学校教学管理工作的科学化和规范化，提高教学质量和办学效益，充分发挥各学科领域专家、教授在教育教学改革与管理中的重要作用，依据《中华人民共和国高等教育法》《教育部高等学校教学指导委员会章程》和《西北民族大学章程》《西北民族大学学术委员会章程》，设立教学指导专门委员会（以下简称“学校教指委”），并制订本规程。

第二条　学校教指委是学校学术委员会下设专门委员会，接受学校学术委员会的监督和指导。经学校学术委员会授权负责对学校教育教学工作进行研究、指导、审议和咨询。

第三条　学校教指委坚持马克思主义指导地位，以习近平新时代中国特色社会主义思想为指导，以铸牢中华民族共同体意识为主线，坚持中国特色社会主义教育发展道路，坚持“以本为本”，推进“四个回归”，落实立德树人根本任务，围绕全面提高学校人才培养能力，充分发挥“参谋部”“指导组”作用，加快建设高水平本科教育，培养德智体美劳全面发展的社会主义建设者和接班人。

第二章　组织机构

第四条　学校教指委委员由当然委员和推选委员组成。当然委员一般由分管校领导和相关单位负责人担任，当然委员随职务变更自行更替。

推选委员部分由学校学术委员会委员担任，经学校教指委主任委员提名产生，学校学术委员会委员不少于学校教指委总人数的1/5。部分由自下而上的民主推荐方式产生，各教学科研机构在学术分委员会推选的基础上，经党政联席会议研究向学校推荐学校教指委委员候选人，原则上每个基层单位推荐1名。学校教指委办公室审核后报校长办公会议、党委常委会会议审定。

现任国家级、省部级教学指导委员会委员直接推荐为学校教指委委员，不占本单位推荐名额。组织人事部、发展规划与学科建设处、教务处、研究生处各推荐1名。

第五条　学校教指委委员经校长办公会议、党委常委会会议审定，每届任期4年，在特殊情况下可作临时调整。

第六条　学校教指委委员人数应当与学校学科、专业设置相匹配，并为不低于15人的单数。

学校教指委委员名额空缺时，应按照委员选聘条件及产生程序进行增补。由学校教指委主任委员提出增补候选人建议，经学校教指委全体会议表决，全体委员2/3以上同意为通过。

第七条　学校教指委设主任委员1名，副主任委员1名。主任委员候选人由学校学术委员会主任委员提名，学术委员会全体委员选举产生。副主任委员候选人由学校教指委主任委员提名，学校教指委全体委员选举产生。

第八条　学校教指委设立办公室，负责信息发布、运行管理、会议记录、材料归档等日常事务。办公室挂靠在相应职能部门，设办公室主任1名，由单位负责人兼任。

第九条　学校教指委委员应具备以下条件：

（一）政治立场坚定，遵纪守法，能够全面贯彻党的教育方针，深刻理解和把握高等教育有关政策；

（二）师德高尚，学风端正，责任心强，办事公正，教学能力强，学术造诣高；

（三）原则上具有高级专业技术职务，工作在教学或教学管理一线，熟悉学校教育教学基本状况。具备丰富的教学经验或有较突出的教学管理业绩；

（四）熟悉本科教育教学规律和人才培养工作，关心学校教育教学工作，能够保证参与学校教指委工作，并具有较强的协调能力、议事能力和决策能力。

第十条　委员在任期内有以下情形之一者，经学校教指委会议决议，可免除或同意其辞去委员职务：

（一）主动申请辞去委员职务的；

（二）不符合主要任职条件的；

（三）由于身体、年龄及工作变动等原因不能履行职责的；

（四）调离本校的；

（五）怠于履行职责或者违反委员义务的；

（六）有违法、违反教师职业道德或者学术不端行为的；

（七）连续三次无故缺席教指委全体会议的；

（八）由于其他原因不能或不宜担任委员职务的。

第三章　工作职责

第十一条　学校教指委依据规程履行职责，独立开展工作，公平、公正行使权力，保障学校教育教学工作健康持续发展。

第十二条　学校教指委对以下涉及学校教育教学、专业发展、人才培养、师资队伍等工作进行研究、指导、审议和咨询：

（一）了解和把握国际国内教育教学改革和发展的新趋势，宣传国家高等教育教学改革的方针、政策以及学校教育教学改革的有关精神；

（二）审议学校教学方面的有关政策、规定等法规性草案，对学校人才培养理念、培养思路等重大问题进行研究，对人才培养方案进行总体规划和设计，为学校人才培养工作的重大决策提供咨询和建议；

（三）对改革教学管理体制和完善教学运行机制提出建议并参与决策，对学校日常教学工作方案、政策进行指导、审议和监督；

（四）研究和审议学校专业设置、规划与建设，指导开展一流本科专业建设；

（五）研究和审议学校有关教学改革与研究、课程建设、师资队伍、教材建设、实验室建设等各级各类教学改革与研究项目、教学成果的立项、结项、推荐、表彰等；

（六）对学校教学方面的各项评估进行指导和咨询；

（七）组织开展教学研讨、教学建设和教学改革的经验交流，推进优质教育教学资源开放共享。指导开展对教学成果、教学名师的培育和宣传推广工作；

（八）完成学校学术委员会委托或各教学科研机构学术分委员会提交的相关事项。

第十三条　学校教指委委员享有下列权利：

（一）出席教指委会议，行使审议权和表决权；

（二）参加与学校教育教学工作有关的各种调研、评估、评审、评议和咨询等活动；

（三）知晓学校教指委有关规定、决定和意见；

（四）对学校教育教学相关工作提出意见和建议。

第十四条　学校教指委委员履行下列义务：

（一）以严谨、科学、负责的态度，按时完成学校教指委安排的各项工作；

（二）公正廉明，自觉抵制不正之风，不得弄虚作假，不得以教指委委员身份从事与教指委工作无关的活动；

（三）及时向广大教师和学生宣传学校教育教学方面的政策、规定等；

（四）主动向所在单位提供教育教学方面的咨询和指导。

第十五条　学校教指委委员所在单位应积极支持委员的工作，并提供必要的配合与支持。

第四章　工作制度

第十六条　学校教指委根据工作需要召开全体会议。办公室负责会务等工作。

第十七条　学校教指委会议由主任委员主持，主任委员因故不能履行职务时，委托副主任委员代为主持。

第十八条　学校教指委实行民主集中制。审议问题采用表决制，采用投票或其他方式进行表决。学校教指委的表决，由委员总人数 2/3 以上参加会议为有效。表决时赞成票原则上超过到会总人数 2/3 为通过。

第十九条　学校教指委认为需表决的事项存在尚待调查的问题，经主任委员同意，可以决定对该事项暂缓表决。遇有紧急事宜需要表决时，学校教指委主任委员可决定进行通讯投票。

第二十条　学校教指委在召开会议时，根据需要，可要求相关人员到会陈述意见或进行答辩。

第二十一条　学校教指委委员履行职责时，有下列情形之一的，应当回避，不得参加相关调查、考察、审议、讨论、评议、投票、评分、审核、决定等活动，也不得以任何方式施加影响：

（一）涉及本人利害关系的；

（二）涉及与本人有夫妻关系、直系血亲关系、三代以内旁系血亲关系、近姻亲关系、其他亲属关系人员的利害关系的；

（三）其他可能影响公正履行职责的。

第二十二条　学校教指委作出的决议应当公示，公示期 3 个工作日。相关单位或当事人如有异议，须在规定时间内向学校教指委办公室提出异议，学校教指委应对异议进行审议，并在 5 个工作日内予以答复。异议成立的，更换或取消原有决议，并对新的决议进行公示，公示期 3 个工作日。

第五章　附则

第二十三条　本规程未尽事宜，由学校教指委另行议定。

第二十四条　本规程解释权属于学校教指委办公室。

第二十五条　本规程自公布之日起施行，原《西北民族大学教学委员会章程》（民大教〔2005〕87 号）同时废止。

西北民族大学教材建设与管理办法

第一章　总则

第一条　为贯彻落实中共中央、国务院《关于加强和改进新形势下大中小学教材建设的意见》和教育部《普通高等学校教材管理办法》精神，以习近平新时代中国特色社会主义思想为指导，全面加强党的领导，以铸牢中华民族共同体意识为主线，深化教育教学综合改革，规范教材建设与管理，实现优质教材进课堂，全面提高人才培养质量，特制订本办法。

第二条　坚持马克思主义指导地位，全面贯彻党的教育方针，落实立德树人根本任务，扎根中国大地，站稳中国立场，充分体现社会主义核心价值观，加强爱国主义、集体主义、社会主义教育，引导学生坚定道路自信、理论自信、制度自信、文化自信，成为担当中华民族复兴大任的时代新人。

第三条　遵循教育教学规律和人才培养规律，适应教育教学改革和创新人才培养需要，紧跟世界科技发展前沿，充分利用学校优质教育资源，不断推进教材建设理念、机制和方法创新，推进互联网形式下课程资源建设，锤炼精品、传承经典。

第四条　本办法所称教材包括学校规划教材、学校开设课程所使用的教学用书以及作为教材内容组成部分的教学材料（如教材的配套音视频资源、图册等）。

第二章　组织机构

第五条　教材建设与管理实行校、院（部）两级管理制度。

第六条　学校设立教材工作领导小组，由党委书记和校长担任双组长，相关分管校领导任副组长。组织人事部、宣传部、统战部、中华民族共同体建设工作处、发展规划与学科建设处、教务处、科研处、研究生处、国际合作交流处、图书馆、实验教学部、各科研单位等单位主要负责人和各学院（部）党政主要负责人为成员。教材工作领导小组办公室设在教务处。

第七条　学校教材工作领导小组负责学校教材工作的领导决策和组织协调；审定和检查落实教材工作各项方针、政策和措施；对教材管理总体进行政治把关；指导和协调各单位教材工作领导小组工作。学校教学指导专门委员会负责教材选用的指导、咨询、审议和评估等业务工作。教务处具体负责本（预）科教材管理工作。研究生处具体负责研究生教材管理工作。国际合作交流处具体负责非学历国际学生教材管理工作。继续教育学院具体负责继续教育学生教材管理工作。

第八条　学院（部）、科研单位、教辅单位成立党政主要负责人为组长的本单位教材工作领导小组，对本单位教材建设与管理工作负主体责任，党政主要负责人同为第一责任人。

第九条　各单位教材工作领导小组负责对教材进行意识形态和学术水平方面的审查；制定本单位教材编写计划和教材选用计划；审核选用教材的质量；组织本单位申报各类教材建设项目；指导本单位教材研究和评价工作，并向学校推荐优秀教材等。

第十条　学校教材工作领导小组每学期对全校教材工作情况进行检查，各单位教材工作领导小组应按时开展教材自查，并报告本单位自查情况。

第三章　校级规划教材

第十一条　校级规划教材是指学校教师主编，由学校评审通过，给予经费资助并公开出版的教材。

第十二条　校级规划教材每年组织申报一次，根据学校办学需要择优立项；系列教材需逐年申报立项，原则上建设周期为二年。

第十三条　编写要求。教材编写要依据学科专业或课程教学标准，服务学校教育教学改革和人才培养。教材编写应符合以下要求。

（一）以习近平新时代中国特色社会主义思想为指导，有机融入中华优秀传统文化、革命文化和社会主义先进文化，有机融入国家安全、法治意识、民族团结以及生态文明教育，努力构建中国特色、融通中外的概念范畴、理论范式和话语体系，防范错误政治观点和思潮的影响，引导学生树立正确的世界观、人生观和价值观，努力成为德智体美劳全面发展的社会主义建设者和接班人。

（二）坚持理论联系实际，充分反映中国特色社会主义实践，反映相关学科教学和科研最新进展，反映经济社会和科技发展对人才培养提出的新要求，全面准确阐述学科专业的基本理论、基础知识、基本方法和学术体系。

（三）遵循教育教学规律和人才培养规律，能够满足教学需要。结构严谨、逻辑性强、体系完备，能反映教学内容的内在联系、发展规律及学科专业特有的思维方式。体现创新性和学科特色，富有启发性，有利于激发学习兴趣及创新潜能。

（四）编排科学合理，符合学术规范。遵守知识产权保护等国家法律、行政法规，不得有民族、地域、性别、职业、年龄歧视等内容，不得有商业广告或变相商业广告。

（五）非通用语言编写的教材须提供通用语言对照版。

第十四条　申报范围。校级规划教材申报应以最新的人才培养方案、课程大纲为依据，支持培养方案设置课程，符合培养目标与教学计划的基本要求，申报范围如下：

（一）稀缺和特殊教材。对于优势和特色学科专业，专业基础课程和专业核心课程在国内没有合适教材的，鼓励并支持教师著书立说，解决现有教材的不足。通过不断的更新和修改，出版填补学科空白和专业特殊要求的教材。

（二）一流专业、专业综合改革、特色专业、教学团队、一流课程等项目的配套教材。

（三）为满足加强实践性教学环节需要的实践、实验类课程的配套教材。

（四）学生受益面较宽的公共课、基础课教材。

（五）学校教师主编且已使用的教材，在教学中证明该教材适用性较好，依据教学改革和专业建设等要求，需要修订的教材。

（六）符合教学需要，能够较好反映本学科最新发展及优秀成果，体现信息技术与教育教学深度融合、多种介质综合运用、表现力丰富的新形态教材。

第十五条　申报条件。支持个人申报和团队申报。原则上同一团队只能申报一项规划教材，团队成员不得参与本年度其他规划教材的申报。教材编写人员应经所在单位党组织审核同意，编写人员应符合以下条件：

（一）政治立场坚定，拥护中国共产党的领导，自觉践行社会主义核心价值观，具有正确的世界观、人生观、价值观，坚持正确的国家观、民族观、历史观、文化观、宗教观，无违背党的理论和路线方针政策的言行。

（二）学术功底扎实，学术水平高，学风严谨，一般应具有高级专业技术职务。熟悉高等教育教学实际，了解人才培养规律。了解教材编写工作，文字表达能力强。有丰富的教学、科研经验，新兴学科、紧缺专业可适当放宽要求。

（三）遵纪守法，有良好的思想品德、社会形象和师德师风。

（四）近三年内无教学事故。

（五）原则上近五年内讲授教材相关课程两次以上。

第十六条　教材审核

（一）教材实行分级分类审核，坚持凡编必审。申报的规划教材由申报单位组织审核。

（二）教材审核应对照本办法总则和第十二条的具体要求进行全面审核，严把政治关、学术关，促进教材质量提升。政治把关要重点审核教材的政治方向和价值导向，学术把关要重点审核教材内容的科学性、先进性和适用性。

（三）教材审核人员应包括本单位教材工作领导小组成员、相关学科专业领域专家和一线教师等，原则上应有一定比例的校外专家参加。审核人员须符合本办法第十四条相关要求，具有较高的政策理论水平、较强的政治敏锐性和政治鉴别力，客观公正，作风严谨。

（四）教材审核实行盲审制度和编审分离制度，遵循回避原则。教材审核采用个人审读与会议审核相结合的方式，经过集体充分讨论，形成书面审核意见，得出审核结论。

第十七条　申报和立项程序

（一）申报。各单位根据教务处统一安排组织申报。

（二）推荐。申请人所在单位教材工作领导小组、党政联席会对审核通过的教材进行择优推荐，提出推荐意见后报教务处。

（三）评审。学校教材工作领导小组依据相关规定和程序，对申报的规划教材进行评审无异议后，提交学校教学指导专门委员会审议。

（四）公示及立项。评选结果在学校公示，公示期为5个工作日。如有异议，可在公示期内以书面形式向相关部门提出。收到异议后，相关部门对异议进行审定，并予以答复。异议成立的，撤销立项。公示无异议的，经校长办公会审议通过，党委常委会审定后，学校发文认定。

第十八条　校级规划教材实行校、院（部）两级管理制度及主编负责制。

（一）学校教材工作领导小组、教学指导专门委员会和各单位教材工作领导小组依据工作职责对规划教材进行建设与管理。

（二）各单位应规范和协调规划教材相关工作，营造良好的外部环境，合理利用学校资源，保证规划教材按期完成。定期组织开展规划教材建设经验交流会。

（三）教材编写实行主编负责制。主编主持编写工作并负责统稿，对教材总体质量负责，参编人员对所编写内容负责。专家学者个人编写的教材，由编写者对教材质量负全责。主编须符合本办法第十四条规定外，还需符合以下条件：

1. 坚持正确的学术导向，政治敏锐性强，能够辨别并抵制各种错误政治观点和思潮，自觉运用中国特色话语体系。

2. 具有高级专业技术职务，在本学科有深入研究和较高造诣，或是全国知名专家、学术领军人物，在相关教材或学科教学方面取得有影响的研究成果，熟悉教材编写工作，有丰富的教材编写经验。

第十九条　规划教材的变更。校级规划教材立项后，原则上不得更改教材名称，不得更换主编，不能随意变更团队成员。如需变更的，应依申报程序重新申报。

第二十条　规划教材的撤销。具有下列情形之一的，教务处可做出撤销规划教材的决定：

（一）建设期结束，未能完成规划教材的编写出版工作。

（二）主编因出国或工作变动、健康等原因不能按期完成工作。

（三）未经批准擅自变更主编或教材名称。

（四）有违法、违反师德师风或者学术不端行为。

（五）严重违反财务制度与纪律等。

撤销的规划教材依规定收回全部资助经费，主编次年不得申报规划教材。

第二十一条　出版与资助

（一）教材立项后，鼓励在国内外优秀出版社出版，主编按学校规定办理教材出版事宜，学校对教材出版最高资助6万元，经费的使用应符合学校财务制度。

（二）校级规划教材出版时必须在封面上注明“西北民族大学规划教材”字样。

（三）出版的规划教材应提交《教材选用审批表》，并列入学校教材征订目录。

第二十二条　由学校委托开展的教材（讲义）编写、翻译等工作任务，可计入教师年度教学工作量，依据《西北民族大学本科教学工作量计算办法》执行。

第四章　教材选用

第二十三条　选用原则

（一）坚持正确政治导向，具有正确的价值导向和较高的科学质量，体现相关学科专业最新科研成果和教育教学改革理念。符合本专业人才培养方案、教学计划、课程教学大纲要求。遵循教育教学规律和学生认知规律，便于课堂教学，有利于激发学生学习兴趣。

（二）马克思主义理论研究和建设工程重点教材（简称“马工程”教材）涉及的相关课程必须统一使用“马工程”教材；其他课程优先选用国家或省部级规划教材、精品教材、获得省部级以上奖励的优秀教材、教育部各学科教学指导委员会推荐教材。

（三）民语类教材或境外原版教材的选用坚持按需选用，为我所用，严格把关，确保符合我国相关的法律法规和政治要求。境外教材应优先选用国内出版社翻译、影印出版的国（境）外教材。

（四）同一课程，应选用相同的教材。教材应具有相对稳定性，不得因授课教师变动或其他原因而随意更换。

（五）教材必须列入课程大纲，因课程内容调整确需更换教材的，可在修订课程大纲时，同步更换教材。

第二十四条　选用程序及要求

（一）教研室组织教师依据教材选用原则，按照教学计划、教学大纲确定选用教材，经教研室主任签字后报本单位教材工作领导小组。

（二）本单位教材工作领导小组对教研室上报的本（预）科、研究生选用教材进行政治和学术审查，并组织专家审查，集体讨论决定通过后报学院（部）党政联席会议审议，审查结果进行公示（公示期为 3 个工作日）。公示无异议后填写《教材选用审批表》和《教材征订表》报学校教材工作领导小组办公室。

（三）学校教材工作领导小组办公室对各单位教材选用情况进行初次审查并备案，提交学校教材工作领导小组会议审议，对学院（部）选用教材进行政治和学术审议无异议后，经校长办公会审议通过，提交学校党委常委会审定。

（四）对意识形态属性较强的教材，学校党委书记和校长要亲自审读。

（五）审定通过后统一进行采购。采购按照学校规定招标形式进行，遵守公平竞争的原则，确保教材招标工作公开、公平、公正。如出现教材无法按时供应情况，按照程序重新确定选用教材。

（六）原则上教材一经选定采购必须按计划使用，不得因更换任课教师等原因而拒用。任何单位和个人不得以任何原因强制学生购买未经学校批准的教材。

（七）教材选用应保持相对稳定，不得任意更换。因教学计划和内容变化等原因需选用新版教材的，应提供新版教材样书，并按规定程序选用。

第二十五条　学校将教材使用情况的监督与评价纳入教学督导工作、学生评教工作评价体系，教学督导在教学巡查和听课中，应对教材使用情况进行检查和监督，对违反教材选用原则和选用程序的行为，及时向教务处反馈，确保教师所使用的教材符合学校教材选用与管理要求。

第二十六条　教务处、研究生处等相关责任单位监督教材选用情况，每学期教材选用情况进行检查。各单位教材工作领导小组定期对本单位教材使用情况进行评估和监督，及时发现问题，对不适合继续使用的教材，按程序申请更换，并相应修订课程大纲。

第二十七条　出现以下情形之一的，教材须立即停止使用：

（一）教材内容的政治立场、价值导向、科学性存在问题。

（二）内容陈旧、低水平重复、简单拼凑的教材。

（三）教材引用及所含链接等内容存在问题。

（四）违反教材选用程序，用不正当手段严重影响教材审核、选用工作。

（五）未按规定程序选用，选用未经审核或审核未通过的教材。

（六）在教材中擅自使用国家规划教材标识，或使用可能误导高校教材选用的相似标识及表述：如标注主体或范围不明确的“规划教材”“示范教材”等字样，或擅自标注“全国”“国家”等字样。

（七）盗版盗印教材。

（八）其他造成严重后果的违法违规行为。

第五章　附则

第二十八条　在教材编写、修订、引进、选用工作中出现违规行为的，严肃追责问责，视情节轻重和所造成的影响，给予相应处理。涉嫌违法的，依法追究责任并进行处罚。

第二十九条　作为教材使用的讲义、教案和教学参考书以及数字教材参照本办法管理。

第三十条　各单位依据本办法，制定本单位教材建设与管理实施细则。

第三十一条　本办法由教务处、研究生处负责解释。

第三十二条　本办法自发布之日起实施，原《西北民族大学教材建设与管理办法》（民大教发〔2020〕5号）同时废止。

西北民族大学一流本科专业建设管理办法（试行）

为深入贯彻全国教育大会、全国高等学校本科教育工作会议精神，落实立德树人根本任务，铸牢中华民族共同体意识，依据《深化新时代教育评价改革总体方案》《教育部关于加快建设高水平本科教育 全面提高人才培养能力的意见》《教育部办公厅关于实施一流本科专业建设“双万计划”的通知》等文件和“六卓越一拔尖”计划 2.0 要求，做强一流本科、建设一流专业、培养一流人才，结合学校办学实际，制定本办法。

一、指导思想

以习近平新时代中国特色社会主义思想为指导，全面贯彻党的教育方针，遵循高等教育基本规律，全面落实立德树人根本任务，以铸牢中华民族共同体意识为主线，坚持“以本为本”，推进“四个回归”，改革创新体制机制，推动专业内涵式发展，构建高水平人才培养体系，全面提高人才培养能力，将学校特色优势专业打造成全省乃至全国一流本科专业，充分发挥示范引领作用，为区域经济建设和社会发展提供强有力的人才支撑和智力支持。

二、基本原则

（一）坚持重点建设，突出示范引领

面向全校所有专业，分年度开展一流本科专业点建设，推动建设新工科、新医科、新农科、新文科示范性本科专业，优化专业结构，促进专业建设质量提升，推动形成高水平人才培养体系。

（二）坚持问题导向，实施分类建设

以问题导向，创新建设模式，以解决问题为出发点，以问题解决为落脚点实现跨越式发展。尊重各专业在学科特点、发展水平、社会需求等方面的差异性，对不同类型、不同层级的专业在建设重点、内容、方式、水平等方面实行分类建设。

（三）坚持过程考核，强化动态管理

加强专业建设过程考核，充分发挥一流本科专业示范引领作用，带动学科专业整体发展，强化动态管理，实施“有进有出”的专业调整机制。

三、建设目标

建设“面向未来、适应需求、引领发展、理念先进、保障有力”的一流本科专业，推动新工科、新医科、新农科、新文科建设，形成国家级、省级、校级三个层次的一流本科专业建设体系，深化教育教学改革，全面推进专业认证与专业评估，强化本科专业内涵提升，全面提高人才培养能力。

四、管理与申报

（一）管理

国家级和省级一流本科专业建设点按照教育部和甘肃省教育厅相关规定进行管理；教育部和甘肃省教育厅未作明确要求的，参照校级一流本科专业建设点进行管理。校级一流本科专业建设点按照本办法进行管理。入选省级及国家级一流本科专业建设点的专业，如同时入选校级一流本科专业建设点，学校按照省级及国家级一流本科专业建设点进行建设管理。

（二）申报条件

申报专业须为《普通高等学校本科专业目录》中的专业，并且满足《普通高等学校本科专业类教学质量国家标准》中的各项要求。申报专业条件如下：

1. 专业定位明确。服务面向清晰，适应国家和区域经济社会发展需要，符合学校发展定位和办学方向。

2. 专业管理规范。切实落实本科专业国家标准、工程教育专业认证等相关专业认证（评估）标准要求，人才培养方案科学合理，教育教学管理规范有序。近三年未出现重大安全责任事故。

3. 改革成效突出。持续深化教育教学改革，教育理念先进，教学内容更新及时，方法手段不断创新，以新理念、新形态、新方法引领带动新工科、新医科、新农科、新文科建设。

4. 师资力量雄厚。不断加强师资队伍和基层教学组织建设，教育教学研究活动广泛开展，专业教学团队结构合理、整体素质水平高。

5. 培养质量一流。坚持以学生为中心，促进学生全面发展，有效激发学生学习兴趣和潜能，增强创新精神、实践能力和社会责任感，毕业生行业认可度高、社会整体评价好。

五、遴选程序

学校综合考虑办学优势、学科专业布局情况，结合一流本科专业建设规划，组织一流本科专业的申报、评审与推荐等工作，具体程序如下：

（一）组织申报

各学院（部）根据专业建设规划，积极组织校级、省级及国家级一流本科专业的申报推荐工作，统筹参考本科专业师资队伍、专业建设平台资源、教育教学改革成效、人才培养质量等关键因素，支持专业基础好、办学实力强、人才培养质量高的专业积极申报。各学院（部）对申报专业进行答辩，须经学术委员会（教学指导专门委员会）论证、党政联席会议议决，按照学科门类及专业类择优推荐一流本科专业建设项目。

（二）初审与评审

教务处负责对申报材料进行初审，参照《西北民族大学一流本科专业建设评审指标》组织教学指导专门委员会会议评审。

（三）公示

学校按照一流本科专业建设项目规划数额将通过评审的专业列为校级一流本科专业建设点，并将评审结果面向全校公示，公示期不少于 3 个工作日。公示期间，若有异议，请以书面形式反馈，学校对异议进行复评，通过后并将评审结果重新公示；公示无异议，学校将评审结果提交校长办公会审定。

（四）立项与推荐

校长办公会审定后，学校发文公布一流本科专业建设点名单，同时做好一流本科专业的申报推荐工作，原则上从校级一流本科专业中择优推荐申报省级一流本科专业，从省级一流本科专业择优推荐申报国家级一流本科专业。

六、建设任务

落实立德树人根本任务，以铸牢中华民族共同体意识为主线，加强一流本科专业建设，深入推进课程思政工作，制定建设方案，明确建设任务，通过努力获得标志性教育教学成果。

（一）制定建设方案

已获批的一流本科专业建设项目应坚持“学生中心，产出导向，持续改进”先进理念，对照一流本科专业建设评审标准、《普通高等学校本科专业类教学质量国家标准》、《西北民族大学本科“强基行动”实施方案》等要求，研究制定科学合理的专业建设方案，细化目标、任务、措施和条件保障，全面加强师资队伍、课程体系、教学资源、质量保障等各方面的建设，对课程、教学团队、基层教学组织、教学改革研究项目、实验教学示范中心、教材等项目明确具体建设目标、进度安排。

（二）建设标志性成果

国家级一流本科专业建设点项目须在建设期内力争 7 类项目全覆盖；省级一流本科专业建设点项

目须在建设期内至少获得下列省部级及以上奖励和支持中的3类；校级一流本科专业建设点项目建设期内至少获得下列奖励和支持中的2类。

1. 教学成果奖（包括国家级教学成果奖、省级教学成果奖、国家民委教学成果奖、校级教学成果一等奖等）；

2. 教学名师和教学团队（包括但不限于国家民委教学名师、青年教学标兵、甘肃省教学名师、创新创业教育名师、名师工作室、优秀基层教学组织等）；

3. 专业建设项目（包括但不限于甘肃省特色专业、创新创业改革试点专业、卓越人才培养计划、基础学科拔尖人才培养计划、协同育人计划等项目）；

4. 课程与教材（包括但不限于精品课程、慕课、精品资源共享课、精品在线开放课程、一流本科课程、课程思政示范课程等；包括但不限于规划教材或精品教材）；

5. 实验和实践教学平台（包括但不限于实验教学示范中心、虚拟仿真实验教学中心、实践基地、人才培养基地等）；

6. 教学改革研究项目（包括但不限于省级教学成果培育项目、国家民委教改项目、教育部产学合作协同育人项目等）；

7. 本专业教师和学生获得的其他教育教学奖励和支持（包括但不限于学科竞赛获奖、教学竞赛获奖、课程成果获奖、人才项目、艺术展演等）。

七、保障措施

（一）组织保障

学校教学指导专门委员会全面负责一流本科专业建设重大问题的研究、决策和宏观指导等工作。教务处负责一流本科专业建设的日常组织管理和统筹协调等事务。

各学院（部）成立一流本科专业建设工作小组，由书记、院长（主任）担任组长，专业负责人及骨干教师为成员，负责一流本科专业规划、申报与建设工作。院长（主任）与学校签定一流本科专业建设任务书，专业负责人与学院（部）签订一流本科专业建设任务书。

一流本科专业负责人主要职责为：制定专业建设与发展规划，明确具体建设目标与实施方案；组织招生、人才培养、就业工作调研，创新人才培养模式，制定和完善人才培养方案；调动骨干教师积极参与专业建设与改革工作，积极申报教研项目，创造教学成果，在建设期内完成标志性建设任务；统筹协调专业建设资源，筹备参加专业认证、评估等工作。

（二）政策支持

1. 对已确立的国家级一流本科专业建设点，在建设期内，学校给予以下支持：

在同等条件下，优先推荐专业负责人参与职称和人才项目评审；在同等条件下，优先推荐专业负责人申报省部级教学研究项目；可根据项目进展情况申报校级教学研究项目 3 项、规划教材 3 部、一流本科课程 3 门、教学团队 2 个，经专业所在学院（部）审核推荐，教务处复审、教学指导专门委员会审议后予以立项，立项建设的校级项目结项按照各项目结项标准进行验收。

2. 对省级一流本科专业建设点，在建设期内，学校给予以下支持：

在同等条件下，优先推荐专业负责人参与职称和人才项目的评审；可根据项目进展情况申报校级教学研究项目 2 项、规划教材 2 部、一流本科课程 2 门、教学团队 1 个，经专业所在学院（部）审核推荐、教务处复审、教学指导专门委员会审议后予以立项，立项建设的校级项目结项按照各项目结项标准进行验收。

3. 对校级一流本科专业建设点，在建设期内，学校给予以下支持：

可根据项目进展情况申报校级教学研究项目 1 项、规划教材 1 部、一流本科课程 1 门、教学团队 1 个，经专业所在学院（部）审核推荐、教务处复审、教学指导专门委员会审议后予以立项，获立项建设的校级项目结项按照各项目结项标准进行验收。

（三）经费保障

学校对一流本科专业建设点给予经费支持，对经费执行情况实施动态监控。在建设期内，原则上学校对国家级、省级、校级一流本科专业建设点分别资助 80 万元、40 万元、20 万元建设经费。经费专款专用，实行专业负责人负责制。对专业建设成效明显、评价结果优秀的专业加大支持力度，对实施不力、缺乏实效的专业，提出警示并核减下一年度的建设经费。

为了充分调动专业负责人的积极性和主动性，一流本科专业建设项目资助总额中 30% 的经费设立专项奖励绩效，可根据相关人员履行职责和完成工作任务效率质量情况，由专业负责人按相关办法进行二次分配。

（四）绩效奖惩

对符合学校教学工作奖惩办法的项目，学校按照奖惩办法和绩效分配相关规定予以奖惩。

（五）质量保障

专业所在学院（部）应强化办学主体责任，加大对专业的支持力度，统筹优势资源，提升专业建设水平。学校对立项的一流本科专业建设点进行全过程质量监测跟踪，以专业认证和评估工作为契机，对照教育部一流本科专业建设相关标准，建立符合学校实际的一流本科专业综合评价体系，启动一流本科专业认证和评估工作。结合专业认证和评估的推进，进一步强化领导听课、教学督导、教学检查、学生评教等多种教学质量监控措施，实现对教学质量的全面监控和全程监控。

八、考核要求

（一）对学院（部）进行全面考核

学院（部）在一流本科专业建设与改革中应全面落实以下工作，并形成年度考核报告，学校组织督导对学院（部）进行全面考核。

1. 全面落实“以本为本”“四个回归”。坚持立德树人，切实巩固人才培养中心地位和本科教学基础地位，把思想政治教育贯穿人才培养全过程，着力深化教育教学改革，全面提升人才培养质量。

2. 积极推进新工科、新医科、新农科、新文科建设。紧扣国家发展需求，主动适应新一轮科技革命和产业变革，着力深化专业综合改革，优化专业结构，积极发展新兴专业，改造提升传统专业，打造特色优势专业。

3. 不断完善协同育人和实践教学机制。积极集聚优质教育资源，优化人才培养机制，着力推进与政府部门、企事业单位合作办学、合作育人、合作就业、合作发展，强化实践教学，不断提升人才培养的目标达成度和社会满意度。

4. 努力培育以人才培养为中心的质量文化。坚持“学生中心、产出导向、持续改进”的基本理念，建立健全自查自纠的质量保障机制并持续有效实施，将对质量的追求内化为师生的共同价值追求和行为自觉。

（二）对一流本科专业建设点进行考核

1. 年度考核

专业所在学院（部）根据建设任务书对建设情况进行年度自评，形成自评报告。学校组织校内外专家对建设情况开展督查，针对一流本科专业建设中存在的问题，提出改进意见建议。对建设质量不达标、出现严重质量问题的专业建设点，学校按照文件要求予以撤销，并及时冻结、收回剩余建设资金。

2. 结项考核

各级一流本科专业建设点须积极参加各级专业认证或学校组织的专业评估、督导检查。通过教育部、甘肃省教育厅或学校组织开展的专业认证（评估）的专业建设点，确定为国家级、省级或校级一流本科专业。

九、附则

本办法自发布之日起开始实施，由教务处负责解释。

若本办法与国家、甘肃省一流本科专业建设新政策、新文件不一致时，按照国家、甘肃省相关政策文件执行。

西北民族大学一流本科课程建设管理办法（试行）

第一章　总则

第一条　为深入贯彻落实习近平总书记关于教育的重要论述和中央民族工作会议、全国教育大会、新时代全国高等学校本科教育工作会议等会议精神，依据《深化新时代教育评价改革总体方案》《教育部关于一流本科课程建设的实施意见》以及甘肃省相关文件要求，进一步深化教育教学改革，建设适应新时代要求的一流本科课程，全面提高人才培养质量，结合学校实际，制定本办法。

第二章　指导思想

第二条　以习近平新时代中国特色社会主义思想为指导，贯彻落实党的十九大和十九届二中、三中、四中、五中、六中全会精神，坚持立德树人根本任务，铸牢中华民族共同体意识，深入挖掘各类课程和教学方式中蕴含的思想政治教育元素，优化课程结构，重塑教学内容，加强课程体系整体设计，推进现代信息技术与教育教学深度融合，完善过程评价制度，让课程优起来、教师强起来、学生忙起来、管理严起来、效果实起来，建设适应新时代要求的一流本科课程，形成具有民大特色的高水平一流本科课程体系，全面提高人才培养质量。

第三章　建设原则

第三条　突出学科特色、专业水平。充分发挥学校办学特色，结合一流学科、一流专业建设优势，在不同领域各展所长，有规划、有重点地建设特色鲜明、类型多样的一流本科课程，为一流学科、一流专业建设提供有力支撑。

第四条　突出课程育人成效。以铸牢中华民族共同体意识为主线，以学生发展为中心，深入挖掘各类课程和教学方式中蕴含的思想政治教育元素，推动课程思政改革发展，使各类课程与思想政治理论课同向同行，形成协同育人效应。

第五条　突出课程质量。加强课程团队建设，强化教学研究，改进教学方法，突出教学质量，优先支持师资水平高、教学水平高、学业挑战度高的课程建成一流本科课程，引领带动学校整体课程建设质量和水平的提升。

第六条　突出改革创新。以新理念、新方法引领一流本科课程建设，坚持学生中心、产出导向、持续改进的理念，提升课程的高阶性，突出课程的创新性，增加课程的挑战度。

第四章　建设目标

第七条 构建“校级—省级—国家级”一流本科课程建设体系，树立课程建设新理念，推进课程改革创新，实施科学课程评价，严格课程管理，落实教授为本科生上课制度，夯实基层教学组织，提高教师教学能力，完善以质量为导向的课程建设激励机制，形成多类型、多样化的教学内容与课程体系。培育建设校级一流本科课程，重点建设省级一流本科课程，着力建成国家级一流本科课程，打造一批具有高阶性、创新性和挑战度的“金课”。

第五章　申报与推荐

第八条　申报范围

纳入学校现行人才培养方案且设置学分的本科课程均可申报，包括思想政治理论课、公共基础课、专业基础课、专业课以及通识课等独立设置的本科理论课程、实验课程和社会实践课程等。

依据《西北民族大学一流本科专业建设管理办法（试行）》，结合学校本科“强基行动”要求，优先支持省级及国家级一流本科专业所属高质量专业课程申报，支持量大、面广的学科基础课程（思想政治理论课、数学基础课程、物理基础课程、教师教育公共课程等）积极申报，支持符合申报条件且实施效果好的校级 MOOC、精品资源共享课、精品课程等课程申报。

第九条　申报类型

申报课程类型包括线上一流课程、线下一流课程、线上线下混合式一流课程、虚拟仿真实验教学一流课程、社会实践一流课程。每门课程只能选择一种类型进行申报。

1. 线上一流课程。即精品在线开放课程，以“互联网 +”等现代化教育为手段，突出优质、开放、共享，充分体现现代信息技术与教育教学的深度融合，构建内容丰富、结构合理、类别全面的精品慕课体系。

2. 线下一流课程。主要指以面授为主的课程，以提升学生综合能力为重点，重塑课程内容，创新教学方法，打破课堂沉默状态，焕发课堂生机活力，充分发挥课堂教学主渠道作用。

3. 线上线下混合式一流课程。主要指基于慕课、专属在线课程（SPOC）或其他在线课程，运用适当的数字化教学工具，结合实际对校内课程进行改造，安排 20%—50% 的教学时间实施学生线上自主学习，与线下面授有机结合开展翻转课堂、混合式教学，打造在线课程与课堂教学相融合的混合式“金课”。大力倡导基于精品在线开放课程应用的线上线下混合式优质课程申报。

4. 虚拟仿真实验教学一流课程。即虚拟仿真实验教学项目，着力解决真实实验条件不具备或实际运行困难，涉及高危或极端环境，高成本、高消耗、不可逆操作、大型综合训练等问题。形成专业布局合理、教学效果优良、开放共享有效的高等教育信息化实验教学体系。

5. 社会实践一流课程。以培养学生综合能力为目标，通过“青年红色筑梦之旅”“互联网 +”大学生创新创业大赛、创新创业和思想政治理论课社会实践等活动，推动思想政治教育、专业教育与社会服务紧密结合，培养学生认识社会、研究社会、理解社会、服务社会的意识和能力，建设社会实践一流课程。课程应为纳入人才培养方案的非实习、实训课程，配备理论指导教师，具有稳定的实践基地，学生 70% 以上学时深入基层，保证课程规范化和可持续发展。

第十条　申报条件

申报课程须至少经过两个学期或两个教学周期的建设和完善，取得实质性改革成效，在同类课程中具有鲜明特色、良好的教学效果，并承诺入选后将持续改进。符合相关类型课程基本形态和特殊要求的同时，在以下多个方面具备实质性创新，有较大的借鉴和推广价值。

1. 教学理念先进。坚持立德树人，体现以学生发展为中心，致力于开启学生内在潜力和学习动力，注重学生德智体美劳全面发展。

2. 课程教学团队教学成果显著。课程团队教学改革意识强烈、理念先进、人员结构及任务分工合理。主讲教师具备良好的师德师风，具有丰富的教学经验、较高的学术造诣，积极投身教学改革，教学能力强，能够运用新技术提高教学效率、提升教学质量。课程团队遵纪守法，无违法违纪行为，不存在师德师风、意识形态等问题，五年内未发生过重大教学事故。

3. 课程目标有效支撑培养目标、培养规格（毕业要求）的达成。课程目标符合学校办学定位和人才培养目标，注重知识、能力、素质培养。

4. 课程教学设计科学合理。围绕目标达成、教学内容、组织实施和多元评价需求进行整体规划，教学策略、教学方法、教学过程、教学评价等设计合理。

5. 课程内容与时俱进。课程内容结构符合学生成长规律，依据学科前沿动态与社会发展需求动态更新知识体系，契合课程目标，教材选用符合教育部和学校教材选用规定，教学资源丰富多样，体现思想性、科学性与时代性。课程内容及申报材料无危害国家安全、涉密及其他不适宜公开传播的内容，思想导向正确，不存在思想性问题。

6. 教学组织与实施突出学生中心地位。根据学生认知规律和接受特点，创新教与学模式，因材施教，促进师生之间、学生之间的交流互动、资源共享、知识生成，教学反馈及时，教学效果显著。

7. 课程管理与评价科学且可测量。教师备课要求明确，学生学习管理严格。针对教学目标、教学内容、教学组织等采用多元化考核评价，过程可回溯，诊断改进积极有效。教学过程材料完整，可借鉴可监督。

第十一条　申报与评选程序

1. 教师自主申报。根据不同申报课程类型要求，申报课程须提交申报书、相关附件材料。

2. 学院（部）审查推荐。各学院（部）对申报课程进行资格审查，将师德师风作为课程审查的第一标准，实行“一票否决”制，将思想政治意识形态要求贯穿于课程教学全过程，全面审查申报书及附件材料的思想性、科学性、真实性，确保不违反有关法律及保密规定，杜绝弄虚作假。依据一流本科课程申报要求，原则上各学院（部）召开学术委员会（教学指导专门委员会）进行评审，采用答辩方式，择优推荐申报各级一流本科课程。对拟推荐课程进行公示，公示期不少于3天。公示期间若有异议，以书面形式向所在学院（部）反馈；公示无异议后，各学院（部）召开党政联席会议，统一将审议通过的课程申报书及附件材料报送教务处。

3. 学校评选及推荐。教务处对申报课程进行形式和条件审查，将符合申报要求的课程提交学校教学指导专门委员会。学校召开教学指导专门委员会会议，对照一流本科课程申报条件及要求对申报课程进行评审推荐，择优立项建设校级一流本科课程，原则上在校级一流本科课程的基础上择优推荐申报省级一流本科课程，在省级一流本科课程的基础上择优推荐申报国家级一流本科课程。学校对一流本科课程评选推荐结果进行公示，原则上公示期不少于3天。公示期间，若有异议，以书面、署名形式向教务处反馈；经学校复评且公示无异议后，将评审推荐结果提交学校审议。学校审议通过后，面向全校公布一流本科课程评选结果，同时按照甘肃省和教育部文件要求择优推荐省级及国家级一流本科课程。

第六章　建设要求

第十二条　获批校级、省级、国家级一流本科课程后，课程所在学院（部）要确保该课程按照相关文件要求继续建设，同时将课程建设和改革成果在指定的网站上公开展示和分享，监督课程教学团队经审核程序后更新资源和数据，具体建设要求如下：

1. 树牢课程新理念。确立"学生中心、产出导向、持续改进"的理念，以新理念引领一流本科课程建设。聚焦"四新"建设，体现多学科思维融合、产业技术与学科理论融合、跨专业能力融合、多学科项目实践融合，深化产教融合协同育人。推动课程思政理念形成广泛共识，构建全员全过程全方位育人大格局。

2. 提升课程高阶性。课程目标要坚持知识、能力、素质有机融合，培养学生解决复杂问题的综合能力和高级思维。课程内容要强调广度和深度，突破习惯性认知模式，强化课程难度，培养学生深度分析、大胆质疑、勇于创新的精神和能力。

3. 突出课程创新性。教学内容要体现前沿性与时代性，及时将学术研究、科技发展前沿成果引入课程。教学方法体现先进性与互动性，大力推进现代信息技术与教学深度融合，杜绝信息技术应用的简单化、形式化。杜绝教师满堂灌、学生被动听的现象，积极引导学生进行探究式与个性化学习。

4. 增加课程挑战度。课程设计要增加研究性、创新性、综合性内容，加大学生学习投入，科学"增负"。加强对学生课堂内外、线上线下学习的评价，强化阅读量和阅读能力考查，提升课程学习的广度。加强研究型、项目式学习，丰富探究式、论文式、报告答辩式等作业评价方式，提升课程学习的深度。加强非标准化、综合性等评价，提升课程学习的挑战性。严格考试纪律，严把考试出口关，坚决取消"清考"。

5. 严把课程质量关。以培养培训为关键点提升教师教学能力，实现教师职业培训、终身学习全覆盖，推动教师培训常态化，发挥好“传帮带”作用，加强教学梯队建设。健全基层教学组织，充分发挥专业、课程教研室作用，强化教学研究，定期组织教师开展集体备课、研讨课程设计等。严格执行课程准入制度，发挥校内教学指导专门委员会课程把关作用，拒绝“水课”进课堂。完善以质量为导向的课程建设激励机制，严格课程质量评估，完善过程性评价机制，对课程实际应用、教学效果和共享成效等进行跟踪监测。

第七章　建设管理

第十三条　所有立项建设的校级一流本科课程均以项目的形式管理，实行项目负责人负责制，由项目负责人组织实施课程建设各项任务。原则上每位教师只能主持 1 门课程建设。

第十四条　校级一流本科课程建设周期一般为 2 年。建设期满，所在学院（部）按照《一流本科课程建设参考标准（试行）》对课程建设成效进行验收。

第十五条　学校对认定的各级一流本科课程实施动态管理，通过使用评价、定期检查等方式，对一流本科课程继续建设进行跟踪监督和管理，对一流本科课程建设成效显著、质量水平较高的单位，给予奖励支持；对课程团队负责人及成员出现违法违纪、师德师风、意识形态、重大教学事故等问题的，学校将撤销一流本科课程，按照学校相关规定进行处理。

第十六条　验收工作原则上在建设周期结束时完成，对于验收不合格的课程，可申请延期，延期 1 年后仍达不到验收标准的，学校将取消项目资格并停止拨付相关建设费用。省级和国家级一流本科课程建设验收按照上级文件要求及相应指标体系进行。

第八章　组织与保障

第十七条　组织与实施

学校教学指导专门委员会负责统筹指导一流本科课程评选、推荐与建设工作。教务处负责具体组织申报校级一流本科课程，并组织评选推荐省级及国家级一流本科课程，统筹推进一流本科课程建设工作；定期对课程建设质量进行跟踪调查，及时反馈一流本科课程建设与运行中存在的问题，督促课程团队及时改进。

各学院（部）作为一流本科课程建设主体，要加强学科专业课程一体化建设，扎实推进一流本科课程建设工作，不断优化课程体系，组建优秀教师团队，夯实基层教学组织，改进教育教学方法手段，健全课程管理、评价反馈机制，全面提高课程教学质量和教学水平。

第十八条　政策支持

健全课程建设激励机制。学校对获批省级及国家级一流本科课程教师按照学校相关规定给予奖励；学校对一流本科课程建设成效显著、质量水平高的学院（部），给予绩效奖励支持。

对各级一流本科课程建设项目，学校将优先安排使用各类教学资源；对各级一流本科课程建设项目的教师，学校将优先安排外出考察学习交流，促进教学团队不断提升教学技能和教学水平。

第十九条　经费保障

学校统筹用好教育教学改革等专项资金，整合校内外优质教育教学资源，对一流本科课程给予建设经费支持，各学院（部）根据实际，给予配套经费支持。经费开支严格执行国家及学校相关财务制度。

校级一流本科课程建设项目，支持建设经费 2 万元 / 门。其中，学校支持建设经费 1 万元，各学院（部）从单位教学经费中支持 1 万元，建设周期 2 年。

省级一流本科课程建设项目，学校支持 4 万元 / 门，建设周期及建设要求按照省级一流本科课程文件要求执行。

国家级一流本科课程建设项目，学校支持 8 万元 / 门，建设周期及建设要求按照国家级一流本科课程文件要求执行。

第九章　附则

第二十条　本办法自印发之日起执行，由教务处负责解释。若办法与国家、甘肃省一流本科课程建设新政策、新要求不一致时，按照国家、甘肃省有关政策文件执行。

西北民族大学关于全面加强课堂主阵地管理进一步推进教风学风建设的指导意见

为深入贯彻落实全国教育大会、中央民族工作会议、新时代全国高等学校本科教育工作会议等会议精神，根据《中共中央 国务院关于深化新时代教育评价改革总体方案》《教育部关于加快建设高水平本科教育 全面提高人才培养能力的意见》《教育部关于深化本科教育教学改革 全面提高人才培养质量的意见》《中共教育部党组关于加强高校课堂教学建设 提高教学质量的指导意见》《高等学校课程思政建设指导纲要》等文件要求，以铸牢中华民族共同体意识为主线，以提高教育教学质量为目标，以全面加强课堂主阵地管理为抓手，进一步推进学风建设，不断提升立德树人成效，培养德智体美劳全面发展的社会主义建设者和接班人，结合学校实际，提出以下指导意见。

一、指导思想

以习近平新时代中国特色社会主义思想为指导，全面贯彻党的教育方针，深入学习贯彻习近平总书记关于教育的重要论述，立足新发展阶段、贯彻新发展理念、构建新发展格局，推进高质量发展。坚持五育并举，以“四个回归”为基本遵循，充分发挥课堂教学作为人才培养的主渠道主阵地作用，引导教师潜心教书育人，激励学生刻苦读书学习，全面加强课堂教学管理，培育优良教风学风，提升课堂教学质量，提高人才培养能力，推进“四新”建设，提升现代化教育能力，推动学校转型发展、创新发展、高质量发展，建设现代化高水平大学。

二、建设目标

（一）总体目标

坚持立德树人根本任务，以铸牢中华民族共同体意识为主线，以学生为主体，以教师为主导，以教风促学风，以学风促教风。以“四有”好老师标准进一步规范教师职业行为，以促进学生全面发展，培养志存高远、脚踏实地、基础扎实、能够担当民族复兴大任的时代新人为目标进一步规范学生课堂学习行为，以管理部门自觉抓主阵地建设、建设主阵地，进一步规范学校管理。培养学生树立正确的学习观，端正学习态度，明确学习目的，增强学习效果，营造风清气正的育人环境和求真务实的学习氛围，提升学生就业创业能力。

（二）阶段性目标

经过一学期建设，课堂教学秩序迅速规范，学生上课出勤率、“抬头率”等明显提升，违纪率等明显下降；本科“强基行动”相关等级考试通过率及行业、执（职）业资格证书认识度和参与度显著提升；学生基本理论、基础知识、基本技能掌握程度显著提升；学生自觉学习积极性显著提升；教师组织课堂、管理课堂自觉性显著提升；管理人员抓课堂自觉性、主动性显著提升；育人成效显著提升。

三、基本原则

（一）坚持立德树人

把立德树人内化到课堂教学各环节，引导教师切实承担起加强课堂教学管理和提高教学质量的主体责任，加强对课堂教学的有效投入，树立良好教风，提升课堂教学对学生的吸引力和价值引领力。

（二）加强系统推进

坚持教风建设与学风建设相结合，教育引导与制度规范相结合，严管厚爱与教育惩防相结合，监督约束与查处警示相结合，守好课堂教学主阵地。

（三）强化课程引领

建立健全思政课程和课程思政建设相融合的体制机制。充分发挥思政课程关键作用，强化课程思政协同效应，构建起思政课程与课程思政同频共振、同向同行的课程育人质量提升体系，构建全员全过程全方位育人大格局。

（四）强化责任落实

严格执行制度，加强规范管理，细化管理举措，以全方位加强课堂教学过程管理为途径，切实发挥教学质量监控效能，加大信息反馈和改进力度。

四、组织领导

学校成立全面加强课堂建设工作领导小组，负责总体工作安排。

组　长：邓光玉、郭郁烈

副组长：玉苏甫江、李辉、王彦斌、马世俊、石迎春、白日霞、杨晓、郎永杰

成员：教务处、组织人事部、教师工作部、宣传部、中华民族共同体建设工作处、学生工作部（处）、团委及各教学单位党政主要负责人

五、工作任务

（一）强化课程思政建设，不断提升育人成效

以习近平新时代中国特色社会主义思想为核心内容，扎实推进“三个 100”课程思政建设工程，落实《西北民族大学课程思政建设工作方案》要求，抓好课程建设“主战场”和课堂教学“主渠道”，把课程思政融入课程建设和教育教学全过程，不断提升课程育人成效。

责任单位：教务处、各教学单位

（二）强化日常教学质量监控，进一步加强课堂教学过程管理

1. 学校组织校院（部）两级督导每学期定期、不定期对课堂教学旷课、迟到、早退、课堂睡觉、玩手机等违反《西北民族大学课堂教学行为规范》情况进行全覆盖专项检查、抽查、互查。

2. 严格落实管理人员听课制度，学院（部）做好听课计划，做到课程全覆盖、教师全参与，做好听课记录的收集、整理、存档，营造人人关心本科教学、全校上下齐心协力服务保障本科教学的良好氛围。

3. 加强听课、记录、检查、抽查及结果使用，建立健全通报制度，做好听课、反馈、改进的闭环管理。

责任单位：校属各单位

（三）规范教师职业行为，以教风建设促进学风建设

1. 坚持把师德师风作为教师素质评价的第一标准，严格遵守《新时代高校教师职业行为十项准则》，为人师表、身正为范、严谨治学、从严治教。严格执行《西北民族大学师德师风行为负面清单》，划“红线”、亮“底线”，引导广大教师真正做到教书育人和自我修养相结合，争做“四有”好老师，做好“四个引路人”，做到“四个相统一”。

责任单位：组织人事部、教师工作部、各教学单位

2. 提升教师教育教学能力和水平，推动课堂教学革命。开展教师教学能力提升培训，指导教师更新教育教学理念，创新教学方法，革新教学手段。充分利用教学创新大赛、教师课堂教学比赛，选树教学典型，通过观摩教学、经验交流、分享互助等方式，发挥示范引领作用，全面提升课堂教学质量。

责任单位：教师教学发展中心、教务处、各教学单位

3. 加强课堂教学管理，维护良好课堂秩序。教师要认真备课，明确每节课的教学目的、教学重点、难点，基本理论、基本知识、基本技能。讲课要突出目的性，讲重点、讲难点，强化“三基”教育，拒绝平均用力、平铺直叙。严格课堂考勤，充分运用现代信息技术手段，探索创新考勤方式。提高师生互动的有效性，形成良好的师生关系。严格课堂考勤，主动纠正学生交头接耳、嬉戏玩闹、睡

觉、玩手机、从事与上课无关的活动等违反课堂行为规范的言行。将学生课前预习、课堂考勤和参与表现成绩记入课程成绩，对学生的课外阅读要求应具体化，分章、节、篇，防止大而化之，要会考查，防止要求无落实情况发生。对违反课堂行为规范的学生，视情节严重程度予以扣减平时成绩至取消课程考试资格的处理。

责任单位：教务处、各教学单位

（四）加强课程质量建设，提升课程目标达成度

加强课程质量建设，对每门课程设定课程目标达成度，实施课程目标达成度综合评价，以课程目标达成度评价课堂教学质量，以课堂教学质量有效支持专业培养目标的实现，不断提升育人成效。

（五）充分发挥辅导员、班主任作用，落实学生管理职责

辅导员、班主任应积极配合教学工作，严格按照《西北民族大学辅导员管理办法》《西北民族大学班主任工作实施办法》等要求，及时掌握学生学习情况，加强对学生学习目标的引导、学习习惯的养成、学习过程的管理和督促，激发学生学习的积极性和主动性，持续提升学习效果，提升就业创业能力。

责任单位：学生工作部（处）、团委、各教学单位

（六）加强班风建设，以优良班风促进学风建设

从学风入手，正班风、促学风，充分发挥学生干部的模范带头作用，协助教师维护课堂秩序。师生联动，共同努力，提升上课出勤率，降低违纪率，创建求知上进、生动活泼、团结互助、争先创优的良好班风，促进学风建设。

责任单位：学生工作部（处）、团委、各教学单位

（七）深入推进“强基行动”，提升学生学业基本能力

1. 对照专业评估、专业认证等建设标准，推进“1+X”证书试点申报和“一专业一证书”工作，支持学生在校期间获取一项职业技能等级证书或职业资格证书等，逐步实现应考取尽考取、应获得尽获得。

责任单位：各教学单位

2. 支持学生开展科技创新活动，积极参加以中国高等教育学会发布的《全国普通高校大学生竞赛排行榜内竞赛项目名单》为主的各类学科竞赛，本科生在校期间至少参加 1 项科研训练类项目或 1 项学科竞赛。

责任单位：各教学单位、创新创业学院

3. 落实学生“一日生活规范化”管理，实施早操、晚自习制度。用好第二课堂育人阵地，抓好宿舍文化建设，充分营造勤学、爱学、会学的学习氛围。

责任单位：各教学单位、学生工作部（处）、团委

（八）强化课后教育指导，发挥学习援助效能

延长完善立德树人链条，强化第二课堂学风建设主业主责主题，克服庸俗化、娱乐化课后活动。按照《西北民族大学大学生学习援助工作办法》，组织教师和学业优秀学生帮助学有困难的学生提高学习能力，支持学有余力的学生提高专业水平。针对学习需求开展学业援助、指导和服务工作，践行“扶优助困”的使命，为学生学习、交往、生活、发展等方面提供有效服务，建设学生互助学习平台，带动学生在全校范围形成良好的学习氛围，激发各民族师生共学共进的学习热情，促进各民族师生交往交流交融，铸牢中华民族共同体意识。

责任单位：各教学单位、教务处

（九）加快推进考试改革，以考促学、以考促教

1. 加强对基本理论、基础知识、基本技能的考核。建立“三基”抽考制度，由教务处负责统筹指导，开课单位为主，常态化、常规化、机制化开展抽考。学校层面组织抽考并公布结果，抽考成绩纳入平时成绩，占课程考核总评成绩的比例不低于 5%。加强对抽考结果的分析与使用，持续改进教学。

2. 健全过程性考核与结果性考核有机结合、能力与知识考核并重的学业考核评价体系。增加单元测试等过程性考核的次数和挑战度，合理提高过程性考核成绩比重，原则上过程性考核成绩占总评成绩的比例不低于 30%。

3. 实施过程性考核与结果性考核双合格试点改革。加强课堂参与和课堂纪律考查，引导学生树立良好学风，课堂考勤成绩应作为平时成绩中的一项，占总评成绩的比例不高于 10%。过程性各环节考核成绩不合格的，取消学生期末考试资格。过程性考核与结果性考核均合格的，总评成绩方可合格，否则本门课程以不合格记载。

责任单位：教务处、各教学单位

（十）严格执行学业预警和退出制度，及早警示有效干预学生学习过程

严格执行《西北民族大学学分制实施方案》。因学分未达规定要求受退学处理的学生，经本人申请、学院（部）同意、教务处批准，允许缴费试读。试读只能一次，累计两次达到退学标准者，作终止学习、退学离校处理。

责任单位：教务处、各教学单位

（十一）建立通报机制，发挥监督治理作用

及时总结工作情况，表扬优秀、批评落后。通过教学简报对课堂教学相关情况在全校范围内每周一次予以通报，对教学单位组织不力、管理不到位，课堂秩序普遍混乱、学风不正的要予以通报批评直至按照各类规定予以处理。对服务保障部门不积极作为，造成教学环境不良、不主动不及时解决问题的，要予以通报。造成不良后果、影响正常教学秩序的，要按规定予以问责。

教师违反课堂教学相关规定、构成教学事故的，按照《西北民族大学教师事故认定与处理办法》等予以处理。教师违反课堂教学相关规定、尚未构成教学事故的，由教务处汇总检查人员所反映、记录的相关情况，并反馈至教学单位，由教学单位负责调查、核实后形成初步意见报学校研究处理。学生违反课堂教学相关规定的，按照《西北民族大学学生违纪处理办法》等予以处理。

责任单位：组织人事部、教师工作部、学生工作部（处）、团委、教务处、各教学单位

（十二）加强宣传教育，发挥舆论引导作用

营造帮学、促学、领学、会学的浓厚学习氛围。增强舆论引导实效性，促进教风学风深入人心。加大先进典型宣传和警示教育，定期利用线上、线下媒体平台，对选树典型的师生进行宣传报道，组织优秀师生分享交流报告会。以优良的教风促进学风建设，树立一批新时代“四有”好老师的模范典型。以优良的学风培养学生自主、自信、自强的良好品质，做立大志、明大德、成大才、担大任，堪当民族复兴重任的时代新人。

责任单位：党委宣传部、各教学单位

（十三）强化服务保障，提升综合管理实效

加强课堂主阵地管理，进一步推进教风学风建设是一项长期性、系统性的工作。要全校上下同步齐动、各司其职、有序协调、规范管理，充分发挥管理和服务育人作用。各单位要强化责任担当，自觉主动抓好所属阵地建设，做到思想到位、认识到位、组织到位、措施到位，切实有效提升组织管理和服务保障水平。学校把教风学风建设情况纳入各单位年度考核内容。

责任单位：校属各单位

西北民族大学本科教学工作规程

第一章　总　则

第一条　为深入贯彻落实习近平总书记关于教育的重要论述，贯彻落实全国教育大会、全国高等学校本科教育工作会议精神，依据《深化新时代教育评价改革总体方案》《教育部关于深化本科教育教学改革 全面提高人才培养质量的意见》等文件精神，加强本科教学管理，规范教学行为，全面提高人才培养质量，结合学校实际，制定本规程。

第二条　以习近平新时代中国特色社会主义思想为指导，全面贯彻党的教育方针，遵循教育规律，坚持“以本为本”，推进“四个回归”，围绕“学生忙起来、教师强起来、管理严起来、效果实起来”深化本科教育教学改革，全面落实立德树人根本任务，铸牢中华民族共同体意识。

第三条　坚持以学生为中心，把思想政治教育贯穿人才培养全过程，关注全体学生的成长与发展，推动全员全过程全方位育人，培养德智体美劳全面发展的社会主义建设者和接班人。

第二章　教学组织

第四条　校党委是学校的领导核心，依法领导学校工作，支持校长独立负责地开展工作。学校教学工作由校长全面负责，分管教学的副校长负责日常工作，协调各职能部门，调动学校各种资源为教育教学服务，管理教学工作进程及信息反馈工作，实现各项教学管理目标。学校实行校、院（部）两级管理体制，各职能部门应树立为教学服务的思想，积极配合教学管理部门做好教学管理工作。

第五条　教务处是负责学校普通本科、预科教学业务管理的职能部门，在教学改革中的职责是引导和宏观调控；在教学管理中的职责是组织、协调、监控和服务，实施目标管理。

第六条　学院（部）是学校党委领导下的贯彻实施大学功能、落实教育教学中心任务的责任主体单位。学院（部）的教学管理工作由院长（主任）全面负责，学院（部）教学办公室进行日常教学管理工作。教研室是基层教学组织，由教研室主任主持工作，负责落实和完成各项具体教学任务。

第三章　培养方案

第七条　贯彻落实党的教育方针，遵循高等教育基本规律，以铸牢中华民族共同体意识为主线，坚持立德树人根本任务，以理想信念教育为核心，以社会主义核心价值观为引领，以提高人才培养能力为关键，注重课程设置与培养目标、培养规格的匹配度，强化人才培养质量，突出各专业人才培养特色。

第八条　培养方案基本内容包括：专业代码、培养目标、培养规格、学制与学位、主干学科、核心课程、主要实践性教学环节、修读要求（达到毕业的最低学分要求及各类课程的学分要求）、课程设置及教学进程表等。

第九条　培养方案应具有相对稳定性，原则上对正在执行的人才培养方案，不得随意更改。如确需调整，应按照培养方案调整程序要求，履行相应审批手续。

第四章　教学大纲与教材选用

第十条　课程教学大纲是课程教学的纲领性文件，是执行专业人才培养方案、实现培养目标的教学指导性文件。列入培养方案的各门课程，均应在开课前由学院（部）组织相应的教研室、课程组或任课教师，根据培养方案的要求和课程内容制定出科学合理、切实可行的教学大纲。

第十一条　制定教学大纲应结合课程在培养方案中的地位和任务，明确其在人才培养中的作用以及通过学习要达到的目的和要求，把“课程思政”建设作为落实立德树人根本任务的关键环节；将“创新创业教育”元素有机融入课程教学大纲；注重激发学生的学习兴趣和潜能，创新形式、改革教法、强化实践；明晰课程教学内容对应课程教学目标的支撑关系；全面梳理课程教学内容，提升学业挑战度、增加课程难度、拓展课程深度；因课制宜选择课堂教学方式；突出实践教学在整个教学过程中的重要地位；充分发挥教材育人功能；科学设计课程考核内容和方式。

第十二条　任课教师须严格依据教学大纲开展教学活动，让学生了解教学大纲的内容和有关要求。在执行中不得轻易变更内容，若更新或变动，须报开课学院（部）审核、批准。

第十三条　加强教材选用全面审核，严把政治关和学术关。政治把关要重点审核教材的政治方向和价值导向，学术把关要重点审核教材内容的科学性、先进性和适用性；规范教材选用管理，严格教材选用管理程序，马克思主义理论研究和建设工程重点教材做到应选尽选、应用尽用；强化教材选用监督，建立教材使用效果的质量跟踪与信息反馈制度，通过督导、问卷调查、专家审议等形式开展教材评价工作。

第五章　课堂教学

第十四条　坚持把师德师风作为第一标准，任课教师要热爱党的教育事业，贯彻党的教育方针，遵纪守法，具有良好的思想政治素质和职业道德，有理想信念、有道德情操、有扎实学识、有仁爱之心，为人师表，教书育人。

第十五条　课堂是学校开展教学活动的主要场所，课堂教学是落实立德树人根本任务和保证人才培养质量的重要环节。教师应服从学院（部）的教学工作安排，积极承担本科教学任务。

第十六条　从事普通本科教学工作是教授、副教授应尽的职责，教授、副教授每年至少要为本科生完整地讲授一门理论课程，连续两年不讲授本科课程的，不再聘任其担任教授、副教授职务。各学院（部）安排本科教学任务时，应首先安排教授、副教授上课，加大教授、副教授为本科生上课的比例，全面提高教学水平和教学质量。

第十七条　任课教师因故要求临时调课的，须按学校相关要求由任课教师本人至少提前一天办理审批手续。已获得批准的申请，任课教师应及时通知上课学生按照调整后的时间、地点上课。

第十八条　任课教师应认真研究培养方案和教学大纲，严格按照教学大纲要求准备授课内容、撰写教案。同一门课程有 2 名以上教师讲授时，教研室应坚持集体备课制度，统一教学基本要求，共同进行教学研究，提高教学质量。

第十九条　任课教师应在正式开课时根据教学大纲简要介绍课程教学内容，说明课程课内外作业、实验、测验、期中和期末考试等项目在课程学习中的具体要求，各项目在课程总评成绩中所占的比例以及课程准考资格等具体规定。

第二十条　教师在上课时应携带教材（讲义）、教案、教学大纲、教学日志等教学资料。课堂教学中须站立授课（特殊情况除外），仪表整洁，衣着得体，举止文明，为人师表；使用国家通用语言授课（外语授课或有特殊要求的课程除外），理论阐述准确、条理分明、论证严密、逻辑性强、吐词清晰、表达流畅，课堂时间分配恰当；使用规范文字，板书工整清晰；在教学中适当介绍本学科和相邻学科的新成果、新进展，理论联系实际，充分调动学生学习的积极性、主动性和创造性，培养学生的自学能力、创新能力和实践能力。

第二十一条　任课教师在上课时应充分调动师生互动的课堂氛围和学生学习的主观能动性。在采用启发式、研讨式、探究式、案例式等教学方法的基础上，积极探索混合式教学、翻转课堂、线上线下相结合的教学模式，将各种方法的特点加以有效组合，充分调动学生的积极性和主动性，激发学生的学习动力和专业志趣，培养学生可持续的终身学习能力。

第二十二条　任课教师是课堂教学第一责任人，须积极维护课堂秩序，严格按照《西北民族大学课堂教学行为规范》加强课堂组织管理，对无故缺席或迟到、早退、不遵守课堂纪律的学生任课教师应及时对其进行批评教育，并将相关情况及时反馈给学生所在学院（部）。

第二十三条　课外作业是检查学生学习情况，促使学生消化和巩固所学知识，培养动手、操作、运算等能力的一个必要环节。任课教师应根据各类课程性质和特点及教学大纲要求，布置数量适当、难度适中的作业。布置作业时，应提出作业要求和完成作业的时间，任课教师应按时、认真、细致、严格地批改作业，原则上应全部批改。

第二十四条　大学生学习援助中心及各学院（部）应积极组织相关教师、辅导员对学生课外学习进行学习指导，培养学生独立钻研、自我获取知识的能力和习惯，主要内容包括：指导学生制定学习计划；指导学生复习和预习课程；指导学生查阅文献资料和阅读参考书；指导学生妥善安排学习内容，合理利用业余时间，提高自学的学习效率，指导学生掌握独立学习规律和科学学习方法等。

第六章 实验实践教学

第二十五条 实践教学是人才培养的重要环节，是本科教学的重要组成部分，是培养学生实践能力和创新能力的主要方法和手段、构建科学的实践教学体系是提高人才培养质量的重要保证。

各教学单位应就所涉及的实践教学环节制定相应的教学计划和教学大纲，严格组织和实施考核，积极探索新时代实践教学与理论教学相结合、实践教学与科研相结合、实践教学与社会服务相结合、实践教学与就业创业相结合的实践教学体系。体现学校办学特色和优势，培养学生的创新精神，提升学生的实践动手能力和创新能力。

第二十六条 实验教学是实践教学环节的重要组成部分，是培养学生分析问题和解决问题的能力及创新能力的重要途径。各教学单位应科学合理的安排实习项目，充分利用现代化实验教学手段辅助实验教学，提高学生实验兴趣和实验教学效果，规范实验教学环节，增加学生独立操作和实际动手机会。

（一）每门实验课均应编写实验教学大纲和实验指导书，对学生必须掌握的基本功作出明确的规定，并安排落实到每个实验项目。

（二）教师应严格按课程实验教学大纲的要求组织教学，不得随意减少实验项目或实验内容。

（三）教师应重视对学生实验环节的考核，将每个学生完成实验和实验报告的情况，作为实验课考核的重要依据。

第二十七条 实习是学生对所学基础理论、基本知识和基本技能加以运用和体验的综合性环节。包括毕业实习课程实习。课程实习包括专业实习实训、专业实践、认识实习、生产实习、工程地质实习、社会调查、田野调查、教育见习等各类课程实践教学活动。

（一）各专业应按照培养方案的要求制定实习教学大纲，确定具体实施计划，按照学校有关规定，精心组织，科学管理，选派经验丰富、业务素质好、责任心强、安全防范意识高的教师担任实习指导教师。

（二）学院（部）应加强实习实训基地建设，保证每个专业都要有一定数量相对稳定的实习实训基地，探索多样化实习实训教学模式；加强实习过程的质量监控，确保学生实习的时间和效果。

（三）实习行前应开展实习动员和安全保密等教育工作，为师生购买保险。实习过程中学生应自觉遵守国家法律和地方性法规，按照实习教学大纲和实习计划要求，认真完成实习任务。

第二十八条 毕业论文（设计）是培养学生运用所学知识和技能，将发现问题、解决问题与学术规范、知识创新相结合的综合性实践教学环节。指导教师要根据专业培养目标，指导学生进行理论研究、社会调查或科学实验，使学生初步掌握科学研究的方法。

（一）毕业论文（设计）指导教师原则上应选派教学经验丰富、学术水平较高、实践能力较强、工作责任心强的教师担任。

（二）指导教师要在论文（设计）选题、文献阅读、实验设计、观察记录、数据处理、资料整理、论文撰写等方面，切实加强指导，注意培养学生严谨的科学态度，加强诚信教育，避免出现学术不端行为。

（三）毕业论文（设计）的教学组织实施、选题、开题、指导、答辩等环节，根据《西北民族大学本科生毕业论文（设计）工作管理规定》执行。

第七章 课程考核

第二十九条 课程考核是考查和评价学生学习效果和教师教学质量的重要手段和方法。考核应注重激励学生主动学习、刻苦学习，引导和督促学生全过程参与学习、巩固所学知识和技能。教师应注重通过考核结果的反馈，持续改进教学。

第三十条 专业培养方案规定修读的课程均需进行考核，学生考核成绩合格方可获得相应学分。学生考核成绩及学分获得情况记入学业成绩表，并归入学籍档案。

第三十一条 课程考核方式、成绩比例、成绩评定标准由开课单位根据人才培养要求、学科专业及课程特点，着重围绕课程教学目标，在编制课程教学大纲时予以明确。

第三十二条 课程考核分为考试和考查两种。开课单位可根据课程教学实际采用适合的考核形式，如：笔试（闭卷、开卷）、口试、机试、实验操作、技术技能演示、课堂问答、作业、论文、测验、调研报告、案例分析、答辩、设计等。

第三十三条 课程考核总评成绩一般由过程性考核成绩和结果性考核成绩组成。全面实施课程全过程管理和考核，开课单位应加强课堂参与和课堂纪律考查，引导学生树立良好学风；应科学增加过程性考核的次数和挑战度，合理提高过程性考核成绩占比，引导学生注重过程学习。

第三十四条 鼓励开课单位进行考核研究和改革，健全能力与知识考核并重的多元化学业考核评价体系，充分发挥考核的检测、诊断、导向、评价、反馈等功能。任何人不得以考核改革为名，随意设置或变更考核方式，变相降低考核标准。

第三十五条 课程考核命题应以课程教学大纲为依据，试题的覆盖面要广、难易要适当、题量要适中、题型要丰富、表述要规范。命题应既能考查学生对本门课程所学基本理论、基本知识、基本技能的理解和掌握情况，也应通过综合性、开放性、探究性的非标准答案命题等形式，考查学生独立思考、综合运用所学知识和技能分析问题、解决问题的能力。

第三十六条 切实加强试题试卷安全保密管理。保守试题秘密是教师和工作人员应尽的职责、义务，任何涉密人员都要切实提高安全保密意识、认真履职，不得以任何形式向任何人泄漏试题，要确保整个工作规范有序。

第三十七条 考核考务安排与管理实行考核组织单位负责制。教师都有履行监考的职责和义务，无特殊情况，不得拒绝接受学校、学院（部）安排的监考任务。

第三十八条　任课教师评阅试卷应认真负责、公平公正，严格按评分标准进行，严禁徇私舞弊。成绩评定结束，应对试卷及成绩进行分析，重点对本课程教学目标的达成情况进行分析，找出教与考两方面存在的主要问题，并对今后教学及考核工作提出持续改进意见建议。

第三十九条　课程考核成绩实行学校教务管理系统内外双线管理，由教务处、学院（部）、教师共同负责。

教务处负责学校成绩管理的政策制定、统筹协调、宏观管理和监督工作。学院（部）是成绩管理的主体，负责本学院（部）开设课程的成绩记载、审核、填报、复查、解释和存档等工作，应保证成绩管理各项工作规范有序开展。教师是课程成绩管理的直接责任人，负责严格按照学校、学院（部）相关规定，保证课程成绩评定和成绩记载、录入、填报等工作的准确性、完整性和及时性。

第四十条　学校有关课程考核组织、命题、试卷印制与管理、监考、试卷评阅、成绩管理、档案材料管理、考试违规处理等考核各环节具体工作的规范及要求，严格按照《西北民族大学本科课程考核管理办法》执行。

第八章　教学基本建设

第四十一条　教学基本建设是保证教学质量的最重要的基础性建设，主要包括学科专业建设、课程建设、教材建设、实验室建设、实习基地建设、创新创业教育等。各学院（部）需对各项教学建设制定出长远规划和近期目标，并根据发展需要，不断深化改革。

第四十二条　学科专业建设是提高人才培养质量的着力点，是学校教学基本建设的主要任务和重要内容，是提高办学水平的基础。做好学科专业建设规划，紧紧围绕全面提高人才培养能力这个核心点，聚焦国家重大战略及学校发展实际，坚持社会需求与办学优势特色相结合、学科建设和专业发展相结合，切实加强专业内涵建设、努力突出学科专业特色与优势、不断增强专业竞争力与影响力，高效提升专业整体发展水平。

第四十三条　课程是人才培养的核心单元和核心要素。各学院（部）应做好课程建设规划与管理，聚焦人才能力培养，更新课程建设理念，推进课程改革创新，实施科学课程评价，严格课程管理，推进教学内容和课程体系的迭代更新，强化课程建设和规范化管理，加强通识教育课程、学科专业核心课程的建设力度，加大实践课程比重，增加各类选修课程数量，形成多类型、多样化的教学内容与课程体系。

第四十四条　教材建设。依据《西北民族大学教材建设与管理》要求，根据学科专业建设、课程建设和教学改革发展要求，紧密结合人才培养目标，确定规划教材建设目标，出版具有针对性和实用性，体现学校学科专业优势的高质量校级规划教材。根据党的理论创新成果、科学技术最新突破、学术研究最新进展等，定期对教材进行修订，及时更新教材内容，确保优质教材进课堂。建立和完善教材评奖制度，鼓励教师出版的高水平教材参与教学成果奖评选。

第四十五条　实验室建设。实验室建设要紧密结合学校学科专业建设目标，与课程建设相匹配，按照“统筹规划、协调发展、开放共享”的原则加强建设。要加强实验室对学校人才的培养作用，建立全方位开放模式，实现优势资源互补，提升实验室育人的深度与广度，加快实验室资源效能转化。

要进一步提升实验室信息化水平，深化实验室创新建设，以创新驱动发展，以实验教学示范中心建设带动实验室发展，建设一批符合时代创新发展的高质量实验室。

第四十六条　实习基地建设。实习基地建设，要充分考虑学科专业特点、学生人数、现有基地数量、质量，有效利用专项经费有计划、分步奏的，持续对基础设施薄弱，容量较小的实习基地进一步加强基础设施建设，同时力争建成一批符合新时代实习工作改革要求、接纳学生人数较多、合作较为顺畅、管理较为规范、学生实践教育效果好的人才培养基地，以保证基地数量与学生人数相匹配，绝大多数学生可以集中的方式实习。

实习基地建设要准确把握新时代实习的要求，结合新一轮科技革命和产业革命，以数字化、网络化、智能化、绿色化为建设目标；鼓励加强现代化信息技术、虚拟仿真技术的应用，鼓励开发相应的虚拟仿真项目代替因生产技术、工艺流程等因素限制无法开展的现场实习。

第四十七条　创新创业教育。要深化校企合作，推进产教融合，建好一批大学生校外实践教育基地、创业示范基地、科技创业实习基地。要配齐配强创新创业教育教师队伍，建立学校创新创业导师库，聘请一批知名专家、创业成功者、企业家、风险投资人等各行各业优秀的校外专家，开展指导和培训工作。要在专业课教学中充分挖掘创新创业元素，注重培养学生的创造性思维，激发学生创新创业灵感。要强化学生科研创新训练，推动科研创新成果落地转化。要结合学科专业特色及优势，打造“一赛一创”活动品牌，鼓励学生参与各级各类创新创业活动，提高师生参与率，激发师生创新创业活力和热情，营造创新创业良好环境。

第九章　教学研究与教学改革

第四十八条　教学研究与教学改革应坚持立德树人根本任务，以铸牢中华民族共同体意识为主线，以提高人才培养质量为关键，紧跟新时代高等教育教学改革发展趋势，结合学校人才培养实际，全面深化本科教育教学改革。

第四十九条　积极做好教学研究与教学改革工作规划，认真开展各级各类各类本科教学质量提高项目申报、培育与建设工作，教师和教学管理人员积极参与教学研究与教学改革工作，聚焦学科专业、课程教材、实验实践、创新创业、一体化育人等主题进行研究与改革，全面推动本科人才培养改革创新。

第十章　教学保障

第五十条　教育教学质量是学校的生命线，提高教育教学质量是学校工作永恒的使命和任务。逐步构建以学生为中心、产出导向、持续改进教育教学理念为指引，以全员参与、全过程管理、全方位监控为准则的覆盖人才培养全过程的闭环质量保障体系。学校质量保障体系由目标、保障、监控、评价、改进要素构成，结合决策、实施、管理、改进等运行机制，通过学校与学院（部）、校内与校外两个层次的管理、参与形成闭环，实现人才培养质量的持续提高。

第五十一条　学校以各教学环节的质量标准为依据，以各教学环节的质量监控与评价为重点，以信息化管理手段为抓手，采集、分析多元评价主体反馈的各类教育教学质量信息，对各教学环节的教育教学质量运行情况实行科学有效的监督，对教育教学质量方面存在的关键问题进行诊断，并及时提出解决建议，强化教学服务与教学保障意识，不断提高学校的管理与服务水平。

第五十二条　相关部门应满足教学工作经费需求，确保教学工作所需的设备、设施以及教学场地等正常使用。

第五十三条　教学档案是教学实践和教学研究过程中形成的重要文件材料，教学人员和各级教学管理人员要严格按照《西北民族大学本科教学档案管理办法》做好教学档案的管理工作。

第十一章　附则

第五十四条　教师在教学活动中因违反教学管理制度或教学工作规程，在所承担的教学及相关工作中出现过错或失误，给学校的教育教学工作造成不良后果的事件或行为的，依据《西北民族大学教学事故认定与处理办法》处理。

第五十五条　本规程适用于全日制普通本科学生的教学工作，预科教学工作参照执行，在执行过程中涉及其他有关未尽事宜，由教务处研究拟定解决方案，报分管校领导批准后执行。

第五十六条　本规程自印发之日起施行，原《西北民族大学本科教学工作规程》（民大教字〔2005〕85号）同时废止。本规程由教务处负责解释。

西北民族大学本科课程考核管理办法

第一章　总则

第一条　为加强学校本科课程考核管理工作，依据中共中央 国务院《深化新时代教育评价改革总体方案》和《普通高等学校学生管理规定》（教育部第 41 号令）、《教育部关于深化本科教育教学改革 全面提高人才培养质量的意见》（教高〔2019〕6 号）、《教育部关于一流本科课程建设的实施意见》（教高〔2019〕8 号）等文件，结合学校实际，制定本办法。

第二条　课程考核是教学活动的重要环节之一，是考查和评价学生学习效果、教师教学质量的重要手段和方法。考核应注重引导和激励学生主动学习、刻苦学习、全过程参与学习，让“学生忙起来”。教师应注重通过考核结果的反馈，持续改进教学，让“课程优起来”。

第三条　专业培养方案规定修读的课程均应进行考核，学生考核成绩合格方可获得相应学分。学生考核成绩及学分获得情况记入学业成绩表，并归入学籍档案。

第二章　组织领导

第四条　课程考核实行校院两级管理。在分管副校长领导下，教务处负责课程考核的统筹协调和宏观管理。

第五条　学院负责课程考核的具体管理和组织实施。

（一）组织并管理教师辅导答疑、命题、试卷印制与保管、监考、试卷评阅、成绩填报、试卷复查、考核档案规整等各环节工作。

（二）组织并指导学生复习备考、学习有关规章制度，教育学生端正考试态度，加强考风考纪教育，在考试过程中培养学生诚实守信、遵纪守法的品德和作风。

第六条　学校后勤、保卫、网络管理、医院等相关部门应相应做好考场管理、水电保障、设备维修、安全保卫、网络保障、机房维护、医护等工作，保障各类考核工作顺利进行。

第七条　建立考核巡视制度。教务处和学院根据各类考核具体情况组织校级和院级巡视。巡视员职责主要是督查考核工作组织情况、考务工作人员履职情况、师生遵守考场规则情况，指导、协调和协助处理有关问题和突发事件。

（一）校级巡视员一般由教务、学工、后勤、保卫、网络管理、医院等部门领导和学校教学督导组成。

（二）院级巡视员一般由学院领导、教学管理办公室负责人、学生管理办公室负责人、辅导员、班主任和学院教学督导组成。

第三章　考核方式与成绩比例

第八条　课程考核方式、成绩比例、成绩评定标准应当由开课单位根据人才培养要求、学科专业及课程特点，着重围绕课程教学目标，因课制宜，在编制课程教学大纲时予以明确，并由任课教师在开课一周内告知学生。

第九条　课程考核分为考试和考查两种。开课单位可根据课程教学实际采用适合的考核形式，如闭卷考试、开卷考试、口试、机试、实验操作、技术技能演示、课堂问答、作业、论文、测验、调研报告、案例分析、答辩、设计等。

第十条　课程考核总评成绩一般由过程性考核成绩（包含平时、期中、实验）和结果性考核成绩（期末）组成。

（一）加强课程过程性考核管理，切实引导学生注重过程学习、激发学生学习动力和专业志趣。

学院应制定课程过程性考核实施细则，科学增加过程性考核的次数和挑战度，合理提高过程性考核的成绩占比。原则上，过程性考核成绩占总评成绩的比例不低于30%。

学院可逐步实施课程过程性考核与结果性考核“双合格”改革，即过程性各环节考核成绩与结果性考核成绩均合格的，课程总评成绩方可合格，否则课程总评成绩按不合格记载。

（二）加强课堂参与和课堂纪律考查，切实引导学生树立良好学风。课堂考勤成绩应作为过程性考核成绩中的一项，占课程总评成绩的比例不高于10%。

（三）加强实践性教学环节考核，切实引导学生注重实践实验教学活动，着力提升实践能力。理论与实验（实践）并行的课程，实验（实践）环节应单设考核比例，单独考核并单独记载该环节成绩。

第十一条　成绩评定标准应当客观严谨、细化量化。坚决杜绝不按标准评定成绩现象。

第十二条　鼓励和支持进行考核研究与改革，健全过程性考核与结果性考核有机结合、能力考核与知识考核并重的多元化学业考核评价体系，充分发挥考核的检测、诊断、导向、评价、反馈等功能。但不得以考核改革为名，随意设置或变更考核方式、成绩比例，变相降低考核标准。

第四章　命题、试卷印制与管理

第十三条　命题

（一）命题是考核工作的核心环节，命题质量直接影响考核质量。开课单位负责命题工作的具体组织和实施，分配命题任务、落实命题教师，对命题质量进行检查和评价。

（二）命题严格执行审批程序。命题教师应填报命题审核表，将所命制试题试卷报教研室主任、教学院长审核。对不符合要求的，应退回命题教师重新进行命制或修改。

（三）命题应以课程教学大纲为依据，试题的覆盖面要广、难易要适当、题量要适中、题型要丰富、表述要规范，不得存在政治性、思想性和科学性问题。同时应有一定区分度，学生考试成绩一般应呈正态分布。

（四）命题应既能考查学生对课程所学基本理论、基本知识、基本技能的理解和掌握情况，也应通过综合性、开放性、探究性等非标准答案命题形式，考查学生独立思考、综合运用所学知识和技能分析问题、解决问题的能力。

（五）教学大纲相同的课程应统一命题、统一考试。同一份试题中不应出现重复的内容。考查课程命题，其答案不应含有可从教材或其他允许携带的资料上直接抄录的内容。

（六）试卷、评分标准应按学校统一制定的式样进行设计和印制。试卷卷面或答题纸应留有充分的答题空白位置。

（七）闭卷考试课程，应命制试题的内容、难易、题量相当的 2 套试卷（A 卷和 B 卷），且 2 套试卷中重复的内容不得超过 10%，当学期的试卷与近三年的任意一套试卷重复的内容不得超过 30%。

第十四条　试卷印制与管理

（一）命题教师应将审核通过的纸质版试卷自行密封、签字后报学院教学管理办公室使用；电子版试卷由命题教师留存，并对其安全保密负责。评分标准由命题教师自行暂存并对其安全保密负责，考试结束后随试卷一并装订存档。

（二）学院应妥善保管试卷，考前通过随机抽取方式确定考试用卷。学院将纸质版试卷交学校印刷单位进行印制、分装和密封。试卷印刷份数应根据应考人数确定并印制适量的备用试卷，备用试卷数量不少于应考人数的 5%。

（三）学校印刷单位在试卷印制各环节，应当严格按照上级部门及学校安全保密的相关规定开展工作，严禁泄露试题试卷。要保证试卷印刷、分装和密封质量，不得出现漏印、错印、印刷不清或装订、分装错误等现象。

（四）试卷印制完毕，学院可视实际情况确定是否需拆封后进行二次验卷或配卷。需要的，应由命题教师本人或至少 2 名工作人员同时在场开展相关工作，并共同签字负责。

（五）学院一般应于考前 3 天将试卷准确分发至考试组织单位，考后如数收回试卷、组织阅卷并负责保管。试卷在交接、收发过程中，应履行签字、登记手续，做好记录。

第十五条　试卷安全保密

（一）保守试题试卷秘密是教师和工作人员应尽的职责和义务，各单位应加强试题试卷各环节管理，涉密人员要切实提高安全保密意识、认真履职，不得以任何形式泄漏试题试卷。

（二）教师不得在考前为学生划定复习重点或复习范围。

（三）若发生试题试卷泄露情况，尚未考试的应予更换，已经考试的应组织重考。

第五章　考务安排与管理

第十六条　考务安排与管理实行考核组织单位负责制。

第十七条　时间安排

（一）课程过程性考核时间由学院决定。课程结果性考核一般安排在课程结束后2周内进行，其中全校公共选修课结果性考核可安排在最后一次课上随堂进行。课程补（缓）考一般安排在开学第1—2周进行。

（二）常规笔试课程每科考试时间为100分钟。因特殊情况需增加或缩减考试时间的，学院应于考前提出书面申请报教务处审核同意后执行。

第十八条　场地安排

（一）期末闭卷考试、机考等集中考试场地由教务处统一调配使用，其他考核的场地由考核组织单位自行申请使用。

（二）考核组织单位应根据考场布局合理安排考生座位，以考生左右、前后间距最大化为原则，考生应隔位就坐。

第十九条　监考安排

（一）学校统排统考课程的监考一般实行交叉监考，非统排统考课程的监考由学院安排。

（二）监考人员一般为学校在岗教职员工，由各单位选报或教务处选配。

教师都有履行监考的职责，无特殊情况，不得拒绝接受学校、学院安排的监考任务。监考一经排定，不得随意变更或缺席，确因特殊情况不能按时参加监考的，应于考前书面填报替换监考申请表，经所在单位审核后报教务处审批。

（三）监考人员应熟悉并严格执行《西北民族大学考场规则》，严格遵守《西北民族大学监考人员职责》。

（四）每个考试考场应至少设置2名监考人员，一般每个考场监考人员监考的学生数平均不超过20人。

第二十条　补考、重修与缓考

（一）初修理论课程考核不及格的，学校安排一次补考。实验（实践）类、体育类课程考核不及格的，由于缺考、考试违规、取消考试资格等原因课程考核不及格的，全校公共选修课考核不及格的，均不予安排补考。

（二）补考仍不及格或不予安排补考的，必修课程应申请重修；选修课程可视教学实际申请重修或改选其他课程，其中全校公共选修课程不安排重修，只能重选或改选课程。

（三）学生确因病、因事或因考试冲突等原因不能按期参加课程考核的，应办理缓考手续。

缓考手续由学生于考前提交书面缓考申请表并附相关证明材料，经任课教师、学院审核同意后报教务处备案。

确因突发情况不能提前办理缓考手续的，学生考前向任课教师、学院说明情况，学院考前向教务处报备，并在课程考核结束后2个工作日内补办缓考手续。

学生未按规定程序办理缓考手续且未按时参加课程考核的，按“缺考”处理，课程总评成绩按零分记载。

第六章　试卷评阅与成绩管理

第一节　试卷评阅与试卷分析

第二十一条　阅卷应认真负责、公平公正，严格按评分标准进行，严禁徇私舞弊。一般应实行交叉阅卷或集体（流水）阅卷。多名教师承担的公共课，必须实行集体（流水）阅卷。

第二十二条　阅卷一律使用红色字迹笔。在试卷上不做“√”“×”标记，答对不做标记，在答错处画小横线。小题分、题型分、总分等均以正分的形式标记。小题分标记在各小题号左侧；题型分经核算后标记在试卷各题型得分栏中，并抄录至试卷卷首的统分栏内；最后核算全卷总分。

阅卷、登分时凡有分数更改处，均应由阅卷教师签名确认。

第二十三条　各课程成绩评定结束，应对考核（命题）及成绩进行分析并形成分析报告。学院应组织教师对成绩分布进行统计，对考核（命题）质量进行客观评价，对课程教学目标的达成情况进行重点分析，找出“教”与“考”等方面存在的问题，并对今后教学及考核工作提出持续改进的意见建议。

第二节　成绩管理

第二十四条　课程考核成绩实行学校教务管理系统内外“双线管理”（教务管理系统内所记载电子成绩，系统外均应有对应的纸质成绩材料），由教务处、学院、教师共同负责。

（一）教务处负责学校成绩管理的政策制定、统筹协调、宏观管理和监督检查等工作。

（二）学院是本单位成绩管理的责任主体，负责本单位所开设课程的成绩记载、审核、填报、复查、解释和存档等工作，应保证成绩管理各项工作规范有序开展。

（三）教师是所授课程成绩管理的直接责任人，负责严格按照学校、学院规定和要求，保证课程成绩评定和成绩记载、录入、填报等工作的准确性、完整性和及时性。

第二十五条　课程考核成绩根据考核类型不同，分为正考成绩、补考成绩、重修成绩。

（一）正考成绩、重修成绩在教务管理系统内外均按实际成绩记载。

（二）补考成绩在教务管理系统外按实际成绩记载；在教务管理系统内，60分及以上者一律按60分记载，60分以下者按实际成绩记载。补考成绩由正考时过程性考核成绩和补考卷面成绩组成，各部分成绩的比例与正考时一致。

第二十六条　考试课程的成绩一般按百分制记载；考查课程的成绩可按百分制、五级制（优秀、良好、中等、及格、不及格）或两级制（合格、不合格）记载。换算关系如下：

五级制与百分制成绩换算表

换算关系	优秀	良好	中等	及格	不及格
百分制→五级制	90—100分	80—89分	70—79分	60—69分	60分以下
五级制→百分制	95分	85分	75分	65分	0分

两级制与百分制成绩换算表

换算关系	合格	不合格
百分制→两级制	60—100分	60分以下
两级制→百分制	85分	0分

第二十七条　学生应当遵守学习纪律，按时参加教育教学计划规定的活动。学生有下列情形之一，任课教师应取消学生参加该课程结果性考核的资格，课程总评成绩按零分记载。被取消考核资格的学生擅自参加考核的，成绩无效。

（一）因病假、事假、无故缺席等累计缺课学时数超过教学规定学时三分之一或无故缺席累计三次以上（含三次）的；

（二）缺交课程作业超过教学规定三分之一的；

（三）理论与实验（实践）并行的课程，实验（实践）环节成绩不及格的；

（四）过程性考核缺考或违规的。

第二十八条　成绩记载填报时，学生有缓考、缺考、考试违规、取消考试资格的，教师必须按要求进行相应备注。不按要求进行相应备注，导致学生成绩记载、补考、缓考或重修报名等信息出现错误的，责任由教师承担。

第三节　借读学生成绩管理

第二十九条　外校学生来我校借读的成绩管理：

学生在我校借读期间的课程考核和成绩记载，按我校规定管理。根据对方学校要求，每学期或借读期满，由我校将学生学业成绩表、培养方案等材料加盖教务处公章后转对方学校。

第三十条　我校学生去外校借读的成绩管理：

（一）学生在对方学校借读期间的课程考核和成绩记载，按对方学校规定管理。学生每学期或借读期满，应将经对方学校教务管理部门加盖公章后的学生学业成绩表、培养方案等材料转我校教务处。

（二）教务处留存借读学生学业成绩表等材料原件，材料复印件转学生所在学院进行成绩认定。

（三）学生所在学院依据双方学校培养方案，拟定学生各课程成绩、学分认定意见，报教务处审核同意后按程序进行成绩认定。

（四）全程借读的学生应按对方学校培养方案进行成绩认定和毕业资格审查。

（五）非全程借读的学生在对方学校修读的课程与我校培养方案课程相同或相近，可进行成绩认定，按我校对应的课程名称和学分记载；学生在对方学校修读的其他课程，可认定为我校通识平台选修课，按对方学校课程名称记载，每门课程最高认定 2 学分。成绩认定后，学生应对照我校培养方案，进行相关课程的补修，按我校培养方案进行毕业资格审查。

第四节　出国（境）学生成绩管理

第三十一条　经学校同意出国（境）的学生，返校后应将在国（境）外学习的学业成绩等材料报我校国际合作交流处。国际合作交流处负责将学生学业成绩、中文翻译件（材料为外文的）、成绩换算关系等材料原件转教务处，将材料复印件转学生所在学院。

第三十二条　学生所在学院依据学生相关成绩材料，拟定学生各课程成绩、学分认定意见，报教务处审核同意后按程序进行成绩认定。

第三十三条　学生在对方学校修读的课程与我校培养方案课程相同或相近的，可进行成绩认定，按我校对应的课程名称和学分记载；学生在对方学校修读的其他课程，可认定为我校通识平台选修课，按对方学校课程名称记载，每门课程最高认定 2 学分。成绩认定后，学生应对照我校培养方案，进行相关课程的补修，按我校培养方案进行毕业资格审查。

第五节　学籍异动学生成绩管理

第三十四条　学籍异动是指学生因转学、转专业、降级、休学复学或退役复学等原因致使本人学籍发生了变动。

第三十五条　学生学籍异动后所在学院负责根据学生相关成绩材料，对照学生学籍异动前、后所在专业的培养方案，拟定学生各课程成绩、学分认定意见，报教务处审核同意后按程序进行成绩认定。

第三十六条　学生学籍异动前、后所在专业培养方案中开设的相同或相近的课程，可进行成绩认定，按学籍异动后所在专业培养方案中课程名称和学分记载；其他课程，可认定为通识平台选修课，每门课程最高认定 2 学分。成绩认定后，学生应对照学籍异动后所在专业培养方案，进行相关课程的补修。

第六节　成绩认定

第三十七条　学生参加创新创业、社会实践等活动以及发表论文、获得专利授权等与专业学习、学业要求相关的经历、成绩，可以折算为学分，计入学生学业成绩。具体认定办法依据学校有关规定执行。

第三十八条　退役复学的学生，可申请免修或认定（课程尚未修读的可申请免修，已修读的可申请认定，下同）公共体育课、军事理论课和军事技能课，均按正考总评成绩95分或优秀进行认定和记载。

第三十九条　通过全国大学英语四、六级考试的学生，可申请免修或认定《大学英语》公共课程。其中，通过全国大学英语四级考试的，按正考总评成绩90分进行认定和记载；通过全国大学英语六级考试的，按正考总评成绩100分进行认定和记载。

第四十条　通过全国计算机等级考试一级的学生，可申请免修或认定第一层次计算机公共课程，按正考总评成绩90分进行认定和记载。通过全国计算机等级考试二级或以上等级的学生，可申请免修或认定第一、第二层次计算机公共课程，其中，通过全国计算机等级考试二级的，按正考总评成绩95分进行认定和记载；通过全国计算机等级考试三级或四级的，按正考总评成绩100分进行认定和记载。

第七节　试卷复查、学生查卷与成绩更正

第四十一条　每学期开学第2周前，学院应组织教师采用交叉复查或专人复查等形式，对上学期所有试卷评阅、成绩记载情况进行全面复查。复查发现问题的，应及时处理。

第四十二条　学生对考核成绩有疑问，可在成绩公布后一周内（假期顺延）申请查卷。学生应向所在学院提交书面查卷申请表，由所在学院转开课单位。开课单位应组织至少2名教师共同查阅试卷，并将查卷结果告知学生本人。

第四十三条　成绩一经提交，任何人不得擅自更改。确因成绩评定或录入错误必须更正的，责任人需填报成绩更正申请表，说明正当理由并提供详细支撑材料，经学院审核同意并报教务处批准后方可更正成绩。

第七章　考核档案管理与成绩证明办理

第四十四条　考核档案是指在考核全过程中所生成的各类纸质、电子和声像等材料。当学期所有考核档案由开课单位于下学期开学后三周内完成收集、整理、装订，建立目录并妥善保管。

第四十五条　考核档案材料一般应分学期、分考核类型、分课程、分教学班进行整理，涉及学生试卷的还应进行装订。考核档案材料整理装订顺序为：

（一）材料封面；

（二）课程成绩表；

（三）分析报告；

（四）命题审核表 / 组卷方案；

（五）考试课程试卷空白样卷 / 考查课程考核方案；

（六）考试课程参考答案及评分标准 / 考查课程评分标准；

（七）学生考试答卷 / 考查作业 / 考查作品 / 考查实物（实物介绍）/ 技术技能演示类考核原始评分表 / 其他支撑课程成绩评定的材料。

第四十六条　机考课程考核档案，开课单位还应分学期、分课程从机考系统中导出每次考试组卷方案、学生考试试卷、成绩等电子材料，并刻录光盘存档备查，同时应做好服务器数据备份整理，确保机考系统及考核材料安全。

第四十七条　课程成绩表由开课单位长期保存。其余考核材料由开课单位保存至学生专业学制结束后 4 年，保存期满可按学校规定予以销毁。

第四十八条　成绩档案与证明办理

（一）学校应真实、完整地记载、出具学生学业成绩，对通过补考、重修等形式获得的成绩予以标注。

（二）在校生申请提供成绩证明，可由学院从教务管理系统打印学业成绩表，经学院、教务处审核并加盖公章后出具；也可通过校园自助打印系统自行办理。学生因出国（境）等确需变更学业成绩表格式的，经教务处审核，在确保成绩真实准确的情况下可以出具。

（三）学生毕业离校时，学院应打印完整的学生学业成绩表一式两份，经学院、教务处审核并加盖公章后，一份装入毕业生档案，一份交由学校档案馆永久存档。

（四）已毕业学生的学业成绩表应在学校档案馆办理。

第八章　考核违规认定与处理

第四十九条　学生考核违规行为的认定与处理，按照《西北民族大学学生考试违规处理办法》和学校其他有关规定执行。

第五十条　教师、工作人员、单位在考核组织、命题、试卷印制与管理、监考、试卷评阅、成绩管理、档案材料管理等考核各环节工作中，应认真履职、按章办事，出现违规行为的，按照《西北民族大学教学事故认定与处理办法》和学校其他有关规定执行。

第九章　附则

第五十一条　学校预科课程考核及其他由学校组织或承办的各级各类考核参照本办法执行。

第五十二条　学院可以根据本办法，结合工作实际，制定本单位课程考核实施细则，报教务处备案后执行。

第五十三条　本办法由教务处负责解释。

第五十四条　本办法自发布之日起施行。原《西北民族大学考试工作管理办法》（民大发〔2016〕355号）、《西北民族大学考试成绩管理办法》（民大发〔2016〕356号）同时废止。学校原有文件中相关规定与本办法不一致的，以本办法为准。本办法未尽事宜，由教务处拟定方案，报学校批准后实施。

附件1：西北民族大学考场规则

一、考生应自觉遵守考试纪律，维护考试秩序，应自觉服从监考人员及考试工作人员管理，不得以任何理由妨碍监考人员及考试工作人员正常工作。

二、考生应提前10分钟进入考场，迟到15分钟及以上者不得进入考场，按“缺考”处理。开考30分钟后方可交卷离开考场。考试中应按要求签到，未签到者按“缺考”处理。

三、考生应持有效证件（照片、学号、姓名等信息点清晰的身份证、学生证、校园卡等三证中的任意两种）进入考场，考试时应将证件主动放在课桌上，以备检查。凡证件遗失者需提前到学生所在学院开具带本人近照的书面证明。无证件者不得参加考试。

四、考生进入考场后，应按排定的座位号或监考人员指令就座。未经允许，考生不得擅自挪动或调换座位。

五、考生只允许携带必要的文具用品以及任课教师指定的考试用品参加考试。试卷发放前，考生应自觉将非考试物品按要求全部集中放置，不得放置在课桌或座位上、抽屉内；考生考前应自觉检查座位四周是否事先写有可能与考试相关的内容，发现问题应立即报告监考人员处理。

六、考生接到试卷，应首先查看试卷是否为本人应考科目，并应先将本人的姓名、学号、班级等基本信息正确地填写在试卷指定位置。考生不得在试卷规定以外的地方书写姓名、学号或以其他方式在答卷上标记明显与考试内容不相符的信息。

七、考生不得自带草稿纸，在考试中统一使用监考人员发给的草稿纸，考试结束后将草稿纸连同试卷一并上交。除填涂答题卡或制图等情况外，考生答卷一律不得使用铅笔。

八、考生如遇试卷印刷不清等问题，应在座位上举手向监考人员示意，由监考人员协助处理。

九、考生应听从监考人员考场指令、保持考场肃静，在考场内不得随意走动、说话或从事与考试无关活动。未经监考人员允许，不得互借文具或其他物品。

十、考生应独立答卷。严禁交头接耳、东张西望、打手势、做暗号；严禁夹带、偷看、抄袭或有意让他人抄袭；严禁传递答案、交换试卷或草稿纸；严禁其他考试违规行为。

十一、考生在交卷前不得离开考场。如有特殊情况需离开的，应在监考人员允许或陪同下离开并及时返回。

十二、考生应在规定时间内答题、交卷，考试结束信号发出后，考生必须立即停止答卷，待监考人员收齐并清点试卷后，方可离开考场。考生不得将试卷及草稿纸等带出考场。

十三、考生交卷后应尽快离开考场，不得在考场或考场附近逗留、高声交谈、喧哗等，不得影响他人考试。

附件 2：西北民族大学监考人员职责

一、监考人员应认真学习学校有关规定，熟悉并严格执行《西北民族大学考场规则》。监考人员应本着对学校和考生负责的态度，以高度的责任感和认真细致的工作完成监考任务。

二、监考人员应在考试开始前 20 分钟到考点办公室领取试卷，考试开始前 10 分钟到达考场，检查、清理、布置考场后按要求有序组织考生进入考场就座。

三、监考人员应在考试开始前 5 分钟向考生宣布考场纪律。要求考生将已带入考场的非考试用品集中放置到指定位置，检查座位四周是否事先写有与考试有关的内容，发现问题应立即报告。

四、监考人员应当众启封试卷并认真清点。试卷发放采用逐一下发的方式进行。发放完毕后，应核实试卷发放与考生考试实际情况是否相符。

五、试卷发放后，监考人员应要求考生首先在试卷规定位置书写本人姓名、学号、班级等信息。同时要逐一检查考生的证件是否与本人及试卷填写相符，并组织考生签到。

六、监考人员要严格执行考试时间，不得随意提前、推迟或延长考试时间。考试开始 15 分钟后，应禁止迟到考生进入考场。遇特殊情况，报考点办公室处理。

七、监考人员考试期间要集中精力认真监考，不得擅离职守，不得使用手机，不得聊天、吸烟、阅读书报、批阅试卷或做其他与监考无关的事。

八、监考人员不得监守自盗，不得暗示、协助或支持考生违规，不得对考生违规行为隐瞒袒护，不得以任何理由私留试卷等考试资料，不得以任何形式向外发布考场内信息。

九、监考人员不得向考生解释有关试题内容的问题。对考生试卷分发错误或字迹模糊所提出的询问，应当众答复。

十、监考人员应严格执行考试纪律，维护正常考试秩序。发现考生有考试违规苗头的，予以口头警告，提醒考生注意考场纪律；发现考生有考试违规行为且证据确凿的，应立即制止其违规行为并责令其停止考试，当场收其试卷、证件和违规证据，按程序进行处理，如实填写考场记录，并将相关材料和情况及时报考点办公室。

十一、考试结束前 15 分钟，监考人员提醒考生掌握时间。考试结束，监考人员即令考生停止答卷，在维持好考场秩序的同时，收回试卷并清点无误后，方可允许考生离开考场。

十二、考试结束后，监考人员应及时将考生试卷、剩余空白试卷、考场记录、考生签到表等材料交考点办公室。

十三、完成考点办公室交办的有关监考的其他工作。

西北民族大学本科学年论文（课程设计）管理办法

第一章　总则

第一条　为贯彻落实《深化新时代教育评价改革总体方案》，加强本科生学年论文（课程设计）工作组织管理，培养学生学术规范意识和学术创新能力，根据《教育部关于加快建设高水平本科教育全面提高人才培养能力的意见》（教高〔2018〕2号）、《教育部关于深化本科教育教学改革 全面提高人才培养质量的意见》（教高〔2019〕6号）文件精神，结合学校实际，制订本办法。

第二条　学年论文（课程设计）是教学过程的重要环节，是教学计划的重要组成部分。其目的是通过学年论文（课程设计）的实践，使学生获得从事科学研究的初步训练，提高学生在理论分析、论文撰写、调查调研、社会实践、资料文献查阅等方面的能力，为毕业论文（设计）撰写奠定基础。

第二章　组织与管理

第三条　学校本科学年论文（课程设计）工作实行校、院两级管理制度，教务处总体管理，各学院（部）负责具体工作的组织与实施。学年论文（课程设计）工作开展过程中，涉及思想政治和意识形态审查情形的，应做到各层面、全过程、不断线。

第四条　在本科学年论文（课程设计）工作组织与管理过程中，教务处主要履行以下职责：

（一）制定与本科学年论文（课程设计）相关的规章制度；

（二）依据培养方案开展本科学年论文（课程设计）检查、监督工作；

（三）协助各学院（部）解决本科学年论文（课程设计）工作过程中出现的问题。

第五条　本科学年论文（课程设计）工作组织与管理过程中，学院（部）主要履行以下职责：

（一）根据培养方案要求，制定各专业学年论文（课程设计）基本要求、评分标准及管理细则，制订教学大纲和选题指南；

（二）确定各专业学年论文（课程设计）进度安排，为学生配备指导教师，检查工作进展情况，及时解决出现的问题；

（三）组织宣传动员，加强学术道德、学术规范、学风、教风建设，引导教师、学生自觉抵制学术不端行为，同时做好涉及思想政治和意识形态内容的审查工作；

（四）汇总、分析学年论文（课程设计）成绩，做好工作总结，提出工作建议和改进措施。

第三章　基本要求

第六条　学年论文（课程设计）一般安排在第二或第三学年进行，凡人才培养方案中设置学年论文（课程设计）的专业，都应开展此项工作，并制定教学大纲和任务书，作为学年论文（课程设计）工作的教学指导文件。

第七条　学年论文的成果形式为撰写完整的论文，课程设计成果形式为设计图纸（作品、程序）、设计说明书（报告）。

第八条　学年论文内容应观点正确、主题鲜明、论据充分、材料翔实、文理通顺、层次分明，内容无模糊概念、歪曲历史、具有错误思想的观点、倾向和不当言论等政治问题。课程设计环节设计图纸（作品、程序）、设计说明书（报告）各项内容应符合制图标准，结构合理，数据精确。

第九条　学生应严格遵守学习纪律，无故不按期完成学年论文（课程设计），按不及格处理。因故未完成学年论文（课程设计），应进行补作。

第十条　学生应恪守学术规范，抵制学术不端行为，独立完成任务，严禁抄袭、剽窃他人成果或参与论文（设计）买卖行为。一经发现，成绩按零分记录，视情节轻重给予违纪处理。

第十一条　学年论文（课程设计）开展过程中，学生应积极配合教师指导，学会查阅文献的基本方法，学会撰写、设计的基本方法和步骤，学会运用所学知识，收集、归纳相关材料解决具体问题的方法。

第四章　安排与实施

第十二条　学年论文（课程设计）工作流程为：选题→下达任务书→开题→论文撰写→指导教师评阅→定稿→评定成绩→总结→材料归档。

第十三条　学年论文（课程设计）开展前，学院（部）应根据论文教学大纲，分配指导教师，确定参与撰写的学生名单，落实准备工作。指导教师拟定论文选题范围及要求，学生在指导教师指导下，根据自身兴趣、特长确定题目。

第十四条　学年论文（课程设计）选题范围：

（一）对课程中的某一部分内容进行讨论和研究；

（二）阐明本学科理论在实际应用中的一些问题；

（三）阐述本学科领域发展进程中的重大事件和重要情况；

（四）探讨本学科中某些观点或概念的历史发展及其他。

第十五条　学年论文（课程设计）选题要求：

（一）学年论文（课程设计）选题应依据专业培养方案，符合课程教学大纲基本要求，满足人才培养目标，能使学生在调查、调研、分析、论证解决问题能力、创新能力等方面得到充分锻炼，提高学生素质；

（二）选题应尽可能结合当前社会经济文化实际和生产实际，方向正确、内容新颖，具有创新性和时代特征；

（三）题目的难度、广度和工作量应适合学生的专业基础和实际水平，具有挑战性又着眼于专业课程；

（四）选题要尽量避免与以往重复，保持较高的更新率。

第十六条　选题结束由指导教师向学生下达任务书，学生根据任务书查阅文献，制定研究方案，向指导教师申请开题，经过审核后开展任务。指导教师应有效指导，及时督促和检查学生学年论文（课程设计）工作的进度和质量，并保留指导记录。

第十七条　为保证学年论文（课程设计）质量，指导教师应由教学经验丰富、学术水平较高、实践能力突出、工作责任心强的教师担任，指导教师一经确定，不得随意更换。

第十八条　在学年论文（课程设计）工作开展过程中，指导教师应履行以下职责：

（一）坚持立德树人，对学生严格要求，认真指导；

（二）协助学生选好学年论文（课程设计）题目。向学生介绍参考文献，对学年论文（课程设计）内容、构思提出建设性和指导性意见；

（三）指导学生如何搜集资料，如何调查、研究、写作，对学生进行研究方法、写作方法和写作规范的指导；

（四）检查学年论文（课程设计）进度及质量，对学生进行学术诚信教育，采取有效的方式监督，杜绝学术不端行为；

（五）审查学生学年论文（课程设计）内容有无模糊概念、歪曲历史、具有错误思想的观点、倾向和不当言论等政治问题；

（六）对学生的学年论文（课程设计）提出修改意见，对完成的学年论文（课程设计）进行成绩评定。

第五章　成绩评定

第十九条　学生完成学年论文（课程设计）后，指导教师应对学生的学年论文（课程设计）进行评阅，给出评语，指出学年论文（课程设计）优点及缺点，并评定成绩。成绩评定应依据学生学年论文（课程设计）成果，并参考撰写、设计过程中学生对专业理论知识掌握程度、独立工作能力、创新精神及工作态度等方面。

第二十条　成绩评定结束后，由学院（部）汇总整理任务书、成绩评定表、论文文本、设计图纸（作品、程序）、设计说明书（报告）等相关资料，并按试卷保存方式限期存档。对于有示范意义的优秀学年论文保存期限可适当延长。

第六章　附则

第二十一条　本办法由教务处负责解释。

第二十二条　本办法自印发之日起实施，原《西北民族大学本科学年论文管理办法》(2007 年 3 月 14 日校长办公会通过修订) 同时废止。

西北民族大学本科生实习工作管理办法

第一章　总则

第一条　为贯彻落实《深化新时代教育评价改革总体方案》，进一步加强和规范本科生实习工作的组织、管理，不断提升人才培养质量，根据《教育部关于加强和规范普通本科高校实习管理工作的意见》《教育部关于深化本科教育教学改革 全面提高人才培养质量的意见》，结合学校实际，制订本办法。

第二条　实习是人才培养方案的重要组成部分，是深化课堂教学的重要环节，是学生了解社会、接触生产实际、获取掌握生产现场相关知识的重要途径。其目的是巩固和扩展学生所学的理论知识，增强学生的实践技能，培养学生的创新能力。

第三条　本办法所称实习，包括毕业实习和课程实习。其中，课程实习包括专业实习实训、专业实践、认识实习、生产实习、工程地质实习、社会调查、田野调查、教育见习等各类课程实践教学活动。

第四条　学院（部）应严格按照《中华人民共和国教育法》《中华人民共和国劳动法》《中华人民共和国职业教育法》等国家有关法律和相关规定组织开展实习。

第二章　实习的组织与管理

第五条　学校本科生实习工作由教务处宏观管理，各学院（部）具体负责组织和实施。实习采取集中实习与分散实习、校内实习与校外实习相结合的多种组织形式进行，学院（部）可根据具体情况予以安排。

第六条　在本科生实习工作的组织和管理过程中，教务处主要履行下列职责：

（一）制定学校实习管理办法及相关规章制度；

（二）审核学院（部）实习教学大纲及报送的实习计划；

（三）开展实习工作的检查与督导；

（四）协调与处理实习工作中的相关问题。

第七条　在本科生实习工作的组织和管理过程中，学院（部）主要履行下列职责：

（一）制定本学院（部）实习工作相关规章制度；

（二）结合专业特点和人才培养目标，系统设计实习教学体系，制定实习教学大纲，编写实习指导书，健全实习质量标准；

（三）建立相对稳定的实习基地，对实习基地进行实地考察，与实习基地商讨制订实习计划，明确实习目标、任务、考核标准，共同组织实施学生实习；

（四）选派经验丰富、业务素质好、责任心强、安全防范意识高的教师担任实习指导教师；

（五）负责实习的动员、安全教育、组织、安排、检查、考核等管理工作；

（六）与实习单位凝练实习项目，开展实习研究，推动多专业知识能力交叉融合；

（七）实习结束后，组织开展学院（部）内实习教学经验交流，对学院（部）实习教学工作进行总结，整理与归档实习材料；

（八）协调解决实习工作中存在的问题。

第八条　实习指导教师在学院（部）的领导下，全面负责实习工作的组织和实习学生思想、业务、生活的指导工作。在本科生实习工作的组织和管理过程中，实习指导教师主要履行以下职责：

（一）认真学习并熟悉实习工作相关管理制度；

（二）按照实习教学大纲和实习计划，拟定实习执行计划及具体安排；

（三）提前与实习单位联系进行实习准备工作，实习期间主动与实习单位沟通，建立融洽的协作关系；

（四）协助做好实习动员及安全和保密教育，使学生明确实习任务、目标及相关要求；

（五）具体组织实习工作，认真指导，检查学生实习任务完成情况，与实习单位配合及时解决实习中存在的问题；

（六）关心学生的思想、学习、生活和安全，及时掌握和了解学生的思想动态，对实习学生进行严格管理、加强教育、全面负责；对违反纪律的学生，及时通报学校和实习单位；

（七）非现场实习指导教师应采用实地考察、抽查学生实习鉴定表（教育实习手册）等多种形式，及时了解学生的实习进展情况，督促学生全面完成实习任务，与实习单位加强沟通、联系；

（八）实习结束时与实习单位共同根据学生的实习表现对学生作出评价，完成实习鉴定及成绩评定工作；

（九）实习结束后完成实习总结工作，全面反映实习计划的执行情况和教学效果，提出实习工作建议和改进措施，对实习相关资料进行整理、归档。

第九条　实习期间，实习学生应严格遵守下列实习纪律：

（一）自觉遵守国家法律和地方性法规，遵守学校和实习单位的各项规章制度及保密制度，不得泄露学校和实习单位的学术、技术、商业秘密等机密资料；

（二）服从学院（部）、指导教师和实习单位的管理，遵守工作纪律，实习期间原则上不得请假，因病因事确需请假的，须按规定履行请销假手续，指导教师在确保学生安全的情况下方能准假，请假学生返回实习单位后须向指导教师及时销假；

（三）热爱劳动、虚心学习、团结友爱、文明礼貌、杜绝浪费、爱护环境和公共设施。严禁酗酒闹事、打架斗殴等不文明行为；

（四）按照实习教学大纲和实习计划的要求，认真完成实习工作任务，定期向指导教师汇报实习活动开展情况，按时完成实习报告并参加考核；

（五）学生参加毕业实习前，须签订《西北民族大学学生实习安全协议书》《西北民族大学学生实习保密承诺书》，并交所在学院（部）存档；

（六）学生违反实习纪律，经教育不改者成绩以零分计，并视情节根据相关规定给予纪律处分，触犯法律的依法承担相应的法律责任。

第三章　实习教学文件

第十条　实习教学文件包括实习教学大纲、实习计划、实习指导书、实习日志和实习档案。

第十一条　实习教学大纲是制订实习计划、组织学生实习和考核的重要依据，学院（部）应按照培养方案的要求制定各专业实习教学大纲，经教务处审批后实施，实习教学大纲应包括下列内容：

（一）实习的目的、内容和要求；

（二）实习的方式和时间安排；

（三）实习地点的说明；

（四）实习考核内容、办法及成绩评定；

（五）实习参考资料及注意事项等。

第十二条　实习计划是依据实习教学大纲的要求，结合实习单位的实际情况制订的实习实施方案。实习计划由学院（部）会同实习单位共同制定，内容应主要包括实习单位、时间与地点、实习人数、指导教师、实习目的、内容、要求、考核、具体安排、经费预算等。实习计划制定后，应报教务处审核备案。

第十三条　学院（部）应结合本单位专业特点和实习单位实际情况，印制实习指导书、实习日志等用于指导和记录学生的实习工作，实习过程应留下完整的实习记录。

第十四条　实习期间，实习学生应填写实习日志、学生实习鉴定表（教育实习手册），并撰写实习报告，实习报告字数等要求应符合《普通高等学校本科专业类教学质量国家标准》。

第十五条　实习教学档案是实习教学管理的重要内容，实习教学活动结束后，各学院（部）应按照档案管理要求做好各类与实习有关的文字、图片资料的收集、整理、存档等工作，建立规范的实习教学档案。其中，与实习有关的文字、图片资料主要包括实习会议记录、实习教学大纲、实习计划、实习基地合作协议书、实习工作总结、实习鉴定表（教育实习手册）、实习日志、实习成绩登记表、实习活动照片、经费使用情况登记表等。

第四章　实习的安排与实施

第一节　毕业实习

第十六条　毕业实习分为非师范类专业毕业实习和师范类专业毕业实习。

第十七条　非师范类专业毕业实习的阶段，由各学院（部）根据各专业具体情况进行划分，但总体上应体现见习、实习、总结等工作阶段。

第十八条　师范类专业毕业实习应为教育实习，原则上应包括教学实习、班主任实习、教研实习等多项内容，学院（部）须按照《教育部关于加强师范生教育实践的意见》，制订教育实习课程标准、实施计划、实习手册、评价标准等工作规范报教务处审核备案，做到实习前有明确要求、实习中有严格监督、实习后有考核评价。

第十九条　学院（部）应严格保证学生的实习时间，不得以各种理由缩减或变相减少学生的现场实习时间。学院（部）应按照下列程序，有序组织开展毕业实习工作：

（一）根据实习任务安排确定实习指导教师，原则上每20名学生安排一位指导教师，每位指导教师指导学生人数上限为30人；

（二）成立实习工作小组，由学院（部）负责人、指导教师、教研室主任等组成，全面负责实习工作，并明确分工；

（三）根据各专业毕业实习教学大纲和学校毕业实习工作安排开展本科生毕业实习工作，并提前一个月将《西北民族大学毕业实习计划申请表》等相关申请材料报送教务处、财务处等相关部门进行审核；

（四）开展实习动员和安全保密等教育工作，组织教师和学生学习学校实习工作相关规定和条例，进行实习纪律教育、安全环保教育、保密教育、劳动保护法教育等，使学生了解实习的目的、任务、内容、方法、成绩评定标准、要求等，做好实习资料和相关准备工作；

（五）组织学生在实习开始前签订《西北民族大学学生实习安全协议书》《西北民族大学学生实习保密承诺书》，并为实习学生投保实习活动全过程责任保险；

（六）提前做好指导教师外出带队和指导期间所承担的校内课程的调（补）事宜；

（七）实习期间，各学院（部）应派专人到各实习点进行检查，及时掌握实习情况，督促指导教师和学生认真完成实习任务；

（八）实习结束后，按照实习教学大纲及相关成绩评定标准对学生作出成绩评定，经教务处审核无误后进行成绩记载；

（九）召开本学院（部）实习答辩或汇报会，听取指导教师和学生实习汇报，交流实习经验、体会，分专业对实习工作进行总结，提出实习工作的改进意见，并报教务处备案；

（十）根据实习合作协议和学校财务制度对实习产生的相关费用进行核销；

（十一）按照档案管理要求整理归档各类实习教学档案。

第二十条　实习地点的选择要适应实习大纲要求，且遵循相对稳定、节约经费的原则。要结合实习基地条件和实习效果，对实习基地进行动态调整。

第二十一条　毕业实习的实习地点原则上须在签订协议的实习基地集中实习，应尽量减少分散实习的比例。未签订合作协议的，不得安排学生实习。

第二十二条　对学院（部）安排了集中实习但因学生个人原因申请分散实习的学生，由本人提出书面申请，说明分散实习的理由、实习单位的名称、简介、联系电话、联系人和指导人员，并提交实习单位的接收函和家长意见，由所在学院（部）审核备案。对分散实习的学生，学院（部）应指定专门的指导教师负责学生实习，并进行跟踪指导。

第二十三条　分散实习的学生除应遵守本办法第九条规定的实习纪律外，还应遵守下列规定：

（一）每周主动向指导教师汇报实习情况，由指导教师负责登记；

（二）如变动实习计划和安排，应提前向所在学院（部）提出书面申请，经指导教师、所在学院（部）同意后方可变更；

（三）通过弄虚作假取得实习成绩的，根据学校相关规定处理。

第二节　课程实习

第二十四条　课程实习应根据培养方案和课程教学大纲的具体要求，把握理论联系实际、提高学生实践创新能力的原则，选择适合的内容、方式进行实习。

第二十五条　学院（部）应按照下列程序，有序组织开展课程实习工作：

（一）按照课程实践教学计划进行课程实习；

（二）在校外开展课程实习的，须在实习前两周将《西北民族大学课程实习计划申请表》等相关申请材料报送学校教务处、财务处等相关部门进行审核，并为实习学生投保实习活动全过程责任保险；在校内（课堂外）开展课程实习的，应提前两周将相应安排报教务处备案；

（三）课程实习原则上须为集中实习，应根据培养方案和课程教学大纲的具体要求，由学院（部）或任课教师联系选择能支持教学目标达成的地点实施；

（四）提前做好相关课程的调（补）事宜；

（五）课程实习结束后，指导教师负责做好实习成绩评定及相关材料的整理和保存工作。

第三节　实习突发事件处理

第二十六条　实习期间发生突发事件的，实习指导教师应及时处理，并向所在学院（部）汇报具体情况。

第二十七条　学校相关部门收到突发事件情况报告后，应立即对突发事件开展调查，查明事件的起因、经过，进行责任界定，形成书面处理建议，经学校研究认定后，出具最终处理意见。

第二十八条　参与事件（事故）处置的人员，应如实向有关法定部门陈述所知事实，积极配合事件（事故）的调查处理；故意隐瞒、歪曲事实真相，触犯法律的，依法追究相应的法律责任。

第五章　实习考核与成绩评定

第二十九条　毕业实习考核标准及比例以实习教学大纲为准，原则上应包括平时考核、实习单位考核和实习报告考核等部分内容，应通过对学生的实习态度、实习表现、实习的技能水平、职业道德与素养、工作完成情况、实习报告质量等多方面综合考核，评定成绩。

第三十条　毕业实习考核标准原则上应由学院（部）会同实习单位共同制定。学院（部）应根据专业培养要求、人才培养目标、教学大纲等制定本单位各专业毕业实习考核方式、评分标准及实施细则。

第三十一条　毕业实习过程性成绩以百分制记载，总评成绩应按照考试成绩管理办法相关规定换算成五级评分制记载。

第三十二条　实习学生应规范填写学生实习鉴定表（教育实习手册），严禁他人代写，否则视为考试违规，按相关规定进行处理。

第三十三条　有下列行为之一的，实习总评成绩应评定为不及格：

（一）实习时间达不到规定时间 2/3 或未完成实习任务的；

（二）实习报告有严重错误或抄袭行为的；

（三）实习期间不服从安排，违反实习纪律的；

（四）工作不认真，玩忽职守，造成重大责任事故的；

（五）擅自变更实习计划、实习内容的；

（六）其他造成或足以造成不良后果。

第三十四条　课程实习考核和成绩评定方式以课程教学大纲为依据，由任课教师进行评定和成绩记载。

第三十五条　凡实习不及格或因学生个人特殊情况无法按实习计划实习的学生，经个人申请，所在学院（部）审批后可以重修，由此产生的实习费用由学生本人承担。

第六章　实习经费管理

第三十六条　实习经费由各学院（部）从教学经费中列支。毕业实习经费由学院（部）按照生均控制标准统一掌握使用，专款专用；课程实习经费根据培养方案、教学大纲的要求和经费预算实际情况使用。

第三十七条　毕业实习的实习经费按照下列标准进行控制：

（一）集中实习的医学类专业 1100 元 / 生；

（二）集中实习的工科类专业 800 元 / 生；

（三）集中实习的理科类专业 700 元 / 生；

（四）集中实习的文史类专业 600 元 / 生；

（五）分散实习的所有本科专业 300 元 / 生。

第三十八条　学院（部）在实习工作开展前，应提交实习计划申请表，如实填报经费科目及预算明细，经教务处审批后开展实习工作。

第三十九条　校外实习的实习经费应严格按照控制标准并在下列范围内使用：

（一）指导教师差旅费。指导教师指导实习和实习检查产生的差旅费，按照《西北民族大学国内公务差旅费管理办法》的规定执行；

（二）学生交通费、住宿费。学院（部）可根据毕业实习经费使用情况，在不超出实习经费控制标准情况下，按照不超过 300 元 / 生的标准核销或发放毕业实习补助，用于补贴学生毕业实习过程中往返实习基地交通费、市内交通费、住宿费等；学生在课程实习过程中产生的交通费、住宿费按学校财务相关规定进行核销；

（三）实习单位管理费、培训费和指导费。实习单位要求学校缴纳实习管理费、培训费或指导费时，由双方协商根据实习单位的标准和要求支付，实习单位财务部门开具正规财务票据，实习结束后凭票据报销，其中实习指导费可根据实际情况按双方约定和财务管理规定程序直接向指导教师支付；

（四）实习材料、资料费。学生实习中由实习单位提供的材料、实习用品以及实习中产生的与实习相关的资料费；

（五）实习培训费。实习培训费是指为有效开展实习工作而举办的实习培训的相关费用，实习培训费根据《西北民族大学培训费管理办法》的规定执行；

（六）保险费。学院（部）根据实习单位或教学现场实际需要，按照学校相关规定为学生购买意外伤害保险的经费；

（七）参观费。根据专业实习需要产生的参观费、讲解费或门票费，主要涉及旅游管理类、土木类、美术学类、历史学类等相关学科；

（八）体检费。根据专业实习或实习单位要求对学生进行体检产生的费用；

（九）实习过程中达到一定额度的货物（服务）采购，依据《西北民族大学经费支出审批管理办法》处理；

（十）其他费用。除上述费用外，经学校教务处和财务处审核确认的与实习工作相关的其他费用。

第四十条　以分散实习方式进行毕业实习的学生，学院（部）可根据毕业实习经费使用情况，按照不超过 300 元 / 生的标准发放毕业实习补助，用于补贴学生毕业实习过程中往返实习基地交通费、市内交通费、住宿费等。

第四十一条　校内实习经费使用范围主要包括材料费、印刷费等与学生实习工作相关的费用，校内实习经费根据学校财务要求进行报销。

第四十二条　实习经费的管理和报销工作，按照下列规定进行：

（一）学院（部）须安排专人负责实习经费的管理工作，包括办理实习前的实习经费预算申请事宜和实习结束后的经费报销工作；

（二）在实习单位实习的所有开支，应按要求进行报销。票据不全或有弄虚作假的，不予报销。报销后发现存在虚假事实（发票）的，已经报销的费用予以追回，并追究弄虚作假人员的相关责任；

（三）不符合财务制度的使用项目和未经批准的非实习教学活动所产生的项目支出，一律不予报销；

（四）学生实习期间因违反纪律和不遵守操作规程造成的经济损失，由肇事者本人赔偿，不得报销；

（五）学院（部）应按规定的经费使用范围报销实习经费；若有特殊情况需调整实习经费使用范围和方式的，须向学校提出申请，在实习经费控制标准内，经学校教务处、财务处和相关部门审核批准后方可调整；

（六）各学院（部）原则上须于实习结束后一个月内按规定报销费用。

第七章　附则

第四十三条　医学类专业的临床实习或见习，根据《西北民族大学临床教学工作暂行规定》和《西北民族大学临床教学规范》的相关规定执行，并由医学部适时补充修订。

第四十四条　学院（部）可根据学科专业特点，制定本学院（部）实习工作实施细则，报教务处审核通过后实施。

第四十五条　学校预科学生的实习工作和非课程教学性质的各类实践教学活动参照本办法执行。

第四十六条　本办法由教务处负责解释。

第四十七条　本办法自印发之日起实施，原《西北民族大学学生实习管理办法》（民大发〔2017〕387号）同时废止。

西北民族大学本科教学检查工作办法

第一章　总则

第一条 为贯彻落实《深化新时代教育评价改革总体方案》《关于深化新时代教育督导体制机制改革的意见》精神，进一步规范学校本科教育教学秩序，加强教育教学过程管理，不断提高学校教育教学质量，制定本办法。

第二条 教学检查应依据学校各项管理规章制度，对教学运行、教学管理、教学保障等方面情况进行检查和评价，及时发现并妥善解决各方面工作中存在的问题，不断改进教学和管理水平。

第三条　教学检查工作实行校、院（部）两级管理制度。教务处负责全校范围内的教学检查，以及教学检查工作的组织、协调与信息反馈等工作；各教学单位负责按照学校教学检查工作的要求，检查本单位教学各方面的情况，保障本单位教学工作各环节运行符合质量标准。

第二章　教学检查范围

第四条　教学检查贯穿教育教学工作全过程、各环节，以铸牢中华民族共同体意识为主线，全面落实立德树人根本任务，确保人才培养中心地位和本科教育教学核心地位，主要包括：

（一）教学计划，包括教学执行计划与培养方案的符合程度、各项教学任务的落实等。

（二）教学运行，包括课程教学大纲、教案、教师教学日志等教学基本文件的编写与执行情况；排课及调停课、教授、副教授为本科生上课、课堂教学的组织、教学方法与手段的选择、教师辅导答疑等情况；实验（践）、毕业论文（设计）写作与答辩、实习实训等实践性教学环节的组织与管理；考试管理、成绩管理；教室、实验室、语音室、计算机房、体育场馆等教学设施的管理与利用情况；各类教学档案的归档与保管情况。

（三）专业基本建设，包括专业建设规划、专业人才培养模式、教材建设及选用、课程建设、师资队伍建设、教学团队建设、教学改革等。

（四）创新创业，包括学科竞赛参与及获奖情况、创新创业校外基地建设、大学生创新创业训练计划项目参与及立项、创新创业教育相关课程开设情况、学生创业项目孵化情况、学科竞赛校内选拔组织、创新创业讲座举办情况等。

（五）学生学习成效及“本科强基行动”，包括各单位的“本科强基行动”工作台账的制定与执行、学术讲座、大学外语水平考试通过率、计算机等级考试通过率、考研率、专业资格证书、学习援助等。

（六）教学质量保障与监控，包括教学工作会议、研讨会的组织召开、教学管理制度的制定、教学各环节质量标准的执行、教师的课堂教学质量、教学督导组工作的开展、管理人员听课制度的落实、本科教学基本状态数据的填报、本科教学质量报告的编制等。

（七）招生工作，包括招生宣传、招生计划论证等。

第三章　教学检查形式及具体内容

第五条　教学检查分日常检查、阶段性检查和专项检查等三种形式。

第六条　日常检查，主要对平时各教学环节进行抽查，以教学单位自查为主。主要包括：

教师的到课情况、教师教案等教学准备情况、课堂教学规范情况、作业布置与批改情况、调停课后的补课情况、教研室活动情况、教学管理部门的管理和服务情况、教学保障情况、各教学单位的教学管理情况、教学管理规章制度的执行情况以及学生参加学校规定的教育教学活动情况等。

第七条　阶段性检查，主要包括开学初教学检查、期中教学检查、期末教学检查。

（一）开学初教学检查，主要包括：教学任务的落实和任课教师的安排情况；教师的备课准备；教材、教学大纲等教学资料的准备情况；普通教室、多媒体教室、语音室、实验室、计算机房及其相关设备的准备情况；多媒体课件、实验教学软件的准备情况；校历、教师教学日志、学生名单等教学管理资料的准备情况；教师到位情况、学生到课情况等。

（二）期中教学检查，主要包括：教师执行教学进度情况、期中考核安排情况、教师的教学质量情况、学生的学习情况、听课制度的执行情况、教材的使用情况、教研室教学活动情况、教学管理和教学保障方面的情况以及师生对教学、教学管理、教学保障等方面的意见和建议等。

（三）期末教学检查，主要包括：期末考试安排情况、考试试卷的准备情况、试卷的评阅情况、成绩的填报和分析情况、各专业教学执行计划的完成情况、教材的评估与选用情况、各教研室和教学单位的学期教学工作总结及下学期的教学工作安排、各种文件和教学档案的归档情况等。

第八条　专项检查，对某一项或某方面的工作进行专门检查，如教材建设、课程建设、专业建设、师资队伍培养、师德师风建设、毕业论文（设计）工作、实验教学、教研室工作、教学单位的教学工作状态、教学管理水平与质量等。专项检查可以单独进行，也可以结合其他检查进行。

第九条　教学检查可以采取会议、问卷调查、师生座谈会、随机听（看）课、实地察看、听取汇报、专项评估、书面材料等多种方式。

第四章　教学检查情况处理

第十条　教学检查组织单位应当按要求，及时撰写教学检查总结报告。报告的内容应包括教学检查的内容、形式、存在的问题及处理意见和建议、整改措施等。

第十一条 教学检查组织单位对教学检查中发现并经核实的问题及相关信息，要及时反馈给相关单位或当事人。依据教学事故处理办法或学校相关管理规定，对涉及教学检查出现问题的单位及当事人，予以处理并督促整改。

第五章　附则

第十二条　学校预科教学检查工作参照本办法执行。

第十三条　本办法自印发之日起实施，原《西北民族大学教学检查条例》（民大发〔2007〕25号）即行废止。本办法与国家政策或上级规定不一致时，以国家政策和上级文件规定为准。

西北民族大学本科教学质量保障体系及运行办法

第一章　总则

第一条　坚持以习近平新时代中国特色社会主义思想为指导，全面贯彻落实党的十九大和十九届二中、三中、四中、五中全会精神，坚持和加强党的全面领导，坚持社会主义办学方向，深入贯彻落实全国教育大会、新时代全国高等学校本科教育工作会议、全国高校思想政治工作会议、全国民族教育工作会议精神，以铸牢中华民族共同体意识为主线，紧紧围绕落实立德树人根本任务，牢记为党育人、为国育才初心使命，坚持落实教育为人民服务、为中国共产党治国理政服务、为巩固和发展中国特色社会主义制度服务、为改革开放和社会主义现代化建设服务，培育和践行社会主义核心价值观，坚持“以本为本”，推进“四个回归”，加快推进教育现代化、全面振兴本科教育，构建现代化高水平人才培养体系，全面提高人才培养能力和质量，努力培养担当民族复兴大任的时代新人，培养德智体美劳全面发展的社会主义建设者和接班人，根据中共中央国务院印发的《深化新时代教育评价改革总体方案》《关于深化新时代教育督导体制机制改革的意见》和《教育部关于加快建设高水平本科教育全面提高人才培养能力的意见》《教育部关于深化本科教育教学改革全面提高人才培养质量的意见》要求，结合学校实际，制定本办法。

第二条　学校本科教学质量保障体系由目标、保障、监控、评价、改进等要素构成，结合决策、实施、管理、改进等运行机制，以学生发展为本位，强化学生中心、产出导向、持续改进，推动人才培养范式从“以教为中心”向“以学为中心”转变，以全员参与、全过程管理、全方位监控为准则，通过学校与学院（部）和校内与校外两个层次的管理、参与形成闭环，实现人才培养质量的持续提高。本体系的核心在于强化对本科教学质量保障各要素的落实和监测，高效推进相关质量标准与保障制度的贯彻实施，注重人才培养目标的达成度、社会需求的适应度、师资和条件的保障度、质量保障运行的有效度、学生和用人单位的满意度，强化自觉、自省、自律、自查、自纠的质量文化建设，为学校人才培养质量的不断提高和各项办学目标的达成提供有效保障。

第二章　本科教学质量保障工作机构、责任主体及其职责

第三条　学校本科教学质量保障工作的领导机构是学校教学指导专门委员会（以下简称“学校教指委”），学校教指委在本科教学质量保障工作中的职责是：

（一）了解和把握国际国内教育教学改革和发展的新趋势，宣传党和国家高等教育教学改革的方

针、政策以及学校教育教学改革的有关精神；

（二）审议学校教学方面的有关政策、规定等法规性草案，对学校人才培养理念、培养思路等重大问题进行研究，对人才培养方案进行总体规划和设计，为学校人才培养工作的重大决策提供咨询和建议；

（三）对改革教学管理体制和完善教学运行机制提出建议并参与决策，对学校日常教学工作方案、政策进行指导、审议和监督；

（四）研究和审议学校专业设置、规划与建设，指导开展一流本科专业建设；

（五）研究和审议学校有关教学改革与研究、课程建设、师资队伍、教材建设、实验室建设等各级各类教学改革与研究项目、教学成果的立项、结项、推荐、表彰等；

（六）对学校教学方面的各项评估进行指导和咨询；

（七）组织开展教学研讨、教学建设和教学改革的经验交流，推进优质教育教学资源开放共享。指导开展对教学成果、教学名师的培育和推广工作；

（八）完成学校学术委员会委托或各教学科研机构学术分委员会提交的相关事项。

第四条　学校本科教学质量保障工作的决策机构是校长办公会议，校长办公会议在本科教学质量保障工作中的职责是：

（一）研究提议教师队伍建设、学生培养、学科建设、校园建设等学校内涵发展的重要工作规划，教学、科研、行政管理的重要改革措施、重要规章制度、重要工作计划等；

（二）研究提议大学文化建设和校风教风学风建设的重要事项；

（三）讨论决定贯彻落实党的教育工作方针政策以及上级部门决策部署，加强教学、科研、行政管理的工作措施；

（四）讨论决定学校教学、科研、行政管理等具体规章制度和工作计划；

（五）讨论决定学校人才引进、培养、使用工作的重要事项；

（六）讨论决定人才培养方案制定与修订，专业设置与调整，课程体系建设和调整，教材编审，年度招生就业和学生毕业等重要事项；

（七）讨论决定实施思想品德教育，推进课程思政建设和教师、学生社会实践的重要措施。

第五条　学校本科教学质量保障工作的管理机构是教务处，教务处在本科教学质量保障工作中的职责是：

（一）负责协调全校本科教学质量保障体系的运行工作，组织落实学校的质量管理相关政策，指导和协调相关职能部门与各教学单位的质量管理工作；

（二）组织制定本科教学质量保障体系建设所需的各类评估、认证、评价、考核、监测等工作方案、质量标准和实施办法；

（三）检查、指导并督促本科教学质量保障体系建设过程中各类整改与改进工作措施的制定、落实与绩效评价；

（四）参照学校办学定位、服务面向定位和培养目标，依据学校人才培养发展的实际需求，在充分调研和广泛征求利益相关方意见的基础上，向学校提出质量建设与管理改进的意见和建议；

（五）具体实施建设学校本科教学基本状态数据库的工作。采集、汇总、整理、核对、分析、修正基本状态数据，为各类评估认证工作提供真实、准确的基础数据，撰写本科教学质量年度报告，报校长办公会议审定后发布。

第六条　学校本科教学质量保障工作的实施机构是各教学单位、党政机构、科研单位、教辅单位，其在本科教学质量保障工作中的职责是：

（一）依据学校办学定位、服务面向定位和培养目标，结合学校人才培养发展的实际需求、本单位的工作职责与现实情况，在充分调研和广泛征求利益相关方意见的基础上，制定本单位本科教学质量建设工作的任务、职责、计划、办法、实施细则，制定全过程工作环节的质量标准与绩效评价标准，并做好落实工作；

（二）根据各类评估、认证、评价、考核、监测等工作的反馈意见进行分析、总结和改进工作。

第七条　学校本科教学质量的第一责任人是党委书记、校长；各分管具体工作的副校长分别对党委书记、校长负责；各教学单位、党政机构、科研单位、教辅单位分别对分管校领导负责，在校党委、行政的领导下做好有关本科教学工作。

第八条　教学单位本科教学质量的第一责任人是学院（部）党委书记、院长（主任）；各分管具体工作的副院长（主任）对学院（部）党委书记、院长（主任）负责；教学管理办公室、科研管理办公室、学生管理办公室、综合管理办公室、团委、各教研室、实验室分别对分管工作的院（部）领导负责，做好本科教学相应工作。

第九条　本科教学环节设计与实施的责任人是教师。教师在组织和实施课堂教学过程中的各环节（备课、课堂讲授、辅导答疑、作业批改、考试考核等）和实践教学（实验课程、课程内实验、课程设计、实习实训、社会实践、毕业论文（设计）时依据《新时代高校教师职业行为十项准则》要求，做到“四个相统一”，工作规范、认真、高效，达到各教学环节质量标准，教书育人。

第十条　对学校本科教学质量保障工作执行情况的监督，由政府、学生家长、毕业生、校友、用人单位、全校师生、党政机构、科研单位、教辅单位、各教学单位、教学督导委员会实施。有以下几种监督形式：

（一）自我监督：每个工作机构须有专人负责对本单位执行本科教学质量保障工作的情况进行日常监督；

（二）定点监督：由专门的质量监督单位或个人对本科教学的质量控制点进行定点监督。实施定点监督的单位可以是教务处、党政机构、教学单位等；实施定点监督的个人可以是由学校、教学单位根据需要聘请的教育专家、管理专家、学生家长、校友、用人单位负责人等；

（三）定期监督：接受上级教育主管部门组织的审核评估、专业认证、本科教学基本状态数据监测和学校根据本科教学质量建设要求定期组织专项评价与考核；

（四）公众监督：由学校开通各种渠道（包括电话、网络、信访和来访等）或与第三方评价机构合作，接受教师、学生、家长、校友和用人单位对学校本科教学质量的公众监督。

第三章　本科教学质量目标、标准及管理要求

第十一条　本科教学质量目标、标准及管理的主要责任人为校长，主要内容有：学校定位和办学思路、人才培养目标与质量标准、专业设置、课程建设、教育教学研究与改革。

第一节　学校定位和办学思路

第十二条　根据学校各项事业发展规划，明确学校的办学定位和办学思路，以铸牢中华民族共同体意识为主线，全面落实立德树人根本任务，把立德树人成效作为检验学校一切工作的根本标准，突出人才培养中心地位，确保本科教育教学核心地位，坚持“以本为本”，推进“四个回归”，组织制定、修订相应的政策和措施，保证相应的“人、财、物”的投入，深化本科教学和人才培养模式改革。责任单位为学校办公室、组织人事部、发展规划与学科建设处、财务处、国有资产管理处、教务处等相关部门。

第二节　人才培养目标与质量标准

第十三条　教务处会同有关部门，负责组织制定学校人才培养目标及质量标准：

（一）教务处依据学校定位、办学思路及发展规划，制定本科人才培养总体目标和质量标准；

（二）各教学单位按照人才培养总体目标和质量标准，依据国家战略和地区经济社会发展需要，结合《普通高等学校本科专业类教学质量国家标准》《工程教育认证标准》《师范类专业认证标准（试行）》等国家标准制定各专业人才培养目标、培养规格、质量标准、课程教学标准等；

（三）教务处根据人才培养总体目标、质量标准及各专业人才培养目标、质量标准，组织制定本科教学关键环节工作标准，全面规范本科教学；

（四）各教学单位根据学校人才培养总体目标、质量标准和教务处规定的教学关键环节工作标准，制定本单位各教学环节工作标准。

第十四条　教务处组织制定、修订的人才培养总体目标、质量标准和本科教学关键环节工作标准，需经学校教指委审议后，报校长办公会议审定；各专业人才培养目标、质量标准和教学环节工作标准需经本单位学术分委员会审议后，由所属单位党政联席会议审定。

第十五条　教务处会同学校教学督导委员会负责对学校人才培养目标、质量标准和相关教学环节标准落实情况进行监督和检查；各教学单位教学督导组负责本单位人才培养目标、质量标准和相关教

学环节标准落实情况进行监督和检查。

第三节　专业设置

第十六条　专业设置责任人为校长，分管本科教学校领导协助校长做好专业设置与动态调整工作。执行单位为教务处和各教学单位。

第十七条　分管本科教学校领导根据国家发展战略和地区社会经济发展对人才的需求，负责组织制定、修订学校专业设置规划，报学校教指委审议、校长办公会议审定。

第十八条　教务处在专业设置工作中应做好以下各项工作：

（一）制定、修订新专业申报的有关规定；组织对各教学单位申报的新专业进行初审，提出初审意见，组织专家进行论证；组织相关教学单位完成新专业申报材料，并负责向上级主管部门报送；

（二）制定、修订专业调停并转动态调整及退出机制的相关规定，制定相应的标准与工作方案。开展对学校学科专业结构的调研工作，提出学科专业结构调整的建议意见，指导各教学单位依据国家发展战略和地区社会经济发展对人才的需求进行专业布局规划和调整。

（三）提出新增专业、调停并转专业方案时，需要征询教师代表、学生代表、校友代表、行业（企业）代表的意见。

第十九条　各教学单位应做好以下各项工作：

（一）根据新专业申报的有关规定，做好申报新专业必要的准备工作；

（二）依据学校专业动态调整及退出机制的相关规定及相应的标准与工作方案，通过对本单位学科专业结构的调研，依据国家发展战略和地区社会经济发展对人才的需求，适时进行专业布局规划和调整。

第二十条　学校教指委负责审议学校的专业设置规划、专业结构调整的建议意见及新专业的初审意见。

第四节　课程建设

第二十一条　教务处负责确定学校课程建设规划，制定、修订相关制度保障课程建设工作质量有效提升。

（一）设计科学合理的课程教学体系，坚持以学生为中心，坚持大类人才培养，拓宽人才培养口径，夯实学科知识基础，坚持通识教育与专业教育有机结合，实施特色通识教育课程和精品专业核心课程建设，构建思想政治理论、基本素养、综合素养一体化的通识教育；

（二）科学合理设置必修课和选修课比例，提供专业方向选修课，为学生提供多样化的培养路径。推进辅修教育，协调推进跨学科、跨专业交叉培养；

（三）稳步推进淘汰“水课”、打造“金课”进程，合理提升学业挑战度、增加课程难度、拓展课程深度；推进课程思政、一流课程、MOOC 等课程质量工程建设；

（四）指导各教学单位坚持产出导向，关注全体学生成长与发展，以达到专业培养标准所规定的学生学习效果为目标设计本单位课程建设体系与规划，实施课程教学。

第二十二条　各教学单位依据学校总体课程建设规划，结合适应本专业课程教学的人才培养模式，制定本单位课程建设规划并予以实施。以课程建设作为各教学单位落实人才培养和教育理念的重要切入点，开设综合素养课，对照国家级、省级一流课程建设要求，有计划分步骤做好专业核心课程的建设工作，以课程建设推动信息技术与教育教学深度融合，推进教学资源建设，建设一批高质量、有影响力的“金课”。

第二十三条　教务处会同学校教学督导委员会负责对各教学单位课程建设规划及实施情况进行监督和检查。

第五节　教育教学研究与改革

第二十四条　教务处负责学校教育教学研究与改革的统筹和管理，各教学单位负责本单位教育教学研究与改革的管理。学校设立专项经费，支持教育教学研究与改革活动。

第二十五条　教务处和各教学单位要依据国家有关人才培养政策和要求，根据国家发展战略和地方社会经济发展需求，结合学校和本单位的实际情况，组织开展相应的人才培养标准、教育教学建设和改革、教学质量保障与评价标准等方面的研究，提出合理的建议和措施。

第二十六条　各相关部门和各教学单位对教育教学研究成果应进行认真审议，对符合学校和本单位人才培养需求，能够有效提升教育教学质量的研究成果应采纳和有效组织实施，促进教学研究成果落地，提升教学改革质量与成效。

第二十七条　学校教指委在教育教学研究与改革项目监督工作中，应做好项目的中期检查和结题验收工作，并对其效果进行评价；各教学单位学术分委员会负责对本单位的教学研究成果采纳情况进行监督和检查。

第四章　师资队伍保障

第二十八条　师资队伍建设与管理的责任人是分管组织人事的校领导，由组织人事部（教师工作部）、教务处及各教学单位具体执行；监督机构为学校教指委。

第二十九条　组织人事部（教师工作部）根据学科专业发展需要负责牵头实施师资队伍建设，积极参与和教师有关的教学质量监控和评价工作，主要行使下列职能：

（一）在师资队伍建设规划中，深入调研，充分征求教务处、各教学单位及相关部门意见建议，制定本科教学师资队伍建设方案，满足人才培养与专业建设发展需要；

（二）制定、修订有关师德师风、教师职业道德、学术规范等规章制度，强化教师政治素养教育，加强师德师风建设，形成立德树人、爱岗敬业的良好氛围；

（三）以本科教学需求、专业建设为重点，做好师资队伍培训、引进等各项工作；

（四）建立有效的工作机制，采取有效措施，促进教师发展；

（五）有效实施科学合理的、以教学为导向的、有利于调动教师投身本科教学的积极性的评价与考核制度；

（六）根据学校本科教学需求，加强教学管理干部建设，做好选拔、考核、任用及调整等工作；

（七）做好教学管理干部队伍进修、培训和业务能力的提高等工作。

第三十条　教务处在师资队伍保障系统中主要行使下列职能：

（一）持续跟踪评价师资队伍的需求、运行、建设、发展及管理情况，及时发现问题，提出师资队伍建设需求及发展目标建议；

（二）按照人才培养方案确定教学任务；

（三）按年度、按单位审核正副教授为本科生授课情况，并做好反馈；

（四）做好外聘教师审核、聘任、考核、工作量认定等工作；

（五）做好教学事故的认定与处理工作；

（六）对师资队伍是否满足本科教学需要、保证本科教学质量做好监督工作。

第三十一条　各教学单位师资队伍保障系统中应做好以下各项工作：

（一）贯彻落实学校在师资队伍建设与管理方面的规定；

（二）做好本单位的师资队伍建设工作；

（三）认真贯彻教授、副教授为本科生授课和主讲教师的有关规定，并做好考核工作。

第五章　教学资源保障

第三十二条　教学资源保障系统主要包括教学经费管理、教学设施管理、教学基本建设管理、信息资源管理、教学相关科研资源管理、社会资源管理。

第一节　教学经费管理

第三十三条　教学经费管理的责任人是分管教学工作的校领导，由财务处、教务处及相关职能部门和各教学单位具体执行；由审计处进行监督。

第三十四条　财务处应做好以下各项工作：

（一）建立和完善教学经费优先保障本科教学和教学建设的工作机制；

（二）结合学校财力和定额标准等编制预算，注重向本科教学和教学建设倾斜；

（三）统计并公布年度教学日常运行支出占学校经常性预算内事业费与学费之和的比例。

第三十五条　教务处及相关职能部门和各教学单位应做好各项支出的预算申报并按经费预算进行

实施。

第三十六条　审计处要认真做好教学经费的审计监督工作：

（一）按学校有关规定审查本科教学经费使用的科学性、合理性和规范性，确保教学经费用于本科教学；

（二）审计结果报校长办公会议，并反馈给相关部门和教学单位。

第三十七条　财务处、教务处、相关职能部门和各教学单位要根据审计结果，做好经费预算调整和使用的改进工作。

第二节　教学设施管理

第三十八条　教学设施管理主要包含教学及行政用房、图书馆、体育场、实验设备及仪器、教学辅助设施等工作内容。

第三十九条　教学设施需求计划管理责任人为分管本科教学的校领导。由教务处根据学校人才培养需要，组织相关部门和各教学单位提出教室及教学行政用房、教学实验室用房及教学实验设备、体育场及体育设施、教学辅助需求等计划，报校长办公会议审定后，分配给各相关部门组织实施。

第四十条　实验设备、仪器与设施的管理责任单位分别为实验教学部、国有资产管理处、教务处，其负责具体执行下列职能：

（一）实验教学部负责做好公共基础实验室设施、设施的采购计划论证、计划实施、预验收、调配和使用管理，做好设备的保养和维护，建立健全公共基础开放实验室和仪器设备共享共用机制，并搭建大型仪器设备共享平台，提高各类仪器设备的使用效益；

（二）国有资产管理处按照学校教育教学需求，依法依规通过招标、合同签订、验收、调拨等配置实验设备和实验仪器；

（三）教务处负责专业实验室设备购置专项资金的归口管理。

第四十一条　教室及教学行政用房、实验场所与场地、体育场所与场地、辅助教学的场所与场地的维护责任单位为后勤管理处（后勤集团），其负责具体执行下列职能：

（一）根据上述场所及场地的实际情况，组织制定相应的维修计划，报校长办公会议审定后，组织实施；

（二）做好对上述场所及场地的日常检查和维护工作。

第四十二条　财务处应保证本科教学设施建设及维修所需资金按时到位。

第四十三条　各教学单位应做好以下工作：

（一）加强对归属本单位的教学设施的日常检查、管理和维护，保障本单位本科教学需求；

（二）需要学校或相关部门解决的事项，需及时向学校和相关部门提出需求和维修计划。

第四十四条　教务处、实验教学部及各教学单位对教学设施使用情况建立定期检查制度，纳入日常教学检查范围，确保各项教学设施满足教学要求。

第四十五条　保卫处对各部门及各教学单位的安全进行检查。

第三节　教学基本建设管理

第四十六条　教学基本建设管理主要包括专业建设管理、课程建设管理、教材建设管理、实验室建设管理、实习基地建设管理等工作内容。

第四十七条　教务处承担的主要职责有：

（一）制定、修订学校专业建设规划并对专业建设进行管理；

（二）制定、修订课程建设规划和课程建设标准；

（三）有效推进教材建设工作，满足本科教学需求；

（四）制定、修订实验教学管理规范，组织各教学单位制定实验教学计划；负责开放实验管理；负责实验教学示范中心建设与管理；

（五）制定、修订实习基地建设规划、措施、管理办法与建设标准；组织、指导和协调各教学单位开展校内外实习实训基地建设工作。

第四十八条　财务处应保证所需经费按时到位。

第四十九条　各教学单位应按学校建设总体要求，制定措施，认真实施专业建设管理、课程建设管理、教材建设管理、实习实训基地建设管理和实验室建设管理等各项工作，满足本单位人才培养和教学质量保障需求。

第五十条　教务处会同学校教学督导委员会做好以下定点监督工作：

（一）检查教学基本建设所需经费到位情况；

（二）检查专业建设规划的落实情况，对课程建设、教材建设等进行中期检查和结题验收；

（三）对专业建设、课程建设、教材建设、实验室建设、校内外实习实践基地建设等建设效果进行评价；

（四）将以上各项监督结果反馈给有关职能部门和各教学单位。

第四节　信息资源管理

第五十一条　信息资源管理的责任人是分管信息化建设的校领导和分管本科教学的校领导，由学校网络安全与信息化建设工作领导小组、宣传部、统战部、信息化建设与服务中心、图书馆、教务处具体执行。

第五十二条　网络安全与信息化建设工作领导小组负责全校网络信息安全工作的整体规划和推进，统一领导、统一谋划、统一部署全校网络意识形态工作、网络安全和信息化建设工作，指导、监督校属各单位网络信息安全和信息化建设工作。

第五十三条　宣传部、统战部负责网络信息内容的安全管理和网络舆情管控，统一部署全校网络意识形态工作，协调推进网络安全宣传教育工作和网络空间法治建设。

第五十四条　信息化建设与服务中心负责网络资源平台建设管理，为网络安全提供技术保障，应做好以下工作：

（一）负责学校信息化建设规划和建设方案的起草、论证和实施；

（二）负责学校校园网的建设、维护和管理工作，确保校园网络高效、安全可靠；负责学校智慧校园建设、数据中心数据及应用的管理和运维，指导各教学单位和各部门信息化建设与管理工作；协助教务处和各教学单位开展网络教学资源建设和管理工作；

（三）负责学校教室多媒体设备的维护工作，为多媒体教学提供技术保障；负责学校公共计算机基础教学实验室与语音实验室的建设、维护和管理工作。

第五十五条　图书馆负责学校文献信息资源建设管理工作，应做好以下工作：

（一）依据学校发展规划和教学科研需求，制定文献信息资源建设管理规划或年度实施计划；

（二）组织实施文献资源建设管理工作。

第五十六条　教务处负责网络教学资源和各教学管理系统建设与管理工作，承担的主要职责有：

（一）负责网络教学平台建设，并做好网络平台课程的建设、引进和维护，负责网络教学平台使用的培训和指导工作；

（二）负责各教学管理系统的建设、使用、维护等工作，并根据工作内容的更新适时对各教学管理系统升级改造等。

第五十七条　财务处在此项工作中应保证所需经费按时到位。

第五节　教学相关科研资源管理

第五十八条　教学相关科研资源管理责任人为分管科研工作的校领导，由科研处和各教学单位具体执行。

第五十九条　科研处在教学相关科研资源管理方面，应做好以下工作：

（一）突出科研为教学服务导向，引导教师将科研方向与教学专业相统一，制定相应措施，鼓励教师吸纳优秀本科生参加自己的科研项目，培养本科生的学术研究能力和素养；

（二）鼓励教师利用学术资源平台指导本科生开展科研能力训练，力争在质与量上得到提升。

第六十条　科研处应采取相应的措施，鼓励和推动各教学单位加大科研实验室对本科生的开放力度，充分发挥学校科研实验平台对本科生的培养作用。

第六十一条　各教学单位应按照学校的要求，充分为本科生参加学术活动创造有利条件：

（一）根据科研项目实际情况，积极吸纳本科生参加科学技术研究，并做好相应的指导工作；

（二）加大科研实验室对本科生的开放力度，为培养本科生科研素质与能力创造有利条件；

（三）鼓励教师将最新的科研成果纳入本科教学活动。

第六节　社会资源管理

第六十二条　社会资源管理责任人为校长，由校友会、教育发展基金会、教务处、科技园、国际合作交流处和各教学单位具体执行。

第六十三条　校友会、教育发展基金会应制定相应章程，充分发挥外联作用，挖掘校友资源和社会资源，为学校教育教学及建设发展服务。

第六十四条　教务处会同有关部门制定校企合作、校内外实践实训基地建设管理办法或实施细则，积极构建科学合理的校企合作办学、合作育人、合作发展的办学模式或联合培养人才模式，形成政府、行业和学校互动的长效发展机制。

第六十五条　科技园负责建立集协助科研成果转化、高新技术企业扶持、创新创业人才培养、产学研结合为一体的支撑平台和服务机构，将学校综合智力资源优势与其他社会优势资源相结合，助推校地、校企合作，利用各种社会资源，共建合作创新平台，进一步提升办学水平。

第六十六条　国际合作交流处负责制定、修订对外合作办学和学生交流的相关制度，形成长效的合作办学机制。

第六十七条　各教学单位按学校相关要求，制定具体措施，积极与行业和企业开展合作，落实合作办学、合作育人、合作就业的各项工作。

第六章　培养过程保障

第六十八条　培养过程保障系统主要包括招生工作管理、培养方案管理、日常教学管理、学风建设与管理、课外教育活动管理、教学档案管理。

第一节　招生工作管理

第六十九条　学校成立招生委员会，全面领导招生工作。学校招生委员会由学校党委书记、校长、主管招生和学生工作的校领导、相关职能部门负责人、教师代表、学生代表和校友代表组成。由纪监审办公室对招生工作进行监督。

第七十条　教务处及相关部门应做好以下各项工作：

（一）执行教育部、国家民委和生源省（自治区、直辖市）招生部门有关招生工作的规定或实施细则；

（二）根据国家核准的年度招生规模以及有关规定编制并报送学校分省分专业招生计划；

（三）研究拟订学校招生章程、招生简章；

（四）开展招生宣传工作；

（五）组织实施学校录取工作，负责协调和处理学校录取工作中的有关问题；

（六）对录取的新生进行复查；

（七）对招生生源情况进行调研分析；

（八）完成甘肃省普通高校招生艺术类相关专业统一考试、高考督察和高考评卷等相关工作；

（九）完成学校高水平运动队招生等特殊类型招生工作。

第七十一条　宣传部、统战部做好招生宣传内容的审查，并配合教务处做好招生宣传工作。

第七十二条　纪监审办公室负责监督招生录取的各项政策、规定的落实，保证招生录取工作公平、公正、公开。做好以下工作：

（一）全程参与、监督检查与招生考试相关的各项政策、规章制度的执行落实情况；

（二）调查处理招生考试中的违纪、作弊行为；

（三）设立接待点、举报箱、举报电话等，接受来信来访。

第七十三条　各教学单位在教务处指导下，应做好本单位的招生宣传和咨询工作。

第二节　培养方案管理

第七十四条　学校成立本科专业人才培养方案修订工作领导小组，负责本科专业人才培养方案修订相关工作的领导决策和组织协调，在教务处设办公室，由教务处、各教学单位执行具体修订工作。

第七十五条　教务处应做好以下各项工作：

（一）以《普通高等学校本科专业类教学质量国家标准》《工程教育认证标准》《师范类专业认证标准（试行）》《本科医学教育标准——临床医学专业（试行）》等标准为依据，以国家启动“六卓越一拔尖”计划 2.0，全面推进新工科、新医科、新农科、新文科建设为契机，以建设“一流本科教育”为目标，优化调整专业结构，注重通识教育，强化人才培养质量，突出人才培养特色；

（二）以符合国家的方针政策与要求、学校的办学定位和人才培养目标及学校办学的实际为底线要求，制定、修订学校本科专业人才培养方案修订指导意见；

（三）结合学校本科专业人才培养实际，论证并确定实施专业大类人才培养的专业；

（四）制定、修订学校本科专业人才培养方案审核和变更程序；

（五）组织各教学单位制定、修订本科专业人才培养方案，并按照审核程序依据学校办学定位和人才培养目标审定各专业人才培养方案；

（六）公布本科专业人才培养方案，并予以监督执行；

（七）制定、修订上述意见、方案、程序过程中征求学校教师代表、学生代表、校友代表、用人单位代表和校外专家的意见，有相应的征询意见记录。对各位代表与专家提出的意见和建议要认真研究，合理的应予以采纳。

第七十六条　各教学单位应做好以下各项工作：

（一）各单位成立本科专业人才培养方案修订工作小组，小组成员由学院（部）领导、专业负责人、骨干教师组成，按学校制定、修订的本科专业人才培养方案修订指导意见，制定、修订各专业的培养方案，在征询校内外行业、企业专家、用人单位、毕业生的意见后按照程序形成最终培养方案报送教务处；

（二）采取有效措施，广泛收集本单位各专业人才培养方案实施过程中反馈的信息，加以分析、总结，并对存在的问题加以改正，按照专业人才培养方案变更程序进行相应调整。

第七十七条　教务处组织专家采取定期和不定期相结合的方式，检查本科专业人才培养方案是否适应社会经济发展和学校人才培养的需求，并提出修改意见。

第三节　日常教学管理

第七十八条　日常教学管理的责任人为分管本科教学的校领导，由教务处、各教学单位具体执行；学校本科教学督导委员会负责监督。

第七十九条　教务处在教学常规管理中，应做好以下各项工作：

（一）坚持把立德树人成效作为检验教育教学工作的根本标准，制定、修订教学工作标准、管理制度和相关规定，内容包括教学运行、教学研究、实践教学、招生工作、学籍管理、考务工作、质量监控与评估、创新创业、学习援助、职业规划等方面工作；

（二）强化教学管理“放管服”改革，深化校院（部）两级教学管理，促进教学管理重心下移，释放学院（部）办学动力。监督检查各教学单位执行教学工作标准、教学管理制度和相关规定的情况，及时发现存在的问题并加以指导促进整改；

（三）重点加强铸牢中华民族共同体意识，突出思想政治教育，强化人才培养体系建设、课外实践活动体系建设，课程教学体系建设、教材体系建设等工作，确保各专业人才培养目标及能力的达成；

（四）重视加强各实践教学环节标准和检查机制的建设工作。对教学目标、内容、学生指导、考核做出规范性要求，并实施监督、检查；

（五）重视加强毕业论文（设计）的质量体系建设，制定规范毕业论文（设计）工作标准和考核标准的管理制度，严格落实本科毕业论文（设计）抽检制度。强化指导教师责任，加强对选题、开题、答辩等环节的全过程管理，确保毕业论文（设计）各项工作符合工作规范的要求、确保本科毕业论文（设计）质量达到人才培养目标要求；

（六）重视加强课内外创新创业课程体系建设，促进创新创业教育内容进人才培养方案、进课程、进课堂、进工作室，促进创新创业教育与专业教育深度融合。

第八十条　各教学单位在日常教学管理工作中，应做好以下各项工作：

（一）认真做好人才培养目标和标准、教学工作标准和各项管理制度的落实工作，做好监督与检查，发现问题及时反馈、认真整改；

（二）认真做好教学建设工作，包括专业建设、课程建设、教材建设、实验室建设、实践基地建设和教学条件建设等，为本单位各专业人才培养目标的达成创造有利条件；

（三）依据教学工作内容与教学工作评价标准，做好各项教学关键过程任务的落实、执行情况的监督与检查等工作，对存在的问题进行及时纠正和整改；

（四）认真抓好创新创业教育工作，确保学校确定的各项创新创业教育工作任务得到贯彻和落实，并取得一定效果；

（五）充分发挥本单位本科教学督导组、教师同行评价、学院（部）评价的作用，认真做好教学督查工作；

（六）认真抓好教风建设，坚持把师德师风作为第一标准，做好教师培养和教师教学发展工作，引导教师做“四有好老师”，当好“四个引路人”，做到“四个相统一”，以立德树人为根本任务教书育人，确保本单位师德师风建设、教师教学能力建设得到有效提升。

第四节　学风建设与管理

第八十一条　学风建设与管理的责任人是分管学生工作的校领导，由学生工作部（处）、团委及各教学单位具体执行；由学校本科教学督导委员会监督。

第八十二条　学生工作部（处）、团委在学风建设中，应做好以下各项工作：

（一）坚持立德树人根本任务，大力开展社会主义核心价值观教育、“三个离不开”“四个自信”“五个认同”教育，引导学生树立正确的马克思主义国家观、民族观、历史观、文化观、宗教观。负责学生日常管理、违纪处理，规范学生日常行为，及时处理学生突发事件，促进优良校风、学风建设。组织开展思想政治教育促学风和日常管理促学风专项活动；

（二）积极发挥辅导员、团干、班主任的作用，了解掌握学生学习情况，针对学生学习目的、学习态度、学习纪律出现的问题加强教育引导；

（三）配合教务处做好学生成长评价和学情调查分析工作，利用调查分析结果，及时有针对性的进行教育引导。

第八十三条　各教学单位在学风建设中，应做好以下各项工作：

（一）认真贯彻落实学风建设政策及制度，根据学校规定和要求开展学风建设工作；

（二）认真做好本单位学生学业指导体系建设，做好学习困难学生的帮扶和服务；

（三）有效开展学风教育、学风管理活动，本着立德树人的思想，采取有效措施，引导学生形成奋发向上的学风氛围。

第五节　课外教育活动管理

第八十四条　课外教育活动内容包括课外科技文化艺术活动，大学生创新创业教育活动、体育活动、劳动教育活动等。由宣传部、统战部、学生工作部（处）、团委、创新创业学院、体育学院及各教学单位具体执行。

第八十五条　校园文化建设由宣传部牵头，会同有关部门和各教学单位，制定校园文化建设方案，提升校园文化品质，营造良好校园文化氛围。

第八十六条　学生工作部（处）、团委在课外教育活动中，应做好以下各项工作：

（一）在大学生思想引领、校园文化建设、社会实践等领域发挥主导作用；

（二）负责制定社团活动年度工作计划并对学校社团进行管理，丰富社团内容，组织好社团活动，有效提升学生综合素质；

（三）建立和完善社团活动的考评和奖励机制，负责各类社团活动的统计、资料收集和成果通报等；

（四）组织开展艺术实践活动，内容包括开展高雅艺术进校园等品牌活动，加强高水平大学生艺术社团建设，开办“西北民大美育大讲堂”，推进主题性艺术创作推广活动等；

（五）开展学生“每天锻炼1小时”活动，引导学生合理安排课外体育活动时间，推动学生积极参与常规课余训练和体育竞赛，加强体育社团建设，提高社团训练专业度；

（六）组织开展劳动实践活动，内容涉及日常生活劳动、生产劳动和服务性劳动中的知识、技能与价值观。设立“学生劳动教育宣传月”，开展劳动教育宣传，积极营造“劳动最光荣”的校园文化。结合专业能力素质要求、职业发展需求和教学计划安排，分层分类设立学年劳动周。

第八十七条　创新创业学院在课外教育活动中，应做好以下工作：

有效完善大学生创新创业训练计划和各类学科竞赛管理办法，丰富大学生创新创业活动，加强对大学生创新创业训练计划及学科竞赛的管理并贯彻实施，提升大学生创新创业能力。

第八十八条　体育学院应积极推广中华传统体育项目，构建校园体育文化发展与传播体系，一学院（部）一体育专业教师开展学生课外体育训练指导工作，打造特色体育运动项目，健全体育锻炼制度，丰富体育训练内容，广泛开展普及性体育运动，定期举办学生运动会。加强对课外指导工作的考核并建立相应考核制度。

第八十九条　各教学单位应根据学校课外教育计划和活动要求，根据学科及专业特点，积极开展文化与科技活动、大学生创新创业训练计划活动等，丰富活动内容，提升活动品质，并做好活动的管理和指导工作。

第六节　教学档案管理

第九十条　教学档案管理的责任人为分管本科教学校领导，由教务处、各教学单位具体执行；由学校档案馆和教务处负责监督。

第九十一条　教务处在教学档案管理中，应做好以下各项工作：

（一）制定、修订本科教学档案归档要求和管理工作规范；

（二）指导各教学单位按教学档案管理工作规范，开展教学文件归档与管理工作。

第九十二条　各教学单位应根据学校教学档案归档要求和管理工作规范，做好教学文件、教学成果、试卷、毕业论文（设计）、实验实习报告等基础档案资料和教学建设、教学运行管理等教学管理档案的归档与管理工作。

第九十三条　档案馆、教务处应做好以下各项监督工作：

（一）对教学文件是否按要求和规定进行归档管理，档案是否齐全规范进行督查；

（二）对是否采用先进的管理手段，以便于档案的查找和利用进行检查；

（三）将检查结果反馈给档案管理责任人、各教学单位并督促整改。

第七章　学生发展保障

第九十四条　学生发展保障的责任人为分管本科教学和学生工作的校领导，主要内容有：学生学业指导与服务、创新创业、学生职业规划、就业指导与服务、学生心理健康与咨询，学生资助等。由教务处、学生工作部（处）、团委和各教学单位具体执行。

第九十五条　教务处在学生发展保障中，应承担的工作有：

（一）充分发挥大学生学习援助中心各项功能，建立有效的学业咨询与支持体系，根据学生学业进展情况，提供个性化学业指导和咨询。依据学生学情调查，为学生提供满足学生学习需求提升学习成效的支持和服务。制定有利于帮助学生发掘和实现自身学习潜力的策略。建立助学者数据库，搭建学生和教师互相沟通交流的平台等；

（二）建立学业预警制度，对学生的学业情况进行跟踪和提醒；

（三）强化创新创业教育改革，搭建大学生创新创业与社会对接平台。充分发挥学校国家级众创空间、省级双创示范基地等的引领、示范、辐射作用，强化创新创业导师培训，发挥“互联网＋”大赛引领推动作用，以赛促学，以学促教；

（四）鼓励学生参加职业资格考试，积极提供各类考试信息，提供学习支持，促使学生在完成学业的同时，获取多种资格证书，增强就业创业的竞争力；

（五）积极发挥大学生职业规划中心各项作用，做好学生职业规划服务工作。定期开展新生和毕业生两个不同特点的学生群体的团体辅导活动；为本科生提供个别职业辅导和咨询活动；不定期的组织对从事职业发展规划和就业指导课教师开展有针对性的培训；对职业生涯规划课和就业指导课进行监督检查；

（六）与第三方评价机构合作，开展学生成长评价，及时掌握学生大一至大四不同阶段学习成长状况，为教学管理、学生管理提供有益帮助。

第九十六条　学生工作部（处）、团委在学生发展保障中，应做好以下工作：

（一）根据上级主管部门有关大学生就业方面的规定，制（修）订就业指导与服务的各项措施，加强就业指导工作并贯彻实施；

（二）组织开展学生就业指导、就业咨询等服务；

（三）组织各类型招聘会，坚持“走出去，请进来”，为学生就业提供准确有效的信息和便利条件；

（四）做好毕业生就业服务工作，及时上报、统计、分析毕业生就业情况，提交分析报告；

（五）制（修）订社会对毕业生满意度调查分析指标，与第三方评价机构开展合作，开展毕业生质量跟踪调查，提交分析报告；

（六）建立健全大学生心理健康咨询制度，面向全校学生有效开展心理健康咨询和疏导工作；

（七）加强心理健康咨询教师队伍建设，有效提升心理健康咨询能力；

（八）做好心理健康咨询教师的考核和考评工作，确保心理健康咨询教师能够有效胜任并开展心理健康咨询工作；

（九）发挥学生资助管理中心各项职能，构建“奖、助、贷、偿、补、勤”六位一体的资助、育人相结合的资助体系，促进学生的全面发展。做好各类资助金的审核、发放、管理工作，积极开展全校学生的诚信教育工作，实现对家庭经济困难学生从经济帮困到精神解困及技能脱困；

（十）推动本科生一体化育人工作落实、落细，做好《西北民族大学本科生一体化育人工作实施细则》的各项工作。

第九十七条　各教学单位在学生发展保障中，应做好以下工作：

（一）促进本科生导师制的推广，认真组织开展学业指导工作，使学生了解和掌握学校及本专业相关学业要求及进程要求，按照不同学生的特点，帮助学生制订学业进程修读计划；

（二）根据学校要求对学生进行就业指导，开展毕业生质量跟踪调查；

（三）对学生在学习及生活中遇到的困难进行帮扶；

（四）负责对学校提出学业预警的学生进行跟踪指导，提高学习质量。

第八章　本科教学质量监控

第九十八条　本科教学质量监控的责任人为校长，责任单位为本科教学质量目标、标准制定责任单位，师资队伍、教学资源、培养过程、学生发展保障的具体执行单位。通过完善学校和各教学单位两级教学质量监控制度，构建分工合作、灵活高效的教学质量监控体系。本科教学质量监控的内容与要求如前所述（第三章至第七章内容），方式与方法包括日常监控、专项监控。

第一节　日常监控

第九十九条　日常监控包括“三期”检查、教学督导工作、管理人员听课、教学例会制度、专项教学检查、教学业绩考核等。

第一百条　教务处在日常监控中应做好以下各项工作：

（一）组织实施“三期”检查，包括期初、期中、期末三段式检查，做到全时段、全过程监控：

1. 期初教学检查，重点检查教学准备情况。各教学单位按照本学期承担的教学任务，在开学的前2天，对理论课、实验、实习实训、课程设计、毕业设计等逐项逐课自查教学准备情况，包括教学文件（如：教学大纲、教材、教学日历、教案等）、开课场所及设施、仪器设备、实验耗材等；校领导巡查，由校领导带队，学校办公室、教务处等相关部门组成巡查组，在开学前深入教学单位、各教学场所、场地、宿舍、食堂等巡查，发现问题，限期在开学前完成整改等工作；开学初教学运行检查。由教务处牵头，会同各教学单位负责人及教学督导委员，在开学初3天完成各教学单位教学运行情况的检查；

2. 期中教学检查，重点检查各项教学任务落实和执行情况。各教学单位依据教务处通知要求，主要从教学常规检查、课程考核及成绩填报、实践教学和教学管理等方面进行自查，分析教学管理、教学运行、教学改革等方面存在的问题，并制定具体的、针对性强的改进措施，形成总结报告。教务处会同教学督导委员负责督查；

3. 期末教学检查，重点检查期末课程考试、考核工作。各教学单位依据《西北民族大学本科课程考核管理办法》和课程教学大纲，对每门课程考试试题、标准答案的审核和审定、考试过程、试卷评阅过程、成绩填报、提交过程等做好自我监督和检查；教务处组织教学督导开展期末巡考，加强考风考纪建设；

（二）建立学校和各教学单位两级教学督导制度，发挥督导委员督教、督学、督管职责。学校成立教学督导委员会，各教学单位设立教学督导组。组织教学督导委员依据督导工作相关制度，开展督导工作。重点加强对教师落实立德树人根本任务、思想政治理论课开设、讲授、教材选用与将课程思政融入课堂教学、培育和践行社会主义核心价值观、遵守《新时代高校教师职业行为十项准则》等情况的监督与评价。

教学督导委员通过听课、查课、专项教学检查、与师生交流、参加教师课堂教学比赛的评选和观摩教学等形式，检查各教学单位执行人才培养标准、教学标准、管理制度和相关规定的情况及教师主要教学环节的情况，内容包括：教师执行教学进度的情况，教师按课程表教学的情况，实践教学内容，综合性、设计性实验课程的比例，实验室开放情况，对毕业论文（设计）、实践环节的计划落实情况，实践教学内容和体系是否符合本科教学质量要求情况，每学期开学、期中和期末进行教学检查的执行情况，考试管理和考场纪律情况等；

（三）落实学校管理人员听课制度。为保证学校领导干部和教学管理人员能够深入教学第一线，及时发现与解决教学过程中出现的困难和问题，强化教学服务与教学保障意识，不断提高学校的管理与服务水平，相关人员应依据《西北民族大学管理人员听课管理办法》的要求，做好听课工作。教务处及时收集、整理、统计、分析、分级分类反馈听课意见和建议；

（四）定期召开有校领导出席的教学例会，安排部署阶段性的教学工作，总结通报、研究解决教学过程中出现的问题，坚持立行立改；

（五）组织开展各类专项教学检查。落实校、院（部）两级全过程专项教学检查。学校层面专项教学检查注重监控督查，院（部）层面专项教学检查注重自纠自改。主要涉及教学各环节及教学管理、教学保障等方面的工作，主要包括教学计划、教学运行、教学基本建设等。专项教学检查采取问卷调查、师生座谈会、随机听课、实地察看、听取汇报等多种方式。根据教学工作实际情况，适时开展如考试试卷专项检查、实验课教学专项检查、毕业设计（论文）专项检查、实习（实训）专项检查、教材建设专项检查、“马工程”教材专项检查、思想政治理论课讲授专项检查等专项教学检查工作；

（六）制定教学单位教学业绩考核标准、流程、奖惩办法，发挥考核工作“指挥棒”作用，定期对教学单位的教学管理、教学质量保障与监控、专业基本建设、教育教学水平、创新创业、学生学习成效及“强基行动”、招生工作等 7 个方面教学工作开展考核，全面监测教学单位的教学管理工作业绩，促进教学管理工作的进步。

第二节　专项监控

第一百零一条　专项监控包括本科教学基本状态数据、质量年报。根据国务院教育督导委员会办公室和教育部高等教育教学评估中心要求，由高等教育质量监测国家数据平台按年度上报本科教学基本状态常态监测数据。通过对本科教学基本状态常态监测数据整理、统计、分析、填报，对学校有关本科教学质量的各个观测点加以监测，建立全环节常态化监控长效机制，实现全员参与、全过程管理、全方位监控。建立本科教学质量年报制度，在本科教学基本状态常态监测数据分析报告的基础上编制本科教学质量年度报告，分析、总结、全面梳理学校年度本科教学质量方面取得的成绩与不足，面向全校和社会公众公布，积极回应社会关切、主动接受社会监督，促进问题的整改落实。

第一百零二条　教务处在专项监控工作中应做好以下各项工作：

（一）本科教学基本状态常态监测数据包括学校基本信息、学校基本条件、教职工信息、学科专业、人才培养、学生信息、教学管理与质量监控、师范类专业情况、临床医学专业情况、工科类专业情况等。发布关于开展学校本科教学基本状态数据采集工作的相关通知，根据数据内容逐条分解填报任务，梳理填报流程，将责任落实到人并督促执行，同时对数据填报过程中出现的问题加以分析总结、持续改进；

（二）重点监测学校本科教育教学水平标志性观测点数据，包括突出思想政治教育、教授为本科生上课、生师比、生均课程门数、优势特色专业、学位论文（毕业设计）指导、学生管理与服务、学生参加社会实践、毕业生发展、用人单位满意度等。通过对标审核评估标准、《普通高等学校本科专业类教学质量国家标准》、各类专业认证标准，挖掘分析数据内涵，总结经验，提出预警；

（三）发布关于编制学校本科教学质量报告工作的通知，依据本科教学基本状态常态监测数据分析报告及报告编制内容要求，逐条分解编制任务，上下联动，全面梳理学校本科教育教学各环节工作，全面总结本职能部门在学校本科教育教学工作中承担的责任与完成工作的成效等情况，强化人才培养中心地位，健全立德树人落实机制，摸清家底、查摆问题、总结经验、持续改进。同时要求各教学单位编制本单位年度本科教学质量报告。通过编制工作，达到全员、全过程、全环节常态化监测的目的。

第九章　本科教学质量评价

第一百零三条　本科教学质量评价的责任人为校长，责任单位为本科教学质量目标、标准制定责任单位，师资队伍、教学资源、培养过程、学生发展保障的具体执行单位。本科教学质量评价以学生发展为本位，强化学生中心、产出导向、持续改进，把立德树人成效作为检验教育教学工作的根本标准，注重以德为先、五育并重的德育、智育、体育、美育、劳动教育质量综合评价，达到以评促建、以评促改、以评促管、以评促强的目的。本科教学质量评价方式包括内部评价和外部评价。

第一节　本科教学质量内部评价

第一百零四条　本科教学质量内部评价的责任单位是教务处和各教学单位，包括思政课与课程思政评价、学生学业评价、学生体育、美育、劳动教育评价、毕业要求达成评价、教师教学评价等。

第一百零五条　在教学质量内部评价中，应做好以下工作：

（一）加强《习近平总书记关于教育的重要论述研究》《中华民族共同体意识教育》等必修课、“铸牢中华民族共同体意识”通识教育平台系列选修课、课程思政示范课程等建设成效评价，充分发挥课堂教学“主渠道”作用；

（二）落实思想政治理论必修课闭卷考试工作；

（三）积极改革学业评价方式。加强考试管理，严格过程考核，综合应用笔试、口试、非标准答案考试等多种形式，全面考核学生对知识的掌握和运用。健全过程性考核与结果性考核有机结合、能力与知识考核并重的学业考核评价体系，科学增加过程性考核的次数和挑战度，合理提高过程性考核成绩占比，引导学生注重过程学习；

（四）从严落实《西北民族大学课堂教学行为规范》，严格规范师生教学行为，加强课堂参与和课堂纪律考查，增加课堂纪律考查权重，将学生课堂考勤和表现成绩记入学生课程成绩；

（五）充分利用信息技术，强化毕业论文（设计）管理系统在选题、开题、答辩等环节的全过程管理，对形式、内容、难度进行严格监控与评价，逐步落实本科生学位论文（设计）检测及抽检工作，提高毕业论文（设计）质量；

（六）推进学校本科“强基行动”落地落实。探索逐步将通过或获得CET、NCRE、MHK、外语等级考试、教师资格证书、国家职业资格证书等作为学生毕业参考条件，严格学业要求；

（七）强化学生体育、美育、劳动教育评价与德育、智育评价有机融合。将体育、美育、劳动教育纳入人才培养全过程，严格各类课程开设刚性要求。制定并严格落实《西北民族大学新时代体育工作实施方案》《西北民族大学新时代美育工作实施方案》《西北民族大学新时代劳动教育实施方案》，针对课程目标、课程设置、教材选用、考试考核等环节制定质量标准，实现学生德智体美劳五方面学习过程及效果可记录、可衡量、可呈现、可综合评价；

（八）各教学单位应制定本单位各专业毕业要求达成的评价机制和方法，包括评价制度、评价周期、评价依据（主要来源于课程目标达成评价结果）、评价程序、评价方法和评价责任人。运用信息技术全过程监控与评价专业教学过程用以保障专业毕业要求达成；

（九）注重教师课堂教学过程评价，建立课堂教学质量即评即改机制，改进结果评价，强化过程评价，探索增值评价，构建教师主导、学生参与、学院（部）监督、学校统筹指导的教学质量评价模式。在学校教学质量管理平台中加入即时评价和日常反馈组成的教学过程评价，鼓励教师主动开展以随堂评价为主要形式的过程性评价，建立师生参与的教学主体评价机制；

（十）坚持把师德师风作为第一标准，突出教育教学实绩，强化一线学生工作。严格落实教授为本科生上课制度，建立师德师风考核、同行评价、学院（部）评价、学生评教等方式全链条多维度全方位评价教师教学质量的评价体系，校院（部）两级协同联动，确保教师教学能力不断提升。

第二节　本科教学质量外部评价

第一百零六条　本科教学质量外部评价的责任单位是教务处和各教学单位，包括各类型专业认证、评估和专业综合评价、第三方评价等。

第一百零七条　在教学质量外部评价中，应做好以下工作：

（一）在各类型专业认证（工程教育认证、师范类专业认证、医学类专业认证、三级认证）、审核评估、专业综合评价工作中，制定学校认证评价工作实施方案；正确解读认证评价指标和标准；根据指标和标准加强相关工作建设；统计、汇总、核准、校正、填报认证评价监测数据；组织专门人员撰写申请书和自评报告；接待认证评价专家进校现场考核；认证评价后的整改落实等；

（二）积极与第三方评价机构合作，构建学生成长与发展、毕业生发展、用人单位满意度等常态化监测与评价机制，建立包括毕业生就业质量年度调查、毕业生跟踪调查、用人单位满意度调查，在校生学习成长评价与学情分析调查、专业综合评价监测等内容的第三方评价体系。各教学单位做好基础数据的准确、及时提供，教务处做好协调沟通，确保各项调查结果真实有效。充分利用信息化手段，搭建监测平台，收集、整理、统计、分析相关数据，为人才培养各环节持续改进提供有效数据支撑，促进学校教学质量的持续提高。

第十章　本科教学质量改进

第一百零八条　本科教学质量持续改进的责任单位是学校相关党政机构、教辅单位、科研单位、教学单位，内容包括本科教学质量信息反馈与持续改进。

第一节　本科教学质量信息反馈

第一百零九条　本科教学质量信息反馈包括日常监控信息的反馈、专项监控信息反馈、本科教学质量内部评价信息的反馈、本科教学质量外部评价信息的反馈。

（一）日常监控信息的反馈。通过“三期”检查、教学督导工作、管理人员听课、教学例会制度、专项教学检查、教学业绩考核等日常监控方式获得的质量信息，涉及党政机构、教辅单位、科研单位、教学单位的由教务处通过《教学简报》《督导简报》、总结报告、工作信函等方式反馈至相关单位；涉及教师个人教学行为的由教务处通过各教学单位反馈至教师本人，督导委员会或教学单位督导组督导委员也可通过交流面谈形式反馈；

（二）专项监控信息反馈。深入挖掘高等教育质量监测国家数据平台常态资源，通过在本科教学基本状态常态监测数据统计分析基础上编制本科教学质量年报的方式，反馈教学质量信息至全校师生及社会公众；

（三）本科教学质量内部评价信息的反馈。通过思政课与课程思政评价、学生学业评价、学生体育、美育、劳动教育评价、毕业要求达成评价、教师教学评价等方式获得的质量信息，涉及学生的由各教学单位反馈至学生班级及本人；涉及教师的则由组织人事部、教务处通过各教学单位反馈至教师本人；涉及教学单位教学管理的由教务处反馈至各教学单位；

（四）本科教学质量外部评价信息的反馈。通过专业认证、评估和专业综合评价获得的质量信息，由教务处收集整理专家（组）考察报告、评估报告等反馈至有关单位；第三方评价机构出具的各类调查、监测报告由教务处、学生工作部（处）、团委反馈至各教学单位、有关部门及全校师生。

第二节　本科教学质量持续改进

第一百一十条　为了确保教学质量持续改进，各相关单位应做好以下工作：

（一）各相关单位基于监控、评价反馈的质量问题、信息、建议制定相应的整改方案，明确整改路线图、整改具体时间节点、具体环节、责任人等内容，落实改进工作；

（二）建立本科教学质量改进责任问责机制、激励机制，健全复查制度，建立“回头看”机制。做到责任落实、制度落实，提供充足的经费等资源保障，做到资源落实，成立相关专门组织负责教学质量改进工作的管理与评审，针对整改情况及时进行复查，防止问题反弹。做到组织落实，以实现教学质量保障体系的循环闭合，形成教学质量持续改进机制，促进教学质量的螺旋上升。

第十一章 奖惩

第一百一十一条 学校每学年按照本科教学质量保障要求，依据《西北民族大学教学工作奖惩办法》对本科教学质量保障工作做出显著成绩的单位和个人予以表彰。

第一百一十二条 学校按照本科教学质量保障要求，对本科教学质量保障工作失职的单位和个人予以批评，并要求予以整改。

第十二章 附则

第一百一十三条 本办法由教务处负责解释并适时进行修订。

第一百一十四条 本办法自印发之日起施行。原《西北民族大学本科教学质量保障、监控与评估实施办法（试行）（2007年）》（民大发〔2007〕124号）即行废止。

西北民族大学管理人员听课办法

第一章　总则

第一条　为全面贯彻落实《深化新时代教育评价改革总体方案》《关于深化新时代教育督导体制机制改革的意见》等文件要求，保证学校领导干部和管理人员深入教学第一线，全面、准确了解和掌握教学动态，及时发现与解决教学过程中出现的困难和问题，强化管理育人和服务教学意识，进一步加强对课堂教学的监督检查和工作指导，不断提高学校的治理能力与服务水平，不断提高教育教学质量，结合学校实际，制定本办法。

第二条　以习近平新时代中国特色社会主义思想为指导，以铸牢中华民族共同体意识为主线，紧紧围绕落实立德树人根本任务，确保人才培养中心地位和本科教学核心地位，强化教风、学风建设，实现各部门齐抓共管，全面提升教育教学质量。

第二章　听课范围

第三条　听课人员包括：校领导，教学单位、党政机构、科研单位、教辅单位处级（含副处级）管理人员，教学单位教研室、实验室主任（副主任）。

第四条　听课对象以本科生课程为主。已立项的各级重点建设课程（如国家级、省级一流课程、课程思政示范课堂等）、专业核心课程、思政课程、新开课程、新任教师所开课程以及学生反映意见较多的课程等作为听课重点。

第三章　听课方式与内容

第五条　听课方式可采取线上听课、线下听课或利用教室监控设备等听课，不预先通知授课教师。

第六条　听课内容主要包括师生遵守《西北民族大学课堂教学行为规范》情况和教学环境设施基本情况等。

（一）教师授课基本情况。学校党政领导、各职能部门人员听课，主要对意识形态、师德师风建设、铸牢中华民族共同体意识、落实立德树人根本任务、教学态度、教学内容、教学方法、教学效果等作出评议；教学单位管理人员听课，除对上述内容予以评价外，还应着重对教学大纲的贯彻、教学内容的选择、教学重点与难点的把握等作出评价和分析。

（二）学生上课基本情况。检查学生出勤情况、课堂纪律、精神面貌、课堂学习气氛、学习的主动性和积极性等情况。

（三）教学环境设施。检查教室内教学仪器设备、教室环境卫生、灯光照明、周边环境等情况。

第四章　听课要求

第七条　听课人员应严格按照规定的听课学时要求完成听课工作。

（一）校领导每学期听课不少于4学时，且至少听1学时思想政治理论课。主管教学的校领导每学期听课不少于6学时。

（二）组织人事部、宣传部、学生工作部（处）、团委、发展规划与学科建设处、教务处处级（含副处级）管理人员每学期听课不少于6学时。学校其他党政机构、科研单位、教辅单位处级（含副处级）管理人员每学期听课不少于4学时。

（三）教学单位领导班子成员每学期听课不少于6学时，其他管理人员每学期听课不少于4学时，教研室主任（副主任）、实验室主任（副主任）每学期听课不少于8学时。

（四）听课人员应合理安排听课进度，将听课过程贯穿于整个学期，截至第4周、第8周、第12周、第16周分别完成听课时数的25%、50%、75%、100%。

第八条　听课人员原则上在上课前进入教室，应尊重师生，自觉遵守纪律，不得干扰正常课堂秩序。

第九条　授课教师应积极配合听课活动，不得以任何理由拒绝管理人员听课。

第五章　听课信息反馈

第十条　听课人员需认真、如实填写听课记录表，课后应抽出适当时间与授课教师交流，并向授课教师反馈听课情况。其他有关教学条件、教学环境及教学安排等方面的问题，及时向教务处或有关职能部门反馈，以便及时妥善解决改进。对意识形态、师德师风等问题应第一时间将有关情况反馈至相关部门。

（一）校领导听课记录表在听课进度截止周内由学校办公室统一交至质量监控与评估中心。

（二）党政机构、科研单位、教辅单位听课记录表在听课进度截止周内由本单位综合管理办公室统一交至质量监控与评估中心。

（三）教学单位听课记录表在听课进度截止周内交至本单位教学管理办公室，每月形成报告。

第十一条　质量监控与评估中心应加强听课工作的过程管理，要对学校各单位的听课情况随时进行抽查、督导，并根据全校管理人员听课总体情况，分析总结学校听课制度落实情况，并按月予以通报；对听课人员提出的意见与建议及时反馈有关部门，积极协调督促切实解决。对听课中发现教师教学中存在的理论或技术问题，质量监控与评估中心应及时与教师教学发展中心联动，安排相关专家帮助教师改进提高；如为共性问题，可通过举办培训班、专题讲座等形式，不断提升教师教学能力和水平。

第十二条　教学单位对授课教师评价信息进行梳理分析，督促授课教师持续改进。教学单位每学期末撰写听课总结报告（主要包括本学期听课基本情况、听课过程中发现的问题、教师讲课特点和听课情况统计表等）报送质量监控与评估中心。

第十三条　党政机构、科研单位、教辅单位、教学单位听课人员征询师生对教学工作和教学管理工作的意见和要求，将听课中发现的问题及时反馈至质量监控与评估中心及有关教学单位或相关部门。属于听课人员所在部门职责范围的问题，应尽快协调解决，并作为提升教学水平、改进教学管理、改善教学条件、提高教学质量的重要依据。

第六章　附则

第十四条　教学单位管理人员的听课情况纳入本单位年度教学工作考核。

第十五条　本办法自印发之日起执行，原《西北民族大学管理人员听课制度》（民大发〔2015〕655 号）即行废止。本办法与国家政策或上级规定不一致时，以国家政策和上级文件规定为准。

西北民族大学教学督导工作办法

第一章　总则

第一条　为贯彻落实《深化新时代教育评价改革总体方案》《关于深化新时代教育督导体制机制改革的意见》《关于深化高校教师考核评价制度改革的指导意见》等文件精神，进一步加强学校教学管理和教学质量监控，促进教学质量和教学水平的全面提高，结合学校实际，修订本办法。

第二条　坚持以习近平新时代中国特色社会主义思想为指导，以铸牢中华民族共同体意识为主线，落实立德树人根本任务，践行社会主义核心价值观。

第三条　落实"学生中心、产出导向、持续改进"理念，完善校、院（部）两级教学管理和教学质量监控体系，遵循"督"与"导"相结合的原则，切实发挥督教、督学、督管职责，提高人才培养质量。

第二章　工作组织

第四条　实行学校和学院（部）两级教学督导制度。学校设立教学督导委员会，开展全校教学督导工作；学院（部）设立教学督导组，开展本学院（部）教学督导工作。各班设立学生督导信息员，开展本班教学信息的收集、整理、反馈，发挥学生在教学中的主体作用。

第五条　学校教学督导委员会设主任委员 1 名，由校长兼任；委员会设副主任委员若干名，分别由分管本（预）科、研究生教育的校领导担任。学校教学督导委员会设立文科组、理科组、医学组、研究生组，每组设组长 1 名。教学督导委员 20—40 名，实施动态调整，学校教学督导委员会办公室设在负责学校督导评估工作的职能部门。

第六条　学院（部）教学督导组设组长 1 名，由单位主要负责人担任，负责学院（部）教学督导组工作。学院（部）制订与本学院（部）学科专业相适应的教学督导组工作制度，组织开展教学督导工作。

第三章　人员选聘

第七条　学校教学督导委员聘任条件

（一）政治觉悟高，热爱高等教育事业，关心学校教育教学发展，教育理念先进，教学能力强、教学管理经验丰富。

（二）自觉践行“四有”好老师标准，坚持原则，实事求是，严谨有威望，乐于培养、鼓励青年教师成长成才。

（三）原则上具有副教授（含副教授）以上职称退休教师，或长期从事教育教学管理的退休干部，校友代表、行业企业代表。

（四）身体健康，原则上年龄在70周岁以下。

第八条　学校教学督导委员聘任

（一）学校教学督导委员需本人同意，各单位党政联席会议确认推荐，教务处初步审核，经各相关部门审核后，报分管校领导同意，提交学校校长办公会议审定批准，颁发证书予以聘任。

（二）学校教学督导委员任期两年，可连聘连任。

（三）教学督导委员会委员根据实际情况实施动态管理，在聘期内，教学督导委员因个人原因可提出解聘申请。同时，按照督导聘任程序选聘继任人员。

第九条　学院（部）教学督导组成员由所在学院（部）组织聘任、负责管理并报学校教学督导委员会办公室备案。具有高级专业技术职称的教师均有承担学校教学督导工作的责任和义务。学院（部）教学督导组成员7—15人，包括党政主要负责人，其他成员由学院（部）根据本单位实际情况自行选聘。

第四章　岗位职责

第十条　在督导履行岗位职责过程中，贯彻落实全国教育大会精神，重点加强对落实立德树人根本任务、意识形态阵地管理、师德师风建设、课堂教学建设、教材建设、课程思政建设、教师课堂行为规范、教师职业行为等情况的监督，加强对专业教师课程育人的督导，学校教学督导委员岗位职责包括：

（一）常规工作

1. 深入各类课程课堂听（查）课、看课（每人每月不少于16学时），对课堂教学效果进行及时诊断，主要对优质课程、新开课程、教学效果评价一般或有异议的课程等，进行随机或针对性听课。听课结束后应主动与任课教师进行交流与沟通，对其授课过程中存在的问题和不足提出意见与建议，切实帮助教师提升教学能力提高教学质量；对课堂教学效果一般的教师进行警示提醒和跟踪指导，帮助教师提高教学技能和水平。

2. 开展教学运行、课程考核、实验实践、毕业论文（设计）等工作检查，促进教学各环节按标准规范运行。

3. 参加学校安排的考试秩序巡查工作，促进学校教风、学风、考风的提升。

4. 推荐课堂教学效果突出的教师、优秀课程等，总结教育教学成果，及时宣传推广先进的教学经验。

5. 选树课堂教学革命典型案例，推进课堂教学革命，提出教学改革的意见和建议，为学校改进教学工作提供借鉴参考。

6. 检查管理人员听课情况，促进管理人员深入教学一线，动态了解学校教学情况，提升管理能力。

7. 对研究生教育教学质量进行督导，检查学位点建设情况，督查学位点评估工作，提出建设性意见和建议。

（二）专项工作

1. 参加学校师德师风建设、人才培养方案修订、专业建设与认证、课程建设、教材建设、教研教改、课程思政等教育教学工作的指导，对影响教育教学质量关键环节的主要问题组织专题研讨，形成报告材料，提出改进意见和建议。

2. 不定期地对学院（部）进行走访、座谈，加强与学院（部）的联系和交流，了解和掌握学院（部）的教学情况，针对问题给予指导。

3. 参加每学期组织召开的教学督导工作会议，交流听课和常规检查情况，共同商讨教学检查过程中发现的问题，对如何提高教学质量、推动教学改革、加强教学管理等提出意见和建议。

（三）其他工作

1. 参加教师课堂教学比赛的评选工作和教学观摩工作。

2. 指导和培养青年教师，帮助教师提高教学技能。

第十一条　学院（部）教学督导组成员岗位职责

（一）对学院（部）落实立德树人根本任务、师德师风建设、学风建设等情况进行调查研究和监督，并提出针对性的改进意见或措施。

（二）深入课堂教学、实验实践教学、毕业设计（论文）等教学环节，进行实地调研与监督，并就改进教学工作、提高教学质量提出建议。

（三）积极参与学院（部）各专业人才培养方案的制（修）订、专业建设的评估与认证、教师课堂教学质量的评价、试卷质量检查等工作。

（四）检查并督促教研室执行教学管理文件和制度（包括人才培养方案、教学大纲、授课计划等）。

（五）检查管理人员听课、同行评价、学院（部）评价等工作情况。

（六）对研究生培养过程进行督导，监督研究生招生复试、面试环节，检查研究生人才培养方案、教学大纲、专业实践计划等培养材料的制定及执行，督导研究生学位论文的开题、中期检查、答辩等过程及导师指导研究生情况。

（七）学院（部）安排的其他教学督导工作。

第十二条　学校教学督导委员会办公室职责

（一）突出教学中心地位，依据学校年度教学工作要点，确定每学期工作重点，制订学期工作计划，开展工作。

（二）及时掌握全校教学督导工作动态，负责教学督导信息的反馈以及日常管理。

（三）负责编制发布《督导简报》，组织召开教学督导工作会议，总结、推广教学督导工作经验，开展教学督导科学研究。

第五章　工作考核与待遇

第十三条　教学督导工作考核内容

（一）认真履行督导岗位职责，按时完成督导工作任务。

（二）遵守工作纪律，严格评价标准，做到客观、公正、科学、合理，不擅自外传评议结果，不无故缺席相关活动及会议。

（三）参与学校教学督导委员培训相关活动，及时研究新形势下高等教育思想、教育理念与教育模式，了解和掌握国内外高校特别是本校教学改革和发展的信息，解放思想、更新观念、开拓进取、求实创新，不断提高教学督导的水平。

（四）学校教学督导委员会各组组长除完成督导基本工作任务外，负责计划安排本组督导成员听（查）课工作，编制完成本组成员督导工作情况简报，内容主要包括：师德师风建设情况、教师授课情况、学生上课情况、对教师的意见及建议、学院（部）及教师整改落实情况等。

第十四条　学校教学督导委员待遇

（一）学校设立教学督导专项经费，列入学校年度预算，保证教学督导委员会正常开展督导工作和调研活动；学校教学督导委员享受补贴，补贴由基本补贴和超工作量补贴两部分构成，每学期结束时依据本人工作量计付。

（二）基本补贴标准：2400 元 / 月（组长）、1920 元 / 月（成员），不包括寒暑假，一年按十个月计算；校外督导以及承担榆中校区督导任务的督导按照 15 元 / 学时的标准给予交通补助。

（三）超工作补贴标准。听（查）课、专项检查补贴标准：榆中校区 55 元 / 学时（小时）、西北新村校区 40 元 / 学时（小时）。

（四）学院（部）教学督导组成员工作量纳入本单位奖励绩效统筹。

第六章　其他教学督导工作

第十五条　建立学生督导信息员队伍，充分发挥学生在教育教学中的主体作用，及时了解教育教学动态信息，保证教育教学质量监控信息的真实性、完整性、及时性、全面性，促进学校教学水平的不断提高。各班设立学生督导信息员，负责本班教学信息的收集、整理和上报工作。

第十六条　学生督导信息员需积极主动同学生、教师沟通，客观、公正、广泛收集汇总对教学过程各环节、教学管理与服务、学生学习状态、学风状况、教学条件方面的意见和建议。

第十七条　学生督导信息员一般情况下，每两周向所在学院（部）反馈一次教学质量信息；特殊情况可随时反映。

第十八条　各部门、各单位对学生督导提出的意见和建议进行核查，认真研究整改措施，并进行整改落实。

第十九条　学生督导信息员工作量依据《西北民族大学本科生一体化育人工作实施细则》（试行）相关标准认定积分。

第七章　附则

第二十条　学校教学单位、党政机构、科研单位、教辅单位及教师应重视和支持教学督导工作，自觉接受校、院两级教学督导的监督和检查。

第二十一条　对妨碍或拒绝教学督导的单位或个人，学校将追究其责任。

第二十二条　本办法自颁布之日起实施，原《西北民族大学本科教学督导工作办法》（民大发〔2016〕472号）、《西北民族大学学生教学信息员工作规定》（民大教字〔2006〕12号）即行废止。

第二十三条　本办法由教务处、研究生处负责解释并适时提出修订。

西北民族大学本科教学工作奖励办法

第一章　总则

第一条　为深入贯彻落实习近平总书记关于教育的重要论述和中央民族工作会议、全国教育大会、新时代全国高等学校本科教育工作会议等会议精神，立足新发展阶段，贯彻新发展理念，服务新发展格局，建设高质量教育体系，落实《深化新时代教育评价改革总体方案》，以铸牢中华民族共同体意识为主线，落实立德树人根本任务，强化本科教学中心地位，鼓励和支持广大教师积极投身新时代本科教育教学工作，不断提升立德树人成效，结合学校实际，制定本办法。

第二章　基本原则

第二条　坚持师德师风第一标准。坚持把师德师风作为教师素质评价的第一标准，通过奖励模范典型，激励广大教师真正做到教书育人和自我修养相结合，人人争做“四有”好老师，做好“四个引路人”，做到“四个相统一”。实行师德失范“一票否决”。

第三条　突出立德树人成效。将立德树人贯穿教育教学全过程，把做好思想政治工作和意识形态工作作为评价教师教育教学效果的重要内容和标准，坚决克服重智育轻德育、重分数轻素质、重结果轻过程等片面教学行为。

第四条　引导教师潜心教书育人。突出教育教学实绩，将认真履行教育教学职责作为奖励教师的基本要求，教师要潜心教书育人，上好每一节课、关爱每一个学生。

第五条　强化育人质量与水平。坚决破除“五唯”顽瘴痼疾，扭转不科学教育评价导向，重点聚焦人才培养质量、教育教学改革成效、教学资源建设等内容，突出专业特色，提升育人成效。

第三章　奖励对象

第六条　本科教学工作奖励以学院（部）为单位，面向全校所有本科专业，支撑成果须为教师在岗期间取得的以西北民族大学为第一完成单位的本科教育教学成果。

第四章　奖励内容

第七条　本科教学工作奖励主要包含三部分内容：

（一）本科人才培养成效：主要是指学院（部）积极提升学生综合素质和能力，为提高人才培养质量提供有力支持并取得突出成效。主要包括教师指导学生参加学科竞赛获奖、中国国际“互联网+”大学生创新创业大赛等。

（二）本科教育教学改革及资源平台建设成效：主要是指学院（部）主动推进教育教学改革、丰富教育教学资源并取得显著成效。主要包括本科专业建设、教学成果奖、课程资源建设、教材建设、各类平台建设、师资队伍建设等。

（三）教师教书育人成效：主要是指学院（部）加强教师队伍建设，鼓励教师坚守教书育人一线，潜心教学、全心育人，并取得显著成效。主要包括黄大年教师团队、教学名师、教学模范等。

第五章　奖励金额

第八条　奖励金额综合考虑本科人才培养成效、教育教学改革及教学资源建设成效、教师教书育人成效，以积分的形式计算（积分标准详见附件），按照1积分0.25万元的标准核算奖励金额。计算公式如下：

奖励金额＝（$\sum_i A_i+\sum_i B_i+\sum_i C_i$）$\times 0.25$

其中：A：本科人才培养成效

B：本科教育教学改革及资源平台建设成效

C：教师教书育人成效

第六章　奖励程序

第九条　本科教学工作奖励应遵循以下程序：

（一）申报。由各专业向所在学院（部）申报，提供支撑材料，学院（部）汇总填报《西北民族大学本科教学工作奖励申报表》，经学院（部）初审、公示无异议后报教务处。

（二）审核。教务处会同相关部门对成果负责人的师德师风、违法违纪、教学事故、受处分情况等进行审核。

（三）审议。学校教学指导专门委员会审议拟奖励名单及金额。

（四）公示。经学校教学指导专门委员会审议通过的拟奖励名单在全校范围内公示。如公示有异议，可在公示期内以书面形式向教务处、纪监审办公室反映。收到异议后，应复核异议，并予以答复。异议成立的，取消相应奖励。

（五）奖励。公示无异议的，经校长办公会审定后，发文并奖励。

第七章　组织实施

第十条　教学工作奖励原则上每年奖励1次，可结合工作实际调整。

第十一条　支撑成果或奖项的计算时间为上次奖励至此次奖励期间取得的成果。成果或奖项认定时间以文件发文日期或获奖证书落款日期为准。

第十二条　未按要求申报教学工作奖励的，视为所在单位和个人放弃申报。

第十三条　对不同级别的同一成果或奖项，按照最高级别进行奖励，不重复奖励。既可申报教学工作奖励、又可申报学校其他奖励的，只允许申报其中一种，不重复奖励。

第十四条　奖金一次性发放给学院（部），由学院（部）根据成果在立德树人成效方面做出的贡献和教师承担的工作量进行分配，分配结果经申报单位公示无异议后报教务处备案。

第十五条　负责人、指导教师或团队成员有以下情况之一的，再次分配时不予奖励：

1. 有师德师风失范行为的教师；

2. 未能完成教学基本工作量，未落实教授、副教授上课制度等教学要求的教师；

3. 在取得成果期、获得奖项期至申报奖励当年，有教学事故或受到其他处分的教师；

4. 在校期间受到处分的学生；

5. 根据学校相关规定不能奖励的师生。

第十六条　对未列入本办法范围的成果或奖项，提交学校教学指导专门委员会审议、认定其类型和级别，按照本办法奖励。

第十七条　如奖励的成果发生知识产权纠纷、违反学术道德规范、违反廉洁自律有关规定或虚假申报的成果，对已经授奖的要撤销奖励并追回奖金，按照学校相关制度予以严肃处理。

第十八条 学校每年设立专项教学奖励经费用于教学工作奖励，专款专用。

第八章　附则

第十九条　本办法由教务处负责解释，并根据相关政策变化或新政策出台进行适时修订。

第二十条　本办法自发文之日起实施，《西北民族大学本科教学工作奖励办法（试行）》（民大发〔2017〕388 号）同时废止。

西北民族大学教学团队建设与管理办法

为贯彻落实全国教育大会、新时代全国高等学校本科教育工作会议精神，依据《深化新时代教育评价改革总体方案》《教育部关于深化本科教育教学改革 全面提高人才培养质量的意见》等文件要求，通过建立健全团队合作机制，改革教学内容和方法，开发教学资源，促进教学研讨和教学经验交流，推进教学工作的传、帮、带，形成老中青相结合的教学梯队等方式，进一步推动学校教学团队建设，提高教师的教学水平，提升教育教学质量，制定本办法。

第一章　教学团队的设置

第一条　教学团队是指根据各学科专业的具体情况，以教研室、研究所、实验室、实验教学部、教学基地和实践基地等为建设单位，以课程或专业为建设平台，在多年的教学改革与实践中形成的具有明确发展目标和良好的教育教学效果的团队。

第二条　学校构建院级、校级、省级和国家级“四级”教学团队建设体系。其中，校级教学团队分为重点示范教学团队和重点扶持教学团队。

第三条　原则上，向省部级推荐的教学团队应在校级重点示范教学团队中产生，向国家级推荐的教学团队应在省级教学团队基础上产生，校级教学团队应在院级教学团队培育建设的基础上产生。

第四条　教学团队设置一个团队带头人，成员人数原则上为 7—11 人。教学团队成员的年龄、职称、学历、学缘结构合理。

第五条　团队带头人原则上应为本学科专业在编在岗教师。治学严谨、师德师风良好。熟悉本学科专业的发展前沿和改革趋势，具有较高的学术造诣和创新性学术思想，长期致力于本团队课程建设，坚持为本科生授课，教学效果良好。具有较好的团结协作精神和管理能力，在团队中有较强的凝聚作用。

第六条　校级教学团队每年评选一次，原则上每次评选重点示范教学团队 5 个，重点扶持教学团队 5 个。

第二章　教学团队的申报与立项

第七条　申报条件

全面贯彻党的教育方针，已形成良好的团队氛围，年龄、职称、学历、学缘结构合理，在专业建设、课程建设、教学方法和手段改革等方面取得明显成效。团队成员师德师风良好，无师德师风失范行为；近三年均完成额定教学工作量，无教学事故。并具备以下条件：

（一）重点示范教学团队申报条件

1. 近五年来应至少获得以下项目中的 1 项（团队成员应为以下项目第一完成人或负责人）

（1）有省部级及以上一流（特色）专业。

（2）有省部级及以上一流（精品）课程。

（3）有省部级及以上实验教学示范中心。

（4）有省部级及以上教学成果奖。

（5）有省部级及以上教学名师。

（6）有省部级及以上教研教改项目。

（7）有省部级及以上青年教师成才奖。

（8）承担过已出版的面向 21 世纪课程教材和国家级规划教材、省（部）级重点教材的编写任务。

（9）其他能反映团队教学研究与改革成果的省部级及以上奖励奖项。

2. 同时近五年来至少获得以下项目中的 3 项（团队成员应为以下项目第一完成人或负责人）

（1）校级及以上一流（特色）专业。

（2）校级及以上一流（精品）课程。

（3）校级及以上教育教学改革研究项目。

（4）校级及以上教学成果奖。

（5）校级及以上实验教学示范中心建设。

（6）校级及以上规划教材。

（7）在省级及以上刊物上发表高质量教学研究论文两篇以上。

（8）获学科竞赛及其他省部级及以上重大赛事的优秀指导教师、校级青年教师成才奖等其他校级教学奖励。

（9）其他能反映团队教学研究与改革成果的校级及以上奖励奖项。

（二）重点扶持教学团队申报条件

近五年来至少具备重点示范教学团队所列申报条件 2 中的 2 项。

第八条　申报、评审程序

（一）申报。申报团队填写《西北民大学教学团队申报表》，并向学院（部）提交相关支撑材料复印件。

（二）初审。由学院（部）对相关材料进行初审，经学院（部）教学委员会、党政联席会等进行审议，提出推荐意见后报教务处。

（三）复审。教务处会同相关部门对申报材料进行复审后提交学校教学指导专门委员会评审。

（四）评审。教学指导专门委员会坚持把师德师风作为第一标准，把团队负责人及成员的师德表现作为评审的首要要求，依据评审要求对参评团队相关材料进行审议，评选出校级教学团队。

（五）公示与认定。对教学指导专门委员会评审通过的教学团队进行公示。对公示无异议的，由学校发文认定。公示期间如对评审结果有异议，可向教务处提交署实名的书面意见申请复评。复评通过的，由学校发文认定。复评未通过的，不予发文认定。

（六）签订任务书。教学团队确定后，学校与学院（部）、团队带头人签订《西北民族大学教学团队建设目标任务书》，学院（部）、团队带头人根据任务书开展团队建设。

第三章　教学团队的主要任务与建设目标

第九条　教学团队建设的主要任务

（一）探索创新教育教学模式，改革人才培养模式，提高教学质量。

（二）优化完善课程体系和教材体系，研究制定课程教学大纲，及时更新教学内容，精选课程教材，全面提升课程质量。

（三）改进教学方法和手段，推进现代教育技术与教育教学的深度融合。

（四）加强对实践性教学环节的指导和实验室建设，指导学生参加各类实践创新活动和学科竞赛。

（五）积极开展教学研究，申报教学研究项目，注重研究成果向教学实践转化。

（六）注重青年教师的培养和指导，提升教师的教学水平和业务能力。

第十条　教学团队的建设目标

（一）重点示范教学团队

完成教学团队建设主要任务，至少取得以下标志性成果中的2项。

1. 获批省部级及以上一流专业。

2. 获省部级及以上一流课程。

3. 获省部级及以上教学团队。

4. 获省部级及以上教学成果奖。

5. 获省部级及以上实验教学示范中心。

6. 有省部级及以上教学名师。

7. 有省部级及以上规划教材。

8. 有省部级及以上教育教学改革研究项目。

9. 有省部级及以上青年教师成才奖。

10. 其他能反映团队教学研究与改革成果的省部级及以上奖励奖项。

（二）重点扶持教学团队

完成教学团队建设主要任务，以获得校级及以上教学方面成果为目标，并至少取得以下标志性成果中的 3 项。

1. 获批校级及以上一流专业。

2. 获校级及以上一流课程。

3. 获校级及以上教学成果奖。

4. 有校级及以上教学名师。

5. 有校级及以上教育教学改革研究项目。

6. 有校级及以上规划教材。

7. 有校级及以上实验教学示范中心。

8. 有校级及以上青年教师成才奖。

9. 其他能反映团队教学研究与改革成果的校级及以上奖励奖项。

第四章　教学团队的管理与考核

第十一条　教学团队实行学院（部）领导下的教学团队带头人负责制，院（部）长是教学团队建设的第一责任人，教学团队带头人负责教学团队建设的具体工作。

第十二条　考核与验收

（一）学院（部）应每年度对教学团队和团队带头人进行考核，考核结果纳入学院（部）当年年度绩效考核。考核结果报教务处备案。

（二）教务处不定期对在建教学团队的建设情况进行检查，对建设进展缓慢的督促整改。

（三）校级教学团队建设期原则上为 3 年。建设期满，教学团队需提交《西北民族大学教学团队建设总结报告》，由团队所在单位根据团队的建设目标、建设规划和建设任务完成情况等进行考核验收，考核验收结果报学校教学指导专门委员会审议。验收不合格的限期一年整改，再次验收不合格的将撤销项目。撤项的教学团队 2 年内不得申报校级教学团队。

第五章　教学团队的经费管理与使用

第十三条　学校将划拨建设经费支持已立项的校级教学团队建设。其中对重点示范教学团队支持 10 万元，重点扶持教学团队支持 6 万元。

第十四条　校级教学团队带头人按年度编制经费使用计划，学院（部）审核通过后报教务处审批。经费实行独立建账、专款专用，经费使用权归团队带头人，学校教务和财务部门负责监督检查。经费使用严格按照学校相关财务制度执行。

第十五条　对于撤项的教学团队，已划拨的建设经费从团队所在单位下一年教学工作年度考核津贴中扣除。

第六章　附则

第十六条　本办法由教务处负责解释。

第十七条　本办法自颁布之日起实施。原《西北民族大学教学团队建设与管理办法》（民大发〔2012〕487号）同时废止。

西北民族大学教研室工作管理办法

为全面落实《深化新时代教育评价改革总体方案》《教育部关于深化本科教育教学改革 全面提高人才培养质量的意见》，进一步加强基层教学组织建设，提高学校人才培养质量和教学科研水平，制定本办法。

第一章　教研室设置

第一条　教研室是按学科、专业或课程设置，围绕学校人才培养总体目标进行专业建设、课程建设、教材建设、教学活动、教学质量管理、教学改革和教学研究、科研活动和师资队伍建设的教学管理基层组织。

第二条　各教学单位根据专业学科、专业方向设立教研室，承担公共课的教学单位根据教学需要可相应设立公共课教研室。

第三条　教研室的设立、合并和撤销须由教学单位党政联席会议研究决定、组织人事部和教务处审核、学校主管领导审批。

第四条　教研室原则上应由 5 名以上教师组成。根据工作需要，可下设若干教学小组或课程组。

第五条　教研室设主任 1 人，人员超过 10 名或根据教研室特殊需要，可增设副主任 1 人。

第六条　各教学单位应在办公场所、办公条件等方面依据学校相关规定给予教研室支持。

第二章　教研室工作职能

第七条　在所属教学单位党委（党总支）的领导下，全面贯彻党的教育方针，坚持社会主义办学方向，落实立德树人根本任务，遵循教育教学规律和人才成长规律，根据学校和教学单位的实际需要开展工作。

第八条　专业建设。根据专业学科、专业方向设立教研室，须按教学单位要求参与制定专业建设规划、组织修订专业培养方案、构建支撑专业人才培养目标的课程体系等。

第九条　课程建设。各教研室须根据专业培养方案制定课程教学、实验、实习等教学环节的教学大纲，组织编制课程教学基本文件，推进一流本科课程建设，深入推进课程思政，组织试卷库或试题库建设，参与实习基地建设等。

第十条　教材建设。选定或编写适应教学需要、水平高、具有特色的教材和各种教学参考资料，鼓励支持高水平专家学者编写既符合国家需要又体现个人学术专长的高水平教材，充分发挥教材育人功能。

第十一条　教学活动。按照各专业的培养方案及教学大纲要求，落实本教研室承担课程及其他各项教学任务，合理安排课程备课、授课、辅导答疑、作业布置与批改、考试、考查、实验、实习、课程设计、毕业论文（设计）等教学环节，保证按要求完成各项教学任务。

第十二条　教学质量管理。定期组织教师互相听课、评教、观摩教学和教学质量检查分析；积极收集学生的意见和要求，帮助教师改进教学；定期开展教师教学教案、教学资料检查；组织教师做好考试的命题、阅卷和试卷分析工作；进行课程教学总结，提出改进教学的具体措施，不断提高教学质量。

第十三条　教学研究和教学改革活动。重视教学方法的改革、教学观念的改变和教学内容的更新，鼓励教师在各个教学环节上大胆探索、改革和创新，围绕提高教学质量，紧密结合各门课程内容、各教学环节实际，定期开展教材分析、专题讨论、教学方法探讨、教学经验交流、教书育人心得探讨等教学研究研讨活动。

第十四条　科研工作。根据学校、教学单位科学研究规划，结合教研室的学科特点，制订教研室科研计划，确定科研方向，积极争取科研课题和科研经费；开展各种类型的科学研究，宣传和推广科研成果；指导学生参加科技活动；定期举行学术讨论会等。

第十五条　师资队伍建设。教研室应做好教研室教师培养和梯队建设工作，有计划地开展教师培养培训；作为学术带头人的教授、副教授应积极通过“传、帮、带”等方式提升青年教师的教学能力和教学水平；对教师的思想品德、业务进修和工作情况要定期进行考核、考查和总结，作为教师定职晋级的依据。

第三章　教研室工作制度

第十六条　各教学单位须根据学校相关规章制度与要求，结合实际情况，组织制定、实施和完善以下工作制度：

（一）例会制度。一般情况下，每两周至少开展一次教研室活动，主要是组织教学业务活动，专题研究教学问题。教研室活动应做好记录；

（二）集体备课制度。同一门课程有2名以上教师讲授时，教研室应坚持集体备课制度，统一教学基本要求，共同进行教学研究，提高教育教学质量。

（三）同行评价制度。教研室主任（副主任）要深入课堂听课，及时了解教师的教学情况。以教研室为单位组成听课小组，组织教师集体听课和相互听课，开展观摩教学，对教师课程给出集体性的评价得分，提出改进意见。

（四）教学质量检查制度。按照学校、教学单位的部署，认真做好开学初、期中和期末教学工作检查，同时应加强各项工作的阶段性检查和经常性检查，组织教学督导及教学水平较高、经验丰富的教师对任课教师的各个教学环节进行集中检查或相互检查，并进行分析与评价，提出改进意见和措施，确保教学质量。

（五）计划与总结制度。每学期初应制定教研室活动计划，并组织实施，学期末进行检查、总结。

（六）教师年度考核制度。按照学校、教学单位对教职工考核的规定和安排，教研室结合教学工作检查情况，进行考核总结，审核教师年度考核登记表，经所在单位审定后报组织人事部，归入教师业务考核档案。

（七）教学资料归档制度。按照学校教学文件管理的规范要求，认真收集、积累应归档的资料，并安排专人进行分类整理和保存。

第四章　教研室主任

第十七条　教研室主任任职条件

（一）坚持把师德师风作为第一标准，热爱党的教育事业，贯彻党的教育方针，遵纪守法，具有良好的思想政治素质和职业道德，有理想信念、有道德情操、有扎实学识、有仁爱之心，为人师表，教书育人。

（二）坚持原则，秉公办事，严于律己，具有强烈的事业心和责任感。

（三）有较高的业务水平，思想作风正派，有一定的组织工作能力，能团结、组织全室同志完成教学科研任务。

（四）须选聘高水平教师担任，原则上应由具有高级专业技术职务的专业人员担任。

第十八条　教研室主任的职责

（一）加强理论学习，组织教师学习政治理论，学习党和国家的教育方针、政策，开展热爱党的民族教育事业、忠于职守、为人师表、教书育人等职业道德方面的集体学习与教育培训活动。

（二）根据学校和教学单位的工作要求，在单位负责人的指导下，全面负责教研室工作，落实教研室各项职责。

（三）研究制定课程建设计划，组织落实课程建设的具体工作。

（四）研究和实施教材建设规划，根据需要组织编写教材。

（五）根据学校、教学单位要求执行教学计划，落实各项教学任务，组织、督促、检查教学各项环节的落实，保证教学质量。

（六）组织经常性的教育理论学习、学术交流和有计划、有目的的教学改革立项研究，把教学内容体系的改革研究成果及时融入教学计划、教学大纲的修订中。

（七）组织教研活动，并经常性地组织开展观摩教学、教学经验交流、学术交流等活动。

（八）协助教学单位做好教师培训和青年教师培养工作。

（九）定期总结工作，搞好文档建设与管理，每学期向教学单位提出书面工作报告。

（十）经常听取教师的意见和建议，对教研室工作中的重大问题，应提交教研室全体成员会议集体讨论研究。

（十一）接受并做好其他相关教学工作任务。

第十九条　教研室主任任期结束时，由教学单位对其任期内工作计划的完成情况进行全面检查，并作出评价。任期间不能履行教研室主任职责的，教学单位可视其情况，对其进行批评教育，乃至解聘其教研室主任职务。

第二十条　教研室主任（副主任）的工作业绩纳入所在教学单位年度考核奖励绩效二次分配，由教学单位统筹。学校优先推荐教研室主任（副主任）参加各类学术团体、专家（专业）委员会；优先安排教研室主任（副主任）参加国内外有关的重要教学和学术研讨会议、科研考察等活动。

第五章　教研室成员

第二十一条　遵守学校各项规章制度，服从教研室主任的工作安排。

第二十二条　严谨治学，教书育人，加强师德和业务道德修养，增强教学质量意识；团结同志，互相学习，取长补短，发挥集体力量，树立良好教风。

第二十三条　按照培养方案的要求，落实并组织完成教学任务，规范备课、课堂教学、辅导答疑、作业批改、实验、实习实训、毕业设计（论文）、考核等各教学环节。严格执行学校的各项教育教学规章制度，按时保质完成教学任务。

第二十四条　积极参加教研室组织的各项活动，自觉关心教研室建设，参与讨论研究教研室建设和教研室工作中的重要问题，对教研室的建设提出意见和建议。

第六章　附则

第二十五条　各教学单位根据本办法，并结合单位实际，制定教研室工作实施细则。

第二十六条　本办法自公布之日起执行，原《西北民族大学教研室工作管理办法》（民大发〔2007〕37号）同时废止。

第二十七条　本办法由教务处、组织人事部负责解释。

西北民族大学大学生创新创业训练计划管理办法

第一章　总则

第一条　为贯彻落实全国教育大会和新时代全国高等学校本科教育工作会议精神，根据《国务院办公厅关于深化新时代教育评价改革总体方案》和《教育部国家级大学生创新创业训练计划管理办法》等文件精神，深入推进学校大学生创新创业训练计划工作（以下简称“大创计划”），加强大创计划的实施管理，特制定本办法。

第二条　大创计划坚持以学生为中心的理念，遵循“兴趣驱动、自主实践，重在过程”原则，旨在通过资助大学生参加项目式训练，推动学校创新创业教育教学改革，强化学生创新创业实践，培养学生独立思考、善于质疑、勇于创新的探索精神和敢闯会创的意志品格，提升大学生创新创业能力，培养高水平创新创业人才。

第二章　组织机构与工作职责

第三条　大创计划项目分国家级、省级、校级三个级别，学校实行校、院（部）两级管理，成立学校、学院（部）两级组织机构。省级大创计划项目按照上级主管部门相关工作要求实施。

第四条　校级组织机构包括“西北民族大学大学生创新创业训练计划工作领导小组”（以下简称“学校大创计划工作领导小组”）和“西北民族大学大学生创新创业训练计划项目专家指导委员会”（以下简称“学校大创计划专家指导委员会”）。

学校大创计划工作领导小组组长由校长担任，副组长由分管本科教学的副校长担任，成员包括组织人事部、宣传部、学生工作部（处）、团委、教务处、科研处、国际合作交流处、财务处、国有资产管理处、实验教学部、资产经营公司（科技园）等单位和各学院（部）主要负责人。负责大创计划项目的政策制定、咨询指导和项目管理等工作。学校大创计划工作领导小组办公室设在教务处，负责日常工作。

学校大创计划专家指导委员会主任由分管本科教学的副校长担任，成员包括学院（部）推荐的有较高学术造诣的教师和学校遴选的校外专家。负责大创计划项目评审、检查、验收等具体工作。

第五条　学院（部）级组织机构包括学院（部）大创计划工作领导小组和学院（部）大创计划专家指导组。

学院（部）大创计划工作领导小组组长由学院（部）院长（主任）担任，副组长由主管教学的副院长（副主任）担任，成员由分管科研、学生等工作的负责人及相关人员组成。负责制定学院（部）大创计划项目实施细则，组织本单位大创计划项目实施。学院（部）须安排1位专门工作人员，具体负责本单位创新创业各项工作，工作量参照教研室（实验室）主任标准计算执行。

学院（部）大创计划专家指导组由学院（部）根据工作开展情况，遴选不少于10名有较高学术造诣的本校教师和校外专家组成。

第六条　校外专家通过遴选由校外各学科专家、企业家、风险投资人和企业高级管理人员等组成。

第三章　申报与评审

第七条　大创计划包括创新训练项目、创业训练项目和创业实践项目三类。

创新训练项目是本科生团队在导师指导下，自主完成创新性研究项目设计、研究条件准备和项目实施、研究报告撰写、成果（学术）交流等工作。

创业训练项目是本科生团队在导师指导下，团队中每个学生在项目实施过程中承担一个或多个具体角色，完成商业计划书编制、可行性研究、企业模拟运行、撰写创业报告等工作。

创业实践项目是学生团队在学校导师和企业导师共同指导下，采用前期创新训练项目或创新性实验等成果，提出具有市场前景的创新性产品或服务，以此为基础开展创业实践活动。

第八条　申报条件

（一）选题具有一定学术价值、理论或实际应用价值。鼓励面向国家经济社会发展、具有一定理论和现实意义的选题，鼓励直接来源于产业一线、科技前沿的选题。

（二）选题具有创新性、应用价值或明显创业效果。鼓励开展具有一定创新性的基础理论研究和有针对性的应用研究课题，鼓励新兴边缘学科研究和跨学科的交叉综合研究选题。

（三）选题符合教育部和学校的相关规定，选题方向正确，内容充实，论证充分，难度适中，拟突破的重点难点明确，研究思路清晰，研究方法科学、可行。

（四）项目团队原则上为学校全日制在读本科生，项目负责人限1人，团队成员3—5人，成员基本稳定，专业、能力结构较为合理。每年度每位学生作为项目负责人和团队成员只能参与一个项目。承担大创计划项目尚未结题的学生不得继续申报新的级别的项目。同等条件下优先资助跨年级、跨专业、跨学科合作项目。

（五）项目团队应选择1—2名具有较高学术造诣、较好创新性成果、热心教书育人、关爱学生成长的教师作为指导教师，鼓励企业人员参与指导或共同担任指导教师。每位指导教师同时指导的项目不得超过3项（含在研项目）。承担的大创计划项目被终止的指导教师，2年内不得再次作为指导教师申报。

第九条　校级大创计划项目评审程序

（一）每年定期组织校级大创计划项目的申报立项工作，下达年度立项计划。项目申报负责人完成申报书并提交所在学院（部）审核。

（二）学院（部）大创计划工作领导小组和大创计划专家指导组对本单位申报项目进行初审和现场答辩，遴选优秀项目为校级大创计划项目并进行公示，公示期后报学校大创计划工作领导小组办公室。

（三）学校大创计划工作领导小组办公室对各学院（部）推荐立项的校级大创计划项目进行审核，发文公布。

第十条　国家级大创计划项目评审程序

（一）学校大创计划工作领导小组办公室根据教育部和省教育厅的统一安排，组织国家级大创计划项目的申报，下达各学院（部）申报计划。

（二）学院（部）按要求组织评审和现场答辩，原则上从已结项的校级大创计划项目中遴选，推荐项目报学校大创计划工作领导小组办公室。

（三）学校大创计划工作领导小组办公室组织学校专家指导委员会专家对学院（部）推荐的项目进行评审，遴选国家级大创计划项目，进行公示，公示期后由学校审批并发文公布，报教育部和省教育厅。

第十一条　对具有较强技术创新或商业模式创新，构思新颖、设计独特，可操作性强，具备一定商业价值和市场前景的项目确定为直通项目。

（一）直通项目申报形式包括学院（部）或教师推荐、学生申报、学科专业竞赛中获高级别奖项项目等多种形式。项目申报时间不限。

（二）直通项目申报程序是项目负责人填写申报书，由学校大创计划工作领导小组办公室组织不少于5人（至少3人为校外专家）的专家评审组，成员包括学校专家指导委员会成员或校外专家，组长由校外专家担任；经专家评审后确定为直通项目，先期开展项目建设，列为下一年度校级大创计划项目。

第四章　过程管理

第十二条　学校批准立项的大创计划项目的组织、管理和实施等由各学院（部）全面负责。学院（部）应留存项目申报、中期检查和结题验收等材料并建立项目档案。国家级项目立项后，项目负责人须与学校大创计划工作领导小组办公室签订项目管理合同书。

第十三条　中期检查

（一）中期检查是对项目的工作进度、完成情况、中期成果等进行评价，提出项目实施的意见和建议。

（二）校级和国家级大创计划项目中期检查由所属学院（部）负责组织实施，项目负责人向学院

（部）提交项目进度报告和阶段性实践活动原始记录，学院（部）组织现场答辩。

（三）校级和国家级大创计划项目中期检查通过后，学院（部）将中期进度报告等相关材料进行归档，报学校大创计划工作领导小组办公室备案。

（四）对项目实施过程中有弄虚作假或工作无明显进展的，应提出终止项目的建议。

第十四条　结题程序

（一）校级和国家级大创计划项目研究期满，项目负责人向所在学院（部）提出结题申请，撰写结题申请书和结题报告，提交研究与实践记录等相关材料和研究成果、实物等支撑材料。

（二）校级大创计划项目由学院（部）大创计划专家指导组组织现场答辩，对项目作出明确的成绩和结题等级评定。结题验收结果在学院（部）进行公示，公示期后报学校大创计划工作领导小组办公室审核并发文公布。

（三）国家级大创计划项目结题验收由学校大创计划工作领导小组办公室组织实施，经学校大创计划专家指导委员会验收通过，进行公示，公示期后报学校审批并发文公布。

第十五条　结题等级

结题分为优秀、合格、不合格三个等级（项目结题等级评定标准参见附件）。校级和国家级大创计划项目结题优秀率原则上不超过当年结项项目总数的30%。

第十六条　项目撤销

（一）对项目申报、实施过程中弄虚作假，剽窃他人成果。

（二）项目负责人因身体健康、转学等原因不能正常进行项目研究。

（三）自项目批准之日起，至中期检查时未按计划开展项目建设工作，无明显进展的。

（四）未经批准擅自变更项目负责人或研究项目。

（五）违反财务制度与纪律等。

被撤销项目的负责人不得再申请大创计划项目，依规定返还全部建设经费。

第十七条　项目变更。项目立项后原则上不得在实施过程中变更项目成员、内容、指导教师等。如需变更，项目负责人应在中期检查前提出书面报告，由学院（部）大创计划工作领导小组审核，提交学校大创计划工作领导小组办公室批准。

第十八条　项目周期。创新训练项目和创业训练项目周期为1年，创业实践项目周期一般不超过3年。获批立项的国家级大创计划项目周期2年（含校级项目周期），项目负责人必须在毕业前完成项目，未能如期完成项目的，依规定返还全部建设经费。

第十九条　对上一年度大创计划项目完成较好、成果突出的学院（部），下一年度大创计划项目立项数量可适当增加；对上一年度指导大创计划项目有终止或未结题的学院（部），下一年度立项数酌情减少。

第二十条　项目研究成果所有权归属西北民族大学。研究成果（包括作品、论文、软件、数据库、专利等）公开发表（出版）时，应标注“××年西北民族大学大学生创新创业训练计划项目资助”和立项编号，未标注的不认定为该项目的验收材料，每项成果结题验收时只能登记（使用）一次。项目的研究成果必须以学生为第一作者，指导教师可做通讯作者。

第二十一条　学校支持项目团队利用各类实验室、活动场地等资源开展项目建设，重点加强理工科类项目对实验仪器，特别是大型仪器设备的使用，强化熟练度，增强操作力。

第二十二条　获批立项的各级各类大学生创新创业训练计划项目团队须报名参加中国国际“互联网+”大学生创新创业大赛或“青年红色筑梦之旅”活动等。报名参加该比赛和活动将作为校级大创计划结项的必要条件，获得校级一等奖及以上奖励将作为国家级大创计划结项的必要条件。参赛项目应基于已立项获批的大创计划项目，参赛团队成员包含但不限于大创计划项目成员，参赛项目负责人和大创计划项目负责人须为同一人。

第五章　经费管理

第二十三条　大创计划项目经费包括中央高校教学改革专项经费和学校经费。项目经费采取专款专用、绩效管理，由各学院（部）大创计划工作领导小组负责管理。

第二十四条　学校对校级和国家级大创计划项目给予经费资助，校级支持 0.3 万元 / 项，其中，学院（部）支持 0.2 万元 / 项，学校大创计划工作领导小组办公室支持 0.1 万元 / 项。国家级创新训练项目和创业训练项目支持原则上平均不低于 2 万元 / 项，创业实践项目支持原则上平均不低于 10 万元 / 项，经费按照项目建设实际进度分阶段划拨。同一项目就高资助经费，不重复资助。

国家级创业实践项目前期建设经费执行进度和划拨额度与创新训练项目、创业训练项目两类项目保持一致，在产生具有市场前景的创新性产品或服务并以此为基础开展实质性创业实践活动，具备一定市场价值后，经专家评审通过后拨付后续建设经费。

第二十五条　经费开支范围主要包括：调研差旅费、图书资料费、办公用品费、实验耗材费、打印复印费、会议费、论文版面费、专利费、测试鉴定费、邮寄费、资料查询费等，经费不得用于支出劳务费等人员经费。项目负责人是经费使用直接责任人，应严格执行国家和学校财务制度。

第六章　保障措施与激励政策

第二十六条　学校各单位应积极为参与项目的学生团队免费提供实验场地、设备以及技术，为参与项目的学生提供合作和交流机会，利用多种渠道做好大创计划项目的推广示范、经验交流和宣传报道等工作。

第二十七条　参与大创计划项目的学生在各类评奖评优和免试推荐研究生时按相关规定获得相应加分。

第二十八条　项目结题验收合格，学生可申请认定创新创业实践学分，认定依据《西北民族大学本科生创新创业实践学分认定办法》执行。

第二十九条　项目结题验收合格，由学校大创计划工作领导小组办公室依据结题验收等级和指导教师工作手册中相关指导记录核算工作量，工作量按照《西北民族大学本科教学工作量计算办法》执行。校外指导教师按外聘教师标准核发工作量。工作量由排名第一位的指导教师进行二次分配。

第三十条　评定为优秀等级的国家级大创计划项目，奖励项目团队2000元/项。对入选全国大学生创新创业年会的论文和项目，奖励项目团队3000元/项。对入选全国大学生创新创业年会优秀论文和“我最喜爱的项目”的项目，奖励项目团队5000元/项。奖励经费一次性分配给项目负责人，由项目负责人根据项目组成员在项目中的贡献和承担的工作量进行二次分配。

第七章　附则

第三十一条　本办法自2022年大学生创新创业训练计划项目实施之日起执行，由教务处负责解释。原《西北民族大学国家大学生创新创业训练计划项目实施方案》（民大发〔2012〕142号）在2021年国家级大学生创新创业训练计划项目结项完成后废止。

西北民族大学实验室开放管理办法

第一章　总则

第一条　为充分发挥实验室资源优势，促进实验教学改革，提高实验教学水平，进一步培养学生的实践能力和创新精神，规范有序地做好实验室开放工作，促进学生德智体美劳全面发展，根据《中共中央 国务院关于深化新时代教育评价改革总体方案》《教育部关于深化本科教育教学改革全面提高人才培养质量的意见》精神，结合学校实际，制订本办法。

第二条　实验室开放是指学校各级各类实验室、实训室、实验教学中心等（以下统称“实验室”）在完成计划内教学和科研任务的前提下，利用现有的师资、仪器设备、设施条件等资源，面向本校师生开放，为师生提供实践和科研条件。

第三条　实验室开放是教育教学改革的重要内容，学校各级各类实验室应重视实验室开放工作，充分挖掘实验室资源潜力，采取有效措施开放，不断充实开放内涵，最大限度地利用资源，将实验室开放与大学生创新创业项目深度融合，充分发挥各级实验教学示范中心辐射引领作用，为学生提供自主发展和实践锻炼的空间，提高仪器设备利用率，培养学生动手能力，提升科研水平。

第二章　实验室开放形式

第四条　实验室开放形式分为实验室日常开放和实验室开放项目两类。

第五条　实验室日常开放主要包括学生参加项目研究、参与竞赛训练活动以及自选命题实验。

（一）参加项目研究。学生进入教师的科研项目组，参与科学研究、科技开发活动，实验室为学生提供实验条件和实验指导。

（二）竞赛训练活动。为大学生创新创业项目、科技创新竞赛、技能竞赛活动以及实习、论文（设计）撰写等活动开放实验场地和实验仪器设备，并提供必要的条件保障和专业指导。

（三）自选命题实验。由学生根据自己的兴趣、设想和需求自行命题，或开展小发明、小制作、论文（设计）的研究工作，利用实验室提供的仪器设备条件，自主设计实验方案，自主开展实验研究。

第六条　实验室开放项目

实验室开放项目主要指依托校内各级各类实验室由课程教学内容拓展的设计型、综合型、创新型实验项目，在专任教师指导下申报，通过评审后正式立项并予以经费支持的实验项目。要求指导教师充分调动学生的主动性和创造性，采取启发式、讨论式、探索式教学方法，结合学生所学知识和技能共同完成实验项目。

第三章　组织与实施

第七条　学校实验室开放工作由教务处、实验教学部具体组织实施。

第八条　各教学单位主要负责人直接负责本单位的实验室开放工作，实验室主任负责本实验室开放的具体实施，教学管理办公室负责日常管理。

第九条　各教学单位和各类实验室应当结合实验室特点，制定适合本单位实际的实验室开放实施细则，建立健全开放实验教学质量监控机制，严格开放实验教学考核。

第十条　实验室应加强全过程管理，做好预约登记和各项准备工作，配备一定数量的指导教师和实验技术人员。在开放过程中，指导教师应当注重加强对学生实验技能、创新思维方法和严谨的科学态度等方面的培养，并做好开放情况的记录，不断提高实验室开放成效。

第十一条　实验室所在单位应当于每学期期末将本学期实验室日常开放情况进行分类汇总报教务处备案。

第四章　实验室开放程序

第十二条　实验室日常开放按下列程序进行：

（一）学生根据兴趣和需要在计划开展实验前两周向实验室提出开放预约申请。

（二）实验室所在单位根据实验室运行情况对学生的预约申请进行批复，由专任教师、实验技术人员进行实验指导。

（三）学生根据预约结果，按时联系实验室工作人员，开展实验室日常开放。

第十三条　实验室开放项目按下列程序进行：

（一）指导教师于每年 11 月拟定下一年度实验室开放项目，报所在单位学术委员会审议，经党政联席会议审核后，由实验室所在单位统一面向学生公布。

（二）学生结合自己的兴趣和时间，提出申请拟参与的实验室开放项目。

（三）指导教师对学生申请进行审核，确定录取学生名单。

（四）指导教师填报《西北民族大学实验室开放项目申报书》并提交至所在实验室，由实验室所在单位组织专家对申报项目的真实性、可行性、经费预算的合理性、资助的必要性等进行评审。

（五）实验室所在单位将评审通过的实验室开放项目申报材料报教务处，经审核通过后立项，并予以经费支持。原则上一个项目只能由一名教师或实验技术人员作为指导教师；原则上同一指导教师每学期指导学生进行实验室开放项目立项不超过两项。

（六）立项后指导教师、学生应在规定时间内积极完成各项工作，按要求撰写结项报告，提交项目成果，经所在单位审定后，由教务处汇总备案。

第五章　经费管理

第十四条　为支持学生积极参加实验室开放活动，充分调动各级各类实验室开放的积极性，学校每年度设立一定数额的实验室开放项目专项经费，并列入学校年度财务预算。

第十五条　实验室日常开放经费由所在单位根据教学运行经费列支。用于各实验室日常开放所需的实验耗材、资料印刷费用等。

第十六条　实验室开放项目专项经费，仅用于经学校立项的实验室开放项目执行中学生实验的实验耗材、资料印刷费、版面费等，不得列支其他费用。

第十七条　实验室开放项目专项经费由教务处统筹管理，每年审批的项目资助总额不超过专项经费总预算，经费使用应遵循目标相关性、政策相符性、经济合理性原则，项目分为一般性项目和重点项目。

第十八条　一般性项目资助经费原则上不超过 8000 元，培育期为 1 年，经所在单位学术委员会和党政联席会议审议，报教务处审核后立项。项目应结合大学生创新创业活动和各类科技竞赛，充分依托校内各级实验教学示范中心，全面提升学生创新精神和综合实践能力。

第十九条　重点项目资助经费原则上不超过 15000 元，培育期原则上一般为 1—2 年，项目要结合新一轮科技革命和产业变革，面向前沿科技，聚焦国家重大需求和重点战略布局，深化产教研融合，重点提升师生整体科研水平。重大项目申报需经所在单位学术委员会和党政联席会议审议，报教务处审核后立项。

第六章　学生管理要求

第二十条　学生开展实验室开放工作应严格遵守实验室的各项规章制度，注意人身安全和设备安全，在教师的指导下开展科学研究活动。

第二十一条　被批准参加开放实验的学生，应按时参加实验。

第二十二条　学校支持项目团队利用各类实验室、活动场地等资源开展项目建设。学生使用大型贵重仪器设备前应当接受培训，在指导教师（实验技术人员）的指导下进行操作。

第二十三条　学生在进行开放实验前，应当进行充分预习，熟悉实验内容，仔细拟定实验方案，并经指导教师审核同意。

第七章　学生成绩评定

第二十四条　参加项目研究、竞赛训练活动、自选命题实验的学生应提交阶段性研究报告或工作总结报告、项目组负责人评价意见，由实验室组织教师进行鉴定、验收和成绩评定。

第二十五条　参加实验室开放项目的学生应从实验方案、实验方法、实验过程、实验结果等多方面进行认真分析论证，归纳总结实验项目的创新设计思想、收获与体会，向实验室提交实验报告及论文或实物等实验结果。实验室组织教师采取演示、面试、论证等方式进行综合成绩评定。

第二十六条　学校鼓励学生积极参与开放实验，对参与实验室开放项目和教师科研项目按规定完成相关任务的学生参照相关规定予以认定创新创业实践学分。为不影响学生正常学业，保证开放实验的效果，每名学生原则上每学期只能参与一项实验室开放项目。

第二十七条　师生参加实验室日常开放形成的实验报告、研究报告、工作总结报告和实验室开放项目的立项申请书和结项报告书应当由各教学单位按要求妥善存档。

第八章　实验室开放的考核

第二十八条　学校每年对实验室的开放情况进行检查和考核，围绕实验室开放工作安排进修、培训，组织交流、学习，加强实验队伍建设。考核结果将作为单位教学工作考核的重要指标。

第二十九条　实验室开放项目指导教师按要求结项的，均计入工作量。

第九章　附则

第三十条　本办法由教务处负责解释。

第三十一条　本办法自发布之日起执行，原《西北民族大学实验室开放管理暂行办法》（民大教字〔2005〕81号）同时废止。

附件1：西北民族大学一流本科专业建设评审指标

西北民族大学一流本科专业建设评审指标

一级指标	二级指标	评价内容	得分
专业建设目标与发展规划（15分）	专业定位与目标（5分）	专业定位准确，培养目标符合时代要求，符合经济建设与社会发展需求，符合企业、行业急需人才需要。（5分）	
	人才培养方案（5分）	全面贯彻党的教育方针，坚持立德树人根本任务，以铸牢中华民族共同体意识为主线，将德智体美劳全面发展贯穿于人才培养全过程，培养方案设计科学，具有可操作性，能很好地反映培养目标对知识、能力及素质的要求，有利于学生学习能力、实践能力和创新能力的培养和提高。（5分）	
	专业思政（2分）	能根据专业人才培养特点和专业能力素质要求，科学合理设计思想政治教育内容。（2分）	
	专业发展规划（3分）	专业发展规划科学合理，并能有效实施。（3分）	

续表

一级指标	二级指标	评价内容	得分
师资队伍（25 分）	师资结构与培养（10 分）	专任教师数量、生师比等关键指标符合《普通高等学校本科专业类教学质量国家标准》及专业认证标准的要求，且生师比不能高于标准的 25%，不能低于标准的 10%。（5 分）	
		队伍年龄结构、职称结构、学缘结构合理，发展趋势好。教授、副教授占比 ≥60%，具有硕士（含）以上学位占比 ≥70%。（1 分）	
		有高水平学科专业建设带头人，并有效推动本专业的建设。（1 分）	
		有符合专业建设规划的师资引进、培养规划和配套措施。（1 分）	
		国家级、省级教学名师建设情况及规划。（1 分）	
		配齐配强创新创业教育与创业就业指导教师队伍，建立创新创业导师库。（1 分）	
	教师素质（15 分）	队伍整体素质高，有良好的科研背景和专业技术背景。（3 分）	
		国家级、省级优秀基层教学组织（教研室、课程组、教学团队等）建设情况及规划。（3 分）	
		国家级、省部级以上教学成果获奖情况及规划。（3 分）	
		教师主持教学研究项目、发表教研教改论文数量及规划。（3 分）	
		教师参加全国、省级、校级各类教学竞赛获奖情况及规划。（3 分）	
教学资源（25 分）	课程建设（9 分）	在课程中有机融入思想政治教育元素，建成一批课程思政示范课程、课程思政示范课堂。（2 分）	
		课程体系和教学内容改革符合高素质人才培养的要求，重视对学生创新精神、实践能力和创业能力的培养。（1 分）	
		课程改革与建设有计划、有措施、成效显著，国家级、省级一流课程（线上、线下、线上线下混合式、虚拟仿真实验、社会实践五类一流本科课程）建设情况及规划。（5 分）	
		在学科专业课程有机融入创新创业元素，结合学科专业特点，开设“专创融合”示范课程。（1 分）	
	教材建设（8 分）	有科学的教材选用和评估制度，教材选用符合国家思想政治意识形态和学术水平要求，执行严格；“马工程”教材应选尽选，应用尽用；优先使用国家级规划教材；优先使用近三年出版教材；民族语言文字类教材和境外原版教材要有相应的国家通用语言对照本。（5 分）	
		有主编国家或省部级规划教材，有获省部级（含）以上奖励的教材；有重点支持的教材编写规划和措施，编写教材符合国家思想政治意识形态要求，学术水平高，成效好。（3 分）	
	实践教学（8 分）	实践教学体系设计科学合理，符合培养目标要求，并注意实践教学体系的更新和完善。（2 分）	
		国家级、省级实验教学示范中心、实验室建设情况及规划。（1 分）	
		有稳定的校内外实习基地，能满足因材施教的实践教学要求，80% 以上学生到实习基地进行集中实习。（2 分）	
		有完备的实验室安全管理制度，专业实验室设施完善，设备先进，开放范围及覆盖面广，利用率高、效果好。（2 分）	
		有满足大学生进行创新创业实践的校外实践教育基地、创业示范基地、科技创业实习基地。（1 分）	

续表

一级指标	二级指标	评价内容	得分
人才培养质量与监控（28分）	人才培养质量（18分）	近三届学生的毕业率达到95%以上，学士学位授予率达到95%以上，且近三届毕业生就业率达到甘肃省当年同类专业平均值以上。（6分）	
		近三届学生报考率、英语四、六级通过率、计算机等级证书获得率、普通话证书获得率等达到《强基行动》专项指标。（4分）	
		近三届学生相关专业职业资格证书获得率要求：师范类专业教师资格证书获得率达到75%以上；国家统一法律职业资格考试通过率不低于同类院校平均水平；执业医师资格证通过率达到全国平均水平；社会体育指导员等证书、会计管理专业相关证书、工程类证书获得率不低于全国平均水平，其他专业资格证书应考取尽考取，应获得尽获得。（4分）	
		至少承办1项学科竞赛校内选拔赛、打造1项创新创业竞赛品牌。（1分）	
		参与各级各类科研训练活动和竞赛人数不少于专业总人数的50%，其中中国国际“互联网+”创新创业大赛为必参加项目。（2分）	
		学生在校期间参加省部级及以上数学建模竞赛、英语竞赛等各类竞赛获奖情况及规划。（1分）	
	质量监控（10分）	教学质量监控体系科学、完善，运行有效，成效显著。（3分）	
		对毕业论文或毕业设计的质量有得力的质量监控措施且执行情况良好。（4分）	
		社会需求调研和毕业生质量跟踪调查制度化、常态化。（3分）	
社会贡献度（7分）	社会声誉（5分）	用人单位对毕业生的综合评价好，毕业生在社会上的声誉好，对经济社会发展贡献大。（3分）	
		在同类学校或同类专业中反响好，专业建设成果示范辐射作用成效显著，在国内有较大影响。（2分）	
	特色项目（2分）	在专业建设中形成由于其他同类专业的独特优质风貌，特色项目对优化人才培养过程，提高教学质量作用大，效果显著。（2分）	
总分			

附件2：西北民族大学一流本科课程建设参考标准（试行）

（适时根据国家级、省级一流课程建设标准调整）

一、线上一流课程建设参考标准

一级指标	二级指标	具体要求
1课程内容	1-1规范性	课程内容符合《普通高等学校本科专业类教学质量国家标准》等要求，课程定位准确，教学内容质量高，课程知识体系科学完整。
	1-2思想性、科学性、先进性	坚持立德树人，将思想政治教育内化为课程内容，弘扬社会主义核心价值观；课程内容先进、新颖，反映学科专业先进的核心理论和成果，体现教改教研成果，具有较高的科学性水平，注重运用知识解决实际问题。
	1-3安全性	课程无危害国家安全、涉密及其他不适宜网络公开传播的内容，无侵犯他人知识产权内容。
	1-4适当性、多样性	课程内容及教学环节配置丰富、多样，深浅度合理，内容更新和完善及时。在线考试难易度适当，有区分度。

续表

一级指标	二级指标	具体要求
2 课程教学设计	2–1 合理性	教学目标明确，教学方法与教学活动组织科学合理，符合教育教学规律。
	2–2 方向性	符合以学生为中心的课程教学改革方向，注重激发学生学习志趣和潜能，增强学生的社会责任感、创新精神和实践能力；信息技术与教育教学融合，课程应用与课程服务相融通，适合在线学习、翻转课堂以及线上线下混合式拓展性学习。
	2–3 创新性	有针对性地解决当前教育教学中存在的问题，充分利用和发挥网络教学优势，各教学环节充分、有效，满足学生的在线学习的诉求，不是传统课堂的简单翻版。
3 课程团队	3–1 负责人	在本课程专业领域有较高学术造诣，教学经验丰富，教学水平高，在推进基于慕课的信息技术与教育教学深度融合的课程改革中投入精力大，有一定影响度。
	3–2 团队	主讲教师师德好、教学能力强，教学表现力强，课程团队结构合理。
4 教学支持	4–1 团队服务	通过课程平台，教师按照教学计划和要求为学习者提供测验、作业、考试、答疑、讨论等教学活动，及时开展有效的在线指导与测评。
	4–2 学习者活动	学习者在线学习响应度高，师生互动活跃。
5 应用效果与影响	5–1 开放性	面向其他高校和社会学习者开放学习程度高。
	5–2 课程本校应用情况	在本校将在线课程与课堂教学结合，推动教学方法改革，有效提高教学质量。
	5–3 在其他高校和社会学习者中应用共享情况	共享范围广，应用模式多样，应用效果好，社会影响力大，受益教师和学习者反馈、评价高。

二、线下一流课程建设参考标准

一级指标	二级指标	具体要求
1 课程内容	1–1 规范性	课程内容符合《普通高等学校本科专业类教学质量国家标准》等要求，课程定位准确，教学内容质量高，课程知识体系科学完整。
	1–2 思想性、科学性、先进性	坚持立德树人，将思想政治教育内化为课程内容，弘扬社会主义核心价值观；体现课程思政育人宗旨；课程内容先进、新颖，反映学科专业先进的核心理论和成果，体现教改教研成果，具有较高的科学性水平。
	1–3 目标导向性	针对培养方案中的“毕业要求”合理设置课程内容，明确课程的具体目标导向，目标与内容相一致，内容支持目标。
	1–4 适当性、多样性	课程内容及教学环节配置丰富、多样，深浅度合理，内容更新和完善及时。在线考试难易度适当，有区分度。
2 课程教学设计	2–1 高阶性	课程教学设计包含知识、能力、素质有机融合，培养学生解决复杂问题的综合能力和高级思维。
	2–2 创新性	课程内容有前沿性和时代性并持续更新，教学形式体现先进性、多样性和互动性，学习过程具有探究性和个性化，能够把学生的个性特点发挥出来。
	2–3 挑战度	课程具有一定的难度，能激发学生发挥潜能对所学知识进行融会贯通和拓展应用，培养创新性思维和批判性思维。
3 课程团队	3–1 负责人	在本科课程专业领域有较高学术造诣，教学经验丰富，教学水平高，在推进课程教学改革中投入精力大，有一定影响度。
	3–2 团队	主讲教师师德好，教学能力强，教学表现力强，课程团队结构合理。
4 教学支持	4–1 团队服务	按照教学计划和要求为学习者提供测验、作业、考试、答疑、讨论等教学活动，及时开展有效的指导和测评。
	4–2 学习者活动	课堂教学过程响应度高，师生互动活跃。

三、线上线下混合式一流课程建设参考标准

一级指标	二级指标	具体要求
1 课程内容	1–1 规范性	课程内容符合《普通高等学校本科专业类教学质量国家标准》等要求，课程定位准确，教学内容质量高，课程知识体系科学完整。
	1–2 思想性、科学性、先进性	坚持立德树人，将思想政治教育内化为课程内容，弘扬社会主义核心价值观；体现课程思政育人宗旨；课程内容先进、新颖，反映学科专业先进的核心理论和成果，体现教改教研成果，具有较高的科学性水平。
	1–3 目标导向性	针对培养方案中的“毕业要求”合理设置课程内容，明确课程的具体目标导向，目标与内容相一致，内容支持目标。
	1–4 适当性、多样性	课程内容及教学环节配置丰富、多样，深浅度合理，内容更新和完善及时。在线考试难易度适当，有区分度。
2 课程教学设计	2–1 高阶性	课程教学设计包含知识、能力、素质有机融合，培养学生解决复杂问题的综合能力和高级思维。
	2–2 创新性	课程内容有前沿性和时代性并持续更新，教学形式体现先进性、多样性和互动性，充分利用线上课程资源，合理设计线下授课和线上学习的各个环节，体现线上资源和线下课堂相结合的优势。
	2–3 挑战度	课程具有一定的难度，能激发学生发挥潜能对所学知识进行融会贯通和拓展应用，培养创新性思维和批判性思维。
3 课程团队	3–1 负责人	在本科课程专业领域有较高学术造诣，教学经验丰富，教学水平高，在推进课程教学改革中投入精力大，有一定影响度。
	3–2 团队	主讲教师师德好，教学能力强，教学表现力强，课程团队结构合理。
4 教学支持	4–1 团队服务	按照教学计划和要求为学习者提供测验、作业、考试、答疑、讨论等教学活动，及时开展有效的指导和测评。
	4–2 学习者活动	课堂教学过程响应度高，师生互动活跃。
	4–3 教学资源	所选用的线上课程资源为国内外优质教学资源，如省级以上精品在线开放课程资源。
5 应用效果与影响	5–1 质量评价	近 2 年内的课程教学综合质量评价结果良好。
	5–2 课程应用情况	在本校将在线课程与课堂教学结合，推动教学方法改革，有效提高教学质量。
	5–3 持续改进情况	课程根据教学效果反馈，对教学方式、课程内容、考试、答疑等进行持续改进。

四、虚拟仿真实验教学一流课程建设参考标准

一级指标	二级指标	具体要求
1 实验内容	1–1 规范性	内容为高校开展实验教学的基本单元，应包括实验教学项目、基本情况、教学过程、实验要求等。
	1–2 思想性、科学性、先进性	坚持立德树人，以提高学生实践能力和创新精神为核心，以现代信息技术为依托，以相关专业类急需的实验教学信息化内容为指向，以完整的实验教学项目为基础，建设虚拟仿真实验教学项目，积极探索线上线下教学相结合的个性化、智能化、泛在化实验教学新模式。
	1–3 安全性	确保符合相关知识产权法律法规，可以完全对外公开服务。
	1–4 目标导向性	坚持问题导向，重点解决真实实验项目条件下不具备或实际运行困难，涉及高危或极端环境，高成本、高消耗、不可逆操作、大型综合训练等问题。坚持需求导向，紧密结合经济社会发展对高校人才培养的需求，紧密结合专业特色和行业产业发展最新成果，紧密结合学校定位和人才培养特点，采用现代信息技术，研发原理准确、内容紧凑、时长合理、难度适宜的虚拟仿真实验教学项目。

续表

一级指标	二级指标	具体要求
2 实验教学设计	2-1 方法性	始终关注信息化时代背景下学生需求，重点实行基于问题、案例的互动式、研讨式教学，倡导自主式、合作式、探究式学习。
	2-2 真实性	应坚持“能实不虚”，支撑学生综合能力培养，至少满足 2 个课时的实验教学需求，学生实际参与的交互性实验操作步骤须不少于 10 步。应重点介绍实验教学项目的基本情况，包括实验名称、实验目的、实验环境、实验内容、实验要求、实验方法、实验步骤、实验注意事项等，实现实验项目的真实反映，激发使用者的参与愿望。
3 实验教学团队	3-1 负责人	在实验教学领域有较高学术造诣，教学经验丰富，教学水平高，在推进实验教学改革中投入精力大，有一定影响度。
	3-2 团队	实验教学团队师德好，教学能力强，教学表现力强，课程团队结构合理，团队教师有虚拟仿真实验教学项目建设经验。
4 实验教学支持	4-1 研发技术	综合应用多媒体、大数据、三维建模、人工智能、人机交互、传感器、超级计算、虚拟现实、增强现实、云计算等网络化、数字化、智能化技术手段，提高实验教学项目的吸引力和教学有效度。加强相关技术可靠性研究，注重对学生使用虚拟仿真实验教学项目的全方位、多层次防护，切实保障学生健康。
	4-2 开放运行模式	搭建具有开放性、扩展性、兼容性和前瞻性的虚拟仿真实验教学项目运行平台。注重对相关实验教学项目自有或共有知识产权的保护，注重对学生个人信息等的保护，严格遵守我国教育、知识产权、互联网等相关法律法规。
	4-3 教学资源	通过文字、图片、视频等各种媒介促进教学准备、线上讨论、线下交流。
	4-4 评价体系	将虚拟仿真实验教学项目纳入相关专业培养方案和教学课程，制定相关教学效果评价办法。根据学生和教师反馈，持续改进相关教学评价机制。

五、社会实践一流课程建设参考标准

一级指标	二级指标	具体要求
1 内容	1-1 创新性	促进创新创业教育与思想政治教育、专业教育、体育、美育、劳动教育紧密结合，广泛开展大学生创新活动，孵化大学生创新创业项目，助推科研成果转化应用，服务国家创新发展。
	1-2 先进性	将移动互联网、云计算、大数据、人工智能、物联网等新一代信息技术与经济社会各领域紧密结合，培育新产品、新服务、新业态、新模式。发挥互联网在促进产业升级以及信息化和工业化深度融合中的作用，促进制造业、环保等产业转型升级；发挥互联网在社会服务中的作用，创新网络化服务模式，促进互联网与医疗等深度融合。
2 形式	2-1 思想性	立意应弘扬正能量，践行社会主义核心价值观。
	2-2 合法性	须真实、健康、合法，无任何不良信息，不得侵犯他人知识产权。
	2-3 多样性	培育、孵化参加各级互联网 + 大学生创新创业大赛项目；织学生开展青年红色筑梦之旅、暑期三下乡等社会实践活动。深入革命老区、贫困地区和城乡社区，接受思想洗礼，助力精准扶贫、乡村振兴和社区卫生健康服务。
3 团队	3-1 指导老师	师德好，负有爱心、耐心、责任心，具有指导大学生创新创业训练计划项目、社团活动、志愿公益活动等经验。
	3-2 项目团队	鼓励跨学院、跨专业组建团队，建立相应的运行机制，保证项目可延续性。
4 支持	4-1 团队活动	按照项目要求开展实验、实训、实践等活动，学生参与度高，师生互动活跃。
	4-2 持续改进	建立实践效果评价机制，对社会实践内容、形式等进行持续改进。

附件3：西北民族大学2021年普通本科及预科招生录取工作领导小组成员名单

组　长：邓光玉、郭郁烈

副组长：王彦斌

成　员：李国剑、杜永红、冶生贵、郭天龙、马志学、田富鹏、王泽民、贺卫光、谢智学、赵晋、缑婷、杨朝继

主要职责：

一、执行有关本科、预科招生工作的政策规定；

二、负责对参与招生工作人员的遴选和培训；

三、贯彻落实学校招生的工作规程及工作纪律；

四、听取招生办公室关于招生计划的使用，各专业考生志愿数量和调档情况以及录取结果汇报；

五、协调并解决招生工作中出现的各种问题；

六、招生工作重要事项向招生委员会报告。

领导小组办公室设在教务处，李国剑同志兼任办公室主任。

附件4：西北民族大学第十届本科教学督导委员会成员名单

主任委员：郭郁烈

副主任委员：王彦斌

委员：

文科组：张丽（组长）、兰却加、王立增、阿尔宾·达来、更登、张世桢、柏正杰（校外）、张小华（校外）、王朝刚（校外）、罗泽燕（校外）、窦占国（校外）、王韧（校外）

理科组：马燕（组长）、徐德华、景志敏、杨永昌、尕藏吉、张德林（校外）、王明强（校外）

附件 5：西北民族大学 2021 届本科毕（结）业生名单

医学部

口腔医学 114 名

杨聪、王坤、罗明彩、马洁、王雒琳、何学燕、孟庆红、徐青、马永芳、宗成才、张路伟、邵迪、米悦、迪拉热·库尔班、马翰、杨宇、左仕成、赵沁怡、宋诗源、张倩雪、冯旭彤、王诗琪、胡阳、张婷、陈娣、李策、滕慧、彭丽霓、张春雨、郭方舟、杨小玉、昝润宇、马瑞、杨苗苗、蔡霖、吴灵美、马彩虹、海涵、马忠明、兰羽、陶红兰、热依拉古丽·依力哈木、马宁婧、丁艳、陈芊璋、吴贞萍、方丽叶、赵英杰、拉丹罗布、木合塔尔·帕塔尔、夏尔古丽·木合塔尔、段玉华、马江涛、苏倩、李都红、尼玛、穆叶司尔·艾山、古丽米热·吐尔逊、周楚桓、沙彩云、郭苗苗、韦鹏宇、赖婉清、马春琴、德吉彩玛、李明明、张莞瀛、董雅萱、潘林、鲁娅楠、谷雨、胡光文、袁央、单文汐、马聪、覃新芳、张宪逸、李朵、曾山、刘鑫燕、李明美、努尔尼沙古丽·吐尼亚孜、许林林、余若洋、马勇、衣甫提哈尔·艾力、赵田璐、何亚文、张生龙、祁雪、刘军、王利、罗惠芳、候海峰、李简、李珂鑫、谭颜枝、田丹、韩静、马晓霞、杨百万、张月霞、索朗德吉、黄于哲、王梦雅、旺堆罗布、次仁央江、赛依代克热木·阿布都热扎克、穆萨·阿皮孜、张婷、马丽博、马万林、马霞、伊丽姆努尔·库尔班

临床医学 195 名

邵国锋、刘小青、马世弘、马杏娃、铁玉海、马健、木叶赛尔·麦麦提、阿布都肉苏力·买买提、杨庭、马昊旻、丁小军、妥莉、周建旭、杨关巧、王存杨、邓婧鑫、李富禄、拉珍、夏鹏、古丽扎尔·奥斯曼、马尧、马兰花、杨斌、李燕清、梁黟岳、夏米西努尔·玉山江、苏比努尔·阿布力孜、扎西、古丽妮戈尔·扎克尔、谢双雄、金文珍、马涛、雷银花、胡瑞芳、马文杰、唐笑松、米力开努·阿布都卡哈、阿卜杜萨拉木·艾尼瓦尔、彭秋尹、白延雪、马鹏、李花、余可奇、马元康、黄侨致、周慧、李东强、杜八英、阿旺卓玛、朱祥辉、杨林燕、和玉麒、马占华、董明月、金伯儒、杨晓彤、道列提·叶尔肯、关苗苗、艾科拜尔·艾比布拉、覃天、何磊、赵莉、门鹏飞、梁冰、乌超、汤洋、王国玺、周海峰、杨菊花、韩志伟、吴钟毅、罗梦云、杨冬、李保国、道吉才让、央珍、穆合塔尔·伊马木尼亚孜、杨梅、马小虎、张冉、郭锦鹏、马春梅、祖力卡尔·阿地力、董玟君、马鑫宇、顾锡鑫、陕玉梅、彭华、郑兰兰、田佳、祖力胡马尔·艾买提江、黄蓉、陈冬平、王海莲、苏君龙、李秀兰、唐秀雷、曹德兰、于湖洋、张有澎、冷松、文靖仙、热娜古丽·艾麦尔江、保秀敏、杨雪鹤、马正途、热娜·阿不都萨拉姆、依力亚尔江·阿不拉、艾拉古丽·伊米提、苏比努尔·阿布力米提、周娟红、孙小伟、马云琦、张兴国、马谨、蔡贺南、田世馨、虎婋、克地热也·买买提、尤培

蒙、汪海元、李怡雪、马应全、马慧、周彰映、陈攀、李晓蓉、杨学良、张宁、阿斯艳木·木沙、龚川友、周方怡、赵佳丽、张城、高秦川、哈斯塔尔·海拉提、茹比娜·木合旦尔、马世杰、马娜、张涛、马雪、辛治、马玉萍、杨江才、祖丽皮艳木·艾合麦提、童宗兵、井薇、贺顺得、马宁宁、田欣蕾、黄雷、粟团、李瑞、赵勇、张生贵、黄兴藏吉、杨稀、粟龙、吾尔古丽·吐生江、马东武、马启云、海玉平、张迎香、苏巴提江·帕尔哈提、热米拉·居来提、陈建春、张睿、杨雪萍、马伟芳、闫姗、马尚、杨国发、束佳鑫、马悦、孙紫恒、李念、顾玉姣、胡艺还、胡婷婷、吐尔孙阿依·米吉提、马雪、韩冰、杨船文、黎晨、李学英、马娅楠、马雨婷、樊军佑、皮启星、熊丽萍、付玉婷、毛佳泉、瞿芳、马生萍、刘美华

护理学 97 名

康仙琼、覃悦悦、奉慧婷、胡辉辉、黄姝敏、王柚中、杨志龙、唐寿文、吴国煜、杜昂洋、李沛、王福、杨峻、马娅楠、全香英、马燕洁、李婷、马小莹、韦海艳、李雪妍、刘芬巧、黄珍珍、周红祝、马路、田茂琴、吴振阑、张婉君、陈俊婕、邝穗仪、邓露、易凡、袁媛、马小霞、马雪、苗文静、权晓燕、马福玉、田玲玲、王瑶、龚焰、贡桑白姆、参木决、哈力曼·阿木提、热孜宛古丽·亚森、伊尼提扎尔·喀迪尔江、艾克旦木·阿布都西库尔、热则耶·图尔荪、方路花、金芳、杨红玲、郭应萧、边科硕、古丽迪亚尔·阿不都沙拉木、周婷、王晓婉、袁年胜、禹强、鲁家园、何江洋、童有辉、毛荣翔、夏刀草、马芳、马小花、覃湘意、何代娟、李方琼、罗柳林、申玲、王运、韩梦景、吴简妹、王安妮、赵寒、谭慧玲、张鑫、杨晓燕、赵婷、杨媛媛、龚雨欣、李燕、王淑杏、曹新新、刘丽、郭少凡、刘诗韵、旦增卓玛、索朗卓嘎、孜南提古丽·艾尼瓦尔、艾克达·吾甫尔、麦尔哈巴·艾尔瓦尔、吕茜、叶冲、张晓丽、毛学英、田敏、杨雪姣

医学检验技术 72 名

旦增玉珍、苏晨阳、王翌睿、雷玉霜、伍兴红、谢丽姿、付万军、冶胜利、马福和、石澍、杨超、马显、江楠、刘亿丰、蓝小萍、马学福、次扎西、张锡杰、谢天阳、杨莉春、杨永花、王婕、甘翠婷、覃美榄、兰兰、黄可、陈思思、向合彬、孙艺馨、母凯丽、魏晓蕾、沙代提古丽·沙吾提、阿马尼古·木沙、努尔比牙·帕拉提、穆尼热·卡迪力、晏丽、罗斌、高羽、杨心怡、江家炜、蒋知睿、艾买提江·那斯尔、胡雪原、王秉任、梁英强、李侠、张月森、刘晃、贺维新、徐子益、吴江、王正伏、旦增贡嘎、阿拉帕提江·阿卜杜喀迪尔、昂文学、董晓燕、马嘉蕊、王晨、韦仁、覃秋蕾、张琳、周林林、吴敏钰、姚慧敏、李艳红、张小燕、苏比旦·吐尔焕江、布瓦杰尔·买买提、沙依雅·沙力合江、麦尔萨巴·买买提艾力、闻玉婷、杨华飞

电气工程学院

电气工程及其自动化 128 名

梁唯玮、王融刚、杨泽坤、赵子瑄、周伟、王泽宇、戴亮、马喆、马海华、何敏琛、黄开想、黄玉圆、韦仁峰、胡羽、刘磊、邹秋儒、王治远、李爽、吴澳、龙文涛、向志强、李烨、杨坤宇、张哲、陈宾祺、李绍川、李振宇、杨嘉林、杨帆、马福财、马银祥、肖佳、陈起、锁亚东、张明保、仇锦煜、连康志、朱龙、阮丽莹、张阳、马小帆、卓恩渊、金国强、翁忠杰、李士博、赵晓琳、苏乐、杨辉春、马哈拜、马文博、邱源海、钟昊、冼俊衡、黄日东、王涛、张东东、韦伟健、王家驹、梁智建、谭传明、陶腾、段岳廷、丁洋、宿策、侯泽川、王宇航、胡小峰、王金、郝振、马顺恩、刁生林、聂晨浩、王梓豪、艾尔肯·拜科日、李应桐、李永培、韩璐斌、徐江璞、湛玉成、刘长鹏、任为、何心怡、高明月、杨可心、张雅洁、潘龙江、马云飞、沈亮春、梁宗宇、胡玉柱、邹利坤、张昊、秦国振、周又朋、舒孟琨、陆光伟、李健明、黄燕红、朱家凡、杨霄、陈能勇、徐睿博、马涵耀、刘颖志、张子建、龚法应、刘则循、王智群、王彦翔、何涛、张进鑫、林海迪、马凯、沙虎、陈顺燕、拉元文、郭文杰、李蔚敏、李明涛、杨林、姚金滨、许一洲、徐瑞翔、陈晶、吴波、卢梦环、马丽萍、佟臻

电子信息工程 113 名

崔亮、李颖奇、马志昊、马福、韦品冠、莫洪嘉、韦权军、陈明松、刘浩宇、杨林海、班乔德、曾少晶、祇旭、吕恒宇、张舒、刘志渲、黎思瑞、吴修文、刘晋、张硕、陈家伟、徐志超、崔捷、张民、王仲伟、马生云、刘逸飞、杨耀华、玉米提·吐尔干、黎宏江、魏西叶、覃潇芬、田珂、陈珂璐、姜美霞、马丽、黄金玉、尹霞芳、陈后全、刘晓慧、李华林、丁科、韦鹏程、韦浩、石海梦、覃仲钰、王镇东、马涛、陈伟、简旭阳、马义博、吴昊、陈山、邓遇源、甘霖、简海洋、王家兴、张思雨、马伟、纳昊、马凯、韩寿英、王琦、刘爽、克米尔丁·阿不都赛买提、朱志航、李丹、何滟阳、马瑞芬、赵翠、丁欢、康诗宇、林怡娜、李艳茹、丁凡苏、张义书、马龙、李超、唐铁峰、覃鹏程、杨进松、王宇、袁志源、孙青江、罗明、莫方帅、王道、梁运红、杜宇飞、万成炜、张栢胜、聂生彪、杨自武、陈奕名、吴泽坤、王敬一、毛晓鹏、沙学峰、韩云沛、余杰、陈凌云、巴音泰格勒、徐磊、陈胜涛、刘潇元、谭秋萍、杜玲玲、温博雅、王焜、禹斐斐、杨静、杨思蕾、赵庭庭

通信工程 113 名

王鸣飞、许诺、林圣富、韦东晓、章仁贵、胡修瑞、蒙伟、李壮、刘轩成、杨庆先、张元瀚、文远铭、刘军、冯毅、马伟、张宇、马亮亮、魏弘宇、阿地力江·艾买尔江、李柠宏、杜皓宇、杨荣兴、石浩、马青秀、贾越卉、卢柳凤、鲁丹、伍玲、丁美丹、董超、秦晓娟、张竞月、马云丽、秦璇、郭延桥、马珮瑶、金合、张行仪、李海超、韩立鹏、罗钧文、江明阳、谭铭钊、龙建鑫、梁杰

琛、郭艾林、汪文豪、唐瑞、张峻瑞、罗锦涛、张楠、马凯、马凯贤、贾奇才、吕威、李明汶、马雄涛、林超伦、刘建宏、徐婧、马永莲、廖星玉、黄晶莹、欧阳小玲、柳路文、赵颖、韦群群、孟娜、梁墨迪、马玲、张燕、王欢、韩明珠、白鑫婷、孟雪婷、徐榕、徐凤莲、黄雅帅、卢康、田博、周鑫、徐万航、焦亚鑫、高庆峰、赵龙扬、彭成、史承志、朱振峰、田继升、韩进林、张岩杰、王兵兵、马豫芃、阿依登·哈那提木汉、武文强、和孙、汪天琦、白燕燕、覃兰星、覃雪英、赵雪飞、刘彩云、郭敏杰、胡玉芳、聂群、班佳琪、杨慧娟、杨英、张梓霄、金靠芬、洪湘、冉冉、王昊

物理学（藏汉双语）42 名

卓玛才让、白华藏闹吾、拉毛加、才让三知、兰却加、东智才让、云旦、泽旺甲初、索郎甲木叁、约里东周、尕尔让夺吉、泽让巴尔让、拉布、旦增益西、云旦杰布、其美曲旦、朗卡仁青、旦巴、次仁顿珠、格桑次旺、巴桑顿珠、仁欠吉、宗特吉、才让拉毛、求仲、勒毛才让、仁青吉、卓么才让、泽中、索郎旺姆、里让、索郎哈姆、纳旦措、泽茸措、米玛色珍、白玛央宗、卓玛曲措、尼玛康珠、扎西拉姆、拉巴片多、边珍、白央

自动化 106 名

王勇、蒋遵金、张恩荣、马林、徐启明、陈举、甘云鹤、吴亦敏、杨广顺、王培权、姚文达、林兵、付宁、向镇武、粟乾、赵海烨、周志琦、马德旺、李阳、马小鹏、李玉哲、汪斌、乌泽、汪涛、李帅、李昂、索巴扎西、阿力木江·艾和买提、马昂、周仕林、和宇鹏、张旭东、冯敏、龚媛媛、张芷若、曲婕、马晓燕、杨妍、朱萌、王思衍、马龙、蒙金荣、韦锦沂、甘旭东、杨涛、谢乃兵、刘庆、吴金昇、唐铭益、满霖、盛仕煜、刘高甫、汪俊锋、王嘉华、海春旭、王广汇、马千振、王成、赵新宇、原有良、杨粤宇、严启华、斯达、张梦超、保志康、保康俊、何赵伟、王飞、马国花、韦雅萍、王安敏、杜静、张龙琴、李万珍、黄定举、覃长河、韦超泷、吴颖、郎涛、李华群、王相铮、冯严迪、章洪博、王胜、王彬、罗耀翔、王鹤、张天乐、丁建明、丁鹏、杨朋、李欣、李兴茂、王旭东、韩鸿雨、白玛多吉、刘振安、马力、申利宏、杨雪豪、段钰枭、潘磊奥、罗震、喻瑶、李丽婷、卓嘎

法学院

法学 184 名

张巨保、林珠、王一臣、张远帅、牟海波、杨岛、谢翔、吴运智、王浩然、彭杰、李志航、马七设、马晓强、刘玉飞、邢一羌、阿布都外力·肉斯坦木、叶力江·阿合买提江、李淳、白绍杰、秦雨洁、魏召弟、秦瑞、丁琼、黄月莹、温高艳、阮玫瑰、杨艳秋、吴超弯、曹秋媛、符欣欣、张宁、姜孟瑶、袁梦茹、吴梦淇、石玺凤、邱彤、赵翊含、温馨睿、何小蓉、马璇卿、毛尔蕊、毛璐、李南

熹、普布尺、宋春霞、茹柯耶·努尔麦麦提、娜地亚·吐尔逊买买提、查锦圆、赵晓英、何思南、高玉博、韩雨欣、杨扬、张钦驰、刘晰来、周恩博、李若溪、阿布都沙拉木·艾斯卡尔、艾克旦·艾尼玩尔、努尔自拜尔·艾尼外、曹倩文、蒋韫琳、崔桓、杨煜坚、赵志鹏、莫智文、黄治豪、廖朝华、田青松、李虎、付洋、于冬雪、包泽鹏、杨波、拉赛加、柯林昊、杨齐、王梓宸、马仁川、王项、妥林林、马亚楠、姜芷珊、韦炜、黄澄、莫融玲、龙静、龙玉雪、李婷、高芬、郭珏苒、徐璐瑶、马佳、杨煦、龙宣莉、黄俊婷、慕娜、马雯悦、王雪、马丽、张杰、蒋楠、伍易萌、扎西次措、米克拉义、陈天爱、麦素吾旦·塔西买买提、陈晓婕、杨前霜、杜云春、姚宣好、冉硕仪、代会淋、赵文昊、马永俊、马玉涵、刘军、方彦博、赵楠楠、西仁古丽·卡吾力、于洪、田然、冯小伟、韩德忠、王舒格、线晓峰、黄宇琛、黄胜辉、吴蔚、唐俊刚、罗民全、张哲浩、宋立、沈宇飞、潘越、马一民、申传峰、李建宁、赛尔江、姚志鹏、林万钢、宋跃润、杨雅婷、伏妙、田沁、蒋林峰、黄婷、黄秀英、田春梅、王传惠、李丽、谢江梅、韦国合、谷思琪、李美仪、付卢月、潘娟、田颖、程若男、吕丽媛、李瑜美、马心媛、董存庆、高亚萍、马瑞俪、谢丽红、普布央金、次仁普尺、麦克古丽·阿扎提、陈妍、苏比努尔·阿力木、王于昕、赵树沁、包郁珏、王敏、熊利月、邹敏、常师杰、戴莉娜、李艳辉、马尚梅、迪力努尔·麦麦提萨吾提、王明惠、郭先年

法学（藏汉双语）40 名

老如它、久西加、旦正加、仁欠才让、道吉仁青、杭改、桑日杰加木措、嘎波、泽登多吉、阿旺朗加、贡嘎罗布、贡秋扎西、朱木吉、看召、九西草、拉毛吉、交巴草、尹旦吉、斗格草、加洋草、南杰吉、索南卓玛、旦智卓玛、久西吉、吉毛加、泽拉吉、阿基巴、如么机、卡曲拉姆、白玛央增、尕藏仁青、嘎玛端智、加羊东主、才让东珠、布处、杨毛吉、仁青东主、英草吉、索南吉、仁青措

管理学院

财务管理 81 名

陈佳俊、张小玲、张思、魏婷、钟源祥、马玉祺、谭运志、林岩松、何再林、旦增顿珠、卡吾力江·黑力力、黄沛、马瑞、杨君妹、覃永倩、杨梦菊、岑利娜、韦冠莎、许秋云、马熙、邹习雪、魏月萍、姚冰倩、韩佳璇、王则群、杨文双、李云欣、绽佳慧、冶秀凤、于海凤、朱颜、江额丽、沙尼亚·吐尔洪、赛伊热·艾克兰木、卢云玉、张银枝、杨言梦、詹绣锦、孙涛、尹佳鑫、鬲夏翾、张播惠、胡德富、李红、柯晴、贾雨虹、李刚、马宁、彭为、姚笑寒、文柏东、库尔班·吐尔逊、赵楠、马发吐、石倩华、杨开梅、黄凤涵、樊利利、韦东妮、马勋茹、龙丽妹、宋艳琴、王颖慧、刘惠琪、崔淑娴、郭小慧、禹建红、张冰琳、韩慧萍、李思佳、苏婷、白玛卓嘎、热比古丽·买买提、唐娜尔·赛力克、买丽艳木古丽·艾力江、宋婷、田沅冰、向思曼、李轶萱、王建蓉、王旭珍

工商管理 86 名

才郎吉、马紫轩、闪梦龙、徐峰、龚瑞澳、蒋树青、彭崇高、王权、余伟雄、李鑫、欧阳万鹏、马彦虎、杨忠、格桑次仁、买买提艾力·艾尔肯、郝俊宇、任渝、雷明慧、张见芬、葛欣宇、郭喜艳、马学梅、黄瑶瑶、覃佳雨、周丹、马克琴、刘丽萍、杨秋悦、赵菁、张旭、兰慧、陈亚萍、祁浩梅、奎生娟、韩英、李莉莎、四郎曲珍、布勒布丽·玛克沙提、阿克旦·艾孜孜、杨帆、陈光美、王娜、文平、刘旭松、李怡蕾、马兴发、黄罗铭、吴兵豪、陈航、廖峥涛、向岚杰、马鑫雨、马耀、韩东、旺堆次仁、艾克来木、胡中昊、焦辉川、马玉菲、刘鹏慧、马艳玲、零敏、卢明倩、黄敏、冉循、田琴琴、宋孜烜、宁艳眉、邓颖焕、王源、丁子敬、阿荣、马甜、苗慧、包桂梅、祁小英、穆莹、李谦、德吉措姆、苏比努尔·吐尔逊、王敏、郭长会、吴育峰、俞祎灵、李晶晶、张美玲

工商管理（藏汉双语）34 名

拉茸旺堆、松志娟、旦知才让、拉毛草、索南才旦、丁子扎西、才让多杰、却将、才让多杰、甲央共波、泽朗迫尔戈、旦木青、彭措曲达、白玛曲桑、任德霞、当子吉、卓玛、妮吾吉、录毛吉、曼丑、尕项卓玛、俄藏吉、才让卓玛、扎西桑么、柔雪初、甲花措、扎西央金、巴桑卓玛、次旺曲珍、巴旦央宗、次仁占嘎、次仁曲宗、阿追、江初卓玛

公共事业管理 39 名

钞瑞娟、苏比努尔·地力夏提、热法提·吐尔洪、马艾、林宪宪、黄彬、陈国伟、王开富、陈在崇、谢贤明、杨程皓、郝云飞、郭航、多卡·阿木尔沙那、洪妮妮、王思懿、覃华、岑美玲、何举香、敖茶、李菲、何日美、冯赛赛、向郦、向明星、乌仁、张懿、何思琪、丁代代、马蓉、刘宝萍、顾湘茗、孙蕾、刘欢、那地热·卡地尔江、赵梅、黄艺、何进玲、冉子为

会计学 90 名

阿依达娜·加勒哈斯别克、马瑞、马金海、杨小平、李露、李佳兴、刘沛琦、邱强、彭建祥、叶勒江·木拉提、李明景、邬川、谢飞明、刘月、黄丽华、马慧、马道玲、李文婷、丁若荷、马海燕、马小红、潘姗、陆慧梅、陆斐钰、韦露、陈正艳、毛莎、刘慧、李利菊、李金珠、范莎莎、张佳丽、李嘉琪、丁小莉、杨莲存、李南、马玲、周嘉祺、阿依达娜·巴扎尔别克、欧阳辉、韩静静、吴明珠、古力孜热·海拉提、朱亦然、王娜、王孝丽、向珂雨、耿佳睿、马文斌、陆高剑、龙召兵、哈嘉伟、虎世林、库鹏飞、艾科拜尔江·艾则孜、艾孜提力·伊力亚斯、庹俊飞、雷云风、兰雪梅、魏子怡、马蕊、马靓、马雪玲、禹云玲、马艳丽、马志娟、韦勤、韦钰莹、林钰鑫、王淇、陶红、舒晓虹、葛玮琪、白姗、王紫萱、马欣怡、苏梅艳、田甜、杨晓娟、刘玥、宋欣雨、格桑旺姆、康虎燕、排孜丽耶·麦麦提江、迪拉热阿依·亚库甫江、王莹、李雨萌、冯文瑜、赵玲玲、庹巧

旅游管理 46 名

牟敬佩、王国渊、杨仁寿、农文文、黄福任、龙德羽、何传安、杨国欣、贺万君、白玛顿珠、杨阳、努尔多斯·努尔焦力、熊启平、付梅君、马小燕、马永萍、王志梅、妥锐、陆雪明、陈沛宏、牙彩伍、韦时燕、蓝茵、刘彦龄、王梦茶、陈婷、毛敏、杨凤珍、潘吉阳、陈丽萍、牧宛婷、修茜、王瑜、杨明利、张梦月、于亚男、吴莹、杨丽、李雪、赵君皎、古桑卓玛、祖丽呼马尔·阿卜杜拉、杜乾娇、胡艳川、袁凡舒、陈鲜

化工学院

高分子材料与工程 87 名

冉红波、邹子健、王瞳、马永智、黄炳靖、覃晴、韦正北、曾昭宏、吴小垒、罗鑫、谭宏超、钱云、石苗发、刘洋、江铭楷、李睿智、王帅、张海恩、丁杰、李登辉、郭富勇、杜佳豪、保家斌、王普谅、邓博文、刘秋汛、熊小松、唐娆、钱雪菁、王芳、吴靖、马琳娜、陈玲莉、向琼、刘淑琪、杨笑笑、马丽琴、马明娟、靳春花、田珏锦、杨梦晶、肖雪花、海燕、赖远州、马涛、谢卫滔、韦延友、黄翼、覃珺、兰富耀、张聂斌、吕旭峰、姚峰、刘盛伟、李奇刚、王含、何奕阳、朱福晋、卜祥雷、王海东、周明哲、杨帆、田仕有、韩云、连明利、高重江、买吾仁·包拉提汗、柯霆、周素芳、李新柳、韩星悦、杨宜越、娄婷婷、李欣媛、刘昀、刘珊、徐婧、马慧玲、罗成花、海宝玉、张姝林、王晓婕、宗吉、阿地拉·卡哈尔、刘丽花、张婷、石琳

化学工程与工艺 163 名

张华峰、谭登伟、罗英豪、肖涵、韦逸、田伟、杨通文、张石、徐志远、刘明达、苏可谏、倪玮、谢佳伟、丁新、侯仁豪、何文兵、邹存良、刘秋良、海文杰、李渊、李继文、马玉良、葛增辉、刘康、宋家威、罗俊锋、张梓宣、周达鑫、张席恺、滕福康、冉洪昌、谭雨诺、曹艳、王学丽、潘柳燕、刘红梅、张又丹、邓佳璇、朱明丽、龚加婷、那文钰、王晓燕、丁翠萍、蔡晓娟、鲍学丽、杨冰、宋瑞璇、次仁央吉、李晶、娜木兰、王薇、左伊婷、茶丽美、蒋梦蝶、魏斌、兰木全、何笑伟、卢思民、覃焕注、李坤、安召、黄仲会、周子恒、马即同、向振兴、栾诗博、彭世鑫、徐家杰、彭仕恺、蒋元涛、杨春、丁志平、白向军、韩齐太、董凯、许筱涵、徐雷、刘廷裕、足力卡尔·吐尔洪江、玉苏普江·买买提艾沙、熊光山、娄炳亮、侯森山、王亚莉、马倩、黄雪玲、何东灵、向文峻、胡建玲、苏楠、杨钰洁、包海燕、张莹、石少博、马静、田晓芳、赵凤香、程丹、曲高艳、迪力娜尔·热合曼江、李志英、李德学、张桂香、童俊红、龙镜峄、余媛媛、敖尼苏、柴小芳、措姆、余国鹏、蔡江涛、杜京京、石武铭、黄立、刘勇、吴声锦、王拔烨、刘亚湖、姚佳浩、严世东、张涵、王平、钱多、毛文康、阎鹏远、卢亚超、王涛、杨虎、马玉龙、李强、任浩浩、肖楠、普穷次仁、黄继本、杨建立、加苏尔·阿布都克热木、马思、达瓦扎西、吴绍民、康香蕊、马蕊、玉佳佳、周冰春、

钱沙丽、潘珊珊、顾利群、高寒、林逸、杨甜、彭妍妍、毛泽妍、马雪琴、苏海霞、马珍、杨进进、郭颖杰、白措、迪娜·因拜尔汗、张习、杨柳、杨芳、巫庆元、石婷婷

环境工程 93 名

丁永富、傅宸、马俊华、李广环、刘奕、王洪星、邓郑郇、文彬彬、莫埜、邢子傲、李春光、董凌政、邢强、向泽洋、田汉、刘恒、刘沛鑫、孙贤友、李耀祖、常彩升、李明智、陈维康、张宇星、王基宇、段启坤、全思仪、田晓花、熊秀秀、李星泽、黄燕萍、宋玲彦、王先翠、王卓锋、计雅佳、宋紫微、王迎菲、赵乐、苏彦兰、李晶、乔成英、王晨菲、廖诗雨、袁莉淑、阿迪莱·阿卜杜凯尤木、杞丹萍、谢利英、孙铭材、顾书槐、王静松、何仁鹏、杨家镭、胡凯达、雷俊桥、罗臣、龙飞虎、黄星宇、杨子超、赵厚成、丁柏尧、龙培、文帅、管峰、田贺、兰宇轩、秦诗涵、王佳琦、柯秀成、马杰、杨帆、付保岗、张志凌、郑晨、陈志远、马小艳、韦美溜、韦俗依、梁海燕、钟林玉、林春杏、王璐、范新露、苏雪怡、白花花、穆卉、禹小艳、靠晓萍、张蕊、陈琳琳、古力维拉·玉山江、侯亚丽、唐蕾、徐敏、李巧莹

应用化学 45 名

冶小平、陈睿、刘浪、王萱榈、高宇飞、安源、谭新波、张哲源、吕昊天、刘宏鑫、赵立文、李旭东、李吉海、翟成军、徐彪、巴音达拉、杨艳波、张国富、冉光伟、曾诗、谭仕雷、覃缘东、丁龙妮、张佳佳、邢梦轩、段铄、李梦雅、王冰、姚丽、李镇伯、林悦彤、牛琛、马佳瑞、田媛、杨计玲、马小红、王欣、李星蕊、努尔比艳·艾买尔、赛丽塔娜提·多力昆、昂玉红、丁艳虹、刘子涵、石丽娟、杨桂兰

制药工程 102 名

马忠明、吴学伦、吴文豪、万方锐、王少贤、于浩、刘元、李棋、陈鹏、何昌树、王睿、马明月、潘张也、曲轩锐、马林、马宁、法明、魏心庆、罗淼铎、马世豪、吴燕彤、阿巧生、李年丽、王小菊、方皖洁、覃春前、樊莹莹、龙佑羽、罗荣芳、胡亚谊、于娜、于紫垣、李雪媛、向俭、王昭宇、由立冕、刘东涵、丁娜、王佳扬、贺芳芳、赵妍、张敏、陈苹、李娟、杨芬、李克英、张潇洁、李分、张树颖、王梦思、李佳佳、赵来胜、邓学虎、韦大明、冉令、肖安兵、陈弘恒、符良石、李成林、张博、李佳兴、谭林同庆、强围、刘仲凯、栗慧峰、王涵博、温程宇、田良、万玛索南、谭广强、张卓越、旦增多吉、哈力木拉提·阿不都克热木、杨泰冲、付梼、彭川燕、马海霞、徐素婷、覃萍、马召赛、罗影、陈周秀、张烁、何然影、陈晓蕾、高丹、朱文慧、杨丹、潘星雨、陈晓雪、戚春妮、赵智慧、次仁央宗、刘凤玲、管秀梅、陈娟、张芸美、李阳栩、邱明慧、鲁俊利、苏敏、吕佳鹏

教育科学与技术学院

教育技术学 69 名

蒋雨辰、苏柏、黎乾宇、谢永盛、简志欣、苑井孝、高晗、周义星、扎西次仁、王念词、张洛晨、张超、林玲、王小红、陆楚超、屈芳艳、郭明菊、马绚丽、龙海艳、李孟兰、曾晶、王新宇、吴瑞蓉、刘思嘉、张彬睿、杨海琴、马玲玲、马晓洁、张丽娟、李鑫、次旦卓嘎、娜地拉·尼牙孜、乌云高娃、布麦热亚木·卡地尔、张则一、王璐、马东义、陶正富、李国峰、任鹏飞、于希峒、马得财、普琼、阿卜力米提·马合木提、李登明、夏腾、杨攀、严紫微、马海婷、卢兰兰、韦银堪、马春、覃丹、王洪翠、韩雪、华正蓉、孟娇晔、曹一一、雷婷婷、吴萍、马红霞、梅赛措、吴罂铭、刘子燕、增巴拉、恩州·达吾里汗、乃飞赛·吉里力、艾柯代·艾热提、山在仙

数字媒体技术 67 名

马思聪、何峰、梁新荣、蒙丽莎、罗淦、谢爱明、覃忠健、方培琳、沈家逸、段响、石勇刚、李林春、魏浩民、单增尼玛、达娃顿珠、陈行、李康、马林涛、姚锦娜、冯洁、谭妍、梁宇欣、龙晴明、陆绍群、欧阳叶冰、李炜彤、马佳慧、师雅茹、唐艺、高牧远、迪娜尔·吉格尔别克、刘正鑫、谢琼、马玉海、张建涛、刘树岗、石龙、杨潇、肖宇阳、严成林、傅峥杨、向军红、房熙明、周伟、何长彪、曹璇、郭子豪、索顿、伊力范·希尔扎提、张家诚、孙志辉、冉博睿、饶会会、潘彩月、马丽娟、邹晓英、屠光雨、张可佳、包晓彤、苏静、徐圆舒、杨玲、德吉巴措、吕思怡、金莎、梁晓玉、苏敏捷

数字媒体艺术 57 名

杨文凡、钟萃宁、岑第、王杨力、段德宝、郑天翔、陈乐彤、朱梦轩、刘寅生、刘云飞、马俊、马静丹、刘瑞清、乔迪、李婷、陈爱珍、何思源、刘涵琴、张宝月、朱佳琳、魏彩婷、姜文靖、张悦、李雯、沙玉秀、王铭、敬丹、刘馨仪、丁宗海、邹志伟、高海宸、王福生、白奇峰、韩棕阳、赵文强、邢乐、刘鑫亮、陈治君、吴远哲、吴歆伟、王丽萍、王盼盼、毛宝华、罗震荃、唐月辉、夏云凤、周星茜、金颖慧、韩玉洁、张小浦、杨楠、马晶、柳亚辛、周巧玉、唐君聆、毛辛羽、陶菁菁

应用心理学 80 名

吴洋、韩轶、韦茂益、冯亚路、陆宝世、李勒、陆杰、李腾飞、田溯豪、邹征、黄恺阳、何大川、张仕伟、格桑多布杰、杜子玉、郭壁瑞、任姣姣、赵玥、姚媚、刘茗、马雪琳、王喻荣、陆冬梅、杨睿、王赛爽、霍宇鑫、杨隽逸、彭瑶、陈孟丹、张亚楠、王美晨、海小娟、雷全梅、阿尼、次仁桑姆、祖姆热提·乃比江、普琳洁、刘馨蔓、蔡思思、何奉珍、扎西平措、次仁洛丹、唐禀尧、梁易超、王如兵、滕辉、李涵、于晗、茆邓、戴卓然、罗旦、杨兵兵、陆相汐、马贞芬、莫红桃、

蒙金锋、于江淼、朱兰、高瑛、王前线、徐红巾、许佳琪、李金双、陈琪、唐巧霞、吕锦景、李思宇、董静、马瑞欣、马倩、邓航、白吉、李瑞、赵艺涵、王玲凤、郭一凡、谢秋静、漆冬梅、马丽桠、覃桥萍

经济学院

保险学 41 名

卢贡布嘉、张清怀、代小荣、蒋松、王林勇、安佳喜、徐洲、罗志民、陈志聪、耿明利、郭皓伟、马晓龙、张富强、巴桑、布琼次仁、李兴红、许腾、鲍阿迷、王小玉、韦沁妤、张小敏、李红、凌秀画、肖丹、陈忠凤、艾敏捷、韩佳疃、王思懿、张冬、安楠、杨小燕、彭希璇、雷爱欣、卓玛、次仁穷达、于孜木、阿依扎达·阿万、杨秋湘、杨春华、张烛梅、张夏芸

国际经济与贸易（中美合作）16 名

常耀武、马享林、张赛强、乔梁、张洪宇、杨煜轩、郭霞霞、徐文欣、赵典典、李楠、邹欣怡、肖美竹、王桦、桑文清、李代琳、陈寅聪

国际经济与贸易 61 名

董思源、陈洪杰、马志平、马小勇、马尚志、陈露然、尹勇皓、杨洪锐、王兴、谢贤、杨嘉云、马特杰、沙宏鹏、罗布次仁、叶然·艾尔肯、艾力克木·艾合麦提、伊敏·热合曼、马玉兰、李冬梅、吴代蚕、陈涛、梁月春、闫郴、钱小茜、滕梦云、刘爽、李杨、张慧琴、杨芳、赵静、马雪莲、韩美琳、陈攀、陈玉蝶、仓木决、德央、阿确、阿丽亚·艾尼瓦尔、比丽克孜·麦麦图尔孙、阿衣美·布鲁列宁、孜依拉·阿达力汗、南丁、岳漪涵、康红梅、陈丽、钱胜碧、李文强、王凯、郑亚鹏、杨云帆、戴金宝、虎玉彬、张宏清、孙亚文、马小粉、张甜恬、姚广川、杨雯、武文静、金春、丁梦鸽

金融学 107 名

蔡祺凌、罗进祥、杨晨、马学军、廖文端、田仁杰、胡珂松、闵志宇、王健龙、韩凯、韩永寿、巴桑加拉、阿布都克里木江·阿不西库尔、阿力木江·阿布都卡地尔、姬智攀、何奕国、杜迎、陈静、马婉婷、马妍、禹永娜、马雪、唐爱虹、李志敏、李雨薇、肖梦琪、李越、乌蕴哲、周胜男、王蓉、李美乐、杨瑞、海金花、王晓兰、解书馨、常明阳、向蕊、李婧婧、乌古力沙·买买提、娜热克孜·奴尔旦艾力、吴依那、字江梅、杨迁琴、程芬、周麟轩、郑仕文、陈雨薇、刘利娟、李梓彤、张薰尹、刘明宇、彭齐欢、徐业峰、何雪丽、陈跃煌、马成忠、马鹏飞、梁渊亮、刘泽鑫、肖祥文、王梓骅、尹亚东、马红军、王赵鑫、次仁罗布、阿卜力孜·阿卜拉、马热斯、杨启豪、茶泽钦、杨金财、任松、王媛媛、王学芳、马云、马婧娴、沙林玲、孟丽媛、蒋艳、孙曳瑶、易千禧、刘晓燕、王

珺杰、杨梦园、刘玉欢、靳瑾、柴旺、李小荣、丁霞、马蓉、马福花、孙怡、陈婷、仁青桑姆、达尔措、拉巴岗珠、那迪热·司马依力、米娅莎尔·库尔班、吐马力司·托尼牙孜、张秀月、刘蔡雨莹、冉迷、冉雨洁、孙路静、程家茹、姜晴、楚艳昭、王子涵

经济学 47 名

吴婵、黄伟、任建行、马明、韦家鑫、严高洪、韩亿、陈诺、凌宏、文彬、马志强、罗金勇、补海栋、马敓文、嘎旺、组力亚尔·依迪热斯、虎威、赵振林、杨尚方、田昕炜、王娜、谢丛媛、王兰、唐书美、彭海伦、陈航、田海霞、张霞、马焱鑫、丁莉华、丁学花、白秀娟、张雅娟、尹钰君、余敏、耿怡鑫、嘎玛央宗、智玉婷、热孜亚·赛麦提、艾克旦木·艾合麦提、段方晴、邱旭、甘杰、李婉茹、马尧、张卓玉、陈志宇

历史文化学院

历史学 97 名

赵兰鑫、徐珂、舒兴钰、徐令明、张骞、黄景翔、黄秀健、贾智涵、肖斌、秦子鑫、米峥臣、杨振吉、王子铭、张天禄、钟煜、王元禄、孙佳勇、努尔艾力·加帕尔、李卫航、赵浩祥、崔玉格、王辉娜、姜蓉蓉、包春辉、马悦、张婷、张君艳、张娜娜、隆丽莹、卢俐蓁、张亚、余照莲、麦正青、吕梦宇、熊秋兰、杨石招、白琴、李萍、黄新颖、张亚男、马阿诗、马卉玲、马进梅、李勇丹、何庭静、郭韦君、阿艳·阿地里、王朝芝、石星恒、牛惠珍、尹伟杰、钟旋、岑加顺、郝翼遥、王镐源、张旭、舒孝政、范行致、耿源博、刘凌霄、文志伟、万翔、王腾、马诗宇、罗家瑞、李荣华、庞川森、张晴、金彩琴、李雅静、康月明、崔乐庆、邢江雪、杜婷婷、马红梅、王思瑶、李梦琴、赵桂燕、孙桂芬、董岩、魏巍、范佳琪、苏钰莹、王静宜、孙嘉彤、杨兰、马婷婷、马丽艳、史春翔、田苏、杨艳、丹阳、阿依加马丽·艾力、孔繁梅、杨丽娜、曾晨曦、李天燚

文物保护技术 37 名

马文华、唐铭阳、李林森、李佩勇、尹勇润、龙琛、袁学福、张云鹤、先木西丁·吐尔洪、戴雷、张逸静、马艳琴、豆艳霞、曾小雨、周玉裙、邓依妮、何艳英、王雨婷、王谊、赵欣雨、周寅、陈子恬、谭诗诗、张萌、陈智艺、龙柏杨、廖焕、范美龄、袁海玥、孔倩倩、陈振宇、布尔兰、许梅芝、吕永明、杨世明、杨春燕、冉雅

文物与博物馆学 41 名

江麟、施林家、李双、王艺、杨秀锡、郑华仲、赵子伟、华仕博、买涛、普琼、巴力夏提·努尔赛热克、卡穆冉·太来提、高洪刚、赵翔、王政瑾、马恺、吕海锐、马樱子、马学萍、于琴霞、祥玛

草、韦丽伟、农宓璇晰、李李、安芳、吴化霞、陈曦、符仙瑾、马子焱、刘璐、卢嘉悦、蒲杨、聂倩、李琦、郝立慧、张倩、李青林、尼珍、梁赟琪、冉曼、李梦娇

美术学院

环境设计 49 名

陈俊、刘克轩、王喜龙、江腾蛟、道吉、曲炳照、何锋、宋海运、靳俊山、马珂研、张润芬、豆晶、何春艳、施栩晴、卢家远、海畅、龙洪宇、孙雅琪、宝彦、潘毅、瞿佳颖、赵玉如、鞠文淇、杨柳、李岚、武雨辰、贾艳军、崔亮亮、郭顺、唐泓灿、张宇飞、王友政、卢锡钊、令娜、张秀娟、何生雪、邱乐、成梅、沙凯月、刘春雨、刘嘉兴、狄文颖、罗惠茹、马心雨、范文硕、万紫千、孙丽娅、屈海燕、韩慧香

绘画 35 名

王强、周兆宇、刘龙港、牛乐、罗晓娟、张腾予、米引引、唐辉晶、何玉颖、李佳威、余文琴、张珂、张林、朱乐业、李晓凡、夏佳林、蒋祯宇、毛汪林、谢锦明、颜复麒、高德鹏、牛丽泓、陈叶彤、张晶晶、戴思竹、赵祎欣、夏超仪、张瑾帆、董文华、张珂昱、李晶、李素森、张周婷、张雪、杨舒涵

视觉传达设计 41 名

周思源、吴亮亮、郑帅、何志辉、赵永飞、陈伟伟、张凤宾、袁泉、朴文丰、杨元淇、唐天顺、杨康、宗源、杨岭、邱光晓、唐涛、孙驰、吴梦婷、牛犇青、赵兴芳、陈婷、汪娟娟、杨乐乐、马白迪茹、黄小娟、姚丹、何琪、梁贺玲、杨志婷、王一迪、温冬梅、金铭、吕苗苗、王艺睿、马萍、毕馨予、张腾、和慧、祁秀兰、李玥、胡喜娟

视觉传达设计（唐卡）10 名

刘志亮、李培福、李宝康、卓么杰、夏吾华旦、豆本加、索纳多吉、张好、张尹玲、李敬一

民族学与社会学学院

民族学 69 名

李晓伟、何田恩、李远、张子鹏、李嘉鑫、纪帅丞、高维灏、郭芮泽、叶泽强、巴桑桑珠、次仁扎西、玉山哈德·艾山卡的、杨博锐、许仕颜、马小梅、农玥缘、覃秀淋、晏龙娟、李阳、韦永淋、曾青梅、赵丝语、黄珏婷、宋新凤、杨秀霞、马圣冰、马月婷、曲宗、赵文、才乌奕恒、李思源、张胡琴、武照梵、张鸿亮、梁耀文、胡攀、丁明成、陈遥波、李威风、马伟、马启新、雍长江、坚才洛

布、哈斯哈提·呼散、李臻、羊明航、沙阿一社、杨柳、王静、兰越越、卢司琴、龙艳美、杨燕琴、邢文珍、王睿、李恩、任芳、陈玮昕、鲁慧颖、兰欣、白玲、杜果限、迪丽努尔·艾麦提、李燕燕、周然、刘旭、王郑澄、柏成静、罗银锟

社会工作 59 名

阿比担木·依沙克、周飞龙、张胜海、李佳宁、冉宇豪、白旭贤、毕学良、陈廉政、石新炜、李啸、韩飞鸿、孙正宇、石耀东、吴磊、和银春、冉欣霖、靳晓俣、黄珂语、张黔芳、蒙霞、符桂评、陈义兰、吴小兰、王佳欣、郭桂君、杨晓涵、刁卉、音提扎尔·买买提艾力、李琪、李凤兰、沈铭灵、周斌、李上玉、王小龙、高鑫、李建勇、陈士博、陈梁钊、李晓、魏子强、赵耀诚、马晓东、张迪、沙海龙、郝津、韦俏、翁金莉、薛芊芊、龙正飞、蒲美琳、甄翠颖、孙俏玉、马元圆、珍嘎、廖冲、李翠、黄紫婉、谭雪琴、杨柳

社会学 103 名

李利东、李佳珅、李欢、伍智杨、李林、黄笏耿、王宗波、刘宇航、邓新、杨令羽、张嘉辰、聂永青、陈小艺、尼玛罗杰、杨银、羊涛、斯俊翔、吴家梁、冯浪、王诺怡、杨剑皇、杨珺、黄小亚、谭萍萍、何国丽、陆颖慧、吴芬、郭鑫、尹之乐、高晓晗、张敏、孙梦鸿、姜双、缪苏宁、朱云、孙一铭、王一顺、张紫萱、马静、王慧、马金凤、李小芳、成博文、李莎莎、白玛德吉、卓玛、谢翘楚、卡丽比努尔·库尔班、段华雁、王秀兰、和晓妍、张思思、王丹、邓子琦、李泽西、廖崇杰、韦玉灿、周江海、刘豪、邓森、吴平会、张家康、潘浩宇、陈泓毅、陈功鋆、焦文然、郭耀阳、芮希沛、李军谚、张家豪、张学文、潘萍萍、陈雪、李小珍、肖瑶、李妃秀、李娟、赵千禧、秦晓荣、蒋鑫楠、蒋薇、陈祎瑶、宋星瑶、胡梦霞、刘语嫣、李萌萌、陈远、付云逸、杨志凡、李风梅、李惠、冶雪芳、张齐革、次仁曲珍、桑杰措姆、李睿、铁留古丽·库尔曼哈力、鲁仔梅、王茹雪、韩育蓉、蒋佳妮、薛金花、付琼

生命科学与工程学院

动物科学 66 名

刘子威、余肖飞、汪喜卫、魏健康、李仲禹、刘伟、冷啸仙、姜涛、沈振宇、魏兴宇、马学虎、张炜东、李兴龙、罗皎兰、沈小兰、罗凤圆、潘瀚琳、张森岚、蒋家懿、黄晨、安佳秀、徐梦瑶、曾秋霞、谭彩云、吴凤娇、吕敬、贺芷慧、李甜甜、宋巍、才让卓玛、娜菲莎·卡米里江、乃孜热·居尔艾提、邱丽霞、邓庆林、何俊杰、杨角、蔡亲仪、曾艺、陈鹏、李跃峰、谢强、刘旭亮、杨国武、曹明浩、党苗苗、何兵、段昌明、刘俊威、黄嫣、黄国明、黄嘉颖、赵颖、顾欢、李康莉、唐瑕、田谜、张苗爽、向晗一、马文博、季十雨、黄茜、韩翠、何振莲、张宁、欧登、朱雪蕾

动物医学 84 名

封家儒、张绍广、王鸿程、刘庆、巫首燕、冯法铭、张锋、潘立、付宇斌、宿承海、杨揖焰、昝春军、陈兴浩、顿珠、李柠杏、和占乾、罗斌汉、郭丽娜、王睿、廖楚蕊、高恩玉、邱亚丽、陈楚云、马建爽、韩禹婷、刘玉婷、孙希强、孙雨琪、杨佳庆、王婷、曹佳怡、余雪、龚婷、杨雪莹、叶桐桐、邹熠、普娜、杨子林、黄艳宏、魏敬怡、谢建文、马世龙、王克平、杜彦谷、王奕珩、李瑞、张俊、孟如愿、陈奇、李嘉诚、从丙超、徐晓华、张艺超、陶冶、余翰维、陆弈橙、汪佩敏、徐秋容、张钰璇、黄小娥、潘红、周俏艳、卢凤、龙琴琴、侯清月、张雪婷、王贺、袁可萱、张宇航、李洋、白洁、任玉莹、何雪风、黄蒙、曹艳、扎西普尺、王雅璨、凯迪日耶·阿卜来提、杨慧、董珮玲、马慧、刀荣娇、解婷婷、李洪珊

生物工程 78 名

黄东铭、吴文梁、黄学圣、方安才、黄勇、杨洁、王梓琪、焦逸阳、潘峰、田瑜琳、马鸿、赵阳、张琪、艾克帕尔·艾尔肯、杨东燃、辛忠望、周凌、朱雅雯、龙淇淇、黄丽翘、蓝秋菊、韩霞、陈婷、熊萍、马凝宏、杨小朵、杨佳琦、吴梦丹、赵梓彤、尚佳明、史永平、王苏昊、贺梦凡、地里胡玛尔·斯德克江、曾莎、杨慧玲、马凯念、文糠、覃勋达、韦冠宇、刘大禄、郑敬晖、朱乔峰、刘沅林、厉家郡、赵雨辰、薛鹏飞、杨东亮、田野、韩忠杰、佟仁冬、李松澄、艾莱孜尔·阿布都沙拉木、李昊峻、黄雨杭、崔高、陆迅、张妍、陈云、孔晓珍、邓谢容、肖婷婷、罗忠沙、王若寒、杨玉玲、马越、王馨敏、赵馨怡、杨红芳、江田田、姬冰茹、何姣、孜旦、毕冬琳、刘娅、柏艺、周桂花、何秘

生物技术 61 名

罗建、马俊、梁永康、陶志东、杨晨、李富贵、李德政、蔡新东、宋思哲、石吉星、甘雨、马昊、亚克布江·艾尼娃尔、甫洪宽、侯佳绪、周芳鸿、黄彩桃、陆洁霞、尹彬綪、王丹、洪业、刘俊、马娜娜、马海锐、田治花、张俊兰、张贵红、温晴、索鲁美多、龚璟晖、晏铭英、韦丽丽、杨泽、林豪、刘孟豪、罗威、贾林斌、时九明、许文泽、王致远、马安楠、丁新宇、冉权、马海丽、吴柳芬、张小燕、马有晴、杨妹金、冯秋媛、孙娇、郝一聪、王静、安玉欣、张桂英、王敏、刘苗、边珍、西力旦·艾尔肯、蔡煜琦、杨舜铨、张利

食品科学与工程 70 名

王长荣、滕家聪、唐宇林、罗斌、杨曜缤、黄续飞、马霄博、龚智谦、欧阳豪杰、杨义朝、李富财、向茂钰、嘎玛扎堆、邱夫大、王科龙、范丽萍、赵玲玲、韦燕芳、黎叶青、龙柳明、杨思琪、石浩萍、陈家婷、符有珍、宋庆涛、李悦、姚金萍、马震、张嘉仪、成明月、马圆圆、韩雯、马金燕、

张雨欣、邹熙、麦日排提·帕拉海提、马亚瑢、洪金瑶、刘书岐、宋硕、孙悦、李镇岳、蓝海岛、杨扬、王正平、范吉鈇、赵鑫阳、闫莎莎、黄汇惠、韦李红、龙鸿莹、胡思靖、邹红敏、杨芝芝、杨春晓、刘粟心、吴冠慧、章叶、陈晨、杨柳、蔡艺菲、黄菲、马麦迈、韩煜琪、邢婷玉、罗家敏、迪丽达尔·迪力夏提、龚加芳、徐雅琪、吴鸿亿

数学与计算机科学学院

计算机科学与技术 111 名

张厅、林伟杰、马坚、杨锋、韦金成、莫明坤、梁恒滔、莫江涛、马远哲、吴剑刚、潘世生、田森、符礼诗、孙翔、田亮亮、李振、李嘉、黄云鹤、范洋赫、何杨、刘洋、刘为嵩、戈嘉宇、周德源、杨东安、白瑞、黄文鑫、陈威特、刘林、黄嘉俊、杨宪、王宇博、马蕾琴、马如兰、莫送金、杨情、石子吟、董晓宁、余慧、李成花、杨帆、杨娟、丁艳、付洁、阿依古再丽·吐地、古力尼格尔·尼牙孜、顾丽红、马忠林、马勋宣、陈成、谌晨、曹光辉、韦学广、凯萨尔·肉苏力、刘禹含、杜治、张是忱、买仲海、马进成、黄洪基、王祥洁、陆一帅、覃永吉、吴正林、赵尹、罗金成、庄晓程、盆家文、姚硕、黄灵杰、伍辉铸、李世东、吴兴科、刘恒、黄奇、李国彬、朱星宇、张翔、马宇鑫、丁腾飞、冶世军、张文强、朱宇成、程烁杰、马伊栋、詹勇鑫、黎浩翔、冉俊杰、傅文琪、丁桂花、马幸岩、覃韦丽、谢彩艳、陈明丽、李怡汝、朱蕊、徐聪、马梦娇、李妍、马丽萍、丁怡琳、李怡铭、薛宁、李瑞霞、钟朱悦、杨旭、陈倩、漆伟强、马昊、李松、潘平

软件工程 129 名

王松、方虎、张必武、尚久洋、林建辉、李岚泽、许峻铭、巫绍康、覃暕程、罗腾华、冯家鑫、付金康、沈涛涛、杨森、郭稳华、黎成彪、符芳豪、许永碧、贺晓驰、晁昺恺、王冠博、郭琦、杨中威、朱孟林、蹇常林、张环、田聪、马季元、张良、李春晓、郑涛、周钱、冶广文、马志虎、杨雄、海利、周海星、陈崚、胡松、刘珊、毛勒提汗·赛提哈孜、把正杰、娄继文、杨鹏程、袁涛、李科文、陈欣、马艺芳、吴文贞、吴庆茜、唐莹、韦倩蓉、李其芮、赵婷、庞龙龙、杨光环、王少君、石峰、吴寅生、谢亮、符小凯、祝紫轩、邱金库、梁永补、陈文广、吕月明、周奕、冷伍阿各、姜晶、陈龙、马成龙、钟泽汕、刘峻源、李学、黄保传、陈鑫、王浩、王康、罗贤丞、龙登捷、钟庆龙、吴茂爵、孙寒飞、许方豪、袭望、金振凯、镇易轩、胡多、罗霄、韩思凡、张昕晖、丛峰、吕洪吉、王镇、郭时佐、班海斌、马天虎、马军、马文江、杨少康、马超、马锴、李钺、陈钰开、任俊铭、艾则麦提江·图尔贡、刘永进、郎航、刘清泉、毛泽宇、杨中山、冶红艳、韦艳迎、何春丹、韦情双、文思、苏卓格、胡莹、蒲婧、陈莹、吴远亮、张宇、张帝豪、李泽龙、李晓宏、高华韩、高自立、李福瑞、郑腾飞

数学与应用数学（藏汉双语）55名

仁增达杰、白玛普赤、贡巧达吉、加措塔、道吉才让、民杰多杰、夸吉多主、更藏多杰、李本多杰、才旦多杰、仁青南加、旦纯、旦真求旦、尕让俄波、泽旺达介、泽旺杉周、强巴坚参、次仁平措、欧珠多杰、落桑群培、朗拉、达瓦桑格、仁欠草、完玛草、草毛、完地草、夏吾道草、完玛草、扎西草、才让草、才昂草毛、李毛才让、卓玛加、达哇黄毛、豆合保、扎西措、代吉、普玛、德吉卓玛、周曾项毛、更求拉增、卓尕文毛、青梅求占、旦增看着、泽仁娜么、芒莫、索郎卓玛、彭措王么、甲央措、白玛卓嘎、白玛曲吉、其美玉珍、桑吉曲珍、阿旺曲珍、普珍

数学与应用数学44名

袁龙、熊义华、艾昌江、杨雄、张帆、彭博、张行、靳宇豪、胡磊、刘小军、汪鑫、黄杰、齐宏、覃叶、罗芽、韦婷、张美、覃飞艳、朱炫颐、刘芳君、魏思禹、徐欣雨、贺微、孙萌萌、徐桐、钟闯、赵佳琳、任慧瑜、李应秀、田雯、马文琴、窦珺、王卓琳、哈丽米热姆·吐尔逊买买提、阿尔孜古丽·阿布都克力木、周红豆、王冰寒、夏琴、马露雪、马金钰、范佩静、郭小庆、徐彬焱、田峻林

物联网工程75名

匡杜坤、朱如日、熊梦彪、漆科平、黎志杏、韦淞议、黄康辉、王阳、陈建荣、张震宇、徐占远、付孝禹、杨和成、刘骜宇、李达、张杰、马建超、马彦明、周拉才让、句国飞、孙磊磊、甘宇、李映东、熊鑫炜、胡明华、黄凤玉、陈映伶、卢若伃、周龙丽、袁治倩、花江雨、熊颖、高誉、高波、陈佳音、马艳、谢仁娜依·吾布力卡斯木、吴娟、谢思贤、陈扬胜、张耀理、王智尧、黄奕灿、文金强、李纪安、苏德胜、耿越崎、李梦洋、陈世禹、刘淳、李金昭、周安南、范卫博、白欣、张增洪、张佳乐、徐宾、刘泓岑、尼加提·木合台尔、陈明、张相钊、陈威、南玉洁、韦梅芳、陈发燕、吴金兰、白文硕、喻晴雯、孙帼蔚、李悦、禹志艳、森达尔·吐尔逊、谷咪雪、陈雪瑞、杨嘉薇

信息与计算科学38名

韩明辉、卓熙杰、马福海、岑国宁、李政达、莫启辉、张孝东、闫铁、刘唐世恒、吴友麒、王承志、霍庆澳、杨生杰、魏港、李林冲、杨晓勇、和奕道、陈磊、陈谕霖、黄正斌、肖惠泽、黄书凡、汪浩、杨长必、唐家兴、马秀兰、安小花、陆彦均、罗安言、覃明翠、罗淋川、陈正琳、焦向雨、唐少秋、彭悦、戴滢瞩、龙湖、黄永璐

体育学院

社会体育指导与管理43名

丁绪旺、鲁鹏伟、李昶、牛皓、李俊良、潘应鹏、周思、李学连、张立峰、魏龙、宋博友、刘长

领、田纪元、王岩鹏、谭邓宁、金浩然、陈洪岩、封宇、姜熔基、周明、辛文良、李成苍、郑森、赵毅峰、兰健芳、欧其龙、买道·阿勒玛特、图尔贡·图如普、张煜铭、李真、彭飞宇、王瑞、穆艳萍、高海静、张怡丹、龙晓丽、杨舒婷、王琼、李娜、熊阳燕、郭亚军、李瑞珍、黎秀英

体育教育 70 名

周杰、张海龙、周学泽、李开斌、包亚春、尹启星、柳强、王兴财、卢甚陶、马帅、周滢璋、周蒙蒙、王岑涛、徐豪、杨奇、龙思钦、陈源、祝鑫伟、马小利、马永强、杨金贵、李鑫岩、张庆宁、刘锦灏、阿合朱力·努尔达吾列提、阿卜杜拉·喀米力、马穆、李滢浩、张悦、杨丽、谢金芳、唐文凤、韩小影、齐晓瑜、蒲珑升、陈少凯、薛永辉、马忠英、王鑫、石建峰、陈凯、牛强、文乐乐、何遂龙、海柏林、李天源、刘鑫雨、焦玉坤、沈长亮、何登扬、杨飞、隋兆锴、马岩、贾宇、马荣、赵文辉、韩俊超、李卓然、乔晨宇、赵航、帕尔沙提·努尔巴合提、饶涛、杨增严、杨阳、郑旭燕、脱钊钊、高娅丽、王俏娜、马欣意、丁敏

土木工程学院

土木工程 190 名

玉珏星、符焕珍、沙国俊、马永升、花林、范子龙、代国帅、吕睿、陈祥阳、闫文强、杨国森、马鑫、谢智洋、祖力普海尔·肖克来提、王翔宇、孙可欣、刘永仓、马成才、王永、开散尔·卡德尔、丁婉煜、王玲珲、罗涵、叶天松、谭思超、陈明、陶哲、郑翔峰、张思州、龚建华、陈帅、黎云杰、于学伟、马俊杰、李翔、李小天、依布拉音·亚合普、洪笛、罗千翔、曾揭子康、刘蕊、斯比奴尔·艾力、韦广、刘一为、段丹阳、唐思婷、韦青祖、陈奕鸣、艾热提·开日木、黄双禹、王彪、郑蔚、张志远、孔祥敏、李亚伦、颜奎、旃开发、冉志豪、刘刚、欧鸿漫、唐毓锐、孙浩、欧阳锦川、丁佳辉、姚博、刘星宇、田婷、郭正法、林超、黄启庆、毛勤东、闫腾腾、李泉澳、田昱旻、胡翔、朱鹏、张杰、王庭锦、马云龙、马小华、邓永宇、张磊、周建伟、滕丹峰、段凯戈、马志涛、冯驰骅、赵彦华、李一申、黄佩、仁丽杰、林紫馨、沙博、曾林东、马建辉、梁永贵、张周一、闵小林、阚东鹏、吕耘冰、圆圆、卓吉、蓝志敏、马玉良、叶欢、何昊、邹奇涛、陈稳、麻芬、张俊杰、王晓强、李玉宁、马什思、程琛、马楠鑫、车云、黄柏、杨珍、高海南、符敦富、姜升、刘灵聪、冶小晨、艾飞宇、字伟权、石玉、李佳窈、胡阳明、周锐、何天雕、欧致参、勾成亮、张文轩、卢稳、李星润、马建新、杨晓东、任小旦、童正宇、李鑫、李若愚、马小兰、米俊虎、兰海铭、罗生贵、姬厚真、梁焜宸、马铭骏、常宇涵、王守强、白玉辉、张国鑫、刘弋晗、普仕林、储益旭、李文科、冉贤林、张文阳、黄薇霖、苑博文、韦真宇、常文鑫、田亮、黄俊源、张丽芳、王伟、杨骏、麦嘉禾、谢卓豪、刘莉、石县、韩军、伊尔潘·谢克、刘广意、彭海、肖奇赞、陈冰川、王鑫泽、丁学峰、马小龙、韩勇、宋家麒、陈宇龙、赵朋飞、吴歆昱、陶波、卫哲、丁鹏伟、王海成、王锐海

无机非金属材料工程 61 名

朱凯成、左昌昆、陆奎、班荣相、纪澹、杨军、蔡槟、郝德胜、徐鹏、吴泽曦、叶凌峰、贾浩东、黄熙、余洋、刘晓雷、范祖文、闫允昇、余文达、塔比哈特·奴尔开力地、苏航、孙楠杰、闫白京、文燕果、王睿雯、孙千雯、李新颖、蔡可心、宋蕊、李慧萍、杨金芳、王青青、田洁、苏比·热甫哈提、徐翼南、熊岩、谭高明、何东、徐光德、吴云杰、韦万赞、石焕、李恒兵、谭俊豪、成梓晨、陈辛、董天佐、侯佳栋、赵小鹏、谢才智、黎伟、常天源、罗明锋、杨海荣、刘朝静、张戈、胡秋亚、王雅媚、公日多杰、王春雅、杨苗、张荷芳

外国语学院

阿拉伯语 73 名

冶泽林、韩小花、张英杰、李文博、刘恩源、杨扬、唐忠、马正淼、顾云飞、卢俊杰、马万军、包木洒、王安克、卡德尔丁·斯干旦、沈桐、余美琪、毛琰、何静、铁金宁、朱佳旭、马子璇、蔡俊钰、李梦雅、刘越阳、努尔扎提·牙森、马晓雯、周志远、江瑜、夏迪·朱曼、马晶、马生俊、麻世龙、何健、丁昊、苏童、张思伯、马庆斋、马准、魏仕雨、兰西艳、马玉香、马丁、皓月、李可欣、丽拉·杰恩斯、祁慧贤、许荣倩、忽孝尊、亚库甫·阿西木、金正、马小红、段学婷、苏香、金卓雅、米小强、敏帆、马宏斌、苏浩、张学森、丁家宝、白璐、罗义通、喀迪尔·艾买尔、黄浩原、魏倩倩、闫靓、张苹、马倩、马燕红、哈马再·努尔贝克、文杨、韦昕怡、张千千

俄语 26 名

库吐鲁克·伊力亚尔、高芸箐、廖红日、吴志坚、黄家强、胡霄、施金宇、非尔敦·努尔敦、吾尔肯·阿扎提、马娟娟、马小凤、马宗娟、谭艳彩、张浩冉、徐思南、王静、石湘琳、黄宇菲、姚文兰、马晓驰、唐榆力、哈雪妮、张博阳、古丽湖马尔·阿不力米提、张可、张倩

英语 137 名

刘晓梅、王嘉基、符海尔、魏甫东、马合江·阿肯木江、郑凝脂、冯秀康、王玲玲、马丽、罗彩妮、黎春容、李慧、莫龙春、郑艾、余佳欣、易嘉、曾春艳、周钰林、郑明明、马玉心、马红、刘文硕、康倩、黎萍、索朗卓嘎、马晓圆、月里沙姑·艾尼外尔、鲁茸央宗、李锦秀、杨华琲、王美钘、圣南仁杰、任海科、王梓涵、王锦、张倩、袁柳、马瑞英、段蝶、陈振、陆中琴、高雪、杨婷、龙紫怡、伏宁、马玮明、冶媛、张君盈、吴永琦、朱淑婷、洛桑央西、李晴晴、阿丽米娜·吐拉江、杨婷慧、江晓芹、陆正敏、沙那瓦尔·吐尔逊江、卡拉儿·库万太、李鑫、黎洪武、李文武、陈靖予、罗飞雁、杨婷、李瑛、苏佩杏、李利平、张丽兰、杨铉、姚兰兰、宣楠钰、李健、罗燕、杨雨婷、郭芳、王璐、秦燕燕、韩银芝、白静静、兰天、陶紫薇、角易璟、段星全、罗春梅、马思雨、黄雪、苏

军、周玉娟、姚可回、郭银凤、李楠、农琳琳、王敏、李金翠、梁梅、向艳、王昊、吴菲菲、兰欢、包亚力、张真、白花措姐、康茜、刘晓煜、马巧一、帕力扎提·阿布德热依木、陈荟宇、吉学芬、马红娇、余凤姣、高靖元、毕慧敏、马有德、钱杨、吴明杰、刘瑞欢、何丹、马琼、马玉格、韦颖言、罗滕、马寅盈、王珍云、韩冬梅、毛珊、黄金双、王小花、马慧、魏莹、马李蓉、塔玛莱·艾合买提、马江萍、李鹤南、豆娜、龙晓燕、韦素腾、段卓琳

舞蹈学院

舞蹈编导 21 名

余巧、杨志华、王虎林、孙博财、林凡淞、李靖、郭涛、冯涛、王斌斌、张映、姚腾垠、刘靓、左倩雯、姚欣媛、刘玲玲、金石玥、谭峥、刘敏婕、黄斯慧、谈佳敏、索南卓玛

舞蹈表演 48 名

徐子玥、杨万鹏、杨依凡、刘少辉、王宇鹏、王臻、运佳虎、贺文翔、王朝、赵小虎、蒋子宣、刘飞、吴贵文、张武兵、禹涛、朱成年、三排俄吾、仓央尖措、增太才让、王文鑫、杨柳、冯玉秀、张薇薇、张冰瑶、肖晶君、潘丽洁、张文垚、杨涵月、莫郁、马佩莹、刘博也、何倩、德吉央宗、林杏蓉、李姊薇、侯梦奇、朱依凡、金文丽、谢佳蓉、杨锡、黄淑琦、程诗琦、宋芸杰、汪婕、李嘉琪、余双选、才郎卓玛、齐恩

舞蹈学 47 名

刘凯瑞、卢俊铭、赵玉玺、张红飞、张寒、马世德、马龙、段琮超、赵志君、郭陈龙、毛凌、王海尧、姚东廷、宗周尼玛、胡翔豪、陈也恬子、罗淑文、马悦洋、张铭颖、杜玥、张津瑜、赵楠、徐珂菡、王琴、黄铭杨子、许蓉蓉、马兰芳、黄峭琳、黄晶莹、谷楠、郑芳、宫喜喜、王靓钰、蔡灵芝、陆荣、赵绮雯、谷珊、撒晶晶、杨楠、马向妮、王静、杨楠楠、石文静、卡卓措吉、尕桑措、杨总吉乐、罗香

新闻传播学院

广播电视编导 76 名

于聪、张毅、覃世炎、袁鹏学、谢占斌、闫旭东、杨梦晗、达庆阁、蔡玉梅、鱼芳芳、王小梅、罗燕、赵丹丹、黄冰静、史卯灯、陈文芳、梁倩琪、黄欣、李丹、黄菲、吴雨谦、黄译萱、田璐瑶、郑书彩、杜婷婷、冯月、王靖雯、李悦、王佳宁、伊潇、魏麓欢、王语彤、杨菊花、张丁丁、洪一丹、干芳、蒲婷霞、何翠花、邱文奇、陆孝夫、杨哲杰、杨超健、姜铎彬、柳彤、白晨阳、王迎虎、李珮珮、王玉艳、朱艳萍、李琦、张雅茹、史新梅、史文莉、邓佳林、陈小丽、李佳佩、陈小沫、朱

钊婷、卢玉洁、章飘浪、徐祥翠、吴继红、程婉薇、李粉美、卜凡、王雪艺、张一鸣、杨茜尧、吴佳彤、魏梦迪、连晶、程月、何莲影、陆瑶、吴红烨、向福利

广播电视学95名

张文娟、夏凯、赵晒给加草、宁子鸣、王永祥、谢生龙、瞿雨、蒙思宇、龙海、陈梦男、何鑫、张亚曦、冶军、曹瑞松、杨邓方、杨左华、林尔、常如意、杨帆、何珈阅、潘雪媚、覃钰璇、谭雪飞、谢封云、何俊仙、杨怡、黎小玲、陈丽萍、焦银丽、黄瓒、张琴、张译尹、张思语、李婧铉、惠娟、郭梦瑾、马佳敏、袁菊、巴桑卓玛、艾依努尔·塔布斯、李宁、凯迪丽亚·凯沙尔、张子杨、罗悦绮、祁桂梅、施露兰、刘荣丽、劳思婉、马艾柯、张斌锋、赵勤猛、罗新岳、侯川方、陈沪黔、黄世豪、项淳懋、朱宇帅、王嘉文、柯良玉、张发升、次旦平措、李昌、石继林、马玲、孙丽、黎咏雯、石丽娇、韦俐吉、黄东怡、潘孟瑶、谢帮蕊、吴倩、李欣宇、戴月琪、海宁怿、王晓慧、彭可可、白曦、田蕊、孙琦、李海钰、马招娣、袁小玲、李玲、祁玲萍、平措央宗、达娃群措、陈银昌、王玲玲、彭永静、周继花、李瑶、杨舒琦、岳江宁、刘岭

广告学73名

张国傲、卢俊宇、高安达、薛鹏飞、杨政、汤巳予、姜连帅、哈正家、巴班·巴特仁胡、姜健平、李晓龙、熊文宇、黄旭冉、马旭瑞、张伊娜、汪雅蓉、孙金婷、韦莹莹、黄邺莹、覃艳梅、陈子玥、马丽娟、杨婧、王国美、刘旭、巴姚琳枫、魏丽欣、王君、王吉思、包凌云、孙健馨、张小芳、冶桂茹、冶萍、拉姆、魏朝彬、叶文丽、石书华、陈黎明、黄建诚、张良旺、龙羽翔、张博、彭奇峰、刘云鹏、刘天成、赵庆杰、巴音别列克、高浚俯、普金友、白正伟、李文镜、马雯、蓝诗琪、李北园、黄晨晨、陆小敏、潘东丽、胡传彬、王丽娴、张雯露、姚颖、宋婉铭、黄巧丽、许竞文、申雨琳、范英芮、马雪、苏芳芳、英毛措、达瓦曲珍、何一佑、唐燕玲

新闻学86名

方明、李殿雄、黄耀锌、杨澎锴、邸双宇、周光照、马海军、商龙军、钟敏烨、彭洁、张姚姚、朱金莉、覃美瑛、石萌萌、韦玮娜、慕满香、彭涛涛、吴春橙、吴海珍、李想、卢洪湖、杨荣智、赵琳、黄韵嘉、向智慧、王晓瑞、项超、周洁、马力诺、谢静、敬琳、艾红、旦增玉珍、罗珍、温璐婷、阿丽旦·尼合买提、易玲、王碟、韦茜、陆萍、树润久、黄豫琪、康静、李佳朗、苏荣森、伍吉朋、马系翔、卜若琨、费明宇、王若鹏、马海峰、马伟、潘璐、李瑶、张英儿、马春芳、覃忠梅、许秀荣、覃祺颖、胡明爱、张兰英、吴莉、杨晓露、刘睿阳、高岩、滕靖茹、孙淑娴、丛逸冰、周紫微、张思雨、张静楠、杨芳、周凤萍、毕振瑶、庞利民、胡利霞、索朗卓嘎、宋雅静、陈雪梅、赵晓、武艳波、方普睿佳、毕蓉、朱艳红、田甜、孙桂芳

音乐学院

音乐表演 127 名

米麟、王小奇、党彦超、杨福亮、孙斌、马文卓、杨芮、贾明、董耀群、姜昱、吴巴达尔夫、王超然、彭子强、廖进文、黄天升、温南海、杨智涵、门超、孟宪伟、张渊积、王宇豪、李翱翔、韩旭、王鹏、郭宇辰、张鑫、徐倩、薛文丽、何悦、刘林凤、安婷、王光英、王韵棋、任頔、高金宝、李璐瑶、覃霞、敖佳颖、杨雅芳、唐雪梅、李洁、张二苗、肖宇森、杜蕊萌、庄雅迪、董翼宁、李昊、刘宇、马嘉利、王滈芝、杨浩浩、刘敏辉、阳明芮、刘志燕、郭坤、焦蕾、王楠、许嘉、马雯璇、马艺璇、曹宏伟、王笑虎、蔺冠中、阮凤祥、王明、刘国杰、牛青山、董钊、芮浚轩、胡馨予、简熔、马蓉、丁晓邯、靳子桐、刘桂宽、邢栋、高扬涛、宋西来、张政、格斯尔、师瑞杰、刘殿瑞、王鑫磊、李科、赫彪、王嘉宾、刘廷琛、柳志文、孟克巴特、苏阳、张鸿邦、何维鑫、平措旺杰、郭宏涛、李积斌、华旦龙周、袁世源、王米笑、马瑞超、单晓轩、霍泓溥、段乃嫣、高珊、樊孟钰、白百禾、高秋妍、李红、王静、李心瑶、新吉娅、鲁欣雨、朱佳欣、徐静、赵浴宏、杨如雪、邓卉恬、丛菲儿、常颖、郭晓娜、张子乔、袁浩、张子瑜、张焯雯、石娟、钱金叶、马艳荣、张娴

音乐学 39 名

苏俊超、刘栋煜、张暄、赵宇、陈亮、夏世喜、周靖麒、曾思豪、刘祥、蔡德强、刘嘉诚、侍谷锦、王婧、丁露、熊叶林、闫雅楠、周佳惠、于兰昕、刘湃、谢欣雨、葛雨鑫、娜木措秀姆、祁秀梅、马成梅、张帆、许春英、张子怡、王瑜鑫、陈一兴、段煜、赵建雯、王星星、何翔、王文鹏、牛宬熙、陈彦霞、翟若兰、袁静、冯雅楠

作曲与作曲技术理论 7 名

王小丫、罗斌、曹飞雄、王文博、刘山绮、李倪楠、管晓轩

中国语言文学学部

中国少数民族（藏）语言文学 149 名

尼玛潘多、爱安、公布东主、娘其合道吉、南史杰、拉毛多旦、东知布才让、才让多杰、多杰拉旦、才仁多杰、旦真夺吉、卓尕甲、夺吉波、多吉降措、巴珠、贡觉旺杰、云旦罗布、格桑元旦、色日、次旦琼加、尕旦木草、周毛才让、仁青卓玛、卓玛草、完地草、桑杰卓么、才让央宗、才让卓玛、叶西措毛、利毛措、青措加、吉毛加、泽朗仲尕、泽郎措、桑吉卓玛、纳么卓玛、卓玛措、扎西卓玛、桑珍、拉吉、旦增央吉、色珍、央珍、才仁曲宗、次仁、洛桑卓玛、巴桑普尺、德吉曲宗、白玛、索朗吉嘎、额日甲、洛桑顿珠、那卡才让、道吉杰、拉毛才旦、才让扎西、娘吉东智、索南多杰、才让卡、达哇东周、多德加、满拉、扎西旺甲、泽仁当州、尕让扎西、泽仁多吉、平措阿旺、扎

西郎加、拉巴桑珠、嘎玛加措、赤列、仁青草、桑吉吉、交巴草、当子草、尼毛吉、南玛加、困太措、益昔措、桑丁巴忠、兰尕措、花旦拉姆、甲么措、麦拉措、尚机措、泽朗措、尼玛央宗、索朗央吉、格珍、旦增色珍、次仁央加、尼珍、达嘎措姆、达娃卓嘎、德吉卓嘎、卓嘎曲措、才央金美、索朗云旦、斯培、卓玛、当增扎西、拉目加、云才让、尕藏加、多杰仁青、旦正才让、公保加、索南尖参、叶登杰、罗白、仁青多吉、若巴降措、叶炯、白玛俄沙、彭措扎西、土旦次仁、查斯、普布次仁、白玛朗杰、白玛扎西、尕藏草、卓玛草、云草、那拉草、拉毛草、尕藏卓玛、小平、桑什吉、卓玛、色俄吉、巴桑、扎西纳么、俄尖吉、白玛汪姆、拉吉、玉卓、白玛卓嘎、其美卓嘎、尊姆、扎西拉姆、永忠措姆、巴珍、德吉、格桑卓玛、仁增措姆、旦增卓玛、斯曲卓嘎、达杰措姆、拉巴次仁

中国少数民族语言文学（藏语言）17 名

曲那格、闫学良、马万福、李钰、樊舒桐、马海龙、李世民、王天燕、龚晓娟、华文梅、肖永秀、王刚华、董珍、晁福芳、刘忠莉、李文荣、王娅蒙

汉语国际教育 49 名

阿力菲热·库尔班太依、李志昊、韦武恒、田狼燕、刘瑛涛、赵为源、漆佳成、也尔哈里·卡林、杨路东、罗永超、蒋辉、马娟娟、马梦青、陆昱利、贾婕妤、杨玉优、韦智慧、何莹莹、林漫、岑欢、袁静、周星、杨江艳、倪丽婷、乔俊燕、胡译允、徐博文、刘卓然、李琴、胡丽莎、段晓慧、黄静、李鸿芳、喜林萍、金悦、马佳惠、卢迎春、周鸿、唐娜、郑微微、范晓萱、帕孜丽亚·帕尔哈提、马锐启、李广纯、陈军霞、马子钦、张乐乐、王永吉、张淑贤

汉语言（藏汉翻译）100 名

旦正卓玛、夏果措、加央坚参、南军才让、拉毛加、索南才让、多杰扎西、公保南加、夸卓加、达北、齐美王青、格桑曲扎、扎西平措、普布次仁、加次多吉、旦增贡嘎、旦增曲培、斯那江初、桑吉草、加木草、卡毛吉、豆格吉、桑杰草、扎西草、丁子卓么、拉郎卓玛、尕日昂姐、叶西卓么、旦增卓玛、力毛加、李毛才让、冷智卓玛、杨尖措、周么磋、泽郎哈科、神珍王牡、勒莫吉、色朗卓玛、达哇拉么、单增白吉、罗布央拉、德吉央宗、平措卓玛、仁青拥宗、斯朗措姆、德吉卓嘎、米玛片多、索朗措姆、斗格才让、九美旦增、旦知加、当增加、卓玛太、南卡太、朝杰、罗布让扎西、朴洼扎西、嘎让泽让、昂旺加措、次仁巴珠、扎西达瓦、索朗多吉、次旦朗杰、旦增罗布、格桑杰多、多吉扎堆、知诗将参、扎西卓玛、谢三门主玛、增巴草、切江草、才让拉毛、才让拉毛、绒地草、才让卓玛、旦木求卓玛、扎西卓玛、达藏卓玛、曲江措、万德吉、南措吉、羊吉措、朗加机、芒尕、壮卡机、占尕吉、彭玛初、甲央翁姆、次旦朗珍、斯郎曲珍、卓嘎、达娃桑姆、旦增曲西、次仁琼达、次仁央拉、拉巴卓玛、余海燕、达瓦、卡毛吉、旦增益西

汉语言（蒙汉翻译）49 名

那卡、李加拉、达仁才次克、达阳、才日格、苏德孟克、阿思汗、阿毕雅斯、阿古歌、阿必日、何布庆、巴嘎那、唐小波、孟根乌拉、旦木登才仁、苏纳木道尔吉、巴音杭盖·巴塔、苏勤·合江、阿木尔达拉·乔拉、才登巴里、山朝克图、赛琴、阿勒同苏和、苏乙拉其木格、张金霞、白明亮、荣梅、乌斯汗、萨日盖、塔克塔、阿娅斯、乌日拉嘎、呼格静、乌日娜、苏龙、娜木日、达日玛、拉毛、达西哈毛、乌仁娜、阿尔腾苏勒、吉尔根沙横·里木尔加甫、毕希日拉图、阿拉腾嘎都苏、达娃才仁、查苏娜、卓玛、卓满措、欧日鲁玛

汉语言（维汉翻译）135 名

阿卜杜凯尤木·买买提、伊普提哈尔·艾斯凯尔、吐尔逊·阿布列孜、艾山江·买买提、艾克拜江·吾司曼、柔则尼亚孜·太外库力、阿布都沙拉木·艾麦尔依力、阿卜力克木·阿卜杜克热木、热孜万古丽·阿布地热木、祖丽胡玛尔·买合木提、古丽娜扎尔·艾力艾合买提、阿娜尔·阿德尔别克、日依合娜依·艾买提江、苏丽亚·安尼瓦尔、阿迪莱·艾合买提、祖姆热提古丽·艾尼外尔、扎依兰·艾合买、买尔合巴·艾尼、谢姆西努尔·库尔班、吉日汗勒布比·艾尔肯、再乃皮古丽·艾尼、阿曼古丽·伊米提、古丽亚尔·阿迪力、阿曼萨·阿卜杜喀迪尔、努尔米那·艾买尔、姑丽加马丽·艾力、卡力比努尔汗·托合提玉素甫、米合尔班·艾尼瓦尔、玉山·哈比、胡达别尔地·托尔坤巴依、巴提米·木拉提汉、洪都孜·胡完尼西汗、布加米来汗·托合提、阿热帕提·热合曼、麦麦提依明·艾山、麦尔旦·艾力、阿依买提·买买提、帕热曼·吾麦热、居尔艾提·如孜、阿不都热西提·阿不都克日木、牙森·买买提、阿布力孜·吐合提、木沙·芒素尔、阿布都斯地克·阿布都肉苏力、阿卜杜拉·麦麦提祖农、艾力牙生·买买提托合提、祖木热提·热合曼、木尼拉木·阿合买提、古丽加克然·买卖提、外斯麦、买合里亚、扎米兰·艾尔西丁、苏比努尔·吐依洪、再日排·努尔买买提、麦然哈巴·吐尔逊、古丽克麦尔·吾拉依木、卡丽比努尔·阿布力米提、图尔迪布·托合托荪、阿依古丽·阿卜力米提、热那古丽·吐合尼亚孜、凯丽比努尔·麦麦提、买迪纳木·于素甫、努热丽达·木太力普、祖丽皮耶·阿尤普、吾斯曼·拜科日、伊斯坎迪儿·阿里木、瓦哈甫江·买买提、艾合散·亚尔买买提、艾里亚尔·木沙、凯海尔·买买提、阿布都艾尼·卡地尔、于苏甫·艾合买提、艾合买提·买买提尼亚孜、买尔旦·亚合甫江、艾山江·买合木提、比夏热提·夏尔皮丁、木尼热古丽·阿不都热苏力、苏比伊努尔·约麦尔、艾孜古丽·米吉提、阿力米热·依沙克、西热帕木·亚森、古丽努尔·哈力穆拉提、胡力胡玛尔·库扎提、买迪娜·伊斯马依力、地拉热木·努尔买买提、迪丽热巴·吐尔洪、苏丽彦·艾尼、沙尼亚木·艾山江、夏依达、夏克丽亚·阿不都克里木、其曼古丽·玉素甫、帕丽达·玉山、阿孜古丽·艾力、古丽米热·艾合买提、阿丽米热·麦麦提、祖丽菲亚·买合木提、阿依古力再力·艾山、地力亚尔·阿尔根、阿依夏米古丽·吐尔孙、木合塔尔·麦麦提、阿布力克木·阿布力米提、依马木·阿吾提、毛拉喀日·图尔荪、阿巴斯·艾力、阿卜杜艾尼·亚森、努尔艾力·艾买

尔、阿地力·阿布来提、努尔艾合买提·艾买尔、努尔阿力木·克力木、艾力江·阿吉、阿布都克依木·巴拉提、热孜古力·努尔东、谢依代·热合曼、苏比努尔·玉素甫、佐日古丽·吐松、布海力欠木·艾海买提、地丽胡玛尔·艾力、齐满姑力·亚森、阿依排热·热依木、布威海丽且姆·阿卜杜克热木、布麦日艳木·阿力木江、萨艾提罕·萨迪克、古丽娜尔·阿卜杜热依木、迪里努尔·艾山、阿西古丽·热合曼、古丽米热·努尔麦麦提、米热古丽·艾买提、苏比努尔·米结提、麦尔比耶·纳曼、如克亚木·亚森、麦尔比耶·奥布力、孜娜提古丽·木沙、茹可亚·阿不都卡地、米尔阿依·吐尔洪、帕太姆·奥斯曼

汉语言文学 184 名

唐彬、杨瑞、蔡登云、马毓敏、高盛棠、梁榕森、张伟、周佐勇、陈汉文、欧阳鹏、罗猷洋、刘欢、郭栋文、巴依斯勒、张玉林、马清风、韩维丽、赵莉、李鹏芳、王伟妮、丁玲玲、房玉梅、赖雪琼、牙东意、甘幸晓、杨江熙、孙文雯、寇中美、李洁微、张凌雁、李爱莲、胡新元、龙小芳、李文娟、何恒璐、何海玲、杨叶、马娅男、马海蕊、赵夏幸、张甜甜、陈丽、格桑曲吉、土多卓玛、赵海兰、热依汉古丽·托合提尼亚孜、张雪雯、王佳妮、美哈巴·托乎提、张美玲、胡永花、向铃靖、张兵、王祎、石琪珂、马海霞、李玮瑶、字贤翌、罗小飞、卢苇洁、谢佩佩、蓝雪韬、刘栋林、贾润泽、张祥、杨倩、王志伟、黄继勋、刘翔、简正旭、王帆、马斌、曹多、关浩楠、地丽木拉提·吐尔洪、尹加航、彭杰、黄里根、赵瑞芳、赵曦、焦梅、王引弟、蓝稍清、黄莹、廖姜婷、韦竹君、田会、邓燕敏、吴梅涛、冯娉婷、王焱、王初、梅楠、张毓玲、袁靖雅、周美言、海燕、张佳静、马绍萍、薛顺欣、王亚茹、袁文艳、胡应平、赵敏、旦增巴姆、色珍、买地那木·吐尔逊、马迪努尔·吐尔迪、夏倩茹、徐林娜、李艳丽、龚婷、秦国素、刘晓菲、安娜、郭鑫垚、兰光丽、杨菊、张雪、张红、罗田田、李露琴、黎慧婷、郑安琪、朱渊、马孝琦、马严、赵波浪、陈晨、华崇伟、杨文杰、张文礼、石勇、张雨虹、苏福霞、李洁、马瑞丽、李积玲、姚倩倩、杨旭霞、李素梅、韦丽源、莫春梅、莫婷婷、欧蒙玉、贺国雨、刘方玲、张霞、王营、张歆煜、谭卢燕、黄倩、张思思、王欣悦、刘梦宇、杨焕、马姗姗、杨丽莎、俄什措、张永华、连思涵、何秀梅、胡欣、周羽丰、白玛德庆、布祖拉·图尔荪、王艺卓、李小琴、安明娟、苏玉凤、张世燕、姚丽芳、贾晓龙、张欢、高瑞鑫、洪洋、申苗苗、高文婧、杨锐、何秋铣、韦德源、黄文珍、白萍、郑兰英

中国少数民族（蒙古）语言文学 67 名

朝克塞汉、牧仁、阿拉木斯、白文才、乌达木、其日嘎、苏日力格、典增达拉、卡旦·那木汝、那木吉力道尔吉、萨其拉、娜荷芽、图娜乐金、刘丽娜、额尔敦乌英嘎、娜荷芽、阿茹汉、赵志杰、苏日格、陶诺恩、乌吉木吉、都尼雅、格根哈斯、柴鑫鑫、阿拉腾干德尔、王红梅、花日、海拉、拉木草、苏布提、其木克、才温毕力克、额尔登布鲁格、苏布德、其达拉图、参其尔、陶格图木勒、呼

斯楞、胡斯勒、乌宁其、刚嘎、旦木登刚杰力、孟德尔、夏汗巴依尔·达拉巴依尔、巴音才恩格乐、娜雅娜、莎日古格、苏日娜、曹日古嘎、宝乐尔、高日罕、参斯尔、吴妍妍、吉胡楞图、乌云嘎、其乐木格、伊日贵、苏日嘎木吉、道格通玛拉、伊拉贵、苏都、莫希叶乐、白雪梅、乌日嘎、群库·傲由图、乌兰·托力木吉巴依尔、吐布新·布音塔

中国少数民族语言文学（蒙古语言）14 名

莫力德尔·哈尔肯、邢博、辛超、马强、山凯霖、肖玉鹏、黄海鑫、李悦、赵艳珍、魏天琦、张静、袁海慧、曾雅馨、阿尔祖·吐尔汗江

中国少数民族语言文学（维吾尔语言）30 名

葛阿敏、张昊天、肖尧、关幸、拜力汗·哈力、郑文强、海尔汗·图日图布信、靳奇异、许诺、王星瑶、张云柯、龚丽颖、龙子慧、杨连连、孙珊、逯晶、翟佳佳、何珊、张雪、王雅婷、赵聪聪、孔文暄、杨玉琴、郭萱彤、洪都斯·吾拉阿力江、于孜曼、索伦格、白晶晶、迪丽米娜·吐尔逊、李培莉

科研工作

西北民族大学科学研究专门委员会规程

第一章　总则

第一条　为提升学校科学研究水平，规范科研决策，推动科研管理工作全面协调发展，依据《西北民族大学章程》《西北民族大学学术委员会章程》等规章，结合学校实际，设立科学研究专门委员会，并制定本规程。

第二条　科学研究专门委员会是学校学术委员会下设的专门委员会，是学校科学研究和学术交流合作等相关事务的决策、审议、评定和咨询机构。科学研究专门委员会根据相关法律规定、学校学术委员会授权及本规程开展工作，接受校学术委员会的指导和监督。

第二章　组织机构

第三条　科学研究专门委员会委员由当然委员和推选委员组成。当然委员一般由分管校领导和相关单位负责人担任，当然委员随职务变更自行更替。

推选委员部分由学校学术委员会委员担任，经科学研究专门委员会主任委员提名产生，学校学术委员会委员不少于科学研究专门委员会总人数的1/5。部分由自下而上的民主推荐方式产生，各教学科研机构在学术分委员会推选的基础上，经党政联席会议研究向学校推荐专门委员会委员候选人，科学研究专门委员会办公室审核后报校长办公会议、党委常委会议审定。

第四条　科学研究专门委员会委员人数按照实际工作需要设置，为不低于15人的单数。

第五条　科学研究专门委员会设主任委员1人，副主任委员1人。主任委员候选人由学校学术委员会主任委员提名，学术委员会全体委员选举产生。副主任委员候选人由科学研究专门委员会主任委员提名，专委会全体委员选举产生。

第六条　科学研究专门委员会委员应具备以下基本条件：

（一）拥护党的领导，严格遵守国家法律法规、方针、政策和学校有关规定；

（二）立足学校发展全局，责任心强，学风端正，治学严谨，公道正派；

（三）具有较强的学术造诣和丰富的科研工作经验；

（四）关心学校科研工作发展，有参与学术议事的意愿和能力，能正常履行委员职责。

第七条　科学研究专门委员会委员经校长办公会议、党委常委会会议审定，委员实行任期制，每届任期4年。委员出现空缺时，按照相应的委员产生办法增补。

第八条　科学研究专门委员会委员在任期内有下列情形之一的，经全体委员会讨论决定，不再担任委员职务：

（一）主动申请辞去委员职务的；

（二）由于身体、年龄及职务变动等原因不能履行职责的；

（三）调离本校的；

（四）怠于履行职责或者违反委员义务的；

（五）有违法、违反教师职业道德或者学术不端行为的；

（六）连续三次无故缺席科学研究专门委员会全体会议的；

（七）由于其他原因不能或不宜担任委员职务的。

第九条　科学研究专门委员会根据工作需要，可下设自然科学和人文社会科学分委员会，根据本规程开展工作。

科学研究专门委员会设立办公室，负责处理日常事务。办公室挂靠在相应职能部门，设办公室主任1名，由单位负责人兼任。

第三章　工作职责

第十条　科学研究专门委员会委员享有以下权利：

（一）知悉与科学研究相关的学校各项管理制度、信息等；

（二）就科学研究相关事务向学校相关职能部门提出咨询或质询；

（三）在科学研究专门委员会会议中自由、独立地发表意见，讨论、审议和表决各项决议；

（四）对学校科学研究相关事务及科学研究专门委员会工作提出建议、实施监督；

（五）学校章程、学校学术委员会章程或者本规程规定的其他权利。

第十一条　科学研究专门委员会委员应当履行以下义务：

（一）遵守国家宪法、法律和法规，遵守学术规范、恪守学术道德；

（二）遵守科学研究专门委员会章程，坚守学术专业判断，公正履行职责；

（三）勤勉尽职，积极参加科学研究专门委员会会议及有关活动；

（四）学校章程、学校学术委员会章程或者本规程规定的其他义务。

第十二条　科学研究专门委员会的主要职责：

（一）审议学校科学研究工作发展方面拟作出年度或阶段性的重要决策和有关方案；并就方案的可行性和学术价值进行论证、审议和指导，以决定该方案可否列入学校科学研究规划；

（二）审议学校科学研究管理工作的有关制度；

（三）根据科学研究工作的实际需要，对学校推荐申报的科学研究成果等的学术水平与价值做出判断，对学校推荐申报的科学研究项目、成果、团队、平台等进行遴选审议、审核把关和申报指导，提高申报的质量；

（四）负责学校自主设立的课题项目、科研团队、平台建设等遴选、立项、成果评定等的论证、咨询及评审；

（五）对涉及学术问题的其他有关重要事项进行论证、咨询和建议；

（六）完成学校学术委员会委托或各教学科研机构学术分委员会提交的相关事项。

第四章　工作制度

第十三条　科学研究专门委员会会议由主任委员或主任委员委托的副主任委员召集和主持，委员会全体会议应有 2/3 以上委员出席方可举行。遇有较为紧急事宜而无法召开全体会议时，主任委员和副主任委员也可决定采取全体委员通讯投票的方式进行表决。

第十四条　科学研究专门委员会根据议题内容，可由委员会主任委员确定邀请相关人员列席会议并参与讨论，充分听取意见。

第十五条　科学研究专门委员会议事实行少数服从多数的原则，重大事项应当以与会委员的 2/3 以上同意，方可通过。未出席科学研究专门委员会全体会议的委员不能提前或委托他人代为投票。

科学研究专门委员会研究和审议事项，一般以投票或其他方式进行表决。

第十六条　科学研究专门委员会委员履行职责时，有下列情形之一的，应当回避，不得参加相关调查、考察、审议、讨论、评议、投票、评分、审核、决定等活动，也不得以任何方式施加影响：

（一）涉及本人利害关系的；

（二）涉及与本人有夫妻关系、直系血亲关系、三代以内旁系血亲关系、近姻亲关系、其他亲属关系人员的利害关系的；

（三）其他可能影响公正履行职责的。

第十七条　科学研究专门委员会做出的决定应当予以公示，并设置公示期。在公示期内，相关单位和当事人如有异议，经 1/3 以上委员同意，可召开全体会议复议，经复议后做出的决定为最终结论。

第十八条　科学研究专门委员会应加强与其他专门委员会之间的沟通与协调，专门委员会办公室应做好与全体委员的网络信息沟通及意见征询工作。

第十九条　科学研究专门委员会委员依据规程履行职责，不受其他组织和个人干涉，应正确运用学术权力，公正、公平地发表意见，凡属专门委员会确定需要保密的内容，委员必须保密，并执行和维护专门委员会的审议结果。

第五章　附则

第二十条　本规程未尽事宜，由科学研究专门委员会另行议定。

第二十一条　本规程解释权属于科学研究专门委员会办公室。

第二十二条　本规程自公布之日起施行。

西北民族大学学术道德专门委员会规程

第一章　总则

第一条　为贯彻落实《科研诚信案件调查处理规则（试行）》《高等学校预防与处理学术不端行为办法》《新时代高校教师职业行为十项准则》精神，切实加强学校学术道德建设，维护学校学术声誉，依照《西北民族大学章程》《西北民族大学学术委员会章程》等相关文件和规定，设立学术道德专门委员会，并制定本规程。

第二条　学术道德专门委员会是西北民族大学学术委员会下设的负责学术道德建设、学术研究行为规范，并依据学术委员会授权调查、认定和处理西北民族大学教师、其他专业技术人员和管理人员、在校学习和工作的访问学者和进修教师、其他兼职人员以及以西北民族大学名义发表作品的其他人员学术不端行为的专门委员会。

第三条　学术道德专门委员会致力于倡导科学精神，弘扬学术道德，维护学术尊严，鼓励学术创新，严明学术纪律，规范学术行为，促进学校教育教学、科学研究事业健康发展。

第二章　组织机构

第四条　学术道德专门委员会委员包括学术专家委员、管理专任委员和纪检专任委员。

学术专家委员由学校学术委员会中具有良好履职能力、熟悉国家科学研究和学科建设方面有关政策、关注学校学科建设工作的委员担任。管理专任委员由发展规划与学科建设处、科研处、研究生处、教务处、组织人事部、财务处等相应部门负责人担任。纪检专任委员由学校纪检部门负责人担任。

学术道德专门委员会中的学术专家委员由学术道德专门委员会主任委员提名，学校学术委员会委员不少于学术道德专门委员会总人数的1/5。

学术道德专门委员会委员经校长办公会议、党委常委会会议审定。

第五条　学术道德专门委员会委员人数为按照实际工作需要设置，为不低于15人的单数。设主任委员1人，副主任委员1人。

主任委员候选人由学校学术委员会主任委员提名，学术委员会全体委员选举产生。副主任委员候选人由学术道德专门委员会主任委员提名，学术道德专门委员会全体委员选举产生。

第六条　学术道德专门委员会委员实行任期制，每届任期4年。委员可连选连任，一般连任委员人数不超过上届委员总数的2/3。

第七条　学术道德专门委员会委员在任期内有下列情形之一的，经全体委员会讨论决定，不再担任委员职务：

（一）主动申请辞去委员职务的；

（二）由于身体、年龄及职务变动等原因不能履行职责的；

（三）调离本校的；

（四）怠于履行职责或者违反委员义务的；

（五）有违法、违反教师职业道德或者学术不端行为的；

（六）连续三次无故缺席学术道德专门委员会全体会议的；

（七）由于其他原因不能或不宜担任委员职务的。

若有委员退出，应增补委员。学术专家委员增补人选经学术道德专门委员会主任委员提名，学术道德专门委员会全体会议选举产生，报校长办公会议、党委常委会会议审定。管理专任委员和纪检专任委员按照自然退出原则增补。

第八条　学术道德专门委员会设立办公室，负责处理日常事务。办公室挂靠在相应职能部门，设办公室主任1名，由单位负责人兼任。

第三章　工作职责

第九条　宣传、贯彻、落实国家及教育部学术道德建设方面有关精神，制定、落实学校学术行为规范相关文件及管理办法。

第十条　负责对学术道德规范建设进行调研和咨询，总结学风建设经验。

第十一条　受理学术不端行为的举报，组织学术调查，根据调查情况做出调查结论，对确有学术不端问题的，提出处理意见，并报送学校学术委员会及相关部门处理。

第十二条　研究生和本科生涉嫌学术不端行为的，委托研究生处、教务处或该生所在单位学术分委员会调查处理，处理意见提交学术道德专门委员会审议。

第十三条　完成学校学术委员会委托或各教学科研机构学术分委员会提交的相关事项。

第四章　工作制度

第十四条　学术道德专门委员会可根据工作需要随时召开全体委员会议，必要时可以通讯方式进行。会议由学术道德专门委员会主任委员主持，主任委员因故不能主持时，可由主任委员委托的副主任委员主持。

会议应有2/3及以上委员出席方可举行。委员一般不得缺席学术道德专门委员会会议，因故不能出席的，须在学术道德专门委员会办公室备案。如有工作需要，学校相关人员可列席会议。

第十五条　学术道德专门委员会议事采取民主集中制的原则，需以投票或其他表决方式做出决定时，与会委员 2/3 以上同意方可通过。

第十六条　学术道德专门委员会办公室具体负责受理学术不端行为的举报，接到举报后，向学术道德专门委员会主任委员报告，由主任委员或全体委员根据情况决定是否予以立案。原则上对于实名举报必须予以立案，对于线索清晰、证据充分的匿名举报也应立案。立案结果，由学术道德专门委员会办公室通知实名举报人。

第十七条　根据调查工作需要，一般由学术道德专门委员会委托被举报人所在单位学术分委员会进行调查，也可成立专家调查组（可包含管理专家）进行调查。调查组专家不少于 5 人，必要时可聘请校外专家参加。

第十八条　调查处理学术不端行为应坚持客观公正、实事求是的原则。坚持以事实为根据，以国家、上级主管部门和学校相关法规、政策及规定为判断标准。

第十九条　各教学科研机构学术分委员会或专家调查组应听取被举报人的申辩，就所举报的问题作出认定意见，形成调查报告，并提交学术道德专门委员会审议。

学术道德专门委员会接到调查报告后，对报告进行评议，作出调查结论。对确有学术不端问题的，提出处理意见，报学校学术委员会及相关部门。

第二十条　调查结论及处理决定由学术道德专门委员会办公室通知当事人。当事人对调查结论或处理决定有异议的，可在 5 个工作日内向学术道德专门委员会办公室提交书面复议申请。

学术道德专门委员会根据当事人的书面复议申请作出是否复议的决定。决定复议的，学术道德专门委员会就异议内容重新组织调查；决定不予复议的，由学术道德专门委员会办公室通知当事人。

当事人不接受复议结果，仍以同一事实和理由提出异议的，不予受理。

第二十一条　学术道德专门委员会委员履行职责时，有下列情形之一的，应当回避，不得参加相关调查、考察、审议、讨论、评议、投票、评分、审核、决定等活动，也不得以任何方式施加影响：

（一）涉及本人利害关系的；

（二）涉及与本人有夫妻关系、直系血亲关系、三代以内旁系血亲关系、近姻亲关系、其他亲属关系、师生关系人员的利害关系的；

（三）其他可能影响公正履行职责的。

第二十二条　学术道德专门委员会委员应严格遵守保密制度，自觉维护学术道德专门委员会的权威和声誉，不得私自泄露所有调查和处理情况。

第五章　附则

第二十三条　本规程未尽事宜，由学术道德专门委员会另行议定。

第二十四条　本规程解释权属于学术道德专门委员会办公室。

第二十五条　本规程自公布之日起施行。

西北民族大学科研成果评价办法（试行）

第一章　总则

第一条　为贯彻落实《深化新时代教育评价改革总体方案》，健全完善学校科研成果评价体系，更好发挥科研成果评价作用，促进科学研究与经济社会发展更加紧密结合，加快推动科研成果转化为现实生产力，根据《国务院办公厅关于完善科技成果评价机制的指导意见》（国办发〔2021〕26号），结合学校实际，制定本办法。

第二条　科研成果评价以习近平新时代中国特色社会主义思想为指导，深入贯彻党的十九大和十九届二中、三中、四中、五中、六中全会精神，深入实施创新驱动发展战略，深化科技体制改革，坚持正确的科研成果评价导向，创新科研成果评价方式，克服“五唯”顽瘴痼疾，通过评价激发教师积极性，推动高水平学术成果不断涌现，更高质量落实立德树人根本任务，更积极主动服务国家战略，更有特色加强学科建设，为促进学校科研事业高质量发展提供有力支撑。

第三条　科研成果评价是对科研成果的科学、技术、经济、社会、文化价值予以客观的、具体的、恰当的评价。评价遵循以下原则：

（一）坚持以科研成果创新质量、绩效、贡献为核心的评价导向。充分发挥科研成果评价的“指挥棒”作用，全面准确反映成果创新水平、转化应用绩效和对经济社会发展的实际贡献，着力强化成果高质量供给与转化应用。

（二）坚持科学分类、多维度评价。针对科研成果具有多元价值的特点，科学确定评价标准，开展多层次差别化评价，提高成果评价的标准化、规范化水平，解决分类评价体系不健全以及评价指标单一化、标准定量化、结果功利化的问题。

（三）坚持尊重科技创新规律。把握科研渐进性和成果阶段性的特点，创新成果评价方式方法，加强中长期评价、后评价和成果回溯，引导科研人员潜心研究、探索创新，推动科研成果价值早发现、早实现。

（四）坚持将科研优势转化为育人资源和育人优势。落实立德树人根本任务，充分发挥科研在学校育人体系中的重要作用，将开展科学研究过程中对提高人才培养质量所做出的贡献作为一项重要评价指标。鼓励和引导教师积极吸纳在校生参加科研课题研究，激发学生的创新精神，培养学生的创新意识和能力。

第二章　评价内涵

第四条　科研成果评价主要从成果的科学价值、技术价值、经济价值、社会价值和文化价值等五个维度进行有针对性的评价。

科学价值：重点评价在新发现、新理论、新概念、新原理、新方法方面的独创性贡献。

技术价值：重点评价重大技术发明，突出在解决产业关键共性技术问题、企业重大技术创新难题，特别是关键核心技术问题方面的成效。

经济价值：重点评价应用推广前景、预期效益、潜在风险等对经济和产业发展的影响。

社会价值：重点评价在解决人民健康、国防与公共安全、中华民族共同体意识、社会治理、生态环境等重大瓶颈问题方面的成效。

文化价值：重点评价在倡导科学家精神、营造创新文化、弘扬社会主义核心价值观、传承中华优秀传统文化等方面的影响和贡献。

第五条　围绕五个评价维度，针对不同类型科研成果的研发要求、服务面向和评价目的，灵活制定评价维度主体一致、各维度权重差异明显但各有侧重的评价机制。

第六条　对哲学社会科学研究成果的评价应侧重于科学价值、社会价值和文化价值的评价；对自然科学研究成果的评价应侧重于科学价值、技术价值和经济价值的评价。

第三章　评价组织

第七条　基础研究类成果评价注重研究成果的原始创新，充分发挥行业学会、研究会、专业化评估机构等在科研成果评价中的作用。

第八条　应用研究类成果评价注重研究成果的应用价值，坚持“谁委托科研任务谁评价”“谁使用科研成果谁评价”，以行业用户评价、市场检验和第三方专业评价机构为主。

第九条　科研成果评价注重学科差异、实行分类评价。按照基础研究、应用研究、技术开发和产业化等不同成果类型，建立符合科学规律的多元化分类评价机制。

基础研究成果：以同行评议为主，推行代表作制度，实行定量评价与定性评价相结合。

应用研究成果：以行业用户和社会评价为主，注重高质量咨政报告和知识产权产出，把新见解、新方法、新技术、新材料、新工艺、新产品等对经济社会发展所做出的贡献作为主要评价指标。

技术开发和产业化成果：以用户评价、市场检验和第三方评价为主，把技术交易合同金额、市场估值、市场占有率、重大工程或重点企业应用情况等作为主要评价指标。

第四章　评价方式

第十条　学校对科研成果的评价实行代表性科研成果的评价方式。代表性成果是指经过潜心研究取得的具有高显示度的科研成果，其表现形式主要包括以下三个方面：

（一）代表性成果服务面向，主要包括所承担的国家级、省部级纵向科研项目以及积极服务地方经济社会发展承接的校地校企合作项目等。

（二）代表性成果表征度，主要包括在开展科学研究和社会服务过程中所产出的高水平论文、著作、咨政报告、应用绩效和成果获奖等。

（三）代表性成果支撑人才培养情况，主要包括所培养的学生在开展科学研究和社会服务过程中所产出的学术成果与获奖、学科竞赛获奖、实践与创业成果等科研实践育人成效。

第十一条　对代表性科研成果的评价导向要突出质量、贡献和特色，强化科研成果对国家、区域重大战略需求和经济社会发展的实际贡献，哲学社会科学研究成果更加注重发挥文化传承创新与智库作用，自然科学研究成果更加注重科技成果转化应用与解决关键核心技术问题。

第十二条　对代表性成果中所包含的各单项科研成果的评价，由科研任务委托单位提供成果评价结果，评价结果将作为评价代表性成果时的重要依据。

第十三条　代表性科研成果评价坚持与学科建设目标任务同向同行。申报代表性成果评价，应以学院（部）为单位，紧紧围绕学科建设方向，原则上同一年度、每一个学科建设方向可申报1—2项代表性成果进行评价。

第十四条　代表性成果的评价采取定性与定量相结合的方式进行。由同行专家根据代表性成果的科学价值、技术价值、经济价值、社会价值、文化价值等进行定性评价，同时结合所产出的研究成果、转化应用绩效、成果获奖等可量化的客观证据，对代表性成果进行综合评价。自然科学研究成果评价结果分为：国际领先、国际先进、国内领先、国内先进、区域领先、区域先进等6个等次；哲学社会科学研究成果评价结果相应为：国际重大学术（理论、应用）贡献、国际重要学术（理论、应用）贡献、国内重大学术（理论、应用）贡献、国内重要学术（理论、应用）贡献、区域重大学术（理论、应用）贡献、区域重要学术（理论、应用）贡献等6个等次。

第五章　评价结果运用

第十五条　代表性科研成果评价结果作为各单位奖励性绩效工资分配的主要依据。

第十六条　对代表性科研成果的绩效奖励要突出服务国家重大战略和区域发展需求，以及为本学科建设与发展所做出的贡献。

第十七条　学校根据科研成果评价结果，对实施有力、进展良好、成效明显的建设学科，加大政策支持力度；对实施不力、缺乏实效的建设学科，降低政策支持力度。

第六章　附则

第十八条　凡无故不按照《西北民族大学科研成果登记和认定管理办法（修订）》进行科研成果登记的科研项目和成果，不得作为代表性成果的支撑条件申报代表性成果评价与奖励。

第十九条　各学院（部）申报代表性成果评价应确保材料和数据真实准确。凡发现造假作伪等情形的，学校将视情予以严肃处理。

第二十条　本办法由科研处负责解释，自印发之日起实施。

西北民族大学“十四五”科研创新与社会服务规划纲要

“十四五”是我国全面建成小康社会、实现第一个百年奋斗目标之后，乘势而上开启全面建设社会主义现代化国家新征程、向第二个百年奋斗目标进军的第一个五年。为了在新的历史起点上深入推进学校科研创新和社会服务工作，切实履行高校社会服务职能，加强校地校企合作，促进产学研深度融合发展，紧密对接国家重大号召和战略需求，积极服务地方经济社会发展，根据《中华人民共和国国民经济和社会发展第十四个五年规划和2035年远景目标纲要》及西部地区经济社会发展需要，结合学校学科特色与优势，现提出我校“十四五”科研创新与社会服务规划纲要。

一、指导思想

以习近平新时代中国特色社会主义思想为指导，深入贯彻党的十九大和十九届二中、三中、四中、五中、六中全会精神，特别是习近平总书记对甘肃的重要讲话和指示精神，坚持“四个面向”，做好“四个服务”，立足新发展阶段，完整、准确、全面贯彻新发展理念，以培育壮大战略科研力量为重点，以突破关键核心技术、解决治国理政重大瓶颈问题为主攻方向，着力优化创新支撑体系，着力提升自主创新能力，着力培育创新人才，促进优秀科研成果转化，服务地方经济发展，为推动学校高质量发展，早日实现“三地一库”建设目标提供有力支撑。

二、基本原则

（一）坚持服务学科建设

坚持科研工作为学科建设服务，紧紧围绕学校现有的学科基础、学科优势与特色，突出有规划有组织的科学研究，夯实基础学科研究，加强交叉学科融合，探索新兴学科科研创新，为传统学科赋能，改造升级，提升内涵，实现学科跨越式发展。

（二）坚持服务国家战略

坚持需求导向、目标导向和问题导向，以服务国家需求为己任，落实“四个面向”工作要求，整合各类资源，瞄准国家重大战略、紧缺急需学科领域和关键核心技术，研究真问题、真研究问题，想国家之所想、急国家之所急、应国家之所需。

（三）坚持高质量发展要求

树立高质量科学研究理念，集中精力，突出重点，着力破解人民健康、国防与公共安全、中华民族共同体意识、社会治理、生态环境等领域重大问题，形成一批凸显学校学科优势的高水平科研队伍、高层次科研平台和高质量科研成果，顺应国家经济社会高质量发展的现实需要。

三、重点任务

服务国家重大战略需求，面向世界科技前沿、面向经济主战场，聚焦民生福祉大舞台，在重点领域、重点产业、关键环节开展科研攻关，加快推动科研高质量发展。

（一）聚焦新时代党的民族工作主线，铸牢中华民族共同体意识

深入贯彻落实中央民族工作会议精神，围绕新时代党的民族工作主线，强化共同性研究。实施铸牢中华民族共同体意识重大现实问题研究；深入推进马克思主义中国化研究，促进各民族交往交流交融；规划、挖掘、整理、设计新时代民族地区铸牢中华民族共同体意识资源与项目，与地方政府联合打造国家级铸牢中华民族共同体意识示范基地，形成可推广应用的示范性成果；积极开展推广普及国家通用语言文字工作，与地方政府联合开展中华民族共同体意识教育和民族团结进步教育；深入民族地区开展现实问题调研，撰写高质量研究报告、咨询报告等，为政策法规和战略规划制定建言献策；深入挖掘西部地区铸牢中华民族共同体意识元素，开展文化艺术作品创作，打造各民族共享的中华文化符号和中华民族形象。

（二）聚焦国家“卡脖子”“捅破天”工程，服务国家紧缺急需

深入学习贯彻习近平总书记关于科技创新的重要论述，坚持科技自立自强，针对产业薄弱环节，实施好关键核心技术攻关工程，解决一批“卡脖子”“捅破天”问题。加强与国内制药企业、科研院所、医药研究机构在疫情防控、诊疗方案、检测试剂、疫苗和药物研发生产等方面开展广泛合作，促进医药产业高质量发展；充分利用学校在多民族语言文字领域内的语言文字信息处理研发、应用、专业技术、语言人才等优势，加强产学研合作，服务经济社会发展与国防安全建设；聚焦“五大发展”理念，持续推进建筑节能与结构一体化装配式墙体围护体系成套技术成果转化与应用，助力先进制造、绿色生态产业高质量发展；瞄准环境友好复合材料开发和生物质利用的前沿课题，在复合材料制备应用、环境科学领域，生物质利用以及精细化工等领域的关键技术问题上进行成果转化；持续完善行业标准体系建设，推进全产业链创新，加快产品转型升级。

（三）聚焦国家西部生态安全屏障建设，推动绿色转型高质量发展

深入贯彻落实习近平总书记对甘肃重要讲话和指示精神，牢固树立“绿水青山就是金山银山”的

理念。积极参与甘肃黄河流域生态保护与环境治理工作，深入相关区域开展田野调研，撰写高质量研究报告、咨询报告等，为政策法规和战略规划制定建言献策；加强西部地区濒危品种动物遗传资源保护、研究，推进种质创新，助力畜牧业可持续发展，服务国家生态安全、农业安全；聚焦祁连山水源涵养区治理、甘南黄河水源涵养区治理、黄河干支流保护与综合治理、河西走廊生态保护与修复等生态保护和治理重点工程，助力甘肃筑牢国家西部生态安全屏障；围绕西部地区发展绿色生态农业、新兴生态工业、生态旅游业、现代生态服务业，助力相关区域加快建立以产业生态化、生态产业化为主体的生态经济体系，推动相关传统产业绿色转型。

（四）聚焦乡村振兴战略，促进乡村一二三产业融合发展

贯彻落实中共中央、国务院《关于实现巩固拓展脱贫攻坚成果同乡村振兴有效衔接的意见》，持续巩固拓展脱贫攻坚成果，有效衔接乡村振兴战略，促进乡村一二三产业融合发展。继续深度开发利用青藏高原地区丰富的农牧业副产品，服务富民产业发展；加强农业废弃物利用关键技术的推广和应用，服务高原农牧产业健康可持续发展；积极参与制定省内县市区历史文化名村保护、旅游小镇开发，精品村建设、农家旅游、农家乐等规划方案；积极参与脱贫县乡村特色产业规划，因地制宜发展特色种养、特色食品、特色制造和特色手工业等乡土产业，助力地方产业准确定位，快速发展；积极参与“兴边富民行动”，围绕兴边、固边和强边重大决策部署，结合当地特色优势和资源，开展产业帮扶和技术合作，为边境地区经济社会发展贡献力量。

（五）聚焦文化强国战略，弘扬中华优秀传统文化

贯彻落实习近平总书记文艺工作座谈会讲话精神，坚持以人民为中心、与时代同步伐，弘扬中华优秀传统文化。发挥地缘优势，聚焦西部地区厚重的历史文化资源，积极参与中华民族优秀传统文化的抢救、保护、传承、复兴、发展；充分挖掘西部地区长期孕育形成的音乐、舞蹈、绘画艺术等民俗民间文化，通过不同的艺术表现形式，充分展示中华民族深厚的文化底蕴，助推文化强国建设；加强与地方政府、企业合作，创编优秀广播电视、短视频、广告作品，制作优秀的文化艺术宣传片、纪录片等，形成广泛社会效应；深入地方，研究、保护和传承“花儿”艺术、地方民歌、民间美术工艺等；研究地域文化特色，开展音乐舞蹈作品创作与展演，丰富地方文化艺术生活；将艺术实践活动与文化扶贫紧密结合，发挥传统文化“润物无声”的作用，助力乡村振兴建设。

（六）聚焦西部文旅资源，助力文化旅游产业高质量发展

积极响应中共中央、国务院《关于新时代推进西部大开发形成新格局的指导意见》，整合学校民族学、社会学、音乐与舞蹈学、管理学等学科资源和团队力量，开展民族文化遗产保护与传承、“一带一路”沿线民族民间文化挖掘、整理与民族文化资源的旅游价值与开发利用、民族地区生态旅游与乡村振兴、民族文化创意产业与旅游发展等方面的研究，形成一批高质量的文旅产业规划、咨询报告、政策建议等；参与制定西部地区省市县文化和旅游发展规划、旅游景区规划、文旅项目策划、旅游形象策划等，拓展旅游发展空间，开发特色旅游产品，积极承接文旅企业发展规划编制、项目咨询、人才培训等，提升西部地区文旅企业竞争力；在体育品牌赛事策划、文化艺术作品展演、文旅大数据建设、文旅产业策划等方面与地方政府、文旅企业开展深度合作，提升当地文化旅游的核心竞争力和品牌影响力。

（七）聚焦健康中国战略，守护人民生命健康

积极响应习近平总书记在党的十九大报告中提出的“健康中国”战略，依托附属医院，发展一批具有高原特色的优势医疗学科，着力解决各种高原相关疾病的诊治，服务高原人民群众身体健康；聚焦公共卫生体系和社会心理服务建设，研究影响人民群众身心健康、疾病预防控制，防范卫生健康领域重大风险，切实维护人民安全和健康；深入开展社会体育指导和民族传统体育推广，助力全民健身运动，带动体育产业发展；围绕普及健康生活、优化健康服务、完善健康保障、建设健康环境、发展健康产业等方面，开展现实问题研究，助力健康中国建设；实施成果临床转化，加强产学研合作，加强重大疾病药物研发，服务健康中国、核医学、新冠肺炎疫情防控等国家重大需求。

（八）聚焦“一带一路”建设，助推构建人类命运共同体

落实习近平总书记在敦煌研究院座谈时的重要讲话精神，深入挖掘敦煌文化蕴含的人文价值和现代精神，讲好敦煌故事，弘扬古代丝绸之路所凝聚而成的交流、融合、合作、共赢的价值理念，增进沿线各国人民的人文交流与文明互鉴。加强与“一带一路”沿线国家的科技合作，联合共建科研实验室，开展重大科技攻关，扩大科技人员交流，提升科技创新能力，推动中国食品、生物产品在“一带一路”国家互认互通；加强与“一带一路”沿线国家和地区的文化交流与合作，广泛开展文化交流、学术往来、人才交流、媒体合作、志愿者服务等活动，为“一带一路”深化多双边合作奠定坚实的民意基础。

（九）聚焦社会公共与公益服务，提升学校社会影响力

不忘办学初心，践行“四个服务”的时代使命，不断提升教育服务社会公共与公益服务的能力，不断提升学校社会声誉和影响力。深入地方、基层、企业等，开展文化艺术宣传、科学普及、普法教育、民族地区师资培训以及行业人才培训等，服务全面终身学习；积极参与地方法治建设、社会工作、社区治理规划与研究，推进地方社会治理体系与治理能力现代化。推动竞技体育实力提升和全民健身运动开展，助力体育项目推广和体育消费，加快体育产业高质量发展。

四、保障措施

（一）加强组织领导

各学部（院）要按照立足新发展阶段、贯彻新发展理念、构建新发展格局、推动高质量发展的要求，充分发挥《西北民族大学“十四五”科研创新与社会服务规划纲要》引领作用，统揽本单位科研工作，将涉及本单位的重要任务列入年度重点工作推进实施，建立健全主要领导负总责、分管领导具体负责、各相关学科推进落实的责任机制，明确责任主体、细化目标任务。

（二）加强平台建设

由科研处牵头，各相关职能部门配合，围绕《西北民族大学“十四五”科研创新与社会服务规划纲要》建设任务，打破学科壁垒，优化创新平台布局，加快“青藏高原信息安全技术产业研究院”等4个产业发展研究院建设，成立“中华民族艺术与文化遗产研究中心”，逐步形成各学科协同发展的科研创新体系，推动学校科研创新与社会服务“上轨道、上水平”。

（三）加强经费保障

依托中央高校“双一流”建设经费和中央高校基本科研业务经费，着力围绕《西北民族大学“十四五”科研创新与社会服务规划纲要》建设目标任务，加大经费投入力度，在项目立项、平台建设、科研奖励、学科经费投入等方面给予重点倾斜支持。

（四）加强政策保障

各职能部门要主动作为，加强政策衔接和协同配合，及时解决广大教师在实施科研创新活动中的急难愁盼问题，及时废止或修订不合时宜的制度办法，查缺补漏，规范管理，为《西北民族大学“十四五”科研创新与社会服务规划纲要》建设目标任务落地落实提供政策保障。

（五）加强督促检查

科研处要会同相关职能部门健全跟踪问效机制，严格对标对表，跟踪盯办，推动重点任务不折不扣落到实处。要把任务落实成效作为各单位领导班子的年度考核、聘期考核重要内容，确保各项工作任务取得预期成效。

西北民族大学研究生科研创新基金项目管理办法

第一章　总则

第一条　为深化研究生教育综合改革，进一步推动研究生教育高质量发展，将科学研究与立德树人紧密结合，充分发挥科研育人功能，实现研究生教育内涵式发展，根据《西北民族大学中央高校基本科研业务费管理办法》（民大科研发〔2019〕1号），学校每年划拨研究生科研创新基金，支持研究生开展科研创新活动。为加强研究生科研创新基金项目的管理，制定本办法。

第二条　研究生科研创新基金旨在支持学校在籍全日制博士、硕士研究生在导师指导下开展科研活动，其目标是鼓励在校研究生积极参加各类创新活动，促进研究生创新能力和培养质量的提升，产出高质量、高水平的研究成果。

第二章　资助范围及标准

第三条　研究生科研创新基金项目的资助范围主要包括：

（一）设立研究生优秀学位论文培育项目：资助优秀研究生开展与学位论文相关的创新研究，争取产出高水平原创性的学位论文。原则上研究生在读期间只享受一次研究生优秀学位论文培育项目资助，博士研究生资助经费为5000～10000元/项；硕士研究生资助经费为1000～3000元/项。

（二）设立研究生后期资助项目：资助研究生出版基本完稿的著作、高水平论文发表、专利申请及成果转化等。科研成果评价结果为“领跑”的，资助8000～10000元/项；科研成果评价结果为“并行”的，资助3000～5000元/项。

（三）学科竞赛及其他：资助各学部（院）组织研究生参加有影响的全国性的学科竞赛、田野调研、社会实践及学术交流等活动。资助经费根据科研活动需要据实开支。

（四）研究生科研素养提升：用于支付研究生参与教师科研项目的劳务酬金。博士研究生资助经费为500～800元/月/生，硕士研究生资助经费为300～500元/月/生。

第三章　组织与管理

第四条　研究生科研创新基金项目管理工作，实行学校—学部（院）—导师三级管理体制。

（一）科研处、研究生处主要从学校宏观管理层面制定研究生科研创新基金项目管理办法，指导、审核预算编制、预算调整等，并对其落实情况进行监督检查、评估验收、绩效考核。财务处负责项目经费的财务管理、会计核算，具体指导、协助项目负责人合理编制项目经费决算。

（二）学部（院）根据本办法和学科发展需要，负责本学部（院）研究生科研创新基金项目申报与实施，具体包括项目的立项评定、经费预算、经费执行、开支标准、结项评审、绩效评价等。

（三）导师对研究生科研创新基金项目的申请、执行、结项等，全过程负指导监督等直接责任。研究生在导师的指导下保质保量按期完成既定的科研目标任务。

第五条　学校每年从中央高校基本科研业务费中划拨一定比例的经费，用于研究生科研创新基金项目。分配给各学部（院）当年度的研究生科研创新基金项目由学校根据事业发展需要总体控制和统筹。

第六条　各学部（院）须将研究生科研创新基金项目纳入本单位研究生教育整体工作计划，结合本办法第二章“资助范围及标准”，编制当年《西北民族大学研究生科研创新基金项目申报书》、经费预算和实施细则等，经学校中央高校基本科研业务费管理领导小组审定后组织实施。

第四章　项目实施

第七条　各学部（院）根据本单位实施细则开展具体项目的立项、结项评审工作。立项申报书内容包括项目实施内容、实施方案、经费预算和预期成效等。结项申报书内容包括项目总体执行情况、项目建设成果、资金使用情况等。

第八条　研究生申报“研究生优秀学位论文培育项目”和“研究生后期资助项目”时，要有明确的指导教师，项目组成员一般为3名以上，可适当纳入优秀在校本科生参与。

第九条　各学部（院）要强化对项目实施期间的过程管理，定期汇总研究生科研创新基金项目的开展情况，包括项目研究的进展情况、取得的阶段性成果和经费使用情况等，报研究生处备案。研究生处将适时组织专家组对项目进展情况进行督导、检查。抽查结果将影响下一年度学部（院）经费的预算数。

第十条　加强信息公开工作。各学部（院）须在本单位网站公布本年度研究生科研创新基金项目的实施细则、立项、结项评审结果、咨询与申诉渠道等内容。

第十一条　研究生科研创新基金项目的结项成果，必须标注“中央高校基本科研业务费专项资金资助（编号）”[Supported by the Fundamental Research Funds for the Central Universities（Grant Number）]，并且第一署名单位为“西北民族大学”，否则该成果不能作为结项依据。

第十二条　按照“谁委托科研任务、谁评价”“谁使用科研成果、谁评价”的原则，对研究生科研创新成果的等级评价，由各学部（院）学术分委员会根据学科特点和成果类型设定评价指标。

第五章　经费管理

第十三条　研究生科研创新基金项目经费的使用按照《国务院办公厅关于改革完善中央财政科研

经费管理的若干意见》《西北民族大学中央高校基本科研业务费管理办法》等规定执行。

第十四条　研究生科研创新基金项目经费由业务费和劳务费两部分组成。

业务费：研究生发表论文、出版著作、申请专利，参加学科竞赛、田野调研，开展社会实践、学术交流及成果转化等科研活动所产生的经费。

劳务费：项目实施过程中支付给研究生的劳务性支出。

第十五条　研究生科研创新基金项目经费须专款专用，严禁将研究生科研创新基金项目经费用于与研究生开展科研活动无关的各项支出。所有经费支出必须经由导师和研究生共同签字，并经学部（院）负责人审批后报销。

第十六条　研究生科研创新基金项目经费按年度拨付，当年拨付经费不得结转，11 月 30 日前预算执行率未达到 100% 的，剩余经费由科研处商研究生处、财务处收回后统筹使用。

第六章　绩效考核与激励

第十七条　研究生科研创新基金项目实行年度绩效考核制度。学校中央高校基本科研业务费管理领导小组根据各学部（院）的年度项目执行情况、经费使用绩效对其上一年度的研究生科研创新基金项目开展情况进行考核。

第十八条　对研究生科研创新成果突出、措施得力、效果显著的学部（院）将在下一年度适当增加预算额度；对绩效产出不明显、经费执行率未达到序时要求的学部（院），将核减下一年度预算额度。

第七章　附则

第十九条　本办法自印发之日起实施。

第二十条　本办法由科研处、研究生处、财务处负责解释。

附件 1：2021 年横向联合研究项目

2021 年联合研究项目

序号	项目名称	合作单位	资助经费（万元）	项目负责人	单位
1	铸牢中华民族共同体意识视野下的贵德县物质文化遗产保护与传承研究	青海省贵德县文体旅游广电局	21	看本加	铸牢中华民族共同体意识研究院
2	《凉州府志备考》点校与出版	武威市文体广电和旅游局	19	尹伟先	铸牢中华民族共同体意识研究院

续表

序号	项目名称	合作单位	资助经费（万元）	项目负责人	单位
3	法规清理委托协议	兰州市人大常委会办公室（法工委）	4	张朝霞	法学院
4	兰州市居民健康素养监测	兰州市卫生健康委员会	1	王志凡	医学部
5	2020年度****试点地区****基础数据采集项目	兰州大学	13	祁坤钰	中国民族信息技术研究院
6	可降解地膜降解过程分析及植物吸收研究项目	甘肃省张掖市山丹县经济作物指导中心	5	张宏	化工学院
7	“黄土工程冻害机理及防控技术创新中心”技术开发	中国科学院	9.5	毛云程	土木工程学院
8	从甘草酸废弃物中提取分离甘草苷的工艺研究	甘肃亚兰药业有限公司	7	罗兴平	化工学院
9	甘肃文旅产业集团有限公司“十四五”发展规划	甘肃文旅创意设计研究院有限公司	12	孙永龙	管理学院
10	智能响应温敏纳米材料的研发及应用	杭州讯光光电设备有限公司	16	李振华	化工学院
11	读谱、节奏与听觉综合训练	甘肃德瑞安特电子科技有限公司	50	张蕾	音乐学院
12	编制《甘肃省墙体材料革新“十四五”发展规划》	甘肃省墙体材料革新和建筑节能工作协调领导小组办公室	15	曹万智	土木工程学院
13	平安区洪水泉乡民族团结教育基地民族团结主题雕塑、浮雕策划创作及制作项目	海东市平安区洪水泉乡人民政府	140	才让多杰	美术学院
14	平安区融媒体中心设计建设项目	海东市平安区宣传部	308	才让多杰	美术学院
15	特殊岩土坡体防护及稳定性可视化监测研究	甘肃路桥公路投资有限公司	25	武红娟	土木工程学院
16	《格萨尔·阿达夏宗》藏汉翻译及整理研究	青海省文学艺术界联合会	7.2	曼秀·仁青道吉	铸牢中华民族共同体意识研究院
17	摩擦配副磨损建模及分析	中国科学院兰州化学物理研究所	10	王鸿灵	化工学院
18	肃北县青年干部铸牢中华民族共同体意识专题培训	中共肃北县委统一战线工作部	8.435	沙存善	继续教育学院
19	《凉州府志备考》点校与出版	甘肃星亿影业有限公司	5	尹伟先	铸牢中华民族共同体意识研究院
20	兰州梁峁地区黄土状回填土的压缩与湿陷特性微观结构试验分析	甘肃省城乡规划设计研究院有限公司	2.4	何永强	土木工程学院
21	废旧地膜回收利用示范县建设项目地膜残留量监测	横向项目（甘肃省张掖市山丹县经济作物指导中心）	3	张宏	化工学院
22	全方位3D扫描平台与MAYA + 3D MAX技术在影视作品中的前后端应用研究	成都龙辰天下影视文化传媒有限公司兰州分公司	700	多洛肯	中国语言文学学部
23	沥青路面铣刨料再生利用技术研究	天水通联路桥有限责任公司	45	哈斯其美格	化工学院
24	酵母重组表达牦牛乳铁蛋白	兰州百灵生物技术有限公司	100	张海霞	生物医学研究中心
25	城关区“城乡社区治理创新试验区”案例资料库建设项目	兰州城关区民政局	10	张霖	民族学与社会学学院

续表

序号	项目名称	合作单位	资助经费（万元）	项目负责人	单位
26	甘肃涉藏地区妇女社会地位变化调研	甘肃省妇女联合会	6	阿布都哈德	民族学与社会学学院
27	创建全国民族团结进步示范区第三方委托评估	甘肃省民族事务委员会	6.362	海龙	宣传部、统战部
28	湖南省民族宗教工作干部“铸牢中华民族共同体意识”专题培训班委托培训	湖南省民族宗教事务委员会	19.915	沙存善	继续教育学院
29	宿迁市民族工作干部培训	宿迁市民族宗教事务局	6.291	沙存善	继续教育学院
30	中国少数民族语言数据采集	兰州深度领域智能科技有限公司	2	赵春明	中国语言文学学部
31	甘南牙当寺古典建筑彩绘设计与绘画项目	甘南堆白藏族古典建筑彩绘有限公司	60	杨旦春	美术学院
32	当归红芪超滤物对化学治疗H22荷瘤小鼠减毒曾敏作用的研究	江苏沐卓生物技术有限公司	7	寇炜	医学部
33	《“三个课堂”促进义务教育均衡发展》项目合作协议（信息化促进基础教育均衡发展实验区）	华中师范大学	5	沙景荣	教育科学技术学院
34	民革成都市委会基层组织负责人及青年骨干党员培训班第二阶段现场教学委托培训	中共肃北县委统一战线工作部	15.3	沙存善	继续教育学院
35	基于数据库建设的《圣谕宣讲文献校注丛书》整理与研究	甘肃德宝建设工程有限公司	50	张天佑	中国语言文学学部
36	尾菜饲料化利用技术优化与产业化应用	甘肃省农业生态与资源保护技术推广总站	20	臧荣鑫	生命科学与技术学院
37	中国藏区中心城镇之间经济增长交互影响研究——基以天祝藏族自治县生鲜农产品冷链运输的调研	兰州康源机电设备有限责任公司	5	苏秀洁	经济学院
38	复杂地质条件下何家沟水库大坝施工关键技术研究	宁夏六盘山水务有限公司	35	石建勋	土木工程学院
39	兰州大尾羊国家级遗传资源保护场建设	永靖县瑞霖科技养殖有限公司	110	徐红伟	生命科学与技术学院
40	牦牛乳生物活性肽产品技术开发与应用	甘肃华羚乳品股份有限公司	115	高丹丹	生命科学与技术学院
41	二语习得理论在英语启蒙教育中的应用与实践研究	兰州维天教育咨询有限公司	3	阿达来提	中国语言文学学部
42	山西晋坤矿产品股份有限公司年产1.5万吨石油催化剂前驱体项目施工图设计技术服务	首辅工程设计有限公司泉山分公司	46.64	申涛	化工学院
43	密封垫结构和适用性建模及分析	中国科学院兰州化学物理研究所	28	王鸿灵	化工学院
44	武威民族交往交流交融史	武威市民族宗教事务委员会	30	尹伟先	铸牢中华民族共同体意识研究院
45	定西至临洮高速公路边坡智能监测及BIM应用试样土木实验	长安大学	18	张微	土木工程学院
46	戈壁大温差地区水泥混泥土路面抗开裂施工质量控制技术	中建三局集团有限公司	12	武红娟	土木工程学院
47	复杂地质条件下何家沟水库大坝施工关键技术研究合同	宁夏六盘山水务有限公司	35	石建勋	土木工程学院
48	质子位移损伤效应模拟实验装置（PREF）中监控系统的设计	甘肃谷川电气设备有限公司	52.5	文茜	电气工程学院

续表

序号	项目名称	合作单位	资助经费（万元）	项目负责人	单位
49	超高清视频监控及多目标跟踪系统设计与研发	兰州西域宏天科技信息有限公司	52.5	李向群	电气工程学院
50	牛病毒性腹泻病毒抗体 / 抗原检测试剂盒的研发	兰州百灵生物技术有限公司	100	周建华	生物医学研究中心
51	次世代建模 +Unity-3D 引擎技术在电影场景设计中的研究与运用	甘肃艺方水土影视发展有限公司	700	李克	新闻传播学院
52	创建省国民族团结进步示范区第三方委托评估	甘肃省民族事务委员会	10.1	海龙	宣传部、统战部
53	《贵德治黄精神》规划与编撰	青海省贵德县委宣传部	8	看本加	铸牢中华民族共同体意识研究院
54	2021 年甘肃省建设工程定额编制（修编）项目	甘肃省建设工程造价管理总站	3	王洪镇	土木工程学院
55	甘肃省少数民族地区科普资源配置现状调查与研究	横向项目（甘肃省科学技术协会）	7	乌兰	实验教学部
56	2021 年甘肃省烟草流行监测项目	甘肃省卫生健康宣传教育中心	6	万巧英	医学部
57	2021 甘肃省居民健康素养监测项目	甘肃省卫生健康宣传教育中心	23	王志凡	医学部
58	卓尼县第三期民族团结进步创建工作培训班委托培训	中共卓尼县委统战部	12.16	沙存善	继续教育学院
59	编撰《中国服饰文化集成 · 保安族东乡族合卷》	中国文联民间文艺艺术中心	10	马兆熙	预科教育学院
60	装配式钢骨微孔混凝土复合板建筑构造	甘肃省墙体材料革新和建筑节能工作协调领导小组办公室	11	曹万智	土木工程学院

附件 2：2021 年结项项目

2021 年结项项目

序号	项目负责人	项目名称	结题结论	项目来源
1	包广洁	基于 3D 多孔支架材料 PGS/PLLA 共培养体系构建组织工程化颞下颌关节盘的实验研究	同意结题	国家自然科学基金地区基金
2	蔡葵蒸	Duddingtonia flagrans 厚垣孢子特性及萌发 / 休眠机制的初步研究	同意结题	国家自然科学基金地区基金
3	蔡勇	兰州大尾羊尾脂特异性沉积相关关键 lncRNAs 的鉴定及调控机制研究	同意结题	国家自然科学基金地区基金
4	李彩丽	自噬活性与白血病细胞获得性耐药的关系研究	同意结题	国家自然科学基金地区基金
5	欧阳霞辉	意大利蜜蜂雌激素相关受体 amERR 调控卵巢细胞增殖的分子机理研究	同意结题	国家自然科学基金地区基金
6	潘和平	单细胞测序 lncRNA 对天祝白牦牛毛囊周期性生长的调控机制研究	同意结题	国家自然科学基金地区基金
7	普措才仁	基于内容的藏文网络不良舆情信息识别监测模型及其评价指标体系研究	同意结题	国家自然科学基金地区基金

续表

序号	项目负责人	项目名称	结题结论	项目来源
8	万福成	藏语词法句法联合分析理论与方法研究	同意结题	国家自然科学基金地区基金
9	王培煜	氮化铌的赝电容特性研究及其在高性能锂离子混合电容器中的应用	同意结题	国家自然科学基金地区基金
10	曹欣	PLZF 基因影响先天样 T 淋巴细胞胸腺滞留的功能和机制研究	同意结题	国家自然科学基金青年基金
11	李琼毅	膜联蛋白 A2 在脑心肌炎病毒感染过程中的作用和调控机制研究	同意结题	国家自然科学基金青年基金
12	戴玉刚	少数民族网络舆情综合分析与云服务关键技术研究及应用示范	同意结题	国家科技支撑计划重点项目子课题
13	蔡元	羊高效定时输精配套技术研究与示范	同意结题	国家重点研发计划项目子课题
14	嘎藏陀美	藏传佛教大辞典 (藏汉双解)	优秀	国家社科基金重大招标项目
15	斯琴	阿旺丹达尔对藏传佛教在蒙古地区发展的贡献研究	合格	国家社会科学基金项目
16	杨志平	西部民族地区网络舆情工作的困境及应对机制研究	合格	国家社会科学基金项目
17	卓玛才让	敦煌古藏文法律文书与吐蕃司法制度研究	良好	国家社会科学基金项目
18	马廷魁	西部少数民族地区危机传播的跨域协同机制研究	合格	国家社会科学基金项目
19	刀吉仁青	敦煌吐蕃禅宗文献整理研究	合格	国家社会科学基金项目
20	邓艾	藏区国有企业和国有公共部门吸纳当地少数民族就业调查研究	合格	国家社会科学基金项目
21	靳艳	丝绸之路河西走廊段的希腊化艺术研究	良好	国家社会科学基金项目
22	阿布都外力·克热木	维吾尔民间口头诗学专题研究	合格	国家社会科学基金项目
23	赵学东	西夏、蒙元时期藏传佛教与河西多民族社会的交融研究	合格	国家社会科学基金项目
24	多洛肯	清代八旗进士群体征录	同意结题	教育部后期资助项目
25	曹万智	一带一路严寒寒冷地区节能建筑装配式墙体围护体系的研发及应用	同意结题	国家民委人才科研项目
26	韩晓清	曹禺话剧舞台艺术效果审美研究	同意结题	国家民委人才科研项目
27	黄水波	拟线性椭圆方程解的对称性和单调性研究	同意结题	国家民委人才科研项目
28	李永宏	西北少数民族口传文化多模态数据库建设及模型研究	同意结题	国家民委人才科研项目
29	李长亮	西北民族地区新型城镇化发展进程研究	同意结题	国家民委人才科研项目
30	刘荣	乡村振兴背景下农民工养老保障问题研究	同意结题	国家民委人才科研项目
31	卢毅刚	网络舆情治理中的大数据技术研究—基于舆论传播的建模与应用	同意结题	国家民委人才科研项目
32	马少卿	新时代甘肃省民族地区促进社会和谐稳定问题研究	同意结题	国家民委人才科研项目
33	孟开	中国《江格尔》全书编纂与汉译	同意结题	国家民委人才科研项目
34	牛乐	临夏州少数民族手工艺品牌发展与文旅融合研究	同意结题	国家民委人才科研项目
35	孙初锋	西部地区水性风机叶片涂料的制备以及表界面行为研究	同意结题	国家民委人才科研项目

续表

序号	项目负责人	项目名称	结题结论	项目来源
36	汤琳琳	北方少数民族家庭语言使用情况调查研究	同意结题	国家民委民族研究项目
37	郭蕾	少数民族大学生英语学习情况比较研究	同意结题	国家民委民族研究项目
38	马忠才	深度贫困民族地区乡村教育振兴的实践困境及其破解	同意结题	国家民委委托项目
39	马玉堂	西北民族地区宗教发展现状及态势研究	同意结题	国家民委委托项目
40	殷培贤	文化主体性在民族志学者与译者行为中的扬抑——“一带一路”背景下西北少数民族典籍翻译策略研究	同意结题	甘肃省社科规划项目
41	李晓玲	非物质文化遗产中少数民族传统音乐的保护与开发——以舟曲藏族民歌为例	同意结题	甘肃省社科规划项目
42	何莉莉	甘肃省实施创新驱动发展战略研究	同意结题	甘肃省社科规划项目
43	马健	“一带一路”战略背景下、丝绸之路甘青段沿线少数民族传统手工艺文化的复兴	同意结题	甘肃省社科规划项目
44	牛乐	拉卜楞寺唐卡及工巧明传统研究	同意结题	甘肃省社科规划项目
45	王向丽	X射线自由电子激光诱发的碳原子反应动力学过程的理论研究	同意结题	甘肃省科技计划—省自然科学基金
46	丁功涛	中国—马来西亚在清真食品生物技术、检测及标准体系的合作研究	同意结题	甘肃省科技计划—重点研发计划
47	魏晓娟	福利友好助老伴行机器人的关键技术研究	同意结题	甘肃省科技计划—省青年科技基金
48	刘洋	初始能量对非牛顿渗流方程适定性的影响机制分析	同意结题	甘肃省科技计划—省青年科技基金
49	刘华	甘肃省农村养老保障模式构建研究	同意结题	甘肃省科技计划—软科学专项
50	张国恒	基于双稀土元素共掺ZnSn(OH)6微/纳米结构气敏传感器的研究	同意结题	甘肃省科技计划—重点研发计划
51	李志强	口腔微生物与口腔常见疾病的关系研究	同意结题	甘肃省科技计划—基础研究创新群体
52	杜世强	基于张量分解的低秩结构学习方法在图像去噪中的应用	同意结题	甘肃省科技计划—省自然科学基金
53	臧荣鑫	废弃物资源循环利用技术及其设备研发与产业化应用	同意结题	甘肃省科技计划—重点研发计划
54	乔自林	Marc-145细胞高密度培养关键技术研究	同意结题	甘肃省科技计划—重点研发计划
55	魏亚军	磁性二硫化钼—环糊精吸附剂的制备及在水处理中的应用研究	同意结题	甘肃省科技计划—省青年科技基金计划
56	曹欣	Zbtb1基因调控小鼠造血干细胞向淋巴细胞分化的机制研究	同意结题	甘肃省科技计划—省自然科学基金
57	何向真	“一带一路”特色农产品多语言电子商务平台人才培养项目	同意结题	陇原青年创新创业人才（团队）项目
58	张平	磁性TNTs/BN复合材料光催化降解抗生素废水的研究	同意结题	陇原青年创新创业人才（团队）项目
59	欧阳思维	东乡族女性骨质疏松症与ADPN基因多态性的相关性研究	同意结题	甘肃教育科技创新项目
60	谢宗棠	金融支持甘肃省产业转型升级问题研究	同意结题	甘肃教育科技创新项目
61	陈亚军	齐家文化综合研究	同意结题	甘肃教育科技创新项目

续表

序号	项目负责人	项目名称	结题结论	项目来源
62	陈万军	高能量密度柔性超级电容器用电极材料表面结构调控和性能研究	同意结题	甘肃教育科技创新项目
63	赵霏	药食同源产物舞茸联合维生素C调节机体免疫功能的实验研究	同意结题	甘肃教育科技创新项目
64	王筱娟	基于DNN的藏文古籍字符识别研究	同意结题	甘肃教育科技创新项目
65	金溢	农林废弃物与城市污泥催化共热解特性及产物应用研究	同意结题	甘肃教育科技创新项目
66	陈成芹	基于甘肃高寒阴湿地区废旧轮胎橡胶颗粒对路用大掺量粉煤灰混凝土性能影响研究	同意结题	甘肃教育科技创新项目
67	胡潇文	大数据挖掘下甘肃“一带一路”主干景观廊道开发研究	同意结题	甘肃教育科技创新项目
68	李铀	绵羊尾脂性状的全基因组关联分析	同意结题	甘肃教育科技创新项目
69	吴忠铁	甘南藏区土一木混合结构抗震节能一体化研究	同意结题	甘肃教育科技创新项目
70	桂春	基于半监督学习和链路预测的大规模社交网络社团抽取研究	同意结题	甘肃教育科技创新项目
71	蔡正琦	联机手写梵音藏文识别中相似字区分方法研究	同意结题	甘肃教育科技创新项目
72	张微	基于西部高海拔干燥地区掺加AS2H2大流动性高性能混凝土配合比设计及性能研究	同意结题	甘肃教育科技创新项目
73	何美荣	基于动态网络部署的低能耗穿戴式无线体感网构建	同意结题	甘肃教育科技创新项目
74	苏静怡	媒介融合视域下新闻可视化报道的教学研究	同意结题	甘肃省“十三五”教育科学规划项目
75	武国亮	甘肃省学前教育财政投入绩效评价研究	同意结题	甘肃省“十三五”教育科学规划课题一般项目
76	徐恒	美术类非遗培训视野下的洮砚传承与发展	同意结题	甘肃省“十三五”教育科学规划课题一般项目
77	刘燕华	大学生创业行为的心理资本干预研究	同意结题	甘肃省“十三五”教育科学规划课题一般项目
78	丁沂璐	宋夏兰州经营与文学书写研究	同意结题	兰州市社科规划项目
79	曹红梅	裕固族非物质文化遗产传承人口述档案集萃	同意结题	肃南裕固族自治文化广播影视新闻出版局
80	郑颖	《皮影道情——特色浓郁的陇上艺术》	同意结题	甘肃省社科联甘肃特色文化普及丛书项目
81	冯岩	《魅力花儿——独具风情的文化艺术》	同意结题	甘肃省社科联甘肃特色文化普及丛书项目
82	裴益民	城乡体育公共服务差异性比较与均衡发展对策研究	同意结题	甘肃省体育社会科学研究项目
83	窦紫	“一带一路”背景下体育与文化产业融合发展研究	同意结题	甘肃省体育社会科学研究项目
84	边昕童	西北民族大学体育社团发展现状与对策研究	同意结题	甘肃省体育社会科学研究项目
85	吴忠铁	基于BIM技术的装配式钢筋混凝土与木混合结构的节点装配方法与应用研究	同意结题	甘肃省住房和城乡建设厅科研项目
86	白文宏	裕固族驼队文化	同意结题	肃南裕固自治县文体广电和旅游局
87	代瑾	《张掖市“十四五”军民融合发展规划编制项目》编制合同	同意结题	张掖市发展和改革委员会

续表

序号	项目负责人	项目名称	结题结论	项目来源
88	张积良	《白银市黄河流域生态保护和高质量发展总体规划》编制项目	同意结题	白银市发展与改革委员会
89	张积良	张掖市“十四五”规划纲要和黄河流域生态保护与高质量发展总体规划》编制合同	同意结题	张掖市发展和改革委员会
90	张克政	《白银市国民经济和社会发展“十四五”课题研究报告》编制	同意结题	白银市发展和改革委员会
91	魏小红	双金属协同催化的合成烯丙基氨基酸酯的研究	同意结题	中央高校基本科研业务费专项资金项目
92	李向茸	脑心肌炎病毒诱导的细胞自噬的分子机制研究	同意结题	中央高校基本科研业务费专项资金项目
93	马伟	藏汉英跨语言词向量空间的构建研究	同意结题	中央高校基本科研业务费专项资金项目
94	孙万虹	磁性聚吡咯 / 纤维素吸附材料的性能研究	同意结题	中央高校基本科研业务费专项资金项目
95	马维元	回火分数阶复杂网络的同步分析与控制	同意结题	中央高校基本科研业务费专项资金项目
96	陈成芹	基于正交实验多种纤维增强水泥基复合材料混凝土性能应用研究	同意结题	中央高校基本科研业务费专项资金项目
97	宛钟娜	大学生体育健康数据分析系统 APP 平台开发与应用	同意结题	中央高校基本科研业务费专项资金项目
98	齐燕姣	西芹茎腐病的绿色防控关键技术研究	同意结题	中央高校基本科研业务费专项资金项目
99	万福成	融合语义角色信息的自动问答系统研究	同意结题	中央高校基本科研业务费专项资金项目
100	霍生东	流产布鲁氏菌分子疫苗 Prime-boost 免疫效果研究	同意结题	中央高校基本科研业务费专项资金项目
101	曹欣	不同亚型的 A 型流感病毒 NP 蛋白激活宿主 NF-κB 信号通路的研究	同意结题	中央高校基本科研业务费专项资金项目
102	刘洋	高阶非线性抛物型方程的定性研究	同意结题	中央高校基本科研业务费专项资金项目
103	卢博	N- 同伦范畴的 Gorenstein 同调理论与余挠理论	同意结题	中央高校基本科研业务费专项资金项目
104	雒晓芳	基于固定化技术下的石油组分分析及特性研究	同意结题	中央高校基本科研业务费专项资金项目
105	王黎虹	2015—2019 年兰州市大气环境质量分析	同意结题	中央高校基本科研业务费专项资金项目
106	梁俊玺	气相自由基负离子反应的多样性对大气中含硫、含氧有害气体转化及消除机制的研究	同意结题	中央高校基本科研业务费专项资金项目
107	尹奋平	环境友好高分子絮凝剂的制备及在化工有机废水处理中的应用	同意结题	中央高校基本科研业务费专项资金项目
108	赵玉	Pin1 介导调控的 Wnt/β-catenin 信号通路与 CKD-MBD 相关性的研究	同意结题	中央高校基本科研业务费专项资金项目
109	徐涛	面向多数据源的藏文知识图谱构建关键技术研究	同意结题	中央高校基本科研业务费专项资金项目
110	何向真	基于运动捕捉数据的藏语拉萨话三维视位人脸仿真	同意结题	中央高校基本科研业务费专项资金项目
111	刘金英	光热型纳米材料和卵巢癌细胞相互作用的微观机制电子显微研究	同意结题	中央高校基本科研业务费专项资金项目

续表

序号	项目负责人	项目名称	结题结论	项目来源
112	王鼎	具有链路中断功能的 LEO 卫星通信中 Licklider 传输协议的性能测试研究	同意结题	中央高校基本科研业务费专项资金项目
113	张海东	基于多粒度的犹豫模糊粗糙集理论及其应用研究	同意结题	中央高校基本科研业务费专项资金项目
114	高丹丹	西北地区特色蛋白质资源开发与综合利用	同意结题	中央高校基本科研业务费专项资金项目
115	张平	磁性光催化材料的开发及应用	同意结题	中央高校基本科研业务费专项资金项目
116	冶秀鹏	CALR、JAK2、MPL 不同基因突变原发性血小板增多症临床及骨髓病理学对比研究	同意结题	中央高校基本科研业务费专项资金项目
117	哈斯其美格	水溶性金属卟啉配合物合成及其体外抗肿瘤活性研究	同意结题	中央高校基本科研业务费专项资金项目
118	赵向飞	氧化淀粉—三聚氰胺环保缩醛胶的研究与开发	同意结题	中央高校基本科研业务费专项资金项目
119	郭鹏辉	西北民族地区特色植物资源开发与利用	同意结题	中央高校基本科研业务费专项资金项目
120	徐红伟	高原夏莱产区地源性发酵饲料关键技术研究与示范应用	同意结题	中央高校基本科研业务费专项资金项目
121	乔自林	动物细胞培养与代谢工程	同意结题	中央高校基本科研业务费专项资金项目
122	向蓉	新型 Aurora 激酶抑制剂 C198 的抗肿瘤活性及作用机制研究	同意结题	中央高校基本科研业务费专项资金项目
123	江静	基于复杂网络的跨社交网络社区发现与主题发掘研究	同意结题	中央高校基本科研业务费专项资金项目
124	丁向东	甘肃省少数民族传统体育项目数字化研究	同意结题	中央高校基本科研业务费专项资金项目
125	孙阿凡	西北民族地区乡村振兴与稳定减贫的耦合协同研究	同意结题	中央高校基本科研业务费专项资金项目
126	董喜霞	自发型农民专业合作社的关系治理机制的研究	同意结题	中央高校基本科研业务费专项资金项目
127	马永峰	临夏市基础教育发展与对策研究	同意结题	中央高校基本科研业务费专项资金项目
128	金溢	城市污水污泥与生物质催化共热解协同机理探索及产物应用特性	同意结题	中央高校基本科研业务费专项资金项目
129	黄静	C5 烯烃合成甲基叔戊基醚及其对汽油的影响的研究	同意结题	中央高校基本科研业务费专项资金项目
130	贺媛	环保型丙烯酸酯油墨树脂制备方法的研究	同意结题	中央高校基本科研业务费专项资金项目
131	庞少峰	秸秆碳基纳米催化材料在转氢反应中的催化性能研究	同意结题	中央高校基本科研业务费专项资金项目
132	李佳	新型搅拌棒吸附萃取—气质联用同时测定生物基质中的氨基酸和脂肪酸	同意结题	中央高校基本科研业务费专项资金项目
133	郭启龙	高性能 ZrB2 基超高温金属陶瓷的设计、制备与性能研究	同意结题	中央高校基本科研业务费专项资金项目
134	蔺国珍	生产高档牛肉饲喂标准研究	同意结题	中央高校基本科研业务费专项资金项目
135	丁波	卤制过程中兰州糟肉品质的变化规律研究	同意结题	中央高校基本科研业务费专项资金项目

续表

序号	项目负责人	项目名称	结题结论	项目来源
136	谈笑	祁连山东麓高寒草甸人工草地土壤种子库和种子雨研究	同意结题	中央高校基本科研业务费专项资金项目
137	柴薇薇	甘草黄酮类代谢途径响应盐胁迫的调控机制	同意结题	中央高校基本科研业务费专项资金项目
138	张福梅	务川白山羊杂交育种研究	同意结题	中央高校基本科研业务费专项资金项目
139	白静雅	甘肃青少年生长发育的体质人类学和群体遗传学研究	同意结题	中央高校基本科研业务费专项资金项目
140	曲红梅	甘肃临夏回族自治州恶性肿瘤疾病负担与趋势分析	同意结题	中央高校基本科研业务费专项资金项目
141	周丽君	矢量场卷积算法在虹膜识别和医学图像中的应用与研究	同意结题	中央高校基本科研业务费专项资金项目
142	邓克岩	基于喷泉码的不等差错保护技术研究	同意结题	中央高校基本科研业务费专项资金项目
143	张申贵	带有变指数算子的微分方程边值问题及其应用	同意结题	中央高校基本科研业务费专项资金项目
144	苑沛霖	形状记忆型聚氨酯材料的改性及应用研究	同意结题	中央高校基本科研业务费专项资金项目
145	李海玲	可生物降解多孔材料负载石油降解菌及其降油性能研究	同意结题	中央高校基本科研业务费专项资金项目
146	邓涛	面向关键生物特征的多面体链环缠绕算法研究	同意结题	中央高校基本科研业务费专项资金项目
147	李琼毅	动物寄生线虫生物防治包埋颗粒的放大工艺及可湿性粉剂和饲用舔砖的研制	同意结题	中央高校基本科研业务费专项资金项目
148	卢利平	茶保健品开发与利用	同意结题	中央高校基本科研业务费专项资金项目
149	龙玲	牦牛与黄牛蛋白质谱差异的比较分析	同意结题	中央高校基本科研业务费专项资金项目
150	赵锦苹	含分布式电源及电动汽车的配电网电压质量概率评估方法的研究	同意结题	中央高校基本科研业务费专项资金项目
151	魏嘉	利用 RPA 技术快速检测食品中花生过敏原方法的建立	同意结题	中央高校基本科研业务费专项资金项目
152	徐洁	“互联网 +”在高等院校档案工作中的应用研究	同意结题	中央高校基本科研业务费专项资金项目
153	马依丝古丽·乌苏音	巴布尔著作《阿鲁孜格律手册》的整理与研究	同意结题	中央高校基本科研业务费专项资金项目
154	金荷香	大学生亚健康学习态及其心理干预体系构建研究	同意结题	中央高校基本科研业务费专项资金项目
155	李长亮	余庆县域农业经济发展战略研究	同意结题	中央高校基本科研业务费专项资金项目
156	马永腾	基于交易成本理论的地区排污权交易路径设计研究	同意结题	中央高校基本科研业务费专项资金项目
157	祁芸	教师能力提升研究	同意结题	中央高校基本科研业务费专项资金项目
158	吴伟	商周时期陇右地区族群的分布、互动与融合	同意结题	中央高校基本科研业务费专项资金项目
159	贾倩	中国西部少数民族题材电影中的女性形象建构研究	同意结题	中央高校基本科研业务费专项资金项目

续表

序号	项目负责人	项目名称	结题结论	项目来源
160	看本加	西北民族地区宗教问题研究创新团队	同意结题	中央高校基本科研业务费专项资金项目
161	张平	民族地区现代化与社会和谐发展研究创新团队	同意结题	中央高校基本科研业务费专项资金项目
162	朱惠平	武陵源区乡村旅游发展研究——基于建设运动特色休闲小镇视角	同意结题	中央高校基本科研业务费专项资金项目
163	宋佳	道真自治县傩文化来源探究	同意结题	中央高校基本科研业务费专项资金项目
164	蔡勇	能量水平调控绵羊脂肪沉积的分子机理研究	同意结题	中央高校基本科研业务费专项资金项目
165	贺艳平	基于加权犹豫模糊环境下的软集理论及其应用研究	同意结题	中央高校基本科研业务费专项资金项目
166	李铀	PDGFD 基因对兰州大尾羊和藏羊脂肪沉积的功能研究	同意结题	中央高校基本科研业务费专项资金项目
167	马景艳	大规模多属性图的查询与分析研究	同意结题	中央高校基本科研业务费专项资金项目
168	江涛	藏汉可比语料库构建方法研究	同意结题	中央高校基本科研业务费专项资金项目
169	李冠宇	汉藏双语统一声学模型研究	同意结题	中央高校基本科研业务费专项资金项目
170	高忠虎	铅芯橡胶支座在带转换层框架结构中隔震应用研究	同意结题	中央高校基本科研业务费专项资金项目
171	庞建利	预应力混凝土连续梁桥施工控制中线形与应力监测方法的研究	同意结题	中央高校基本科研业务费专项资金项目
172	顾巧玲	以秀丽隐杆线虫为模式对 3- 溴丙酮酸的毒性和代谢机制的研究	同意结题	中央高校基本科研业务费专项资金项目
173	曹维萍	移动通信系统天线的研究	同意结题	中央高校基本科研业务费专项资金项目
174	王凯	考虑 PAJ 情况下 DFIG 高电压穿越特性的研究	同意结题	中央高校基本科研业务费专项资金项目
175	郝玉胜	基于 Wifi 信号的被动式感知技术研究、	同意结题	中央高校基本科研业务费专项资金项目
176	孙玉智	凹凸棒土 / 聚氨酯复合材料的制备及性能研究	同意结题	中央高校基本科研业务费专项资金项目
177	王鸿灵	生物质阻燃发泡材料的开发及应用	同意结题	中央高校基本科研业务费专项资金项目
178	王亚玲	脂尾型绵羊尾脂组分分析及综合利用技术工艺研究	同意结题	中央高校基本科研业务费专项资金项目
179	王永翔	联合筋膜鞘（CSF）矫正先天性眼睑下垂的临床研究	同意结题	中央高校基本科研业务费专项资金项目
180	李耀东	生物工程菌选育及应用研究	同意结题	中央高校基本科研业务费专项资金项目
181	唐国梅	复杂网络上的传染病动力学与免疫策略研究	同意结题	中央高校基本科研业务费专项资金项目
182	吉日嘎拉图	《江格尔》数字化文本资料库设计及应用	同意结题	中央高校基本科研业务费专项资金项目
183	崔星	公元 8—10 世纪河陇社会变迁与吐蕃关系研究	同意结题	中央高校基本科研业务费专项资金项目

续表

序号	项目负责人	项目名称	结题结论	项目来源
184	刘栋	马家窑彩陶的艺术精神与审美特征的研究	同意结题	中央高校基本科研业务费专项资金项目
185	刘荣	西北民族地区农村贫困家庭减贫能力研究	同意结题	中央高校基本科研业务费专项资金项目
186	胡潇文	“互联网+”背景下的西北民族地区入境旅游供给与需求研究	同意结题	中央高校基本科研业务费专项资金项目
187	确丹才让	敦煌发现的《解深密经》藏译本整理研究	同意结题	中央高校基本科研业务费专项资金项目
188	周青	民族志视阈下的裕固族民族舞蹈研究	同意结题	中央高校基本科研业务费专项资金项目
189	张小勇	“一带双翼”贫困区少数民族特色产业精准扶贫机制研究	同意结题	中央高校基本科研业务费专项资金项目
190	方磊	论高校高水平足球运动员战术意识的培养	同意结题	中央高校基本科研业务费专项资金项目
191	阿米娜	阿凡提故事研究资料汇编	同意结题	中央高校基本科研业务费专项资金项目
192	阿布都外力·克热木	维吾尔语言文学研究	同意结题	中央高校基本科研业务费专项资金项目
193	马永峰	西北民族教育研究	同意结题	中央高校基本科研业务费专项资金项目
194	乌云才其格	卫拉特学	同意结题	中央高校基本科研业务费专项资金项目
195	王妍莉	技术促进民汉双语教学有效性研究	同意结题	中央高校基本科研业务费专项资金项目
196	张创军、王东	财富思想与吐蕃政治生态关系研究——以出土文献为中心	同意结题	中央高校基本科研业务费专项资金项目
197	马军	HS-CRP、Chemerin及COMP与膝骨性关节炎的相关性研究	同意结题	中央高校基本科研业务费专项资金项目
198	马航海	一种新型拦挡结构钢管混凝土桩林的应用研究	同意结题	中央高校基本科研业务费专项资金项目
199	苏露	大肠杆菌热敏性肠毒素（LT）粘膜佐剂对类毒素疫苗的免疫效应研究	同意结题	中央高校基本科研业务费专项资金项目
200	丁冬	枸杞多糖诱导BM-MSCs向VECs转化的研究	同意结题	中央高校基本科研业务费专项资金项目
201	李慧婧	玉米Cu-Zn超氧化物歧化酶基因的克隆及序列分析	同意结题	中央高校基本科研业务费专项资金项目
202	鄂静	维持性血液透析患者高同型半胱氨酸血症与心血管疾病的相关性研究	同意结题	中央高校基本科研业务费专项资金项目
203	魏希锋	二次电切在非肌层浸润性膀胱癌中的应用研究	同意结题	中央高校基本科研业务费专项资金项目
204	李艳芬	甘肃省0—6岁儿童肾脏病筛查分析及相关危险因素研究	同意结题	中央高校基本科研业务费专项资金项目
205	赵军雷	甘肃高校社会工作专业本科教育现状及对策研究——基于甘肃6所院校的调查与分析	同意结题	中央高校基本科研业务费专项资金项目
206	扎西当知	敦煌民族文献研究	同意结题	中央高校基本科研业务费专项资金项目
207	陈万军	水热法制备柔性超级电容器电极及其性能研究	同意结题	中央高校基本科研业务费专项资金项目

续表

序号	项目负责人	项目名称	结题结论	项目来源
208	苏雪莲	力学信号刺激影响骨髓间充质干细胞分化的关键问题研究	同意结题	中央高校基本科研业务费专项资金项目
209	甘红云	甘肃省已婚妇女 CXCR4 及 CXCR2 表达与子宫肿瘤的相关性研究	同意结题	中央高校基本科研业务费专项资金项目
210	郭海国	新型泡沫硬化联合中草药外敷治疗慢性静脉溃疡的临床研究	同意结题	中央高校基本科研业务费专项资金项目
211	张瑞堂	镇癫开窍颗粒工艺及质量标准研究	同意结题	中央高校基本科研业务费专项资金项目
212	王家敏	Hi-five 细胞生物反应器高密度培养工艺及代谢动力学研究	同意结题	中央高校基本科研业务费专项资金项目
213	朱万侠	“丝绸之路”古场景虚拟仿真交互平台的设计与开发——以甘肃段为例	同意结题	中央高校基本科研业务费专项资金项目
214	梅迎雪	基于平衡计分卡的护理人员绩效指标体系的构建及应用效果评价	同意结题	中央高校基本科研业务费专项资金项目
215	姜晓梅	黄花宁神颗粒研制及治疗抑郁症的临床疗效研究	同意结题	中央高校基本科研业务费专项资金项目
216	尚立娜	宫颈涂片、HPV 检测及 P16 标记联合检测在西北民族大学女教职工宫颈癌筛查中的应用研究	同意结题	中央高校基本科研业务费专项资金项目
217	张多强	枸杞多糖诱导肝癌细胞自噬性死亡及其机制的研究	同意结题	中央高校基本科研业务费专项资金项目
218	贺建勋	颅脑损伤后抑郁症相关因素分析及心理干预的临床研究	同意结题	中央高校基本科研业务费专项资金项目
219	杨战利	白藜芦醇抗 β-淀粉样蛋白引起的神经细胞氧化应激损伤及其作用机制	同意结题	中央高校基本科研业务费专项资金项目
220	王瑞	VCAM-1 在肉鸡胫骨软骨发育不良中表达的研究	同意结题	中央高校基本科研业务费专项资金项目
221	郭曼丽	益生性乳酸杆菌拮抗变形链球菌黏附作用的研究	同意结题	中央高校基本科研业务费专项资金项目
222	邓小燕	P 型透明导电 CuAlO2 薄膜及其掺杂研究	同意结题	中央高校基本科研业务费专项资金项目
223	张涛杰	猪体外受精胚胎细胞凋亡及分子机制研究	同意结题	中央高校基本科研业务费专项资金项目
224	张志腾	虚拟现实技术在少数民族建筑保护中的应用研究	同意结题	中央高校基本科研业务费专项资金项目
225	李惠荣	高原居民糖尿病视网膜病变早期视网膜形态与功能的相关性研究	同意结题	中央高校基本科研业务费专项资金项目
226	刘学军	单孔腹腔镜技术及装置在西北地区泌尿外科疾病诊治中的应用研究	同意结题	中央高校基本科研业务费专项资金项目
227	李贵花	不对称有机催化反应机理研究	同意结题	中央高校基本科研业务费专项资金项目
228	赵彦	基于云计算的藏文数字图书馆应用研究	同意结题	中央高校基本科研业务费专项资金项目
229	张麟文	兰州大尾羊种质资源保护与尾脂综合开发利用技术研究	同意结题	中央高校基本科研业务费专项资金项目
230	郑烈瑞	候选抗氧化基因变异与甘肃老年性白内障的关系及其分子机制的研究	同意结题	中央高校基本科研业务费专项资金项目
231	刘琳	星孢菌素对 TMJ 关节盘细胞自组装基体生物学和生物力学性能的影响	同意结题	中央高校基本科研业务费专项资金项目

续表

序号	项目负责人	项目名称	结题结论	项目来源
232	张富花	镍在幽门螺杆菌致胃黏膜细胞株病变中的作用及机理研究	同意结题	中央高校基本科研业务费专项资金项目
233	王凌	面部动作编码系统（FACS）在口腔正畸微笑美学评价中的应用	同意结题	中央高校基本科研业务费专项资金项目
234	王晓琴	基于钻孔数据建立三维地质模型的插值方法研究	同意结题	中央高校基本科研业务费专项资金项目
235	马宏斌	基于BIM技术的寒冷地区居住建筑节能整合设计研究	同意结题	中央高校基本科研业务费专项资金项目
236	魏明强	基于回传矩阵射线法的桩基完整性检测的方法研究	同意结题	中央高校基本科研业务费专项资金项目
237	焦康礼	儿童龋病口腔微生物高通量测序研究	同意结题	中央高校基本科研业务费专项资金项目
238	王晓娥	手性N4配体的金属配合物催化烯烃的不对称环氧化反应	同意结题	中央高校基本科研业务费专项资金项目
239	梁玉娟	大学艺术类学生英语学习的情感倾向和归因研究	同意结题	中央高校基本科研业务费专项资金项目
240	刘积源	环境批评视阈下的埃伦·格拉斯哥小说研究	同意结题	中央高校基本科研业务费专项资金项目
241	刘舒雯	甘肃省广河县齐家文化遗址的新媒介传播策略研究	同意结题	中央高校基本科研业务费专项资金项目
242	马元平	户籍与性别属性对农民工收入的影响研究	同意结题	中央高校基本科研业务费专项资金项目
243	帕热扎提·买苏提	维吾尔语亲属称谓的社会文化研究	同意结题	中央高校基本科研业务费专项资金项目
244	马剑	西北民族大学全面预算管理应用研究	同意结题	中央高校基本科研业务费专项资金项目
245	马谢婧	远程教育中学习支持服务满意度与学习成绩的相关性研究	同意结题	中央高校基本科研业务费专项资金项目
246	张鹏远	民族院校音乐学科建设与少数民族地区非物质文化遗产保护	同意结题	中央高校基本科研业务费专项资金项目
247	刘颖	西部民族地区应对气候变化的法律机制研究	同意结题	中央高校基本科研业务费专项资金项目
248	李炜娜	新媒体时代大众阅读方式的变迁及社会影响	同意结题	中央高校基本科研业务费专项资金项目
249	阿曼古丽·衣明	鲁迅杂文对维吾尔杂文形成与发展的影响	同意结题	中央高校基本科研业务费专项资金项目
250	李伟	自恋对大学生社会行为与攻击行为的影响机制研究	同意结题	中央高校基本科研业务费专项资金项目
251	王珊珊	媒介产品的全景式狂欢与大题材电视剧作品的冲突性研究	同意结题	中央高校基本科研业务费专项资金项目
252	曼秀·仁青道吉	多民族格萨尔翻译及整理研究	同意结题	中央高校基本科研业务费专项资金项目
253	胡桥华	西北民族文献与文化研究	同意结题	中央高校基本科研业务费专项资金项目
254	魏宁宁	民族地区新农合制度绩效管理实证研究——基于公共价值视角	同意结题	中央高校基本科研业务费专项资金项目
255	丰云鹏	西北地区电影发展与少数民族文化传播研究	同意结题	中央高校基本科研业务费专项资金项目

续表

序号	项目负责人	项目名称	结题结论	项目来源
256	臧鹏	网络思想政治教育生活化研究	同意结题	中央高校基本科研业务费专项资金项目
257	曲菁	西北地区大学生政治认同机制构建的相关问题探析	同意结题	中央高校基本科研业务费专项资金项目
258	武国亮	民族高等教育成本的核算与效率评价研究	同意结题	中央高校基本科研业务费专项资金项目
259	原媛	大学英语学习与专业学习的契合度研究	同意结题	中央高校基本科研业务费专项资金项目
260	张心歌	基于无线传输技术的温室大棚环境智能控制系统的研究	同意结题	中央高校基本科研业务费专项资金项目
261	海克蓉	大鼠心肺复苏后海马神经元凋亡机制研究及肝素对其的作用	同意结题	中央高校基本科研业务费专项资金项目
262	冶秀鹏	早期乳腺癌保乳术后大分割放疗的循证医学研究	同意结题	中央高校基本科研业务费专项资金项目
263	葛玉荣	基于 Benner 理论的护理人员阶梯式继续教育和职业发展体系构建的研究	同意结题	中央高校基本科研业务费专项资金项目
264	陈红	不同保鲜剂处理对雪莲果褐变抑制及其品质的影响	同意结题	中央高校基本科研业务费专项资金项目
265	刘泽文	玛曲湿地生态群落格局及生态承载力研究	同意结题	中央高校基本科研业务费专项资金项目
266	王月颖	RNA 干扰下调胃癌 MKN-45 细胞 Pim1 表达对肿瘤细胞增殖、转移的影响	同意结题	中央高校基本科研业务费专项资金项目
267	马爱爱	板蓝根（*Radix isatidis*）植物内生及根际土放线菌多样性及生理活性研究	同意结题	中央高校基本科研业务费专项资金项目
268	马小龙	《尚书》中的治世大法“洪范九畴”研究探微	同意结题	中央高校基本科研业务费专项资金项目
269	赵光国	洮河流域史前遗址与聚落研究	同意结题	中央高校基本科研业务费专项资金项目
270	张少昀	兰州地区古建壁画保存现状及其环境研究	同意结题	中央高校基本科研业务费专项资金项目
271	李青洁	应用多媒体技术进行俄语教学改革的创新研究	同意结题	中央高校基本科研业务费专项资金项目
272	杨华	基于建构主义的阿拉伯语专业本科翻译教学实践与研究	同意结题	中央高校基本科研业务费专项资金项目
273	米玉婷	张之洞与晚清宋诗派诗人研究	同意结题	中央高校基本科研业务费专项资金项目
274	甄芸	清代甘肃的文献整理编纂研究	同意结题	中央高校基本科研业务费专项资金项目
275	王玉	西北少数民族非物质文化遗产媒介化生存研究	同意结题	中央高校基本科研业务费专项资金项目
276	申莎	大学生学习能力调查研究	同意结题	中央高校基本科研业务费专项资金项目
277	李朝华	西洋弦乐舞台实践	同意结题	中央高校基本科研业务费专项资金项目
278	马晓旭	我国民族地区习俗文化和社会治理研究	同意结题	中央高校基本科研业务费专项资金项目
279	张志强	甘肃民族地区节能减排现状与存在问题的研究	同意结题	中央高校基本科研业务费专项资金项目

续表

序号	项目负责人	项目名称	结题结论	项目来源
280	郑贺娟	服务于企业技术创新的科技金融耦合机制研究——以甘肃省为例	同意结题	中央高校基本科研业务费专项资金项目
281	梁琚牵	北洋政府时期的将军府研究	同意结题	中央高校基本科研业务费专项资金项目
282	张英荣	室外铁质文物封护剂评价方法研究	同意结题	中央高校基本科研业务费专项资金项目
283	张莉	西北少数民族大学生三语教育中语言认同研究——以蒙、藏、维学生为例	同意结题	中央高校基本科研业务费专项资金项目
284	祁高展	大蒜鳞茎粗提物对采后苹果炭疽病抑菌作用研究及其活性物质分离鉴定	同意结题	中央高校基本科研业务费专项资金项目
285	裴淑艳	百合提取物对 HePG2 细胞胰岛素抵抗改善作用的实验研究	同意结题	中央高校基本科研业务费专项资金项目
286	刘丽江	甘肃省部分少数民族肥胖与胰岛素抵抗研究	同意结题	中央高校基本科研业务费专项资金项目
287	陈丹华	高原地区地质灾害的预警研究稳定性影响的研究	同意结题	中央高校基本科研业务费专项资金项目
288	郝宇	基于高校人力资源管理系统平台—西北民族大学职工收入分配模块研发	同意结题	中央高校基本科研业务费专项资金项目
289	李守华	组合材料叠层梁的内力与应力的实验与理论研究	同意结题	中央高校基本科研业务费专项资金项目
290	魏雪	大学生社会主义核心价值观认同与行为适应研究	同意结题	中央高校基本科研业务费专项资金项目
291	丁艳伟	民族高等院校应届毕业生课堂倦怠不当行为问题研究——以某高校为例	同意结题	中央高校基本科研业务费专项资金项目
292	李世凯	宋代新儒家的义利之辨及其现实意义——以朱熹为中心	同意结题	中央高校基本科研业务费专项资金项目
293	孙新	乡村社区妇女参与民族旅游问题研究	同意结题	中央高校基本科研业务费专项资金项目
294	蒋宏伟	残疾人法律救助问题研究	同意结题	中央高校基本科研业务费专项资金项目
295	杨宇辉	麦积山石窟群之武山拉梢寺石窟造像研究	同意结题	中央高校基本科研业务费专项资金项目
296	郭治虎	新媒体环境下西部地区双语教学的区域化发展研究	同意结题	中央高校基本科研业务费专项资金项目
297	刘曜	高校去行政化后的管理模式研究	同意结题	中央高校基本科研业务费专项资金项目
298	马效敏	西北民族大学科研管理平台二次开发及项目经费与成果资料管理系统开发	同意结题	中央高校基本科研业务费专项资金项目
299	刘俊林	早胜牛 mtDNA 全序列及其 D-loop 区的多态性研究	同意结题	中央高校基本科研业务费专项资金项目
300	董江陵	牦牛凝乳酶基因的克隆、序列分析与原核表达	同意结题	中央高校基本科研业务费专项资金项目
301	马青	民族院校学科建设模式研究	同意结题	中央高校基本科研业务费专项资金项目
302	马鑫焱	《横渠易说》校注与张载易学研究	同意结题	中央高校基本科研业务费专项资金项目
303	唐仲娟	传播学视角下的戏剧艺术传播形态研究	同意结题	中央高校基本科研业务费专项资金项目

续表

序号	项目负责人	项目名称	结题结论	项目来源
304	韦玉成	西部地区生态环境的刑法保护研究	同意结题	中央高校基本科研业务费专项资金项目
305	焦锋	国家优惠政策对西北少数民族国家认同的影响研究	同意结题	中央高校基本科研业务费专项资金项目
306	高俊	15 世纪卫藏钦则画派与佛罗伦萨画派的壁画造型手法比较研究	同意结题	中央高校基本科研业务费专项资金项目
307	王京	巴托克晚期的舞剧与舞曲音乐研究	同意结题	中央高校基本科研业务费专项资金项目
308	夏春峰	甘肃连城妙因寺及其相关寺院历史文化的调查研究	同意结题	中央高校基本科研业务费专项资金项目
309	马明辉	张家川回族自治县特色经济发展研究	同意结题	中央高校基本科研业务费专项资金项目
310	马怡江	西北地区饮食文化带动餐饮经济的形成分析及发展研究	同意结题	中央高校基本科研业务费专项资金项目
311	薛松梅	西北地方音乐文献叙录	同意结题	中央高校基本科研业务费专项资金项目
312	王雪	非物质文化遗产保护中的剪纸传承研究	同意结题	中央高校基本科研业务费专项资金项目
313	马海涯	基于四维视角下资本市场区域发展的差异性研究	同意结题	中央高校基本科研业务费专项资金项目
314	孙初锋	文县旅游业对当地生态环境的影响评价	同意结题	中央高校基本科研业务费专项资金项目
315	郭治虎	民族地区中小学创客教育及中职学校教育服务能力提升策略研究	同意结题	中央高校基本科研业务费专项资金项目
316	刘宏霞	临夏州农村三产融合促进农民增收现状调查	同意结题	中央高校基本科研业务费专项资金项目
317	陈亚军	广河及邻近地区史前彩陶的调查与整理	同意结题	中央高校基本科研业务费专项资金项目
318	马鑫焱	乡村振兴战略下的甘肃多民族地区“过渡性”城乡社区的治理研究	同意结题	中央高校基本科研业务费专项资金项目
319	张霖	牧区易地扶贫搬迁群体生活需要调查	同意结题	中央高校基本科研业务费专项资金项目
320	范文德	新媒体在脱贫攻坚中的作用调研——以天水农村为例	同意结题	中央高校基本科研业务费专项资金项目
321	马彬	东乡县学龄儿童乳牙患龋情况与口腔行为调查分析	同意结题	中央高校基本科研业务费专项资金项目
322	兰咏梅	肃南县人群慢性非传染性疾病调查	同意结题	中央高校基本科研业务费专项资金项目
323	海向军	东乡县人群少肌症流行病学调查及风险因素分析	同意结题	中央高校基本科研业务费专项资金项目
324	常磊	格萨尔说唱音乐调查研究	同意结题	中央高校基本科研业务费专项资金项目
325	乌力吉达来	甘肃省蒙古语使用和翻译情况调查研究——以肃北蒙古族自治县为例	同意结题	中央高校基本科研业务费专项资金项目
326	额尔登别力格	肃北蒙古族民歌集成与研究	同意结题	中央高校基本科研业务费专项资金项目

附件3：2021年争取各类纵向项目

2021年争取各类纵向项目

序号	项目名称	负责人	批准单位	项目级别
1	敦煌古藏文文献中唐代汉藏文化交流研究	久仙加	全国哲学社会科学工作办公室	国家级
2	图瓦语语音声学与嗓音、气流特征研究	巴图格日勒	全国哲学社会科学工作办公室	国家级
3	社会文化史视野下的近代西北官书局出版研究	甄芸	全国哲学社会科学工作办公室	国家级
4	蒙古历史文献所载训谕诗与周边多民族交往交流交融研究	娜日苏	全国哲学社会科学工作办公室	国家级
5	西北地区的师公及其宗教信仰研究	答小群	全国哲学社会科学工作办公室	国家级
6	公元4至7世纪吐谷浑与周边民族交融互鉴研究	赵学东	全国哲学社会科学工作办公室	国家级
7	公元3—10世纪甘肃地区图像艺术的传播与影响	靳艳	全国哲学社会科学工作办公室	国家级
8	法成译圆晖《楞伽经疏》残卷的整理与还原研究	才让	全国哲学社会科学工作办公室	国家级
9	斯巴苯教古籍写本文献的分类、编目及研究	道吉才让	全国哲学社会科学工作办公室	国家级
10	中华民族共同体视域下甘宁青民族团结进步创建及路径优化研究	马英杰	全国哲学社会科学工作办公室	国家级
11	藏文古籍《伏藏文献》藏版目录整理与研究	李毛吉	全国哲学社会科学工作办公室	国家级
12	新世纪少数民族题材电影的国家认同建构研究	马纳琴	全国哲学社会科学工作办公室	国家级
13	主客体识别自组装构筑抗菌纳米复合表面施胶剂的机制研究	王彦斌	国家自然科学基金委员会	国家级
14	针对西部地区风机叶片多功能水性涂层的制备及其表界面行为与机理研	孙初锋	国家自然科学基金委员会	国家级
15	TGM2基因影响MDCK细胞粘附的功能和机制研究	刘振斌	国家自然科学基金委员会	国家级
16	脱落酸参与调控交替灌溉维持紫花苜蓿产量稳定的生理机制及其分子基础	刘慧霞	国家自然科学基金委员会	国家级
17	连续Ta纤维增韧高熵硼化物陶瓷基复合材料的界面调控及增韧机制研究	郭启龙	国家自然科学基金委员会	国家级
18	面向肾脏疾病呼气标志物——氨气检测的MOS@ZIF-8复合气敏材料的设计及性能研究	陈琼	国家自然科学基金委员会	国家级
19	唐卡领域知识图谱构建关键技术及其应用研究	王铁君	国家自然科学基金委员会	国家级
20	场景藏汉双语文本检测与识别研究	王维兰	国家自然科学基金委员会	国家级
21	DSB修复信号通路在女性生殖道菌群参与宫颈癌发病中的作用和机制研究	赵晋	国家自然科学基金委员会	国家级
22	基于“筋骨并重”及“引经”理论探讨壮骨强筋组分防治骨质疏松的疗效与机制	谢兴文	国家自然科学基金委员会	国家级
23	民族地区乡村创意旅游发展模式与机制研究	孙永龙	文化和旅游部	国家级

续表

序号	项目名称	负责人	批准单位	项目级别
24	群舞《雪域汉子》	阿宫	国家艺术基金管理中心	国家级
25	基于语料库的《藏文大字典》(藏汉对照)编纂研究	多拉	国家社科工作办公室	国家级
26	喜马拉雅南麓历史地理文献搜集、整理与研究	刀吉仁青	全国哲学社会科学工作办公室	国家级
27	中华优秀传统生态文化藏文文献资料收集整理与研究	英加布	全国哲学社会科学工作办公室	国家级
28	藏药柳茶水提物抑制胃癌细胞增殖及逆转其氟尿嘧啶耐药的分子机制研究	程燕	甘肃省科技厅	省部级
29	提高硫铝酸盐水泥基复合胶凝材料混凝土制品耐久性关键技术研究	王洪镇	甘肃省科技厅	省部级
30	结合浅层学习与深度学习的联机手写梵音藏文识别研究	蔡正琦	甘肃省科技厅	省部级
31	融合词法句法特征的藏文浅层语义分析模型研究	马宁	甘肃省科技厅	省部级
32	有效降解畜禽屠宰血污的微生物和酶类筛选研究	周雪雁	甘肃省科技厅	省部级
33	埃洛石基温敏离子印迹聚合物的制备及对稀土元素的可控识别研究	李振华	甘肃省科技厅	省部级
34	面向社交媒体的藏文情感分析系统研究	江涛	甘肃省科技厅	省部级
35	原子级加工技术中薄膜外延生长过程的数学理论研究	刘洋	甘肃省科技厅	省部级
36	基于深度学习的期权定价模型求解及在企业价值评估中的应用	慕嘉	甘肃省科技厅	省部级
37	牦牛乳乳清蛋白改变肠道菌群结构的抗衰老机制研究	张福梅	甘肃省科技厅	省部级
38	ssRNA 病毒诱导 BM-DCs 分化与成熟研究	蔺国珍	甘肃省科技厅	省部级
39	固定化微生物菌剂对含油废水中 TPH 的降解特性及机理研究	雒晓芳	甘肃省科技厅	省部级
40	炎症微环境中 PDLSC 的 Wnt 信号通路变化及其调控机制的研究	林永盛	甘肃省科技厅	省部级
41	基于脉冲耦合神经网络的非均质三维图像重建算法研究	徐永胜	甘肃省科技厅	省部级
42	亚麻籽粕中蛋白肽和植酸的制备及生物活性研究	魏玉梅	甘肃省科技厅	省部级
43	民族地区老年人口健康素养状况及提升机制研究	彭晶	甘肃省科技厅	省部级
44	基于慢病毒载体介导 RNA 干扰的 MDCK 细胞成瘤机制的研究	杨迪	甘肃省科技厅	省部级
45	超疏水碳基纳米复合催化材料的可控制备及其在 4- 胺基喹啉类化合物绿色催化合成中的研究	庞少峰	甘肃省科技厅	省部级
46	基于深度学习的藏文知识图谱构建研究	徐涛	甘肃省科技厅	省部级
47	戊型肝炎病毒 ORF2 互作宿主蛋白的筛选及其在病毒感染中的作用研究	李慧霞	甘肃省科技厅	省部级
48	高原夏莱尾菜发酵饲料营养物质动态变化规律研究	周瑞	甘肃省科技厅	省部级
49	甘肃省裕固族 HLA-DRB1 基因多态性的群体调查	樊洁	甘肃省科技厅	省部级
50	多孔聚离子液体材料的制备及其在太阳能驱动光热产汽方面的应用	肖朝虎	甘肃省科技厅	省部级

续表

序号	项目名称	负责人	批准单位	项目级别
51	边缘型人格障碍全表观遗传组关联研究	张芸	甘肃省科技厅	省部级
52	面向命名实体的自动问答系统研究	万福成	甘肃省科技厅	省部级
53	利用陇药秸秆制备微生物发酵饲料的关键技术研究	郭鹏辉	甘肃省科技厅	省部级
54	食管鳞状细胞癌中差异表达长链非编码 LncRNA 对其增殖和侵染调控的机制研究	张雅青	甘肃省科技厅	省部级
55	高效检测和治理矿区污染离子的超分子网状聚合物的合成、性质及应用	刘娟	甘肃省科技厅	省部级
56	蛙类皮肤中抗菌肽的分离鉴定及活性研究	赵永清	甘肃省科技厅	省部级
57	基于哺乳动物细胞基质的流感疫苗生产用无成瘤性 MDCK 细胞系的建立及应用	阿依木古丽·阿不都热依木	甘肃省科技厅	省部级
58	GSDM 家族基因介导牦牛成纤维细胞焦亡的相关调控机制研究	杨妍梅	甘肃省科技厅	省部级
59	甘肃乡村产业振兴的科技人力资本投入绩效评价及驱动模式创新	刘燕华	甘肃省科技厅	省部级
60	路易斯酸催化的串联反应构建 C-X 键合成 α-取代烯烃的研究	魏小红	甘肃省科技厅	省部级
61	民族地区巩固拓展健康扶贫成果实践经验研究	常进锋	国家民族事务委员会	省部级
62	《玛纳斯》(新疆阿合奇县)	叶尔扎提·阿地里	文化和旅游部	省部级
63	中国文学边防经略视阈中的北宋边塞文学研究	丁沂璐	教育部	省部级
64	大学生中华民族共同体意识培育实践与创新研究	马永腾	教育部	省部级
65	新型光催化材料的构筑及其配套废水处理设备的开发应用研究	张平	甘肃省科技厅	省部级
66	利用生物质基微生物多孔材料处理含油污水应用研究	陈丽华	甘肃省科技厅	省部级
67	基于影像基因组学的乳腺癌早期精确诊断模型与算法	林强	甘肃省科技厅	省部级
68	离子液体电镀 Cu-Ni 合金的沉积机理及其在海水防腐中的应用	孙初锋	甘肃省科技厅	省部级
69	“碳峰值”背景下甘肃产业结构调整研究	章辉	甘肃省科技厅	省部级
70	大健康战略下甘肃省养老服务创新及其与政府行为的协调发展研究	刘华	甘肃省科技厅	省部级
71	甘肃省民族互嵌式社区治理模式创新研究	刘凡	甘肃省科技厅	省部级
72	颞下颌关节盘细胞呼吸代谢与关节疾病的关系研究	包广洁	甘肃省科技厅	省部级
73	miR-133、206 基因对妊娠高血压疾病发病及母婴结局的影响	马戎	甘肃省科技厅	省部级
74	唐卡领域本体构建及唐卡图像标注研究	王铁君	甘肃省科技厅	省部级
75	基于几何原理及动力学分析的 DNA 二维折纸结构的算法优化研究	邓涛	甘肃省科技厅	省部级
76	具有庇护所效应与时滞的广义捕食系统的动力学行为与动态结果的交叉研究	王淑播	甘肃省科技厅	省部级

续表

序号	项目名称	负责人	批准单位	项目级别
77	基于白塔山文物保护的湿陷性黄土隧道风险评估及空间效应关键技术研究	石建勋	甘肃省科技厅	省部级
78	基于深度学习的唐卡图像修复研究	李巧巧	甘肃省科技厅	省部级
79	自闭症谱系障碍儿童多模态数据的智能化诊断及干预研究	赵娅	甘肃省科技厅	省部级
80	人体呼吸道可吸入颗粒物沉积特性研究	李明学	甘肃省科技厅	省部级
81	西北地区铸牢中华民族共同体意识实践路径研究	马忠才	国家民族事务委员会	省部级
82	Allee效应和时滞对捕食—食饵模型时空动态及斑图模式的影响研究	刘华	国家民族事务委员会	省部级
83	基于大数据智能驱动的档案信息资源挖掘与共享利用服务研究	徐涛	国家档案局项目	省部级
84	“双环流”架构下甘肃省外向型产业价值链攀升研究	汪琼	甘肃省哲学社会科学规划办公室	省部级
85	甘肃省推动全民健身中的政策工具选择与优化研究	韩永君	甘肃省哲学社会科学规划办公室	省部级
86	甘肃省流动儿童心理与社会适应的影响因素及干预对策研究	马春花	甘肃省哲学社会科学规划办公室	省部级
87	乡村振兴背景下甘肃省易地扶贫搬迁移民生计空间重构研究	曹义杰	甘肃省哲学社会科学规划办公室	省部级
88	乡村振兴背景下城郊安置农民的身份认同及幸福感知研究	李俊明	甘肃省哲学社会科学规划办公室	省部级
89	甘肃民族地区传统村落文化基因识别及传承创新研究	薛晨浩	甘肃省哲学社会科学规划办公室	省部级
90	已脱贫民族地区后续社会帮扶体制机制研究	周鹏生	甘肃省哲学社会科学规划办公室	省部级
91	“高质量”导向下甘肃省民族地区多层次社会保障体系健全完善研究	王亦龙	甘肃省哲学社会科学规划办公室	省部级
92	胡缵宗诗文整理与研究	于晓川	甘肃省哲学社会科学规划办公室	省部级
93	教育助力甘肃省实施乡村振兴战略的机制和路径研究	李睿	甘肃省哲学社会科学规划办公室	省部级
94	“在地化教育”助力甘肃全面乡村振兴和农村教育发展的实践研究	朱万侠	甘肃省哲学社会科学规划办公室	省部级
95	民族院校新闻教育融合“讲好中国故事”培育中华民族共同体意识路径探究	石静	甘肃省哲学社会科学规划办公室	省部级
96	讲好甘肃故事的地域关键符号整合传播研究	任洪增	甘肃省哲学社会科学规划办公室	省部级
97	非遗民歌与红色基因融合思政课程教学理论与实践研究	朱子健	甘肃省哲学社会科学规划办公室	省部级
98	新文创时代甘肃特色文化品牌的塑造与影像传播应用研究	王珊珊	甘肃省哲学社会科学规划办公室	省部级
99	敦煌壁画“活着的色经”：文化遗产中的美学与色彩文化研究	刘舒雯	甘肃省哲学社会科学规划办公室	省部级
100	中华民族共同体教育视域下甘肃民族院校“纲要”课教学改革研究	梁琚牵	甘肃省哲学社会科学规划办公室	省部级
101	全民族抗战与中华民族共同体意识的构建——以西北地区为中心	丁晓东	甘肃省哲学社会科学规划办公室	省部级

续表

序号	项目名称	负责人	批准单位	项目级别
102	“三个课堂”促进乡村教育振兴的路径、策略与效果研究	崔永鹏	甘肃省哲学社会科学规划办公室	省部级
103	甘南少数民族传统建筑的数字档案建设与研究	范文玲	甘肃省哲学社会科学规划办公室	省部级
104	麦秸秆基超疏水生物质碳纳米材料的可控构建及其催化转氢性能研究	庞少峰	甘肃省教育厅	地厅级
105	核医学图像的病灶可靠分割关键技术研究	林强	甘肃省教育厅	地厅级
106	宿主免疫限制因子 IFITMs 对脑心肌炎病毒感染的调控作用及机制	冯若飞	甘肃省教育厅	地厅级
107	尾菜发酵饲料对肉羊育肥效果及瘤胃微生物区系的影响研究	徐红伟	甘肃省教育厅	地厅级
108	N- 复形范畴的余挠理论与同调维数	卢博	甘肃省教育厅	地厅级
109	中国岩彩材质档案	雷涛	甘肃省教育厅	地厅级
110	“三区三州”学前教育数字化资源公共服务均等化机制研究	王妍莉	甘肃省教育厅	地厅级
111	乡村文化振兴视野下甘肃传统手工艺的创新路径研究	董菲菲	甘肃省教育厅	地厅级
112	“两创”与《格萨尔》史诗经典化研究	王艳	甘肃省教育厅	地厅级
113	新时代民族院校大学生社会主义核心价值观“知行合一”的教育成效机制研究	申莎	甘肃省教育厅	地厅级
114	马铃薯蛋白抗氧化肽对细胞氧化应激损伤的保护作用机制研究	高丹丹	甘肃省教育厅	地厅级
115	网状超分子功能材料的合成及在环境保护中的应用	刘娟	甘肃省教育厅	地厅级
116	当代西部少数民族文学中的中华民族共同体意识研究	李小红	甘肃省教育厅	地厅级
117	低对称性太阳能电池受体材料的设计与制备	安丽丽	甘肃省教育厅	地厅级
118	磁性超疏水凹凸棒石功能材料的构建及多元化应用研究	庞少峰	甘肃省教育厅	地厅级
119	三维分级多孔碳复合相变储能材料的构筑及其性能研究	王成君	甘肃省教育厅	地厅级
120	基于网络的肾脏纤维化关键分子标志物的筛选和分析	白静雅	甘肃省教育厅	地厅级
121	基于泛在信号的动物行为非入侵感知技术研究	郝玉胜	甘肃省教育厅	地厅级
122	钢纤维混凝土在铁路重力式桥墩抗震加固中的应用研究	黄洪猛	甘肃省教育厅	地厅级
123	兰州糟肉风味品级机理研究	刘红娜	甘肃省教育厅	地厅级
124	VEGF 对牦牛黄体细胞孕酮分泌的影响	杨妍梅	甘肃省教育厅	地厅级
125	中华民族共同体视域下民族文化传承保护与传播路径创新研究	苏静怡	甘肃省教育厅	地厅级
126	艺术传播视野下红色革命文化传播模式探索研究	刘舒雯	甘肃省教育厅	地厅级
127	“纪录片 + 产业”赋能甘肃文化旅游融合发展研究	王玉	甘肃省教育厅	地厅级
128	“互联网 + 教育”背景下甘肃省高校智慧“云校园”建设策略研究	王珊珊	甘肃省教育厅	地厅级

续表

序号	项目名称	负责人	批准单位	项目级别
129	长征国家文化公园甘肃段建设发展中的红色文化基因传承研究	薛晨浩	甘肃省教育厅	地厅级
130	“新文科”背景下甘肃高校外语教学改革与创新型人才培养路径研究	关桂云	甘肃省教育厅	地厅级
131	面向藏民族地区的“国家通用语 言文字”理解性教学研究	王妍莉	甘肃省教育科学研究院	地厅级
132	新时代乡村学区网络教研模式研究	马永峰	甘肃省教育科学研究院	地厅级
133	服务民族地区学前儿童国家通用语教育平台关键技术研发及示范应用研究	王燕凤	甘肃省教育科学研究院	地厅级
134	“讲好中国故事”背景下大学生跨文化交际能力现状与提升策略研究	赵靓	甘肃省教育科学研究院	地厅级
135	乡村振兴背景下农村教育适应性发展策略研究	李伟	甘肃省教育科学研究院	地厅级
136	新时代民族院校思想政治教育创新研究	张龙	甘肃省教育科学研究院	地厅级
137	通识教育融入甘肃民族地区思政课程路径研究	尹伟先	甘肃省教育科学研究院	地厅级
138	新时代幼儿爱国主义核心行为探究	申莎	甘肃省教育科学研究院	地厅级
139	甘肃黄河流域鼓舞文化资源在高校教育中的提取与应用	贾云丽	甘肃省教育科学研究院	地厅级
140	互联网＋模式下地域特色舞蹈的传承教育研究	李倩	甘肃省教育科学研究院	地厅级
141	科普助力甘南州和临夏州巩固脱贫攻坚成果的机制与路径	肖朝虎	甘肃省教育科学研究院	地厅级
142	高校预算绩效评价体系构建与应用研究	刘小丽	甘肃省教育科学研究院	地厅级
143	“铸牢中华民族共同体意识”融入普通高校本科美术专业课程研究——以西北民族大学为例	张璐	甘肃省教育科学研究院	地厅级
144	家校协同视域下青少年心理健康问题的预防与干预机制研究	张芸	甘肃省教育科学研究院	地厅级
145	课程思政在基础实验实践教学中的探索研究	吴慧昊	甘肃省教育科学研究院	地厅级
146	非同步性发展视角下乒乓球运动员竞技能力非衡结构及补偿效应研究	朱惠平	甘肃省体育局	地厅级
147	“一带一路”背景下河西地区体育赛事与旅游产业融合发展研究	王小玲	甘肃省体育局	地厅级
148	黄河文化与甘肃特有少数民族文化“同心圆”结构研究	张栋	甘肃省文化和旅游厅 2021 年度研究课题	地厅级
149	“一带一路”背景下甘肃省河西地区“非遗＋文旅”发展路径研究	王晓珍	甘肃省文化和旅游厅	地厅级
150	黄河流域文创产业高质量发展研究——以兰州市为例	邵莉媛	甘肃省文化和旅游厅	地厅级
151	装配式钢结构建筑新型“三板”体系关键技术的研究	王洪镇	兰州市科技局	地厅级
152	基于功能化生物质负载微生物复合多孔材料的构筑及其在含油污水处理中的应用研究	哈斯其美格	兰州市科技局	地厅级
153	N- 氨甲酰谷氨酸在绵羊繁殖中的应用研究	蔡元	兰州市科技局	地厅级
154	组蛋白脱乙酰酶 6 抑制剂 ACY1215 减轻血管平滑肌细胞炎症反应及动脉粥样硬化斑块易损性的实验研究	汪晨净	兰州市科技局	地厅级
155	金城首席科普专家	马薇	甘肃省科协	地厅级

续表

序号	项目名称	负责人	批准单位	项目级别
156	兰州牛肉面产业发展大数据分析系统	万福成	兰州市城关区科技局	地厅级
157	机械手臂在服装自动化生产中的 PLC 控制研究	杨成慧	兰州市城关区科技局	地厅级
158	敦煌壁画中西域游牧民族乐舞图像活态遗存研究与数据库建设	李婷婷	兰州市哲学社会科学规划办公室	地厅级
159	高等教育美育评价制度改革与评价体系建设 ——以少数民族鼓舞节奏通识课程为例	尹辉	甘肃省教育科学研究院	地厅级
160	甘肃省“双减”政策下家长焦虑情绪缓解效果评价	高永辉	甘肃省教育科学研究院	地厅级
161	陕甘宁根据地民歌与红色文化传播研究	赵炜民	甘肃社会科学界联合会	地厅级
162	甘肃省非物质文化遗产对于促进乡村旅游文化发展之研究	郑颖	甘肃社会科学界联合会	地厅级
163	尾菜处理技术研究与示范	臧荣鑫	甘肃省农业农村厅	地厅级
164	大数据与互联网 + 技术的应用研究	杨成慧	西北民族大学	校级
165	青海西宁方言语法专题研究	安丽卿	西北民族大学	校级
166	乳清蛋白和乳清抗氧化肽抗衰老作用的机制研究	张福梅	西北民族大学	校级
167	铸牢中华民族共同体意识下的科尔沁叙事民歌蒙汉文化交融研究	图雅	西北民族大学	校级
168	藏语石渠话研究	青措	西北民族大学	校级
169	清末“筹蒙改制”下的内蒙古地区渔业开发	胡哲	西北民族大学	校级
170	黄河上游地区特色植物种质资源及遗传多样性研究	王亚玲	西北民族大学	校级
171	粘弹性薄板振动方程的动力学行为研究	刘洋（数计）	西北民族大学	校级
172	乡镇行政权力配置的法治问题	贺荣兰	西北民族大学	校级
173	19 世纪以降中国—塔吉克斯坦吉克族的跨国与地缘文化关系	焦景丹	西北民族大学	校级
174	新文化背景下外语教学实践中的立德树人路径研究	辛瑞青	西北民族大学	校级
175	事件结构的 f- 概念化：汉语名化现象研究	张莉	西北民族大学	校级
176	藜麦在甘肃省高海拔山区试种及秸秆综合开发研究	柴薇薇	西北民族大学	校级
177	网络上的疾病传播与免疫控制策略研究	唐国梅	西北民族大学	校级
178	联机手写梵音藏文字符特征提取及识别研究	蔡正琦	西北民族大学	校级
179	甘南黄河水源补给区益贫式增长多维测度与动力机制研究	任崇强	西北民族大学	校级
180	新时代少数民族大学生政治认同建构研究	曲菁	西北民族大学	校级
181	文明之源：神话、舞蹈与仪式	完得冷智	西北民族大学	校级
182	自支撑聚苯胺复合电极材料的制备及其电化学性能研究	刘娟丽	西北民族大学	校级
183	黄河下游地区东周王侯墓葬考古学研究	高科冕	西北民族大学	校级
184	御边视阈下的北宋边塞诗研究	丁沂璐	西北民族大学	校级

续表

序号	项目名称	负责人	批准单位	项目级别
185	牦牛乳酪蛋白抗氧化肽作用机制研究	高丹丹	西北民族大学	校级
186	miRNA 对 MDCK 细胞成瘤性的作用及机制研究	乔自林	西北民族大学	校级
187	卵巢癌 O- 糖基化蛋白与卵巢癌发生发展关系的研究	曲红梅	西北民族大学	校级
188	微生物发酵饲料中菌群与绵羊瘤胃微生物的互作及对粘膜免疫的作用机制	周瑞	西北民族大学	校级
189	近红外激光影响下金纳米材料和卵巢癌细胞相互作用机制	刘金英	西北民族大学	校级
190	无创监控牦牛乳清蛋白抗氧化活性及其机制研究	田晓静	西北民族大学	校级
191	基于氧空位调控制备可磁分离缺陷型 TNTs 复合材料及光催化活性研究	张平	西北民族大学	校级
192	双亲性多孔膜固载脂肪酶在功能化离子液体 / 水界面催化拆分消旋药物研究	周瀚成	西北民族大学	校级
193	针对西部地区风机叶片多功能水性涂层的制备及其表界面行为与机理研究	孙初锋	西北民族大学	校级
194	路易斯酸催化酮的串联反应合成 α - 杂原子取代烯烃的研究	魏小红	西北民族大学	校级
195	连续 Ta 纤维增韧 ZrB2 陶瓷基复合材料的界面调控及增韧机制研究	郭启龙	西北民族大学	校级
196	大黄抗菌药效物质基础及其对病原细菌 Pcc 毒性因子的调控作用研究	齐燕姣	西北民族大学	校级
197	超低分辨率核医学图像的病灶语义分割研究	林强	西北民族大学	校级
198	MnO2 复合材料的构筑及其在水系锌离子电池中的储能机理研究	陈万军	西北民族大学	校级
199	西部地区钢筋混凝土与木混合结构的半刚性装配方法及其抗震性能研究	吴忠铁	西北民族大学	校级
200	基于混杂腔光机械系统中的高阶边带效应的研究	刘利伟	西北民族大学	校级
201	基于大数据智能驱动的档案信息资源挖掘与共享利用服务研究	徐涛	西北民族大学	校级
202	传染病传播的分数阶动力学建模及接种次序研究	马维元	西北民族大学	校级
203	依赖冲击历史的自激截断 δ 冲击模型的可靠性分析	马明	西北民族大学	校级
204	融合多层次语言学线索的问句分析研究	万福成	西北民族大学	校级
205	可见光增强型 ZnO 异质结构的气敏性能和气敏机理研究	邓小燕	西北民族大学	校级
206	面向维语的语音情感识别技术研究	王晓燕	西北民族大学	校级
207	基于深度学习的藏汉跨语言实体链接方法研究	马伟	西北民族大学	校级
208	基于犹豫模糊软粗糙集的应急决策评估模型与方法	贺艳平	西北民族大学	校级
209	基于 Pythagorean 模糊多 I 方法的多属性决策问题研究	张海东	西北民族大学	校级
210	食品包装石蜡对大白鼠肠道屏障、微生物群和代谢的影响	扎西英派	西北民族大学	校级
211	基于铸牢中华民族共同体意识背景下的《江格尔》与《玛纳斯》共性之研究	齐玉花	西北民族大学	校级

续表

序号	项目名称	负责人	批准单位	项目级别
212	近代维吾尔文献《玉苏甫医书》语言研究	阿力木尼牙孜	西北民族大学	校级
213	语言类型学视域下汉语乌兹别克语动词的语法范畴对比研究	阿达来提	西北民族大学	校级
214	社会文化史视野下的近代西北官书局出版研究	甄芸	西北民族大学	校级
215	乡村振兴战略背景下我国中西部地区农村公共体育服务有效供给研究	丁向东	西北民族大学	校级
216	西北民族大学附属催眠中心（甘肃省催眠中心）	谢兴文	西北民族大学	校级
217	转谷氨酰胺酶2调控MDCK细胞粘附机制研究	刘振斌	西北民族大学	校级
218	自锚式悬索桥吊索不接长体系转换方案研究	路韡	西北民族大学	校级
219	隧道渗漏水病害的机理研究	石建勋	西北民族大学	校级
220	肾间质纤维化差异表达miRNA的筛选及分析	白静雅	西北民族大学	校级
221	放射性肠损伤基于microRNA介导炎症信号通路的新机制和药物防护研究	陆丽娜	西北民族大学	校级
222	DAPK1磷酸化Pin1在慢性肾脏病继发性甲状旁腺功能亢进发病机制中的探究	赵玉	西北民族大学	校级
223	基于网络药理学的复方紫草油治疗烧烫伤药效物质发现研究	李文婕	西北民族大学	校级
224	脑池造瘘术的解剖学研究	许世辉	西北民族大学	校级
225	基于“中医体质学说”探讨肥胖与骨质疏松的相关性及其血清蛋白分子标志物的筛选研究	李鼎鹏	西北民族大学	校级
226	慢病毒载体介导入LIGHT基因对小鼠胃癌腹膜转移及大网膜乳斑中CD4+T细胞亚群分化的影响	尚凡晶	西北民族大学	校级
227	慢性肾病患者尿液中肾脏纤维化生物标志物的研究	张帅	西北民族大学	校级
228	Ramadan对健康成人体成分和代谢指标的影响	魏栋	西北民族大学	校级
229	同种异体移植物ACL重建术后骨隧道扩大的机制及鲑鱼降钙素缓释凝胶的干预作用研究	尚小可	西北民族大学	校级
230	MR多模态定量技术评估阿尔茨海默病及早期认知障碍的相关研究	吴东波	西北民族大学	校级
231	GLP-1受体激动剂对肺癌细胞内质网应激PERK通路的影响	陈维煜	西北民族大学	校级
232	电子预警系统在医院急性肾损伤防治管理中的开发和应用研究	马莉	西北民族大学	校级
233	糖尿病肾病大鼠血清糖基化终末产物与肾脏病理及足细胞裂孔膜蛋白的相关性研究	俞澜	西北民族大学	校级
234	老年难治性BPPV患者应用SRM-Ⅳ系统诊疗效果分析	朱一鸣	西北民族大学	校级
235	宿主因子调控脑心肌炎病毒增殖的分子机制研究	李向茸	西北民族大学	校级
236	复合菌与辛伐他汀药物在动物体内降脂效果对比及其菌株降脂机理研究	吴慧昊	西北民族大学	校级
237	流感病毒载体新冠疫苗生产用MDCK细胞株的建立与评价	王家敏	西北民族大学	校级
238	尾菜饲料化利用新技术研发与已有技术集成示范	徐红伟	西北民族大学	校级

续表

序号	项目名称	负责人	批准单位	项目级别
239	木犀草素通过调控 SOCS3 抗猪沙门氏菌感染性肠炎的分子机制研究	张丽娟	西北民族大学	校级
240	基于多组学联合分析的甘草幼苗品质形成对盐处理响应机制的研究	柴薇薇	西北民族大学	校级
241	天水花椒籽黑色素的生物活性研究及其开发利用	卢利平	西北民族大学	校级
242	miRNAs 调控绵羊卵泡发育的作用机制研究	张涛杰	西北民族大学	校级
243	发酵牦牛乳酥油中风味性功能乳酸菌筛选及其代谢物的风味功能表征	刘泽文	西北民族大学	校级
244	西北地区饲用青干草营养价值评定及其育肥肉牛研究	李耀东	西北民族大学	校级
245	基于转录组和蛋白质组分析温度对金草鱼生长的分子调控机制	刘丽霞	西北民族大学	校级
246	固定化微生物材料对含油污水选择性高效降解的性能研究	张禹晗	西北民族大学	校级
247	自支撑的三维分级多孔碳复合相变储能材料的制备及其性能研究	王成君	西北民族大学	校级
248	麦秸秆基超疏水碳纳米材料的调控构建及其催化转氢性能研究	庞少峰	西北民族大学	校级
249	基于氧化碳布的柔性高灵敏表面增强拉曼散射（SERS）衬底研究	孟淑娟	西北民族大学	校级
250	天然产物 Darobactin 的全合成研究	方博文	西北民族大学	校级
251	超高色域 LED 背光显示用氟化物红色荧光粉的 绿色合成及性能优化	焦海燕	西北民族大学	校级
252	核壳结构 Cr-Zn@SiO2@MSAPO 催化剂的制备及协同催化生物质热解气合成低碳烯烃研究	金溢	西北民族大学	校级
253	埃洛石表面印迹材料固相萃取技术分离富集稀土元素应用研究	李振华	西北民族大学	校级
254	脲基改性的形状记忆型聚氨酯材料的制备与性能研究	苑沛霖	西北民族大学	校级
255	聚乙烯醇 / 海藻酸盐 /MXene 双网络导电水凝胶的设计、制备及其传感性能的研究	王婷婷	西北民族大学	校级
256	基于基因共表达网络的乳腺癌诊断和预后研究	郭凌	西北民族大学	校级
257	结合超分辨率重建的新型视频压缩编码技术研究	林宏伟	西北民族大学	校级
258	强化学习驱动的多能互补系统运行机制研究	杨晶显	西北民族大学	校级
259	Hammerstein 模型非线性系统的系统辨识	刘景璠	西北民族大学	校级
260	霍尔推力器性能优化数值仿真研究	杨乐	西北民族大学	校级
261	基于忆阻器的神经网络应用研究	刘明华	西北民族大学	校级
262	多跨下承式钢管混凝土系杆拱桥隔震研究	高忠虎	西北民族大学	校级
263	冻土环境下的桩基础承载力变化机理及控制策略研究	魏明强	西北民族大学	校级
264	弱电网中新能源电场谐波谐振研究	王凯	西北民族大学	校级
265	基于卷积神经网络的小样本虹膜识别技术研究	周丽君	西北民族大学	校级

续表

序号	项目名称	负责人	批准单位	项目级别
266	N- 复形的导出范畴与粘合	卢博	西北民族大学	校级
267	面向舆情分析的藏文情感资源库构建研究	江涛	西北民族大学	校级
268	基于链环模型的 DNA 多面体自组装机理研究	邓涛	西北民族大学	校级
269	基于知识图谱的高校学生档案信息检索与挖掘技术研究	江静	西北民族大学	校级
270	“丝绸之路”甘肃段传统民居建筑木雕的数字化保护与传承研究	张志腾	西北民族大学	校级
271	基于音节的藏文文本分类算法研究	孟祥和	西北民族大学	校级
272	基于时空图卷积网络的城市道路交通流量预测	肖雯娟	西北民族大学	校级
273	高维分数阶扩散方程的周期解和 S- 渐近周期解	慕嘉	西北民族大学	校级
274	基于深度学习的唐卡领域实体关系抽取研究	郭晓然	西北民族大学	校级
275	河西走廊盐业资料的整理与研究	李慧冬	西北民族大学	校级
276	敦煌《天地八阳神咒经》藏译本整理及汉藏文本比较研究	周太才让	西北民族大学	校级
277	多维学习空间下大学生学习投入分析评价与干预策略研究	王妍莉	西北民族大学	校级
278	中华民族传统文化的校园传承与实践探索	朝露蒙	西北民族大学	校级
279	西北地区流动与留守儿童心理与社会适应的影响因素及干预对策研究	马春花	西北民族大学	校级
280	甘肃地域少数民族文化融入文创产品的创新设计方法研究	王茜	西北民族大学	校级
281	纪实影像对国家形象传播与建构研究	王玉	西北民族大学	校级
282	建党百年背景下红色中国小提琴作品的传承与发展	常磊	西北民族大学	校级
283	黄河文化中鼓舞形态与发展保护研究	贾云丽	西北民族大学	校级
284	敦煌石窟图像舞蹈的实践专题研究	黎明东	西北民族大学	校级
285	敦煌壁画“活着的色经”：敦煌色彩图文研究与文化产品管理	刘舒雯	西北民族大学	校级
286	丝绸之路中的哈萨克族民间舞“熊舞”的传承与发展研究	穆巴拉克·阿孜古丽	西北民族大学	校级
287	非物质文化遗产题材纪录片研究	唐仲娟	西北民族大学	校级
288	丝路旅游文创产品设计研究	蒲佳	西北民族大学	校级
289	地域视角下的兰州文化旅游发展研究	于洁	西北民族大学	校级
290	图瓦民歌的整理及呼麦相关名著翻译出版	巴图欧其尔·吾再	西北民族大学	校级
291	藏蒙辞书编纂特征研究	刘相措	西北民族大学	校级
292	《申报》广告视野下早期电影观念研究	龙艳	西北民族大学	校级
293	石渠藏语形态句法的共时类型研究	青措	西北民族大学	校级
294	中国化马克思主义经典著作的维吾尔语翻译研究	马依丝古丽·乌苏音	西北民族大学	校级

续表

序号	项目名称	负责人	批准单位	项目级别
295	考古文博专业本科教学成效研究——对本科学位论文所进行的考察	高科冕	西北民族大学	校级
296	铸牢中华民族共同体意识视野下“土尔扈特东归”地方文献资源整理与研究	高娃	西北民族大学	校级
297	巴克特里亚史研究	焦景丹	西北民族大学	校级
298	五行学说对藏族传统文化的影响及其现代价值研究	娘毛加	西北民族大学	校级
299	基于思政课铸魂育人战略的高校图书馆服务路径研究	石丽丽	西北民族大学	校级
300	商周时期方彝的整理与研究	吴伟	西北民族大学	校级
301	西部民族地区高校智慧档案馆建设背景下档案信息资源开发利用方略研究	徐洁	西北民族大学	校级
302	唐蕃文化交流视域下的敦煌藏文写本《贤愚经》研究	卓麻扎西	西北民族大学	校级
303	全面乡村振兴背景下农村学校综合质量评价体系的构建与应用研究	朱万侠	西北民族大学	校级
304	信息技术助力学评融合的过程性评价模式有效性研究	李伟	西北民族大学	校级
305	《民法典》时代我国泛资源税制的 成效、问题及体系完善研究	孙阿凡	西北民族大学	校级
306	我国高科技上市公司基于知识优势的竞争优势研究	燕捷	西北民族大学	校级
307	民族地区乡村教师专业发展多元促进机制研究	马永峰	西北民族大学	校级
308	复杂性思维视域下乒乓球运动员竞技能力系统研究	朱惠平	西北民族大学	校级
309	后疫情时代在线教育影响因素研究	祁芸	西北民族大学	校级
310	屠宰畜禽废弃血液资源转化为含氨基酸水溶肥的研究	张福梅	西北民族大学	校级
311	绵羊育肥及其脂肪受体的表达研究	张德荣	西北民族大学	校级
312	西北地区高原夏菜主要害虫雌激素相关受体及配体小分子的研究	欧阳霞辉	西北民族大学	校级
313	甘肃临夏自治州农村中小学科普教育与资源配置现状调查与研究	李小勇	西北民族大学	校级
314	应用甘草和乳酸菌联合添加防止霉变饲料对肉鸡生产性能和健康的损害	张国华	西北民族大学	校级
315	甘肃省农村电商发展现状与民营农产品电商企业网络营销策略研究	徐菁	西北民族大学	校级
316	甘肃民歌素材古筝作品创作在偏远地区文化产业帮扶中的应用	徐敏	西北民族大学	校级
317	智慧消防——数据分析及智能决策方法研究	那孜古力·斯拉木	西北民族大学	校级
318	兰州牛肉面产业发展大数据分析研究	何向真	西北民族大学	校级
319	甘肃牧区传统发酵乳中微生物群落结构解析及其 对风味物质的贡献机制	丁波	西北民族大学	校级
320	黄河兰州段水体中大环内酯类抗生素的残余处理研究	雒晓芳	西北民族大学	校级
321	黄河上游太子山国家级自然保护区植物资源调查与保护策略研究	郭鹏辉	西北民族大学	校级

续表

序号	项目名称	负责人	批准单位	项目级别
322	甘肃太子山国家级自然保护区野生动物资源调查与保护对策研究	蔡勇	西北民族大学	校级
323	多功能环境修复材料的设计制备及其在受污河水治理中的应用研究	哈斯其美格	西北民族大学	校级
324	基于深度学习的唐卡壁画的数字化保护和艺术化创作	王念一	西北民族大学	校级
325	河西走廊音乐文化研究	李凤莲	西北民族大学	校级
326	“一带一路”视域下的甘肃艺术旅游资源研究与开发	张璐	西北民族大学	校级
327	腾格里沙漠荒漠沙蜥繁殖特征的遗传基础及其保护遗传学研究	李铀	西北民族大学	校级
328	“一带一路”沿线中国境内哈萨克语语音和谐研究	辛瑞青	西北民族大学	校级
329	“一带一路”沿线甘肃红色基地数字博物馆的设计与开发	陈心蕊	西北民族大学	校级
330	“一带一路”视野下的敦煌舞蹈活态保护研究	李琦	西北民族大学	校级
331	蒙古历史文献中的训谕诗整理与多民族交流交往交融研究	娜日苏	西北民族大学	校级
332	“一带一路”跨文化传播中我国媒体的话语建构研究	范文德	西北民族大学	校级
333	“一带一路“视野下的中国西藏与南亚文化交流史研究	看本加	西北民族大学	校级
334	中国“三大史诗”数字化保护与活态传承	王木	西北民族大学	校级
335	非遗美术资源在铸牢中华民族共同意识教育中的探索研究	徐恒	西北民族大学	校级
336	西北民族地区抗战中的中华民族意识和国家认同研究	丁晓东	西北民族大学	校级
337	中华民族共同体视角下民族社会工作的专业价值观研究	董喜霞	西北民族大学	校级
338	铸牢中华民族共同体意识，美育育人实践探索研究	马润春	西北民族大学	校级
339	少数民族电影与中华民族共同体意识研究	王艳	西北民族大学	校级
340	当代新疆文学多民族和谐之美研究	陈一军	西北民族大学	校级
341	高校学生思想政治教育工作的创兴性实践探索——以高校学生工作室思政教育实践为例	艾尔肯依明	西北民族大学	校级
342	铸牢中华民族共同体意识教育方法及路径研究	刁彦	西北民族大学	校级
343	铸牢中华民族共同体意识视阈下的西北城市民族互嵌式社区治理研究	刘凡	西北民族大学	校级
344	甘肃太子山国家级自然保护区水资源现状调查及保护对策研究	李海玲	西北民族大学	校级
345	甘肃太子山国家级自然保护区环境污染现状调查及保护对策	刘娟丽	西北民族大学	校级
346	生态文学视角下甘肃太子山地区文化旅游发展研究	段小强	西北民族大学	校级
347	书同文、语同音，铸牢中华民族共同体意识——民族地区推广国家语言文字对策研究	王燕凤	西北民族大学	校级

学生管理工作

邓光玉同志在西北民族大学“两优一先”表彰大会上的讲话

（2021年6月29日）

在中国共产党成立100周年之际，我们在这里隆重集会，学习贯彻习近平总书记在“七一勋章”颁授仪式上的重要讲话精神，向“光荣在党50年”的学校老同志颁发纪念章，表彰优秀共产党员、优秀党务工作者和先进基层党组织，激励广大党员干部进一步振奋精神、创先争优，凝心聚力奋进百年新征程。首先，我代表学校党委，向全校广大共产党员致以节日的问候！向光荣在党50年的老党员和受到表彰的先进集体、优秀个人致以崇高的敬意！向为学校发展付出辛勤劳动的广大师生员工表示诚挚的感谢！

胸怀千秋伟业，恰是百年风华。中国共产党自1921年诞生以来，走过了一百年的光辉历程。一百年来，从石库门到天安门，从兴业路到复兴路，我们党始终牢记为中国人民谋幸福、为中华民族谋复兴的初心使命，从挫折中奋起，在探索中前行，于变局中开新局，历经了新民主主义革命、社会主义建设和改革开放的洗礼，开创了建设中国特色社会主义的历史伟业。特别是党的十八大以来，在以习近平同志为核心的党中央坚强领导下，党和国家事业发生历史性变革、取得历史性成就，中国特色社会主义进入新时代。一百年来，我们党把马克思主义同中国实际相结合，探索救国图强真理，将一个贫穷落后的人口大国，建设成为世界第二大经济体的新兴强国，团结带领全国各族人民，战胜各种艰难险阻，实现了中华民族从站起来、富起来、到强起来的伟大飞跃，取得了“当惊世界殊”的决定性成就，谱写了五千年中华文明史上最气壮山河、最威武雄壮的绚丽篇章，中华民族和中国特色社会主义道路展现出无比光明的前景。

西北民族大学孕育于延安民族学院，起步于西北人民革命大学，是新中国成立后我们党创建的第一所民族高等学府，有着与生俱来的红色基因和革命传统。早在1950年5月革大三部时期，学校就成立了以张养吾同志为支部书记的党的组织，拥有党员23人。回望来时路，学校发展走过的每一步都离不开党的坚强领导。新民主主义阶段向社会主义过渡时期，在党中央和周恩来、彭德怀、习仲勋等老一辈无产阶级革命家的亲切关怀下，学校正式定址黄河岸边、皋兰山下，正式开启了培养各民族优秀人才的办学历程。改革开放后，学校浴火重生，成为首批硕士学位授权单位，办学规模、办学水平、办学层次、办学条件发生了巨大变化。进入新世纪，学校更名西北民族大学，增列博士学位授权单位，榆中校区投入使用。党的十八大以来，学校围绕立德树人根本任务，以铸牢中华民族共同体意识为主线，不断加强党的建设和思想政治工作，深入推进教育综合改革，办学特色更加鲜明，教育现代化水平显著提升，成为委部共建和委省共建高校，正朝着现代化高水平大学建设目标大步迈进。学校发展取得的成就，是党的事业在民族高等教育领域成功实践的生动缩影，所有亲历者都有理由为之喜悦和自豪。71年办学实践雄辩地证明，加强党的全面领导是做好学校一切工作的根本保证。我们必须牢牢把握党对学校工作的领导权，始终坚持马克思主义指导地位，把思想政治工作贯穿学校教育管理全过程，使学校成为坚持党的领导的坚强阵地。

同志们、同学们！

党的历史是最生动、最有说服力的教科书。我们党的一百年，是矢志践行初心使命的一百年，是筚路蓝缕奠基立业的一百年，是创造辉煌开辟未来的一百年。回望过往的奋斗路，眺望前方的奋进路，必须把党的历史学习好、总结好，把党的宝贵经验传承好、发扬好，铭记奋斗历程，担当历史使命，从党的奋斗历史中汲取前进力量。

——面向新的百年征程，要始终保持对马克思主义的崇高信仰、对中国特色社会主义的如磐信念、对实现中华民族伟大复兴中国梦的坚定信心，一心一意听党话、跟党走。

回顾历史，在中华民族积贫积弱、任人宰割的时期，各种主义和思潮都进行过尝试，资本主义道路没有走通，各种主义“你方唱罢我登场”，但都没能解决中国的前途和命运问题。马克思就曾预言：“旧中国死亡的时刻正在迫近，中华民族将以崭新的面貌屹立于东方。”自从有了中国共产党，这种局面开始发生根本性转变。星星之火，可以燎原。中国共产党的成立，标志着中国人民从此有了坚强的“主心骨”和指导事业发展的正确理论，开始踏上争取民族独立、自身解放的光明道路，开启了实现国家富强、人民富裕的历史征程。历史已经并将继续证明，只有社会主义才能救中国，只有中国特色社会主义才能发展中国，只有坚持和发展中国特色社会主义才能实现中华民族伟大复兴。

方向决定前途，道路决定命运。习近平总书记深刻指出，信仰、信念、信心，任何时候都至关重要。无论过去、现在还是将来，对马克思主义的信仰，对中国特色社会主义的信念，对实现中华民族伟大复兴中国梦的信心，都是指引和支撑中国人民站起来、富起来、强起来的强大精神力量。我们现在所处的，是一个船到中流浪更急、人到半山路更陡的时候，是一个愈进愈难、愈进愈险而又不进则退、非进不可的时候。越是如此，中国共产党人越要坚定实现中华民族伟大复兴的必胜信心，以永不懈怠的精神状态、一往无前的奋斗姿态，努力创造属于我们这一代人、无愧新时代的历史功绩。不论是在教学管理工作岗位上，还是在敦品励学的求知路上，都要始终坚持科学理论指导，从党的百年奋斗史中感悟真理的力量，筑牢信仰之基，补足精神之钙，把稳思想之舵，自觉在政治立场、政治方向、政治原则、政治道路上同以习近平同志为核心的党中央保持高度一致，不断增强“四个意识”、坚定“四个自信”、做到“两个维护”。广大党员要把自身的命运同民族的命运紧密联系在一起，树立共产主义远大理想和中国特色社会主义共同理想，始终保持清醒坚定，树立正确的历史观、民族观、国家观、文化观，始终听党话、跟党走，自觉肩负起民族复兴的时代重托。

——面向新的百年征程，要坚持党对学校工作的全面领导，以党的政治建设为统领，把政治标准和政治要求贯穿党的各项建设，推进全面从严治党，为学校各项事业高质量发展提供坚强保障。

党政军民学，东西南北中，党是领导一切的。早在1937年的陕北公学时期，我们党就坚持“教育为持久抗战服务，为党的政治路线服务”的正确方针，并开创性地实施了党团领导下的校长负责制。坚持党对高校的全面领导是中国共产党在长期的革命斗争和发展实践中探索和积累起来的宝贵经验。事实证明，无论在什么时期，只有坚持贯彻党对教育事业的全面领导，不断加强学校党的建设，教育事业才会实现顺利发展。

习近平总书记指出，办好中国的事，关键在党。可以说，党的领导是民族大学与生俱来的基因，政治立校是民族大学的立身之本。要擦亮民大鲜亮政治底色，把党的领导贯穿办学治校、教书育人全过程，以政治建设为统领，把政治标准和政治要求贯穿于学校党的建设各方面，把政治指标作为衡量全校各级党组织履行主体责任和党建工作质量的硬指标，不断完善党对学校全面领导的制度体系。党的全部力量来自组织。学校各级党组织要把抓好党建工作作为办学治校基本功，提高政治领导力和思想引领力，把党的教育方针全面贯彻到学校工作各方面。要充分发挥基层党组织作用，使基层党组织成为师生最贴心、最信赖的组织依靠，教育引导每一位教师员工、每一名学生坚守民族大学姓“党”、姓“马”、姓“社”的信念，发挥好基层党组织战斗堡垒作用。党员是党的战斗力的基础。广大党员要高举马克思主义伟大旗帜，以开展党史学习教育为重要契机，明理增信、崇德力行，不断增强政治判断力、政治领悟力、政治执行力，切实增强做到“两个维护”的思想自觉、政治自觉和行动自觉。

——面向新的百年征程，要全面贯彻党的教育方针，坚持社会主义办学方向，坚持不懈传播马克思主义科学理论，培养德智体美劳全面发展的社会主义建设者和接班人。

党领导高等教育的百年历史，就是一部立德树人理论和实践不断深化的历史。早在延安时期，毛泽东同志就已经意识到要将德育置于青年培养的首位。1957年，社会主义改造刚刚完成，毛泽东同志指出：“我们的教育方针，应该使受教育者在德育、智育、体育几方面都得到发展，成为有社会主义觉悟的有文化的劳动者。”党的十八大以来，教育事业中国特色更加鲜明，教育现代化加速推进，教育方面人民群众获得感明显增强，14亿多中国人民的思想道德素质和科学文化素质全面提升。这一系列历史性成就和变革的取得，得益于以习近平同志为核心的党中央高度重视培养社会主义建设者和接班人，得益于坚持社会主义办学方向，得益于坚持立德树人根本任务。

我们要坚持把立德树人作为中心环节，落实社会主义大学“四个服务”的办学方向，用习近平新时代中国特色社会主义思想铸魂育人，聚焦“六个下功夫”，把立德树人的成效作为检验学校一切工作的根本标准，把教学质量作为学校的生命线，尊重教育规律，建设更全面的教育体系、更高水平的人才培养体系、更科学的评价体系、更有力的保障体系。要将百年党史全方位融入思政育人大课堂，坚持不懈传播党的创新理论，强化思想理论教育和价值引领，持续推进习近平新时代中国特色社会主义思想进教材进课堂进头脑，弘扬社会主义核心价值观，传承创新中华优秀传统文化，教育引导广大师生用党在百年奋斗中形成的伟大精神滋养自己、激励自己。要坚持和加强党对学校意识形态工作的全面领导，从师生身心特点和思想实际出发，丰富宣传教育载体平台，坚持在真学真懂真信真用上下功夫，旗帜鲜明反对和抵制各种错误思潮，廓清迷雾、正本清源，使各族师生在理想信念、价值理念、道德观念上紧紧团结在一起，把青年学生培养成为又红又专、全面发展的高素质人才。

——面向新的百年征程，要深化对党创办民族高等教育初心使命的认识和理解，坚持铸牢中华民族共同体意识主线，不断改革创新，办人民满意的民族高等教育。

民族院校兼具教育工作和民族工作的双重属性，从我们党创办延安民族学院起，民族院校就致力于落实党的民族政策，致力于培养各民族优秀人才，致力于中华民族的大团结大发展大繁荣，把服务中华民族伟大复兴作为永远不变的初心使命，培养和造就了一大批坚定跟党走的各民族干部和人才，为党和国家事业作出了独特贡献。时代是思想之母。进入新时代，习近平总书记作出铸牢中华民族共同体意识这一原创性重大论断，成为新时代民族工作的鲜明主线。这也是立足对党的民族理论政策的创新发展，对民族高等教育内涵的进一步深化，对我们办学使命的进一步明确。我们必须坚持以人民为中心的发展思想，以“初心使命”答“时代之问”，把铸牢中华民族共同体意识作为衡量教育成效的根本标尺，奋力书写好新时代铸牢中华民族共同体意识的民大答卷。

我们要与时俱进，勇于创新，把铸牢中华民族共同体意识作为办学方向的重要体现，作为教育的核心工作，作为改革发展的正确方向，在突出工作主线中育先机开新局，逐步进行革命性重塑性调整，推进转型发展、创新发展、高质量发展，确保学校始终有魂，始终跟上时代。要把维护民族团结作为神圣职责，深入开展铸牢中华民族共同体意识教育，用好红色资源、赓续红色血脉，在增进“五个认同”上下功夫，在培养国家意识、公民意识、法治意识上下功夫，在创新方式载体促进各民族师生交往交流交融上下功夫，努力培养牢固树立中华民族共同体意识的合格人才。要按照建设铸牢中华民族共同体意识人才培养基地、理论创新基地、智力支撑基地的要求，加快传统优势特色学科聚焦主线转型升级，加强理、工、农、医类专业布局发展，加大新文科、新工科、新农科、新医科建设推进力度，积极培育重大成果和精品力作产出，以现代化高水平大学建设成效更好服务各民族共同走向现代化，办人民满意的民族高等教育。

同志们、同学们！

青年兴则国家兴，青年强则国家强。不断培养一代又一代社会主义建设者和接班人，是教育工作的根本任务，也是教育现代化的方向目标。今天上午，“七一勋章”颁授仪式隆重举行，教育工作者的杰出楷模张桂梅同志被授予这一党内最高荣誉，在发言时她说：“只要我还有一口气，我就要站在讲台上，倾尽全力，奉献所有，九死亦无悔。”我们要以张桂梅同志为榜样，牢记为党育人、为国育才初心使命，“捧着一颗心来，不带走半根草去”，以仁爱之心滋润学生心田，培育学生成才，用无愧于时代的行动诠释人民教师的光荣称号。

习近平总书记寄语青年，要肩负历史使命，坚定前进信心，立大志、明大德、成大才、担大任，努力成为堪当民族复兴重任的时代新人，让青春在为祖国、为民族、为人民、为人类的不懈奋斗中绽放绚丽之花。希望同学们牢记教诲、不负嘱托，脚踏实地、仰望星空，努力成长为中华民族的参天大树，以昂扬的姿态接过历史的接力棒，为实现中华民族伟大复兴的中国梦贡献青春力量。

同志们、同学们！

习近平总书记在“七一勋章”颁授仪式上的重要讲话指出：“越是伟大的事业，越是充满挑战，越需要知重负重。全党同志都要保持‘越是艰险越向前’的英勇气概，保持‘敢教日月换新天’的昂扬斗志，埋头苦干、攻坚克难，努力创造无愧于党，无愧于人民，无愧于时代的业绩。”

雄关漫道真如铁，而今迈步从头越。让我们从中国共产党百年历史中汲取继续前进的智慧和力量，更加紧密地团结在以习近平同志为核心的党中央周围，更加自觉地坚持党的领导和中国特色社会主义，增强“四个意识”，坚定“四个自信”，做到“两个维护”，不忘初心、牢记使命，为新时代坚持和发展中国特色社会主义、实现中华民族伟大复兴贡献西北民大力量！

中共西北民族大学委员会学生管理工作方案

为深入学习习近平新时代中国特色社会主义思想，认真贯彻全国教育大会、中央民族工作会议精神，落实委领导指示要求，切实加强和改进学校学生管理工作，努力培养担当民族复兴大任的时代新人，制定本方案。

一、指导思想

坚持以习近平新时代中国特色社会主义思想为指导，全面贯彻党的教育方针，坚持社会主义办学方向，深入落实全国高校思想政治工作会议、中央民族工作会议精神，以立德树人为根本，以理想信念教育为核心，以铸牢中华民族共同体意识为主线，不断完善全员、全程、全方位育人机制，全面提升学生管理和思想政治工作质量。

二、工作目标

围绕立德树人根本任务，以辅导员和班主任队伍建设为抓手，把铸牢中华民族共同体意识和“五观”教育、“三个离不开”思想融入学生思想道德教育、日常行为管理、文化知识学习、社会实践教育各环节，努力构建目标明确、内容完善、运行科学、保障有力、成效显著的学生管理和思想政治工作体系，培养德智体美劳全面发展的社会主义建设者和接班人。

三、具体措施

（一）坚持党的领导，做好青年学生思想引领

1. 开展“国旗天天升　国歌天天唱”活动。在全校范围内，以学院（部）、研究院为单位，每天早晨8：00，在两校区同时举行升国旗、唱国歌仪式，深化爱国主义教育，坚定理想信念，增强“五个认同”，铸牢中华民族共同体意识。各教学单位要结合实际、突出特色，确保活动取得实效。

责任领导：李辉

责任单位：学生工作部（处）、团委，各学院（部）、研究院

工作时限：长期坚持

2. 进一步发挥党校、团校培训、青年马克思主义者培养工程、“三会两制一课”团的组织生活、专题学习教育培训作用，及时跟进学习党中央重大决策部署，用先进的思想和理论武装青年学生头脑。

责任领导：李辉

责任单位：学生工作部（处）、团委，各学院（部）、研究院

工作时限：长期坚持

3. 把握国庆、校庆、中华民族传统节日等重要时间节点以及开学典礼、毕业典礼等重要仪式，开展爱国主义教育；利用“一院一节一特色”“一校一品”等品牌活动，探索创新思政教育形式，引导广大青年学生汲取精神滋养，坚定理想信念，厚植爱国主义情怀，站稳人民立场，维护国家统一，投身强国伟业。

责任领导：李辉

责任单位：学生工作部（处）、团委，各学院（部）、研究院

工作时限：长期坚持

4. 坚持多民族学生跨学院、跨年级、跨专业组建团队开展社会实践活动，鼓励各民族学生去基层一线经受锻炼、发挥才能；以亲身经历和切身感受不断增进对伟大祖国、中华民族、中华文化、中国共产党、中国特色社会主义的认同，为铸牢中华民族共同体意识奠定坚实基础。

责任领导：李辉

责任单位：学生工作部（处）、团委，各学院（部）、研究院

工作时限：长期坚持

（二）完善制度建设，厘清工作职责

5. 根据教育部《普通高等学校辅导员队伍建设规定》（教育部第43号令），结合学校实际，修订完善《西北民族大学辅导员队伍建设实施细则》《西北民族大学班主任管理考核办法》，进一步厘清辅导员、班主任工作职责，明确工作任务；严格辅导员、班主任工作考核，把工作业绩、育人效果和学生满意度作为考核重点，设定量化指标，实现客观评价。

责任领导：李辉

责任单位：学生工作部（处）、团委、组织人事部

工作时限：2021年12月完成

6. 在保证专职辅导员1:200的师生比要求的基础上，由原来的横向带班改为纵向带班，直接面向学生开展工作，全面覆盖辅导员九项工作职责；明确班主任工作重点，主要抓好学生思想教育、学风建设、学业帮扶和就业工作，协助辅导员做好学生奖勤助贷补以及日常管理工作。

责任领导：李辉

责任单位：学生工作部（处）、团委，各学院（部）、研究院

工作时限：长期坚持

7. 继续加强辅导员工作室建设，鼓励辅导员紧扣立德树人根本任务，以增强“五个认同”，铸牢

中华民族共同体意识，服务学生成长成才为目标，针对大学生思想政治教育工作中的热点、难点，积极开展案例收集、慕课录制、理论宣讲、调查研究、青年学党史讲党史等系列活动，使之成为创新育人理念方法的高地、孵化精品育人项目的平台、研究思想政治教育的智囊团、辅导员队伍专业化发展的示范基地。

责任领导：李辉

责任单位：学生工作部（处）、团委

工作时限：长期坚持

（三）加强学生日常管理，实现全过程全方位的监督管理

8. 加大学工一体化平台使用力度，做好学生全要素信息收集，建立包括学生学籍信息、家庭成员信息、健康情况、持出国（境）证照情况、奖惩情况、家庭住址信息等学生及家庭成员全要素信息档案。

责任领导：李辉

责任单位：学生工作部（处）、团委，各学院（部）、研究院

工作时限：长期坚持

9. 进一步加强学生日常行为管理，严格请销假管理，返校、离校登记，晚归、夜不归宿排查，掌握学生行为轨迹，对出现晚归夜不归宿、请假逾期未归等行为，及时进行预警，确保学生安全。

责任领导：李辉

责任单位：学生工作部（处）、团委，各学院（部）、研究院

工作时限：长期坚持

10. 完善家校协同育人机制。通过家校互动平台，及时向学生家长推送学生离校、返校情况，在校获得荣誉、处分、资助情况以及在校学业和日常表现，实现和家长的必要信息沟通，达到家校联动、协调育人的目的。

责任领导：李辉

责任单位：学生工作部（处）、团委，各学院（部）、研究院

工作时限：长期坚持

11. 进一步完善班会制度，将维护国家统一、民族团结，铸牢中华民族共同体意识，社会主义核心价值观等内容有机融入主题班会内容，注重主题班会设计，丰富班会形式，注重班会实效，将班会召开情况作为辅导员、班主任考核重要依据。

责任领导：李辉

责任单位：学生工作部（处）、团委，各学院（部）、研究院

工作时限：长期坚持

（四）重视国家安全观教育，筑牢安全防线

12. 将《刑法》《国家安全法》《反恐怖主义法》《反间谍法》《治安管理处罚法》以及国安、反邪教等法律法规纳入全程化教育，坚决抵御“三股势力”对学校的渗透破坏，确保校园安全稳定。

责任领导：李辉

责任单位：学生工作部（处）、团委、保卫处、各学院（部）、研究院

工作时限：长期坚持

13. 重视在学生入校、离校、节假日、寒暑假、实习期和敏感节点开展专题教育，明确责任要求，加强监督管理，将学生安全教育工作落实到位。

责任领导：李辉

责任单位：学生工作部（处）、团委，各学院（部）、研究院

工作时限：长期坚持

14. 各单位定期召开学生安全管理专题党政联席会议，及时掌握学生思想动态、分析研判不稳定因素，总结各类违纪违规行为易发多发的规律，制定针对性措施，开展专项整治工作。

责任领导：李辉

责任单位：学生工作部（处）、团委，各学院（部）、研究院

工作时限：长期坚持

（五）严格宿舍管理，推进公寓育人

15. 坚持不同民族、不同地域嵌入式混合住宿，为各民族学生搭建起交往交流交融的桥梁，促进各民族学生相互欣赏、相互尊重、相互包容，在建立深厚的感情的同时，真正感受什么是“三个离不开”，切实加强“五观”“五个认同”教育，铸牢中华民族共同体意识。

责任领导：李辉

责任单位：学生工作部（处）、团委，各学院（部）、研究院

工作时限：长期坚持

16. 狠抓宿舍基础文明建设和文明宿舍创建工作，各学院（部）、研究院党政领导、辅导员、班主任、宿舍管理人员采取定期检查和不定期抽查的方式深入学生公寓，掌握学生思想动态，及时发现、防范和化解安全、卫生、意识形态等方面存在的隐患和风险。

责任领导：李辉

责任单位：学生工作部（处）、团委，各学院（部）、研究院

工作时限：长期坚持

17. 加强公寓文化建设，通过卫生环境整治、学生网格化管理服务、公寓文化节、文明宿舍创建、文明宿舍评比表彰等活动，努力营造良好的公寓育人氛围，将公寓建设成为“五育”并举、全员育

人、促进“三交”、铸牢中华民族共同体意识的坚强阵地。

责任领导：李辉

责任单位：学生工作部（处）、团委，各学院（部）、研究院

工作时限：长期坚持

（六）注重协同发力，解除学生后顾之忧

18. 高度关注和化解学生心理健康问题。完善“六层面”“五方位”“四环节”“三全面”“两结合”“一条心”的心理健康教育特色育人工作体系，定期为辅导员、班主任、公寓管理员和班级心理委员开展专业培训，强化心理健康教育服务意识理念，提升心理健康教育队伍识别、干预心理危机的水平和能力。

责任领导：李辉

责任单位：学生工作部（处）、团委，各学院（部）、研究院

工作时限：长期坚持

19. 将资助育人作为新时代大学生思想政治工作的重要组成部分和一体化育人体系的重要环节扎实推进。充分发挥国家奖助政策的育人功能，不断创新资助育人途径、创新资助理念，对家庭经济困难学生从帮困助学逐步转变为帮助其心理解困和能力提升，逐步实现学校科学规范的资助育人目标。

责任领导：李辉

责任单位：学生工作部（处）、团委，各学院（部）、研究院

工作时限：长期坚持

20. 切实提高政治站位，按照“六保”“六稳”要求，统一思想，完善就业工作制度，建设就业指导服务体系，充分利用新媒体抓好“互联网 + 就业”工作。对重点群体学生开展“一对一”咨询指导，制定“一生一策”帮扶方案，切实提高就业率。

责任领导：李辉

责任单位：学生工作部（处）、团委，各学院（部）、研究院

工作时限：长期坚持

四、工作要求

（一）提高政治站位，统一思想认识

要不折不扣贯彻落实习近平总书记关于加强和改进民族工作的重要思想、关于教育、关于高校思政教育的重要指示批示，围绕铸牢中华民族共同体意识这条主线，落实立德树人根本任务，深刻把握“培养什么人、怎样培养人、为谁培养人”这一根本问题，站在为党育人、为国育才和培养德智体美劳全面发展的社会主义合格建设者和可靠接班人的高度，坚定不移抓好学生管理工作，提升思想政治

工作能力和水平。

（二）树立大局意识，做好协同配合

全校上下要立足新发展阶段、贯彻新发展理念、融入新发展格局，推进高质量发展，充分认识学生管理和思想政治教育工作的重要性、艰巨性和长期性，树立“一盘棋”思想，强化大局意识，主动融入“大思政”教育体系，破除本位主义思想，充分激发和调动各单位教职员工参与学生管理和思想政治教育工作的积极性、主动性，凝心聚力、协同联动，集中力量破解问题难题、加快改革创新，做到同心同向，不断完善“三全育人”体系。

（三）层层压实责任，强化监督检查

严格落实主体责任，各学院（部）、研究院党政主要负责同志落实领导责任，分管领导落实直接责任。党委书记是思想政治工作第一责任人，院长（学部主任）和其他班子成员履行“党政同责、一岗双责”，其他工作人员各司其职、主动配合。要把监督挺在前面，以严实标准对学生管理不力、工作落实不及时、问题整改不到位的单位，以及不作为、乱作为、慢作为的人员严肃追责问责。

西北民族大学学生“一日生活规范化”实施方案

为进一步加强学风校风建设，落实落细立德树人根本任务，根据《国家民委关于进一步加强直属高校学生工作的指导意见》，切实推动以学生为中心、以学生为本，全面加强学生工作，实施学生“一日生活规范化”，制定本实施方案。

一、指导思想

坚持以习近平新时代中国特色社会主义思想为指导，全面贯彻《深化新时代教育评价改革总体方案》精神，坚持立德树人根本任务，落实国家民委关于进一步加强学生工作有关要求，弘扬社会主义核心价值观，以服务学生全面发展、增强综合素质为目标，从巩固和扩大党执政的青年群众基础的战略高度，加强对学生的思想引领，强化爱国主义教育，铸牢中华民族共同体意识，推动文化学习和体育锻炼协调发展，引导学生养成良好的学习生活习惯。

二、具体措施

（一）全面开展早操晨练，提高学生身心素质

坚持“健康第一”的教育理念，推动青年文化学习和体育锻炼协调发展，全面提升学生运动能力和体质健康水平，让学生在体育锻炼中享受乐趣、增强体质、健全人格、锤炼意志，促进学生身心健康发展，营造学生健康成长的良好育人环境。

1. 时间安排

周一至周五 6：30—7：50

2. 组织形式

早操晨练活动按照形式多样、内容丰富、灵活适宜的原则，在规定时间开展，国家法定节假日、特殊天气除外，锻炼时间每天不少于 30 分钟。各学院（部）可组织开展晨跑、广播操、球类运动、拔河、跳绳、毽球等简便易行的体育活动，努力形成“一院一品”的学生早操晨练工作局面。

一年级学生以学院（部）为单位周一至周五 7：40 在校园固定室外场地做第十套广播体操，广播体操前以班级为单位开展体育锻炼；二、三年级学生根据个人体育特长或者爱好，由所在学院（部）以班级为单位组织开展体育锻炼；研究生和毕业年级学生视条件参加早操晨练。

责任单位：学生工作部（处）、团委，宣传部，各学院（部）、研究院

（二）持续深化爱国主义教育，每天升挂国旗

为贯彻落实《中华人民共和国国旗法》和《新时代爱国主义教育实施纲要》，进一步发挥升国旗仪式在大学生思想政治教育中的重要作用，通过举行“国旗天天升、国歌天天唱”仪式，把升国旗作为学校开展爱国主义教育和集体主义教育的重要手段，激励和引导广大青年学生大力弘扬爱国主义精神，坚定理想信念，增强“五个认同”，进一步铸牢中华民族共同体意识。

1. 时间安排

周一至周五 8：00

2. 组织形式

根据《中华人民共和国国旗法》第五条“学校除寒假、暑假和休息日外，应当每日升挂国旗”，第十四条“学校除假期外，每周举行一次升旗仪式”的规定。开学第一天，国庆节等重大节日以及重大庆祝、纪念活动和每周一（法定节假日除外），由学生工作部（处）、团委组织实施升国旗仪式，全校师生共同参与；每周二至周五，由各学院（部）组织升挂国旗。每天早上 8：00 国歌响起时，校园内所有学生原地肃立，面向国旗升起方向行注目礼。

责任单位：学生工作部（处）、团委，宣传部，各学院（部）、研究院

（三）强化晚自习要求，促进优良学风建设

为引导学生养成良好的学习、生活习惯，保证学习时间，提高学习效果，促进优良学风建设，营造勤学上进、比学赶超、创先争优的浓厚学习氛围，自 2021 年秋季学期开学实行晚自习。

1. 时间安排

周日至周四晚 19：30—21：10

2. 组织形式

一年级学生以班级为单位在固定教室集中安排；二、三年级学生采取自选方式，在图书馆、公共自习室开展晚自习，也可参与学校、学院（部）和学生社团组织的各类活动，学院（部）负责组织实施；研究生和毕业年级学生可根据个人发展规划自行安排，不作具体要求。

责任单位：教务处，各学院（部）、研究院

三、工作要求

（一）提高认识，确保实效

各学院（部）、研究院要统一思想、提高站位、加强部署，党政主要负责人履行主体责任，党委副书记具体负责，辅导员、班主任、学生干部共同参与；制定本单位“一日生活规范化”实施细则，并组织实施，确保各项措施落实到位；“一日生活规范化”实施细则请于 10 月 8 日前报送学生管理科备案。

（二）各负其责，保障有力

相关职能部门要做好组织实施、条件保障和监督检查工作，建立健全长效机制。学生工作部（处）、团委负责落实人脸考勤系统建设，做好升国旗安排，抓好国旗护卫队训练。教务处负责统筹安排一年级学生晚自习固定教室和其他年级学生的公共自习室，督促各教学单位合理布置晚自习学习任务，促进本科“强基行动”实施，建立早操晨练与大学生体质健康测试和公共体育课成绩有机结合的长效机制。宣传部负责每天7：40通过校园广播播放广播操音乐，每周二至周五8：00播放国歌，校园各大屏幕在升挂国旗时同步展示国旗画面。体育学院负责划分场地和广播体操培训。

（三）严抓落实，加强考核

早操、晚自习和升旗仪式由各学院（部）具体组织实施，做好组织和考勤工作。学生工作部（处）、团委每天值班人员须检查早操开展情况，并参加升旗仪式，对各单位组织情况进行监督；教务处监督做好晚自习考勤；早操、晚自习和升国旗出勤情况纳入年度学生管理考核。

西北民族大学学生校园文化活动管理办法

第一章　总则

第一条　为落实立德树人根本任务，铸牢中华民族共同体意识，弘扬和践行社会主义核心价值观，用中华文化引领校园文化建设，充分发挥校园文化育人功能，推动学生校园文化活动管理科学化、规范化，构筑中华民族共有精神家园，构建“三全育人”体系，落实学校“三地一库”建设目标，服务高水平现代化综合大学建设，结合实际，制定本办法。

第二条　学生校园文化活动以马克思列宁主义、毛泽东思想、邓小平理论、“三个代表”重要思想、科学发展观和习近平新时代中国特色社会主义思想为指导，以铸牢中华民族共同体意识为主线，以培养德智体美劳全面发展的社会主义事业建设者和接班人为目标，围绕培育和践行社会主义核心价值观，继承和发扬中华优秀传统文化、革命文化、社会主义先进文化，把思想性与娱乐性、艺术性与普及性有机结合起来，弘扬主旋律，传播正能量。

第三条　学生校园文化活动是指在校园内开展的以学生为主体、教学计划之外的活动，包括思想政治引领、社会责任养成、法治素养提升、实践能力锻炼、创新精神培育、人文情怀塑造、国际视野拓展等方面的校园活动。

第四条　学生校园文化活动必须遵守国家法律法规和校纪校规。

第二章　活动管理

第五条　学生校园文化活动由校党委统一领导，党委宣传部、学生工作部（处）、团委和学生会以及承办单位党组织负责统筹协调指导，保卫处负责学生大型校园文化活动的安全保卫和维持秩序。

第六条　学生校园文化活动坚持“谁批准，谁监管，谁主办，谁负责”的原则

（一）校团委、校学生会开展的学生校园文化活动由学生工作部（处）、团委负责审批。

（二）各单位组织开展的学生校园文化活动由各相关单位党组织负责审批。

（三）学生社团组织的学生校园文化活动由业务指导单位党组织负责审批。

（四）跨单位组织的学生校园文化活动由牵头单位党组织负责审批。

（五）学生校园文化活动的主办单位需在活动开展前填写《西北民族大学学生校园文化活动备案表》（见附件 1）备案存档。

第七条　以学校名义开展或邀请校外单位、个人在我校开展的学生校园文化活动，主办单位应于

活动开展前五个工作日在学校综合门户“网上办事大厅”填写《西北民族大学学生校园文化活动审批表》(见附件2),经学生工作部(处)、团委审批,报保卫处、党委宣传部备案后方可开展,未经审批备案的活动不得开展。

第八条　学生校园文化活动的主办单位负责对活动进行审查,主要内容包括:

(一)活动涉及的文学剧本、脚本、主持词、解说词、诗歌、歌词、展览等语言文字内容;

(二)活动涉及的音乐符号、舞美置景、服饰、道具、视频、美术、书法、摄影、动漫等内容;

(三)活动涉及的主题标识、宣传海报、节目单、宣传片等内容;

(四)活动涉及的政治、历史、民族等方面内容;

(五)活动严禁涉任何形式的宗教内容;

(六)其他需要重点审查的内容。

第九条　学生校园文化活动的主办单位承担并落实“安全第一”责任。制定安全防范措施和安全保卫预案,事前开展安全教育,主办单位负责人要全程参加活动,及时应对意外情况,没有安全保障措施或保障措施不到位的活动一律不能组织开展。

第十条　学生校园文化活动的主办单位要切实履行监督职责,按申请的内容开展活动,不得擅自改变活动计划,不得随意改变活动内容、形式、规模及范围。如未经审查擅自变更内容、出现错误言论,主办单位应及时制止、叫停并消除影响。

第十一条　学生校园文化活动的主办单位要严格执行中央八项规定及其实施细则精神,简化形式、丰富内容、厉行节约、反对浪费、注重成效。开展活动要爱护校园环境,爱惜场所设施,保持清洁卫生。

第三章　宣传管理

第十二条　学生校园文化活动的主办单位负责活动的新闻宣传工作,按学校党委宣传部有关规定执行。

第十三条　学生校园文化活动的主办单位制作、印发的活动宣传品等,须经主办单位党组织审核批准。

第十四条　宣传标语、宣传橱窗的管理

(一)学生校园文化活动现场的会标、宣传标语(横幅、喷绘、展板等),经主办单位党组织审定后根据活动主题和内容布置,活动主办单位应于活动结束后三天内撤除相关宣传标语。

(二)各学院(部)、研究院宣传橱窗内容经本单位党组织审定后更新。

第十五条　学生校园文化活动须使用国家通用语言文字,做到准确规范、文理通顺。

第十六条　在工作时间内开展的学生校园文化活动,不得开放式使用音响设备。

第四章　场地、器材管理

第十七条　学生校园文化活动使用校内公共文化活动场所，实行事前申请、审批的管理制度。

学生工作部（处）、团委、教务处、后勤管理处、体育学院等部门为公共文化活动场所的管理单位。

第十八条　学校各单位对所属办公场所、文化活动场所、文化设施、器材负有管理、维护责任。

第十九条　开展活动所需设备由主办方准备。如需使用其他单位的设备资源，应按器材所有单位的要求申请。如有损毁、丢失，按器材拥有单位相关规定赔偿。

第五章　评选表彰

第二十条　学生校园文化活动的评选表彰工作，由主办单位按照规定的条件、权限和程序组织实施，遵循严格审批、总量控制、合理设置、注重实效的原则。评选过程坚持公开、公平、公正。

第二十一条　学生参加校园文化活动的经历、获奖等情况按照《西北民族大学本科生一体化育人工作实施细则（试行）》有关规定计入一体化育人成绩。

第六章　附则

第二十二条　本办法由学生工作部（处）、团委负责解释，自印发之日起执行。

西北民族大学关于进一步加强就业创业工作的意见

就业创业工作关系广大学生的切身利益，关系学校的发展和稳定。为进一步理顺关系，明确责任，规范管理，全面推动学校就业创业工作，按照党中央、国务院关于促进高校毕业生就业创业的重大决策部署，结合学校实际，提出以下意见。

一、指导思想

坚持以习近平新时代中国特色社会主义思想为指导，深入贯彻落实党中央、国务院“稳就业”“保就业”决策部署，把毕业生就业创业工作摆在最突出位置，进一步增强做好毕业生就业创业工作的责任感、使命感、紧迫感。

二、目标任务

以提高毕业生初次毕业去向落实率为核心，以实现毕业生充分就业和高质量就业为目标，坚持问题导向，着力提高教育教学质量，提升就业创业指导与就业创业服务能力，积极推进“全员全过程全方位”关注就业创业，强化毕业生的主体意识、成才意识、责任意识，做到制度完善、队伍健全、措施有力、指导有效、市场稳定。

三、实施措施

（一）深化教育教学制度改革，不断提升培养质量

1. 全面加强课堂主阵地管理，推动落实《西北民族大学一流本科专业建设管理办法》《西北民族大学本科教学质量保障体系及运行办法》，制定印发《西北民族大学一流本科课程建设管理办法》《西北民族大学教师课程教学质量评价办法》《西北民族大学关于全面加强课堂主阵地管理 进一步推进学风建设的指导意见》，为达成学校办学目标提供有效保障。

责任单位：教务处

2. 推进研究生教育综合改革，推行组会制度，实现研究生与导师或学术团队之间交流互动、研究生之间交流学习；引导研究生积极参与社会管理和服务，促进产学研协同发展，服务地方经济文化建设，不断提高研究生的实践创新能力。在各类课程设计中增加实习实训实践、学生体验等相关环节，与用人单位建立良好关系，为学生提供最直接、有效的就业创业实践机会。

责任单位：研究生处、教务处、学生工作部（处）、团委、各教学单位

3. 持续推进本科“强基行动”，从“公共基础类课程”“创新创业”“资格考试证书”等方面着力提升学生基本功。根据专业特点，帮助学生在校期间考取相应专业的资格证书，升级传统讲座型指导方法，定期开设职业素养能力系列培训，不断提升学生的岗位胜任力与可持续发展潜力，满足学生职业发展需求。

责任单位：教务处、研究生处、学生工作部（处）、各教学单位

（二）加强就业创业指导队伍专业化建设，提升服务能力水平

1. 鼓励相关任课老师参加各级各类职业指导师、创业培训师、职业生涯规划师等职业资格培训；加强就业创业指导理论的学习与研究，不断完善职业规划、就业指导、创新创业相关的课程体系，提高学校就业指导工作的实践和理论水平。

责任单位：教务处、研究生处、学生工作部（处）各教学单位

2. 积极动员相关老师承担就业指导的授课工作，选拔一批热心并关注公务员培训、考研英语、政治等方面的老师进行师资培训，打造一支职业化、专业化、专家化的就业创业指导工作队伍，确保授课成效。

责任单位：组织人事部、教务处、研究生处、学生工作部（处）、团委、各教学单位

3. 把各单位就业创业工作情况纳入学生管理考核工作，并作为重要指标，引导全体教职工关心、关注毕业生就业创业，协助支持就业创业工作。研究生导师、专业教师、班主任、辅导员都要关心学生的学业规划、职业发展与就业创业，在课堂教学中传授就业创业的理念与内容，加强就业观创业观教育，帮助学生树立正确的就业观。

责任单位：组织人事部、教务处、研究生处、各教学单位

（三）加大招生就业联动，完善人才需求预警机制

1. 加强对毕业生就业创业状况的跟踪调查与反馈，以反馈结果及时调整招生计划、优化专业课程设置，修订人才培养方案，有效提升学校培养的毕业生与社会需求的匹配度以及毕业生对人才市场需求的适应能力。加大理工农医、师范类学位点及研究方向建设，调减不适应国家需求二级学位点，调增国家急需研究生方向。

责任单位：学生工作部（处）、教务处、研究生处、各教学单位

2. 完善专业评估结果与专业预警退出联动机制，服务国家重大需求，开展学科专业结构调整，推进“新工科、新医科、新农科、新文科”学科专业建设，对部分社会需求不旺盛、缺乏优势、初次就业率持续走低的专业加以调整、改造。

责任单位：教务处、研究生处、各教学单位

3. 加大招生宣传力度，进一步提升生源质量，逐步扩大学校在本科一批次招生的范围。支持和帮助更多的毕业生继续深造，尽早在学生中宣传研究生、第二学士学位招生相关政策，稳定研究生生源，鼓励符合条件的学生积极申请第二学士学位。

责任单位：研究生处、教务处、各教学单位

（四）建立健全机制，加大保障力度

1. 学校成立督查小组赴各教学单位定期督查督办就业创业工作，对推进不力、进度滞后的单位提出整改要求，视情况通报批评。对就业创业工作任务落实情况、取得成效等方面加强宣传报道，营造狠抓落实、赶超争先的浓厚氛围。

责任单位：纪委办公室、组织人事部

2. 建立毕业生帮扶包抓机制。每位校领导负责指导所联系的教学单位的学生就业创业工作，帮助教学单位研判就业创业形势，细化措施；各教学单位根据各自情况，制定就业创业帮扶计划，重点关注毕业离校后有就业意愿尚未就业毕业生、暂不就业毕业生的就业创业状况和意愿，有针对性地加大指导服务力度，帮助他们尽快实现就业创业。

责任单位：学生工作部（处）、各教学单位

3. 制定就业创业工作激励措施，与绩效分配挂钩，充分调动各教学单位的积极性和主动性，形成全员重视就业创业、关心就业创业、促进就业创业、支持就业创业工作的良好局面。

责任单位：组织人事部、学生工作部（处）、各教学单位

（五）强化精准就业指导服务，帮助学生尽早就业创业

1. 组织开展分层次、分类别、分专业的招聘活动，多渠道联系用人单位，充分发挥学术资源、校友资源作用，调动辅导员、班主任、专业教师、研究生导师等力量，为毕业生提供就业创业信息和服务，确保离校前校园招聘热度不减。

责任单位：学生工作部（处）、各教学单位

2. 准确掌握毕业生的求职意愿、求职困难、求职进展等情况，通过分类指导、分批培训、分行业实习和分专业帮扶对有求职意愿的学生，提供政策咨询、信息推送、跟踪帮扶等服务；建立“一生一策”动态管理机制，将建档立卡贫困户家庭、零就业家庭、残疾毕业生、少数民族等就业创业困难毕业生列为重点帮扶对象，持续举办“毕业生精准帮扶就业创业系列活动”，帮助这些学生顺利毕业、尽早就业。

责任单位：学生工作部（处）、团委、各教学单位

3. 做好政策宣传与服务。不间断地推送涉及国家就业创业政策、职业规划、就业创业指导、毕业派遣流程等方面的政策，集中解答学生在就业方面存在的疑惑，为毕业生报名参加基层考试做好服务

工作，确保毕业生离校后就业指创业导与服务不断线。

责任单位：学生工作部（处）、各教学单位

四、工作要求

（一）提高思想认识和政治站位，压实主体责任

学校定期召开专题就业创业工作推进会，部署安排就业创业工作，解决就业创业工作存在的问题。各教学单位主要领导要靠前指挥、亲自部署；根据《西北民族大学班主任工作管理办法》《西北民族大学辅导员队伍建设实施细则》，结合专业特点、生源情况、就业创业现状，制定本单位就业创业工作实施方案，细化辅导员、班主任的工作职责，用实实在在的举措全力做好毕业生就业创业工作。

（二）注意工作方法，用情用心用力

就业创业指导和就业创业帮扶要根据每个学生的性格特质、家庭背景、求职意愿等精准施策、有序推进，不能用一种工作方法和模式对待所有的学生；要换位思考，让精准帮扶的每一个学生感到温暖和贴心，让社会和家长感到放心。

（三）引导学生关注社会发展，转变就业创业观念

把“就业育人”作为立德树人的重要环节，坚持问题导向，将就业创业指导融入专业教育，积极引导学生转变就业创业观念，学会关注社会、关注国家的发展需要，准确定位，不断更新就业创业观念、调整就业创业期望、提高就业创业信心，把握就业创业机遇，树立“先就业解决生存，再择业寻求发展”的意识。

西北民族大学学生社团建设管理实施细则

第一章　总则

第一条　为深入贯彻习近平总书记关于高校思想政治工作、关于青年工作的重要论述，贯彻落实《深化新时代教育评价改革总体方案》，切实加强学生社团建设管理，充分发挥学生社团育人功能，支持学生社团健康发展，依据《中共教育部党组共青团中央关于印发〈高校学生社团建设管理办法〉的通知》（教党〔2020〕13号）要求，结合学校实际，制定本实施细则。

第二条　学校学生社团是落实立德树人根本任务、铸牢中华民族共同体意识、推进素质教育的重要载体，是学生根据成长成才和兴趣特长，在学校党委领导和学生工作部门指导下开展活动的群众性学生团体。学校学生社团分为思想政治类、学术科技类、创新创业类、文化体育类、志愿公益类、自律互助类及其他类。

第三条　学校学生社团的基本任务是：以习近平新时代中国特色社会主义思想为指导，以社会主义核心价值观为引领，团结带领各族青年学生树立正确的国家观、民族观、宗教观、历史观、文化观，铸牢中华民族共同体意识；坚持思想性、知识性、艺术性、多样性相统一的原则，团结凝聚广大青年学生服务学校“三地一库”建设任务，推进现代化高水平大学建设，积极开展方向正确、主题鲜明、健康向上、格调高雅、形式多样的社团活动，丰富课余生活，繁荣校园文化，促进青年学生德智体美劳全面发展。

第二章　学生社团的成立

第四条　学生社团成立的条件

（一）由20名以上具有学校学籍的在校学生联合发起，所有发起人未受过校纪校规处分，具有开展该社团活动所必备的能力素养；

（二）有规范的名称和相应的组织机构，名称与其业务性质相符，准确反映社团特征，符合法律法规要求；

（三）有明确的业务指导单位，业务指导单位应是与社团业务相关的校内职能部门、学部（学院、研究院）或教辅科研机构；

（四）有至少1名指导教师；

（五）有规范的社团章程，包括社团类别、宗旨、成员资格、权利和义务、组织管理制度、负责人产生程序、章程修改程序、社团终止及其他应由章程规定的相关事项。

第五条　申请成立学生社团须提交的材料

（一）筹备申请书；

（二）《西北民族大学学生社团成立申报表》；

（三）学生社团章程；

（四）社团发展规划（包括社团成立的意义与目的、社团定位及社团活动安排等）；

（五）发起人和拟任负责人简历及所在学部（学院、研究院）党团组织的书面鉴定（包括思想表现、学习成绩、能力素质等）；

（六）社团业务指导单位的书面意见、拟聘请指导教师的个人简历及其书面意见（个人简历须由社团指导单位或指导教师所在单位党组织签署意见并加盖公章）；

（七）其他必要材料。

第六条　学生社团成立的流程

（一）社团发起人向业务指导单位提交社团成立申请书等相关材料，经业务指导单位团委、党组织审核（业务指导单位无团组织的直接由党组织审核）报学生工作部（处）、团委批准后成立；

（二）社团正式成立后负责人、指导教师、业务指导单位党团组织共同签订《西北民族大学学生社团管理责任书》。

第三章　学生社团的年审注册

第七条　学生社团实行年审注册制度。年审内容包括社团成员构成、社团负责人工作及学习情况、年度活动清单、指导教师工作情况、业务指导单位意见、财务状况、有无违纪违规情况等。对年审合格的学生社团进行注册登记，注册登记的学生社团方可继续开展活动。

第八条　成立由学生工作部（处）、团委，组织人事部、宣传部、教务处、保卫处和各学部（学院、研究院）负责人组成的学生社团评议委员会，负责对学生社团年审注册进行评议审核。评议委员会负责人由学校分管学生工作的校领导担任。

第九条　学生社团的年审注册

（一）学生社团向业务指导单位和学生工作部（处）、团委社团管理部提交经指导教师审定的上一学年工作总结，并填写《西北民族大学学生社团注册登记表》《西北民族大学学生社团指导教师注册登记表》《西北民族大学学生社团负责人任职注册登记表》《西北民族大学学生社团管理责任书》、社团成员名单等材料，同时提交下一学年工作计划；

（二）社团管理部根据学生社团业务指导单位审批意见和学生社团上报的相关资料，在《西北民族大学学生社团注册登记表》填写意见，报学生工作部（处）、团委审核；

（三）学生工作部（处）、团委对学生社团注册情况进行审核批复，社团管理部对批复同意注册的学生社团进行注册登记并公示。

第十条　学生社团有下列情形之一的，不予批准成立或不予继续注册登记：

（一）申请成立时弄虚作假的；

（二）参加学生社团的人数不足 20 人的；

（三）年审不合格且整改不到位的；

（四）全体成员大会决议解散的；

（五）在两校区已有性质相同或相似学生社团的；

（六）涉及宗教文化的；

（七）涉及民族排他性或地区排他性的；

（八）跨地跨校联合成立的；

（九）未经学校审核批准的校外机构会员单位或分支机构性质的；

（十）举办违反法律法规、校纪校规或社团章程宗旨活动的；

（十一）其他不宜批准成立或不宜继续注册登记的。

第十一条　对年审不合格的学生社团提出整改意见，整改期限为 3 至 6 个月，整改期间学生社团不得开展任何活动；整改通过后方可开展社团活动。

第十二条　有以下情况的学生社团暂缓注册：

（一）没有及时上交工作总结、下一学期计划的或者材料不规范的；

（二）限期整改的；

（三）涉违纪违规行为，正在调查的；

（四）经审查被认定为需暂缓注册的。

第十三条　留学生成立学生社团由学校国际合作交流处负责。

第四章　学生社团的变更、注销

第十四条　学生社团的变更

（一）学生社团变更的内容：社团的名称、宗旨、章程、活动范围、业务指导单位、指导教师、负责人的修改等相关事项；

（二）学生社团变更的程序：变更内容需向指导教师和业务指导单位提交申请，经社团管理部、学生工作部（处）、团委批复后进行变更，变更后的学生社团应在 7 个工作日内完成对其各项资料信息的变更工作。

第十五条　学生社团的注销

（一）学生工作部（处）、团委对学生社团有注销的权力，社团管理部有建议注销权；

（二）社团注销分为强制注销和主动注销两类：强制注销指社团违反相关管理规定，直接注销；

主动注销指社团由于自身原因，主动提出注销。

1. 强制注销

（1）学生社团活动内容违背四项基本原则和党的路线方针政策、背离社会主义核心价值观，违反宪法、法律法规和校纪校规的；

（2）学生社团审核不合格或活动内容不健康，限期整改后仍不合格的；

（3）未按时注册，限期整改后仍未注册的；

（4）学生社团成员连续两年不足 20 人的；

（5）学生社团一年内未开展活动的；

（6）开展与学生社团宗旨、活动范围、学生身份不符活动的；

（7）不具备继续开展活动条件的；

（8）出现其他应予注销的情形。

2. 主动注销

学生社团由于自身原因，经指导教师、业务指导单位同意后，由学生社团负责人组织召开以注销社团为议题的会员大会，经三分之二以上会员表决通过，主动向社团管理部提出注销申请；

（三）学生工作部（处）、团委发布注销公告，学生社团注销后，任何组织和个人不得再以该学生社团名义组织活动；

（四）学生工作部（处）、团委每年以书面形式向学校党委报告当年学生社团变更、注销情况。

第五章　学生社团的业务指导

第十六条　学生社团业务指导单位

（一）业务指导单位承担学生社团建设管理的主体责任，担负对学生社团日常活动的监督指导和社团成员的教育管理职责，负责指导教师工作情况评价认定等；

（二）业务指导单位主要为学生工作部（处）、团委、学部（学院、研究院）以及其他二级单位或部门，学生社团业务指导单位是学生社团的直接责任单位，负责指导、管理挂靠的学生社团；

（三）每学年学生社团注册时，社团管理部审查社团与业务指导单位的关系，不合理、不合规的业务指导关系强制解除；

（四）学生社团与业务指导单位解除指导关系后，需在 7 个工作日内重新确定业务指导单位，否则不予注册。

第十七条　学生社团指导教师

（一）学生社团指导教师应为学校在职在岗教职工，具备较强的思想政治素质、组织管理能力和指导社团发展相关的专业知识，工作经验丰富，热心公益事务，具有奉献精神，关心学生成长；

（二）学生工作部（处）、团委牵头负责学生社团指导教师选聘，会同组织人事部、宣传部、教务处、研究生处、科研处等部门，按照个人申请、组织推荐、双向选择的原则建立指导教师库，并在教师库内选聘指导教师；

（三）指导教师实行聘任制，每个聘期为 2 年；原则上每名指导教师最多指导 2 个学生社团；

（四）思想政治类学生社团和志愿公益类学生社团指导教师原则上为中共党员。

第六章　学生社团的组织建设

第十八条　学生社团成员

（一）学生社团成员为具有我校学籍的在校学生；

（二）学生社团成员应定期注册，并按要求参加社团相关活动，每名学生最多加入 2 个学生社团；

（三）学生社团成员有权了解所在社团的章程、组织机构和财务情况，有权对社团的管理和活动提出建议和质询，有权按照章程申请加入或退出该社团，有权向上级管理部门反映社团及其成员违反法律法规或校纪校规的问题。

第十九条　学生社团成员大会

（一）拟批准成立的学生社团要召开全体成员大会或成员代表大会，通过社团章程，选举产生社团执行机构和负责人。

（二）学生社团成员大会依照本社团的章程，行使下列职权：

1. 修改社团章程；

2. 对社团变更、主动注销等重大事项作出决定；

3. 审议社团负责人的工作报告；

4. 选举和更换社团负责人；

5. 监督社团财务情况。

（三）学生社团成员大会或成员代表大会每年至少召开一次，会议召开前 10 天，应向业务指导单位和学生工作部（处）、团委报告会议筹备情况；会后应及时将大会决议报业务指导单位和学生工作部（处）、团委备案。

（四）学生社团成员大会或成员代表大会作出决议，必须经出席会议的成员半数以上通过；涉及社团变更、注销和修改章程的决议，须经出席会议的成员三分之二以上通过，出席会议人数须占全体成员数的三分之二以上，大会决议方为有效。

第二十条　学生社团负责人

（一）学生社团在学生工作部（处）、团委指导下，通过提名推荐、考察公示、公开选举、审核批准等环节遴选产生负责人；社团负责人必须政治立场坚定、学习成绩良好、组织能力较强；社团负责人一般应为共青团员或中共党员；思想政治类学生社团负责人必须为中共党员（含中共预备党员）；学习成绩综合排名须在班级前 50% 以内，且无课程不及格情况；社团负责人每届任期 1 年；

（二）有下列情况之一者，不得担任或继续担任学生社团负责人

1. 在校期间受到校规校纪处分的；

2. 因违反有关规定被撤职或社团被强制注销承担主要责任的；

3. 在其他学生社团担任负责人的；

4. 由于其他原因不宜担任社团负责人的。

第二十一条　学生社团部门设置

学生社团应在指导教师的指导下，按科学合理、高效运行的原则设置部门，各部门负责人在指导教师的指导下遴选产生，名单报业务指导单位和学生工作部（处）、团委备案。

第二十二条　学生社团的党团组织

（一）学生社团有党员（团员）3 人及以上的，须建立临时党支部（团支部），党支部（团支部）书记由具有党（团）籍的社团主要负责人兼任；学生社团党支部（团支部）由指导单位党（团）组织领导，业务指导单位没有团组织的，由学生工作部（处）、团委直接领导；

（二）临时党支部（团支部）一般不发展党员（团员），不收缴党费（团费），不选举党代表（团代表）等；学生社团注销后，临时党支部（团支部）自然解散。

第七章　学生社团的管理

第二十三条　学生社团的内部管理

（一）学生社团的内部管理运作须严格按照本细则和社团章程进行，同时接受业务指导单位和学生工作部（处）、团委的指导、管理和监督；

（二）学生社团招募会员，须在社团管理部统一安排下进行。未经批准，不得擅自招募；

（三）学生社团须建立社团档案，由专人负责档案的收集和整理；社团档案须包括以下内容：社团基本信息、社团章程、组织机构设置、会员登记表、社团刊物、社团活动记录、社团收支情况、社团奖惩记录、社团发展计划等，所有材料应客观、真实、全面、综合反映社团整体建设与发展情况。

第二十四条　学生社团的活动管理

（一）学生社团活动必须遵守宪法、法律、法规和学校管理制度，必须围绕学校的中心工作和学生的成长发展目标开展，活动内容要政治立场坚定、思想积极向上、形式丰富多样；

（二）学生社团不得开展以盈利为目的的商业性活动。未经批准，学生社团不得以企业及任何特定校外机构或个人冠名；

（三）学生社团开展活动，须向指导教师和业务指导单位提出申请，并向学生工作部（处）、团委及保卫处等部门报备审批，批准后方可开展；未经审批，不得擅自开展任何活动；

（四）学生社团原则上不得开展跨校、跨地区活动，确需开展的须持指导教师和业务指导单位的书面意见到学生工作部（处）、团委、保卫处申报，由学生工作部（处）、团委报团省委等部门获批

后方可开展；在校外举办、参加学生社团活动须按照校外活动申报，参与学生须所在学院（部）同意，业务指导单位同意并填写安全承诺书；在校内举办学生社团活动但涉及校外人员的，须提供校外人员相关资料，经指导单位、学生工作部（处）、宣传部、团委及保卫处审批通过后方可参加；

（五）学生工作部（处）、团委联合相关部门不定期组织开展学生社团排查工作，对发现的问题及时进行处理。

第二十五条　学生社团的经费管理

（一）学生社团不收取成员会费，学校以学生社团活动项目立项的形式拨付活动经费；

（二）学生社团经费必须用于社团集体活动，任何单位和个人严禁侵占、私分或挪用。学生社团应制定严格的经费管理办法，社团成员有权了解所在社团的财务制度，社团应每学期向全体成员公布经费使用情况；

（三）学生社团原则上不接受校外资助，确有需要资助的，要对资助事宜的合法合规性报请指导教师进行审核、业务指导单位，学生工作部（处）、团委备案审批，并将纳入学校财务统一管理；

（四）学生社团须由专人管理社团的日常经费开支，并将相关信息向业务指导单位及社团管理部报备；社团财务负责人负责收支的记录、统计与核对，定期向业务指导单位和社团管理部汇报，同时向社团成员公示。

第二十六条　学生社团的资产管理

（一）学生社团的资产应登记造册，专人保管，不得私自挪用；因活动需要而购买的设备，应记入本社团固定资产账目，并报业务指导单位和社团管理部备案。所有固定资产应做好管理与移交，损坏须照价赔偿；

（二）学生社团注销后的财产，按照学校有关规定执行。

第八章　条件保障

第二十七条　学校党委把学生社团工作纳入学校思想政治工作和群团工作整体谋划部署，分管学生工作的校领导分管学生社团工作，分管人事、教学的校领导关心支持学生社团指导教师选聘考核、社团骨干学习培训等工作。

第二十八条　校党委每年听取一次学生社团工作汇报，及时研究解决有关问题。

第二十九条　构建由学校党委统一领导，学生工作部（处）、团委牵头负责，组织人事部、宣传部、保卫处、教务处等相关职能部门共同参与的学生社团工作机制。

第三十条　学校行政鼓励学生社团健康有序发展，在场地、设备、条件、制度等方面给予充分保障，视学校财力，原则上按照平均每年每生20元的标准设立学生社团活动专项经费，支持学生社团活动正常开展，专款专用。

第三十一条　学生工作部（处）、团委、组织人事部将学生社团指导教师纳入高校思想政治工作队伍培训计划，加大培训力度，并将指导学生社团工作情况纳入教师思想政治工作和师德师风考核，对考核优秀的指导教师在绩效工资、职称评聘、评奖评优中给予支持，考核不合格的指导教师解除聘任。

第三十二条　学生工作部（处）、团委承担学生社团建设发展、统筹管理的相关职责，研究学生社团重要工作和重大事项，落实党的领导。

第三十三条　学生工作部（处）、团委成立学生社团管理部门，配备专职工作人员，负责学生社团建设管理评议委员会日常工作和社团建设管理具体事务。

第三十四条　业务指导单位承担学生社团健康发展、监督指导和日常管理的主体责任，负责指导教师工作情况评价认定等工作。

第三十五条　学生社团的业务指导单位须确定一名班子成员负责学生社团管理工作。

第三十六条　建立问责机制，对学生社团管理出现重大问题的指导教师和业务指导单位，依规依纪严肃追责问责。

第九章　附则

第三十七条　本细则由学生工作部（处）、团委负责解释。

第三十八条　本细则自公布之日起实施。

西北民族大学本科生国家奖学金评审办法

第一章　总则

第一条　为激励广大学生勤奋学习、努力进取，促进德智体美劳全面发展，根据《深化新时代教育评价改革总体方案》，财政部、教育部、人力资源社会保障部、退役军人事务部、中央军委国防动员部《学生资助资金管理办法》（财科教〔2019〕19号）、《本专科生国家奖学金评审办法》（教财函〔2019〕105号）规定，结合学校实际，制定本办法。

第二条　本科生国家奖学金评定参照学科评估、人才培养有关要求，坚持五育并举、德育为先，注重全面发展，坚持科学有效，强化过程评价和综合评价，确保国家奖学金评定工作的科学性、专业性和客观性。

第三条　本科生国家奖学金由中央财政出资设立，用于奖励二年级及以上年级表现优异的全日制在校本科生。特殊学制的本科生，根据当年所修课程层次确定参与相应学段的本科生国家奖学金评定，原则上从入学第六年开始不再具备本科生国家奖学金申请资格。

第二章　奖励标准与申请条件

第四条　学校根据上级部门分配的本科生国家奖学金总名额，按参评本科生总人数比例分配各学院（部）名额。本科生国家奖学金的奖励标准为每生每年8000元。

第五条　本科生国家奖学金申请条件

（一）具有中华人民共和国国籍。

（二）认真学习党的路线方针政策，坚决拥护中国共产党的领导，积极践行社会主义核心价值观，铸牢中华民族共同体意识，自觉维护国家统一和民族团结。

（三）模范遵守国家的法律法规和校纪校规，有良好的道德品质和行为习惯，尊敬师长，团结同学。

（四）积极参加体育、美育和劳动教育，有健康的身体、良好的卫生习惯和心理素质，达到《国家学生体质健康标准》合格及以上。

（五）无不及格课程且学业成绩优异，社会实践、创新能力、综合素质等方面特别突出。学业成绩和综合测评成绩排名均在本专业前10%，平均学分绩点为3.5（含3.5）以上。

（六）中国少数民族语言文学（不含零基础班）、汉语言、数学与应用数学（藏汉双语）、物理学（藏汉双语）、工商管理（藏汉双语）、法学（藏汉双语）、英语（蒙英双语）专业，艺术类、体育类专业申请者，全国大学英语四级考试达到 320 分（含 320 分）以上，并通过全国计算机等级考试一级或以上等级；外语类专业申请者，通过国家专业外语四级考试或全国大学英语六级考试达到 425 分（含）以上，并通过全国计算机等级考试二级或以上等级；其余专业申请者，全国大学英语四级考试达到 425 分（含）以上，全国计算机等级考试通过二级或以上等级。

（七）根据《西北民族大学一体化育人工作实施细则》的积分规则，本科学生一体化育人积分排名须达到本学院（部）同年级前 50%，方可参评国家奖学金。

（八）对于学业成绩和综合测评成绩没有进入前 10%，但达到前 30% 的本科生，如在其他方面表现非常突出，可申请国家奖学金，但需提交详细的证明材料。其他方面表现非常突出是指在道德风尚、学术研究、学科竞赛、创新发明、社会实践、社会工作、体育竞赛、艺术展演等某一方面表现特别优秀。具体如下：

1. 在社会主义精神文明建设中表现突出，具有见义勇为、助人为乐、奉献爱心、服务社会、自立自强的实际行动，在本校、本地区产生重大影响，在全国产生较大影响，有助于树立良好的社会风尚。

2. 在学术研究上取得显著成绩，以第一作者发表的通过专家鉴定的高水平论文，以第一、第二作者出版的通过专家鉴定的学术专著。

3. 在学科竞赛方面取得显著成绩，在国际和全国性专业学科竞赛、课外学术科技竞赛、中国“互联网 +”大学生创新创业大赛、全国职业院校技能大赛等竞赛中获一等奖（或金奖）及以上奖励。

4. 在创新发明方面取得显著成绩，科研成果获得省、部级以上奖励或获得国家专利（不包括实用新型专利、外观设计专利）。

5. 在体育竞赛中取得显著成绩，为国家争得荣誉。非体育专业学生参加省级以上体育比赛获得个人项目前三名，集体项目前二名；高水平运动员（特招生）参加国际和全国性体育比赛获得个人项目前三名、集体项目前二名。集体项目应为主力队员。

6. 在艺术展演方面取得显著成绩，参加全国大学生艺术展演获得一、二等奖，参加省级艺术展演获得一等奖；艺术类专业学生参加国际和全国性比赛获得前三名。集体项目应为主要演员。

7. 获全国十大杰出青年、中国青年五四奖章、中国大学生年度人物等全国性荣誉称号。

8. 其他应当认定为表现非常突出的情形。

第六条　有下列情况之一者，取消其参评资格

（一）触犯法律受到司法机关追责的。

（二）违反校纪校规，受到纪律处分且处分尚未解除的。

（三）有舞弊作伪等学术不端行为的。

（四）课程考试成绩不及格的。

（五）违反公民道德规范，造成恶劣影响的。

第三章　申请与评审

第七条　本科生国家奖学金由学校奖助学金评审领导小组统筹领导，学生资助管理中心具体负责，各学院（部）组织评选。

第八条　本科生国家奖学金评审程序

（一）本人申请。有意愿且符合国家奖学金申请条件的本科生，向所在学院（部）提出申请，同时提供相关证明材料原件及复印件。

（二）班级民主评议。班级评议小组组织全班学生对申请人进行民主评议，且参加评议的学生三分之二以上同意方可推荐。

（三）学院（部）评审。学院（部）学生工作领导小组对申请学生进行审查并确定拟推荐学生，将初评结果在学院（部）网页、公告栏等公开场合公示 3 个工作日，接受师生监督。

（四）学校审核。学校奖助学金评审领导小组对各学院（部）报送的初评结果进行审核，在校内公示 5 个工作日。公示期满无异议，经校长办公会议研究通过后，将审核结果上报主管部门审批。

第九条　个人申诉

（一）对国家奖学金评审结果有异议的本科生，可在学院（部）公示阶段向学院（部）提出书面申诉，学院（部）应在接受申诉申请后 3 个工作日内作出答复。

（二）如本科生对学院（部）的答复仍有异议，可在答复后 3 个工作日内向学校学生资助管理中心提起书面申诉，学生资助管理中心审核后提交学校奖助学金评审领导小组裁决，并将裁决结果通知学生本人及其所在学院（部）。

第四章　奖学金发放、管理与监督

第十条　本科生国家奖学金每学年评审一次，坚持公开、公平、公正、择优的原则。严格执行国家有关政策，遵守相关法规。对在评选过程中不坚持原则、弄虚作假、造成不良影响者，依规依纪追责问责。

第十一条　同一学年内，获得国家奖学金的本科生可以同时申请本科生奖学金、国家助学金等其他奖助学金，但不能同时申请本科生国家励志奖学金。

第十二条　学生资助管理中心每年 12 月 31 日前将本科生国家奖学金一次性发放给获奖学生，颁发教育部统一印制的荣誉证书，并记入学生学籍档案。

第十三条　学校严格执行国家财经法规和本办法的规定，对本科生国家奖学金加强管理，专款专用，不得截留、挤占、挪用，同时接受财政、审计、纪检监察、主管机关等部门的监督检查。

第五章 附则

第十四条　本办法自印发之日起施行，由学校学生工作部（处）、团委负责解释。原《西北民族大学本科生国家奖学金评审办法》（民大学发〔2019〕5号）同时废止。

西北民族大学本科生国家励志奖学金评审办法

第一章　总则

第一条　为激励家庭经济困难学生勤奋学习、努力进取，促进德智体美劳全面发展，根据《深化新时代教育评价改革总体方案》，财政部、教育部、人力资源社会保障部、退役军人事务部、中央军委国防动员部《学生资助资金管理办法》（财科教〔2019〕19号）规定，结合学校实际，制定本办法。

第二条　本科生国家励志奖学金评定参照学科评估、人才培养有关要求，坚持五育并举、德育为先，注重全面发展，坚持科学有效，强化过程评价和综合评价，确保国家励志奖学金评定工作的科学性、专业性和客观性。

第三条　本科生国家励志奖学金由中央财政出资设立。用于二年级及以上年级表现优异的全日制在校家庭经济困难本科生。特殊学制的本科生，根据当年所修课程层次确定参与相应学段的本科生国家励志奖学金评定，原则上从入学第六年开始不再具备本科生国家励志奖学金申请资格。

第二章　奖励标准与申请条件

第四条　学校根据上级部门分配的本科生国家励志奖学金总名额，按参评本科生总人数比例分配各学院（部）名额。本科生国家励志奖学金的奖励标准为每生每年5000元。

第五条　本科生国家励志奖学金申请条件

（一）具有中华人民共和国国籍。

（二）认真学习党的路线方针政策，坚决拥护中国共产党的领导，积极践行社会主义核心价值观，铸牢中华民族共同体意识，自觉维护国家统一和民族团结。

（三）模范遵守国家的法律法规和校纪校规，有良好的道德品质和行为习惯，尊敬师长，团结同学。

（四）积极参加体育、美育和劳动教育，有健康的身体、良好的卫生习惯和心理素质。达到《国家学生体质健康标准》合格及以上。

（五）家庭经济困难，生活俭朴，已建立贫困生档案。

（六）无不及格课程且学业成绩优异，学业成绩排名在本专业前30%，平均学分绩点在3.0（含3.0）以上。

（七）根据《西北民族大学一体化育人工作实施细则》的积分规则，本科学生一体化育人积分排名须达到本学院（部）同年级前 50%，方可参评国家励志奖学金。

第六条　有下列情况之一者，取消其参评资格

（一）触犯法律受到司法机关追责的。

（二）违反校纪校规，受到纪律处分且处分尚未解除的。

（三）有舞弊作伪等学术不端行为的。

（四）课程考试成绩不及格的。

（五）违反公民道德规范，造成恶劣影响的。

第三章　申请与评审

第七条　本科生国家励志奖学金由学校奖助学金评审领导小组统筹领导，学生资助管理中心具体负责，各学院（部）组织评选。

第八条　本科生国家励志奖学金评审程序

（一）本人申请。有意愿且符合国家励志奖学金申请条件的本科生，向所在学院（部）提出申请，同时提供相关证明材料原件及复印件。

（二）班级民主评议。班级评议小组组织全班学生对申请人进行民主评议，且参加评议的学生三分之二以上同意方可推荐。

（三）学院（部）评审。学院（部）学生工作领导小组对申请学生进行审查并确定拟推荐学生，将初评结果在学院（部）网页、公告栏等公开场合公示 3 个工作日，接受师生监督。

（四）学校审核。学校奖助学金评审领导小组对各学院（部）报送的初评结果进行审核，在校内公示 5 个工作日。公示期满无异议，经校长办公会议研究通过后，将审核结果上报主管部门审批。

第九条　个人申诉

（一）对国家励志奖学金评审结果有异议的本科生，可在学院（部）公示阶段向学院（部）提出书面申诉，学院（部）应在接受申诉申请后 3 个工作日内作出答复。

（二）如本科生对学院（部）的答复仍有异议，可在答复后 3 个工作日内向学校学生资助管理中心提起书面申诉，学生资助管理中心审核后提交学校奖助学金评审领导小组裁决，并将裁决结果通知学生本人及其所在学院（部）。

第四章　奖学金发放、管理与监督

第十条　本科生国家励志奖学金每学年评审一次，应坚持公开、公平、公正、择优的原则。严格执行国家有关政策，遵守相关法规。对在评选过程中不坚持原则、弄虚作假、造成不良影响者，依规依纪追责问责。

第十一条　同一学年内，获得国家励志奖学金的本科生可以同时申请本科生奖学金、国家助学金

等其他奖助学金，但不能同时申请本科生国家奖学金。

第十二条　学生资助管理中心每年 12 月 31 日前将本科生国家励志奖学金一次性发放给获奖学生，颁发学校统一印制的荣誉证书，并记入学生学籍档案。

第十三条　学校严格执行国家财经法规和本办法的规定，对本科生国家励志奖学金加强管理，专款专用，不得截留、挤占、挪用，同时接受财政、审计、纪检监察、主管机关等部门的监督检查。

第五章　附则

第十四条　本办法自印发之日起施行，由学生工作部（处）、团委负责解释。原《西北民族大学本科生国家励志奖学金评审办法》（民大学发〔2019〕5 号）同时废止。

西北民族大学本预科生国家助学金评审办法

第一章　总则

第一条　为体现党和政府对家庭经济困难学生的关怀，帮助其顺利完成学业，根据财政部、教育部、人力资源社会保障部、退役军人事务部、中央军委国防动员部《学生资助资金管理办法》（财科教〔2019〕19号）规定，结合学校实际，制定本办法。

第二条　本预科生国家助学金（以下简称国家助学金）由中央财政出资设立，用于资助全日制在校家庭经济困难本科生、预科生。

第二章　资助标准与申请条件

第三条　学校根据上级部门分配的国家助学金总名额，按参评本预科生总人数比例分配各学院（部）名额。

第四条　国家助学金主要用于资助家庭经济困难学生的生活费用开支。其中一等国家助学金占总分配名额的20%，资助标准为每生每年4300元；二等国家助学金占总分配名额的30%，资助标准为每生每年3300元；三等国家助学金占总分配名额的50%，资助标准为每生每年2900元。

第五条　国家助学金基本申请条件

（一）具有中华人民共和国国籍。

（二）热爱社会主义祖国，拥护中国共产党的领导。

（三）遵守宪法和法律，遵守学校各项规章制度。

（四）诚实守信，道德品质优良。

（五）勤奋学习，积极上进。

（六）家庭经济困难，生活俭朴，已建立贫困生档案。

第六条　有下列行为之一者，取消其国家助学金参评资格

（一）违反校纪校规，受到学校处分且处分尚未解除的。

（二）在评审过程中有弄虚作假行为的。

（三）生活奢侈，有喝酒、吸烟等不良嗜好的。

（四）学习不努力，成绩严重下滑的。

（五）不热心社会公益事业、不参加学校组织的各项活动的。

第七条　国家助学金应优先资助建档立卡、低保、特困救助供养、残疾、烈士子女以及家庭遭遇自然灾害或突发事件等特殊情况的家庭经济困难学生。

第三章　申请与评审

第八条　国家助学金由学校奖助学金评审领导小组统筹领导，学生资助管理中心具体负责，各学院（部）组织评选。

第九条　国家助学金评审程序

（一）本人申请。有意愿且符合国家助学金申请条件的学生，向所在学院（部）提出申请。

（二）班级民主评议。班级评议小组组织全班学生对申请人进行民主评议，且参加评议的学生三分之二以上同意方可推荐。

（三）学院（部）评审。学院（部）学生工作领导小组对各班级推荐学生进行审查并确定拟资助学生和资助等级，将初评结果以适当的方式公示 3 个工作日，接受师生监督。

（四）学校审定。学校奖助学金评审领导小组对各学院（部）报送的初评结果进行审核，在校内公示 5 个工作日。公示期满无异议，经校长办公会议研究通过后，将审核结果上报主管部门备案。

第四章　助学金发放、管理与监督

第十条　国家助学金每学年评审一次，应坚持公开、公平、公正的原则。严格执行国家有关政策，遵守相关法规。对在评选过程中不坚持原则、弄虚作假、造成不良影响者，依规依纪追责问责。

第十一条　学生受资助期间出现下列情况之一者，可取消该生国家助学金获助资格，并视情况收回已经发放的国家助学金。

（一）触犯法律受到司法机关追责的。

（二）违反校纪校规，受到纪律处分且处分尚未解除的。

（三）相关证明材料弄虚作假的。

（四）有高消费行为或奢侈浪费行为的。

（五）因各种原因退学、转学、开除学籍的。

（六）违反公民道德规范，造成恶劣影响的。

第十二条　国家助学金分 10 个月进行发放，学生资助管理中心在每月前 7 个工作日内将国家助学金发放至学生本人中国建设银行账户（每年 2 月、8 月除外）。

第十三条　学校严格执行国家财经法规和本办法的规定，对国家助学金加强管理，专款专用，不得截留、挤占、挪用，同时接受财政、审计、纪检监察、主管机关等部门的监督检查。

第五章　附则

第十四条　本办法自印发之日起施行，由学生工作部（处）、团委负责解释。原《西北民族大学本预科生国家助学金评审办法》（民大学发〔2019〕5号）同时废止。

西北民族大学本预科生奖学金评定办法

第一章　总则

第一条　为激励广大学生勤奋学习、努力进取，促进德智体美劳全面发展，进一步落实立德树人根本任务，根据《深化新时代教育评价改革总体方案》《普通高等学校学生管理规定》（教育部第41号令）有关要求，结合学校实际，制定本办法。

第二条　本预科生奖学金评定参照学科评估、人才培养有关要求，坚持五育并举、德育为先，注重全面发展，坚持科学有效，强化过程评价和综合评价，充分利用学工一体化平台等信息技术，确保奖学金评定工作的科学性、专业性和客观性。

第三条　本办法适用于取得本校正式学籍且学习期满一年的普通本预科学生。预科学生在结业年度参加评选。

第二章　奖学金的类型、标准与比例

第四条　奖学金分为优秀学生奖学金、优秀学生干部奖学金、优秀毕业生奖学金和创新创业奖、文体活动优胜奖、精神文明新风奖等单项奖学金。

（一）优秀学生奖学金

1. 校长特别奖

学校授予在校学生的最高荣誉，用于奖励政治立场坚定，道德品质优良、学业成绩和科研能力突出、身心健康的三年级及以上学生，并优先推荐参加省级三好学生、优秀毕业生的评选。奖金每人10000元，名额占全校应评学生总数的1‰。校长特别奖候选人在国家奖学金、国家励志奖学金和一等奖学金候选人中按条件推荐。

2. 一等奖学金：奖金每人2000元，名额占应评学生总数的4%。

3. 二等奖学金：奖金每人1500元，名额占应评学生总数的8%。

4. 三等奖学金：奖金每人1000元，名额占应评学生总数的14%。

5. 优秀结业生奖学金：只适用于预科结业生，奖金每人1500元，名额占应评学生总数的10%。

说明：评定时，若某一等级比例有余，可将余额加入下一等级比例使用。如：一等奖学金评定后为3%，余额1%，则二等奖比例可为9%，以此类推，但总比例不得超过26%。

（二）优秀学生干部奖学金

奖励品学兼优，工作成绩突出的学生干部。学生干部是指校级或院（部）级党团组织、学生会、班委会成员。获得优秀学生干部奖学金的学生，授予“优秀学生干部”荣誉称号。奖金每人1200元，名额不超过应评学生干部数的10%。

（三）单项奖

1. 创新创业奖

奖励在创新创业方面勤于思考、勇于创新、敢于实践，在本学年学科竞赛、科技创新、创业实践等方面取得优异成绩的学生，奖金每人3000元。名额根据当年申报情况确定。

2. 文体活动优胜奖

本学年内在省（部）级及以上各类文艺体育竞赛中获三等奖及以上奖励，根据赛事级别和获奖等次，个人奖励500—3000元；团队（2人以上）奖励600—3000元。名额根据当年申报情况确定。

3. 精神文明新风奖

在精神文明建设中表现突出，积极参与公益活动，为社会和校园公共服务作出贡献，获得有关单位认可和表彰者；做好人好事产生重大影响者；敢于同坏人坏事作斗争，见义勇为者；为维护社会公德和校园正常秩序作出突出成绩者；在构建网络思想政治教育阵地、营造清朗网络空间中发挥积极作用者；视其情况每人奖励500—1500元。名额根据当年申报情况确定。

（四）优秀毕业生奖学金

积极参加就业指导、创业教育及各类就业招聘活动，自愿到艰苦地区县级以下基层组织就业，积极响应国家号召应征入伍者优先评选。获得优秀毕业生奖学金的学生，授予“优秀毕业生”荣誉称号。奖金每人1000元，评选比例为当年毕业生总数的15%。

第三章　评定条件

第五条　基本条件

1. 认真学习党的路线方针政策，坚决拥护中国共产党的领导，积极践行社会主义核心价值观，铸牢中华民族共同体意识，自觉维护国家统一和民族团结。

2. 模范遵守国家的法律法规和校纪校规，有良好的道德品质和行为习惯，尊敬师长，团结同学。

3. 热爱所学专业，勤奋学习，成绩优良。

4. 积极参加体育、美育和劳动教育，有健康的身体、良好的卫生习惯和心理素质，达到《国家学生体质健康标准》合格及以上。

5. 参评优秀学生干部奖学金须担任学生干部一年以上（含一年）且积极工作，坚持原则，秉公办事，热心服务同学，在学生中具有较高的威信，起到模范带头作用。

6. 预科学生在结业年度参评优秀结业生奖学金、优秀学生干部奖学金和单项奖学金。

第六条　综合评价

根据《西北民族大学一体化育人工作实施细则》的积分规则，本科学生一体化育人积分排名须达到本学院（部）同年级前50%，方可参评各类奖学金。

第七条　学业及其他条件

表1　各类奖学金评定学业及其他条件

名称	评选条件	体质健康标准
校长特别奖	符合下列条件： 1. 学年平均学分绩点在4.0（含4.0）以上； 2.（1）艺术类、体育类专业全国大学外语四级考试成绩达到425分，通过全国计算机等级考试一级或以上等级； （2）中国少数民族语言文学（不含零基础班）、汉语言、数学与应用数学（藏汉双语）、物理学（藏汉双语）、工商管理（藏汉双语）、法学（藏汉双语）、英语（蒙英双语）等专业全国大学外语四级考试分值达到425分或通过中国少数民族汉语水平等级考试（MHK）笔试及口语四级，通过全国计算机等级考试一级或以上等级； （3）外语类专业外语通过国家专业四级考试或全国大学外语六级考试分值达到425分，通过全国计算机等级考试二级或以上等级； （4）其余专业全国大学外语六级考试分值达到425分，通过全国计算机等级考试二级或以上等级。	良好
一等奖学金	符合下列条件： 1. 学年平均学分绩点在3.5（含3.5）以上； 2.（1）艺术类、体育类专业全国大学外语四级考试分值达到320分，通过全国计算机等级考试一级或以上等级； （2）中国少数民族语言文学（不含零基础班）、汉语言、数学与应用数学（藏汉双语）、物理学（藏汉双语）、工商管理（藏汉双语）、法学（藏汉双语）、英语（蒙英双语）等专业全国大学英语四级考试分值达到320分或通过中国少数民族汉语水平等级考试（MHK）笔试及口语四级，通过全国计算机等级考试一级或以上等级； （3）其余专业全国大学外语四级考试分值达到425分，通过全国计算机等级考试二级或以上等级。	合格
二等奖学金	符合下列条件： 1. 学年平均学分绩点在3.0（含3.0）以上； 2.（1）艺术类、体育类专业全国大学外语四级考试分值达到284分，通过全国计算机等级考试一级或以上等级； （2）中国少数民族语言文学（不含零基础班）、汉语言、数学与应用数学（藏汉双语）、物理学（藏汉双语）、工商管理（藏汉双语）、法学（藏汉双语）、英语（蒙英双语）等专业全国大学英语四级考试分值达到284分或通过中国少数民族汉语水平等级考试（MHK）笔试及口语四级，通过全国计算机等级考试一级或以上等级； （3）其余专业全国大学外语四级考试分值达到355分，通过全国计算机等级考试二级或以上等级。	合格

续表

名称	评选条件	体质健康标准
三等奖学金	符合下列条件： 1. 学年平均学分绩点在 2.5（含 2.5）以上； 2.（1）全国大学外语四级考试分值达到 220 分； （2）中国少数民族语言文学（不含零基础班）、汉语言、数学与应用数学（藏汉双语）、物理学（藏汉双语）、工商管理（藏汉双语）、法学（藏汉双语）、英语（蒙英双语）、艺术类、体育类专业全国计算机等级考试有成绩，其余专业通过全国计算机等级考试一级或以上等级。	合格
优秀结业生奖学金	符合下列条件：平均成绩 80 分以上（含 80 分）。	合格
优秀毕业生奖学金	符合下列条件： 1. 学业成绩名次排在所属专业同年级前 50%； 2. 基层就业、应征入伍者，通过大学生英语四或六级考试者优先评选。	合格
优秀学生干部奖学金	符合下列条件： 1. 本科生学年平均学分绩点在 2.0（含 2.0）以上； 2. 预科生学年平均成绩 70 分以上（含 70 分）。	合格
创新创业奖	符合下列条件之一： 1. 积极参加中国“互联网 +”大学生创新创业大赛、“挑战杯”大学生课外学术科技作品竞赛等教育部认可的高校学科竞赛获得省级二等奖及以上奖项的个人或团队（团队由项目负责人申请）； 2. 发表的学术论文创新水平达到国内先进，论文水平由专家评审认定； 3. 在地厅级以上机关报发表理论文章； 4. 以第一作者或除指导教师外学生为第二作者获得发明专利并实施转化应用； 5. 积极参与创业实践，入驻学校创业孵化中心，参评当年创业项目完成企业注册，经营运行情况良好，申请者必须是该项目的法人代表或占股 30% 以上的股东，且为学校在籍在校学生（申请时应提供近 3 个月运营报告或相关佐证材料）。	合格
文体活动优胜奖	符合下列条件：省（部）级及以上各类文艺体育类竞赛中获三等奖及以上奖励。	合格
精神文明新风奖	符合下列条件： 1. 做好人好事产生重大影响者；2. 敢于同坏人坏事作斗争，见义勇为者；3. 在校园文明建设中表现突出，积极参与公益活动，为校园公共服务作出贡献，获得有关单位认可和表彰者；4. 为维护社会公德和校园正常秩序做出突出成绩者；5. 创作的网络文化作品在中央、省部级、地厅级（含学校）媒体平台发布，参与网络舆情检测、引导工作，切实发挥网络文明志愿者作用，营造清朗网络空间。以上行为须有相关部门出具的证明材料。	合格

说明：在大学一年级、预科学习期间，各类国家等级考试成绩不作具体要求。

第八条　优秀学生奖学金中一、二、三等奖学金不得重复评选。优秀学生奖学金、优秀学生干部奖学金、优秀毕业生奖学金、单项奖之间可兼得。同一学生获得多项校内奖学金，奖励金额按实际评选项目发放。校长特别奖获得者，同时获得国家奖学金、国家励志奖学金和一等奖学金的，奖励金额按单项最高奖金额发放。

第九条　有下列情况之一者，取消本学年奖学金评定资格：

（一）有课程正考不及格者（单项奖除外）；

（二）受到党、团纪律处分者；

（三）受警告及以上处分且尚未解除者；

（四）体质健康测试不合格者；

（五）一体化育人积分排名未达到本学院（部）同年级前50%者。

第四章　评审机构、时间及程序

第十条　奖学金评定工作由学校学生工作委员会统一领导，学生工作部（处）、团委具体负责，各学院（部）学生工作领导小组具体组织评选。

第十一条　评审时间

优秀学生奖学金、优秀学生干部奖学金、单项奖每学年评定一次，每年9月至10月进行。文体活动优胜奖和精神文明新风奖也可根据工作实际随时评定奖励。优秀结业生奖学金每年6月由预科教育学院组织评选。

第十二条　评选程序

（一）本人申请。学生根据评选条件及其他有关规定，向学院（部）提出申请，并填写《西北民族大学奖学金申请表》。

（二）民主评议。班级评议小组组织全班学生对申请人进行民主评议，参加评议的学生获得半数以上同意方可被推荐。

（三）学院（部）评审。各学院（部）学生工作领导小组对班级推荐结果进行审查并确定拟评选学生。

（四）公示与监督。学院（部）将初评结果在学院（部）网页、公告栏等公开场合公示3个工作日，接受学生监督。

（五）审核与审定。学生工作部（处）、团委负责审核，审核通过后，在校内公示5个工作日，公示无异议后，提交校长办公会议审定，印发表彰决定。

（六）总结表彰。表彰文件下发后，由学生工作部（处）、团委，各学院（部）、研究院组织召开表彰大会，树立典型、表彰先进。

第五章　附则

第十三条　先进班集体、文明宿舍的评定与优秀学生奖学金同时进行，具体评选参照《西北民族大学本科学生先进班集体评选办法》《西北民族大学文明宿舍创建和评审工作实施办法》执行。先进班集体占应评班级总数的10%，文明宿舍占应评宿舍总数的4%。

第十四条　本办法自印发之日起施行，由学生工作部（处）、团委负责解释。原《西北民族大学本预科学生奖学金评定办法》（民大发〔2019〕4号）同时废止。

附件1：西北民族大学2020—2021学年成人学历教育类优秀学生、优秀学生干部获得者名单

优秀学生

济南市历城区黄海教育培训学校（73人）

蒲格格、许朋龙、于洋、徐睿成、许新迪、马凯辉、崔珍、李明阳、焦志军、王丽丽、吕海飞、夏强、周根生、于晓月、郭峰、高尚、张玉峰、魏振辉、张衍斌、郝爱蕾、梁蒙、李念玺、刘春晓、徐志远、毕文丽、康欣茹、刘皓、鲍文鹏、张桂芝、孙振明、李姝、徐宁宁、刘晓安、于旭东、李祖双、姚梦娇、李菲菲、李莉莉、孔倩、邢明明、张翠、李雅茹、艾萍、赵凤强、高瑜、于洁、巩彬贤、许宁、刘晓羽、张悦超、裴冰、周立丽、王文汇、董华鹏、刘洪春、安洁、何立芳、田家兴、李本玉、刘永佳、彭菲菲、郑勇、杜洋、张中快、苏振、张国振、宋志伟、马运飞、房盼、武永杰、万伟伟、王涵、葛迪

内蒙古高等教育进修学院（32人）

范荣荣、云鹏程、汪旭、毕奇艳、崔朝惠、李天娇、张彩霞、施运、古斯楞、乌尼尔其其格、董海霞、刘成霞、赵予韬、潘迪、陈尧、梁洪雪、燕荣、张娟、路秀娟、李旸旸、王维、梁娅、白丽芳、韩晓红、师学慧、田晓晨、魏佳乐、贾凯、安俊、刘文、陈晓飞、康敬雯

甘肃尚书堂教育专修学院（24人）

凌孟懿、范玉姣、张青、巨倩文、温洁、卓端、赵堃利、吴帆、钱鑫、牛丽伟、李成梅、赵连娜、吴世奎、念子皓、魏阿璐、吴凉、杨蓉、张玲、孟红、刘玉婷、吴好好、龙祥妮、蒲娜娜、姚琴琴

兰州西域职业培训学校（20人）

才达、东智才让、拉麻杰、南加扎西、闹日桑毛、次旦扎西、旦正措、尕生俄生、却旦加、完德才让、巴巴、拉玛、三智、下午加、杨秀措、阿珍、才让卓玛、普巴翁姆、桑旦曲珍、万玛龙主

庆阳市职业专修学校（8人）

陈雪妮、崔永霞、胡亭亭、李丽、王莉、王晓莉、杨亚利、 张剑

天水博通职业培训学校（3人）

张一琛、窦玉彤、柳芸芸

优秀学生干部

济南市历城区黄海教育培训学校（14人）

庄乾香、于海艳、薛辉、高凤英、贺元刚、魏传涛、刘铭、曲天浩、魏学文、张珍珍、许玲、刘玉杰、董倩、迟高洁

内蒙古高等教育进修学院（3人）

刘璐、王利珍、程秉文

甘肃尚书堂教育专修学院（4人）

李永婷、程秀云、张爱霞、李小燕

兰州西域职业培训学校（4人）

才项南杰、登登杰、丁增尼玛、旺珠琼那

庆阳市职业专修学校（2人）

王超、杨丽娜

天水博通职业培训学校（1人）

王文杰

附件2：西北民族大学2020—2021学年本科生校内奖学金名单

校长特别奖（16名）

张婉晴、梅宇涵、张雁书、潘珊、樊文轩、陈蓉、谭经建、张芷溪、陈蕾蕾、杨鑫玉、徐强、刘亦婷、陈琼、祁娜、胡冰倩、泽仁卓玛

一等奖学金（676名）

贡曲热丹、陈明、王振、佟思瑶、伊存莲、陈佳荟、冀鸿俊、董佳佳、周瑶瑶、魏雪、蔚梦屏、蒙芳、刘亚美、向宇、彭洲、曹雅玲、马沁桢、供波索郎、参回能波、羊秀加、尼却吉、邓增卓玛、郎甲措、东知卓玛、完玛扬措、共么磋、拉毛才让、邵博、胡运闻、洪圣、张天骐、肖文强、胡嘉慧、林竞连、石向萍、闫肖肖、措毛、刘一、潘开军、林威甫、郭靖、杨子涵、刘子璇、吴卓怿、刘

莅凡、赵珍辉、泽丽措、付博文、都孬草、张旭洋、卓玛吉、多吉降泽、马亚楠、陈彦旭、朱妍、林欣、王雪纯、苏宏洋、浦菊香、董文奇、荣曼彤、德青措、张晶、马滋苑、杨燕、吴若萍、姚春旭、贾箫维、南杰卓玛、陆小禾、向芷钰、彭申、李杨、黄屹洲、程立松、田德会、吴依、林聪、梅宇涵、张雁书、龙文珍、彭烁鸣、赵梦凡、陈博艺、冉钊、潘珊、苏琴、贺彩燕、杨萍、王梅、谢瑞成、孙佳伟、南杰草、曾湘兰、刘雁东、杨海燕、胡明澧、马思琦、张云楠、胡佳、刘香琴、王莉鑫、孙陆瑶、赵豪、杨欣岩、卜再兴、德吉措、凌晓凡、马淑莲、韩雨轩、赵雪、杨铃、郭文、李绒绒、李佳璇、肖丹、陈民典、闫红梅、李昕月、朱巧玲、杨津津、赵爱凝、邱龙婷、韩鹏飞、李晟、郭紫露、任皓洋、罗涛、孔书悦、陈严双、刘思琪、白聪艳、杨雄、席涛、秦莲、余思静、周一、王路、黄陆、刘晨璐、王玉静、李瑞雪、朱雨可、李婕、邵亚馨、黄敏敏、杨家艳、孙瑜辰、施柳英、周妍江、曹龙、谭欣、周世龙、魏瑞波、李韵冰、崔鹏洋、姚浩、白羽姗、唐迎霞、安鑫、闫安、张杰、刘勤生、黄巧鑫、吴浪娜、唐国红、李照康、李娅楠、文莎莎、罗林杉、王琳、安效牧、杨雯、晏楚贤、杜鹃、温伊博、雷春午、王浩然、杨飞艳、王丹、李双燕、罗涛、樊文轩、陈琪、王晨晰、茗庚图雅、仲雨瑶、杨薇、潘悦、许菲航、王奕懿、潘雯、万九鑫、董娅琼、吴梅燕、王莉、陈蓉、董硕、王小艺、杨锐然、彭欣雨、杨海基、陈小汾、汪思黔、刘雅婷、黎代羽、张舒涵、范琳、刘佳宁、冉寿春、魏萌然、丁志花、陈怡华、曲妍鹏、吕珊珊、杨荣菲、黄敏、潘佳、刘露霞、钱盈霖、任懂懂、石浩枫、杨乐、娄馨月、马小轩、王潇敏、刘怡菲、胡梦萱、魏铄、谢晏、张植鹏、张洪凯、王天昊、何思骏、张秩铖、马转转、丁丽、王春晓、周越、石凌宇、孙丽菲、苏玥、毛佳毅、杨雨萱、张文萱、张军、李艺、彭雪梅、憨昱彤、崔宝玉、王子轩、张思源、薛水霞、黄朝晖、麻妮艳、於漪河、崔静茹、赵子齐、柳书帆、廖燕婷、陈永煌、洪燕、刘强、张美玉、李宛桦、傅鹏宇、王金霞、张晓弟、吴娜、穆静、刘嘉琪、姚凯迪、牛志丹、闫剑浩、孙启翔、杨振搏、鲁锐、吴思婷、张岑、马虎祥、顾灵欣、胡奎、周伊茹、区嘉琦、张静、马莉莉、覃煜清、汝钰、卢榕楠、傅相、李可璇、雷瞿诺、吴艳飞、李超凤、王佳霞、李子苑、谢辉、彭丹、王华帜、张现杰、武婉婷、余渺柯、王腾静、陈天莹、陶红艳、胡峻、阳霞、赵诗佳、易爽、张梦帆、米小梅、邓茵、李雅靖、莫荣纤、何雨珊、龙晓琴、赵晓萌、周熳琳、张竞文、田越、广春梅、李孟纯、张力丹、卢依雯、张雅欣、马子豪、雷佳欣、熊慧媛、王基文、石鑫彤、蒋涵珺、冀晗鹏、钱卓、刘梓琦、岳雨潼、李姿茹、宋佩瑶、杨肖曼、张智翰、梁小燕、沈丹、傅晨蕾、孙霁瑾、岗吉卓玛、简潇杰、周述莹、庞梦华、赵冬梅、耿政书、兰汶鑫、王凯、柳兴莲、李芳、傅译、邬贤龙、妥泽花、陈梦林、李长根、冯详禹、向宏钦、高雨柔、张欣国、周思丹、雷朝潮、董玉蓉、李毛才让、拉毛卓玛、彭德坤、王智贤、罗坤、陈佳隆、慕海洋、郭荧炎、张子馨、刘晶、廖福禄、张瑜、吴乐、李漫燃、李锦花、唐之祺、马梓钧、李俊枫、多杰太、索珍、才让伊珠、乐靖雯、马燕、周涛、刘金柏、荀鑫、门照阳、吴永裕、付思雨、李修基、龙澳娇、孙士玉、肖世文、巩森森、陈俊霖、杨宣、张汶佳、韦廷敏、周游、于斐、徐强、郭静、戴欣悦、江晓珂、孙冬蒲、王燕、周成绩、李若一、龚陆杰、郑芩、汪子涵、黄文、万彦军、董乐缘、武文辉、陈明洁、任双琳、何微微、周凯、田仁勇、孙海洲、杨林、马航成、马稚童、马海晗、邹文乐、刘明、庄逸清、柴高艳、吕如月、刘瑶、裴凌云、龙治宇、王宇群、扈黛珏、石和欢、杜怡春、贾宁、焦文璇、乔玲、李友凤、李丽娜、马雪莲、金嘉伟、马怀林、詹璐宁、文鑫、李欣怡、贺卓越、张凌霄、罗涵颐、赵瑞春、李昊翔、刘保玲、宋子祥、苏凌云、陈雨欣、陈佩瑶、薛彤、滕文珺、刘雨鑫、邓梦婕、蒋佳彤、张淑莹、张杰、李芮、张琼、毕慧兰、武超然、王秀璇、王鑫儒、王春雨、梁嘉美、冷润雨、秦安娜、李亚文、曹明姝、戴润琦、吴晓玲、沙蕊、代玉兰、张紫淇、张书文、林思敏、李含月、罗子仪、赖梓瑜、彭玉林、马文芮、邱逸、夏瑗、王文静、冯佳雨、马扬、董丽缘、李同、邹雅婷、刘洁、张元飞、刘若琪、阮嘉欣、杨敏隽、邓予杉、杨思琦、范端阳、刘琳、张小雪、高琳淄、韦苏芸、吴跃艳、杨叶、鲁贵娅、叶星辰、朱玥添、叶贺鸣、刘沁、张艳慈、马桂琴、祁璐、曾佳、胡雁飞、杨雯婧、李皖湘、樊桂湘、蔡江滢、滕孟庭、吴贺芳、王福蕊、罗茜、张施施、余晓湘、柏青雲、高亚珍、马婉莹、田蕊、石航、张泽娟、诸葛晓萱、赵玙璠、苏智强、吴金波、李文军、蒋婉盈、马静、杨丹、王路、马俊、张林涛、杨玉安、邵匡振、文慧怡、韦艳兰、郭笑莹、薛文娟、刘欣妮、何为思、陈毓茜、刘海云、马存秀、康博友、李骏、刘俊旗、李钰擎、舒子康、孟婉霜、陆月婷、张慧、杨幸荣、李娅娅、韩利佳、刘芮彤、达菁、师艺文、刘莎、贾紫岚、许诺、廖仲楠、胡宸宇、张璐妍、刘思绮、张进睿、赵彬杰、秦怡丹、张梓琪、刘文超、侯文轩、雷静莹、赵鹏蕊、牧希叶乐、道日娜、娜米日纳、珠娜、伊力亚尔·阿力木、阿尔孜姑·艾尼、布热比古丽·阿布都热依穆、周亚男、旦知草、才让拉毛、曹都娜、泽仁卓玛、羊各措、卓玛措、向巴措、王白、旦旦、得青王么、桑吉卓玛、拉毛叶忠、道吉吉、刚雅岚、彭超、张蕴、侯新容、肖娟、黄瑛瑶、熊慧敏、朱家文、贡保扎西、桑吉扎西、霍文晴、娜日娜、乌云塔娜、敖敦、周冰冰、拉毛草、陈学珍、唐倩、白瑶、邓永嘉、韩雪、于欣怡、穆凌云、罗莹、仁西草、吉毛加、班地草、康主吉、曾凤君、苏宇辰、袁武全、马珂、饶惠明、余奕宣、周慧琳、郭爽娜、王鹏、白焕燕、起安娜、林昭宇、桑吉草、扎西求宗、公巴吉、措吉、格日吉、卡卓梅朵、俄格吉、森布尔、周吉、当子草、闹曾华毛、卓玛措、白玛措、卓么草、扎西草、曲加旺索、卓玛、丹增周措、卓玛草、班玛吉、赵康、姜欣

二等奖学金（1438名）

王飞洋、夏孟园、谢丹卉、吴国宇、文檬、孙鹏程、马永强、殷龙刚、杨勇、付森、马宝宝、王猛、齐彦、胡万江、陈佑淦、旦巴泽绒、林尚君、刘致春、韩忠福、邱懿、杨兴海、马宇航、拉宗、格桑、叶西措、王闻、舒双龙、李京昊、吕鑫洋、沈阳、陈杰、梅谦、金梅、番助艳、武俊、李文闯、冯兴民、杨露、王娇语、王雪彬、刘翀、李玉美、张梦月、邱凤青、梁毓豪、周思宇、邱扬帆、崔长付、兰志飚、贾雨蒙、周措、安润、向飞宇、彭雪城、林剑东、廖云强、魏成宇、金昱君、张琦、马秀莲、张百彪、潘阳、蔡志远、常海洋、冉梯、钟叶飞、完德措、高朝阳、尼玛顿珠、吴彦

锦、吴焕之、李应冰、王启龙、田松山、黄珊、苏成波、王柯、蒋林、拉毛措、吴柃萱、黄耀雄、李继臣、贺燕军、马平、于子云、刘明静、马建辉、曹亮、彭顺、毛禹喆、王璐雨、王帅、杨宏宇、王艳、王露瑶、蓝俊哲、禹小杰、李志飞、赵嬉、马林林、戚晨夕、谈添、丁付林、杨维东、程浩峰、杨楠、王卓妍、林子琦、马磊、刘洋、吴兆祥、王文渤、赵小龙、许伟斌、陈一静、杨燕、林嵘珺、田云鹏、张彩芳、李瑞杰、周玉霞、张倩、吴亚兰、胡浩文、奉宏华、史永霞、周先才让、彭毛央宗、贡保南杰、索朗曲措、彭措翁姆、泽降、拉毛草、高万梅、刘怡琛、张佳怡、代雨晴、纳朝颖、向悦、凤肖潇、张宇泽、王诗佳、刘珊珊、李彦妮、李龙纪、段春旭、白世标、陈娟、刘宇悦、吴小平、王璐、王孟庭、赵仕鹏、吕海梅、李柄锦、赵瑾喆、闭丽钧、金娅楠、胡紫艺、陈治宏、丁小梅、王安琪、白晶锐、娜加卓玛、仁欠草、完代草、屈彦君、刘思佳、周静、周倡宇、姚旋、覃大珊、明波、冉孝莲、黎聪、张驰、冉慧敏、张灿灿、胡妍佳、李志为、伍雅妮、吴娇、王思媛、龚诗淇、农思红、马逸云、张帆、王永成、杨娟娟、陆艳玲、马森、马慧敏、刘懿萱、蔡大为、陈阳、李成东、王旭丹、裴志丽、阿依尼尕尔·库尔班、李乐、周恋婷、魏丹丹、陈小英、安华壹、覃绮琪、张雨珠、罗嘉祺、杨涛、黎静萍、覃丽丽、陈鑫、卓么措、杨秀卓玛、尕芷拉毛、冯亿、邓庆祝、苏瑾、赵玉茹、吴凯龙、金凤、丁林乐、梁倩、吕如、张宇星、戴雲、王璿、赵玉茹、伍保宇、王盈会、史雯飞、吴惠炘、蓝国楠、文澳丽、钟陈昊、李婧瑶、刘喆、刘淑丽、王颖、孙敬、张中珂、秦亚琴、易当措、向巴措、曲尼那么、牟瑀佳、虎志霞、钟静、赵睿、赖永玲、朱启庆、石静、杨韬、张戈平、黄昱婷、完玛扎西、徐董蓓、王钰、祁敬修、向珊、韦雨茜、刘远、钟金娜、张佳、闫冬冬、张阳阳、李嘉辰、唐璐曼、周娇娇、樊帆、刘冉、杨欣雨、范婷、王晓丽、王文华、寇玉倩、冉惠灵、张兆政、马文静、郑雪梅、王泉灵、吴有海、马祥、陈思佳、李容、马雯琪、冀璎晶、曾凡昊、强巴顿珠、贡呷甲央、银目草、泽郎曲卓、张红燕、沙风花、元俊玲、舒涵、丁洁、吴晓宇、陈怡、马丽梅、和秀云、王南乔、梁俊秀、冯宝艳、马丽婷、李双阳、卢童、吴海霞、张弛、王旖樱、王亚甜、张萌霞、黎曼、庹云合、孙炎、杨小盛、邢照敏、李强文、陈玲玲、马德花、王警弘、滕文、王帅棋、赵宇鑫、刘飞、林火烨、冉怡、李可韵、程佳怡、郑梓轩、刘健伟、袁紫豪、杨凌杰、席伟、谭欣、刘心悦、张文娜、苏继飞、柴世彪、王雪、粟成钢、杨露、姜玮、张双波、周晓聪、廖崇禧、桂腾宇、杨婧、赵增茂、东明鑫、王子煜、周源博、蓝雨轩、许成瑶、杨文海、李萌愉、黄彤、陈亚婷、刘俊义、熊高宏、姚一凡、李虹利、王自权、肖智坤、满景洲、覃露露、周诺彤、李珍梅、陆萍、郝海娟、张海霞、马梅花、车其芷、郝婉羽、望思楠、樊勋、何相潜、曹政委、赵启凡、李情晴、杜云、黄思琦、古丽米热·库尔班江、周玉蔓、郑明颖、李琪、刘轩池、吴冬森、陈晨、马小梅、赵吉星、胡婷婷、张恩友、马丽娜、凌众、索漫、刘佳欢、梁佳仙、罗倩蓉、杨晓军、沙慧、马璇、杨寒梅、马利风、虎晓燕、覃寿颖、王云龙、姚珂珂、黄海波、蔡世斌、李旭、马辉、徐凯境、郭丽英、马思婷、刘争艳、韩进英、王灿萍、温佳兴、姚素洁、刘思思、买晓雪、谭家伦、郭威、李榕桓、罗燕、赵萌琪、席阳、高诗芮、李长贵、杨灿、邓冬梅、张涵韵、谭萍、马芳、史一诺、何芳、冯南棉、张熙尧、阿力达·苏尔旦、梁健杰、陈倩、包雪琴、李洪娥、乔世莲、卡全才、杨佳丽、袁东平、蔚玺、王靖、吴思航、董海、陈莹、自点江楠、蹇春娥、伊栩含、李松葶、陈王兴、张世琬、蒲旭艳、陈强、乌日娜、刘睿悦、谭笑笑、李孟琪、唐仲萍、毕文乐、吴昊洋、雷振华、苏惜平、周敬豪、范蕊、包程阳、邓颖芳、钟雅琳、赵芮、幸鸿婧、马亮亮、马丽梅、林涛、吴明龙、马小杰、马思慧、陈魏、蹇红杰、黄伦丽、王琴、刘娴丽、李紫茜、向晓、刘晓婷、胡秋红、马继元、李思炎、曾琬艳、严诗颖、曹璇、马鹏、马成、陈欣、闭周琦、栾艺迪、江雨婷、刘先慧、陈红、严欣、王葳、吴帮美、毛林源、韩轶男、谭颖、罗晨成、李诗怡、马富才、马学梅、潘祉瑶、赵晓龙、自明凤、王梦婷、张硕、余艳玲、周昌雨、杨微、李静、刘浩江、韩美兰、苏乐乐、卢洋洋、马建伟、王欣、何林、王鹏宇、李宇欣、朱翊、张智卿、陈子涵、杨平梅、摆小丽、陆鹏旭、何奇、马彩红、余小梅、张晋之、卢彦源、李斌、姜海盟、张羽、张月、刘闯、谭洺维、黄艳琪、黄桂芳、方婷、杨玉容、卢美娜、闫嘉鹿、张迟、乔梓桐、李海宁、徐淼、李沁芳、邓人萍、李倩倩、向磊阳、白静静、苏琬婷、龙文美、刘方佳、吴文刚、种舒敏、王芳、李家音、丁孟群、李天硕、蒋小刚、罗传芳、李阿涛、郭治强、林玉评、锡林夫、肖远璨、王俊灵、马蕾、张儒弟、成小芳、乃知措、王浩宇、张瀛方、李硕、王雪静、赵丹、吴梦琦、苏雨轩、马倩、车蕊、蒋可卓、周熙、宋王艺洁、刘诗怡、牛晓琳、赵玮琪、马东平、胡瑞琦、陈淑仪、康龙杰、戴建博、李明远、陈倩、陈雪、张雪文、吴雯慧、王宁、魏凯璐、王丹霞、高靖尧、马镘雅、张芷溪、唐娅秋、张丽、李锦龙、梁婆丽、刘海琳、牟平、陈宇昕、张静怡、李和春、刘晓丽、严嘉惠、张颖、马雪、张震、韦霜荃、李梦婷、董明慧、虎欣怡、毛欣、吴迪亨、于成程、王静、高楚璇、杨瑞飞、吴爱思、张洪梅、罗凯艳、谢丽娟、胡冰冰、张维维、梁团、王婷、龙桂香、王婷、糟新月、玉兰、钟余棂、赵龙、朱卿元、程奕华、虞景存、杨琦、金伟嘉、杨晨、冷雪、王倩玉、李琦琪、陈冰、马美艳、马艺萌、徐嘉好、焦娜、韦蓉蓉、马静、鲜雯、秦晨、张焱梅、王乐童、韦落落、韩晨、秦雅晶、霍旭、马系莲、徐翊萌、王翻兄、姜瑍、周丽艳、康甲信、许娟、卢丽媛、郭川江、杨雪、宋汶哲、王林楠、李双娇、吴源源、石静雯、王露晨、沈诗嘉、陈晓单、廖华玲、黄杨、马雨涟、陈泽源、文兴珍、黎世超、姚墨月、全昱吉、张庭慧、田丹、资锦莉、查佳伶、孙思琪、谭梓杰、王明婷、丁香、岑怿萌、陈金慧、杨明烨、余忠兰、段嘉宝、张钰泷、金霞、李君瑶、王建设、付凯、陆彩云、常潇月、李秀梅、彭小钧、辛宏业、洪恩楷、于浩楠、马子涵、田丽蛟、农韦优、刘家惠、马莹莹、白琳胶、陈晓勇、杨杰、姜伟、龙亚琴、杜晓梦、刘泽政、曾福泉、陈燕、李可乾、陆丽芬、郭启为、唐博灵、陆一娇、刘翼溥、张阔、陈俊丞、李欣玥、郭世浩、吴春妮、金宇航、何文昌、朱鑫杰、张浩然、徐百灵、郑臣志、苏慧、高涵、杨钊、赵云龙、曾伦枫、赵宇皓、赵盈、覃渝美、龙智磊、刘歆、潘洁、刘俊、邓宇航、杨柳、马艺珊、田璐、周王达、徐榜、陶永会、何振洋、焦利媛、黄锦添、刘伟、于洋翊、王瑶、满鑫、颜丽华、刘琪、刘春亚、扎西德吉、李本才让、达娃普尺、才让拉毛、南杰草、陈佳欣、黄伟、张婷、肖文杰、孙佳莹、邵以傲、唐亚丽、白芊芊、吴亚军、李成茜、郑林杰、张书瑞、李源、王世东、张文会、谢爽、马立克、陈星雨、陈良海、顾浩、闻豪、杨倩、田俊宇、禹丽婷、郝晓冬、马娟、贡保草、豆格吉、仁青卓玛、公保措、李毛扎西、王嘉欣、马思慧、王鑫怡、班毅超、龙翔、苏玉佳、戴茂园、童守军、崔朕嘉、肖兴杰、彭渝寒、刘俊宏、黄丽圆、魏龚玲、颜静琛、陈明星、王雅爽、谢晨宇、姜胡、范佩、孙倩、魏天楠、谷园媛、蒋蕊泽、杨静、戴锦程、靳晓燕、刘斌、贾祥传、韩仲旭、李香华、刘明昊、刘有为、刘丰诚、田浩文、王彦桃、冯昊宇、马婧、贾雅婷、汪国徽、王永明、朱涵、张清香、白耀平、李文卓、张东健、徐文龙、殷德宝、李岩松、雷丽媛、丁学磊、彭璐、张伟康、路磊、王威龙、谷文帅、刘美汐、周翔、杨坤、王千一、谢祖嫘、何鑫、向贞伟、尹飞、拜桂琴、彭硕、王俊丽、毕博文、左双滔、王军、肖唤春、叶珂凡、杨鑫、陈小强、陈江东、马杰、王奕杰、付紫豪、马钰杰、邱鹏、郝齐越、郭建伟、王红琼、郑煜书、李桐、何威、马道成、骆海斌、魏子凡、邓博文、李嘉奇、赵建军、王小军、邓嘉鹏、何明润、乔嘉豪、王浩屹、祁德斌、马继明、许昊、侯贤峰、孔家豪、李聪、赵津、杨双杭、杨艳红、曹妍、张琰、李莹、苏飞豪、马牵宇、魏卓君、王彩珠、王福艳、杨咏茜、万超、赵文彬、田仁绘、雷艳芳、付康茹、朱渤朗、陈诺、苏晓琦、马丽娜、刘亦婷、徐杰、宋泽、杨诸洁、王妮妮、王蓉、沈静娴、马彤彤、袁小美、王瑜、刘思雨、古丽给娜·努尔拉、石融诚、王文琳、冉诗琪、郭海东、侯怡静、柏佳欣、娜日给干、甜甜、蔡文梅、马米爱、兰菲、黄家茵、杨楠、陈梦欣、吴沁遥、苗丹、田沙沙、闵盈、阿应梅、杨喜、刘雅婷、杨海佳、朱蕾、杜明月、马致芳、任永欣、钟家亮、陈金星、张天莉、迪丽拜尔·艾孜塔买尔、买依、刘心怡、王艳、陈怡璇、张彭雪、王艳玉、王诗雨、刘政、董佳宜、孔嘉颖、刘思烨、王楠、马甜、刘欢静、赵浩桦、林芸霏、刘晓燕、刘睿婕、李琳、程生科、宋相蓉、肖钰婷、柳美玲、何琦、刘如雪、龚雪、邝美娟、侯青江、王颖卓、惠文博、焦硕、辛龙昊、张佳琪、吴茜、张润之、何丹、宁玉霄、吴菊依、吴婉君、黄隆婷、马英、曹丙娥、刘倩倩、徐婉婉、马选芳、杨璟涵、谭晨曦、李燕、吴丹、孙智伟、马蓉、孔维艳、张衍鹏、陈梦啸、陈才玲、曾宇丹、张雪辉、黄梅、陈麒、牛占秀、刘绪政、余健灵、王一卓、宋科蓉、邱子琪、李嘉银、田姗姗、郑子寒、李滨芮、陈建树、孙雅杰、和舒秀、马玉萍、魏妍、易飞雪、李书娜、马蕊、唐晓月、王盼盼、夏平琴、曹凡、和鎏、文怡心、黄滢竹、乔轩、崔维、马晓炜、李爱翠、杨佳骏、司雨航、闭明阳、郭育汝、梁爽、胡文静、范慧玲、蒋瑶昕、张晨晨、冯宇媛、文极、刘丽欣、黄立卿、陈婉琳、王珂、黄程、杨旭亮、冯静文、杜玉琦、雷静、陈怡文、马佳仪、李瑞星、吕玉仙、何波、康晓媛、韦海奕、李媛钰、欧阳媛、冉佳雪、马佳旗、徐玲煊、张骞文、郑雪、忽欣怡、肖文媛、杨紫洁、何小倩、李孟乾、穆晓琴、祁雪芳、杨璐、马晓伟、冶小燕、杨冰玉、蓝蓉、马海兰、马英萍、马金莲、李晒买、马瑞欣、彭芸、张佳龙、郑嘉淇、方钰、方彬、王锐敏、蒲转霞、杨兰兰、唐美琳、马作萍、南盼婷、蒋俊兰、冯媛媛、张青山、唐金鑫、冼世英、韦娅露、王小梅、王日烁、马雨玲、冯全梅、次仁取此、马旭、郭红燕、吴仲霞、马江艳、马子兰、马瑾、田玉蓉、赵子君、李文丽、马亚琴、周艳、郭里彬、彭微、安随虎、何焕中、丁文倩、刘洋君、张永梅、杨昀卫、胡晨馨、马小国、郑程熙、段庆丽、刘龙花、伏慧珍、王芷棋、彭颖、王梓励、谢景怡、马伊睿尔、韩旺、李开雨、马梦梦、赵小兰、马妍、李梅香、马兰、马艳、张婷婷、余聪、石妮妮、覃嘉宁、吴起航、马小芳、李悦彤、马玉欣、左春娟、金文悦、李亚妮、吴凡、黎柳利、陈玲玲、康晓龙、吴祥军、石依佳、何坤锟、王瑞琪、徐心怡、陈果、米艳、王艳芳、寇玉、吴雅妮、吴文缘、冯琪芳、李燕、鲁轲、王琳、乔丽红、马燕花、卢雨飞、安倩伶、马金孝、卜欣元、马恬、褚梦妃、马文丽、尚莎、陈甜园、蔡晓雅、龙慧玲、文李、查思睿、田欣冉、曾文昱、马廉婧、马润涵、丁雪花、丁淑霞、马茹、黎广月、马艳萍、金唯艺、张子璇、刘金慧、孙雅婷、华宇璠、王宇荣、陈丽谚、王一函、白清源、马东霆、丁尚文、邢可钦、韩林源、李佳荣、李雨妍、卢嘉宁、王书元、张月、哈千慧、马雯、萨巴艾提·艾尔肯、热依汉·阿曼、马婷婷、宋佳蓓、吴红梅、呼斯乐、萨日、安格尔玛、王晚霞、前白、阿巴斯·艾麦尔、萨木斯汗·艾尔肯、阿依妮娅孜·依比拉依木、祖丽皮耶·麦麦提、努尔依斯拉木·阿卜来提、布麦热木·吐尔逊、阿丽娅·吐地尼牙孜、马禄浩、郭珂逗、阿地拉·阿不来提、阿力曼江·肉孜、生龙青措、华日旦奥赛日、白尕卓玛、卓玛加、吉毛加、李巧玉、桑杰草、当子吉、李晨舟、陈夏琴、徐菁、朱鸿玮、赵志茜、杨瑾、黎鑫、金鑫、兰静、妥小梅、马雪、张园菲、黄盼、首慧琳、唐萌、张瑜、而杰草、吉毛先、格日求卓、王修拉么、贡保杰布、索南曲吉、万尕吉、索郎卓玛、切江加、扎西措、拉姆卓嘎、德昂、尼玛卓嘎、格桑卓嘎、斗格扎西、闫效铭、慧慧、阿力娅、阿拉坦萨其拉、麦提亚森·多来提尼亚孜、热合曼·库地来提、拉昌姐、措热、斗格吉、扎西措毛、仁真杰、熊道美、陈映艳、刘拾月、巩慧婷、邓杉杉、刘晓庆、毕敏、黄晋宇、訾湘琳、马小莲、梁慧娴、魏易、何花、周栩冰、郑娇杨、黄凤明、罗颜、杨正君、得吉卓玛、道吉吉、然木拉姐、曲张、夏道草、才让草、兰青吉、勒毛才让、班玛草、杨汐钰、张潇、李梦洁、李思淇、王纯、力毛吉、才让旦增、李倩倩、杨贤、陈秀选、田雪雨、郭佳宁、李俊姿、王晓晨、严梓恩、王亚珺、田欢、常莹、汪如风、舒敏、朱婷、刘坚、魏淑芳、吴姚兰、罗茗涵、张赢尹、隆宇慧、魏鑫楠、邵子瑾、刘懿、赵柄权、青梅拉措、拉茸恩主、李娜、仁青拉错、拉毛草、尼依措、邵丹丹、忠格草、夏吾周毛、扬盖措毛、泽旺卓玛、扎史次木、桑杰吉、巴登拉姆、鲁茸卓玛、仁欠措、泽让磋、旦正草、央金卓玛、才让措、旦真卓玛、此里央宗、当子吉、才华加、旦正卓玛、朋措巴丁、仁庆草、昂智加、加羊才旦、白玛吉、巴桑翁姆、李加措、桑吉草、白玛才仁、德吉措、贡去扎西、洛定、看召吉、拉毛吉、旦却卓玛、俞美竹、李佳慧、文薇薇、蒲昕怡、王颖

三等奖学金（2452名）

陈旧、唐媛、卡主草、杨熙成、买永博、黄鑫康、李俊、扎西草、罗让龙当、卓杰加、普姆、李增多杰、旦增旺姆、尼玛次仁、周毛克、仁青卓玛、卢云迁、廖海秀、乐丽斌、白帆、邹艳玲、周豪、马小梅、张婉晴、张文婷、胡云、徐弘芝、冉亮、赛秀杰、沙丽香、焦婉桐、张越、张文、马飞、张仁杰、代兵、杨江林、谷鹏旭、胡俊、琼拉、郭育杉、陈铸、朱兴华、铁一凡、黄剑林、杨

睿、杨明辉、王帅飞、李红艳、赵凌峰、黄焰辉、武莹莹、刘琪琪、王子谦、马伟、张小武、高晶伟、王晓奇、黄银、钟懋鸿、林顺、王元琪、齐寅任、仁欠卓玛、多杰卓玛、如么措、帕玛、索南吉、洛桑白玛、卓玛吉、索郎得吉、赵潇雪、马斌、马朝阳、肖玉笛、周美琪、龙忠霞、王安楠、马旭璇、孙浩瑜、张浩征、申浩、敬鑫玥、唐慧娜、谭奇建、郭锦程、杨亚敏、田泽丰、田卫坤、王胜、刘鸿辉、郑伟、闫鹏飞、尹锦山、方鑫宇、杨增卓玛、杨宝成、达万纳么、宋莹、白文艳、黑静、马飞、刘春涛、杨卢、马芳芳、陈俊桥、赵鹏程、蒋淑涵、程培瑛、高景钰、薛皓元、王加映、顾雪洁、熊国香、田馨月、陈钰镇、赵广平、冯琳、程欢姣、周瑞婷、熊敏、尕玛杰扎、王红梅、王贵新、龙畅、赵正威、丛森禄奥、益西旺姆、石俊婷、彭叶韵、高静杰、马海兵、魏子祺、杨康、李硕、赵正、王彤彤、杨平、刘文正、王俊伟、仁吉措、秦永鹏、马晓花、马鑫、熊育政、宋昭军、杨光铷、马玲琳、马富荣、马琴、马静、黄念、扎西措、乔震昊、龙仕敏、钱鹏飞、刘祥、杨佳丽、李新月、吕坤山、李钰恺、张峻峰、王欣羽、买吾鲁旦·买买提、秦宇杰、邱瞿睿、汪骋、蒋泽磊、张锐、韩冬阳、李壮、张明、邵瑞鹏、吴祥芬、杨艳、丁瑞涛、邵帅、吴宗泽、高泽宇、杨天池、杨林森、赵瑞机、杨秀玲、张湛渤、邵森磊、庄齐、唐海、饶顺、韩军、马丽丽、舒梓豪、吴永佳、赵文萱、晏裕宁、赵浩宇、马媛媛、杨林慧、李小锋、田斌、龚长浩、杨晓帆、杨兵、廖政达、李恺琛、杨艳玲、扎西拉毛、才让拉毛、豆改才让、卓玛吉、斗白、桑吉草、翟蓓蓓、钱跃、钟江睿、纳晗、郝晨旭、龙强、马义文、蒙李伊、张文涵、乌志玲、付欣欣、刘蕊、李慧子、陈翰林、乔宏、马俊清、牟英杰、乔金莹、王攀媛、郝俊博、罗世生、陈汉麟、姚程家、普向杰、朱贤濮、袁曦泓、程可妍、周措、南太措、达哇卓玛、马悦、韦超超、杨谋、阿地拉·吾斯曼、陈碧钰、刘伟明、白姗姗、孟伟、崔天照、黄婧、黄娜、禹莹、邱壬霞、韩雨希、杨小燕、岳鑫、赵书新、马梦瑶、施金婵、钱隆、张萌源、闫子恒、张启阳、拥沙拉姆、益西白宗、完德东智、南拉加、仁青卓玛、朱目草、莫进航、陈宝仙、陈德群、杨堃、王怡钦、刘婷、蓝李清、郭君涵、吴羽诺、和念莹、吴安琪、张可晗、闫嘉璇、姚婕妤、廖蕊怡、马若彤、黄曼灵、陆徐丽、周仕美、龚海浪、李娜、陈江美、石霞、倪玺涵、钟晓琪、滚昌秀、杨娅丽、余志鹏、杨婉婷、王园、江荣达、马浩智、马进龙、马丽娜、杨芳芳、刘乐乐、尉正波、陈倩、马云飞、白灵子、胡嘉婧、韦明宇、马俊清、韩丽萍、马兰、王银、刘蒙、赵保同、银杰、王宝婷、王玉萍、马永玲、杨娅雪、寇瑞、蒋露龄、韩雪、马秀兰、吴伟、陈依阳、董樾霖、舒璇、马莹、黄燕娥、张桂蓉、符尚平、姜银娜、马春梅、马玉霞、马晓花、徐彬其、龙诗宇、窦昭、陈婷婷、张琴、刘璐、廖玲、罗灵娇、杨雪莲、李硕、潘沁云、杨小菊、余娅雯、索太叶、卓玛草、泽让措、甲央卓玛、张洪梅、在旦拉毛、才让扎西、旦正昂加、仁青卓玛、杜靖琪、马文梅、陈双、朱梓铜、王慧莹、杨兰、李沅明、马娅、吴佳楠、黄朝阳、郑率、涂彩霞、贾紫涵、赵飞燕、李丹丹、廖若雅、李静、靳文聪、赵家菲、龙丝、仁增曲珍、马芳、蒲海叶、任雅诗、朱惠平、徐思琦、田晓雯鹏、史梦露、黄倬瑛、隆云超、王誉、陈倩、求江草、呷绒青措、仁增曲珍、颜子钊、冯洁、蒋雨萌、牛亚萍、丁海军、李颖、岑彩票、廖晓萍、程佳豪、苗潇蕤、高赫、莫色伍沙、赵玉祎、巩婉宁、李舒华、封斯阳、特合巴、蔡志琼、王雨轩、梁逸雯、梁冰洋、李蓉、郑萱萱、王冉、马博杰、龙恬恬、邓喻方、罗鸿宇、吴家乐、戚岩、刘昱娇、高歌、多杰措、王雪、任家伟、刁贞霓、李思成、锁排毅、张盛珺、龙焕、冯祖相、马永贞、马芬花、黄心慧、马宏鑫、王馨童、王晓峰、唐晓芳、王芳、樊颖、陈娜、刘兴兰、马丽莎、王丽媛、陈腾、何苗苗、杨瑾娴、张家源、张佳馨、王清华、马佳琪、董文文、杨琪、何正丽、罗雪莲、海雪、张兰、张皓月、陈丽丽、袁隆龙、黄艳雪、王辰洲、雷日锦、马嘉诺、韩露、琼永拉忠、田敬美、王婷婷、张阳阳、朱欣悦、刘晓容、马雪梅、谭尹、凡恩培、蓝金润、李光浩、张海峰、巴桑卓玛、四郎秋吉、邓真尼玛、东杰布加、李秉泽、马俊杰、丁祥、田雅鑫、宋琦、霍鑫源、米可心、黄伊阳、宋官卓、邹青青、吴翠花、陆承华、黄兰、韦若萱、黄晶、奉晨苑、赵雅、肖琪琪、丁悦、刘娜、杜呈洋、富嘉慧、王南、蒲小妮、罗畅、饶媛梦、沈立豪、王琨、徐前、廖贻帆、黄忠华、王丽敏、张春良、孙欣杰、杨安湘、林佳、张庆龙、杨楠、文晶晶、薛雅文、孙权、杨东、周星辰、陈怡彤、田宇萱、黄丽笑、彭瑶、田彦浩、董昌华、唐璐、张美晨、喻兆琴、黄巧莲、梅哲、夏灵聪、李春园、方浩、阿丽旦·如扎洪、张海川、冯逸、覃金花、马倩、杨烜博、王强、魏小连、雷淼、杨江红、周帅、王常明、郎云川、祝霖露、马明亮、李鹏、王雨萱、姚尧、张秀兰、林洁、莫松霖、江文鹏、钟瑞、林镁清、袁焘、高少卿、聂郁霏、雷淞、李爽、包嘉颖、韩明哲、田玉杰、方艳瑞、许灿远、代甜甜、张翔宇、田中利、彭茹萍、李静、黎艳秋、任孟强、张丽、马元萍、张冬凤、李佳骏、许龙镇、黄青梅、黄龙、徐松琼、杨艳、迪尔丁增永金、帕提古丽·塔伊尔、马梅兰、兰思琪、王子鸣、徐悦、杨庆远、梅懿陶、王仕玲、李鑫雨、张松英、索朗央金、马国梅、白海霞、张飞飞、刘熙承、李兴鹏、戴琴、白齐林、司晓梦、梁慧珍、韦柳嫣、陈肖羽、胡圣亮、廖健东、文春花、刘承湘、陈普、赵陆慧、张璐、陈佳乐、孙亮、颜悦、侯金权、潘阳、马梓竣、白伊美、卢泳、吴方平、陆皎皎、马莛芯、玛迪娜·俄勒马扎、王鸿雨、肖岚、高重阳、刘弘荣、李明、韩东旭、刘方方、文少兵、鲍迪、唐艳婷、马向艳、黄雅洁、张艳楠、畅书婵、马楠、胡三山、欧佳鹏、杨志庆、杨文静、韦源哲、莫少豆、黄佩鲜、杨闽贵、王佳俊、王友琴、卢丽芝、田发忠、张钰浩、张路、李盖玛措、宋雨欣、黄城俊、申金鑫、谢欣虹、韦兰芳、杨彦、常立葱、李香蓉、格桑卓玛、陈龙、马菽苑、张显博、陈修蕊、沙志琴、李雯萱、邓小媛、马尧雨、梁兆谱、阿丽耶·麦麦提敏、黄溪霆、刘贤涛、白延婷、王俐彬、胡蓉、张砾文、陈芳、崔眠、莫运珍、马发都妹、程锦华、许红伟、杨建、马学燕、吴昊、金睿哲、王廉贺、王鑫昊、韦兴绒、任佳佳、潘丽英、林俊、谭豪、刘艺、马小英、马西娜、普菊萍、热依拉·依斯拉木、穆永奇、陈强、马园园、满雨晴、沈美娜、王洁、张本田、海日娜、张超、段玟羽、谷峰、赵文婷、陈思静、杨娜、潘美鸽、马小兰、孙志敏、蒲淼、秦国辉、阙金煌、刘浩淼、张礼霞、孙思危、李慧娟、张蔷、唐名杰、田双庆、尹庆淞、王风英、于洁、赵洪瑶、格松玉珍、杨朝军、冯紫欣、周晓娜、杨顺情、张亚云、林文馨、陈瑞卡、杨瑷嘉、马鑫、马成龙、武婉婷、文宣、李彤、吕欣、杨春苗、朱蕾、赵志明、秦蝶、黄亚杰、韩辉、彭键、蔡鸿洋、武芳婷、马维芳、李东芳、黄也含、田豫、陈俊伊、姚佳霓、马雪儿、徐宇豪、黄锦安、王瑞雪、黄松叶、王君睿、杜涛、高艺展、罗娟、李家欢、杨丽婷、刘奕嘉、杨小美、祁金昌、常颖慧、苏运南、张楠楠、张星、古丽娜孜·阿卜杜吾普尔、武英哲、黄春华、冷若琪、龙阿桃、陈雨菲、王晓雪、闫思潼、闻婷婷、刘星、陈丹、胡宇琳、望宇晖、吴志硼、杨丽铃、杨应江、崔弘雨、吴文哲、关燕茹、王瑞、王冰玉、马家宝、李嘉辰、郑荃、王风凉、唐楚洁、李承儒、马琴、张远欢、郝家、刘枭、杨慧玲、张洛齐、李悦、李小燕、周露露、王梅、鄢瑞鹏、张洪平、林峻清、祁进花、王文川、李佳佳、谢云蕾、韦琦、张玉娟、李秋梅、线小军、陈露露、苏慧、岳姿、韩学义、索玛、张睿哲、何蓉、徐叶、姬海瑞、吴佩仪、田雅莉、符洪娜、谭欢平、向豪、郝沿钦、胡捷、喻睿妍、宋文君、赛米·肉斯旦木、冯懿琪、张平、李鑫领、贺小凡、陈建材、马向萍、钟雪、林舒瑶、马秀花、梁舒妤、冯秋净、黑爱萍、王雪、强海雪、秦佳丽、于梦男、江婵、张浩森、李妍、谭敏、李龙、杨欣欣、侯明宇、杨芳、海翔、窦谊柳、周菁、鲁梦楠、王向东、索南卓玛、王文秀、张书敏、申雅娜、兰辉、杨露、艾铭雨、刘兴宇、杜嘉旭、韦常沛、刘敦海、袁苏月、高建东、黄杨泽、邹香婷、段荣琨、许晋伟、韦冠贤、李新华、张铭轩、秦姜河、韦华兵、肖晓、穆亚萍、王昌灵、马倩、哈梦翔、文柯蓓、马丽燕、张家齐、陈佳齐、杨文、刘雨晴、高金兰、马文杰、吴惠平、周招兄、吴永翠、冯江林、李月月、康子龙、贾洁、张衡、马丽、安宁、文家念、祖丽皮努尔·祖农、穆妮热·努尔艾合麦提、张明骏、刘闹、王屡家、马小鹏、陈雅洁、马巍巍、马燕、张茉、张义、李熙明、孟克其其克、丁柏瑜、韦秋月、田枚纭、央金措、隆茂翾、刘学峰、熊瑞雯、达日登、谭婷婷、铁悦、周薇、广雨霞、霍雪、段少娟、李颜飞、黄青青、杨富琴、龙晓婷、陈娟、张托儿、蹇路围、姜元逵、汪欣艺、罗慎红、杨艳文、张牧寒、陈德李、王蒙昕、马锦倩、赵锦程、冶秀芳、迪亚尔·玉苏甫江、刘丽、蒲晓洁、杜润之、曹潇、冉跃、周辰儒、潘晓熠、赵建涛、杨紫薇、鲁文博、王茹莹、张逸飞、白玮、米蕾、焦铭宸、李佳睿、梁艳、王梦香、刘东炎、郑星、王东婧、王强、肖栋、冯正荣、杜欣悦、徐婷、胡丽丹、符畅、宋菲、杨凯利、金卓、葛珊珊、徐琰、尉琦、赵红红、李响丽、刘梅梅、孙海琳、南佳琪、冯巧雯、蒲燕春、李梅、李鸿飞、杨加瑞、王安慧、斗桑加、张灏雯、张颖、刘妍汝、赵清颖、邹晶霞、王慧、乔海蓉、王家祥、胡宝洁、司玉、焦兴涛、史晶鑫、沙彦琴、任洁、殷伟、王浩峰、蔡梦鸿、张潇如、陈卓琳、张子杰、常映雪、鲍旭东、戚振芳、李蓉、安红陶、卫兰芳、饶凌云、张雅姝、刘欣雨、马丽、方思宇、陈小嘎、马秀花、栾欣宇、黄佩佩、张雅、代金莲、张妩凡、刘昕雨、马慧君、彭思敏、王梦丹、马淑裴、马俊霞、沙林芳、陈惠敏、廖桂平、高兴、黄晓布、柏祥、罗健、钟雨清、唐小茜、王伟、王润怡、艾宇骁、李建明、尹春媛、吴霞、张启冬、田金鹏、郑佩琳、张华秀、程羽菲、艾艳灵、韦方馨、丁菲、路畅、杨纪菲、李皓弘、王有龙、陈思源、杨藻澜新、吴晓玲、朱亚军、次央、李杨潼、胡金秀、黄嘉华、潘祺蕊、丁洋、吴金枝、李燕、马睿、金祥繁、杨茸、张正豪、罗蔚恒、李欣怡、梅鑫鹭、陈晓凤、马艳丽、杨会琴、李青、石佳洁、蒋真言、何锡林、于惠琼、程云龙、黄陈浩然、韦柳燕、覃瑄瑄、梁颖珊、王子恒、曾广席、孙家美、廖小霞、谢玲月、黄雨柔、罗仕银、高雪菡、杨扬、黄秋银、王美玉、任江陵、韦晓燕、杨礼扬、韩梅芳、左秋羽、覃润、罗倩、廖艳凤、吴怡然、王仕米、赵彩霞、马小琴、夏春丽、何愈华、邓忠武、杨志祥、朱永娟、钱露、费孝桐、陶玲庆、任琴、段云波、柳美彦、覃伟洪、徐欣维、程香、张曼、曲杨昂毛、黄方权、邵晓龙、平新新、李琪、辉敏、李叶、张惠玲、莘若兰、唐文欣、郑诗龄、彭瑜雪、张鑫兆、戴珍珍、史笑宁、刘琦、刘长涛、彭静、韦欣娴、丰王妹、邓文卓、李卫伟、李俐璇、纪晓岚、黄一迪、屈磊磊、肖梦涵、唐心语、姜松好、白小桐、李寒玥、杨燕、牟美霖、薛一平、刘巧、马孜炫、郸苑、张俊涛、柴卓含、罗思品、覃巧双、彭载航、朱春云、韦园圆、沙晓玲、黄诗妮、闫立奇、黄尚、潘秋群、张祯瑶、马振国、陶可盈、李成、谭礼右、田晶、张莹、马爽、夏换瑶、杜晓阳、杨德娟、魏汉卿、毛海龙、马蕊、王聪、赵思源、杜启文、陈王霖、郎妍、杭鑫余、徐慕远、刘佳怡、欧阳志军、沙艳红、洪艺、赖霞、刘宇杰、农睿达、张荣双、贾学庆、田彦花、董世军、杨友艳、陈英麒、徐铭泽、罗花欣、周楚烜、马荣、夏璐丹、吴佳慧、吴征江、莫德局、李忠锴、丁梓轩、甘颖超、何少媛、莫萍、盛辛、兰子俊、李金羽、仇柏林、丁晓娜、李江玉、张广宸、施梅、汪斌、覃淀、赵禹鑫、王雪玲、赵旭、和金瑞、黄晶晶、向文迪、李绍海、巴亚琦、何硕、覃安琪、谢广康、罗不让准、德吉卓玛、陈鑫、邓伟华、田龙、彭立森、赵贯忠、冯钱雨、王晓燕、卢箐嵩、何思怡、马杭、关佳瑷、孙凯帝、郑玉春、尼丝来提·阿不都克尤木、冉小东、张昊东、杨宇晗、王逸如、马亮、李拉毛杰、邓殷杰、谢金洲、陈德豪、杨扬、李鑫、万晓亮、罗逸、马佳勇、向莉、罗正宏、夏光辉、李欣蔚、董帅、桑吉草、洛沙吉措、代吉卓玛、西西次央、李毛加、旦木知草、才项吉、色郎纳么、杨腰力、仲克吉、陈晓桐、覃选平、温富先、宾玉平、韦楚瑜、廖倩倩、赵伟、贾龙龙、黎子萍、田保书、鲁子怡、张佳熠、郝钇渊、钟恩语、阮朝鸥、张世登、刘继炜、李鑫月、陆练、张炎、彭飞龙、张健武、覃仁十、胡腾、马明亮、姚春源、索蓝青、马昕、何华、孙培玮、马超、岗坚措、李毛才让、刘浩吉、凌淑颖、龙啸、蒋国强、回海东、丁浩然、崔笑莹、南加拉姆、怕华扎西、更却开周、拉秋甲、吉措什杰、群旦旺姆、拉青加、格桑曲珍、索昂代吉、索朗班珍、田佳乐、柴业薇、李振永、梁媛媛、达热措、胡冰、张玉、马丽琴、喻高路、杜博文、邹佳钰、陈文运、孟英林、康晓东、马慧、李武琴、李明睿、王智豪、徐淑玉、杨楠楠、毛子豪、王建林、王茜、吴志豪、文宇浩、吴俊逸、杨玉梅、李进、成俊南、彭淞、陆紫桉、吴志强、闫佳俊、杨昌珍、雍冰冰、农伟寒、黄泓、王逸风、陆元敬、韩晴、李音、张一龙、马进英、张良俊、赵国晟、陈纯钢、钱丙松、李云善、张宇腾、文宇、付燚、曹龙植、程欢、黄光明、谢芝娟、李成秀、梁鑫、刘学、刘芳、戴道兴、李梦怡、舒子桓、李玥、吴菲、夏文豪、曹开源、何海倩、朱恩贤、原星垣、姚诗情、舒任彬、张骞、马明刚、陈澳、李雨轩、刘欣、刘安玥、尚湘云、高泽群、袁姝琪、张佳艺、王俊杰、胡耀兰、孔鹤达、杨周加、旦增旺加、斗格吉、当子吉、更臧措、俄项措、平措白玛、华旦扎西、多杰措毛、更得让么、道吉吉、措毛、刘骁、李闯、蒲山、于成杰、梅滔、安龙龙、倪广、吴弦昊、杨争争、陈国澳、王逸航、周琪、张号镭、胡月凤、刘向东、王庆枫、钱春燕、杨罗前、王斌恒、王大帅、刘朝优、苏一梅、张文龙、王学俊、何善果、郭翔、姜欣欣、王大文、蒋铮凯、周瑞胜、马思杰、杨泽军、高焕杰、艾合麦提·吐迪、谷洪广、金学亮、刘秋凤、赵盼、农碧豪、唐帅帅、肖轶、向慧文、郑小双、谢伟、张光磊、马正科、张岐雨、管泽成、高妮沙、何建锟、徐凤、雍沙、韦可甫、丁亚琛、邓发、许超、罗京、李红志、陈杰、罗峰、吴和生、冯启鹏、马斌、马唐智、杜欣雨、冉雨林、刘千里、张龙龙、邹吉丰、马娟、吴梦麟、马福忠、杨智造、徐铭泽、王文毅、郭伟、蓝子俊、熊钟蔚、陈星宇、杨伟波、韩彤、李丹、马锐、张玉荣、陈兵、陈奔、任娟、周鑫、高旭、姜力、黄涛、田先钊、李佩睿、陈业照、冯延龄、陈欢、孙佳艺、白海、马翠苹、陈丽洁、薛达、夏梦、张雪艳、刘文源、刘俞彤、彭双双、凌丽霞、田澳回、高蕊红、吴佳琳、蔡雅洁、龚珍琳、李丽霞、韦荷婧、张知阳、曹丽、覃雪梦、陈仲文、王子睿、潘金丽、韦春倩、李蒙丽、黄春娜、苏新月、赵一、苏麦亚克孜·阿不力克木、吴俊芳、黄远杰、马颢宸、王婷、韦康、张雪、谭兰、潘梅妮、王玺尧、欧阳芳、杨菊、王圆圆、若尔扎·努尔都拉、沙丽、李玉霞、朵茂星、马玹、白佳鑫、万艺、卢瑞涛、张露丹、王文静、刘枢奇、封元一、董世吉、谭钰涵、韦春艺、庄佳新、王洪岷、黄杰豪、江秀怡、杨恩霖、谭玥榕、肖羽涵、陈学兰、李宛清、马紫墨、马小娜、韦巧玲、侯雅馨、高灿梅、黄慧琳、李欣雨、王嘉妮、李久红、刘雪、杨馨蕊、王双凤、曹庆、段思源、马帆、赵柄芬、田露、马芮、段可心、年桂英、王佳乐、岑蕊、龙腾、马翰博、周瑜君、韩梦婷、纪蔼芬、李继军、马蒙、陈小悉、金园、菊春雪、金小晴、卢立志、孙茜萌、钟晓蓓、龙湘、顾海洋、李敏楠、贾禹成、李耀、孙明涛、赵亚凤、田矗航、张闻萱、朱珍亿、杜诗情、林子、牟虹锦、申一淼、龙珊妮、杨平、杨悦、武越、符珏娟、张湫鋆、赵文静、虎博、刘佳茹、杨威、倪敬瑞、吴梦超、米河、矣龙、周雨芯、杨亚娣、张龙堡、付佳华、王子懿、陈俊升、杨婧、江玉菡、崔燕、那达幕、臧仕祥、蒋博岩、张以鹏、白艾迪、韦含洁、方伊格、王潇涵、王迪、戴佳慧、杨阳、杨阳、刘星雨、曾娜、李非凡、敖昕颀、慈雅蓉、陈娟、谭彩艳、刘星、杨容容、赵秋雨、马吉、次仁、马云佳、王欣颖、程惠桃、庹艳玲、彭玉琴、巢慧龄、韦雯璐、殷晨皓、张思雨、王丽珍、董诗妮、陆婷、关燕丽、刘思凡、冯爽、常顺财、张楠、白妙、徐海容、董亮霞、向鸿炜、满美伶、姚新艺、岳金环、龙依云、韩茹琼、马艳芳、周华娇、李慧慧、唐璐玲、吴雅婧、李敞艳、杨艳萍、梁高艺、罗曼、纪婷婷、和玉莹、范思丹、李秋妹、龙云荟、韦燕芬、马尚凯、廖荣江、农润源、李美议、李紫悦、李晶晶、马小婷、侯淑琴、李思维、虎嘉怡、熊继英、马莉、陈宇婕、张钊、谭玉妮、张静缇、唐欢、饶瑾萱、杨睿萌、韦佳琦、马有虎、孙德珊、马翠叶、苏湘雲、何晶、宋玉婷、江中诚、李苑萌、王钰湘、沙容容、李建晴、王一凡、王文阳、拥倩卓玛、王佳宁、傅加雨、陆胜减、方润、王艺豪、刘雨欣、杨芸、杨凯岑、沙珂鑫、周銮、王霞、马月英、仲格尔吉、张思凡、陆覃慧、张兴乐、吴倩、冉西谊、朱襄竹、李思奇、陈佳、康升、杜琳璐、相雯婧、许玉洁、吕燕霞、邓语、刘仲禹、顾思黎、杨国庆、孔繁蕊、何怡璇、文丽鹏、陈威栋、张磊、杨雨轩、邱彦钧、高晶、佘乐乐、王雪、何怡雪、王荟超、吴隆洲、丁静月、孔晶、张明慧、保益曼、王杉、韩美月、蒋雯静、张鹏洁、周百荷、张紫锡、覃沁、袁嘉荔、万鹏宇、游茗棋、王英宸、蓝章泰、陈丽艳、韦祖局、蒙巧珍、吴承军、于何玮罕、吴美萱、拜芸、龙兰霜、马晓燕、金悦、朱鲜、徐驰鹰、岳静、杜冬芳、罗应娟、韦小寒、阿依米热·阿力木、古丽米热·艾尼瓦尔、马忠梅、马主麻、李根、安得晶、胡雄、喜玉龙、柴红飞、马尚林、杨瑞、阮锐、李北京、李琳涛、冯国花、赵德芳、杨翠仙、谭飞、张鹏、马玲玲、兰永、金蕊、马红梅、马福斌、马驰、刘丽红、胡晓倩、包刀知漫、马楠、马贤秀、买丽婷、金福龙、祁刘霞、叶雯彬、王友红、马雪亮、吴凯、关丽慧、李尚阳、马向伟、迪力扎尔·阿吉木、杨云、冯归砚、和云霞、杨月、文兵兵、沙存君、张明宇、石永文、摆玉凤、扈文正、周萍、陈柱先、邹兴龙、马子怡、马全云、马海萍、马艳艳、张钱钱、李文广、布买热木·艾力江、王蓉、杨静、雷甜甜、赵惠婷、付佳萍、杨永兰、唐东顺、王宇辰、左家豪、张博辉、刘璐、马佳维、周广福、李琛、马兰、凯吾赛尔江·吐逊、马星辉、刘洋、马允浩、马薇、刘佳琦、索梅娅、赵颖、马玉蕊、苏珍艳、王鑫燕、白玛德吉、马小钰、伍玉叶、孙畅、马晓阳、吐苏阿依·扎依提、马莉娅、拉巴德吉、聂子森、马嘉敏、韩宇馨、马晓娟、包斌龙、苏贵强、苏建龙、宋声昇、马铁雄、雍强、海渊涛、邓钰璇、撒兰兰、李好妹、赵景琪、阿青措吉、祁正丽、付玲、朱文霞、萨拉麦提古丽·阿卜杜热伊木、马佳妮、方镜臣、龚丽梅、霍亚楠、龙绍敏、拉巴德吉、李海箐、马世花、马小娟、马霞、刘春燕、高敬文、李志花、陆娟、马伟、朱瀚生、王紫婵、胡芳芳、宋积寿、苏嘉楠、马渊、徐胜杰、肖怡超、马丹阳、郑佑贤、杨梦纤、张鹏、王兆蕴、张前旺、赵林、白雪蕊、马小明、郑朝光、马学东、郑兴荣、潘雅琴、彭君茹、刘谨林、马全梅、杨倩倩、谢伊代·阿巴拜克热、潘姮、吴铁、陈卓、陈瑞、张清清、李梅、马玲、龙小燕、何佳、高艺嘉、马晓英、马小花、田英英、李冉、陈咸宇、陈奕灿、谢研、米玲、张越、海媛媛、郑明洋、贾芸菲、牛子悦、景治杰、古拉依木·别克马提、吴元圆、何涵、王续潼、李思慧、苏静迎、崔娟丽、黄淑慧、马雯淑、马丽、仲小丽、马雪、秦丽霞、马凯林、石建容、李萍、谢诗蕊、阿不都拉·阿不都外力、黄羽嘉、李鸿雁、汤贵全、田晓晓、吕娜、哈玉、王宇华、邸文骢、王娟、王亚萌、闵佳瑞、李赞、马杰、朱书妍、魏琳娜、米海军、陈怡甫、宁素贞、赵九亚、马婷、李洋、陈滢宇、杨庚辰、苗建克、杨春林、徐小涵、舒娟、王天佳、张兆榕、耿潇、郭胜财、江纯艺、张雨浓、马春燕、哈若思、卢波燚、刁睿、任敏、梅兰雅、尚佳、郝世春、王澄宇、刘宜波、王文卓、聂超宇、李琪、李佳妮、任航、吉协平、赵丽倩、孟菲菲、李依凌、张晨珂、何鑫、王婧怡、祁麟翔、王杨、马启瑞、陈咏彤、余思窈、芮雪、郭文赫、黄霜雨、吴思榕、张静、王少璇、王婧洁、任旖旎、章涛、陈耀伟、格让哈么、白碧、张硕、阿扎玛特·艾赛提、苏日古嘎、尔定巴格那、娜何芽、乌日嘎、冬梅、王梦宇、包雪梅、包揽、包白力嘎、苏叶、阿都庆、查干塔娜、苏日娜、文丽、其乐木格、齐振豪、阿义斯格、乌尼尔其其格、车苏日娜、苏布德、萨仁格根、佟乌日汗、都拉汗、旦知吉、尕当木草、达么姐、党志加、古丽吉米来木汗·麦提卡斯木、阿娜尔古丽·吾布力、阿迪力·吐尔孙尼牙则、热依兰木·达吾提、萨拉麦提·艾海提、艾力扎提·艾尔肯、阿丽耶·卡地、穆乃外尔·热合曼、马依拉·阿布来提、苏比努尔·买买提、王佳宣、朱柯王、马文慧、麦热依·巴合提古丽、麦日也木古·阿不力肯木、阿布都沙拉木·艾力木、阿卜杜热合曼·巴拉提尼亚孜、阿依克孜·阿里木江、红倩·吐尔逊、嘎松拉姆、格桑德西、娘去乎才让、拉毛卓么、德吉卓玛、仁青南加、交巴扎西、村字啊母、尕旦木草、达巴丹基、才让吉、次仁吉拉、穷真卓玛、华庆加布、呷绒友珍、泽郎桑州、夏吾扎西、娘毛先、白玛卓玛、甲得、吉玛益西、达娃青措、格日、夏吾措毛、追机牙、田贺凤、刘安、宋明慧、吴淑雯、赵兴怡、李琴琴、吴水先、马永红、王泓、马蕊、韦远远、买馨婷、戚瀚匀、陈治霖、古力其热·阿布都克尤木、闫思诺、黄文慧、马亚蓉、姚芳、麻晨一、贾慧慧、鲍杭翔、王琪、宋清华、何金沾、田丽芳、郑西锦、陈小冰、纪相竹、梁佳鑫、韩晓娣、许青青、王玉茹、贡保草、贡保东知、扎西草、当子草、崔雅芳、娜日苏、席雅馨、乌日拉勒、何苏日古嘎、存布日、其其格玛、乌云塔娜、山丹娜布其、乌云塔娜、额尼日乐、乌日罕、南丁、乌雅汉、范青青、热依汉古丽·阿卜杜拉、亚森·克比尔、热比亚木·热孜克、阿卜力孜·赛麦提、苏比努尔·买买提、努尔古丽·艾尼瓦尔、古力米热·麦提图拉、穆艾萨尔罕·麦提热伊木、古丽努尔·麦麦提阿卜杜拉、古丽鲜·卡依沙尔、祖合热·艾合买提江、阿卜杜凯尤木·吾普尔、完德吉、伊旦吉、拉毛卓玛、拉毛吉、泽让纳么、美郎桑姆、扎格娜姆、降村珍玛、卓玛姐、才让索南、达日公、伊西旦周、香切卓玛、那杰草、江央吉、仁青卓玛、拉毛仲、尕藏才让、扎西姐、多旦才让、拉毛吉、尼吉、陈子悠、林梦雨、鲁俊涛、张弛、赵茹洁、赵锦、李恒婧羽、李能能、陈秋慧、冯洋、高龙越、朱睿涵、余兴顺、邱琪然、陈志、马啸晖、王永文、李子涵、包雅茹、旦欠加、石明君、尚机卓玛、明慧、恒巴提·再看、宝日玛、旦秋机、次旺、桑杰才让、普布片多、鲁一玮、木灾怕尔·依民、三知措、张晓玉、次仁罗布、柳莹莹、陶世龙、罗碧敏、史智璇、冯春燕、马洁、司磊、陈炼姬、苏小莉、李迪森、陈博、张天诚、侯昕蔚、杨欣、熊昕、刘心怡、杨驰、覃晓玉、查媛、张邦洁、刘爽、谢春阳、周晓冰、罗家玥、格桑美多、扎西当知布、阿如娜、色措、好日巴、都尼尔、南杰草、扎西泽措、包晶晶、才让东主、浩日娃、罗布生英巴、努尔斯曼古力·艾买尔、卓玛才让、卓玛草、桑吉卓玛、索朗德吉、卓玛措、旦增列木、桑杰卓么、嘎桑达瓦、普毛才旦、朋措拉加、尕藏措、义西巴毛、格桑曲珠、扎西卓玛、东主才让、永措姆、贡嘎菩聪、白玛列措、仁欠吉、嘎玛玉珍、嘎力邦嘎、额伊斯、索南桑姆、索朗旺姆、旦真秋张、格根朱拉、扎西措么、拉毛吉、布处、普布德吉、刘杰、卓尕才拉、仁青卓玛、扎西卓玛、东洲措、道吉吉、夸毛措、明珠、苏日古嘎、多吉玉珍、旦珍、格更加、德吉巴措、苏玛、贡嘎扎西、呼斯勒、央金卓嘎、拉毛才让、李毛先、李幸瑶、德拉热·阿尔肯、马梅、成洁霞、姚梅、王馨怡、刘玉婷、吕晓蝶、邢多鹏、刘童、张优、秦子芯、崔玥、宋佳宇、童霞、马晓倩、田雨欣、周怡雯、马秀兰、陈静

优秀学生干部奖学金（720 名）

谷鹏旭、廖海秀、宋宜臻、沙丽香、蒋渝娟、刘荥、马宇航、韦亚宇、向宇、四郎多得、卢云迁、杨明、金梅、番助艳、宋艳雯、杨兴海、苏云、王青云、兰志飚、韩准、丁凯林、郁贵欢、吴展

鹏、陈霞、陈俊江、黄雪、翟钰佳、张栋、王菲、彭世杰、熊林、才永求藏、李世杰、吴焕之、周静、徐靖、罗玉兵、马旭璇、屠智慧、向飞宇、刘腾、魏成宇、金昱君、马云、赵晔、李亚林、郑艳、马祥品、贡波达基、龚博、钱鹏飞、丛森禄奥、程培瑛、张湛渤、杨维东、马林林、杨佳丽、伊明·如孜、完么当知、旦增平措、杨子明、钱跃、郝晨旭、李家磊、陈庆、王安慧、刘泽原、赵仕鹏、滕辉、戴寓欧、张旭东、达哇卓玛、单美铃、王明章、普向杰、杨俏、纪美杉、王慧、陈静、次昌、王佳一、张梦晴、马林祥、余志鹏、马旭杰、李改兄、马俊、陈佳欣、王脯瑞、李志为、马甜、冉钊、唐铭娇、韩秀娟、万山、班地牙、文扬、鲜花、关佳新、甄丽丽、田晓雯鹏、陈明、钟静、蒋雨萌、冯洁、王雪、刘瑾祯、戴雲、辛沅蓉、蓝梓雯、易鸣、秦林航、陈倩、张明慧、朋措旺加、张瑞琳、颜子钊、黄雅坤、王野汀、周元新、陈腾、王钰、祁敬修、自春晓、李承伟、于鑫宇、李嘉辰、樊帆、曾红、李晓伟、张阳阳、苗潇蕤、贡呷甲央、邹青青、韩鹏飞、潘燕菲、谭静瑶、王雨萱、马成、潘燕燕、白盼盼、席涛、何丽芳、马文学、于楚尧、丁浩、庹云合、薛雅文、杨阿红、刘源、金杨、陈鹏宇、张雪、丛佩贺、李丹、石颖、李文召、王舒瑶、杨嘉琪、周雪、张之格、严富耀、程瑶、刘思成、王春丽、陈欢、葛文斌、杨婧、王治华、许龙镇、李照康、白齐林、孙亮、王鸿雨、刘轩池、曾可妍、杨彦、崔眠、车其芷、侯焕栋、傅闽翌、李少元、雷昊、谭琴琴、潘美鸽、李榕桓、雷媛媛、潘悦、陶影、赵娟、蔚玺、赵广超、黄佳琦、王晗、马敏、奚艳淳、钱鑫、王睿、李娅玲、罗欣宇、吉舒冉、刘心宇、宋林欣、蹇春娥、杨春苗、杨淳皓、王露、卢显章、陈强、康虹、黄锦安、杨柳、高艺展、陈丹、关燕茹、庄泽舒、梁晨、锁才茂、吴明龙、易井涛、覃雪、袁玲、袁荣蓉、汤艳城、萨仁高娃、韩轶男、许宏达、蒋宏锐、刘新茹、王志华、沙巴艾提·依布拉依木、姚文静、尕藏加、黄雨露、马绍杰、马富才、苏永梅、刘欣然、田雅莉、张钰、刘敦海、朱翊、王小顺、张文萱、王欢、陈佳齐、张晋之、罗开禄、蒋艳雪、彭梦梦、崔宝玉、王佳琪、杨兴明、热柯普·阿卜杜杰力力、李卓、朱坤德、梁淑慧、方婷、乔梓桐、徐淼、刘方佳、李丹青、李天硕、迪亚尔·玉苏甫江、张瀛方、刘强、吴梦欣、王一泽、张美玉、马静雅、清嘎昂旺罗桑赤列、陈草草、李响丽、符畅、孙瑞泽、冯雅慧、杜喆、李梅娜、李弦纹、张迎鹏、刘嘉琪、王秋霞、孙启翔、王宛宁、郑琳、斗桑加、史镜惠、赵博、包洋洋、佟慧颖、贾敏双、苏子恒、高靖尧、戴建博、马东平、覃玉辉、苏思铭、金昭、陈小嘎、何志勇、张梦达、初辰龙、普文慧、刘海、星曲江吉、任桐玉、王美琳、蓝蓉蓉、马文东、张鹏鹤、王伟、王静、白仕敏、刘成龙、李燕、毛欣、和建芳、虞景存、李学锋、张启冬、向岚、李子苑、柳美彦、赵晨、李佳怡、王腾静、徐嘉好、郭涛、田思思、雷国栋、姜堧、宋天悦、王林楠、郑哲、平新新、李双娇、史笑宁、王旭、苗耀方、常慧慧、刘明启、赵文洲、赵知雨、马源、李静、韦丽美、王佳、顾燕南、阿苦宁波、杨映雪、张雨欣、马娜斯、王冠清、邹金位、李雪、蒋涵珺、刘巧、段嘉宝、杜晓阳、赵思源、肖梦涵、马子涵、张智翰、杨杰、叶存辉、黄媛、路承志、郭星琪、赵叔韬、叶桐、柳兴莲、马赛诺、马华吾才让、刘羽茜、耿政书、王凯、苏慧、罗萍、阿依波塔·阿林别克、郑晓东、尹富民、钟雨嘉、彭德坤、丁浩然、豆雨松、刘春亚、次乃翁姆、周思丹、王浩聪、张哲、贾西尔、王春燕、任芹乐、王亭燕、杨剑、吴乐、白梅、杨楠楠、马梓钧、多杰太、毛子豪、董立贞、陈明星、周海丽、原星垣、马明刚、刘欣、刘乐晨、刘有为、邓洲、李元盛、李闯、聂钰、张号镭、曹伟超、李小林、张鑫、李剑波、苏一梅、崔庭峰、胡耀康、姜欣欣、李亚东、彭思睿、李丹丹、郑志庸、张耘豪、杨生平、马小虎、刘美汐、戴欣悦、胡书俊、田维凯、何巧玲、梁荣光、李雪娥、侯其鹏、王宇翔、李文杰、唐万红、张岐雨、涂思源、邓博文、李莹、孙海洲、赵建军、张琰、冯延龄、周凯、肖唤春、邹吉丰、许昊、田仁勇、韩彤、周鑫、向海浪、杨江帆、吴佳琳、马宏奎、毛海燕、文都日木拉、贾鹤、李云霓、刘明、张艳红、王梦莹、刘雅昆、赵雄、史瑞、龙乙迪、雷森林、杨静静、刘亦婷、吉克、罗雅郡、杜怡春、马丹、李炎泽、李颖欣、史晓珍、马东华、韩亚洁、葛洋、马一平、马卫娟、马应应、莫云芳、李璇、周正清、刘雅婷、赵一、柏佳欣、金嘉伟、刘思雨、贺卓越、侯雅馨、詹璐宁、马玹、冯佳庆、芦银庚、顾海洋、李国鹏、贾学云、王锋、韦家美、李煜、杜诗情、秦天雲、闫玥臻、任子健、崔楮文、常休龙、龚雪、李芮、焦硕、刘如雪、那达幕、张俊霞、张以鹏、魏方利、杨晶涵、郭逸馨、杨建、丁子龙、麦迪乃·阿布力克木、马海成、韦俐玲、徐婉婉、方晓荣、李洁、王琅、田森容、车伟思、张旭、刘晨、李志伟、廉宇新、刘佳萌、赵晶、侯天旭、张苗、姜懿芯、李高歌、黄高琴、顾云川、柳亚丽、余晗、王仕伯、丁鑫、谭益之、陈麒、张慧敏、陈怡文、李滨芮、徐诺、马扬、司雨航、邓语、冯静文、康晓媛、龙旭、马瑞兰、赵春龙、马宝山、刘睿、马慧中、甘生发、依力帕江·阿布来提、阿布都热合木·阿力木、叶星辰、郭天然、祁刘霞、马雪亮、凡钰、杨云、孟庆涛、文兵兵、马文轩、杨迪、扈文正、陈柱先、马全云、席建蓉、李文广、马瑞、雷甜甜、向陈雪钰、喻先杰、马良斌、马海燕、狄歌、何焕中、热依马·阿布都艾尼、马璞诚、向鑫玥、乃飞赛·依明江、孟晨、李丹洋、郑程熙、王宏强、鲁龙平、彭颖、马薇、马琪敏、胡兴才、孙慈会、曹耀星、郑鹏博、方镜臣、寇玉、李培源、高敬文、李悦彤、陈玲玲、郑晴、韩文辉、马艳萍、景治杰、马雪、陈甜园、马杰、李梅香、马小芳、马妍、时夏瑞、汤贵全、雍强、雷雨、张乾罡、苗建克、陈保朝、王天佳、孙雅婷、王硕、戴雅云、杨行宇、郭胜财、马婷、杨璇、王琛昱、卢波燚、甄启誉、武中海、黄婉清、韩莹、曹雪妮、华宇璠、姚浩然、胡宸宇、段飞云、何鑫、卢嘉宁、马晓霞、伊力奇、赛尔兰·巴格达根、哈西巴特·卡努尔、萨仁格根、都丽苏玛、阿扎玛特·艾赛提、苏比·司马义、阿依姆妮萨古丽·玉苏尹、阿迪力·吐尔孙尼牙则、李毛卓么、索南康卓、西绕吉嘎、于倩、牛麦、史学忠、于俊鸿、兰静、郭伟、岑天玉、杨丹凝、阿旺赤列、张校宁、阿布杜热合曼·麦图荪、王永文、高士婷、千柏、图娜拉、布门琪琪格、包安代、桑杰吉、丁超群、夏依旦·艾力、翁加杰、次仁旺堆、俄若才让、陈雨适、甘滋雨、胡鹏程、王颖、鲁俊涛、白浩辰、张孟肖、穆错毛、曹守洪、马倩倩、德合拉当知、克周严初、曾凤君、韩子恒、益西文次、卓玛措、汪如风、何永珍、李子昂、杨驰、赵柄权、扎西卓玛、邵丹丹、闹曾华毛、包雅茹、才让拉毛、吴萌萌、次仁罗布、陈静、努尔苏力坦·巴衣居玛、彭鑫彦、姜欣

精神文明新风奖（313名）

黄鑫康、廖海秀、唐媛、杨善斌、李佳琦、王子谦、韩忠福、陈家伟、林剑东、尹锦山、闫肖肖、杨少奇、施章蕾、李恺威、马祥品、马德旺、陈泽锋、张晓冬、谢涵、王娜、周曦、马海雄、代风顺、巴合地尔·米尔孜哈买提、白晶锐、白玛斯登、韩雨希、吕骏、何杰、马俊、徐彬其、魏丹丹、黄元楠、廖玲、杨涛、阿地来·海力力、余娅雯、班地牙、张钰涵、关佳新、韩林江、陈亚妮、朱启庆、马兰花、辛沅蓉、黄英、王子龙、田晓雯鹏、白瑞康、帖莉春、张中珂、田丹丹、王泉灵、杨国伟、杨小盛、林佳、刘洪名、巢健、杨梦芝、李珏、张震、何镜淞、李炜楠、梁瑾、东明鑫、崔鹏洋、赵志玲、李珍梅、马海蕊、张翰轩、姜云龙、刘嘉飞、王兴、王国栋、郝彦鹏、黄亚红、刘涵、乌海梁、李鑫、龙莹莹、张思敏、许菲航、潘雯、樊文轩、陈思静、李长贵、蔚玺、金子力、关立韩、涂鑫、罗欣宇、程栌漪、陈王兴、和杉、王瑞、幸鸿婧、高海钦、马亮亮、陶晓龙、马家宝、黄雨露、陈露露、汤艳城、杨菲、马小轩、萨仁高娃、陈玥君、蒋宏锐、何林、胡洋、刘欣然、罗开禄、张晋之、马代滦、马思琦、孙洁、乔梓桐、吴璇、王子轩、梁淑慧、吴梦欣、王一泽、李媛、符畅、尉琦、刘强、马磊、张宇宸、张晋铭、陈草草、郭宇祺、杨蕊、蒋可卓、毛腾飞、斗桑加、张迎鹏、刘亚博、毛佳乐、王源浩、胡春雨、袁嘉豪、胡奎、雷彤、孙烨丹、陈嘉璐、柏祥、马淑裴、李翼帆、张鹏鹤、王小霞、彭凯、李晓丽、央宗、穆烁、岑好然、谢培川、李超凤、余新颖、黄师、雷瞿诺、侯超凡、马建蓉、赵晨、柳美彦、刘国豪、韩晨、段云波、李双娇、高铭、郎漫雨、刘长涛、安文杰、陈楠洋、曾智、杨顺宇、赵旭、马蕊、卢嘉祺、凌雪梅、马燕慈、西西次央、赵叔韬、蔡汝峰、付聪、冯天天、祁东升、侯嘉成、刘继炜、安民、廖虔渝、杨勇波、彭子藤、沈婷、张鑫、曾航、庄易戈、尚湘云、马梓钧、李嘉伦、王征、丁天天、侯智珑、马丽、顾俊、裴悦彤、卢佩雪、虎雪玲、祖威威、王婷、唐万红、赖俊生、王子睿、封元一、杨雨江、李玉霞、王巍宪、马帆、王琳娜、孙明涛、李国鹏、李佳茵、常休龙、符诗茵、段倩、郭建辉、李亚、陈菲、郜星星、马英、何茜、贺春梅、杨建云、马蓉、刘思豫、罗文玉、王宝国、陈梦啸、黄锐、王鹏宇、余晗、赵晶、杨青海、王媛、张路遥、农丽颖、杨雪瑶、谭益之、王悦、黄露漫、廉宇新、侯天旭、余若雅、何思源、刘雨欣、张元飞、李瑞星、韦华柱、孙娟娟、张力尧、杨文英、桑雪、买丽婷、陈璐、熊思达、武佳妮、周文霞、余青、张力、马良、马玉斌、李萌、毕艺腾、王敏、韦雪、侯文文、张永梅、马亦凝、马晓燕、马小霞、舒琪、郑想、贺仁民、田晓晓、刘芮彤、刘金慧、杨行宇、赵德聪、胡宸宇、颉春弟、红更·斯琴巴依尔、艾尼瓦尔·艾买尔、阿迪力·吐尔孙尼牙则、次仁吉、尕松卓玛、扬姆、朗看卡卓、乌日力嘎、布合丽其·艾海提、彭子倬、秦兰措尕、班巴东智、邵兰舒、马胜莲、王芷馨、肖湘、桑杰吉、美郎桑姆、克周严初、胡潇、李子昂、刘佩颖、孙英豪、韩子恒

文体活动优胜奖（49名）

符志泽、阿地来·海力力、高嘉成、龙桂睿、杨娜、仲雨瑶、陈莹、才让草、赵凯、刘庚泉、李

梅、周琪、车蕊、戴建博、罗轼骏、潘祺蕊、周智林、刘江南、张昕羽、何嘉昌、代维然·阿布都吾拉木、李莲惠、杜鹏林、杨世隆、张汶佳、肖旭东、张伟、魏沾旭、叶尔帆·依马木、苏一梅、德勒黑、阿依波力·艾地力、马正奎、龚珍琳、和珍花、李国鹏、牟虹锦、刘金慧、张子璇、赵康昕彤、刘浩、王也、任甲甲、张定泽、叶源江、黄婉清、刘芸秀、哈斯巴图、李华

优秀毕业生奖学金（887 名）

蒙荣稳、孙鹏程、伊存莲、佟思瑶、冀鸿俊、陈佳荟、吴国宇、蔚梦屏、王征远、邹艳玲、刘强强、李杰龙、胡万江、曹雅玲、马小梅、黄庆茹、张文婷、王元琪、杨熙成、崔长付、林顺、袁世佳、兰志飚、齐寅任、李红艳、邱扬帆、曾婷、代兵、朱昕、马伟、胡嘉慧、邱凤青、梁毓豪、张梦月、李玉美、李中俊、杨露、彭耀、王健骁、王飞洋、李文轩、韩忠福、肖文强、冯兴民、陶银和、林竞连、刘琪琪、王勇、陈锦辉、武俊、番助艳、陈明、王子谦、张天骐、马富、舒双龙、拉毛才让、罗让龙当、洪圣、陈杰、王振、吕鑫洋、沈阳、铁一凡、胡云、屈景辉、邵博、黄剑林、胡俊、卡主草、扎西草、完玛扬措、尼却吉、钱跃、尕土才让、着雪姐、边巴扎西、翟蓓蓓、张琳敏、王攀媛、卓玛草、更太加、万玛措、马亚楠、高万梅、陈彦旭、纳朝颖、段卫、白书豪、完颜泓皓、李慧子、马义文、王娅、李彦妮、朱妍、林欣、王雪纯、李迪薪、罗世生、李龙纪、苏宏洋、浦菊香、董文奇、荣曼彤、孙秀鸣、唐曹友、杨婉婷、吴依、韦桂娜、王园、唐晓华、龚诗淇、角巴吉、泽让东周、仁青卓玛、俄热达娃、马逸云、徐彬其、唐铭娇、田嘉禾、姚锦花、蒋思阳、马成俊、王永成、马云飞、孟敏霞、牛莉德、马玉清、李玲、李晶、刘懿萱、蔡大为、李成东、贾园莉、王悦、唐露露、李建英、马小丽、覃韵峰、王越慧、王成娟、王小竹、姜银娜、吴娇、梅宇涵、张雁书、马晓花、覃绮琪、张琴、龙培、彭烁鸣、马甜、陈妍舟、赵梦凡、陈博艺、冉钊、吉火拉杂、潘珊、韩秀娟、艾科拜尔·安外尔、万山、蒋金涛、喇小龙、郑浩、杨秀卓玛、曾湘兰、冯亿、钟晓琪、黄永晃、黄一丹、文扬、赵玉茹、滚昌秀、涂彩霞、吴凯龙、孙雨菡、梁倩、丁林乐、洪悦、马佳乐、潘燕菲、马成、孙欣杰、薛雅文、汤丽鑫、罗令、马文学、姚藉、田敏、刘杰、杨国伟、冉林江、谭静瑶、罗毅、莫松霖、张国荣、王雨萱、马丽婷、孙玉涵、余凯俊、金月、王常明、唐东东、杨江红、闫东洋、田硕、杨雄、席涛、杨凌杰、王强、秦莲、向旋、袁紫豪、郎明娇、刘亚轩、刘健伟、龚丞、吴军辉、何丽芳、林姗姗、高晓、周一、黄陆、韩雯雯、刘晨璐、李金花、于楚尧、王上冲、滕文、马荣、王警弘、何金花、余贵杰、李强文、丁浩、马林、周星辰、熊佳璐、杨小盛、刘贺、孙瑜辰、孙雨萌、张庆龙、杨阿红、张萌霞、罗杨丽、曹龙、王亚甜、晏思、张丽、郭威、杨瑗嘉、樊文轩、杨薇、杨娜、潘美鸽、蒲淼、杨灿、池晟、仲雨瑶、谷峰、杨丽雪、黄元兰、万九鑫、陶影、买晓雪、茗庚图雅、张本田、海日娜、李榕桓、秦国辉、傅闽翌、陈琪、席阳、肖霞、谭琴琴、阙金煌、马芳、吴丹、王奕懿、许菲航、赵洪瑶、张熙尧、董娅琼、杨朝军、冯紫欣、杨佳丽、王莉、马鑫、陈蓉、陶晓龙、席敏杰、魏萌然、谢思羽、杨金莲、陈思沅、幸鸿婧、崔弘雨、陈锦、陈怡华、

锁才茂、马亮亮、林涛、易井涛、金仁然、马小杰、覃雪、潘任伟、石梅、郝家、黄伦丽、曲妍鹏、钱盈霖、任懂懂、胡秋红、张金鑫、向晓、唐嫦、袁玲、马亚燚、彭林琦、刘兴宝、李思炎、曾琬艳、曹璇、刘天园、马薇薇、袁荣蓉、王黛、王冉冉、邓海燕、王欢、朱坤德、周招兄、张晋之、罗开禄、邱芳婷、阎韵嘉、孙丽菲、蒋博涵、张文萱、刘君瑶、翟红倩、李艺、陈胤龙、赵杨妹、憨昱彤、田如森、蓝美琦、李晓倩、李卓、崔宝玉、杨昇烨、宋子华、陈牧、吴娜、雷艳、傅鹏宇、王亚娟、马晓娟、洪燕、张美玉、马静雅、李宛桦、郑星、本巴东主、才让草、谈鹏艳、时速、符畅、马磊、孙瑞泽、冯雅慧、赵丹、李响丽、孙仁红、刘欣雨、章波、霍陆焕、王美琳、金昭、马镘雅、卫兰芳、张芷溪、唐娅秋、饶凌云、张雅姝、顾灵欣、万宇宙、胡奎、郑智文、周伊茹、吕玟静、张梦达、张妩凡、区嘉琦、胡晓宇、凌晓晓、于强、彭佳琪、张婕、权梅榕、陈婧婧、夏政科、刘进知、丁小娟、汝钰、普文慧、卢榕楠、罗健、宋汶哲、罗千慧、秦晨、张玉双、赵诗佳、郑哲、平新新、王杰、张梦帆、易爽、米小梅、刘治滩、邓茵、宋天悦、李琪、莘若兰、龙晓琴、柴雅静、甘玉芬、杨琦、金伟嘉、杨晨、张园梦、陈红、王琦、陈芳、王莲珍、黄秋银、陈冰、徐嘉好、焦娜、马艺萌、陶红艳、胡峻、吴怡然、韦蓉蓉、赵彩霞、幸鸿雁、郑芝琳、费孝桐、张焱梅、阳霞、段云波、韦落落、朱玉雪、史笑宁、王林楠、赵晓萌、周熳琳、柳美彦、李双娇、韩霞、郭启为、王晓燕、色郎纳么、达娃卓玛、代吉永芷、彭立森、简潇杰、邢春雨、李泓漩、张婧、邓宇航、罗建成、梁策、周洋、陈果、何思怡、黄媛、龙驰宇、吴春妮、岗吉卓玛、才旺代青、东毛措、马华吾才让、赵叔韬、叶桐、郭星琪、杨宇晗、何文昌、朱鑫杰、耿政书、蔡汝峰、兰汶鑫、王凯、马亮、陈晓桐、王博、赵徐玮、苏慧、柳兴莲、李芳、高涵、纪绮凤、杨钊、李鑫、邬贤龙、祁东升、罗萍、赵云龙、赵盈、刘爱玲、田保书、侯嘉成、罗潇、张佳熠、向莉、潘洁、刘俊、孔维港、刘璐璐、李欣达、普联平、穆小军、高雨柔、王晓艳、杨海梅、方思睿、夏光辉、张欣国、尹富民、安民、巩森森、李香华、肖世文、安龙龙、吴弦昊、邓洲、刘乐晨、蒲山、聂钰、马成、贾祥传、孙士玉、李莲惠、李小林、邹敏、刘有为、田浩文、马文华、张涛、苟英晋、马乔、李丹丹、杨坤、李世通、鹿德鹏、薛冰冰、杨春梅、路磊、马正科、熊胜林、杨生平、白胜洪、冉朝、王威龙、任昕琪、刘美汐、黄振坤、周翔、孙冬蒲、龙平、同雨轩、郭静、马丽、帕如克江·帕尔哈提、王千一、韦田茂、谢子怡、吴琴、邓颖、李宇航、张静、江晓珂、王增飞、向海浪、毛海燕、马宏奎、杨静静、邬梦洁、喻金鑫、杨婵婵、刘瑶、吴佳琳、杨江帆、高雪纯、文奇如汗、巴音得力嗨、谢小斌、马国雄、庄逸清、马莹珂、刘明、张艳红、赖春兰、李云霓、何依珂、许晴、雷森林、徐艾祺、杨天华、徐子焯、蒋全合、农斌鑫、黄仙蓓、黄瑾岚、许佳宁、王玉姣、李宇航、于海洋、胡君、刘永叶、裴凌云、苏凌云、刘富强、李晓慧、彭文静、阳晴、王金玉、韦家美、芦银庚、董佳宜、王诗雨、孔嘉颖、常乐、张彭雪、马丁、万端慧、杜佳颖、贠欣然、贾禹成、张习敏、于志滢、谭彩艳、刘春雨、毕慧兰、张佳琪、董娜、丁子龙、武超然、张润之、王秀璇、吴茜、艾昱君、李美超、向纪源、齐俊泽、巢慧龄、符诗茵、何丹、黄璇、王鑫儒、安楠、吴婉君、郭逸馨、周海宁、陈倩、魏方利、王春雨、冷润雨、马英、曹丙娥、徐婉婉、张楠、秦安娜、方晓荣、郭玲凤、张娜、曹明姝、刘继瑶、戴润琦、李洁、白丽娟、吴晓玲、肖明艺、何茜、高雅、唐璐玲、沙蕊、马寒霜、王琅、赵靖玉、朱鑫、兰欣、何文博、马晓伟、周文静、马圆梅、拜思琼、忽欣怡、刘燕丽、刘艳荣、李学尧、杨紫洁、韦小寒、郝启涵、钟柳柳、杨叶、李根、金雪梅、鲁贵娅、许静静、李孟乾、赵亚丽、杨璐、李寻、祁雪芳、马海燕、李北京、冯国花、李竹馨、马瑞兰、余剑霞、字娇蕊、覃雪琼、马如意、阿力米热·阿巴百克日、张鹏、杨燕、金蕊、冶小燕、谢敏捷、马红梅、刘丽红、凡钰、吴凯、郭淼、马桂琴、张艳慈、刘沁、李德敏、郑嘉淇、祁璐、吴方旭、张小羽、杨雯婧、石永文、李皖湘、樊桂湘、周冰洁、张芳芳、余晓湘、冼世英、吴江玲、唐字娟、马佳、江纯艺、赵九亚、陈滢宇、陈保朝、韩卓宇、龙娟娟、宁素贞、杨春林、舒娟、徐小涵、郭胜财、张子璇、刘金慧、孙雅婷、韩利佳、刘芮彤、达菁、苗建克、刘莎、桂丽珍、周璟丽、罗彩娟、邓亚佳、陈垚、张凌霜、姚芳、阿地拉·阿不来提、萨仁格根、伊力奇、耐日嘎、阿布都沙拉木·艾力木、阿迪力·吐尔孙尼牙则、赵梓池、高杨、张颖、马婷、贺晓萍、赵志茜、张蕴、杨瑾、黎鑫、马永红、任利菊、雷静莹、戚瀚匀、王丹、韩丽君、曲海成、李秀艳、刘玉琴、夜宗欣、唐萌、陈治霖、阿丽旦·阿卜来提、黄盼、黄瑛瑶、赵柯欣、张瑜、萨木斯汗·艾尔肯、麦热依·巴合提古丽、周亚男、马文慧、阿扎玛特·艾赛提、吾热姑丽·玉苏甫、阿依姆妮萨古丽·玉苏尹、阿力曼江·肉孜、红倩·吐尔逊、伊力亚尔·阿力木、阿巴斯·艾麦尔、热依汉·阿曼、马依拉·阿布来提、苏比·司马义、阿尔孜姑·艾尼、麦麦提江·吐送托合提、古丽吉米来木汗·麦提卡斯木、邢玥、张琦、乌日嘎、冬梅、吴红梅、牧希叶乐、曹都娜、查干塔娜、苏日娜、车苏日娜、乌尼尔其其格、敖敦苏义拉、尔定巴格那、才仁措、娜何芽、珠娜、朝宝、包成豪、交巴扎西、旦知吉、党志加、索南康卓、尕措加、华科加、宽卓本、洛绒拥措、尚基卓玛、扬姆、于倩、才旦吉、代青卓玛、英吉、李毛卓么、仁青南加、羊各措、泽仁卓玛、道吉扎西、宽桌措、达么姐、旦真求准、尕当木草、秀毛措、代措忠、才让卓玛、完玛吉、旺久、尼达卓玛、益西拉毛、三木旦道吉、扎西尼玛、卓玛吉、先赞卓玛、仁青本、仲格吉、扎西项秀、李沁

学科建设与研究生工作

西北民族大学学科建设专门委员会规程

第一章　总则

第一条　为加强学校学科建设，统筹做好学科建设各项工作，保证学科建设与管理的规范化、科学化、制度化，全面提升学科建设整体水平，根据《西北民族大学章程》《西北民族大学学术委员会章程》，结合学校实际，设立学科建设专门委员会，并制定本规程。

第二条　学科建设专门委员会是学校学术委员会下设的专门委员会，在学校学术委员会的指导下开展工作，是学科建设相关事务的决策、审议、咨询和协调机构，旨在对学科建设进行指导、监督和检查。

第二章　组织机构

第三条　学科建设专门委员会委员人数按照实际工作需要设置，为不低于 15 人的单数。委员由当然委员和推选委员组成。

第四条　当然委员一般由分管校领导和相关单位负责人担任，当然委员随职务变更自行更替。

第五条　推选委员部分由学校学术委员会委员担任，经学科建设专门委员会主任委员提名产生，学校学术委员会委员不少于学科建设专门委员会总人数的 1/5。部分由自下而上的民主推荐方式产生，各教学科研机构在学术分委员会推选的基础上，经党政联席会议研究向学校推荐专门委员会委员候选人，学科建设专门委员会办公室审核后报校长办公会议、党委常委会会议审定。

第六条　学科建设专门委员会设主任委员 1 名，副主任委员 1 名。主任委员候选人由学校学术委员会主任委员提名，学术委员会全体委员选举产生。副主任委员候选人由专委会主任委员提名，专委会全体委员选举产生。

第七条　学科建设专门委员会委员须具有较高学术造诣、学风端正、原则性强、热心学校学科建设工作。

第八条　学科建设专门委员会委员经校长办公会议、党委常委会会议审定。委员每届任期 4 年，可连选连任，一般不超过 2 届。委员因故需要更换时，按本规程规定调整。

第九条　学科建设专门委员会设立办公室，负责处理日常事务。办公室挂靠在相应职能部门，设办公室主任 1 名，由单位负责人兼任。

第十条　学科建设专门委员会委员在任期内有下列情形之一的，经学科建设专门委员会全体会议讨论决定，可免除或同意其辞去委员职务。

（一）主动申请辞去委员职务的；

（二）由于身体及职务变动等原因不能履行职责的；

（三）调离本校的；

（四）怠于履行职责或者违反委员义务的；

（五）有违法、违反教师职业道德或者学术不端行为的；

（六）连续三次无故缺席学科建设专门委员会全体会议的；

（七）由于其他原因不能或不宜担任委员职务的。

第三章　工作职责

第十一条　学科建设专门委员会应促进学校贯彻落实国家关于学科建设工作的方针、政策，紧密结合国家经济社会发展的重大需求，密切关注国际国内高校发展动向，研究学校学科建设工作的发展战略，为学校学科建设发展与管理提供决策咨询。

（一）审议学校学科建设中长期规划、重大建设项目实施方案、重大计划和改革方案；

（二）审议一流学科、省部级重点学科申报方案和建设方案；

（三）审议学校学科建设的重大事项，提出解决学科建设中重大问题的建议和措施；

（四）审议或审定学科建设相关规章制度；

（五）完成学校学术委员会委托或各教学科研机构学术分委员会提交的相关事项。

第十二条　学科建设专门委员会委员享有的权利：

（一）知悉有关学科建设及管理的各项制度、信息等；

（二）在学科建设专门委员会会议中发表意见，讨论、审议和表决各项决议；

（三）对学校学科建设事务及学科建设专门委员会工作提出建议、实施监督。

第十三条　学科建设专门委员会委员履行的义务：

（一）遵守国家宪法、法律、法规和规章；

（二）遵守学科建设专门委员会规程，公正履行职责；

（三）遵守学术规范、恪守学术道德，坚守公正独立的学术专业判断；

（四）勤勉尽职，积极参加学科建设专门委员会会议及有关活动；

（五）对在会议中发表的言论负责，执行和维护学科建设专门委员会的审议和评议结果。

第四章　工作制度

第十四条 学科建设专门委员会委员依据规程履行职责，应公正、公平地发表意见，并对委员会会议讨论和议决的事项保密。

第十五条　学科建设专门委员会每学年至少召开两次全体委员会议，主要讨论学校学科建设工作的方针政策和发展规划，审议重大事项和活动。根据工作需要，主任委员可提议临时召开全体委员会议。

第十六条　学科建设专门委员会会议由主任委员或主任委员委托的副主任委员主持，委员会全体会议须有不少于 2/3 的委员出席方能举行。委员会根据民主集中制的原则审议事项，可采取投票或其他方式表决，与会者不少于 2/3 同意方为通过。

第十七条　学科建设专门委员会委员履行职责时，有下列情形之一的，应当回避，不得参加相关调查、考察、审议、讨论、评议、投票、评分、审核、决定等活动，也不得以任何方式施加影响：

（一）涉及本人利害关系的；

（二）涉及与本人有夫妻关系、直系血亲关系、三代以内旁系血亲关系、近姻亲关系、其他亲属关系人员的利害关系的；

（三）其他可能影响公正履行职责的。

第十八条　根据议题内容，可由专门委员会主任委员确定邀请相关人员列席。

第十九条　对学科建设专门委员会的审议结果，按有关要求进行校内公示，相关单位和当事人如有异议，需在公示期内提出复议请求；复议请求征得不少于 1/3 的委员同意后，相关事项提交校学术委员会复议。复议后的决定为最终结论。

第五章　附则

第二十条　本规程未尽事宜，由学科建设专门委员会另行议定。

第二十一条　本规程解释权属于学科建设专门委员会办公室。

第二十二条　本规程自公布之日起施行。

西北民族大学“双一流”建设成效评价办法（试行）

第一章　总则

第一条　为贯彻落实《深化新时代教育评价改革总体方案》，加快“双一流”建设，促进学校内涵式发展、高质量发展，推进治理体系和治理能力现代化，根据《“双一流”建设成效评价办法（试行）》（教研〔2020〕13 号），结合学校实际，制定本办法。

第二条　“双一流”建设成效评价以习近平新时代中国特色社会主义思想为指导，全面贯彻党的教育方针，坚持党对教育事业的全面领导，坚定社会主义办学方向，突出培养一流人才、产出一流成果，主动服务国家需求，克服“五唯”顽瘴痼疾，以中国特色“双一流”建设成效评价体系引导学校和学科争创一流。

第三条　“双一流”建设成效评价是对学校及学科建设实现大学功能、内涵发展及特色发展成效的多元多维评价，综合呈现学校自我评价、专家评价和第三方评价结果。成效评价遵循“一流目标，关注内涵建设；需求导向，聚焦服务贡献；分类评价，引导特色发展；以评促建，注重持续提升”的基本原则。

第二章　成效评价重点

第四条　成效评价由大学整体建设评价和学科建设评价两部分组成，整合《统筹推进世界一流大学和一流学科建设总体方案》中的五大建设任务和五大改革任务作为评价重点，结合学校高水平大学建设方案、各一流学科建设方案，综合客观数据和主观评议，分整体发展水平、成长提升程度、可持续发展能力不同视角，考察呈现建设成效。

第五条　成效评价将“加强党的全面领导与治理体系改革成效”的评价，贯穿成效评价各个方面。

第六条　大学整体建设评价，分别按人才培养、教师队伍建设、科学研究、社会服务、文化传承创新和国际交流合作六个方面相对独立组织，综合呈现结果；学科建设评价，主要考察建设学科在人才培养、科学研究、社会服务、教师队伍建设四个方面的综合成效。

具体评价要求是：

1. 人才培养评价。将立德树人成效作为根本考察标准，以人才培养过程、结果及影响为评价对象，突出培养一流人才，综合考察学校思政课程、课程思政、教学投入与改革、创新创业教育、毕业生就业质量以及德智体美劳全面发展等方面的建设举措与成效。

2. 教师队伍建设评价。突出教师思想政治素质和师德师风建设，克服“唯论文”“唯帽子”“唯职称”“唯学历”“唯奖项”“唯项目”倾向，综合考察教师队伍师德师风、教育教学、科学研究、社会服务和专业发展等方面的情况，以及学校在推进人事制度改革，提高专任教师队伍水平、影响力及发展潜力方面的举措和成效。

3. 科学研究评价。突出原始创新与重大突破，不唯数量、不唯论文、不唯奖项，实行代表作评价，强调成果的创新质量和贡献，结合重大、重点创新基地平台建设情况，综合考察学校提高科技创新水平、解决国家关键技术“卡脖子”问题、推进科技评价改革的主要举措，在构建中国特色哲学社会科学学科体系、学术体系、话语体系中发挥的主力军作用，以及面向改革发展重大实践，推动思想理论创新、服务资政决策等方面成效。

4. 社会服务评价。突出贡献和引领，综合考察学校技术转移与成果转化的情况、服务国家重大战略和行业产业发展以及区域发展需求、围绕国民经济社会发展加强重点领域学科专业建设和急需人才培养、特色高端智库体系建设情况、成果转化效益以及参与国内外重要标准制订等方面的成效。

5. 文化传承创新评价。突出传承与创新中国特色社会主义先进文化，综合考察学校传承严谨学风和科学精神、中华优秀传统文化和红色文化，弘扬社会主义核心价值观的理论建设和社会实践创新，塑造大学精神及校园文化建设的举措和成效以及校园文化建设引领社会文化发展的贡献度。

6. 国际交流合作评价。突出实效与影响，综合考察学校统筹国内国外两种资源，提升人才培养和科学研究的水平以及服务国家对外开放的能力，加强多渠道国际交流合作，持续增强国际影响力的成效。

第七条　不同评价方面，相应设置整体发展水平、成长提升程度及可持续发展能力的评价角度，重视对成长性、特色性发展的评价，关注长远发展。

第三章　成效评价实施

第八条　学校在每轮建设中期，开展自我评估；建设末期，开展建设周期成效评价。

第九条　学校高水平大学建设工作领导小组办公室、学科建设领导小组办公室负责统筹推进“双一流”建设项目成效评价工作。

第十条　发展规划与学科建设处、组织人事部、教务处、研究生处、科研处、国际合作交流处等相关职能部门、各学部、一流学科建设办公室负责具体落实大学及学科成效评价工作。

第十一条　考核程序

（一）绩效自评。建设中期自我评估和建设周期成效评价，相关职能部门、各学部、一流学科建设办公室对照学校高水平大学建设方案、各一流学科建设方案和评价指标体系，填报《高水平大学建设绩效自评简况表》《一流学科建设绩效自评简况表》，系统整理建设成效数据，对建设目标和任务完成情况、学科水平、资金管理使用情况以及建设中存在的问题等进行分析，形成自评报告。

（二）自评材料经校学术委员会学科建设专门委员会审议，提交校长办公会、党委常委会会议审定。

第十二条　综合评价结果将作为下一轮建设范围动态调整的主要依据。

第四章　附则

第十三条　评价指标体系适时随工作通知一起发布。

第十四条　本办法自印发之日起实施，由发展规划与学科建设处负责解释。

西北民族大学学生学科竞赛管理办法

第一章　总则

第一条　坚持以习近平新时代中国特色社会主义思想为指导，深入贯彻实施国家创新驱动发展战略，落实《国务院办公厅关于深化新时代教育评价改革总体方案》，发挥学科竞赛活动在教育教学改革和创新人才培养中的重要作用，提升学校学科竞赛的组织管理工作规范化、科学化，营造创新创业教育良好氛围，鼓励全校师生积极参加学科竞赛，培养学生创新精神、协作意识和实践能力，提高学科竞赛水平，结合学校实际，制定本办法。

第二条　学科竞赛的宗旨是丰富校园学术氛围，全方位培养大学生创新思维和解决实际问题的能力，促进相应学科的课程教学改革，推进素质教育，培养知识一能力一素质协调发展的高素质人才。

第二章　适用范围

第三条　本办法适用对象为学校普通全日制本科在校生，鼓励学生跨年级跨学科组队参赛。

第四条　本办法所指学科竞赛是由国家、省级有关主管部门及国家级教学指导委员会、企业或行业协（学）会、联合国教科文组织和其他国际学术团体组织的，与学科专业教学关系紧密的学科竞赛。文体性、展演性、企业宣传推广以及面向社会公众广泛参与的比赛不在本办法规定之列。

第三章　竞赛类别和认定

第五条　根据学科竞赛的组织机构，将学科竞赛分为国际级、国家级、省级和校级四级学科竞赛。

（一）国际级学科竞赛：指联合国教科文组织或其他国际性学术团体组织的，具有很强的学术权威性和业内认可度，且在国内外具有较大影响力的世界性学科竞赛。

（二）国家级学科竞赛：指国家行政部门或全国性专业学术团体组织的，具有很强的学术权威性和业内认可度，在国内具有很大影响力的全国性学科竞赛，以及国际性学科竞赛组织的分赛区竞赛。

（三）省级学科竞赛：指省级政府部门或专业学术团体组织的，具有较强的学术权威性和业内认可度，在省内有较大影响力的全省性或跨省的学科竞赛，以及国家级学科竞赛在全国各大赛区的分赛区竞赛。

（四）校级学科竞赛：指由学校组织并由校内负责组织参赛的职能部门发布，为选拔优秀选手参加更高级别比赛而面向全校学生举办的学科竞赛。

第六条　根据学科竞赛的组织范围，学校认定的学科竞赛分为以下三类：

（一）以中国高等教育学会发布的《全国普通高校大学生竞赛排行榜内竞赛项目名单》（见附件）为依据，榜单实施动态调整，以当年发布的学科竞赛为准。

（二）上级教育主管部门主办组织的学科竞赛，以省教育厅、省科技厅等部门发文为准。

（三）由各学院（部）打造“一专业一品牌”赛事，各专业每年可择优申报一项除上述两类以外的本专业高级别学科竞赛，经学校审批同意后纳入学校认定的学科竞赛。

第四章　组织管理

第七条　学科竞赛工作由学校创新创业工作领导小组负责宏观管理，校内负责组织参赛的职能部门对归口管理的学科竞赛负责组织、管理、奖励等各项工作。相关学院（部）和其他部门应积极承担或配合学科竞赛的有关工作。

第八条　校内负责组织参赛的职能部门工作职责

（一）收集公布各类学科竞赛信息，开展学科竞赛的组织和宣传工作，与竞赛相关的校内外单位进行沟通协调。

（二）制定发布学校学科竞赛相关政策和办法，组织制定校级学科竞赛章程及实施方案，负责校级学科竞赛的命题和评审等工作。

（三）负责学科竞赛所需经费的核算和使用管理工作，落实学科竞赛省级及以上获奖学生和指导教师的奖励、工作量核算等工作。

（四）负责学科竞赛活动的总结、交流和材料的建档等工作。

第九条　学院（部）工作职责

（一）学院（部）分管领导负责本学院（部）学科竞赛整体工作，安排专人负责开展学科竞赛的动员、宣传、组织和报名等工作。

（二）申报和承办各级各类学科竞赛。

（三）组织赛前培训，提供参赛的有关信息及资料，为参赛学生提供竞赛所需的场地、仪器、设备和耗材。

（四）负责相关学科竞赛的命题、评审等工作。

（五）负责竞赛指导教师队伍的建设，建立具有高度责任心、较高业务水平和相对稳定的学科竞赛教师指导队伍，并制定培训计划。

（六）负责制定学院（部）学科竞赛奖励实施细则，落实所属学院（部）校级获奖学生和指导教师的奖励和工作量核算等工作。

（七）负责建立学院（部）创新创业工作坊，开设创新创业课程，加强综合性、设计性实验建设，完善相关制度，建立领导重视、参与广泛、运转顺畅、成效显著的长效工作机制。

（八）对学科竞赛的成绩及相关材料进行归档整理，并报校内负责组织参赛的职能部门备案。

第十条　指导教师职责

（一）协助学院（部）开展参赛学生的选拔工作。

（二）协助学院（部）制定并组织实施竞赛培训（辅导）方案。

（三）按照学院（部）制定的竞赛培训（辅导）方案制定指导竞赛团队的培训（辅导）方案，并报学院（部）备案。若辅导计划有变动，应提前报备。

（四）按照竞赛组委会和学院（部）的要求，完成比赛相关工作。

（五）在教学中注重对学生创新能力的培养，加强梯队建设，从低年级学生中选拔优秀学生参与学科竞赛，做好参赛人员储备。

第十一条　学生职责

学生参加各类学科竞赛，须遵守赛事相关章程，服从竞赛组织安排，不得违反竞赛纪律。严守学术诚信，对违反学术道德等行为，学校将依据有关规定给予相应处分，涉及法律问题的，移交有关机关依法处理。参赛学生未经批准不得擅自退赛，无故退出者由本人支付产生的费用。学生对本人的人身及财产安全负责。

第十二条　凡由学校资助经费的学科竞赛作品，知识产权均归学校所有。任何单位及个人未经学校同意均无权处理。如有违反，学校有权追究当事人责任。若作品发生专利（技术）转让，学校按相关规定将其部分转让收益用于奖励该作品的指导教师与学生。学科竞赛作品由学科竞赛承办单位或学生所在单位负责存档。

第五章　经费管理

第十三条　学校设立大学生学科竞赛专项经费，纳入学校预算，经费使用严格执行学校财务相关规定。学校鼓励多方筹措学科竞赛经费，如企业赞助等，提供赞助的企业或单位经主办单位同意可享受包括竞赛冠名权在内的宣传权益。

第十四条　学科竞赛开支范围及标准

（一）根据竞赛通知，经学校核定的参赛报名费。

（二）竞赛期间教师和学生的交通费、住宿费，按学校有关规定报销。竞赛期间参赛指导教师的差旅费按学校财务制度有关规定执行。

（三）赛前培训及赛时使用的元器件等耗材费，参赛作品制作加工费等。

（四）竞赛宣传制作费、资料复印费、荣誉证书购置费、车辆租赁费等。

（五）经学校审核批准举办的校级学科竞赛，按照命题费（200 元 / 套）、监考费（80 元 / 场）、阅卷费（3 元 / 份）标准支出。聘请校内外专家开展有关学科竞赛方面的评审、讲座等产生的费用按照学校相关规定执行。

第六章　竞赛奖励

第十五条　竞赛所获荣誉归属参赛学生、指导教师、责任学院（部）和学校共有。学校将根据竞赛级别、获奖等级，对参赛学生、指导教师、优秀组织单位予以奖励。一次参赛多次评奖的竞赛项目，或同一竞赛项目（参赛者）在不同级别竞赛中获奖，指导教师及参赛学生均按最高获奖等级进行一次性奖励。优秀奖、成功参赛奖、入围奖等未明确获奖名次的奖项不在奖励范围。

第十六条　学科竞赛的获奖级别由校内负责组织参赛的职能部门根据学科竞赛主办单位颁发的文件或证书，参考竞赛的学术权威性和业内认可度进行认定。

多个主办单位联合举办的学科竞赛，原则上以竞赛通知和获奖证书的盖章单位中级别高的单位为准进行认定。

（一）竞赛通知和获奖证书的盖章单位一致且只有一个单位盖章，按盖章单位级别认定。

（二）竞赛通知和获奖证书的盖章单位一致且多个单位盖章，其级别以级别高的单位为准认定。

（三）竞赛通知和获奖证书的盖章单位一致且为竞赛组委会，其级别以竞赛通知中的多个主办单位级别高的单位为准认定。

（四）竞赛通知和获奖证书的盖章单位不一致，其级别以盖章级别高的单位为准认定。

第十七条　参赛学生的奖励

（一）参加学校认定的学科竞赛获奖的学生，按照学校相关规定认定相应学分，并在评奖评优、学生科研项目立项、研究生推免工作中给予政策支持。

（二）对于获奖的参赛学生给予一定的表彰奖励，学校认定的学科竞赛中获得省级及以上奖项的由校内负责组织参赛的职能部门负责奖励，学校认定的学科竞赛中获得校级奖项的由获奖学生所属学院（部）负责奖励，校级竞赛获奖证书由学校颁发。团队获奖的项目，奖金分配给第一参赛学生，第一参赛学生根据参赛团队成员在团队中做出的贡献进行二次分配。

学生学科竞赛获奖奖励标准

获奖级别	奖励标准（元、税前）	
国际级	一等奖	10000
	二等奖	8000
	三等奖	5000
国家级	一等奖	5000
	二等奖	4000
	三等奖	3000

续表

获奖级别	奖励标准（元、税前）	
省级	一等奖	3000
	二等奖	2000
	三等奖	1000

第十八条　指导教师奖励

（一）指导学生参加学校认定的学科竞赛获省部级及以上奖励的，依据《西北民族大学本科教学工作量计算办法》计算工作量。

（二）指导学生参加学校认定的学科竞赛获校级奖励的，由学院（部）在本单位年度奖励绩效二次分配中体现。

（三）省部级及以上获奖项目由多位指导教师的，由排名第一的指导教师据实对工作量进行分配。校级获奖项目由多位指导教师的，奖励分配给第一指导教师。

第十九条　学科竞赛的奖励和表彰每年度进行一次。时间范围为上一年度 1 月 1 日至 12 月 31 日完成的学科竞赛获奖。

第二十条　竞赛与课程及考试发生冲突时，参赛学生可申请请假和缓考，根据学校相关规定由所在学院（部）办理请假手续。

第七章　附则

第二十一条　研究生处、学生工作部（处）、团委等单位归口管理的相关竞赛可参照本办法执行。

第二十二条　本办法自印发之日起实施，由教务处负责解释。原《西北民族大学学生学科竞赛管理办法》（民大发〔2013〕286 号）同时废止。

西北民族大学研究生教育综合改革实施方案

为全面贯彻落实习近平总书记对研究生教育工作的重要指示精神，根据国务院学位委员会、教育部《关于进一步严格规范学位与研究生教育质量管理的若干意见》和教育部、国家发展改革委、财政部《关于加快新时代研究生教育改革发展的意见》等文件要求，学校全面启动并实施新时代研究生教育综合改革，促进研究生教育高质量发展。为扎实推进综合改革工作，结合学校实际，制定本方案。

一、指导思想

以习近平新时代中国特色社会主义思想为指导，深入贯彻党的教育方针，落实中央民族工作会议、全国研究生教育会议精神，坚持“四个面向”，以铸牢中华民族共同体意识为“纲”，紧紧围绕“立德树人、服务需求、提高质量、追求卓越”主线，全面实施研究生教育综合改革，突出学科建设、突出服务国家战略、突出高质量发展，瞄准科技前沿和关键领域，深入推进学科专业调整，完善人才培养体系，提升导师队伍水平，健全质量保障体系，推进研究生教育治理体系和治理能力现代化，加快培养国家急需的高层次人才，为坚持和发展中国特色社会主义、实现中华民族伟大复兴的中国梦作出贡献。

二、基本原则

（一）坚持立德树人

全面落实立德树人根本任务，加强思想政治引领，聚力“三全育人”，引导研究生增强“四个意识”、坚定“四个自信”、做到“两个维护”，把正确政治方向和价值导向贯穿研究生教育综合改革全过程，促进研究生德智体美劳全面发展。

（二）坚持服务需求

紧紧围绕国家战略和经济社会发展需求，调整优化学科专业结构，引导广大导师和研究生心怀“国之大者”，加强重点领域急需学科专业建设和人才培养，转型升级，跨越发展，不断提升服务贡献的质量和能力。

（三）坚持问题导向

紧扣研究生教育观念落伍、课程建设落后、导师指导不到位、科研对研究生教育支撑度不够、产教融合培养滞后、管理制度不完善、质量保障体系不健全、培养条件有欠缺等关键问题，加大改革力度，确保改革成效。

（四）坚持创新引领

落实分类指导、分类培养，紧盯学术前沿和科技难题，不断增强导师和研究生的使命感责任感，深化科教融合、产教融合，全面提升研究生知识创新和实践创新能力，充分激发活力，以改革创新驱动高质量发展。

（五）坚持质量至上

树立科学的质量关，以追求卓越为目标，以研究生和导师为核心，规范研究生教育培养环节，完善质量保证和监督体系，明确质量主体职责，强化教育质量评价，努力提高学位与研究生教育质量。

三、总体目标

以立德树人为根本，以服务需求为核心，以提升研究生科研创新和专业实践能力为抓手，系统构建集“德育教育、招生就业、知识创新、科研训练、专业实践”为一体的研究生教育培养新体系。着力突破陈旧固化的思想观念和机制藩篱，创新研究生教育管理新体系。大力改革研究生培养关键环节和突出问题，完善研究生教育质量保障新体系，全面落实导师立德树人职责，努力培养担当民族复兴大任的时代新人。力争用三到五年的时间，使研究生教育服务国家需求更加聚焦、规模结构更加优化、体制机制更加完善、培养质量不断提高、高水平成果不断涌现、学科声誉不断提升，实现研究生教育高质量发展，建设高水平现代化综合大学。

四、主要任务

（一）加强立德树人工作，健全“三全育人”新体系

1. 强化思想政治引领。深入推进习近平新时代中国特色社会主义思想进教材、进课堂、进头脑，积极培育和践行社会主义核心价值观，弘扬中华优秀传统文化，传承学校红色基因，加强“四史”和铸牢中华民族共同体意识宣传教育，培养研究生的家国情怀和使命担当。

2. 推进学科思政实施。全面推进“三全育人”，深入落实《西北民族大学学科思政工作实施方案》，形成“专业思政、课程思政、科研思政和教师思政”四位一体学科思政新体系。大力提升研究生思想政治理论课程教学水平。编写学科思政案例教材，并在各学科、专业学位推广示范。

3. 提升党建工作质量。选优配齐建强研究生党支部书记队伍，充分发挥研究生党支部战斗堡垒、

研究生党员先锋模范作用。抓好研究生样板党支部创建和研究生党员标兵培育。进一步做好研究生党员发展工作。用高质量党建引领研究生教育高质量发展，推动党建与研究生教育管理双融合、双促进。

（二）服务国家重大需求，深入推进学科专业优化调整

4. 自主设置二级学科和专业领域。开展研究生教育供给侧改革，优化急需重点领域学科专业结构布局。根据国家发展改革委、教育部、财政部《关于加强经济社会发展重点领域急需学科专业建设和人才培养的指导意见》，各学科、专业学位对标“四个面向”，瞄准社会急需、科技前沿和关键领域，通过自主设置二级学科和专业学位领域，改造升级传统学科，加快培养急需高层次人才，推动学科专业体系紧跟时代发展。

5. 加强学位点建设与动态调整。落实《西北民族大学学位授权点“十四五”发展规划》，积极培育和建设服务国家急需学科专业，重点布局和建设马克思主义理论、民族学、生物工程、数学、音乐与舞蹈学、美术学等一级学科博士点以及生物与医药、土木水利等领域专业学位博士点。加强学校五个“一流学科”建设，发挥一流学科引领作用，带动学校高质量发展。通过动态调整，对培养方向滞后、培养条件不佳、培养质量不高、就业前景不好的学位点予以调整。

（三）改革培养核心环节，创新研究生教育培养新体系

6. 全力改革课堂教学环节。推行导师“组课”制度。大力改革教学方法，改变传统的知识传授型教学模式，实施以学生为主体的多元化教学方式，以研究探索知识创新为目标，推行组课教学改革；突出“研究性”，推行翻转课堂教学手段改革，鼓励开展研讨式、启发式、辩论式教学。依据《学术学位研究生核心课程指南（试行）》《专业学位研究生核心课程指南（试行）》，加强各学科专业核心课程建设；增加课程教学的难度、强度和深度，及时将国内外学术前沿、最新研究成果、行业领域科技动态等充实到课程中；鼓励开设能够反映学科、技术、行业前沿的新课。学术型研究生课程要加大学科前沿课、文献课和研讨课的比例；专业学位研究生课程要提高案例课、企业实践课和校企联合课的比例。加大专业学位研究生案例库和案例教材建设。要将优质网络教育资源纳入课程体系，加强研究生国际化课程建设。

7. 着力改革科研训练环节。落实《西北民族大学研究生科研创新基金项目管理办法》，突出以服务国家战略需求为导向的科教融合培养。出台《西北民族大学人文社会科学研究体系指导意见》，以铸牢中华民族共同体意识为主线改进人文社科研究工作。鼓励导师申报重大项目时，要有一定比例的研究生参与。各级各类实验室要面向研究生设立开放课题，提升研究生自主研究能力。积极引导研究生围绕国家需求、行业需要选题，开展前沿性、探索性研究，提升师生国际学术交流能力和参与度。学术型研究生在校期间，须有在校内外 2 个科研团队、高水平大学或科教融合联合培养基地累计至少

3个月的科研经历。

8. 大力改革导师指导环节。加大对研究生导师指导过程的管理与监督，推行导师“组会”制度。导师为每个学生每学期制定个性化指导计划，给学生合理安排科研任务；导师每周要与学生见面，进行学术指导，并填写指导记录。修订研究生工作量计算办法，学校从导师指导的场地条件、工作量认定等方面予以支持保障，并不定期开展导师指导工作的质量检查。鼓励导师在研究生教育的全过程指导中结合自身科研经历和科研成果，把发现问题、分析问题和解决问题的创新思维方式和能力传授给学生。

9. 强力改革专业实践环节。落实国务院学位委员会、教育部《专业学位研究生教育发展方案（2020—2025）》，突出以产业行业企业需求为导向的产教融合培养。大力拓展合作渠道，建立一批研究生产教融合联合培养基地。推行“产业教授”制度，从企业、科研院所等选聘优秀科技创新人才、高技能人才和管理人才担任学校产业教授。完善校外师资深度参与课程教学、案例教学、实践指导和学位论文等环节的联合培养机制。探索布局现代产业研究院，建立以用人单位需求为主导的“订单式”人才培养体系。专业学位研究生在校期间，须有在校外行业企业或产教融合联合培养基地累计至少半年的专业实践经历。

（四）严格师德师风要求，强化导师队伍建设

10. 强化师德师风建设。全面落实导师研究生培养第一责任人职责，严格落实教育部《关于全面落实研究生导师立德树人职责的意见》《关于加强博士生导师岗位管理的若干意见》《研究生导师指导行为准则》等，加强师德师风教育，明确研究生导师“十不得”，划定红线底线、规范职业行为，树牢为党育人、为国育才的初心使命，引导广大导师努力成为“大先生”，争做“四有好老师”。

11. 加强导师岗位管理。完善导师遴选办法，把牢导师遴选政治关，分类制定导师遴选条件、岗位职责和立德树人考核细则，按照服务国家需求能力选聘学术型导师，按照服务行业产业发展能力选聘专业学位导师。不断加强行业产业导师、专业学位双导师、中外双导师队伍建设。对导师招生资格进行动态管理，把导师的政治表现、师德师风、学术水平、精力投入、育人成效作为主要考核评价指标。

12. 强化导师能力培训。健全导师培训交流机制，构建新聘导师岗前培训、在岗导师定期培训、国内外学术交流研讨培训等多渠道多途径的培训体系。支持和鼓励专业学位导师到行业企业挂职培训。探索开展组会研讨、团队集体指导、校内外或跨学科联合指导等多种形式的指导方式。导师要积极参与研究生教育教学改革，各学部（院）、教师教学发展中心等要大力支持和组织开展新时代研究生教育教学改革和科研创新能力提升的培训学习。

（五）健全质量保障体系，加强研究生教育质量管理。

13. 完善内部质量保证体系。根据国务院学位委员会、教育部《学位授予单位研究教育质量保证体系建设基本规范》，围绕目标与标准、招生管理、培养过程与学位授予管理、导师岗位管理、研究生管理与服务、条件保障与质量监督等6要素，构建全员参与、全程监控、常态运行、持续监测、反馈改进的质量保障体系。坚持培养过程与培养目标相统一，定期开展人才培养质量分析，发布研究生教育发展质量报告。

14. 强化关键环节质量管理。依据《一级学科博士硕士学位基本要求》《专业学位类别（领域）博士硕士学位基本要求》，按不同学科或专业学位类别完善人才培养方案和学位授予质量标准。重点加强对研究生招生就业、科研训练和导师指导等关键环节的质量监控。拓宽就业渠道，通过科研助理招聘、国家地方专项、“订单式”培养输送、联合培养基地选留、校友引荐吸纳、自主创新创业等多种形式，提高研究生就业质量。

15. 扎实做好外部质量评估。做好学科评估、专业学位水平评估、学位授权点合格评估和第三方评估等多维度的评估工作。加强新增学位授权点专项评估和学位授权点周期性合格评估，充分发挥“以评促建、以评促改、以评促管”作用。加强对学位授权点质量状态监测，定期检查学位授权点建设发展状况。

（六）推进招生制度改革，优化人才培养规模结构

16. 优化研究生招生计划分配。完善研究生招生计划分配办法，建立以供给侧改革为导向的动态调节机制。招生计划要向重点学科专业领域、重大科研平台项目、科教产教融合培养平台等倾斜，学术型招生计划要向服务国家战略、经济社会发展急需的学科配置，专业学位招生计划要向服务行业产业发展、人才需求量大的学位点配置。探索建立研究生招生计划管理负面清单制度，对师德师风、学科评估、学位点评估、博硕士论文抽检、考试招生、就业质量等方面问题突出的学部（院），要核减招生计划。对未按期完成研究生培养或培养的研究生就业率、就业质量不高的导师，要适当缩减、直至停止其招生计划。

17. 完善研究生招生选拔机制。推进硕士研究生考试招生改革，优化初试科目和内容、规范自命题管理、强化复试面试考核、加强考试安全管理。探索博士研究生“申请—考核”招生选拔试点改革；探索本硕、本硕博贯通培养试点改革。遴选部分导师跨学科招生，推行学科交叉人才培养。进一步完善专业学位研究生招生制度，积极对接行业产业，拓展联合招生培养渠道，依托联合培养基地、产业研究院等平台创新研究生招生模式。

18. 着力提高研究生生源质量。研究生招生要突出思想品德、学习基础、科研实践和创新能力考核，吸引一志愿优质生源，逐步提高生源质量。改变传统的招生报考模式，充分利用新媒体，加大招生宣传力度，建立“学校—学部（院）—导师—学生”多层面的宣传体系。拓展优质生源基地，建立稳定的优质生源渠道。建立招收优秀生源激励机制，激发学部（院）、导师招生宣传积极性和主动性。探索尝试多元化招生方式改革，吸引优秀考生报考。

（七）深化体制机制改革，完善研究生教育治理体系

19. 完善改革配套制度体系。认真把握新时代研究生教育高质量发展的新形势新任务新要求，紧扣研究生教育综合改革，全面梳理现有研究生教育管理制度，落实“破五唯”要求，及时废止或修订不合时宜的制度办法，查缺补漏，依法管理，逐步建立与研究生教育治理体系与治理能力现代化目标相匹配的现代大学制度体系。

20. 完善学风建设工作体系。严把研究生教育的政治方向和意识形态关，筑牢课堂教学、科学研究、学术活动和网络信息等安全底线。加强科学精神、学术诚信、学术（职业）规范和伦理道德教育，把论文写作指导课程作为必修环节，引导研究生跟踪学科前沿，开拓学术视野，直面学术（职业）问题，努力培养研究生创新意识和创新能力，激发研究潜力。健全学术不端行为预防和处置机制，对学术不端行为，坚持“零容忍”。

21. 完善教育管理服务体系。充分发挥学位评定委员会和学术委员会作用。推行以科学研究为主导的管理模式，以服务国家需求为导向，研究生教育管理要从以往的导师组管理向学科团队、专业（领域）、科研项目负责人管理转变。健全校院两级研究生教育管理体系，加强研究生辅导员和业务管理队伍建设，提升研究生管理信息化建设水平。完善研究生奖助体系，重视研究生心理素质教育。

五、工作保障

（一）加强组织领导

加强党对研究生教育的全面领导，确保正确改革方向。学校各级党组织要将研究生教育综合改革作为重大议题专题研究，认真部署，扎实推进。各部门要落实“三全育人”职责，在政策支撑、条件保障、资源配置等方面大力支持研究生教育。各单位负责人要切实负起责任，积极推进研究生教育综合改革任务落地落实落细。

（二）加大投入力度

切实做好经费保障，构建研究生教育多元投入和增长长效机制。逐步提高研究生培养经费投入，科学核定导师指导、课程改革、专业实践等工作量。加大对研究生教育改革、学习场地、科研创新、奖励资助、住宿生活等的投入。发挥二级单位的办学自主权，鼓励各学部（院）合理使用科研项目经费支持研究生培养。

（三）强化统筹协调

研究生教育综合改革是统筹全校资源、凝心聚力促发展的重要举措，涉及学校人才培养的方方面面，全局性、系统性很强，全校各方面要通力协作、各司其职、密切配合。要理顺关系，充分发挥“学校一学部（院）一导师”三级管理的职责和作用，保障各项改革任务有序推进。

（四）严格督促检查

切实落实主体责任，抓住机遇，理清思路，认清短板，迎难而上，大胆探索。要明确综合改革的目标任务和工作举措，加大改革过程监督力度，健全督办考核机制，把改革成效作为各单位领导班子的年度考核、聘期考核重要内容，加强执纪问责，确保研究生教育综合改革实现预期目标。

西北民族大学学生学术交流资助管理办法

第一条　为加强学校创新人才培养，鼓励学生积极参与学术交流活动，拓宽学术视野，进一步提高人才培养质量，结合学校实际，制定本办法。

第二条　资助类型

（一）国内举办的高水平学术会议、暑期学校、课程学习班（包括在线课程学习）。

（二）国内举办的高水平作品展演、专业竞赛等实践交流活动。

（三）上述类型中未涉及的、经审核确需资助的学术交流活动。

第三条　资助对象

申请人应为学校全日制在读博士研究生、硕士研究生、本科生，品学兼优，有较强的科研或实践能力。

第四条　资助条件

（一）申请人拟参加的学术交流活动内容应与其专业紧密相关。

（二）申请人在申请时需得到正式邀请或书面通知。电子邮件形式的邀请函或通知，研究生需由导师签字确认，本科生需由班主任签字确认。

（三）参加学术会议，须获得论文被学术会议录用的正式通知，或获准在该学术会议做口头报告。

（四）参加研究生、本科生暑期学校、课程学习班（包括在线课程学习），须成为暑期学校、课程学习班的正式学员，并通过考核，获得学分或相关证明。

（五）参加高水平作品展演、专业竞赛等实践交流活动仅限研究生，需提供参展或参赛证明。本科生高水平作品展演、专业竞赛等实践交流活动参照有关规定执行。

第五条　申请程序

（一）申请人填写《西北民族大学资助研究生参加学术交流活动申请表》或《西北民族大学资助优秀本科生参加学术交流活动申请表》，附相关证明材料（正式邀请、书面通知、电子邀请函截图、论文录用通知、被举办方接受的相关证明等）。

（二）对研究生申请参加的学术交流活动导师须进行认定，对提交的论文、作品进行审核并签署意见，所在培养单位审核并明确是否推荐资助；对本科生申请参加的学术交流活动班主任须进行认定，对提交的论文、作品进行审核并签署意见，所在培养单位审核并明确是否推荐资助。

（三）研究生处对研究生申请资助的材料进行复核。教务处对本科生申请资助的材料进行复核。

必要时邀请相关专家进行评审，确定是否资助。

第六条　资助额度及报销程序

（一）研究生（在学期间、基本学制内）参加学术交流活动资助不超过2次，本科生（在学期间、基本学制内）参加学术交流活动资助不超过1次。以学术交流绩效目标为导向，其资助经费从服务预算项目中列支。每年资助总人次根据相关经费和学生申请资助情况确定。

（二）报销范围包括：往返交通费、住宿费、注册费（会务费）等学术交流活动通知中明确的费用支出。报销提供正式发票原件，按照学校财务规定核销。

（三）申请人学术交流活动结束后，提交以下材料，经相关部门审查通过后，到学校财务处完成报销手续。

1.《西北民族大学资助研究生参加学术交流活动申请表》或《西北民族大学资助优秀本科生参加学术交流活动申请表》复印件。

2. 学术交流活动相关证明材料；

3. 会议论文集或摘要集（包括封面、目录、论文全文或摘要）、作品、获奖、学分证明、学习证明等相关复印件。

第七条　其他

（一）各培养单位与研究生导师、班主任应认真选拔并推荐具有优良学术潜质的研究生、本科生参加高水平学术会议。

（二）培养单位应定期组织研究生、本科生对参加学术会议有关内容进行交流。

第八条　本办法自印发之日起实施，由研究生处、教务处负责解释。

西北民族大学研究生优秀学位论文评审办法

第一章　总则

第一条　为激励学校研究生更好地发扬科研创新精神，坚持原创原则，加强高层次创新人才培养，学校评选研究生优秀学位论文。为规范优秀研究生学位论文评审工作，结合学校实际，制定本办法。

第二条　研究生优秀学位论文评选应坚持正确的政治方向和学术导向，遵循“公开、公平、公正、择优”的原则。

第二章　评选标准和评审机构

第三条　优秀研究生学位论文评选标准

评选论文分为“基础研究类”和“应用研究类”两类。“基础研究类”论文，突出原始创新，激励研究生在本学科前沿从事基础研究；“应用研究类”论文，突出服务需求，激励研究生从国家及区域经济社会发展重大需求中，提炼具有重要学术价值的科学问题开展研究。

（一）优秀博士研究生学位论文的评选标准

1. 选题为学科前沿，具有重要的理论意义和现实意义，能够全面反映学科相关领域的发展状况。

2. 论文具有创新性，能够填补学科领域理论研究的空白，在本学科领域达到国内领先水平，或者能够运用新视角、新方法进行探索、研究，有独到见解和创新观点，并在相应领域取得突破性成果，达到国际同类学科先进水平或国内领先水平，具有较好的社会效益或应用前景。

3. 符合学术规范，材料丰富详实，结构严谨，推理严密，逻辑性强；分析方法科学，体现出作者具有很强的独立从事科学研究的能力。

4. 学位论文盲审一次性通过，且《西北民族大学博士 / 硕士学位论文评阅意见书》中“学位论文总体等级评价”为 3 个“优秀”；《西北民族大学研究生学位论文答辩决议书》中“学位论文等级”须为“优秀”。

5. 参评优秀博士学位论文的研究生需在攻读博士学位期间及获得博士学位后一年内（截至材料上报时间），本人为第一作者或本人为第二作者、导师为第一作者，“西北民族大学”为作者单位，获得与博士学位论文内容密切相关的高水平成果，成果应具有创新价值、体现服务贡献且有 2 名及以上专家推荐。

（二）优秀硕士研究生学位论文的评选标准

1. 论文选题新颖，为本学科前沿，有重要理论意义或现实意义。

2. 论文创新性明显，研究方法独特，分析论证严谨，逻辑性强。

3. 论文材料丰富详实、推理严密、概念清晰、层次分明、语言流畅、格式规范、学术价值较高。

4. 学位论文盲审一次性通过，且《西北民族大学博士 / 硕士学位论文评阅意见书》中“学位论文总体等级评价”为 3 个“优秀”；《西北民族大学研究生学位论文答辩决议书》中“学位论文等级”须为“优秀”。

5. 参评优秀硕士学位论文的研究生须在攻读硕士学位期间及获得硕士学位后一年内（截至材料上报时间），本人为第一作者或本人为第二作者、导师为第一作者，“西北民族大学”为作者单位，获得与硕士学位论文内容密切相关的高水平成果，成果应具有创新价值、体现服务贡献且有 2 名及以上专家推荐。

第四条　优秀研究生学位论文评审机构

优秀研究生学位论文评选工作采取两级审核评定的方式，各学部（院）学位评定分委员会负责初审，校学位评定委员会负责终审。

第三章　奖励标准

第五条　优秀研究生学位论文奖励标准

学校设立研究生优秀学位论文基金，对评选为学校优秀学位论文的研究生及其导师给予奖励并颁发荣誉证书；获学校优秀硕士学位论文的作者奖励 2000 元；获学校优秀博士学位论文的作者奖励 3000 元；获省部级优秀硕士学位论文的作者奖励 4000 元；获省部级优秀博士学位论文的作者奖励 6000 元；同时获得校级和省级优秀学位论文的作者，按省级优秀学位论文奖励标准发放。

第四章　评选程序

第六条　优秀研究生学位论文评选范围、时间和比例

优秀学位论文的评选范围为上一年度 9 月 1 日至本年度 8 月 31 日在学校获得博士、硕士学位者的学位论文。评选工作每年进行一次，每年 5 月至 6 月为优秀学位论文评选时间。各学部（院）学位评定分委员会根据当年学校毕业研究生的数量按比例确定，优秀博士论文一般不超过参加博士学位论文答辩人数的 10%，优秀硕士论文不超过毕业研究生数的 5%。

第七条　优秀研究生学位论文评选程序

（一）个人申请

答辩结束后，学位论文作者提出申请，提交《西北民族大学校级优秀学位论文申报表》。导师推荐，填写《西北民族大学研究生优秀学位论文推荐表》，提交学部（院）学位评定分委员会。

（二）学位评定分委员会初审

各学部（院）学位评定分委员会须对申请评优的学位论文进行答辩观摩，对达到评选标准的优秀学位论文进行实名投票推荐，并公示 3 天，公示结束后，相关评优材料报研究生处。

（三）校学位评定委员会审定

研究生处组织相关学科专家对学部（院）推荐的优秀学位论文进行评审、实名投票，初步确定学校优秀博士、硕士学位论文入选名单及省部级优秀学位论文参评名单后上报学校学位评定委员会审议。

第八条　学校学位评定委员会对各学部（院）推荐、研究生处组织评审的优秀学位论文初审结果进行终审，终审结果予以公示，公示期不少于 3 天。

公示期内，任何单位或个人如发现入选论文存在剽窃、作假等学术不端的问题，均可以书面形式署名向校学位评定委员会提出异议。自公示期结束之日起 15 日内异议事项仍未处理完毕的论文，不列入获选优秀学位论文名单。

第九条　优秀学位论文评选过程中，如果对评选环节、评选结果有异议，可以向相应评选机构提出申诉，评选机构应在接受申诉后予以回复。

第十条　省部级优秀学位论文按照省部级优秀学位论文评选办法，从校级优秀学位论文获评名单中推荐产生。

第十一条　优秀学位论文评选后，如发现入选论文作者在撰写学位论文过程中有抄袭、剽窃、作假等违反学术规范与学术道德的行为，学校将取消作者及导师所获奖项，追回证书，并按照有关规定进行处理。

第五章　附则

第十二条　本办法自印发之日起实施，原《西北民族大学优秀博士、硕士学位论文评选与奖励办法》（民大发〔2015〕697 号）同时废止。

第十三条　本办法由研究生处负责解释。

西北民族大学教育类研究生教育教学能力考核办法（试行）

第一章　总则

第一条　为贯彻落实教育部《教育类研究生和公费师范生免试认定中小学教师资格改革实施方案》，建立教育类研究生教育教学能力考核制度，完善教师资格制度，促进教育类研究生就业，推进免试认定改革，让真正乐教、适教、善教的优秀人才进入教师队伍后备军，努力培养造就党和人民满意的高素质专业化创新型教师队伍。结合学校研究生培养实际，制定本办法。

第二章　考核对象及时间

第二条　申请参加教育教学能力考核且成绩合格的 2021 届及以后年份毕业生，可凭教育教学能力考核结果，免考国家中小学教师资格考试部分或全部科目。

第三条　本办法所指的教育类研究生是指教育学学术学位研究生（专业代码 0401）、教育专业学位研究生（专业代码 0451）。

第四条　每年考核时间根据上级部门相关工作安排确定。

第三章　考核组织及程序

第五条　学校成立以分管校领导为组长，以研究生处、教育学部负责人为副组长的教育类研究生教育教学能力考核领导小组（以下简称领导小组），全面负责学校教育类研究生免试认定教师资格工作。

第六条　研究生处统筹协调教育类研究生教学能力考核各项工作，教育学部制定考核细则，具体负责教育类研究生教育教学能力考核工作的实施。

第七条　教育类研究生在规定时间内向教育学部提交免试认定教师资格申请。教育类研究生申请免试认定教师资格的任教学段、任教学科要求如下：

（一）对以幼儿园、小学教师为培养目标的教育类研究生，可申请认定相应的幼儿园、小学教师资格；

（二）对以初级中学学科教师、高级中学学科教师、中职文化课学科教师、中职专业课教师为培养目标的教育类研究生，可申请认定相应任教学科的初级中学、高级中学和中等职业学校教师资格。

（三）对以初级中学教师、高级中学教师、中等职业学校教师为培养目标但所学专业没有明确教学学科和教学专业的教育类研究生，应通过“学科知识与教学能力”考试，申请认定与“学科知识与教学能力”一致的初级中学、高级中学和中等职业学校教师资格。

第八条　资格审查。经教育学部初步审查，符合免试认定教师资格基本条件的申请人员参加教育教学能力考核。考核内容包括培养过程性考核和教师职业能力测试。考核结果分为“合格”和“不合格”两个等级。

第九条　学校审定。学校领导小组审核并公示通过人员名单，公示期为 3 个工作日。教育教学能力考核合格的教育类研究生，颁发《师范生教师职业能力证书》。

第四章　考核内容

第十条 教育类研究生教育教学能力考核包括培养过程性考核和教师职业能力测试。

（一）培养过程性考核

1. 思想品德情况及师德素养

参照教育部师范生教师职业能力标准，从师德践行能力、涵养教育情怀两大方面，理想信念、立德树人、师德准则、职业认同、关爱学生、用心执教、自身修养等七个维度进行考核。对于严重违反校纪校规、严重违法犯罪的该项考核一票否决。

2. 教师教育课程学业成绩

教育专业学位研究生课程学分须达到培养方案要求，学术学位研究生培养方案中的教师教育类必修课程、选修课程须全部合格。

3. 教育实习实践完成情况

教育类研究生参加学部（院）组织的教育实习实践，教育实习实践时间不少于一学期且成绩合格。

4. 专业能力及技能培训情况

至少参加 1 次学部（院）组织的教学技能大赛、教学案例大赛或讲课微视频大赛。

（二）教师职业能力测试

教师职业能力测试笔试由学校统一命题组织，面试可结合教育实习实践环节一并考核。学校根据所开设专业的人才培养目标、国家中小学教师资格考试标准和大纲，参照国家中小学教师资格考试科目，确定教育类研究生教师职业能力测试的任教学段和任教学科，统一组织教师职业能力测试笔试，笔试科目为“教师职业能力综合测试”一科，综合考查师范生教育知识与能力、学科知识与教学能力，重点考查教育理论和学科知识在教学实施中的应用能力。

对以幼儿园、小学教师、初级中学学科教师、高级中学学科教师、中职文化课学科教师、中职专业课教师为培养目标的教育类研究生，参加学校组织的教育教学能力考核。考核合格的，分类确定任教学段和任教学科资格。

对以初级中学教师、高级中学教师、中等职业学校教师为培养目标但所学专业没有明确教学学科和教学专业的教育类研究生，应加试“学科知识与教学能力”笔试。其中，国家中小学教师资格考试中已开考的科目，应参加国家中小学教师资格考试笔试“学科知识与教学能力”；国家中小学教师资格考试中未统一开考的，参加学校组织的师范生教师职业能力测试（学科知识与教学能力）。学校教育教学能力考核合格的，申请认定与“学科知识与教学能力”一致的初级中学、高级中学和中等职业学校教师资格。

第五章　附则

第十一条　本办法自印发之日起执行，由研究生处、教育学部负责解释。

西北民族大学研究生课程教学管理办法

第一章　总则

第一条　为全面贯彻全国研究生教育会议精神，落实立德树人根本任务，规范研究生课程教学管理，提高教育教学质量，根据《教育部 国家发展改革委 财政部关于深化研究生教育改革的意见》《国务院学位委员会 教育部关于进一步严格规范学位与研究生教育质量管理的若干意见》《高等学校课程思政建设指导纲要》《教育部关于全面落实研究生导师立德树人职责的意见》等精神，结合学校实际，制定本办法。

第二条　研究生课程教学以提高人才培养质量为核心，以德智体美劳全面发展为中心，全面落实课程思政建设，发挥好每门课程的育人作用，突出研究生教学的“研究性”，注重前沿引领和研究方法传授，强化案例教学，推进科教融合和产教融合，全面提升研究生知识创新和实践创新能力。

第三条　研究生课程教学实行校、院两级管理。研究生处负责全校研究生课程教学的统筹管理，组织研究生课程建设、检查和监督与评价。各培养单位作为研究生课程教学的具体实施单位，负责本单位承担的研究生课程建设、教学与管理工作。

第二章　课程开设

第四条　研究生课程应根据培养方案及人才培养需求，围绕培养目标进行设置，注重系统性、前沿性、层次性、交叉性，博士研究生课程应聚焦本学科前沿，注重培养学生独立从事科学研究的能力和创新能力；学术学位硕士研究生课程应以知识创新能力培养为导向，加强学术研究方法训练，推进“课程＋科研”有机结合；专业学位硕士研究生课程以强化职业能力为目标，突出“案例＋实践”的课程模式。

第五条　根据研究生培养方案要求，研究生课程分为学位课程和非学位课程，学位课程为必修课程，包括公共必修课和专业必修课，非学位课程包括公共选修课和专业选修课。对于跨学科考入的研究生还须补修有关专业基础课程。

公共课程（政治理论、外语）设置要符合国务院学位委员会和教育部的相关规定。专业必修课是研究生学习和掌握本学科专业系统专门知识、研究方法和提高专业能力的重要课程，可作为其他学科专业的选修课程。选修课程是研究生进一步拓宽专业理论基础、扩大知识面及提高相应能力的课程，除本专业设定的专业选修课外，可选修部分跨学科专业的选修课程。

第六条　培养方案中所列课程须按学校统一格式要求制定教学大纲，经培养单位学位评定分委员会审定后，交研究生处审核备案。教学大纲应对课程目标、课程内容、适用对象、教学方式、教学要求以及课程考核等做出明确规定。每门研究生课程的教学大纲及相关信息都必须录入研究生管理信息系统。各培养单位应定期组织修订教学大纲。

第七条　课程的开设须严格按照培养方案执行，确因学科发展及人才培养需求变化，需在培养方案中新增、删减或变更课程的（一级学科必修课程不能随意增减），课程负责人填报《研究生课程变更申请表》，提交培养单位审核。新开设课程应当有助完善研究生知识结构和提高研究生创新能力，其核心内容与现有课程内容不能重复。培养单位应从任课教师的思想政治表现、课程的目标定位、适用对象、教学内容及意识形态等方面进行全面审查，并经学位分委员会审议通过后，报研究生处审核备案，新增课程须附课程教学大纲。

第八条　研究生课程应选用教育部推荐的研究生教材。凡教材选用范围中有中宣部、教育部已出版的“马克思主义理论研究和建设工程”（简称“马工程”）重点教材，必须选用“马工程”重点教材。

第三章　任课教师

第九条　研究生课程任课教师应全面贯彻党的教育方针，落实立德树人根本任务，铸牢中华民族共同体意识，思想政治素质过硬，德才兼备，能积极挖掘课程思政元素，在传授知识的同时教育和引导学生践行社会主义核心价值观，坚持以“四有好老师”严格要求自己，努力成为研究生思想品格的引路人、学习知识的引路人、创新思维的引路人、奉献祖国的引路人。

第十条　研究生课程任课教师须具备丰富的专业知识和教学经验，由具有高级职称或具有博士学位且有两年以上教学经验的讲师担任。需外聘教师进行授课的，由聘用单位师德建设工作小组在完成师德师风鉴定审核后，按学校相关规定进行聘任，并报研究生处审核备案，外聘教师的授课资格与本校教师相同。外聘教师一经聘用，必须按照学校课程安排和要求完成各教学环节的工作，并参加师德年度考核，考核不合格或未参加考核的，不得续聘。

第十一条　研究生课程鼓励任课教师进行团队授课，促进研究生、教师之间良性互动，提升研究生自主学习能力、研究能力和实践能力。研究生核心课程实行课程负责人制度，课程负责人由开课单位负责选聘，原则上应由具有较强教学科研能力的教授担任，课程负责人是课程教学质量第一责任人，承担课程建设与改革任务，包括组建课程教学团队、推行教学改革、组织教学研讨等。

第十二条　任课教师应按所授课程的教学大纲、教学计划认真备课，不断更新和完善教学内容。根据课程性质，任课教师应采取讲授、研讨、案例教学等多种教学方式，鼓励教师创造性地借鉴、引进、吸收国内外先进的教学理念、教学模式和教学方法。

第十三条　任课教师须遵守教学相关规定，严格执行教学计划，按时开课，不能随意停调课。确需要调课的，经培养单位批准后报研究生处审批，并按时完成补课。

第十四条　任课教师应恪守教师职业道德，遵守各项规章制度，在教学活动中如有违反规定者，按照有关文件进行严肃处理。

第四章　教学安排

第十五条　研究生公共课程的教学安排由研究生处负责，专业课程的教学安排由各培养单位负责。研究生公共选修课选课人数低于 15 人的不予开班，专业选修课选课人数低于 3 人不予开班。

第十六条　研究生处和各培养单位根据研究生培养方案的课程设置要求分别制订开课计划，下达教学任务。课程安排要求确定任课教师及上课时间、地点等要素。课程安排应通过研究生管理信息系统完成，并于每学期结束前排定下学期的课程，研究生处在学期结束前三周内做好公共课安排，相关开课单位负责安排外语、思想政治理论课任课教师。课程一经排定，原则上不能更改，并严格执行，以保证课程教学秩序。

第十七条　各开课单位应根据相关规定和学科专业的发展及时更新课程计划和教学大纲，对开设课程的必须性、课程计划、教学大纲、教学情况等定期进行审查。

第五章　课程考核

第十八条　所有研究生课程必须进行考核，要突出能力考核，注重过程性考核。考核包括考试和考查两种。除实习、实验、社会调查等实践性教学环节可采用考查进行考核外，其他课程都要进行考试。考试方式一般有课堂笔试、口试、撰写课程论文等。笔试可以开卷或闭卷，具体采用何种方式由任课教师根据课程教学要求确定。各培养单位可按照本学科专业特点，选择恰当的考核方式，要注重对研究生综合能力的考核，引导和促进研究生进行研究性学习。

第十九条　研究生处负责组织公共学位课考核，各培养单位负责组织专业学位课考核。各培养单位须结合研究生课程建设与改革，完善过程性考核与结果性考核有机结合的学业考评制度。任课教师或阅卷教师应科学公正地评判研究生的课程成绩。加强课堂参与和课堂纪律考查，学期内缺课（含请假）累计超过该门课程 1/3 学时的，取消研究生该门课程考核资格。

第二十条　课程成绩应综合过程性考核与结果性考核，以百分制计分，60 分及以上为考核通过。过程性考试成绩一般占总成绩 20%—40%（实践类课程、研究性课程、案例教学课程由任课教师按照课程要求确定成绩评定方式）。

第二十一条　任课教师应在研究生课程考核结束后及时评定成绩，并将相关考核材料报送研究生处或培养单位存档，考核材料一般应保存至其毕业后三年。任课教师未进行课程考核、或在考核结束后未按规定提交成绩者，将按学校有关规定处理。

第二十二条　研究生无故不参加考试视为旷考，要取得该门课成绩须申请重修。因病或其他特殊原因不能参加考试者，本人需在课程考试前办理缓考申请（附相关证明），经导师、所在培养单位、研究生处审批后方可参加缓考。

第二十三条　研究生课程考核不合格者，应当重修并重新参加考核（选修课程可以重修，也可改选其他课程）。重修课程由研究生提出申请，经培养单位和研究生处审批后编入相应班级学习，重修通过后，在成绩单上记载重修后成绩，并注明“重修”字样。

第二十四条　研究生一学年内有一门课程考试不合格者，由培养单位提出学业预警，导师强化学业指导；有两门课程考核不合格者，由培养单位视具体情况采取降级措施，并进行学业跟踪，学习年限相应延长一年。

第二十五条　研究生对考核成绩有异议的，由本人提出书面申请，研究生处或培养单位受理并重新复核。复核后确需纠正的应予以纠正，凡查实是任课教师工作失误造成成绩错误的，按学校有关规定处理。

第二十六条　研究生在课程考核过程中存在违纪或学术不端行为的，该课程成绩不合格，并在成绩单中注明“作弊”或“违纪”，要取得该门课程成绩须申请重修。对作弊、违纪者按规定给予相应的纪律处分。

第六章　教学检查与质量评价

第二十七条　研究生处和各培养单位负责对所开研究生课程进行教学监督和检查，对已设置课程的开课情况和教学效果进行定期、不定期检查及教学管理考核。通过开展课程建设、教学研讨会、教师培训等工作确保开设课程符合培养需要，保证教学质量。

第二十八条　研究生处应及时了解研究生对课程教学的反馈意见，通过实时反馈质量评价结果及质量年报发布等手段促进培养单位改进和提高教学质量。各培养单位应定期对所开设的课程进行同行评价、教学经验交流，研究解决教学中存在的问题，并督促任课教师提高教学质量。

第二十九条　研究生课程评价应从教师投入、课前准备、教学内容、教学方法以及教学效果等方面确立评价体系。每门课程授课结束后，学生在研究生管理信息系统中进行网上课程评教或问卷评教，每门课程须经 2/3 以上选课的学生评教，评教结果方为有效。

第三十条　课程教学评价结果实行百分制，评价数据和评价结果在各培养单位内公开。研究生课程教学质量评价总分低于 75 分的任课教师，所在培养单位应提出改进要求，改进成效不明显的，暂停承担研究生教学任务。

第三十一条　教师对评教结果有异议，可以向所在培养单位提出申诉，由培养单位会同研究生处对评价结果进行复核。

第三十二条　各培养单位应将各类教学评价结果作为任课教师岗位聘任和绩效津贴的评定依据。教学工作出色、教学成果显著的教师，可优先推荐参评研究生教学成果奖。对于不按计划要求授课、授课质量差等行为，学校将视其违规程度进行通报，直至取消其授课资格。

第七章　附则

第三十三条　本办法由研究生处负责解释。

第三十四条　本办法自发布之日起执行，原《西北民族大学研究生课程教学管理办法》（民大发〔2015〕34号）同时废止。

西北民族大学学科专业设置与调整管理办法

第一章　总则

第一条　为全面贯彻落实习近平总书记关于研究生教育工作的重要指示精神，加强学校学科专业建设，科学规划学科专业布局，合理设置和调整优化学科专业结构，根据《教育部 国家发展改革委 财政部关于加快新时代研究生教育改革发展的意见》（教研〔2020〕9号）、《国务院学位委员会 教育部关于加强学位与研究生教育质量保证和监督体系建设的意见》（学位〔2014〕3号）等相关文件规定，结合学校实际，特制定本办法。

第二条　本办法中的学科专业是指博士或硕士一级学科、二级学科、交叉学科以及专业学位类别，不包括本科专业。

第三条　学科专业的设置与调整应遵循以下原则：

（一）坚持立德树人。把学科专业布局作为落实立德树人根本任务的基础性工作，牢牢把握正确政治方向，着力培养堪当民族复兴大任的高层次人才和时代新人。

（二）坚持服务需求。聚焦“四个面向”，以服务国家需求和产业行业应用为导向，完善学科专业布局，增强学校服务经济社会发展的能力。

（三）坚持提高质量。构建完善的学位与研究生教育质量保证与监督体系，明确学科专业设置与调整办法，建设符合学校高质量发展要求的学科专业新体系。

（四）坚持追求卓越。把深化科教融合、产教融合作为学科专业布局的重要参考因素，建立分类发展新机制，加快学科专业结构调整，打造卓越的研究生教育新体系。

第二章　组织形式

第四条　学校主动适应新时代国家战略需求、经济社会发展重点领域对急需学科专业建设和人才培养的需要，对标国家学科专业的变化调整的新要求，做好顶层设计，统筹谋划，及时新增、调整学科专业，优化学科专业结构，服务学校高质量发展。

第五条　根据国务院学位委员会、教育部以及甘肃省关于学科、学位点建设的有关要求，学校学科专业结构调整优化主要包括以下形式：

（一）新增博士硕士一级学科和专业学位授权审核。

（二）动态调整博士、硕士学位授权学科和专业学位授权类别（以下简称“动态调整”）。

（三）自主设置二级学科。

（四）自主设置交叉学科。

（五）调整专业学位领域。

第六条　学校把各学位点的人才培养质量、生源与就业质量、教学科研水平，上级教育主管部门组织的学科评估、专业学位水平评估、专项评估、合格评估以及学位点自我评估结果等作为学科专业调整优化的重要依据，对学位点作出增列、整改、撤销的决定。

第三章　组织实施

第七条　新增博士硕士学位授权审核是指国务院学位委员会组织的全国范围内的学位授予单位新增博士硕士一级学科和专业学位授权点。

（一）审核工作依据《博士硕士学位授权审核办法》（学位〔2021〕13号）的相关规定，由国务院学位委员会统一部署，每3年开展一次。

（二）申请学位授权点需满足相应一级学科或专业学位类别的申请基本条件，申请基本条件由国务院学位委员会制定，每6年修订一次。

（三）具体审核工作按照国务院学位委员会公布的工作通知和相关要求进行，主要程序包括：甘肃省学位委员会制订申报指南、学校组织申请、甘肃省学位委员会核查材料并确定申请资格、甘肃省学位委员会组织评议、国务院委员会审批等。学校组织申请环节的工作程序主要包括：

1. 拟申报学位点调研论证，提出申请。

2. 学校统筹规划，专题研究。

3. 拟申报学位点填报审核材料，提供证明材料。

4. 学校根据国务院学位委员会、甘肃省学位委员会的相关要求进行条件审核。

5. 校学位评定委员会评议、公示。

6. 上报甘肃省学位委员会审核。

（四）各学部（院）要根据学校学科专业整体布局和学位点建设规划，对标目前正在执行的申请基本条件，提早谋划、提早部署、提早准备下一轮学位授权点申报工作。

第八条　动态调整工作是指在不增加学校已有学位授权点数量的前提下，在学校内部自主开展撤销国务院学位委员会批准的学位授权点，并增列现行学科目录中的一级学科或专业学位类别的其他学位授权点。

（一）动态调整工作根据国务院学位委员会《博士、硕士学位授权学科和专业学位授权类别动态调整办法》（学位〔2020〕29号）的相关规定和学校实际情况，原则上每年上半年组织开展。

（二）撤销博士学位授权学科、硕士学位授权学科，可按照规定增列其他学位授权点；撤销博士专业学位授权类别、硕士专业学位授权类别，可按规定增列其他专业学位授权类别。

（三）拟增列的学位授权点，须符合国务院学位委员会正在执行的学位授权点申请基本条件。

（四）动态调整工作程序主要包括：

1. 学位点论证、申请。

2. 学校统筹规划、研究。

3. 学位点填报相关材料。

4. 同行专家根据学位授权点申请基本条件等相关要求进行评议。

5. 校学位评定委员会审议、公示。

6. 上报甘肃省学位委员会审批。

第九条　自主设置二级学科是指学校根据国家战略和急需高层次人才培养需求，按一级学科学位授权权限在二级学科目录外，自主增设本一级学科下的二级学科。本办法所指的自主设置二级学科不涉及目录内自主设置和调整二级学科。

（一）自主设置二级学科工作依据国务院学位委员会《学位授予和人才培养学科目录设置与管理办法》（学位〔2009〕10号）和教育部《授予博士、硕士学位和培养研究生的二级学科自主设置实施细则》（教研厅〔2010〕1号）的相关要求，由学校每年组织开展2次。

（二）学校可在具有博士学位授权的一级学科下，自主设置与调整授予博士学位的二级学科；在具有硕士学位授权的一级学科下，自主设置与调整授予硕士学位的二级学科。

（三）二级学科设置的基本条件：

1. 与所属一级学科下的其他二级学科有相近的理论基础，或是所属一级学科研究对象的不同方面。

2. 二级学科要具有相对独立的专业知识体系，已形成若干明确的研究方向。

3. 社会要对该二级学科有一定规模的人才需求。

4. 具备设置该二级学科所必需的学科基础和人才培养条件，有一支知识结构、年龄结构和专业技术职务结构合理的教师队伍，能开设培养研究生所需的系列课程。

（四）自主设置二级学科的工作程序主要包括：

1. 各一级学科认真研究分析，充分讨论，对标国家急需紧缺领域，结合队伍现状、研究方向和未来规划，提出设置目录外二级学科的计划。

2. 各一级学科按照教育部要求撰写论证方案（含人才培养方案），报学校审核。

3. 各一级学科聘请7人以上（含7人）外单位的同行专家（须是博士学位授予单位的博士生导师）对论证方案进行评议，并填报专家评议意见表。

4. 如专家组一致同意增设，学校将专家评议意见表和论证方案上传至“中国学位与研究生教育信息网”的“二级学科自主设置信息平台”进行公示，接受同行专家及其他学位授予单位为期30天的评议和质询。

5. 对公示无异议的二级学科提交校学位评定委员会审议，通过后报教育部备案。

第十条　自主设置交叉学科是指学校根据国家战略和急需高层次人才培养需求，在现有一级学科的基础上，自主设置跨学科门类或多个一级学科的交叉学科。

（一）自主设置授予博士学位的交叉学科，所涉及到的一级学科均须已获得博士学位授权；自主设置授予硕士学位的交叉学科，所涉及到的一级学科均须已获得博士或硕士学位授权。

（二）按照国务院学位委员会办公室的要求，交叉学科所挂一级学科最少 3 个，不超过 5 个。

（三）增设交叉学科须按照本办法第九条增设目录外二级学科的程序进行论证。

（四）交叉学科按照目录外二级学科管理，挂靠在学生所授学位的一级学科下进行教育统计。

第十一条　调整专业学位领域是指学校在已有专业学位类别下，自主增设或调减下设专业领域。

（一）调整的专业学位领域依据国务院学位委员会办公室公布的《各专业学位类别领域设置情况》，按照各专业学位研究生教育指导委员会的相关规定执行。

（三）对下设专业领域的专业学位类别，各授权点可根据相应的专业学位研究生教育指导委员的规定以及学位授权审核申请基本条件中相关领域的要求调整领域设置。

1. 调整工作根据学校实际情况，原则上每年上半年组织开展。

2. 学校可自主设置领域的专业学位类别，由各学位点根据行业产业企业对高层次专业人才的需求，认真调研、充分论证后，报校学位评定委员会审批同意后执行。

3. 调整专业学位领域须报备专业学位研究生教育指导委员审核备案的，按教指委的相关规定执行。

第十二条　自主设置二级学科、交叉学科的更名与撤销均按照国务院学位委员会《学位授予和人才培养学科目录设置与管理办法》（学位〔2009〕10 号）和教育部《授予博士、硕士学位和培养研究生的二级学科自主设置实施细则》（教研厅〔2010〕1 号）的相关规定执行。

第十三条　建立学科方向与专业领域动态调整机制。对服务国家战略需求能力弱、研究方向滞后、第一志愿率低、培养质量不高的学位点进行动态调整，增设理工农医师范类等国家急需学科方向及专业领域，积极推进新型学科、交叉学科建设。

第十四条　学科专业调整后所涉及新增学位点的研究生招生、导师遴选、人才培养等工作按上级文件和学校的相关规定执行；对批准撤销的学位点，各培养单位要妥善做好在读研究生的培养工作。

第十五条　在学科专业设置与调整工作中，若发现学术不端、材料弄虚作假、工作严重失误等情况，一经查实，学校将按照相关规定给予严肃问责和处理。

第四章　附则

第十六条　若本办法依据的上级文件和工作要求发生变化，相关工作须及时作出相应调整。

第十七条　本办法由研究生处负责解释，自公布之日起施行。

西北民族大学研究生国家奖学金评审办法

第一章　总则

第一条　为深化研究生培养机制改革，提高研究生培养质量，激励研究生努力学习，促进德智体美劳全面发展，根据《深化新时代教育评价改革总体方案》，财政部、教育部、人力资源社会保障部、退役军人事务部、中央军委国防动员部《学生资助资金管理办法》（财科教〔2019〕19号）规定，结合学校实际，制定本办法。

第二条　研究生国家奖学金评定参照学科评估、人才培养有关要求，坚持五育并举、德育为先，注重全面发展，坚持科学有效，强化过程评价和综合评价，确保国家奖学金评定工作的科学性、专业性和客观性。

第三条　研究生国家奖学金由中央财政出资设立，用于奖励二、三年级表现优异的全日制在校博士、硕士（全脱产学习）研究生。

第二章　奖励标准与申请条件

第四条　学校根据上级部门分配的研究生国家奖学金总名额，按参评研究生总人数比例分配各研究生培养单位名额。其中，自然科学、人文社会科学和艺术体育类研究生按参评总人数比例分别划拨评选名额。各研究生培养单位在名额分配时应向国家和行业急需紧缺的学科以及专业学位研究生倾斜。博士研究生国家奖学金的奖励标准为每生每年3万元；硕士研究生国家奖学金的奖励标准为每生每年2万元。

第五条　研究生国家奖学金基本申请条件

（一）具有中华人民共和国国籍。

（二）认真学习党的路线方针政策，坚决拥护中国共产党的领导，积极践行社会主义核心价值观，铸牢中华民族共同体意识，自觉维护国家统一和民族团结。

（三）模范遵守国家的法律法规和校纪校规，有良好的道德品质和行为习惯，尊敬师长，团结同学。

（四）积极参加体育、美育和劳动教育，有健康的身体、良好的卫生习惯和心理素质。

（五）学习成绩优良，潜心科研，积极参与学术活动、科技创新和专业技能竞赛。

第六条　研究生国家奖学金具体评选要求

严格参照《西北民族大学研究生奖学金评定办法》中综合考核评价标准有关规定，评选研究生国家奖学金。其中：

（一）二年级博士研究生

A 项 ≥60 分；C 项 ≥20 分；D 项 > 0 分；E 项 > 0 分。

（二）三年级博士研究生

A 项 ≥60 分；C 项 ≥40 分；D 项 > 0 分；E 项 > 0 分。

（三）学术学位硕士研究生

A 项 ≥60 分；B 项 ≥80 分；C 项 ≥10 分；D 项 > 0 分；E 项 > 0 分。

（四）专业学位硕士研究生

1. 二年级学生：A 项 ≥60 分；B 项 ≥80 分；D 项 ≥3 分；E 项 > 0 分。

2. 三年级（或毕业年级）学生：A 项 ≥60 分；B 项 ≥80 分；C 项 > 0 分；D 项 ≥5 分；E 项 > 0 分。

第七条　有下列情况之一者，取消其参评资格

（一）触犯法律受到司法机关追责的。

（二）违反校纪校规，受到纪律处分且处分尚未解除的。

（三）有舞弊作伪等学术不端行为的。

（四）课程考试成绩不及格的。

（五）违反公民道德规范，造成恶劣影响的。

（六）政治思想表现（A 项）低于 60 分的。

第八条　研究生国家奖学金按基本学制年限进行评选，延期毕业的研究生在其延长期内不予评定国家奖学金。办理保留入学资格、休学等学籍异动手续的研究生，待其恢复学籍后，方有资格参加其所在年级国家奖学金的评选。

第三章　申请与评审

第九条　研究生国家奖学金由学校奖助学金评审领导小组统筹领导，学生资助管理中心具体负责，各研究生培养单位研究生国家奖学金评审委员会组织评选。

第十条　各研究生培养单位要成立研究生国家奖学金评审委员会，评审委员会由培养单位党政领导和管理人员、研究生导师、研究生代表等组成，党委（党总支、直属党支部）书记任主任委员，负责本单位研究生国家奖学金的组织、初评等工作。评审委员会成员总数须为单数。

第十一条　各研究生培养单位根据本规定制定本单位研究生国家奖学金评审细则，并将评审细则予以公示，报学校学生资助管理中心备案。评审实施细则应包含研究生国家奖学金具体的评定程序和具体标准。

第十二条　研究生国家奖学金评审程序

（一）本人申请。有意愿且符合国家奖学金申请条件的研究生，向所在培养单位研究生国家奖学金评审委员会提出申请，同时提供相关证明材料原件及复印件。

（二）培养单位评审。培养单位研究生国家奖学金评审委员会主任委员负责组织评审会议，对申请学生进行审查并确定拟推荐学生，将初评结果在培养单位网页、公告栏等公开场合公示3个工作日，接受师生监督。

（三）学校审核。学校奖助学金评审领导小组对各研究生培养单位报送的初评结果进行审核，在校内公示5个工作日。公示期满无异议，经校长办公会议研究通过后，将审核结果上报主管部门审批。

第十三条　个人申诉

（一）对国家奖学金评审结果持有异议的研究生，可在培养单位公示阶段向培养单位研究生国家奖学金评审委员会提出书面申诉，评审委员会应在接受申诉后3个工作日内作出答复。

（二）如研究生对培养单位研究生国家奖学金评审委员会的答复仍有异议，可在答复后3个工作日内向学校学生资助管理中心提起申诉，学生资助管理中心审核后提交学校奖助学金评审领导小组裁决，并将裁决结果通知研究生本人及其培养单位。

第四章　奖学金发放、管理与监督

第十四条　研究生国家奖学金每学年评审一次，坚持公开、公平、公正、择优的原则。严格执行国家有关政策，遵守相关法规。对在评选过程中不坚持原则、弄虚作假、造成不良影响者，依规依纪追责问责。

第十五条　同一学年内，获得研究生国家奖学金的学生，可以同时申请研究生奖学金、国家助学金等其他研究生奖助学金。

第十六条　学生资助管理中心每年12月31日前将研究生国家奖学金一次性发放给获奖研究生，颁发教育部统一印制的荣誉证书，并记入学生学籍档案。

第十七条　学校严格执行国家相关财经法规和本办法的规定，对研究生国家奖学金加强管理，专款专用，不得截留、挤占、挪用，并自觉接受财政、审计、纪检监察、主管机关等部门的检查和监督。

第五章　附则

第十八条　本办法自印发之日起施行，由学生工作部（处）、团委负责解释。原《西北民族大学研究生国家奖学金评审办法》（民大学发〔2019〕5号）同时废止。

西北民族大学研究生奖学金评定办法

第一章　总则

第一条　为深化研究生培养机制改革，提高研究生培养质量，激励研究生发奋学习，促进德智体美劳全面发展，根据《深化新时代教育评价改革总体方案》《研究生学业奖学金管理暂行办法》规定，结合学校实际，制定本办法。

第二条　研究生奖学金评定参照学科评估、人才培养有关要求，坚持五育并举、德育为先，注重全面发展，坚持科学有效，强化过程评价和综合评价，确保奖学金评定工作的科学性、专业性和客观性。

第三条　研究生奖学金的评选范围为纳入全国研究生招生计划且具有中华人民共和国国籍的在校二、三年级全日制研究生。

第二章　奖学金的类别、标准与比例

第四条　研究生奖学金分为学业奖学金、科研创新奖学金、优秀毕业研究生奖学金、优秀研究生干部奖学金。

（一）学业奖学金

1. 硕士研究生学业奖学金：

（1）一等奖占应评学生总数的 15%，奖金每人 8000 元；

（2）二等奖占应评学生总数的 25%，奖金每人 6000 元；

（3）三等奖占应评学生总数的 30%，奖金每人 3000 元。

2. 博士研究生学业奖学金：

（1）一等奖占应评学生总数的 20%，奖金每人 12000 元；

（2）二等奖占应评学生总数的 30%，奖金每人 8000 元；

（3）三等奖占应评学生总数的 30%，奖金每人 4000 元。

（二）科研创新奖学金

积极参加科研活动并具备一定的科研能力和较好的创新水平。每学年奖励人数不超过 20 人，奖金每人5000元。

（三）优秀毕业研究生奖学金

积极参加校内各类就业培训及招聘活动，自愿到国家急需的行业或艰苦地区就业者优先评选。获得优秀毕业研究生奖学金的学生获得“优秀毕业研究生”荣誉称号，奖金每人1000元，评选比例为当年毕业生总数的20%。

（四）优秀研究生干部奖学金

奖励品学兼优、工作成绩突出的学生干部。学生干部是指校级或院（部）级党团组织、学生会、班委会成员。获得优秀研究生干部奖学金的学生，授予“优秀研究生干部”荣誉称号。奖金每人1200元，评选比例为不超过参评研究生干部的20%。

第五条　奖学金名额由学校根据各学院（部）、研究院（以下简称“培养单位”）在校研究生人数统一分配。各培养单位在名额使用时应向国家和行业急需紧缺的学科以及专业学位研究生倾斜。

第三章　综合考核评价标准

第六条　考核范围和计算公式

综合评价标准包含思想政治表现（A）、学业成绩（B）、科研创新能力（C）、实践能力（D）、社会服务和文体活动（E）等五个方面，按照学年进行综合考核计分。

（一）学术型研究生计算公式为：

二年级博士生总分 =A × 20%+B × 30%+C × 30%+D × 10%+E × 10%

三年级博士生总分 =A × 20%+C × 50%+D × 20%+E × 10%

二年级硕士生总分 =A × 20%+B × 30%+C × 30%+D × 10%+E × 10%

三年级硕士生总分 =A × 20%+B × 20%+C × 30%+D × 20%+E × 10%

（二）专业学位研究生计算公式为：

二年级博士生总分 =A × 20%+B × 30%+C × 20%+D × 20%+E × 10%

三年级博士生总分 =A × 20%+C × 40%+D × 30%+E × 10%

二年级硕士生总分 =A × 20%+B × 30%+C × 20%+D × 20%+E × 10%

三年级硕士生总分 =A × 20%+B × 20%+C × 20%+D × 30%+E × 10%

第七条　考核具体指标及分值详见表1—表5：

表 1　思想政治表现（A）

计分项	级别	分值
A1 党建思政获奖	国家级	30
	省部级	20
	厅局级	10
	校级	5
A2 日常表现	日常表现满分 100 分，各培养单位结合学生的日常表现、思想政治理论课成绩及思想政治教育等活动的参与情况制定评分办法，确定学生分数。	

说明：
1. 思想政治表现（A）得分 = 党建思政获奖（A1）+ 日常表现（A2）；
2. 违反校纪校规，受到学校纪律处分的扣 5 分 / 次，受到通报批评的扣 2 分 / 次；
3. 不服从学校管理，扰乱、破坏校园教育教学秩序，引发舆情或造成不良影响的扣 5 分 / 次；
4. 思想政治表现（A）得分低于 60 分，取消奖学金参评资格。

表 2　学业成绩（B）

计分项	课程	分值
B	考核期内所有课程	平均成绩

说明：
1. 考试成绩以百分制计算；
2. 平均成绩 = 所有课程期末结束成绩算术平均值；
3. 补修课程成绩不计入。

表 3–1　科研创新能力（C）——著作（C1）

计分项	学术价值评价	分值（按排名计分）			
		1	2	3	4 名及以后
C1 学术著作教材	对解决重大理论或现实问题有推动作用，对学科发展有奠基作用。	60	40	20	10
	对解决重要理论或现实问题有推动作用，对学科发展有推动作用。	40	20	10	5
	对解决理论或现实中问题有一定的推动作用。	20	10	5	3

说明：
必须为正式出版的著作或教材等，专著则按上表中作者排名直接计分，编著、译著、工具书、古籍整理类学术著作及科普类著作则须在分值上乘以 0.8 的系数。

表 3–2　科研创新能力（C）——学术论文（C2）

计分项		学术价值评价	分值（按排名计分）			
			1	2	3	4
C2 学术论文	C21	创新水平达到国内领先	60	40	20	10
	C22	创新水平达到国内先进	40	20	10	5
	C23	研究内容具有一定科学价值和现实意义	10	5	3	1
说明： 必须为以第一作者或除导师外学生为第一作者发表正式见刊的论文。参加学术会议发表的论文由培养单位组织同行专家进行认定。C23 只按 1 篇参评，不累计积分。						

表 3–3 科研创新能力（C）——科研课题（C3）

计分项		类别	分值（按排名计分）			
			1	2	3	4 名及以后
C3 科研课题	纵向	国家级	60	40	20	10
		省部级	40	20	10	5
		厅局级	20	10	5	3
		校级	10	5	3	1
	横向	到账经费 ≥20 万	60	40	20	10
		到账经费 ≥5 万	40	20	10	5
		到账经费 ≥2 万	20	10	5	3
说明： 必须为研究生主持或参与的各类项目或课题，以立项书为准，按上表中排名直接计分；鼓励学生积极参与导师（教师）研究课题，发挥科研育人作用，实际参与导师（教师）研究课题，未列入课题组成员，经导师认定，可给予一定加分，加分原则上不得超过排名第 4 及以后对应分值。						

表 3–4 科研创新能力（C）——科研成果获奖（C4）

计分项	级别	分值（按奖项等级计分）			
		一等	二等	三等	优秀奖
C4 科研成果获奖	国家级	60	40	20	10
	省部级或国家级一级协会	40	20	10	5
	厅局级或省部级一级协会	20	10	5	3
	校级	10	5	3	1
说明： 排序以证书为准，计分系数为第 1 名系数是 1，第 2 名系数是 0.8，第 3 名系数是 0.6，第 4 名及以后系数是 0.4。同一研究成果获奖，按最高级别计分。					

表 3–5 科研创新能力（C）——专利与软件著作权（C5）

计分项	成果类别	
C5 发明专利	C51	获得的发明专利并转化到账金额每千元计 1 分，最高累计可至 60 分
	C52	未实施转化应用的各类国家专利与软件著作权计 5 分，只计 1 项

说明：
本项目计分按证书的排序为准，第 1 名系数是 1，第 2 名系数是 0.8，第 3 名系数是 0.6，第 4 名及以后系数是 0.4。

表 4　实践能力（D）

计分项		级别	分值（按奖项等级计分）			
			一等	二等	三等	优秀奖
D 实践能力	D1 学科竞赛	国家级	60	40	20	10
		省部级或国家级一级协会	40	20	10	5
		厅局级或省部级一级协会	20	10	5	3
		校级	10	5	3	1
	D2 优秀实践成果	文艺作品类	10—20			
		应用设计类	10—20			
		实践报告类	10—20			
	D3	职业资格证书	10—20			
	D4	赴境外交流学习	10			
	D5	参加国际学术会议作报告	10			
	D6	参加其他学术交流活动	3			

说明：
1. 排序以证书为准，计分系数为第 1 名系数是 1，第 2 名系数是 0.8，第 3 名系数是 0.6，第 4 名及以后系数是 0.4。集体奖中各获奖人的认定及分值计算由培养单位自行决定。同一项目获奖按最高级别计分；
2. 学校组织的面向研究生开展数学建模、科普讲解大赛、学术年会、学术月及各类学术讲座等活动须纳入参评范围；
3. 优秀实践成果分为文艺作品类、应用设计类、实践报告类三种。（1）文艺作品类：主要包括创作与演出曲（剧）目、美术（设计）作品、影视作品、翻译作品等；（2）应用设计类：主要包括工程设计、产品及设备研发、技术（工艺）研发、规划设计等；（3）实践报告类：主要包含调研报告、解决方案、实务案例等。加分分值由培养单位根据实际情况自行认定；
4. 各类职业资格证书由培养单位根据专业培养目标和国家制定的职业技能标准或者任职资格条件进行认定；
5. 在境外连续学习时长不少于 3 个月；学术会议和学术交流活动由培养单位认定。

表 5　社会服务和文体活动（E）

<table>
<tr><th>计分项</th><th colspan="3">类别</th><th>分值</th></tr>
<tr><td rowspan="18">E
社会服务和文体活动</td><td rowspan="3">E1</td><td colspan="2">参加校外志愿服务并有突出贡献，获得较高级别的荣誉</td><td>20</td></tr>
<tr><td colspan="2">参加校外志愿服务并取得一定成果</td><td>10</td></tr>
<tr><td colspan="2">参加校内志愿服务</td><td>5</td></tr>
<tr><td rowspan="2">E2</td><td colspan="2">见义勇为并获得较高荣誉</td><td>20</td></tr>
<tr><td colspan="2">见义勇为并获得一般荣誉</td><td>10</td></tr>
<tr><td rowspan="4">E3</td><td rowspan="4">参加“三下乡”社会实践并获得荣誉</td><td>国家级</td><td>40</td></tr>
<tr><td>省部级</td><td>20</td></tr>
<tr><td>校级</td><td>5</td></tr>
<tr><td>未获奖</td><td>2</td></tr>
<tr><td rowspan="8">E4</td><td rowspan="4">参加文艺体育类活动并获荣誉</td><td>国家级</td><td>20</td></tr>
<tr><td>省部级</td><td>10</td></tr>
<tr><td>厅局级</td><td>5</td></tr>
<tr><td>校级</td><td>3</td></tr>
<tr><td rowspan="4">参加文艺体育类竞赛</td><td>国家级</td><td>30</td></tr>
<tr><td>省部级</td><td>20</td></tr>
<tr><td>厅局级</td><td>10</td></tr>
<tr><td>校级</td><td>5</td></tr>
<tr><td colspan="5">说明：
E1、E2、E3、E4 分别只计分 1 项，取最高分。</td></tr>
</table>

第八条　考核结果作为各类评奖评优工作的参考依据。所有参评成果须和研究生所学专业相关且以西北民族大学为第一作者单位；参评成果范围和级别认定等由各培养单位研究生奖学金评审委员会组织同行专家评审认定。

第四章　评选条件

第九条　各培养单位根据第三章的综合考核评价标准对参评研究生上一学年的综合表现进行考核排名。根据排名推荐研究生奖学金的类别和等级。若总分相同，以权重较大的计分项排名。

第十条　基本条件

（一）认真学习党的路线方针政策，坚决拥护中国共产党的领导，积极践行社会主义核心价值观，铸牢中华民族共同体意识，自觉维护国家统一和民族团结。

（二）模范遵守国家的法律法规和校纪校规，有良好的道德品质和行为习惯，尊敬师长，团结同学。

（三）积极参加体育、美育和劳动教育，有健康的身体、良好的卫生习惯和心理素质。

（四）学习成绩优良，潜心科研，积极参与学术活动、科技创新和专业技能竞赛。

（五）参评优秀研究生干部奖学金须担任学生干部一年以上（含一年）且积极工作，坚持原则，秉公办事，热心服务同学，在学生中具有较高的威信，起到模范带头作用。

第十一条　各类奖学金具体评选要求（表 6—8）

表 6　学业奖学金的参评要求——博士研究生

序号	学业奖学金等级	年级	具体条件
1	一等	二年级	A 项 ≥60 分；C 项 ≥20 分；D 项 > 0 分；E 项 > 0 分
		三年级	A 项 ≥60 分；C 项 ≥40 分；D 项 > 0 分；E 项 > 0 分
2	二等	二年级	A 项 ≥60 分；C 项 ≥10 分；D 项 > 0 分；E 项 > 0 分
		三年级	A 项 ≥60 分；C 项 ≥20 分；D 项 > 0 分；E 项 > 0 分
3	三等	二年级	A 项 ≥60 分；C 项 > 0 分；D 项 > 0 分；E 项 > 0 分
		三年级	A 项 ≥60 分；C 项 ≥10 分；D 项 > 0 分；E 项 > 0 分
说明： 导师名下仅有一名博士生具备学业奖学金参评资格，如该生学习成绩（B 项）得分 < 85，且科研创新能力（C 项）得分低于参评一等学业奖学金的同级博士生 C 项最低分数的，不得参评一等学业奖学金。			

表 7　学业奖学金的参评要求——学术学位研究生（硕士）

序号	学业奖学金等级	年级	具体条件
1	一等	二年级	A 项 ≥60 分；B 项 ≥80 分；C 项 ≥10 分；D 项 > 0 分；E 项 > 0 分
		三年级	A 项 ≥60 分；B 项 ≥80 分；C 项 ≥10 分；D 项 > 0 分；E 项 > 0 分
2	二等	二 / 三年级	A 项 ≥60 分；C 项 > 0 分；D 项 > 0 分；E 项 > 0 分
3	三等	二 / 三年级	A 项 ≥60 分；C 项 > 0 分；D 项 > 0 分；E 项 > 0 分
说明： 如本年级只有一名具备参评学业奖学金的学生，B 项 ≥85 分方可参评一等学业奖学金。			

表 8　学业奖学金的参评要求——专业学位研究生（硕士）

序号	学业奖学金等级	年级	具体条件
1	一等	二年级	A 项 ≥60 分；B 项 ≥80 分；D 项 ≥3 分；E 项 > 0 分
		三年级（或毕业年级）	A 项 ≥60 分；B 项 ≥80 分；C 项 > 0 分；D 项 ≥5 分；E 项 > 0 分
2	二等	二 / 三年级	A 项 ≥60 分；D 项 > 0 分；E 项 > 0 分
3	三等	二 / 三年级	A 项 ≥60 分；D 项 > 0 分；E 项 > 0 分
说明： 如本年级只有一名具备参评学业奖学金的学生，B 项 ≥85 分方可参评一等学业奖学金。			

第十二条　科研创新奖学金的参评要求

科研创新奖学金按照自然科学、人文社会科学和艺术体育类研究生参评人数分别划拨评选名额；根据综合考核评价标准项目分别计分，思想政治表现（A）得分 ≥60 分，并按照以下公式进行总分计算，具体计算公式如下：

总分 =A × 20%+C × 40%+D × 30%+E × 10%

第十三条　优秀毕业研究生的参评要求

综合考核评价分数排名在本专业前三分之一，考核课程单科成绩均不低于 75 分，思想政治表现（A）得分 ≥60 分。参评者有一项得分为 0 的不能参评。

第十四条　优秀研究生干部的参评要求

综合考核评价分数排名在本专业前三分之一，考核课程单科成绩均不低于 75 分，思想政治表现（A 项）得分 ≥60 分，E 项得分 > 0 分。

第十五条　学业奖学金按基本学制年限进行评选，延期毕业的研究生在其延长期内不予评定奖学金。办理保留入学资格、休学等学籍异动手续的研究生，待其恢复学籍后，方有资格参加其所在年级奖学金的评定。

第十六条　获得研究生奖学金的学生，可以同时获得国家奖学金、国家助学金等其他研究生国家奖助学金以及校内其他研究生奖助学金。

第十七条　研究生综合考核年度内有下列情形之一的，取消奖学金评选资格

（一）触犯法律受到司法机关追责的；

（二）违反校纪校规，受到纪律处分且处分尚未解除的；

（三）有舞弊作伪等学术不端行为的；

（四）课程考试成绩不及格或者重修的；

（五）违反公民道德规范，造成恶劣影响的；

（六）政治思想表现（A 项）低于 60 分的。

第五章 评审组织与程序

第十八条 研究生奖学金的评审工作由学校奖助学金评审领导小组统筹领导，研究生工作部具体负责，各培养单位研究生奖学金评审委员会组织评选。

第十九条 各研究生培养单位成立研究生奖学金评审委员会，评审委员会由培养单位党政领导和管理人员、研究生导师、研究生代表等组成，党委（党总支、直属党支部）书记任主任委员，负责本单位研究生奖学金的组织、初评等工作，研究生奖学金评审委员会成员总数须为单数。各培养单位须在评审前公示本单位制定的研究生奖学金评审细则，并报研究生工作部备案。评审实施细则应包含研究生奖学金具体的评定程序和标准。

第二十条 评审程序

（一）学生申请。学生根据评选条件及有关规定，向培养单位研究生奖学金评审委员会提出申请，递交申请表格及相关参评材料。

（二）培养单位初评。培养单位研究生奖学金评审委员会负责组织评审会，评审结果须在单位内部进行公示，公示期不少于 3 个工作日，公示材料应包括每位参评研究生的具体评分依据。

（三）审核与审定。学校奖助学金评审领导小组对各培养单位上交的初评名单进行审核，审核通过后，在校内公示 5 个工作日，公示无异议提交校长办公会议审定。

（四）奖励与表彰。表彰文件下发后，由研究生工作部或培养单位组织召开表彰大会，对各类获奖学生代表进行表彰。

第二十一条 研究生奖学金的评审工作坚持公开、公平、公正的原则，严格执行国家有关教育法规，杜绝弄虚作假。对在评选过程中不坚持原则、弄虚作假、造成不良影响者，依规依纪追责问责。

第二十二条 个人申诉按照《西北民族大学学生申诉处理实施办法》（民大纪监审发〔2019〕4 号）办理。

第二十三条 学校严格执行国家相关财政法规和本办法的规定，对研究生奖学金加强管理，专款专用，不得截留、挤占、挪用，并自觉接受财政、审计、纪检监察、主管机关等部门的监督检查。

第六章 附则

第二十四条 本办法自印发之日起施行，由研究生工作部负责解释。原《西北民族大学优秀研究生评选办法》（民大发〔2017〕363 号）、《西北民族大学研究生新生学业奖学金评定办法》、《西北民族大学研究生综合考核计分办法》（民大发〔2017〕364 号）、《西北民族大学研究生学业奖学金评定办法》、《西北民族大学研究生科研创新奖学金评选办法（试行）》（民大学发〔2020〕1 号）同时废止。

西北民族大学研究生组会管理办法

第一章　总则

第一条　为深入贯彻全国研究生教育会议精神，认真落实新时代研究生教育改革发展要求，加快推进学校研究生教育综合改革，强化研究生科研创新能力培养，结合学校实际，制定本办法。

第二条　研究生组会（以下简称“组会”）是指以研究生科研能力训练与培养为目的、围绕学科团队研究方向组织开展的学术性会议。组会是落实导师指导和研究生科研训练环节的重要手段，是培养研究生科研能力和开展科研活动的重要保障，是研究生教育高质量发展的重要途径。

第三条　组会坚持以“立德树人、服务需求、提高质量、追求卓越”为原则，突出服务学科建设、服务国家战略、服务高质量发展，旨在激发研究生学习的积极性、主动性和创新性，推动研究生教育回归“研究性”，培养适应党和国家事业发展需要的德才兼备的高层次人才。

第二章　组织管理

第四条　为了进一步规范和加强管理，确保科研创新活动落到实处，推进组会顺利实施，组会实行学校—学部（院）—导师三级管理体制。

第五条　研究生处负责组会的总体安排，将组会融入研究生培养方案和培养环节，落实科研思政要求，监督检查组会质量；负责核定导师开展组会的工作量；负责统计研究生参与导师科研项目情况，核定发放研究生科研工作劳务费；负责统筹管理研究生工作室的使用；负责协调解决组会运行过程中的相关问题。

第六条　科研处负责监督组会内容。要聚焦“四个面向”，践行“四个服务”，服务国家需求和经济社会发展需要；负责导师和研究生申报立项科研项目以及项目的日常管理；负责定期开展组会科研活动内容的质量检查；负责监督重点实验室、科研基地、智库等创新平台为组会提供保障。

第七条　各学部（院）负责依托所属学科创新团队和专业学位类别领域导师组，统筹安排组会，并将组会安排情况报研究生处；负责导师组会工作量的统计、核算；负责定期向科研处报送组会针对科研选题、课题研究、学术研究等的科研活动情况；负责安排研究生到校外高水平大学、科教或产教融合联合培养基地开展组会学术活动。

第八条　导师作为研究生立德树人的第一责任人，依托其所在科研团队开展组会；负责合理安排组会内容，包括思想政治教育、学科前沿引导、科研方法指导、学术道德规范等环节。

第九条　组织人事部配合研究生处加强新上岗导师的研修培训；配合研究生处核定导师组会工作量；负责招聘毕业研究生担任科研助理。

第十条　国有资产管理处配合研究生处为各学部（院）开展组会提供必要保障。

第十一条　财务处配合研究生处按照《西北民族大学研究生科研创新基金项目管理办法》等发放研究生科研工作劳务费。

第三章　组织方式

第十二条　各学部（院）及各类科研平台要将组会纳入研究生教育的日常管理，规范化制度化推进落实。组会应依托导师所在科研团队组织开展，人员包括组内全体导师和相关各年级研究生，原则上组会每周召开 1—2 次。

第十三条　开展组会的方式包括但不限于以下内容

（一）文献及经典阅读研究。导师根据科研活动任务需要，及时安排布置前沿文献、经典著作等资料的阅读任务，定期听取研究生学习情况汇报，培养研究生掌握基础理论、基本方法、研究思路以及学科前沿、科研动态、行业领域最新研究成果等。

（二）科研选题研究。聚焦“四个面向”及国家战略重大现实问题需求，定期开展服务国家战略和地方经济社会发展的科研选题研究，组织申报并实施各级各类研究课题。

（三）课题进展交流。组会定期对相关学科团队目前承担的国家重大项目、国家自然基金、国家社科基金、中央高校基本科研业务费项目等开展学术交流与研讨。

（四）学术成果研究。导师定期对研究生学术写作环节进行训练与指导，包括学术论文、研究报告、调研报告、学术著作、专利申请等写作方法及规范，提高研究生学术写作能力。

（五）研究型课程研讨。组会根据《研究生核心课程指南》规定的学校相关学科专业的核心课程的内容要求，组织研讨前沿理论与方法、前沿技术与难题等，开展研究生自拟课题训练。

第十四条　组会要围绕《博士、硕士学位基本要求》，推进科研思政教育、科研选题培养、科研创新能力和社会服务能力培养。

（一）科研思政教育。组会要全面落实《西北民族大学学科思政工作实施方案》，找准科研思政元素融入点，将思政教育贯穿研究生科研活动全过程，培养心怀“国之大者”，具有家国情怀、使命担当以及严谨学术道德、高尚科研精神的高层次人才。

（二）科研选题培养。组会要聚焦国家战略和经济社会发展需求，瞄准社会急需、科技前沿和关键领域，确定研究领域，明确研究目标，选定研究题目，强化价值引领，不断激发学生的报国志向、学术志趣和行业情怀。

（三）科研创新能力培养。组会要强化科研系统训练，突出科教融合，充分发挥研究生作为学校科研“生力军”的作用，以大团队、大平台、大项目支撑研究生创新意识、创新精神和创新能力培养，着力提升研究生的科研实力和创新能力。

（四）社会服务能力培养。组会要强化协同育人，突出产教融合，联合行业企业专家与校内导师共同开展研究生组会，聚焦行业企业技术创新和产业升级，指导研究生参与项目研发、工程实践，产出高质量的应用性和创作型成果，全面提升研究生实践创新能力和职业胜任能力。

第十五条　鼓励导师开展课程教学组会制改革。研究生课程教学中要有不低于三分之一的课时内容以组会方式进行。

第十六条　根据组会的实施内容和工作要求，研究生处将定期组织相关部门开展监督检查，检查内容包括组会安排、组会形成的汇报文稿、PPT、文献综述、科研任务、发表的学术论文、撰写的学位论文、调研报告等，其中学位论文须有研究生本人的1—3篇高水平学术论文作支撑。

第四章　附则

第十七条　各学部（院）可结合学科专业特点制定本单位研究生组会管理实施细则。

第十八条　本办法由研究生处负责解释，自公布之日起施行。

附件1：西北民族大学2021届毕业研究生名单

中国语言文学学部

中国少数民族语言文学

郭晓然、苏茜、乌仁陶格斯、何秀林、马君、白笑天、高忱忱、刘佳莹、陈芳园、彭晓静、张晗、刘春艳、吐逊阿衣·艾力、尕旦才让、冷本扎西、仁欠扎西、周太才让、多杰尖措、华旦、完玛南加、邓德扎西、韩明明、多杰才旦、张晓源、马玉桂、王会玲、胡亮、坚斌、关桂云、夏吾才旦、艾尼外尔·吉力力、阿卜杜外力·塔西卡热、苏热亚·多力坤、热合拉木·艾合买提江、艾赛丽古丽·吐尔迪、张利娟、苏比努尔·阿不都拉、热娜古丽·图尔迪、才让扎西、更藏多杰、扎西卓玛、桑吉当知、达抗尖参、才让扎西、南麦、阿雅娜、苗文才、王美荣、岑霞、张瑞禅、李润秀、朱浩玉、魏好日娃、其力格日、文花、王珞璇、澈力格尔、光明

中国史

旦正加、完玛才让、完么草

文艺学

谢婧、胡莹莹

中国古代文学

姚丽娟、蔡佳航

比较文学与世界文学

马润倩、李宜倢、周俊清、张姗惠

语言学及应用语言学

金叶子、高政飞、李美汝、李旭、龚季红、余美婷、洛桑平措、万玛草、南考、尕让措、英青加、宽才吉、多杰吉、拉毛草、达楞高日布、吴文霞、魏蓝天、布仁塔娜

中国古典文献学

彭毛措、班玛卡召、久西杰、完么、周他才让、塔拉、巴图孟和、巴音德力开、亚黎、罗松求培、青梅巴毛、蒲次、义旦吉、德迁吉、拉毛东知

铸牢中华民族共同体意识研究院

藏学

豆格才让、李毛太、罗藏扎西、卓玛吉、卓玛杰、南太加、更藏加、华尔真、南木杰、得姐措么、完德才让、然仲

生命科学与工程学院

临床兽医学

拜小强、白生菊、耿金静、毕英杰

动物遗传育种与繁殖

张振宇、叶娜、郑相相、王兴东

动物营养与饲料科学

李春阳、窦晓宁、张晶、谢晶宇

特种经济动物饲养

舒文秀

基础兽医学

刘海瑶、王峰、敖慧娟、蓝婧婷、常凡凡、赵天宇

预防兽医学

乌拉木别克·对谢喀德尔、秦明星、马瑞仙、王美皓、权衡、柯义强、许淑娟、摆倩文、刘元林、刘斯汝、苏强、马咸莹、麻园、龙鸣、李生军、马洪鑫、和伟程、朱雨佳

马克思主义学院

马克思主义发展史

张晶晶、吴怡娴、王明霞、张倩

思想政治教育

成婷、茶金军、董玮、张小虎、达珍、肖琪婷

马克思主义民族理论与政策

马小军、高央、李辉、周昕、外力·奴尔霍加

马克思主义基本原理

王志杰、顾帆、张琰、常会超、张思远

马克思主义中国化研究

马睿、梁涛、张苗苗、徐白鸽、张慧峰、张馨月、侯科、李泽阳

法学院

法律（非法学）

冯琪、曼都来、罗彪、柴菲、杜国华、王涛、靖欣仪、禅永波、陈晶晶、柳程程、隋梦元、胡晓霖、赵爽、申少君、杨茜淋、王筱涵、孔俊楠、张余、杨智超、赵满星、李嘉鑫、王琦、王光琴、张肖兵、孙平平、闫向阳、姜琳琳、刘贝贝、杜飞雪

法律（法学）

杨自豪、郭世英、罗招红、黄磊、孙婷、艾浏洋、南艳丽、王怡彤、徐松林、李德坡、刘炜瀚、芦俊林、张观保、孙艳梅、丁祥海、王敏、段享、姚雪、施港花、徐娜、王升伟、郭钰砢、叶雪影、陆雅琪、粟奥、张帅、吕兴泽、孙晓宇、崔文宇

宪法学与行政法学

黄丹、孔玉祥、卢锴

环境与资源保护法学

蒋相前

民族学与社会学学院

民俗学

杨亚洲、路转红、孔祥翔、蒋雪秘

民族学

张继苹、达那尔·毛肯、马新宇、马仲林、傅拉宇、马玉姣、卢文慧、周迪、张倩玉、肖士敏、谢昀珂

社会工作

吴广霏、刘翰琳、马豆豆、徐晋、邓杰、奇曼古丽·麦买提、伏文倩、张晓艳、郭涵、丁泽凌、边志巧、许凌云、张银、李小锋、彭武琴、张艳、潘多艳、吴健翔、刘姝月、罗婷婷、韩颖、魏雪姣、董寒星、张嘉顺、陈康丽、宁玉琪、郭康珩、来和盼、孟令聪、陈晓玉、杨彦楠、王羽、吴佳颖、闫美欣、陈鑫鑫

社会学

玛合巴尔·克然木、卢艳琳、洪淼、高治华

人类学

禹海红、陆楚云

体育学院

体育

黄芳、刀云辉、马清俊、张鑫、张家祥、赵博、陈德怀、王顺英、孙超、曾潇、连梦龙、韩星、鲁晓飞、朱怡伟、佑乾鑫、史岩、黄海燕、李宁、郑江河、孙万壹、赵元、林迪、陈民昊、李艳芸、欢钰然、冯志凯、滕峰、常诣、李振京、王亚冰、刘健、毛艺谋、石海凤、董雷、史培业、陈婧帆、刘臻、李倩、董学光、徐长乐、郝梓殷、刘学甫、史挺尉、杨芷瑛、刘蒙恩、张兵权

医学部

内科学

杨杰、马麒、李秀兰、马昕、马海文、张玲、杨珍珍、权芮、张泽营、马红红、赵延珍、徐云云、赵凡、曹释露、段旭东、颜萧、蒋慧敏、王文瑞、王枫、戚秋焕、颜荷花、孙美新、马天宇、张盼

外科学

巴得热力·特尔巴图、马伟林、杨傲、宋国栋、魏彪、祝杏、彭凯、甄祥、王峰、杨嘉祺、张强、王钊、陈小衡、胡学华、胡润三、王波、李庆钊、刘军伟、秦进

妇产科学

金秋、马晓红、马玲、张翠珍、吴阳

眼科学

薛雅珺、段敏、芮雪、王媛茹、王辉、田蕊

肿瘤学

陈紫韵、刘威

麻醉学

张元、包树臻、吴召召、何喜燕

儿科学

吴凯、史鋆祯

精神病与精神卫生学

徐玮晟、祖甜甜、王治清

影像医学与核医学

樊泉宏、王昕、陈一鸣

临床检验诊断学

毛雪

经济学院

中国少数民族经济

马晶、义平军、周莉、田靖文、王昊、陈建

金融

侯佳雪、刘祥安、丁然、肖海、孙辉、孔维榕、蒋丽云、智亚楠、刘茗汐、唐苗苗、张白雪、陈鑫昊、陈杰、周畅、马倩茹、孙璐璐、魏计发、王玭璇、孙倪文杰、李怡、陈晓晴、刘登惠、张泽瑞、李子航、孙志浩、黄莉莉、王耀政、张韩韩、张锦华、杨慧

教育科学与技术学院

教育学原理

陈嘉琳、张平凡

职业技术教育学

颜云青、骆钰彤

教育技术学

看召草、李万亨、张红妍

外国语学院

课程与教学论

徐梓清、白小平、马永萍、马雪梅、叶培枫、任笑君、黄悦、刘芸

新闻传播学院

中国少数民族艺术

娘毛先、朱楠、郎曼、张艳丽、马丽娅

比较文学与世界文学

唐苏雅、郭文豪、刘岩、闫雪雅

音乐学院

音乐与舞蹈学

宋雨轩、卓达吉久美、张丽媛、胡佳蕾、黄海清、李丹丹、李芳、曾思静、刘晶、郑树鹏、宋伟、张逸歌、曹沐坤、张小晚、常璐、彭静、徐凡清

舞蹈学院

音乐与舞蹈学

徐继庆、张凯、闫雨婷、刘佳、王跃然、谢佳西、张倩、马筱婷、兰洋

美术学院

艺术设计

贾晓文

美术学

文路路、马小花、后雅国、邓吉刚、王秋月、卢星、顾生成、孙颖、田多元、殷超、马世恒、陈耀民、安琪、池浩、薛增智、王锐

历史文化学院

民族学

象毛措、程龙女

中国少数民族史

宋占慧、王小红、桑加才让、丁琳

中国史

向定龙、何瑞、朱婷婷、马千娇、闫博、苏亚超、祁欣、乔思瑶、吴青青、杨森、魏豪、赵雪

数学与计算机科学学院

课程与教学论

李杨、熊娅、彭毛措

应用数学

马茜、刘漫、和小华、张凯、高思雨、兰开阳、闫晨、日毛吉

计算机系统结构

曾富亮

软件工程

陈园园、秦亚红、辛辰辰、韩成成、胡鹏飞、曹传贵

电气工程学院

计算机系统结构

卢文婷

化工学院

课程与教学论

郭茗寒、刘痒痒

化学工程

朱振亚、任敏、周春宇、陈立飞、赵淑静、褚玲、杨志权、杜建斌、柳芳芳、王作栋、廖孟德、贺丰洋、夏苗苗、张明瑞、姜英宇、魏茁、孙希阳、李一京、岳铭强、张仲晦、李春丽、张传涛、白俊、王宏宇、张陆军、谢鑫、崔涛、张映、蒋红艳、袁苗苗

管理学院

工商管理

李雅蓉、刘丹、马诗蕾、刘嘉鑫、高晶、张洁茹、闫苗苗

中国民族信息技术研究院

语言学及应用语言学

古明霄、王梦环

中国少数民族语言文学

才让卓玛、格智多杰、先泽加、才文闹布

计算机软件与理论

李永敏、苑新宇

计算机应用技术

汤明昊、张霞霞

计算机技术

马越、毛乐尔、吴昊、孟家豪、杨学斌、杨方韬、贾莉、张淋均、金荣、孙浩、牛潞、刘丁、王邦靖、陈祥祥、李鹏琦、张原召、武堂颖、增思涛、刘晓璐、李浩田、吴甜甜、梁加志、叶苑芝、汤皓星、师海波、李金成、高瑞婷、李思旋

附件2：西北民族大学2020—2021学年研究生新生学业奖学金获奖名单

2020—2021学年博士

中国语言文学学部

萨伊普乃再尔·多来提、巴音德力开、辛保多、吉日嘎拉图、俄日尖参、土登江永、多杰吉、尕藏扎西、宋芬芬、宋强、娘毛才让、周加克、任晓娟、岑霞、扈永辰、旦周多杰、拉毛草、段燕华、王璐、姚春蕊、仁青吉、乌云毕力格、李毛太、李青洁、赵金蕊、路转红、夺新木加、伊杰木、航尖才让、宝乐尔、华旦才让、陈芳、才旦多杰、昂杰才让、完玛多杰、谢青、龙嘉允、王红梅、希贵、乌日拉嘎、赵那琴、尕藏加、多杰扎西、夏果措、叶西卓么、尕藏草、完玛吉、录布塔、俄色卓玛、桑结加、王运、豆格措、尕藏南杰、尕藏本、旦正道吉、柴鑫鑫、莫希叶乐、吴妍妍、乌云嘎、布仁曹洛、才英卓玛、旦正才让、公保加、多杰仁青、李本才让、道知才让、拉目加、西么、吾斯曼.拜科日、依米尔艾米孜·艾比布拉、马尔旦·玉苏甫、艾赛提·艾海提

2020—2021 学年硕士

土木工程学院

徐峥嵘

法学院

冉佰灵、万德吉、泽仁当州

体育学院

程思源、张森轩、王焱姣、黄鹏

经济学院

王申斌、翟宸章、李景飞、张昊斌

民族学与社会学学院

才高、张鸿亮、卢司琴、索南才让、童光源、张玉芝、芮希沛、李小芳、李军谚、梁维光、曾晓丽、肖莉、安伟东、宋子睿、户强强、李兵兵、王金霞、张欢、秦龙睿、刘耀民、王洋洋、杨浩、陈亨飞、匡存强、潘叶、龙世祥、才让吉

数学与计算机科学学院

普玛

中国民族信息技术研究院

王铠杰、苟苗苗、陆礼盟、时新月、云才让、才让拉毛

美术学院

赵润德、王一迪、韩慧香、宋海运、陈萍、崔强强、蒋锦文、李小倩、汤峰、高晨、武斐斌、孙桂莹、王菲、高欣悦、白娜霞、曾博、杨栋栋、左倩、邓毛毛、向舟洋、李宇洲

舞蹈学院

张凌芸、侯梦奇、刘玲玲、张红飞、韩潇然、陈榕、崔朵拉、周雅欣、刘璐、郑芳、杨锡、彭媛、张雅莉、安妮尔其其格、王晓燕

音乐学院

覃思雯、何翔、央金卓玛、张靖苒、李璐瑶、蔡德强、尚欣华、罗倩、白洋、刘宇、廖进文、于兰昕、马雯璇、杨雅芳、郭晓娜、牛宬熙、杨如雪、王婧、王宇豪、朱佳欣、覃霞、林博、曹杨、朱成龙、杨梅、陈乾、刘琪新、蔺剑、郗菁菁、柴璐瑶、姜婷、侯宇飞、许露静、包永鹏、张随义、李彦儒、魏潇、刘思迎、董冠奇、滕芝如、郦海军、马钰涵、刘艺璇、张雅倩、马子妍、吴丽媛、岳磊磊、宋鹏举、梁聪颖、陈雪艳、黄山俊、王俊茹、史万强、王庆章、李玲、姚斌、郑恒钰、刘佳宜、侍谷锦、张腾蛟、冯若涵、高琨、刘梦媛

新闻传播学院

黄钊焱、孙琦、张毅、李海钰、于聪、祁子翾、杨婧、刘朴玉、赵硕、罗钰洁

中国语言文学学部

努尔艾合买提·艾买尔、查苏娜、姑丽加马丽·艾力、娜荷芽、苏日格、裴家伟、敖斯琴、周瓜克、戴凯悦、姚丽娟、刘璇、魏蓝天、陈江英、杨雅洁、嘎日格、东杰加、才让扎西、南拉才让

化工学院

赵乐、马晶

土木工程学院

李鑫

法学院

热依帕·艾山江、班荣花、郭应光、德毛措、陈诺明、王妍、薛秀婷、李尉彰、霍沁东、邢佳政、徐正华、秦创君、李遵政、祁爱德、本杰才让、郑丽丽、李倩、段珍、张金金、李禹忱、王懿行

教育科学与技术学院

刘思嘉、唐天奇、张文茹

体育学院

郭教惕、杨丽、纪帅丞、张建龙、毛惠婷、喇珺宜、陈嘉乐、李佳阳

外国语学院

张玉泉

经济学院

常明阳、金春、彭齐欢、姬智攀、曾诗涵

马克思主义学院

孙文雯、杨小翠、武蓉、陆冬兰、蒲月清、肖荣杰、刘建军、姚小芳、曹煜婕、王亚博、杨晶雁、江懿诺、秦胜皇、杨嘉成、马新月、甄杨阳

经济学院

杨尚方、徐雪雪、木尼热·艾尼瓦尔、黎亚军、高雯、任建行

历史文化学院

马婷婷、陶蓉蓉、狄均、武照梵、张君艳、黄秀健、徐莉欣、段乐民、王转转、刘静文、朱佳宁

马克思主义学院

阿丽米娜·吐拉江、曹珺茹、张家诚、更松巴毛

新闻传播学院

赵梦馨

铸牢中华民族共同体意识研究院

索南尖参、索南才让、拉毛仲格、卓玛吉、闹日卓玛、交巴草、桑吉克、桑吉草

生命科学与工程学院

杨国武、余翰维、冯秋媛、曾嵩玉、舒星富、毕冬琳、闫莎莎、杨东亮、王丽萍

电气工程学院

贾奇才、王梓豪、杨粤宇、保志康、秦璇、刘军、马超、贾小慧

数学与计算机科学学院

胡磊、张行、扎西措、彭悦、钟闯、袁志源、彭博、汪鑫、郭雯雯、李丹阳、索南拉布旦、色郎得吉、代常平、蔺晓芬、张濠天

附件3：西北民族大学2020—2021学年研究生校内奖学金获奖名单

一等奖学金

电气工程学院

王倩如、张永亨、张雅达

法学院

何文杰、李凡、刘美辰、李孝泉、石世伟、刘卓群、赵红梅、左超、武历伟、张伟男、赵子龙、王媛、张颖、孙巾贤、杨宏成

管理学院

朱峰鑫、陈娓、苏铃玲、赵雅茗

化工学院

田奇、鲍园园、石小琴、蒋膨蔚、徐开慧、张雅婷、白淳元、汪祎贤、贾丙森、李煊禹、王若铮、郭亭亭、赵焕磊、徐鑫

教育科学与技术学院

舒红、毛晓龙

经济学院

郃哲汉、朱孟换、赵珂、李雅琦、牛怀毅、王源、李晨雨

历史文化学院

李文平、蒋云信、陈宽、刘晨亮、米治鹏

马克思主义学院

冯坤、鹿波、杨丹丹、于宛玉、曹朦朦、李达、马瑾荣

美术学院

王凯、何宛锦、杜丽、王艺筱、郭兆龙、程梦佳、关爽、王沓、李明、刘茹怡、张为

民族学与社会学学院

王昕榧、程慧子、兰博、谭梦雅、王欣燕、陈霞、皮丽扎提·金格斯、陈晓婷、蔡欣妤、聂福媛、张璇

生命科学与工程学院

张栅、任卫合、金丽、蔡德育、马兰花、陈文瑞、代安娜、张娅俐、洪晶、高彩雯、廖月姣、吴登宇、向军、王慧慧

数学与计算机科学学院

南太本、李晔萱、刘一甫、郭艳茹、韩校涛

体育学院

孙文雪、庄园、丁中帅、朱琦、梁海军、王博兴、杨晶晶、陈思彤、王南乔、秦振翼、王秋生

土木工程学院

杜磊、高潇

外国语学院

张慧颖

舞蹈学院

宗学良、刘越、任贞、刘振宏、孙周晖、马祎、罗燕清

新闻传播学院

刘美辰、师刘杰

医学部

张子龙、马艳庆

音乐学院

王帅、戴娟娟、李丹、马颖艺、杨娟娟、李瑞瑞、易雯雯、王甲娣、李明珊、刘晓娟、赵珍善、程建伟、朱静、王子悦、王源西

中国民族信息技术研究院

娜琳、朱傲、肖庆江、胡叶荣、张东娇、张彬、旦正才让、曾佳、陈晓燕、王伟丽、宋金梅、曹凯、郭泽晨、王双

中国语言文学学部

拉毛才让、王红洁、扎央拉莫、万么加、交巴草、卓玛、更他加、张策、孟祥和、古再丽努尔·吐尔逊、郑雅丹、马丽莎、德吉昂毛、才布周、当格卓玛、切增卓玛、完代克、胡媛杰、韩雪纯、许思昶、德德玛、希吉热、马希刚、王晶、万玛项杰、旦增聪美、昂秀措、欧兰清、崔正升、范武杰、帕如克·阿不都肉素力、阿布都外力·阿力木、泽汪卓玛、包文美、海日汗、拉毛措、卓么才让、完么吉、文昌多杰、班玛冷柱

铸牢中华民族共同体意识研究院

南太才让、万玛措、达哇扎西、罗尔措

二等奖学金

电气工程学院

徐文茹、杨佳威、刘富翔、张冬雪、赵黎鹏、杨隽

法学院

禹宁宁、范育豪、瞿晓芳、郑朋冲、曹云云、刘瑄、玄成杰、任晓晶、李静、朱明慧、陈梦莹、陆文静、曾玉兰、邹红丽、李盼盼、孔昕玥、向燕敏、杨小放、王淋、李洁、葛冉、高晓翠、杨蕾、李金、石佳

管理学院

王春慧、吉美洁、李徐峰、高峰、陈田田、刘畅、孟洁

化工学院

张娟、席蓓、丁圆、丁宁、刘琪、魏静、卢亚红、冯桥梁、钟彬、蒋楠、张博文、田娜、蔡举艳、郭玉萍、张富彭、贾卫敏、汪珊珊、田雨、刘森、闫香涛、闫晓妍、胡强、张宇鹏

教育科学与技术学院

郑天娇、李茂兰、程实

经济学院

王昱懿、闫政达、萨如拉、木开然木·吾斯曼、付庆玲、莘宜枢、杨丽丽、郭明明、庄颜、李萌、张蕊婕、肖颖桢

历史文化学院

闫珠君、马文玉、肖正伟、马卿、陆苗苗、雷占元、向华威、王友栋、刘俊伟

马克思主义学院

丁自云、李星星、赵薇、刘頠翰、孙家根、窦昉昊、曹雨铭、徐心雨、白克洋、刘镇瑞、王茜

美术学院

张雪松、曹倩倩、李晓蕊、王京鑫、卢倩、王钦、罗瑞锋、贺希鹏、李悦榕、吴映清、冯思萌、张雅静、杨腾、马少杰、刘浩、魏占明、窦卯、石梅

民族学与社会学学院

赵廷、秦志霞、尹诗媛、拉姆、吴宇婷、庄佳欣、黄艳敏、才让扎西、马伊薇、张悦、周帆、郭箫然、刘影、李自梦、刘婷、陈媛媛、王荣香、石书恩

生命科学与工程学院

杨许花、罗龙龙、郭寿清、顾亚荣、朱凯、牛宇辉、马石霞、杨雪妍、王福彬、韦体、马小梅、周魏、李易聪、蒲飞洋、吴贝、王娟、谢慧、张向博、姚一凡、麻俊渊、郑青波、苏津贤、黄志

数学与计算机科学学院

李同同、黄奕轩、蔡瑾、李志明、安卓莫、赵少芳、代青昂毛、彭丽蓁、张传琳

体育学院

赵锦、王伟、罗源、张中元、罗金富、龚洁、赵文飞、王一雯、段晨铭、颜梦一、周方柔、汤豆豆、张浩博、周苗苗、刘本奇、白隽雅、毛娜尼沙、张志博

土木工程学院

张笑笑、高敏、陈成桂、王海瑞

外国语学院

昝羊吉照玛、徐文玉

舞蹈学院

闫亚男、尹沽、周思涵、瞿志豪、李莉、邰炜、窦鑫雨、张钰、宋登杨、冯骜然、周映君、张宗皓

新闻传播学院

任佳慧、刘壮、底云飞、刘翠玲

医学部

张丽媛、程永刚、李聪、张玥、邹波、涂鹏、张皓

音乐学院

孟媛、李慧、吴文婷、宋钰蓉、谢娇、胡蓝方、韩蓉、惠鑫、王子涵、庞锦、孟凡腾、陈劲文、程靖、王玉坤、张雨彤、余乐、王俊淑、王涛、俞皓莹、刘万余、李宜轩、石姣、常帅印、韦文文、李程博

中国民族信息技术研究院

陶怡轩、马淑珍、索南达杰、何国源、张国伟、赵鹏海、严威、张靖怡、黄梦歌、罗明阳、国旗、李令珍、拉毛措、邓鉴格、韩兆明、卢玉琪、郑子温、王腾军、赵庆华、高鹏林、杨怀源、杨振敏、张学智

中国语言文学学部

满都拉、张俊娅、刘玉忠、盛雪莲、德白、孙芸霞、阿拉坦宝鲁尔、道杰本、蒋亭亭、张福、沃

德乐、易晓慧、谭月、吴桐、陈芯星、慈学怡、李俊男、美争松毛、叶忠措、吉太加、东智才旦、项毛卓玛、桑吉卓玛、本杰加、孙亚男、李连旭、赛汉娜、木其尔、萨其拉、拉希策仁、扎西南杰、桑吉杰、张凯、王宇光、徐文娣、甘地格朝、卓麻扎西、张曦萍、张玛亚、才让吉、格日拉措、乔呼和、塞黑迪·赛达合买提、张馨仪、孟林、夏提古丽·伊敏江、罗通迅、王贺、吴婉君、黄小莹、羊毛才让、旦巴杨本、浩日娃、塔娜、道日敖、春霞、阿拉腾苏布达、圆圆、东主卓玛、尼玛占堆、旦珍甲、万玛才旦、俄金卓玛、仁青加

铸牢中华民族共同体意识研究院

道吉仁欠、尕藏草、斗拉太、土旦尼玛、供波山周、拉毛才让、尕藏吉

三等奖学金

电气工程学院

户维文、侯浩、张迪、姚非、冯文静、苏永琪、马婉秋

法学院

刘晶、徐畅、张金福、于慧婷、王小莉、方周、何欣阳、康瑞英、吴佳岭、杨强、赵汉男、高芯如、熊三笑、焦文善、陈栋、李倩楠、徐访、苏子煊、石若芸、李建、蒋康元、王妍、刘哲、唐海亮、邹渝、马俊梅、张颖琳、田萌、马兆薇、卫中

管理学院

谢维唯、茹朵朵、陈鑫、赵伟、史婧、王雪宁、郭茂翠、扎喜吉

化工学院

陈汝楠、段钰、徐娟娟、王九玲、王茹、姚昕乐、周生、梁丽春、吴代琼、康莉会、牟晓彤、杨彬、马婧、刘倩、吴慧、翟小雪、姜晓倩、丁娜娜、郭旭春、马瑜浩、刘巨涛、刘强、王天聪、郤晓婷、田凯歌、詹梦茹、翟翰林

教育科学与技术学院

李芷璇、谢馨仪、吴宛容、汪秀媛

经济学院

吐尔逊古力·阿比孜、王渊钊、李婷、马玉莹、李鑫、陈祎凡、白敬萱、俞俐君、陈锐、徐云

霞、宋丽蓉、梅坤、孟高凯、黄冰清

历史文化学院

佘许成、王萌、胡琴、杨博珺、刘鹏鹏、丁小珊、朱顺顺、马永敬

马克思主义学院

敏鹏程、张蓉、李蔚波、谯飞、朱铭君、徐帅佳、刘兴艳、包艳红、王静、李章林、雷超超、张怡雪、薛欣茹、陈天娜

美术学院

刘书含、杨欢、刘雅铃、陈雪娇、隋缘、孔令仪、梁柯静、刘梦蕃、刘祥瑞、王增花、智钰梦、于紫微、李佩芯、王禹卓、董尚斌、张静博、李阔、邓叶叶、姜芝、章升武、刘春祥、刘帅

民族学与社会学学院

张婧、解露、苏姣、雒小凤、王玉桃、阿玲、李素净、赛伊鼎、朱璐瑶、何思楠、赵彤、尹丽、沈雪琛、王金凤、赵宁、袁林、张琪、周运、阿达来提·阿比力肯木、程钰滢、金奎

生命科学与工程学院

黄海岩、李书元、李凤迪、钟文、刘新宇、石嘉琛、魏芳、李菊、田程程、覃圣、陈树吾、王略宇、王媛媛、任稳稳、余金凤、王进娥、马芳芳、张潇文、田玲、高国际、康碧静、马春英、彭乔烽、李帅兵、刘月帅、陈磊、符璐、冯海月

数学与计算机科学学院

薛盼盼、姜伟欣、王璐、多杰才让、张梦梦、鲁琦琦、拉毛才旦、杨进苗、王为琼、余瑶

体育学院

马浚洋、李朋真、向玉波、田淑萍、韩聪、向雨、马圣翔、梁金艳、杨春雨柳、郑越、毛康哲、李泽昆、高卫东、张博雅、张竹君、李岩、师伟严、司志凯、张迪、吴朝举、周艳

土木工程学院

张锌、马斌、解宁、施娇婕、张桓铭

外国语学院

扎西措吉、张慧

舞蹈学院

孙威、李壮、崔滕迪、王雅萍、申宏姣、刘秋璠、许帆、薛一静、曾铄、韩召琪、王一同、李曼拉措姆、李鑫蕾、林鹭

新闻传播学院

万玛什杰、丁晓曦、商智远、吕露、庄葛

医学部

马万军、蒲雯婕、向泓宇、罗海波、魏新龙、张璐璐、孙晓伟

音乐学院

张晓洁、孙雨欣、张阳、杨林波、张珍、段毓毓、黄锐、王明月、廖紫韦、李烁、邢微、王娟、丁子怡、汪智涛、马维桦、李彤、钱潇歌、任怡静、张文琳、罗惠、常亚男、郭建英、马改均、白泽琦、于伟、张前、黄小平、于春雷、何俊红、祁香

中国民族信息技术研究院

白帆、益西卓玛、崔泽宇、张毅豪、徐章博、车郭怡、张帆、单睿康、张婷婷、张磊、宁泽楠、李光明、刘舒、三智多杰、张婧垚、刘亮侠、唐慧媛、宁洁雯、吕文蓉、张明凯、王烨桐、赵中南、宋华飞、江昊宇、沙宝程、陈麒国、马强

中国语言文学学部

萨其日拉、古再努尔·热合木江、努尔比耶·依明、排孜丽耶·瓦哈甫、吾吉阿布拉·麦麦提、尼格热·阿不来提、胡梦杰、黄小梦、董弨、斗拉加、更藏多杰、索南才让、阿布旦、贡保杰、达娃卓玛、孟吉多杰、赛强加、肉西拉毛、才让拉毛、更藏拉毛、吾老吉、陶力、滕云月、刘丽婷、田美、岳丰凯、月琴、图布新巴雅尔、阿力玛、查娜、萨如拉、满拉、朋毛措、乌日罕、晏庆波、马莉、赵敏、乌日其木格、哈拉木吉、多杰才让、运思宇、阿布都合里力·吾布力、肖双、纪成香、谢仁娜·亚森、黎昭茜、孙叶静、赵钰飞、胡婷、王明月、忠布它、仲巴达吉、李蕊波、苏日古嘎、苏都娜、阿拉木莎、宝坦其日、佟苗苗、其勒木格、曹都其力格尔、明星、白玛伦珠、羊本才让、周洛加、增太才让、卓玛草、扎西文扎、德吉拉毛、普毛才仁、尕桑东主、项旦、完么才让

铸牢中华民族共同体意识研究院

旦正多杰、亚马他、斗格杰布、才让卓玛、才让东知、万么才让、万玛才不登、仁欠当知

优秀毕业研究生

电气工程学院

王倩如

法学院

高浩阳、赵汉男、孙巾贤、邹渝

管理学院

朱峰鑫、吉美洁

化工学院

田奇、鲍园园、石小琴、蒋膨蔚、徐开慧、张雅婷、丁圆

教育科学与技术学院

郑天娇

经济学院

郜哲汉、朱孟换、赵珂、牛怀毅、李晨雨、付庆玲、郭明明、庄颜

历史文化学院

李文平、蒋云信、马文玉

马克思主义学院

冯坤、李星星、杨丹丹、鹿波

美术学院

何宛锦、杜丽、曹倩倩、王艺筱、郭兆龙、罗瑞锋

民族学与社会学学院

尹诗媛、唐艾艾、吴宇婷、阿玲、皮丽扎提·金格斯、陈晓婷、蔡欣好、聂福媛、张璇、陈媛媛、王荣香

生命科学与工程学院

牛宇辉、马石霞、杨雪妍、覃圣、蔡德育、王福彬、马兰花、南太本、李同同、黄奕轩、李晔萱

体育学院

孙文雪、庄园、丁中帅、朱琦、梁海军、王博兴、赵锦、王伟

外国语学院

扎西措吉

舞蹈学院

宗学良、刘越、任贞、刘振宏

新闻传播学院

满德娃、师刘杰

医学部

张子龙、马艳庆、张蕊、李聪

音乐学院

王炜、王帅、戴娟娟、尹智超、李丹、马颖艺、杨娟娟、李瑞瑞、易雯雯、王甲娣

中国民族信息技术研究院

娜琳、索南达杰、朱傲、肖庆江、胡叶荣、张东娇、何国源

中国语言文学学部

拉毛才让、王红洁、扎央拉莫、万么加、交巴草、卓玛、更他加、张策、古再丽努尔·吐尔逊、谭月、郑雅丹、马丽莎、德吉昂毛、才布周、美争松毛、当格卓玛、切增卓玛、完代克、本杰加、韩雪纯、德德玛、希吉热、萨其拉

铸牢中华民族共同体意识研究院

道吉仁欠、万玛措

优秀研究生干部

电气工程学院

张冬雪

法学院

郑朋冲、刘卓群、杨蕾、邹渝

管理学院

傅瑶青

化工学院

刘琪、石小琴

教育科学与技术学院

谢馨仪、郑天娇、程实

经济学院

郃哲汉、王昱懿、木开然木·吾斯曼、李雅琦、朱孟换

历史文化学院

李文平

马克思主义学院

鹿波、曹雨铭

美术学院

李晓蕊、卢倩、罗瑞锋

民族学与社会学学院

尹诗媛、吴宇婷

生命科学与工程学院

陈树吾、王略宇、黄志、符璐、冯海月

数学与计算机科学学院

李同同、蔡瑾

体育学院

孙文雪、王博兴、王南乔

土木工程学院

陈成桂

外国语学院

张慧颖

舞蹈学院

宗学良

新闻传播学院

商智远

医学部

张蕊、李聪

音乐学院

孟媛、李丹、王子悦

中国民族信息技术研究院

陶怡轩、肖庆江、胡叶荣、唐愉顺、李令珍、邓鉴格

中国语言文学学部

万么加、沃德乐、陈芯星、桑吉卓玛、胡媛杰、张凯、帕如克·阿不都肉素力、春霞

铸牢中华民族共同体意识研究院

道吉仁欠、万玛措、供波山周、拉毛才让

合作与交流工作

西北民族大学对口受援工作管理办法

第一章　总则

第一条　为加强和规范学校对口受援管理工作，根据《教育部关于进一步推进对口支援西部地区高等学校工作的意见》，结合学校实际，制定本办法。

第二条　本办法所称对口受援工作是指四川大学对口支援西北民族大学的相关工作。

第三条　西北民族大学对口受援工作旨在四川大学的帮助下，提升学校师资队伍水平、人才培养质量、科研服务能力和学校管理水平等。

第二章　机构和职责

第四条　对口支援工作领导小组负责此项工作，并负责检查、指导和落实，组长由学校党委书记和校长担任，成员由发展规划与学科建设处、组织人事部、宣传部、学生工作部（处）、团委、教务处、科研处、研究生处、国际合作交流处、财务处等部门主要负责人组成，办公室设在发展规划与学科建设处。

第五条　每年召开四川大学对口支援西北民族大学联席会，推进落实《四川大学 西北民族大学对口支援合作协议》任务，结合学校实际需求，确定年度重点推进的事宜和合作计划，必要时签订专项合作协议。

第三章　受援项目

第六条　学校有组织、有计划地在四川大学培养、培训在职教师，着力提升教师的教学科研水平。四川大学向教育部申请定向博士研究生单独招生指标，用于学校教师攻读四川大学博士研究生，四川大学国家级教学名师帮带教师提升教学能力，依照四川大学博士生导师遴选管理办法，组织教师遴选四川大学博士生导师等。

第七条　从经济社会发展对人才培养的实际需要，以及学校学科专业建设发展需要出发，促进学科专业学位点建设；学生参加四川大学举办的优秀大学生暑期夏令营和国际学术周等活动。

第八条　学校与四川大学联合申报各层次科研项目，合作开展研究，提升社会服务能力，着力解决区域经济社会发展中的难点和热点问题，为政府决策提供研究依据和实际操作方案等。加强重点研究基地、实验室、创新团队建设，联合开展学术交流活动等。

第九条　在四川大学的帮助下，着力建设数字化校园、数字化图书馆、数字化教室等优质资源共享平台，拓宽学校开展国际合作与交流的视野和渠道。

第十条　根据学校实际，设立年度重点对口受援项目，四川大学帮助建设最急需的学科和专业。

第四章　经费使用和管理

第十一条　学校设立年度对口受援专项经费，其适用范围和标准遵循学校财务管理制度。对口受援专项经费实行专款专用。

第十二条　对口受援专项经费不得用于偿还贷款、支付罚款、捐赠、赞助、对外投资，不得用于房屋建筑物等，也不得用于国家规定不得列支的其他支出。

第十三条　对口受援专项经费执行预算制。发展规划与学科建设处根据《四川大学 西北民族大学对口支援合作协议》中确定的工作任务，结合上年度经费执行情况，按照项目形式提出下一年度对口受援专项经费总预算。

第十四条　各单位以学校名义主办或承办的各类对口受援活动，由承办单位做经费预算，单位主要负责人签署意见报发展规划与学科建设处审核。

第五章　附则

第十五条　本办法由发展规划与学科建设处负责解释。自印发之日起实施。

西北民族大学外事接待管理规定（试行）

第一章　总则

第一条　为了进一步规范外事接待工作，加强外事接待经费管理，强化预算监督，根据中共中央关于改进工作作风、密切联系群众的八项规定精神以及《中华人民共和国预算法》、《党政机关厉行节约反对浪费条例》、《中央和国家机关外宾接待经费管理办法》（财行〔2013〕533号）、《国家民委机关外宾接待经费管理办法》（民办发〔2014〕99号）、《国家民委邀请外国人来访审批权限管理规定》等有关法律法规、管理规定，结合学校实际，制定本规定。

第二条　本规定适用于校属各单位邀请外宾来校交流、参观、考察、调研、洽谈合作等一般性公务活动的接待工作。

第三条　外事接待须坚持服务外交、友好对等、务实节俭的原则，结合学校工作的现实需要与发展规划，有利于学校对外交流与合作，有利于提升学校国际化办学水平。

第四条　外事接待作为学校涉外事务的一项基础性和窗口性工作，实行归口管理、分级负责。国际合作交流处（以下简称“国际处”）是学校外事接待工作的归口管理部门，在学校党委和行政领导下，按照国家的有关规定对外事接待工作进行具体管理、指导与协调，负责会同相关部门办理外事审核审批事宜。根据“谁邀请、谁接待、谁负责”的原则，学校各单位负责本单位外事接待活动的计划、预算、申报及具体接待工作，同时积极支持、配合学校安排部署的外事接待工作。

第二章　计划与审批

第五条　外事接待计划立项申报工作

（一）学校外事接待工作实行年度计划申报与审批制度。校属各单位每年根据学校关于报送来年外事接待计划的通知要求，结合工作实际，制定下一年度外事接待年度计划，经国际处等相关部门审核后报请学校外事工作领导小组会议、学校党委常委会会议讨论。

（二）经学校讨论通过后，由国际处负责在每年11月底前上报国家民族事务委员会国际交流司（以下简称“国际司”），获经批准立项后方可申请开展相关外事接待工作。

第六条　外事接待审批流程

（一）各接待单位应在外宾来访前与来访外宾充分沟通，明确对方来访目的、具体活动内容、人员构成、机构及背景信息，拟定接待工作方案，对于日程安排、食宿交通、外宾团组中由我方招待的人数、天数，费用开支范围及资金来源、列支渠道、预算等予以明确。计划编制必须严格控制在年度外宾接待费预算内，不得突破。经接待单位党政联席会议（部务会、处务会）讨论通过后填报《西北民族大学外事接待申请审批表》并履行审核报批手续。

（二）外国现职副省（部）级以上官员和卸任前政要、未建交国家、敏感国家（地区）、商谈敏感问题人员，或身份特殊、敏感人员来访，接待单位须提前30个工作日向国际处提交接待申请及相关材料；国外现任司局级及以下人员以公职身份来访，接待单位须提前20个工作日向国际处提交接待申请及相关材料；经国际处等相关部门审核后依次报请学校、国际司审议，获经批复同意后方可安排相关外事接待。

（三）外宾以教学科研人员身份来校出席国际会议、执行外专引智项目或开展其他教学科研合作及学术文化交流活动的，实行月集中报批制度。各接待单位须在当月10日前制定下月外事接待计划并报送国际处。由国际处负责汇总，在报请学校同意后于当月20日前报送国际司。如每月执行期间需调整个别团组，须提前5个工作日报送。

第七条　外宾来校访问期间，如计划与对方签订合作协议（备忘录）等文件，须由国际处将协议（备忘录）草案随请示文件一同报送国际司审批，并在正式签署后10个工作日内将协议（备忘录）副本报送至国际司备案。

第八条　外事接待严格执行“先审批、后接待，先预算、后报销”的程序。未经批准或授权，不得对外发出正式邀请或作出承诺，不得以双方已商定为要求批准，不得安排相关接待。

第九条　各单位应结合本单位业务工作的现实需要邀请外宾，提高外事接待的计划性和实效性，同时须严格控制临时性、纯礼节性和无实质成效的外事接待。

第十条　以学校名义开展的外事接待原则上由国际处负责总体协调，根据工作需要协调相关单位及人员参加。涉及下列来访人员或活动的，可邀请学校领导出席会见，由学校办公室会同国际处统筹安排。

（一）外国政府和国际组织重要官员；

（二）国外大学校级领导；

（三）国际知名专家学者；

（四）曾向学校提供重要捐赠的人员和单位代表；

（五）国际知名研究机构和大公司高层管理人员及高级研究人员；

（六）其他对学校有特殊贡献的人员；

（七）校际合作签字仪式；

（八）在学校举办的国际会议的开幕式、闭幕式活动；

（九）重要捐赠仪式；

（十）其他需要校领导出席会见的情形。

第十一条　来校访问外宾如需签证邀请函，须经学校提出书面申请，由国际司办理、出具。

第十二条　接待应其他中方部门、单位邀请顺访学校的外宾，学校须向国际司进行报备。

第十三条　接待单位、国际处、宣传部、科研处、财务处及相关单位须结合自身工作职责，对外宾及所在机构背景与资质、外事接待的必要性、活动内容、经费预算、预期成效、宣传报道等事项进行审核或开展相应工作。

（一）接待单位应严格遵守意识形态管理工作相关规定，严把意识形态责任关，负责对外宾来校期间开展的参观、考察、调研、洽谈等活动进行组织安排及全面审查；要注意控制外事接待所涉及的议题、人员、活动规模和媒体等，有针对性地制定应急预案，加强监管，确保活动可控。若发现问题，接待单位应按照应急预案及时同外宾交换意见，以稳妥适当方式委婉提醒，督促或协助其立即改进，必要时可暂停、取消当前活动，并在第一时间向学校汇报；在外事接待过程中，接待单位要及时向相关部门反映外宾的意见和要求，协助做好外宾来访期间的管理工作。

（二）国际处负责协助接待单位及相关单位对外宾及所在机构背景与资质进行审查；会同相关部门办理外事审核审批，对外事接待工作进行具体管理、指导与协调。

（三）宣传部负责协助接待单位对外事接待活动内容及新闻报道稿件进行政治审查，同时牵头负责重要外事接待工作中的摄影、摄像及相关宣传报道事宜。

（四）科研处负责协助接待单位对外事接待过程中所涉及到的科研及学术文化交流活动进行内容审查。

（五）财务处负责对外事接待经费预算进行审核并协助接待单位办理后续财务核销手续。

第三章　预算管理

第十四条　外事接待经费纳入学校年度预算，由国际处统一归口使用管理。学校应加强外事接待预算管理，控制预算规模，在核定的年度外事接待费预算内安排外事接待活动，不得超预算或无预算安排外事接待。

第十五条　对应邀来校的外宾，各接待单位应当根据互惠对等原则、外事交流协议，以及来访外宾对学校教学、科研、学科建设、社会声誉等工作的必要性和重要性区分为全部招待、部分招待和外宾自理。无互惠对等原则及外事交流协议的，每一来访团组招待天数不得超过 5 天（含抵、离境当天），招待人数原则上不超过 6 人。文化、教育、培训和涉侨团组等，招待天数和人数根据任务需要从严控制，逐案报批。超出规定天数和人数的，一律由外宾自理。

第十六条　接待单位须按照“一事一议”的原则报请学校审批，根据任务需要，从严控制接待天数、人数和外事接待经费，严格执行接待费开支标准，按照批复预算开展外事接待，不得擅自突破，不得向同级机关、下属单位和企业等摊派、转嫁费用。

第四章　外事接待经费开支范围与标准

第十七条　外事接待经费主要包括：住宿费、日常伙食费、宴请费、交通费、赠礼等。外事接待经费原则上不得列支外宾来华国际旅费。

第十八条　住宿费按以下办法执行

（一）外宾住宿应当注重安全舒适，不追求奢华。原则上安排在学校教工公寓住宿。

（二）确需在校外安排住宿，可安排在符合条件并与学校签订有合作协议的宾馆入住。副部长级及以上人员率领的外宾代表团，可安排在五星级、四星级宾馆；司局级及以下人员率领的代表团以及其他一般外宾代表团，安排的宾馆最高不超过四星级。

（三）外宾住房标准：副部长级及以上人员可安排套间，其他人员安排标准间。

第十九条　日常伙食费按以下办法执行

（一）外宾日常伙食招待应当注意节俭，严格根据伙食费标准选择菜品，提倡采用自助餐等形式。

（二）外宾日常伙食费（含酒水、饮料）标准：国家元首、政府首脑级每人每天600元；副总统、副总理和正、副议长级每人每天550元；正、副部长级每人每天500元；其他人员每人每天300元。

第二十条　宴请费按以下办法执行

（一）宴请外宾严禁讲排场，原则上安排在学校教工餐厅，不上高档菜肴和酒水，杜绝奢侈浪费。除宴会外，提倡采用冷餐会、酒会、茶会等多种宴请形式。

（二）外宾宴请费（含酒水、饮料）标准：正、副部长级人员出面举办的宴会，每人每次400元；司局级及以下人员出面举办的宴会，每人每次300元。冷餐、酒会、茶会分别为每人每次150元、100元、60元。

（三）外宾来校访问期间，宴请不得超过2次，包括赴各学院（部）、部门访问交流时，由各接待部门（单位）或有关部门（单位）联合安排的宴请。

第二十一条　交通费按以下办法执行

（一）外宾用车原则上按照对等原则或已有的协议安排。接待单位可根据实际情况通过学校后勤集团或者与学校签订租赁协议的汽车租赁公司予以安排。除少数重要外宾乘坐小轿车外，其他外宾可视人数多少安排小轿车、中巴士或大巴士。在符合礼宾要求的前提下，外宾出行应当集中乘车，减少随行车辆。

（二）外宾赴兰州市以外地区访问时，确需学校安排交通服务的，应当按级别乘坐相应等级标准交通工具，副部长级及以上人员可提供飞机头等舱、轮船一等舱和火车软席（含高铁/动车商务座、全列软席列车一等座、火车高级软卧），其他人员可提供飞机经济舱、轮船二等舱和火车软席（含高铁/动车一等座、全列软席列车一等座、火车软卧）。确因工作需要并经接待单位领导批准，外方主宾的重要随行人员可随主宾乘坐相应舱位，原则上按随行不超过1人安排。外宾途中伙食费按日常伙食费标准执行。

第二十二条　对外赠礼按以下办法执行：

（一）对外赠礼应当节约从简，实物礼品应当尽量选择具有中国特色和学校元素的纪念品、传统手工艺品和实用物品，朴素大方，不求奢华。对外赠礼以赠礼方或受礼方级别较高一方的级别确定赠礼标准。赠礼方或受礼方为正、副部长级人员的，每人次礼品不得超过400元；赠礼方或受礼方为司局级人员的，每人次礼品不得超过200元；其他人员可以视情况赠送小纪念品。

（二）赠礼对象仅为外方团长，必要时可包括主要陪同人员，原则上只赠礼1次。学校多个单位接待的，其中一个接待单位赠礼后，其他接待单位不得重复赠礼。如外方赠礼，可按对等原则回礼。

（三）对来校访问的著名友好人士、社会名流、专家学者，确有必要赠礼的，按照正、副部长级人员标准执行。

（四）外事接待礼品原则上由国际处统一购置、管理。以学校名义安排部署的外事接待，由国际处负责准备礼品；各接待单位邀请的外宾，确有需要赠送礼品的，可向国际处提出申领。

第二十三条　陪同人员及经费管理

（一）外事接待活动遵循对等原则，结合实际工作需要，从严掌握陪同人员数。

（二）对于接待国家元首、政府首脑级外宾的重大外交外事活动，学校陪同人员人数应当按照礼宾要求安排。其他宴请，外宾5人（含）以内的，中外人数原则上在1 ∶ 1以内安排；外宾超过5人的，超过部分中外人数原则上在1 ∶ 2以内安排。

（三）陪同外宾赴兰州市以外地区访问期间，陪同人员的伙食费、住宿费、交通费等开支标准按照学校国内差旅费管理的有关规定执行，并由所在单位负担。确需与外宾同餐、同住、同行的，经学校批准，可按对应的外事接待标准实报实销。

（四）各接待单位的接待工作人员在接待活动期间，确因工作需要不能按时用餐的，按学校相关制度执行。

第二十四条　外宾在华期间的医药、邮电通讯、洗衣、理发、保险等费用，除国家元首、政府首脑外，均由外宾自理。

第二十五条　外宾来校访问期间不得组织与教学科研无关的参观游览等活动，不得组织到经营性娱乐场所活动，不得安排专场文艺演出。如确有必要，可在学校审核批准后结合工作实际安排外宾前往科研创新、历史文化等相关单位参访，参访时间应控制在1天以内。

第五章　经费核销

第二十六条　财务处、国际处要严格按照批准来校外宾人员、天数、行程、活动内容、经费预算及有关开支标准据实核销，不得核销与接待任务无关的开支。

第二十七条　接待单位应在完成接待任务后的10个工作日内将接待工作总结（包括成果、效益和存在的问题及建议等）及相应的照片、视频、新闻报道等资料报送国际处。未提交上述资料的，不予核销相关经费。

第二十八条　接待单位在办理外事接待经费核销手续时，须提供下列单据作为报销凭证

（一）已办理完结相关审核审批手续的《西北民族大学外事接待申请审批表》影印件；

（二）住宿费、日常伙食费、宴请费、交通费、赠礼和其他费用的原始单据；

（三）其他相关凭据。

第二十九条　外事接待经费的报销支付应严格按照国库集中支付和公务卡管理的有关制度执行，采用银行转账或公务卡方式结算，不得以现金方式支付。

第六章　外事接待工作基本要求

第三十条　接待单位和接待人员应严格遵守外事纪律、保密纪律，坚持以我为主、内外有别，不得发表、从事有损国家形象、有违国家安全的言论和活动。

第三十一条　外事接待人员应遵守外事礼仪和各国（地区）风俗习惯。正式场合应着正装，接待过程中要落落大方、谦虚谨慎、有礼有节、不卑不亢，坚决维护国家主权和利益，维护民族尊严。

第三十二条　接待单位在接待过程中应做好会谈记录和新闻报道稿件撰写，注意工作照片、视频等相关资料的搜集、保存、归档。

第三十三条　接待工作中若涉及重要外事活动，如：授予荣誉称号、签署协议、接受捐赠等事宜，接待单位须事先准备好相关文本资料并提前5个工作日履行完校内外审核、审批程序。

第七章　监督检查

第三十四条　除涉密内容和事项外，外事接待经费的预决算应当按照预决算信息公开的有关规定，及时公开，接受监督。

第三十五条　国际处、财务处、纪监审办公室等职能部门应当加强对外事接待管理和经费使用情况的监督检查。

第三十六条　违反本规定，有下列行为之一的，按照国家法律和学校有关规定责令整改，追回资金，并追究有关人员责任：

（一）擅自提高接待开支标准的；

（二）计划未经批准，接待外宾的；

（三）违规扩大外事接待开支范围，或报销与接待无关费用的；

（四）虚报外事接待级别、人数、天数，套取接待经费的；

（五）使用虚假发票报销接待费用的；

（六）其他违反本办法的行为。

第八章　附则

第三十七条　来校出席国际会议、执行外专引智项目或开展其他教学科研合作及学术文化交流活动的外国文教专家按照学校举办国际会议、聘请外国文教专家及校内各类外籍人才引进项目的相关管理规定办理；外国驻华使领馆人员来校访问按照学校涉外国驻华使领馆人员活动内部管理办法办理。

第三十八条　港澳台来访人员的接待，参照本规定执行。国务院港澳办、国务院台办另行规定的，按国务院港澳办、国务院台办文件规定执行。

第三十九条　本规定由国际合作交流处、财务处负责解释，自发布之日起施行。

西北民族大学外事工作归口管理规定

第一章　总则

第一条　以习近平新时代中国特色社会主义思想为指导，深入贯彻习近平总书记关于民族工作、关于教育的重要论述，全面落实党中央对外工作决策部署，认真落实《深化新时代教育评价改革总体方案》《教育部等八部门关于加快和扩大新时代教育对外开放的意见》，按照《关于全国外事管理工作的若干规定》《国家民委外事管理工作暂行规定》等文件精神，结合学校实际，制定本办法。

第二条　学校外事工作在学校党委的统一领导下，坚持“统一领导、归口管理、分级负责、协调配合”的原则，落实立德树人根本任务，以铸牢中华民族共同体意识为主线，深化国际合作育人功能，提升国际化办学水平，强化外事安全监督保障管理体系建设，推进学校外事工作规范有序、健康稳定开展，建设现代化高水平大学。

第三条　学校外事工作纳入学校党委议事和决策议程。学校各单位开展外事工作时应坚持总体国家安全观，事先对拟合作单位或个人的背景及资信情况进行充分了解，对合作项目、工作内容等进行可行性论证，明确合作目的、方案、内容、期限及成果归属权。坚持内外有别的原则，自觉遵守国家保密纪律、外事纪律，坚决不触及禁区和红线，确保外事工作依法依规有序开展。

第四条　国际合作交流处（以下简称“国际处”）是学校外事工作统一归口管理部门，在学校党委和行政领导下，按照中央对外方针政策及相关规定对学校的外事工作（含线上外事活动）进行具体指导、管理与协调，负责会同组织人事部、宣传部、统战部、学生工作部（处）、团委、发展规划与学科建设处、教务处、科研处、研究生处、财务处、保卫处等相关部门办理外事审核审批事宜。年度出国（境）团组计划、举办国际会议计划、邀请外国人来校计划、推荐师生出国（境）学习及开展校际合作项目等重大事项，须提交学校外事工作领导小组及教育对外开放工作领导小组会议审议通过后报请党委常委会会议或校长办公会议研究、审定。

第二章　外事管理事项

第五条　学校各单位开展对外交流与合作等外事活动，必须遵循“外事授权有限”原则，按照外事管理事项“分级负责、分级审批”的要求，严格履行计划立项申报、审核、审批程序。开展外事活动前须经所在单位会议研究同意后，依程序报送相关部门及国际处审核。经国际处报请学校及上级有关部门审批同意后方可开展相关活动。外事管理事项主要包括：

（一）因公临时出国（境）团组计划申报、执行

因公临时出国（境）团组实行年度计划申报与审批执行制度。学校师生员工出国（境）留学、进修、参加国际会议，开展各类学术及人文交流活动或开展校际间工作交流访问均须通过国际处按时履行因公临时出国（境）团组计划立项、人员派出及相关审核、审批程序。

（二）因公护照申领、使用

学校教职工应持公务普通护照执行因公临时出国（境）任务，特殊情况（获得国家留学基金管理委员会项目资助长期出国境留学，持有外国长期居留证件等）需持普通护照出国，应说明理由并按组织人事管理权限报组织人事部门批准。学校全体教职员工所持公务普通护照的申领、使用、收缴与保管工作实行专人负责制，由国际处外事专办员负责统一收缴保管。

（三）外国专家项目申报、执行

学校各单位聘请外国专家来校开展教学、科研、技术咨询、产品研发、学科建设、学术交流、成果转化、创新创业、管理服务等方面工作，均须通过国际处按时履行各类外专引智项目（包括但不仅限于国家科学技术部“国家外国专家局”设立的外国高端文教专家项目）或学校设立的各类海外高端人才引进项目的立项、人员聘请及相关审核、审批程序。

（四）国际会议申报、举办

国际会议的组织举办实行年度计划申报与审批执行制度。学校各单位拟组织举办（包括主办、合办、协办、承办）国际会议均须通过国际处按时履行国际会议年度计划立项、会议举办及相关审核、审批程序。

（五）国际科研合作项目申报、实施

学校各单位在同国（境）外高校、教育机构及科研院所开展国际科研合作项目，须事先对外方历史背景、科研水平、软硬件设施资源等进行充分了解，并对合作项目开展可行性论证。初步达成合作意向时，须以书面形式提交合作意向计划、背景资料等信息，由国际处会同宣传部、科研处等相关单位协助其履行立项、项目实施及相关审核、审批或备案程序。

（六）中外合作办学等学生联合培养项目申报、实施

学校各单位与国外高水平大学开展中外合作办学等学生联合培养项目，须事先对外方历史背景、办学水平、软硬件设施资源等进行全面了解，并对联合培养计划、学分认定、办学效益等开展可行性论证。初步达成合作办学意向时，须以书面形式提交合作意向计划、背景资料等信息，由国际处会同

教务处、研究生处等相关单位协助其履行立项、项目实施及相关审核、审批或备案程序。

（七）国际学生和港澳台侨学生的招收、管理

学校各单位招收、培养国际学生及港澳台侨学生时，须由国际处牵头，会同教务处、研究生处、学生工作部等相关单位，按照分类管理的方式对拟招收国际学生和港澳台侨学生进行入学资格审查、组织入学测试，并协助通过审查、测试的国际学生及港澳台侨学生履行相关审核、审批程序。

（八）同境外非政府组织开展合作交流，接受境外非政府组织资助

学校各单位和师生员工与境外非政府组织开展交流合作、接受境外非政府组织资助，须以书面形式提交合作意向计划、背景资料等信息，由保卫处、国际处会同组织人事部、宣传部、学生工作部（处）、发展规划与学科建设处、科研处、财务处等相关单位履行立项、审核、审批或备案程序。

（九）礼宾接待

学校外事接待实行年度计划申报与审批执行制度。学校各单位接待国（境）外团组或个人来校交流、参观、考察、调研、洽谈合作，须通过国际处按时履行外事接待计划立项、礼宾接待及相关审核、审批或备案程序。

（十）各类涉外合作协议、谅解备忘录等合同文本的签署、实施

学校各单位同国外高校、科研机构、学术组织、社会团体或个人签订合作协议、谅解备忘录等合同文本，须提前对国（境）外拟开展合作单位的背景及资信情况进行全面了解，对合作事项进行可行性论证，在达成初步合作意向时，须以书面形式提交合同协议文本草案、背景资料等信息，由国际处会同宣传部、组织人事部、发展规划与学科建设处、教务处、研究生处、科研处等相关单位协助其履行相关审核、审批或备案程序。

（十一）涉国外荣誉称号、学衔或职衔的授予或接受：

学校教职工拟接受国（境）外高校、科研机构、学术组织及社会团体授予的荣誉称号、学衔或职衔，或拟聘请外籍人士为本校客座教授、名誉教授、兼职教授、名誉博士、学术顾问等荣誉称号、学衔或职衔，须以书面形式提交事项内容、背景资料等信息，由国际处会同学校组织人事部、宣传部、保卫处等相关单位协助其履行相关审核、审批或备案程序。

（十二）线上国际合作交流活动

学校各单位和师生员工通过远程音视频方式举办、参与国际会议、开设国际课程、学术讲座、人文交流及双多边会议等各类线上国际合作交流活动，须严格按照线下举办相关活动的要求，通过国际处履行相关计划立项申请、审核、审批或备案程序。

（十三）其他各类国际合作交流活动

学校各单位和师生员工开展其他各类国际合作交流活动，必须严格履行计划立项申请、审核、审批或备案程序，遵守相关法律、法规，符合学校办学需求。

第三章　责任与监督

第六条　外事工作既是校对外合作交流的桥梁，也是学校提高办学质量、提高办学水平、加强学科建设人才培养的重要组成部分，在提高学校的教学、科研、管理水平、扩大社会影响力，提升美誉度等方面发挥着十分重要的作用。学校各单位要按照“以我为主、为我所用、确有必要、对我无害”的工作方针，在确保符合学校对外开放交流发展需要和安全稳定利益的基础上，结合工作实际需求开展外事工作。

第七条　学校各单位和师生员工要严格遵守并执行外事方面的政策法规和学校相关规章制度。各单位党政负责人要主动了解外事政策，强化外事归口意识，集体研究审议本单位外事活动事项。各单位应指定一名外事工作负责人及一名外事秘书，负责本单位外事工作，并做好与国际处的业务联系、信息报送、项目宣传等相关工作。

第八条　学校各单位须结合自身工作职责，对外事工作的各项环节严格审核把关，切实加强外事工作全程管理。要高度重视政治安全和意识形态安全，加强对师生员工的国家安全教育、保密纪律教育，提高反渗透意识和能力，从思想上筑牢政治安全防线。遇有问题，要及时请示报告，对外做到统一政策、统一纪律，不得各行其是。

第九条　未经学校批准授权，学校各单位和师生员工不得擅自代表学校与国外高校、科研机构、学术组织、社会团体或个人签署合作交流协议；不得擅自邀请外籍人员来校访问、工作、学习；不得擅自出国或滞留不归；不得擅自接受或授予荣誉称号、学衔或职衔；不得擅自接受境外非政府组织的资助或捐赠。

第十条　学校各单位应加强对所属单位外事工作的监督检查。对违反对外方针政策、外事纪律和相关规章制度的单位及人员，国际处应会同纪监审办公室、组织人事部、学生工作部（处）等相关单位认真查处、监督纠正。对情节严重、影响恶劣者，要依法依规予以严肃处理。对重大外事违纪事项的处理结果要及时上报上级部门。

第四章　附则

第十一条　学校国际处与港澳台事务办公室合署办公，在同香港、澳门及台湾地区的交流中，一律称港澳台事务办公室。

第十二条　校属各单位同香港、澳门、台湾地区，以及国外高校、科研机构、学术组织、社会团体或个人开展学术、科研及文化交流活动均参照本办法执行。国务院港澳办、国务院台办另行规定的，按国务院港澳办、国务院台办文件规定执行。

第十三条　本办法由国际处暨港澳台事务办公室负责解释。

第十四条　本办法自印发之日起实施。原《西北民族大学关于国际合作交流暨港澳台工作归口管理的规定》（民大发〔2006〕93号）、《西北民族大学关于开展国（境）外教育交流与合作项目暂行管理规定》（民大发〔2006〕88号）同时废止。

附件1：西北民族大学2021年度外国（地区）短期专家项目执行情况统计表

西北民族大学2021年度外国（地区）短期专家项目执行情况统计表

序号	邀请单位	项目执行人	项目名称	团组成员	国家（地区）	来华目的（教学/讲学/合作研究）	项目执行方式（线上/线下）	工作单位	来访身份	来访时间
1	美术学院	张璐	西北民族大学与俄罗斯圣彼得堡列宾美术学院美术类人才交流与联合培养项目	Morgunov Maksim 马克西姆·弗拉基米洛维奇·马尔古诺夫	俄罗斯	线上学术讲座	线上	俄罗斯圣彼得堡列宾美术学院	教授	2021.3.17—2021.7.7
2	美术学院	张璐	西北民族大学与俄罗斯圣彼得堡列宾美术学院美术类人才交流与联合培养项目	Morgunov Maksim 马克西姆·弗拉基米洛维奇·马尔古诺夫	俄罗斯	线上学术讲座	线上	俄罗斯圣彼得堡列宾美术学院	教授	2021.9.26—2022.1.3
3	数学与计算机科学学院	王维兰	数据处理中的科学问题研究	张大庆	新加坡	讲学	线下	北京大学	教授/博士/欧洲科学院院士	2021.4.29—2021.5.4
4	音乐学院	钟力	甘肃地区少数民族音乐田野调查研究	陈子平	奥地利	讲学	线下	中央音乐学院	教授	2021.5.30—6.3

续表

序号	邀请单位	项目执行人	项目名称	团组成员	国家（地区）	来华目的（教学 / 讲学 / 合作研究）	项目执行方式（线上 / 线下）	工作单位	来访身份	来访时间
5	音乐学院	马波	西部高校管乐教学模式的管乐团教育现状与对策研究	山崎健三	日本	讲学	线下	雅马哈乐器音响（中国）投资有限公司	学士	2021.7.13—7.14
6	音乐学院	马波	西部高校管乐教学模式的管乐团教育现状与对策研究	KLARA NOVAK 克拉拉	意大利	讲学	线下	苏州大学音乐学院	教授 / 硕士	2021.5.31—6.3
7				金垣岐	美国	讲学	线下	苏州大学音乐学院	教授 / 硕士	2021.5.31—6.4
8				盖尔 ITTZES GERGELY	匈牙利	讲学	线下	天津茱莉亚音乐学院	教授 / 博士	2021.6.2—6.4
9				陈岭辉	中国香港	讲学	线下	杭州爱乐乐团	硕士	2021.6.2—6.6
10				黄郁婷	中国台湾	讲学	线下	贵阳交响乐团	硕士	2021.6.2—6.5
11	音乐学院	马波	西部高校管乐教学模式的管乐团教育现状与对策研究	何易	美国	讲学	线下	中国音乐学院	教授 / 硕士	2021.10.11—10.14
12	民族学与社会学学院	马元平	社会科学研究的理论、方法和应用的最新进展	Ge Houtian 葛厚田	加拿大	线上学术讲座	线上	康奈尔大学	研究员 / 博士	2021.10.14—10.15
13	民族学与社会学学院	马元平	社会科学研究的理论、方法和应用的最新进展	Kim IkKi 金一辉	韩国	线上学术讲座	线上	东亚老人福祉研究所	教授 / 博士	2021.10.18—10.22
14	民族学与社会学学院	马元平	社会科学研究的理论、方法和应用的最新进展	谢宇	美国	线上学术讲座	线上	普林斯顿大学	教授 / 院士	2021.11.16
15	民族学与社会学学院	马元平	社会科学研究的理论、方法和应用的最新进展	牟海珍	加拿大	线上学术讲座	线上	萨斯喀彻温大学	教授 / 博士	2021.12.8—12.10
16	中国语言文学学部	孟开	“一带一路”沿线国家蒙古族“仓诗”文库建设与研究	YANGUTOVA 扬古托娃·丽	蒙古国	学术交流	线下	中国西安交通大学	博士	2021.7.9—7.12
17				Gomb Narmandakh 那仁满都呼		学术交流	线下	兰州大学	博士	

续表

序号	邀请单位	项目执行人	项目名称	团组成员	国家（地区）	来华目的（教学/讲学/合作研究）	项目执行方式（线上/线下）	工作单位	来访身份	来访时间
18	医学部	何蕊芳	新冠肺炎疫情心理危机干预项目	真荣城辉明 MAESHIRO TERUAKI	日本	线上学术讲座	线上	大和内观研修所	教授	2021.8.20
19				榛木美惠子 HARIKI MIEKO	日本	线上学术讲座	线上	大阪内观研修所	博士	2021.8.20
20				塚崎稔 TSUKASAKI MINORU	日本	线上学术讲座	线上	日本长崎三和中央医院	院长	2021.8.20
21				河合启介 KAWAI KEISUKE	日本	线上学术讲座	线上	日本国立国际医疗研究中心国府台医院	博士	2021.8.20
22				铃木康広 SUZUKI YASUHIRO	日本	线上学术讲座	线上	日本佛教大学教育学院临床心理学系	博士	2021.8.21
23				李大云 LEE DAE UN	韩国	线上学术讲座	线上	韩国青云大学	硕士	2021.8.21
24				文科娃·切伦科夫 Velizara Chervenkova	保加利亚	线上学术讲座	线上	日本菖蒲精神治疗中心	博士	2021.8.21

2021年度，学校共聘请短期专家23名，分别来自14个国家及地区，同6个单位（音乐学院、医学部）开展了讲学、科研合作、交流工作。其中博士、教授16名，来自一带一路沿线国家的专家2名。

附件2：西北民族大学2021年度长期国（境）外专家聘任信息一览表

西北民族大学2021年度长期国（境）外专家聘任信息一览表

序号	姓名	性别	学历	国籍	工作单位	讲授课程或工作任务	聘任时间	备注
1	PEREGIL CHRISTINE FAILAGUTAN	女	本科	菲律宾	外国语学院	中级英语听说、初级英语听力、英语口语、高级英语听说、英语演讲	2021.2—2022.1	
2	MOUSTAFA MAHMOUD HUSSEIN SHAABAN	男	博士	埃及	外国语学院	阿拉伯语视听1、阿拉伯文学选读1、高级阿拉伯语1、阿拉伯文学史、阿拉伯语语音、阿拉伯文学史	2021.2—2022.1	
3	HAZEM FATHY GELANY MOHAMED	男	本科	埃及	外国语学院	阿拉伯语口语1、阿拉伯语视听3、阿拉伯语口语2、阿拉伯语视听2	2021.2—2022.1	

续表

序号	姓名	性别	学历	国籍	工作单位	讲授课程或工作任务	聘任时间	备注
4	SHAMOTINA ELVIRA	女	硕士	俄罗斯	外国语学院	俄语写作 2、视听说 2、俄语会话 2、俄语外贸外事应用文、高级口语 2	2021.2—2021.7	当年离职
5	RAO ATIF	男	硕士	巴基斯坦	经济学院	FIN4300 国际金融、ECN5600 金融经济、金融经济学、写作教学	2021.2—2022.1	
6	WANG RUIXI	男	硕士	德国	音乐学院	器乐演奏 2、器乐演奏 4、器乐演奏 6、器乐演奏 3、器乐演奏 5、器乐演奏 7	2021.2—2022.1	
7	OCA JHEFFREY VILLAREAL	男	本科	菲律宾	外国语学院	大学英语 2、大学英语 4、英语演讲、大学英语 1、大学英语 3	2021.2—2022.1	
8	HARIS MULYADI	男	本科	印度尼西亚	外国语学院	中级英语听说、英语会话班（辅导）、高级英语听说、英语口语、初级英语听力、英语演讲	2021.2—2022.1	
9	DIACHENKO OLEKSANDR	男	博士	乌克兰	外国语学院	视听说 1、俄语写作 1、俄语综合技能训练 2、俄语电视新闻、俄语会话 1、高级口语 1	2021.9—2022.1	
10	LEE MARIA F K	女	硕士	加拿大	国际教育学院	雅思班、雅思初级班、英语会话初级班	2021.2—2022.1	
11	ROBERT THOMAS WEI TAM LEE	男	硕士	加拿大	国际教育学院	英语会话初级班、雅思初级班、雅思中级班、雅思高级班、TESOL 预备课程班	2021.2—2022.1	
12	AMJAD ALI	男	博士	巴基斯坦	生物医学研究中心	科研	2021.2—2021.12	当年离职

2021 年度，学校共聘请了 12 名长期外专，来自 8 个国家和地区（分别是：加拿大、俄罗斯、乌克兰、德国、埃及、菲律宾、巴基斯坦及印度尼西亚）在 5 个单位任职（分别是：外国语学院、经济学院、音乐学院、生物医学研究中心及国际教育学院）承担了 55 门课程的教授及科研工作。

附件 3：西北民族大学 2021 年举办国际会议信息一览表

西北民族大学 2021 年举办国际会议信息一览表

序号	会议名称	校内举办单位	会议举办时间	会议举办模式	会议规模	参会外籍代表人数	备注
1	《黄河大合唱》国际研讨会	音乐学院	2021 年 6 月 26 日　至 29 日（共 4 天，含会议代表来校参会报到、离会 2 天）	线上 + 线下	76 人	8 人	线下会议举办地点：兰州
2	“丝绸之路”沿线国家语言、文学与翻译国际学术研讨会	中国语言文学学部	2021 年 7 月 9 日至 12 日（共 4 天，含会议代表来校参会报到、离会 2 天）	线上 + 线下	80 人	47 人	线下会议举办地点：兰州
3	第八届国际内观疗法学术大会暨东方文化心理治疗国际研讨会	医学部	2021 年 8 月 19 日　至 22 日（共 4 天，含会议代表来校参会报到、离会 2 天）	线上	143 人	8 人	

续表

序号	会议名称	校内举办单位	会议举办时间	会议举办模式	会议规模	参会外籍代表人数	备注
4	第12届演化语言学国际研讨会	中国信息技术研究院	2021年9月9日至11日（共4天，含会议代表来校参会报到、离会2天）	线上	55人	5人	
5	科学、健康与传播：丝绸之路沿线国家媒体与健康传播研究	新闻传播学院	2021年9月24日　至26日（共4天，含会议代表来校参会报到、离会2天）	线上	50人	10人	
6	文化创意与管理创新国际研讨会	管理学院	2021年10月29日　至31日（共4天，含会议代表来校参会报到、离会2天）	线上	88人	5人	

附件4：西北民族大学2021年因公出国（境）教职工信息一览表

西北民族大学2021年因公出国（境）教职工信息一览表

团组编号	人员编号	姓名	性别	所在单位	出访国家（地区）	出访事由	出访时间
1	1	张兴莉	女	电气工程学院	美国	赴美国阿拉巴马大学攻读博士学位	2021年8月24日　至2026年12月31日

附件5：西北民族大学2021年度出国（境）留学、交流学生信息一览表

西北民族大学2021年度出国（境）留学、交流学生信息一览表

序号	姓名	性别	所在学院	年级及专业	留学院校	停留时间	备注
1	陈旧	男	电气工程学院	2018级电子信息工程	美国俄勒冈州立大学	2021年9月—2022年7月	自费留学
2	李翔睿	女	数学与计算机科学学院	2020级数学研究生	中国香港理工大学	2021年9月—2022年1月	访学
3	陈寅聪	男	经济学院	2017级国际经济与贸易	美国犹他州立大学	2019年8月—2021年5月	中外合作办学
4	张浩冉	女	外国语学院	2017级俄语	哈萨克斯坦欧亚国立大学	2021年9月—2022年7月	国家留学基金委项目
5	徐思南	女			阿塞拜疆巴库国立大学	2021年9月—2024年7月	
6	马娟娟	女			俄罗斯托姆斯克国立大学	2021年9月—2023年7月	

2021年，我校共选派来自电气工程学院、数学与计算机科学学院、经济学院、外国语学院的6名学生分别赴美国俄勒冈州立大学、美国犹他州立大学、哈萨克斯坦欧亚国立大学、阿塞拜疆巴库国立大学、俄罗斯托姆斯克国立大学、中国香港理工大学等5个国家及地区的6所高校攻读学位、学习、访学交流等。其中3名学生获得国家留学基金委奖学金项目。

附件 6：西北民族大学 2021 年度国际学生信息一览表

西北民族大学 2021 年度国际学生信息一览表

序号	姓名	性别	国籍	专业	入学时间	备注
1	Tonga Yopa Christel Gabin	男	喀麦隆	汉语言	2016.09	于 2021 年 7 月离校
2	Ali Hussam Aref Mohammed	男	也门	汉语言	2018.10	于 2021 年 7 月离校

西北民族大学 2021 年来校港澳台学生一览表

序号	姓名	性别	地区	专业	入学时间	备注
1	陈柔安	女	中国台湾	舞蹈学院舞蹈表演专业	2018.09	学历生（本科）

2021 年度，我校共接收来自喀麦隆、也门等 2 个国家的 2 名国际学生（非学历生）。另有 1 名学生来自中国台湾。

附件 7：西北民族大学 2021 年度线上国际课程信息一览表

西北民族大学 2021 年度线上国际课程信息一览表

<table>
<tr><th>序号</th><th>国际院校</th><th>国际课程</th><th>面向学院</th><th>面向专业</th><th>面向学生</th><th>选课人数</th><th>时间</th><th>备注</th></tr>
<tr><td>1</td><td>新加坡国立大学</td><td>医学交流</td><td>医学部</td><td>临床医学</td><td>研究生</td><td>15 人</td><td>2021 年 1 月 25 日至 1 月 30 日</td><td>西北新村校区</td></tr>
<tr><td rowspan="11">2</td><td rowspan="11">新加坡南洋理工大学</td><td rowspan="11">艺术赏析</td><td>马克思主义学院</td><td>马克思主义理论</td><td rowspan="11">研究生</td><td rowspan="6">123 人</td><td rowspan="11">2021 年 3 月—7 月</td><td rowspan="6">西北新村校区</td></tr>
<tr><td>生命科学与工程学院</td><td>畜牧学、兽医学</td></tr>
<tr><td>数学与计算机科学学院</td><td>计算机科学与技术</td></tr>
<tr><td>教育科学与技术学院</td><td>教育学</td></tr>
<tr><td>美术学院</td><td>美术学</td></tr>
<tr><td>音乐学院</td><td>音乐与舞蹈学</td></tr>
<tr><td>民族学与社会学学院</td><td>民族学、社会学</td><td rowspan="5">192 人</td><td rowspan="5">榆中校区</td></tr>
<tr><td>马克思主义学院</td><td>马克思主义理论</td></tr>
<tr><td>文学部</td><td>中国语言文学</td></tr>
<tr><td>生命科学与工程学院</td><td>畜牧学、兽医学</td></tr>
<tr><td>历史文化学院</td><td>中国史</td></tr>
</table>

续表

序号	国际院校	国际课程	面向学院	面向专业	面向学生	选课人数	时间	备注
2	新加坡南洋理工大学	创新与创业管理	数学与计算机科学学院	计算机科学与技术	研究生	32人	2021年3月—7月	西北新村校区
			教育科学与技术学院	教育学				
			美术学院	美术学				
			民族学与社会学学院	民族学				
			文学部	中国语言文学				
			生命科学与工程学院	兽医学				
			音乐学院	音乐与舞蹈学				
		机器学习	数学与计算机科学学院	计算机科学与技术		70人		
			电气工程学院	电子信息				
		基因工程	生命科学与工程学院	兽医学、畜牧学		56人		
		计量经济学	经济学院	金融、中国少数民族经济		41人		
		教育研究方法	教育科学与技术学院	教育学		44人		
3	俄罗斯圣彼得堡列宾美术学院	素描人物	美术学院	油画	本科生	28人	2021年3月—7月	西北新村校区
		精微素描						
		油画人物						
		油画风景						
4	新加坡南洋理工大学	微生物学与免疫学	生命科学与工程学院	畜牧学、兽医学	研究生	56人	2021年7月—12月	西北新村校区
		概率论与数理统计	数学与计算机科学学院	数学	研究生	17人		
5	俄罗斯圣彼得堡列宾美术学院	油画人体1	美术学院	绘画（油画）	本科生	28人		
		素描人体1						
6	台湾中国文化大学	现代舞	舞蹈学院	舞蹈表演	本科生	25人		
		芭蕾舞		舞蹈学		18人		

教代会、工代会

邓光玉同志在西北民族大学第八届教职工代表大会暨工会第十一届会员代表大会四次会议上的讲话

（2021年3月27日）

各位代表，同志们：

在大家的共同努力下，学校第八届教职工代表大会暨工会第十一届会员代表大会四次会议圆满完成各项议程，就要胜利闭幕了。

这次会议，是一次民主团结、凝心聚力、求实奋进的大会。会议期间，各位代表认真履职尽责，积极建言献策，共谋发展大计，表现出了强烈的爱校情怀、荣校愿望和兴校担当。会议取得的各项成果，凝聚着全体代表的智慧，反映了全校师生的共同意愿，必将激励全校上下为开局“十四五”、开启新征程而不懈奋斗。在此，我代表学校党委，向大会的成功召开表示热烈祝贺！向各位代表并通过你们，向全体教职员工和离退休老同志，表示衷心的感谢！

各位代表、同志们！

艰难方显勇毅，磨砺始得玉成。过去一年，在以习近平同志为核心的党中央坚强领导下，全校上下以铸牢中华民族共同体意识为主线，落实立德树人根本任务，在特殊的形势、艰辛的历程中砥砺实干，取得疫情防控和高质量发展双胜利。

2021年，是中国共产党成立100周年，也是实施“十四五”规划、开启全面建设社会主义现代化国家新征程的第一年。起步就是冲刺，开局就是决战。我们必须胸怀“国之大者”，践行初心使命，咬定青山不放松，脚踏实地加油干，为学校各项事业实现高质量发展开好局、起好步、谋好篇、尽好责。

我们要坚持政治立校。兴办民族院校是我们党解决国内民族问题的一大创举，必须深刻把握社会主义大学特别是民族院校的政治属性。分析看待学校发展问题，必须首先坚持从政治上看，从民族团结大局看。必须从自觉承担服务中华民族伟大复兴的高度，鲜明突出铸牢中华民族共同体意识工作主线，进行革命性、重构性调整和发展，使学校更加有魂、始终跟上时代。要不断增强党的政治领导，确保正确的办学方向，增强政治判断力、政治领悟力、政治执行力，提高学习研究能力、改革创新能力、风险防范能力和抓落实能力，确保党中央决策部署落到实处。要切实加强思想领导，巩固马克思主义在学校意识形态领域的主导地位，把思想政治工作贯穿学校教育管理全过程，牢牢把握工作主线，通过坚定的理想信念把各族师生紧密团结在党的周围，确保学校始终成为培养社会主义建设者和接班人的坚强阵地。特别是要以开展党史学习教育和庆祝建党100周年活动为重要契机，传承红色基因，擦亮政治底色，不断增强进一步办好民族高等教育的政治自觉和行动自觉。

我们要坚持质量铸校。党的十八大以来，习近平总书记对提高教育质量多次作出重要论述、提出明确要求，党和国家制定实施了一系列政策措施，为"十四五"时期在新的起点上建设高质量教育体系打下了坚实基础。深刻认识我国进入高质量发展阶段的新特征新要求，对谋划学校事业发展至关重要。要牢牢抓住人才培养质量这个关键，坚持把立德树人作为中心环节，用习近平新时代中国特色社会主义思想铸魂育人，坚持"四为"方针和五育并举，推进人才培养模式创新，提升学生综合素质，加快构建全员全过程全方位育人格局。要坚持以新发展理念为引领，以高质量发展为主题，以加强基础能力建设为抓手，深入推进一流学科建设，加快发展一流本科教育，优化学科专业结构，提升科技创新能力，切实加强课程和教材建设。要以高质量党建引领保障各项工作高质量开展，突出政治建设，聚焦根本任务和工作主线，全面增强基层党组织组织力，突出政治功能、教育功能、服务功能，着力发挥基层党组织坚强战斗堡垒作用，提升党建引领能力，为学校事业发展提供坚强的政治保证和思想保证。

我们要坚持人才强校。人才资源是高校各项事业发展的决定因素，人才兴，则高校强。没有一支高素质专业化的人才队伍，就不可能跻身国家"一流学科"建设行列，就不可能实现现代化高水平大学建设目标。要主动出击，广揽发展急需人才，理清思路，明确方向，按照各类人才成长规律和不同特点，积极物色、抢抓人才，健全不求所有、不拘一格的引才用才政策体系。要从学校长远发展的战略眼光出发，从现有教师队伍中选拔具有较大发展潜力的中青年骨干教师，集中资源，加大培养力度，实现高层次人才和创新性学术团队的自主培养。要特别注重青年教师的培养和发展，做到用心用情，"扶上马送一程"，鼓励冒尖、鼓励创新，形成可持续发展的人才梯队。要加强培训，锻造一支业务精湛、爱岗敬业的管理队伍，形成高质量发展的合力和战斗力。必须全员树立强烈的人才服务意识，克服在人才问题上的封闭意识和短视行为，畅通人才发展渠道，使各类人才人尽其才、才尽其用、用有所成。更要突出政治标准，把师德师风建设摆在首要位置，引导广大教师继承发扬老一辈教育工作者"捧着一颗心来，不带半根草去"的精神，以赤诚之心、奉献之心、仁爱之心投身教育事业。

我们要坚持改革兴校。改革是学校事业发展的根本动力。"十三五"期间，学校改革发展取得了新的显著成就，但立足新机遇新挑战，对标高质量发展要求，需要做的事情还很多。要以制度建设为主线推进改革，坚持依法治校，健全完善以学校章程为核心的校内规章制度体系，建立科学的决策机制、高效的执行机制、完善的监督机制，增强治理的原则性、规律性、协调性和创造性，推进学校治理体系与治理能力现代化。要坚决克服"五唯"顽瘴痼疾，从根本上解决教育评价指挥棒问题，有破有立，扭转教育功利化倾向，推进育人方式、办学模式、管理体制、保障机制改革，建立促进学生身心健康、全面发展的长效机制。要进一步贯彻新发展理念，进一步抓住“一带一路”建设等重大战略机遇，进一步聚焦广大师生所急所需所盼，科学编制实施“十四五”规划，着力固根基、扬优势、补短板、强弱项，坚决克服惯性思维和路径依赖，从转变思维观念入手，不断强化政治思维、法治思维、系统思维，用钉钉子精神实打实抓好改革，硬碰硬抓好落实，用改革新成效开创改革新局面。

各位代表、同志们！

征途漫漫，惟有赓续奋斗；重任在肩，更须策马扬鞭。让我们更加紧密地团结在以习近平同志为核心的党中央周围，始终保持蓬勃朝气、昂扬斗志，大力发扬“三牛”精神，以实际行动和优异成绩向建党100周年献礼，为铸牢中华民族共同体意识，实现中华民族伟大复兴作出新的更大贡献！

郭郁烈同志在西北民族大学第八届教职工代表大会暨工会第十一届会员代表大会四次会议上的讲话

——牢记初心使命　奋力担当作为以优异成绩向中国共产党成立 100 周年献礼

（2021 年 3 月 27 日）

各位代表，同志们：

今天，学校第八届教职工代表大会暨工会第十一届会员代表大会四次会议顺利召开。在此，我代表校党委、校行政对大家，并通过你们向全校教职员工表示亲切慰问和崇高敬意!

现在，我向大会报告工作。请各位代表审议并提出意见建议。

一、2020 年和“十三五”工作回顾

2020 年是新中国历史上极不平凡的一年，也是西北民族大学建校 70 周年。面对突如其来的新冠肺炎疫情，我们统筹疫情防控和校庆两件大事，深入学习贯彻党的十九大和十九届二中、三中、四中、五中全会精神，坚决贯彻落实党中央、国务院决策部署，全面落实国家民委、甘肃省委省政府各项工作安排，锚定铸牢中华民族共同体意识工作主线，聚焦学校高质量发展，勇担使命、勠力同心，特别之年特别作为，交出一份好于预期的答卷。

——隆重举行纪念建校 70 周年系列活动。以“铸牢中华民族共同体意识，建设现代化高水平大学”为主题，精心组织了纪念大会、学科建设研讨会、“石榴花开”教学成果展示、“黄河之滨也很美”主题音乐会、校旗全球云传递、颁发建校 70 周年纪念章等系列活动，发布校庆吉祥物“石榴娃”，人民网等新媒体同步直播纪念活动。在《光明日报》等主流媒体刊发文章，广泛宣传建校 70 年发展成就，提升了学校美誉度、影响力，唱响了铸牢中华民族共同体意识时代主旋律，极大提振了师生干事创业的精气神。

——坚决打赢阻击世纪疫情的历史性大战。提前谋划，提前准备，实现停课不停学不停教、线上线下教学同质等效，教育部第三方评估满意度 80% 以上；在委属高校率先实现全体师生返校复课。生物医学研究团队逆行护送疫苗研发材料、为国内新冠肺炎病毒灭活疫苗研发提供 70% 以上生产用血清和有关技术支持，被国家民委、人社部评为“全国民委系统先进集体”；附属医院 32 名医护人员

驰援武汉，与各族英雄儿女共同书写抗疫史诗。各级党组织、广大党员充分发挥战斗堡垒和先锋模范作用，让党旗在疫情防控斗争第一线高高飘扬。

——助力民族地区摆脱千年贫困。坚持把脱贫攻坚作为重大政治任务和历史责任，探索形成党建、教育、智力、健康、科技、产业、消费、文化扶贫的特色路径。学校帮扶的一镇一乡六村全部按期脱贫摘帽，两度在全省脱贫攻坚帮扶工作考核中获“好”等次，驻村干部艾力、雷立异、马强分获“全国脱贫攻坚贡献奖”提名、“全省脱贫攻坚帮扶先进个人”、“全省脱贫攻坚‘青年榜样’先进个人”，洪兴志、杨富强、马聪慧等三名校友荣获“全国脱贫攻坚先进个人”称号，在打赢脱贫攻坚战中贡献了民大力量。

一年来，在国家民委党组、甘肃省委和学校党委的坚强领导下，在兰州市等地方各级党委政府、四川大学等兄弟院校及社会各界的关心支持下，在全校广大干部、师生员工和离退休老同志的支持下，我们坚决落实立德树人根本任务，各项事业取得长足进步，关键领域取得历史性突破。在此，我代表学校党委和行政向大家表示衷心的感谢！

（一）人才培养质量实现新进步

一是扎实推进思政工作。推进“马克思主义三重工程”，制定深化新时代学校思想政治理论课改革创新实施方案。实施“三个100”课程思政建设工程，立项17门校级课程思政示范课程，申报34门课程思政示范课堂。“学习强国号”在国家民委系统率先上线，“形势与政策教育”公众号被评为全国高校唯一的“优秀理论宣讲公众号”，思政项目成果《十月》获中国高校影视“学院奖”一等奖。

二是深化本科教学改革。完善人才培养方案，推进新时代体育、美育和劳动教育创新发展。加快推进学校一流本科教育行动计划，实施本科“强基行动”，新增国家级一流本科专业5个，省级一流本科专业8个。实施大类招生，本科一批次招生专业数由20个增加到41个，省份扩大至10个。首次获批教育部新工科实践研究项目2项，获批省级一流课程21门、教学团队2个、虚拟仿真实验教学项目1项、教学成果培育项目15项。实施产教融合计划，新金融智慧工场一期建成使用。认真开展医学类、工程类专业专业认证工作。

三是推进研究生教育改革。贯彻全国研究生工作会议精神，出台提高研究生教育质量实施方案，新增研究生教育人才培养方案17个，研究生联合培养基地40余个。深化研究生招生选拔、培养机制和导师遴选改革。获甘肃省优秀博士、硕士学位论文7篇，学生学科竞赛获国家级、国际级奖项35项。落实临床医学硕士专业学位授权点整改，取得实质性进展；附属医院获批国家住院医师规范化培训基地。

四是加强学生教育服务管理。疫情期间第一时间推出线上健康打卡系统，开通网络心理咨询预约通道和心理热线，坚持24小时线上服务，完成网络视频心理咨询服务280余人次。为家庭经济困难学生发放临时困难补助，向全校学生发放流量补贴158万元，各类资助金额合计1亿余元，资助学生达5万余人次。1500余名学生参与各类学业问询，300余人参加学习援助中心学生职员、导生技能培训。

（二）铸牢中华民族共同体意识取得新成效

一是推进三大体系建设。充实加强铸牢中华民族共同体意识工作领导小组，设置中华民族共同体建设工作处和铸牢中华民族共同体意识研究院，筹建中华民族共同体学院，获批国家民委中华民族共同体研究基地。修订培养方案，开设中华民族共同体意识教育系列课程。《西北民族高校大学生中华民族共同体意识培育研究》获国家社科基金高校思政课研究专项立项。在凉州会盟旧址等地建设研究基地，和北大共建“铸牢中华民族共同体意识研究协同创新基地”，开展重大理论和现实问题研究。流失海外的敦煌大宗历史文献《法藏敦煌文献》首次整理出版，《格萨尔》文化传承与保护研究基地被命名为第六批全国民族团结进步教育基地。

二是深化民族团结进步创建。与阿克塞哈萨克族自治县等地联创共建民族团结进步基地，参与全国民族团结进步示范区第三方评估。助力民族地区推广普及国家通用语言文字，组织师生深入开展推普脱贫和送经典下基层等工作，获批甘肃省首批国家语言文字推广基地。“铸牢中华民族共同体意识“互联网+”行动成果展”获全国民族团结进步创建重点扶持项目。在学生创新创业教育、社团活动、第二课堂、“三下乡”社会实践等活动中搭建平台，深化不同民族学生“混合住宿”“混合编班”，推进“三交”。

（三）学科专业建设获得新成果

一是加强一流学科建设。优化学科布局，新组建7个学部，6个学科专业集群，成立64支创新团队、5个学科思政创新团队。组织申报17个博士、硕士点，目前已通过甘肃省评审。整合学科力量，组织参加全国第五轮学科评估和全国专业学位水平评估工作，开展“双一流”建设周期总结。

二是优化学科专业结构。减招应用心理学、计算机科学与技术等专业，调增数据科学与大数据技术、临床医学等专业。在管理学等相关专业中开设大数据相关课程，推进新文科与新工科交叉融合协调发展。

（四）人才队伍建设取得新进展

一是深化干部人事制度改革。落实中央“破五唯”政策精神，修订完善人事分配、职称评审、年度考核等制度，释放激发人才活力。

二是做好引才育才用才。积极拓展“外引”渠道，主动出击吸引人才，累计投入人才工作专项经费1300余万元，较上年度增长30%。全年引进人才43名，柔性引进国内知名专家22名。注重“内培”，举办校内培训共28个班次，培训约6000余人次。40名在职人员考取高一级学位，人数较上年度增长81.8%。选派50余名教职工参与进修、培训等，着力提升人才队伍数量、学历学位层次和业务水平。

三是加强师资队伍建设。把师德师风作为评价教师队伍的第一标准，努力提升教师教书育人素质能力。首次有教师入选中组部“万人计划”。获评中宣部“文化名家暨四个一批人才”1人、甘肃省宣传文化系统“四个一批”人才3人，入选甘肃省拔尖人才1人，领军人才第一层次、第二层次各1人，涌现出甘肃省道德模范、省高校教学名师、省优秀青年文化人才等一批先进典型。

（五）科研服务取得新成绩

一是推进平台建设。新增国家民委重点实验室、国家民委人文社会科学重点研究基地、甘肃省级科研平台各2个，其中西北民族大学装配式建筑与节能建材研究院成为学校首个集科学研究、技术创新、研发服务和科技成果转移转化功能的科研平台。学校大学科技园正式投入运行。

二是科研成绩突出。获批国家社科基金重大招标项目和国家社科基金冷门绝学项目各2项，立项数位列委属高校和甘肃省高校第一。国家社科基金重大招标项目“俄藏蒙古文文献目录译介研究”获得滚动资助。“民汉文化交融中清代少数民族文学家族研究”成为《国家哲学社会科学成果文库》近五年甘肃省高校唯一入选项目，2项研究成果获教育部第八届高等学校科学研究优秀成果奖二、三等奖，为学校历史最好成绩。横向服务项目80余项，全口径科研经费首次突破1亿，其中横向课题经费约为历年的30倍，首次实现年终决算科研经费结余2000余万元。

三是社会服务能力提升。“‘一带一路’特色农产品多语言电子商务平台”吸引300余家企业入驻、3000多种农产品网售。服务“三区三州”临夏普外医师培训，举办藏汉双语综合素质强化培训班等14期，累计培训600余人次。协同孔子学院总部、北京姚基金公益基金会选派志愿者支教，助力乡村体育教育。实施临夏州少数民族全生命周期口腔健康扶贫示范项目，服务孤残儿童等2199人。《西北民族研究》和《西北民族大学学报》（哲学社会科学版）入编《中文核心期刊要目总览》，19篇论文被《中国社会科学文摘》《人大复印报刊资料》等全文转载，在社会效益评价考核中均获“优秀”等次。牵头编制甘肃省社会心理服务体系建设“十四五”规划。

（六）开放融合发展打开新局面

一是国际合作交流多点发力。与俄罗斯、新加坡、马来西亚等“一带一路”沿线国家高校签订合作协议。优化海外高端人才引进渠道，推进线上国际化课程建设，打造“‘一带一路’云课堂”，丰富人才培养国际化模式，助力一流学科建设。组织教师参加“海外华人教学实践与创新”教学经验分享公益活动，举办美术类人才国际化培养成果暨一带一路沿线国家作品展，邀请外专参演“黄河之滨也很美”校庆主题音乐会。开展“远程引智”，邀请日本专家以“线上讲学”形式举办“疫情期间常见心理问题危机干预”系列讲座，为完善我省新冠肺炎疫情心理危机干预模式起到了积极推动作用。校庆期间，诸多海外合作院校、机构、校友纷纷发来祝福信函、视频。

二是对口支援工作进展顺利。签订《四川大学华西医院与西北民族大学附属医院对口支援合作协议》，26名医师、7名护理人员赴华西医院进修。邀请26位川大专家学者来校开展学术交流，派出15名专任教师赴川大进修，12名教师攻读川大博士学位。联合培养的国际汉语教育和俄语专业共招生76名。

三是校地校企校际合作进一步扩大。与兰州市、临夏州等地方政府签订17个合作协议，一揽子校企、校际合作项目陆续落地。与联勤保障部队940医院深度合作，进一步补齐我校医学生临床教学缺口，为实现医学人才同城培养奠定了基础。与城关区人民政府协作办学有力推进，2020年教职工子女共计59人顺利入园入学。

（七）办学保障条件得到新改善

一是强化支撑体系建设。升级大型仪器设备开放共享管理平台，通过科技部、财政部专项评价考核。智慧校园二期建设和多媒体教室改造顺利完工。图书馆入选全国古籍保护重点单位，档案馆数字化建设竣工，校史馆重置更新、主题更加鲜明。校医院切实完善疫情防控设施、加强分区管理。开展住宅楼核查工作，清理涉及产权历史遗留问题38户。对重点领域、重点资金的审计监督全面从严。首次预算执行率达到100%，实现“零结转”，获财政部奖励1400余万元。学校获评甘肃省节水型高校、交通文明单位。

二是坚持民生优先。推动开通11路公交车民大专线，兰州站至夏官营城际动车专线正在积极筹划。榆中校区南大门道路建成通车、土地征用进展顺利，教职工住宅楼按期封顶，实验实训大楼一期工程即将竣工验收，新文科楼、留学生公寓建成投入使用。争取政府老旧小区电梯加装项目，实现“零”的突破；走访13省区市全覆盖慰问兰外离退休老同志，开展“西北民族大学口述历史”影像视频录制工作。为全校社聘职工购买校园方责任保险，进一步完善保险体系。教职员工收入水平较大幅度提高。

三是校园更加安全稳定。综合治理和安全保卫工作持续加强，在甘肃省“2019年平安甘肃建设责任制”考评中我校获得良好等次，学校在编在岗教职工受到增发一个月全额工资的奖励。投入平安校园建设和综合治理专项经费，完成西北新村校区安防系统升级改造。制定疫情防控期间师生返校、维稳等工作方案，严格门禁和校园安全管理各项制度。学校民德公司被授予全国高校校园商业服务新冠肺炎疫情防控先进集体荣誉称号，两名员工被授予先进个人称号。

（八）内部治理水平迈上新台阶

一是制度建设稳步推进。落实教育评价改革总体方案，全面修订章程，推进新一轮规章制度“废改立”工作，共清理规章制度100余项，修订16项，新建34项，废止25项，编印新一版《西北民族大学规章制度汇编》。

二是“放管服”改革逐步深化。加快推进干部人事、绩效分配、科研管理等制度改革，推动管理重心下移，扩大学院办学自主权，激发全校干事创业活力。结合智慧校园和大数据平台应用项目建设，深化“互联网+”改革，简化工作流程，提高服务质量。

（九）党风廉政和内审内控工作取得新成效

一是党风廉政建设成效显著。坚持政治立校根本，落实“不忘初心、牢记使命”制度，开展第三轮校内巡察和党风廉政宣传教育月活动，引导师生增强“四个意识”、坚定“四个自信”、做到“两个维护”。新增全国样板党支部1个，2个二级单位党组织、2个党支部获评甘肃省高等院校党建“标杆院系”“样板党支部”，原创舞蹈作品《曙光》获全国高校廉洁教育活动精品项目。

二是持之以恒正风肃纪。加大内控内审工作力度，出台《内部控制建设工作实施方案》《经济活动内部控制建设工作管理办法》等制度，进一步明确职责，理顺工作流程，控制关键节点，加强过程监督。扎实做好巡视巡察整改，落实中央八项规定及其实施细则精神，着力整治形式主义、官僚主义，2020年学校层面发文数量较去年下降9.4%。牢固树立过“紧日子”思想，强化“三公”经费管理，2020年学校差旅费支出减少54%，因公出国（境）费用支出减少67%，会议费支出减少45%。

2020年也是“十三五”收官之年。回顾过去五年，学校坚持以习近平新时代中国特色社会主义思想统领全局，牢记为党育人、为国育才初心使命，团结带领广大师生员工，在把握机遇中笃定前行，在攻坚克难中奋发进取，在真抓实干中担当作为，顺利完成了“十三五”规划确立的总体目标。全面从严治党不断深入，深化改革成效突出，办学治校能力持续加强，民族团结进步创建深入推进，综合竞争力不断增强，美誉度知名度显著提升，各项事业成绩斐然。

同时，我们也清醒地认识到，学校发展还面临一系列困难和挑战：判断力、领悟力和执行力与肩负的责任还不相适应；人才培养质量与经济社会发展要求还有一定距离；学科总体发展水平有待进一步提升；高层次人才总量依然不足，有影响力的学术带头人、知名学者和创新团队尤其缺乏；解决国家重大战略需求和科学前沿问题的原始创新能力不足；学校内部治理结构、管理体制和运行机制仍待进一步优化；安全稳定还存在较大风险挑战。我们必须以更高格局、更宽视野、更新思路，科学研判“时”与“势”，辩证把握“危”与“机”，进一步聚精神、强谋划、补短板、增能力，奋力谱写高质量发展的“民大篇章”。

二、“十四五”发展目标任务

“十四五”时期是我国全面建成小康社会、实现第一个百年奋斗目标，乘势而上开启全面建设社会主义现代化国家新征程、向第二个百年奋斗目标进军的第一个五年。中华民族伟大复兴全局与世界百年未有之大变局交织激荡，铸牢中华民族共同体意识的民族工作鲜明主线赋予我们更为重要的办学使命；新发展阶段对我们加快补齐短板、建设高质量教育体系和高质量人才培养提出了更高要求；新发展理念要求我们认真思考、科学回应发展目的、动力、方式、路径等一系列重大问题；推动西部大开发形成新格局、黄河流域生态保护和高质量发展、乡村振兴等国家战略为学校融入新发展格局提供了广阔舞台。展望未来五年，学校发展仍然处于缩小发展差距窗口期、深化改革创新攻坚期和提升办学水平重大战略机遇期。

“十四五”期间总体目标是：坚持政治立校根本，以铸牢中华民族共同体意识为主线，全面落实立德树人根本任务，围绕“三地一库”目标，在“一流本科人才培养，一流学科专业、一流干部人才队伍、一流服务管理体系、一流文化育人环境”建设诸方面取得实质性突破，为把学校建成区域一流、国内知名、特色鲜明的现代化高水平大学迈出坚实步伐。

始终坚持政治立校。增强“四个意识”、坚定“四个自信”、做到“两个维护”，坚决在思想上政治上行动上同以习近平同志为核心的党中央保持高度一致。坚持和加强党对学校工作的全面领导，坚持社会主义办学方向，把党的领导贯穿办学治校、教书育人全过程，为落实立德树人根本任务提供坚强政治保证。

始终坚持师生为本。师生是教育者和被教育者，是学校赖以存在的根据和前提。要坚持以学生为主体，以教师为主导，充分发挥学生的主动性，把促进学生健康成长作为学校一切工作的出发点和落脚点，尊重教育规律和学生身心发展规律，努力培养造就德智体美劳全面发展的高素质专门人才。

始终坚持质量至上。牢牢扭住高质量发展主题，积极融入国家战略和区域经济社会发展。把新发展理念贯穿学校发展全过程和各方面，构建学校发展新格局，切实转变发展方式，推动质量变革、效率变革、动力变革，实现更高质量、更有效率、更可持续、更为安全的发展。

始终坚持改革创新。坚定不移吃“改革饭”、走“创新路”，以铸牢中华民族共同体意识为主线，持续深化综合改革，深化新时代教育评价改革，扎实推进人事制度、教育教学、科研体制机制、资源配置及行政管理等各项改革，调动全体师生员工积极性，持续增强发展动力和活力。

始终坚持系统思维。加强前瞻性思考、全局性谋划、战略性布局、整体性推进，统筹好发展和安全两件大事，牢固树立大局意识，着力固根基、扬优势、补短板、强弱项，注重防范化解重大风险挑战，实现发展质量、结构、规模、速度、效益、安全相统一。

始终坚持依法治校。坚持依法治校、民主治校，充分发挥师生员工主动性、创造性，释放办学活力，激发办学动力，不断提升办学治校的效能。完善以立德树人为根本的一体化育人体系，夯实以服务需求为特色的学科专业体系，构建以质量贡献为导向的教育评价体系。构建以党委领导下的校长负责制为核心，以职能部门和专业院系为依托，以学术委员会、教代会等为支撑的现代化大学内部治理体系。

三、2021年重点工作

今年是我国现代化建设进程中具有特殊性的一年，也是学校事业提质增效、高质量发展的关键之年，做好全年工作意义重大。

开局决定全局，起步奠定后势。我们要以“强基行动”为抓手，进一步提高政治意识、改革意识、规矩意识和底线思维；进一步加强统筹，把党史学习教育这一当前首要政治任务和铸牢中华民族共同体意识工作主线、立德树人根本任务、高质量发展具体目标有机结合起来，系统谋划、统筹推进；进一步改进工作作风，对待工作的态度严肃一点，对待工作的标准严格一点，对待工作中的错误严厉一点；进一步树立绩效观念，坚持动机与效果的统一，正确地做事，做正确的事；进一步强化工作落实，把常规工作和基础工作抓在日常、严在平常、做到经常，把重点工作抓出成效、抓出水平、抓出特色。以抓铁有痕、踏石留印的意志力，“功成不必在我、功成必定有我”的超然态度，迈好第一步、见到新气象、实现开门红。

（一）全面提升人才培养质量

一是强化思想理论教育和价值塑造。持续推进习近平新时代中国特色社会主义思想“三进”工作，紧紧抓住教师队伍“主力军”、课程建设“主战场”、课堂教学“主渠道”，健全完善所有教师、所有课程、所有课堂育人网络，构建全员全程全方位育人大格局。以“三个100”课程思政建设工程为牵引，落实《高等学校课程思政建设指导纲要》。推进重点马院和甘肃省首批辅导员名师工作室建设。完成思政工作创新项目和案例库项目。发挥甘肃省形势与政策教指委秘书长单位作用，聚焦热点宣讲。结合文明校园创建和校园文化建设，把中华民族共同体意识教育贯穿落实到教育教学全过程。

二是加强专业内涵建设。以“四新”建设为导向，深入落实《加快建设一流本科教育行动计划（2018—2022）》，制定优化学校美育、体育、劳动教育工作方案。发挥入选一流本科专业的示范带头作用，持续推进专业优化、调整、升级、换代工作，改善实习实践条件，优化创新创业环境；要深入落实“强基行动”方案，准确对接国家、社会、行业标准，增强专业教育的针对性，全面提升本科教育的质量。

三是加强课程质量建设。抓好课堂教学中心环节，以“学习革命”推动“质量革命”。加快一流课程建设，不断提高课程建设水平。加强教材选择、编写、使用管理；建立课程审核、评估准入和退出机制，进一步提高课程设置与人才培养目标、规格的吻合度。加强学生学习过程服务管控，增加学习强度；健全完善学生评教制度，及时向任课教师反馈课堂教学效果。

（二）加快完善铸牢中华民族共同体意识“三大体系”建设

一是扎实开展党史学习教育和“大学习、大讨论、大调研、大培训”活动。聚焦学深悟透习近平总书记关于民族工作的一系列重要讲话精神，对标党的十九届五中全会关于民族工作的新部署新要求，围绕“六个搞清楚”，在认真开展党史学习教育中抓好“四大”活动，抓好集中学习、交流研讨、调查研究、整改提高等环节，进一步夯实师生的思想根基。

二是做深做实做细中华民族共同体意识教育工作。将铸牢中华民族共同体意识作为人才培养基本目标，扎实推进中华民族共同体教育的学科、专业、课程、教材建设，加快校内资源统筹整合。加大对铸牢中华民族共同体意识宣传教育力度，扎实做好国家通用语言文字推广普及工作。协助、配合做好第六届全国少数民族文艺会演编演任务，参与《中华民族交往交流交融史》编撰工作。参与甘肃省民族团结进步创建“一廊一区一带”行动。加大对铸牢中华民族共同体意识的理论阐释，鼓励、支持科研人员产出重大研究成果。

（三）提升科研和学科核心竞争力

一是增强科研创新能力。发挥特色优势，完善科研创新体系，高质量建设部、省重点实验室，推进“‘一带一路’特色农产品多语言电子商务平台”建设，提升大学科技园综合服务水平。抓好国家基金申报工作，积极参与军民融合项目研究，继续着力校地（企）横向项目合作，力争2021年学校获批国家级项目的数量、质量取得新突破；完善科研成果转化工作机制，强化产业链培育，推进产学研用一体化；支持和加强协同创新团队建设；组织重大科研奖励申报，提升获奖的层次数量。坚持正确办刊方向，提高《西北民族研究》、学报质量与社会效益。

二是推动学科建设提档升级。优化学科专业结构，持续推进已有优势特色学科内涵发展。创新学科组织模式，加大对学科交叉融合的支持力度，推动跨学科、多学科研究，培育高水平学科团队、梯队。深化第五轮学科评估成果，开展学科思政、专业思政、课程思政、科研思政工作。围绕“一带一路”建设、新时代推进西部大开发等国家战略需求和区域经济社会发展需要，凝练学科方向，不断提升学科影响力和话语权。

三是推进学位与研究生教育改革发展。贯彻落实全国研究生教育会议精神，在专业学位、学术学位研究生分类培养、“严进严管严出”上下功夫；做好学位点评估，特别是临床医学硕士专业学位授权点建设、整改工作。做好新增学位点申报后期各项工作，争取最好结果。

（四）努力锻造高素质人才队伍

一是推动师德师风建设常态化长效化。完善师德师风制度机制建设，加强师德师风监督检查，形成师德自律与他律相结合的全方位工作制度。强化师德失范警示教育，对于师德失范发现一起处理一起，不搞“下不为例”。加大典型选树力度，教育引导全体教师崇业乐教。

二是加强高层次人才队伍建设。统筹做好人才引进整体设计，通过公开招聘、特设岗位、柔性引进等多种举措，引进高层次人才及团队。深化学校人才评价改革和职称制度改革，施行分类评价，突出教育教学能力业绩，彻底破除“五唯”倾向。采取校聘方式，调动广大教师的积极性和创造性。通过多种培养形式，全面提高中青年教师的教学、科研水平。

三是深入推进人事制度改革。充分发挥薪酬的激励保障作用，进一步提升全体教职工的获得感、幸福感。制定《西北民族大学教职工奖励办法（试行）》及配套措施，建立导向鲜明、科学规范、有效管用的教职工评价激励制度，营造担当作为、干事创业、创优争先的良好氛围。

（五）精心细致做好学生管理服务工作

一是提高学生思想政治教育实效。坚持立德树人，创新教育方式，使思想政治教育真正入脑入心；培养学生马克思主义理想信念，践行社会主义核心价值观。进一步加强心理健康教育。

二是进一步加强学生管理。严格学习管理、生活管理、日常管理和网络管理，强化课堂内外、考试纪律，规范学生网上行为，以严格的纪律培养学生良好的习惯和法纪观念。做好学生各项资助工作，加强诚信教育，提升资助育人效果。

三是高质量做好招生与就业工作。全力做好本硕博招生宣传工作；科学合理编制分省、分专业招生计划；积极探索本科按大类招生。创新工作方法，落实工作责任，加大线上线下校园招聘工作力度，进一步拓宽就业渠道，引导学生到基层和中小微企业就业。积极推进就业教育改革，鼓励“创业带动就业”，培养学生的创业意识。

四是认真做好共青团工作。加强学生会和学生社团规范管理，服务学生成长成才。积极配合做好各类创新创业活动。积极开展校园文化、第二课堂活动，引导青年学生听党话、跟党走。

（六）提高服务保障能力和水平

一是推进基础设施建设。加强与地方政府对接，推进榆中校区征地和住宅楼建设。完成西北新村校区棚户区改造项目住宅小区（一期）建设工程，完成榆中校区正大门（南）工程、实验实训大楼二期工程和西北新村校区新建锅炉房工程等。加快推进两校区基础设施维修改造，完成兰山居 1 号学生公寓维修项目。继续推动落实开通城际动车计划，持续改善附属医院、附属中小幼条件。

二是强化服务支撑体系建设。进一步加强财务预算和执行、内部审计监督，完善内部控制体系建设。落实过“紧日子”要求，加大资金统筹，加强国资管理，强化绩效。加大校园维修维护力度，推进校园净化、绿化、美化、节能改造等，建设绿色校园、节约型校园；加大食堂改革力度，确保食品安全，提升后勤服务保障质量水平。进一步提高教学科研仪器设备开放共享水平；做好智慧图书馆建设，提高服务水平；加大“甘肃省档案管理特级单位”建设力度，做好学校档案异地备份工作；提高校医院医疗服务水平和绩效，更好服务师生健康。做好离退休干部工作，发挥老干部作用。

三是毫不松懈抓好常态化疫情防控。坚决贯彻中央决策部署，把疫情防控各项要求落到实处，确保师生生命安全；加强传染病防治知识的宣传普及，做好心理疏导和人文关怀。严格校园管理，确保物资设施满足需要；发挥爱卫会作用，助力常态化疫情防控。

（七）努力提高学校治理能力和管理水平

一是深化新时代教育评价改革。对标《深化新时代教育评价改革总体方案》等，坚持破立结合，全面梳理、修订与总体方案不相适应的规章制度，重点推进教育教学、科学研究、管理服务等领域的评价改革。

二是科学编制并实施学校事业发展“十四五”规划。以《中共中央关于制定国民经济和社会发展第十四个五年规划和二〇三五年远景目标的建议》为遵循，完整准确全面贯彻新发展理念，高质量编制符合学校实际的《西北民族大学“十四五”规划》。

三是健全完善以章程为核心的制度体系。完成《西北民族大学章程》修订，做好学术委员会结构优化、章程修订等工作。突出就业、人才引进等专项工作量化考核，深化绩效改革。改革科研评价和学科评价办法，改革研究生课程教学模式。理清产权和责任关系，完成学校所属企业体制改革。更加注重改革的内在联系，推动各方面制度充分联动和衔接配套，提升改革综合效能。

（八）深度融入国家战略和地区经济社会发展

一是不断提升开放办学水平。创新服务方式，持续深化与地方政府和企业的合作交流，进一步丰富合作内涵、拓宽合作领域、提升合作水平。推动落实《四川大学 西北民族大学对口支援合作协议》的目标任务和川大华西医院与学校附属医院对口支援合作协议。持续建好学校附属幼儿园、中小学，增强办学辐射能力，放大办学效益。加强和改进校友工作，更好发挥校友在密切联系社会、拓展办学资源等方面的作用。

二是进一步加强国际合作交流。加快国际化办学进程，拓展学校与“一带一路”沿线国家高校和科研机构的实质性合作。深化国际合作育人功能，引进优质国外在线课程，积极利用线上方式开展各类学术人文交流，确保在常态化疫情防控形势下对外交流合作不断档。

三是推动巩固拓展脱贫攻坚成果同乡村振兴有效衔接。落实属地、国家民委定点帮扶工作任务，加强帮扶地困难学生精准资助，充分利用学校教育资源优势，举办乡村振兴专题培训班等。

（九）廉政勤政求真务实

一是落实学校全面从严治党工作会议精神，严格落实党对学校工作的全面领导和党委领导下的校长负责制；坚持依法治校、依法治教、依法治学；坚决维护校园安全稳定。

二是持之以恒贯彻中央八项规定精神；继续强化对重点领域和关键环节的内部监督。

三是加强政风、学风、校风建设，从严查处违法违纪、师德失范行为，构建作风建设长效机制。

四是狠抓工作落实，要进一步压实工作责任，强化责任追究，以高细严实的作风，把各项工作落地落细落实，取得应有的成效。

同志们！七十载风雨兼程，九万里风鹏正举。让我们紧密团结在以习近平同志为核心的党中央周围，在国家民委党组、甘肃省委和学校党委的坚强领导下，以高质量开展党史学习教育为重要契机，紧抓中西部高等教育振兴等重大机遇，保持永不懈怠的精神状态和永不止步的改革姿态，加快建设现代化高水平大学，以优异成绩向建党100周年献礼！

国资、财务、基建与后勤工作

郭郁烈同志在“学党史、促整改、正作风”2021年内部审计整改工作推进会上的讲话

（2021年4月20日）

同志们：

今天召开学校内部审计整改工作推进会，主要任务是：深刻领会习近平总书记在党史学习教育动员大会上的重要讲话精神，深入贯彻习近平总书记对审计工作的重要指示批示精神，紧紧围绕庆祝建党百年华诞、党史学习教育和开展“大学习、大讨论、大调研、大培训”活动，提高政治站位、夯实理论基础、筑牢思想根基、强化作风保障，一体推进党史学习教育和审计查出问题整改。

刚才，大家对内部审计整改工作推进情况作了很好的交流，下面我结合当前工作，讲三点意见。

一是认认真真学党史，提振精气神。要把开展党史学习教育作为一项重大政治任务，深入学习贯彻习近平总书记在党史学习教育动员大会上的重要讲话精神，深刻认识开展党史学习教育的极端重要性和现实必要性。坚持学史明理、学史增信、学史崇德、学史力行，坚持理论联系实践，加强党性锤炼，砥砺政治品格，践履知行合一，切实把学习成果转化为推动审计整改工作的新思路、实举措、硬招数，转化为推动学校“十四五”发展开好局、起好步的强大动力，转化为攻坚克难、干事创业的实际成效。

二是切切实实促整改，强化新担当。要站在全面从严治党、依法治校的高度增强做好审计整改工作的责任感和使命感。审计查出问题整改，是巡视巡察的一项重要内容，是审计效能发挥的落脚点和“助推器”。审计整改思想认识是否到位，措施落实是否有效、是否取得预期工作成效，是检验我们工作的一个重要标尺，要自觉提高政治站位、强化政治担当、扛起政治责任，以高度负责的态度、务实过硬的举措，把审计整改任务落实落细。要坚持问题导向、目标导向、结果导向，进一步完善内部治理机制，建立健全内部控制制度，推进依法办学依法治校。要坚持新发展理念，把着力点聚焦在提高审计整改的实效上来，更加注重规范管理、提高效率、挖掘潜力、释放活力。要坚持底线思维，把防风险摆在更加突出的位置，增强法治观念，强化纪律意识，严肃财经纪律，促进廉政建设。要坚持系统思维，把推动审计整改与巡视巡察整改、主题教育检视问题整改和“我为师生办实事”贯通起来，全面提升学校办学治校的能力和水平。

三是实实在在正作风，砥砺新作为。要继承和发扬党的优良传统和作风，整改工作要务实有效，

聚焦问题彻底“改”，注重长效抓好“立”。各单位部门主要负责人要切实肩负起整改第一责任人责任，针对审计查出问题，举一反三，不回避、不敷衍、不推诿，压实责任，以钉钉子精神持续推动问题解决，增强真抓的实劲、敢抓的狠劲、善抓的巧劲、常抓的韧劲，真正做到在思想上警醒警觉、政治上对标对表、行动上立行立改。要抓好统筹结合，学党史、促整改、正作风，充分发挥审计“治已病、防未病”建设性作用，知责于心、担责于身、履责于行，不断提高政治判断力、政治领悟力、政治执行力，以更加昂扬的精神状态和奋斗姿态，确保把审计整改工作落到实处，为推动学校事业高质量发展提供坚强保障。

西北民族大学大型医用设备配置与使用管理暂行办法

第一章　总则

第一条　为促进学校大型医用设备合理配置和有效使用，保障医疗质量安全，控制医疗费用不合理增长，维护师生健康权益，根据《大型医用设备配置与使用管理办法》（试行）、《中央行政事业单位国有资产配置管理办法》有关规定，结合学校实际，制定本办法。

第二条　本办法所称大型医用设备，是指单价超过人民币50万元（含50万元）或单台（件）价格虽不足人民币50万元，但属于成套购置或需要配套使用，整套价格达到或超过人民币50万元，用于医疗服务、医学教学、科研，对医疗费用影响大且纳入目录管理的大型医疗器械。

第三条　本办法所称大型医用设备配置范围为学校相关医疗机构（学校医院和口腔医院，下同）。

第四条　学校国有资产管理处作为学校资产管理主管部门，负责制定大型医用设备配置与使用的管理制度并组织实施，指导开展大型医用设备配置与使用行为的评价和监督工作。各医疗机构负责对其使用的大型医用设备进行日常管理。

第二章　配置规划

第五条　大型医用设备配置规划应当与学校发展水平、医学科学技术进步以及职工健康需求相适应，符合医疗卫生服务体系规划，促进医疗资源共享。

第六条　大型医用设备配置规划原则上每3年编制一次，分年度实施，包括规划数量、年度实施计划和配置标准等内容，并对大型医用设备配置的必要性、可行性进行充分论证，详细说明资产配置的依据和理由。

配置规划应当充分考虑学校医疗发展需要，合理预留规划空间。

第七条　大型医用设备配置规划明显不适应学校发展、医学科学技术进步和教职工健康需求，或者医疗卫生服务体系规划发生重大调整的，学校应当对大型医用设备配置规划进行调整。

相关医疗机构可以提出大型医用设备配置规划调整建议。

第八条　相关医疗机构应当根据功能定位、临床服务需求、医疗技术水平和专科发展等合理选择大型医用设备的适宜档次和机型。

第三章　配置管理

第九条　相关医疗机构申请配置大型医用设备，应当符合大型医用设备配置规划，与其功能定位、临床服务需求相适应，具有相应的技术条件、配套设施和具备相应资质、能力的专业技术人员。

第十条　相关医疗机构申请配置大型医用设备应当如实、准确提交下列材料：

（一）大型医用设备配置申请表；

（二）申请单位执业许可证、统一社会信用代码证等复印件；

（三）与申请配置大型医用设备相应的技术条件、配套设施和专业技术人员资质、能力证明材料。

第十一条　国有资产管理处将根据有关要求对使用单位申报事项进行审核（必要时可组织对使用单位申报事项实施第三方专家评审），获得许可后配置。

第四章　使用管理

第十二条　大型医用设备使用应当遵循安全、有效、合理和必需的原则。相关医疗机构各负其责，相互配合。

第十三条　相关医疗机构要建立大型医用设备管理档案，详细记录其采购、安装、验收、维护、维修、质量控制等事项，并如实记载相关信息。

第十四条　相关医疗机构应当按照大型医用设备产品说明书等要求，进行定期检查、检验、校准、保养、维护，确保大型医用设备处于良好状态。大型医用设备必须达到计（剂）量准确、辐射防护安全、性能指标合格后方可使用。

第十五条　相关医疗机构应当按照国家法律法规的要求，建立完善大型医用设备使用信息安全防护措施，确保相关信息系统运行安全和医疗数据安全。

第十六条　相关医疗机构承担使用主体责任，应当建立健全大型医用设备使用评价制度，加强评估分析，促进合理应用，定期向国有资产管理处报备使用情况。

第十七条　大型医用设备使用人员应当具备相应的资质、能力，按照产品说明书、技术操作规范等使用大型医用设备。

第十八条　相关医疗机构发现大型医用设备不良事件或者可疑不良事件，应当按照规定及时报告医疗器械不良事件监测技术机构。

相关医疗机构发现大型医用设备使用存在安全隐患的，或者外部环境、使用人员、技术等条件发生变化，不能保障使用安全质量的，应当立即停止使用。经检修不能达到使用安全标准的，不得继续使用。

第十九条　相关医疗机构不得使用无合格证明、过期、失效、淘汰的大型医用设备，不得以升级等名义擅自提高设备配置性能或规格，规避大型医用设备配置管理。

第二十条　大型医用设备的使用应优先保证完成学校医疗服务，因学校医学教学、科研任务使用大型仪器设备，不收取使用费。

第二十一条　大型医用设备对外开放共享按照成本补偿和非盈利性原则，实行有偿服务，并参照国内或本地区同类仪器设备制定收费标准，经有关程序及审批后组织实施。

第五章　绩效考核

第二十二条　大型医用设备的使用管理，按照“公开、公平、公正”的原则，定期进行考核。

第二十三条　考核工作首先由相关医疗机构进行自评，在自评的基础上，国有资产管理处组织对相关医疗机构的自评结果进行统一绩效考核评审。

第二十四条　大型医用设备实行定额机时管理，用于医疗服务、教学、科研的有效定额机时不少于 800 小时 / 年。凡属考核范围的大型医用设备均须达到定额机时数，否则考核结果即不合格。

第二十五条　考核不合格的相关医疗机构须逐台分析原因，制定整改方案，并限期整改到位。对于整改不到位或者后续考核仍不合格的相关医疗机构，学校将视情况限制该医疗机构大型医用设备的申购，并追究相关单位及单位负责人的管理责任。

第二十六条　对于弄虚作假，虚报大型医用设备使用机时等信息的相关医疗机构及个人，学校将取消其当年评优资格，并视情节追究其相应责任。

第六章　监督管理

第二十七条　国有资产管理处负责对配置管理情况进行监督检查。存在以下情形的，视情节轻重暂停或按一定比例核减其新增大型医用设备配置相关预算，并采取适当方式予以通报：

（一）报送虚假材料的；

（二）未经批准超标准配置大型医用设备的；

（三）超出新增大型医用设备配置相关预算配置大型医用设备的；

（四）申请配置单位存在闲置大型医用设备而仍申请新购的。

第二十八条　相关医疗机构应当建立配置与使用大型医用设备的部门及其使用人员的信用档案，如实填报大型医用设备配置使用相关信息。

第二十九条　相关医疗机构不按照操作规程、诊疗规范合理使用，聘用不具有相应资质、能力的人员使用大型医用设备，不能保障医疗质量安全的，按照《医疗器械监督管理条例》相关规定予以处理。

第三十条　相关医疗机构未按照卫生健康主管部门要求报送年度配置许可信息，或大型医用设备管理制度不健全、履职不到位的，将按有关规定处理并责令改正。

第七章　附则

第三十一条　本办法由国有资产管理处负责解释。

第三十二条　本办法自公布之日起实施并适时提起修订。

西北民族大学货物（服务）采购管理办法

第一章　总则

第一条　为加强对学校货物（服务）采购工作的管理，规范采购行为，保障和促进教学科研顺利进行，根据《中华人民共和国政府采购法》《中华人民共和国政府采购法实施条例》《中华人民共和国招投标法》《中华人民共和国招标投标法实施条例》等法律法规，结合学校实际，制定本办法。

第二条　本办法所称采购，是指以有偿取得货物或接受相关服务的行为，包括购买、租赁等。

本办法所称货物，是指各种形态和种类物品，包括原材料、燃料、设备、产品等。

本办法所称服务，是指除货物和工程建设项目以外的其他采购对象。

本办法所称使用部门，是指提交货物（服务）采购申请的学校所属部门、单位或科研课题项目组（不包括独立法人单位）。

本办法所称的使用部门负责人，是指提交货物（服务）采购申请的学校所属部门、单位或科研课题项目组（不包括独立法人单位）负责人。

本办法所称采购代理机构，是指与学校签订委托协议依法成立的从事政府采购代理业务并提供相关服务的社会中介组织。

本办法所称政府采购，是指各级国家机关、事业单位和团体组织，采购依法制定的集中采购目录以内的或者政府采购限额标准以上的货物、工程和服务的行为。

第三条　学校货物（服务）采购分为学校集中采购、各单位分散采购和学校“低值易耗品采购平台”采购三种形式。

（一）凡属于中央预算单位政府集中采购目录内的项目，或达到学校集中采购限额标准的项目，必须实行集中采购。

（二）不属于中央预算单位政府集中采购目录内，并且未达到集中采购限额标准的项目可实行分散采购。分散采购按照《西北民族大学货物（服务）分散采购实施意见》要求执行。

（三）能从学校“低值易耗品采购平台”采购的货物必须通过平台采购（以目录为准）。

第四条　教学科研货物（服务）的采购按照《西北民族大学教学科研货物（服务）采购工作实施办法》要求执行。

第五条　学校货物（服务）采购工作遵循公开、公平、公正、诚信、效益、廉洁及维护学校利益的原则。

第二章　管理机构和职责

第六条　学校成立由分管国有资产管理工作的校领导任组长，国有资产管理处（招标中心）、工会、教务处、研究生处、科研处、学生工作部（处）、团委、财务处、后勤管理处、信息化建设与服务中心和实验教学部等相关部门负责人为成员的货物（服务）采购验收领导小组，统筹学校货物（服务）采购工作。领导小组下设办公室，办公室设在国有资产管理处（招标中心）。学校货物（服务）采购验收领导小组的主要职责为：

（一）全面领导学校货物（服务）的采购与招标工作，审定学校货物（服务）采购与招标工作的规章制度。

（二）研究决定学校货物（服务）采购与招标工作的重要事项，协调解决采购与招标工作中出现的重要问题。

（三）审议学校货物（服务）集中采购的范围和限额的调整事宜。

第七条　货物（服务）采购验收领导小组办公室（国有资产管理处〔招标中心〕）负责学校货物（服务）采购工作的管理和指导等工作。其职责是：

（一）贯彻执行国家有关货物（服务）采购工作的政策和法规，负责组织学校集中采购（招标）工作。

（二）组织学校货物（服务）采购验收领导小组会议。

（三）根据政府采购法规，结合使用单位需要，提出集中采购方式。

（四）组织集中采购合同的审核与会签。

（五）督促集中采购项目供应商按合同履约。

（六）组织集中采购项目的验收。

（七）负责进口货物报批及办理进口免税工作。

（八）负责集中采购项目资料的整理及归档。

（九）负责分散采购项目备案、信息汇总、统计工作。

（十）负责指导分散采购工作。

（十一）配合完成学校其他工作任务。

第三章　集中采购限额标准及组织实施

第八条　集中采购限额标准

采购限额达到以下标准的货物（服务）项目，均纳入集中采购管理：

（一）被审核认定为教学科研货物（服务）的，货物单台（成套）采购预算金额在10万元（含）以上的或批量采购预算金额在25万元（含）以上以及服务类采购预算金额在25万元（含）以上的。

（二）行政（含其他）和后勤等货物类批量采购预算金额在5万元（含）以上以及服务类采购预

算金额在10万元（含）以上的。

（三）图书、期刊、教材及数字出版物批量采购预算金额在10万元（含）以上的。

（四）属于中央预算单位政府集中采购目录内的项目，不论预算金额大小，均纳入集中采购。

（五）单项虽未达到以上标准，但在一个预算年度内同一预算下的同类项目采购预算总金额达到以上标准的，应实行集中采购。

第九条　学生实习和社会实践、教学及学术报告、教学合作、各类讲座、调研考察、培训、学生意外伤害保险等采购均不纳入集中采购。

第十条　纳入集中采购管理的项目均由国有资产管理处（招标中心）负责组织实施。

第十一条　集中采购严格按照批准的预算执行。

第四章　集中采购方式

第十二条　纳入政府集中采购目录的采购项目，必须委托中央国家机关政府采购中心进行集中采购，包括协议供货采购、批量集中采购、电子卖场采购、电子竞价采购和单独项目委托采购等方式。

第十三条　未纳入政府集中采购目录的采购项目，采用以下方式进行集中采购：

（一）公开招标。

（二）邀请招标。

（三）竞争性谈判。

（四）单一来源采购。

（五）询价。

（六）竞争性磋商。

（七）国务院政府采购监管部门认定的其他采购方式。

第十四条　公开招标应作为政府采购的主要采购方式。使用部门不得将应当以公开招标方式采购的货物或者服务化整为零或者以其他任何方式规避公开招标采购。

第十五条　采购预算在200万元以上的项目，必须公开招标。在一个预算年度内，不得将一个预算项目下的同一品目或者类别的货物（服务）化整为零，采用公开招标以外的方式多次采购，累计资金数额超过公开招标数额标准的，属于规避公开招标。

第十六条　未纳入政府集中采购目录的采购项目，符合下列情形之一的货物或者服务，可以采用邀请招标方式采购：

（一）具有特殊性，只能从有限范围的供应商处采购的。

（二）采用公开招标方式的费用占政府采购项目总价值的比例过大的。

第十七条　未纳入政府集中采购目录的采购项目，符合下列情形之一的货物或者服务，可以采用竞争性谈判方式采购：

（一）招标后有效供应商不足三家或者重新招标未能成立的。

（二）技术复杂或者性质特殊，不能确定详细规格或者具体要求的。

（三）采用招标所需时间不能满足使用部门紧急需要的。

（四）不能事先计算出价格总额的。

第十八条　未纳入政府集中采购目录的采购项目，符合下列情形之一的货物或者服务，可以经过单一采购的唯一性论证，采用单一来源方式采购：

（一）只能从唯一供应商处采购的。

（二）发生了不可预见的紧急情况不能从其他供应商处采购的。

（三）必须保证原有采购项目一致性或者服务配套的要求，需要继续从原供应商处添购，且添购资金总额不超过原合同采购金额 10% 的。

第十九条　对于未纳入政府集中采购目录的采购项目，采购的货物规格、标准统一、现货货源充足且价格变化幅度小的政府采购项目，可以采用询价方式采购。

第二十条　符合下列情形的项目，可以采用竞争性磋商方式采购：

（一）政府购买服务项目。

（二）技术复杂或者性质特殊，不能确定详细规格或者具体要求的。

（三）因艺术品采购、专利、专有技术或者服务的时间、数量事先不能确定等原因不能事先计算出价格总额的。

（四）市场竞争不充分的科研项目，以及需要扶持的科技成果转化项目。

第五章　集中采购程序

第二十一条　集中采购按以下程序实施。

（一）确定采购需求

1. 使用部门依据部门预算确定采购需求（是指使用部门为实现项目目标，拟采购的标的以及其满足的技术、商务要求。包含但不限于项目名称，项目预算，货物数量，技术参数和标准，采购包划分，合同分包，开展采购活动的时间安排，付款方式，服务要求，评审标准等）。

2. 使用部门可以在确定采购需求前，通过咨询、论证、问卷调查等方式开展需求调查，了解相关产业发展、市场供给、同类采购项目历史成交信息，可能涉及的运行维护、升级更新、备品备件、耗材等后续采购，以及其他相关情况。面向市场主体开展需求调查时，选择的调查对象一般不少于 3 个，并应当具有代表性。

3. 对于下列采购项目，应当开展需求调查：

（1）1000 万元以上的货物、服务采购项目。

（2）涉及公共利益、社会关注度较高的采购项目，包括政府向社会公众提供的公共服务项目等。

（3）技术复杂、专业性较强的项目，包括需定制开发的信息化建设项目、采购进口产品的项目等。

（4）财务处及业务归口管理部门或者使用部门认为需要开展需求调查的其他采购项目。

对于上述采购项目，使用部门要研究采购过程和合同履行过程中的风险，判断风险发生的环节、可能性、影响程度和管控责任，提出有针对性的处置措施和替代方案。

4. 需要论证的项目（包括采购进口货物的必要性，单一来源采购的唯一性），须由使用部门组织3名以上校外专家进行。论证结束后，须以书面形式提交专家论证意见表和论证报告。

5. 采购预算金额达到5万元（含）以上的采购项目，采购需求要经使用部门党政联席会或处务会、部务会、项目组集体会议等方式集体讨论作出决定。

（二）提交采购申请

1. 货物（服务）使用部门填报《西北民族大学集中采购项目审批表》（以下简称：审批表），采购项目按性质分为教学科研、行政（含其他）、后勤、图书（含期刊及教材等）四类。

2. 申请表经使用部门论证审签后，分别由业务归口管理部门、财务部门和国有资产管理处（招标中心）进行审批，其中预算金额在50万元（含）至100万元（不含）的需要提交分管校领导审批，达到100万元（含）以上的需要分管校领导审核后提交校长审批。采购申请须注明采购预算、采购需求、经费名称、项目负责人和经办人等内容。

（三）提出采购方式

国有资产管理处（招标中心）接收采购申请后，根据项目金额和实际情况提出符合规定的适用采购方式。

（四）制作采购（招标）文件

需要制作采购（招标）文件的集中采购项目，由使用部门在国有资产管理处（招标中心）和采购代理机构的指导下制作采购（招标）文件，采购（招标）文件中须包含采购需求（技术、商务要求）以及采购实施计划（采购预算、最高限价，开展采购活动的时间安排，采购包划分与合同分包，供应商资格条件，采购方式，竞争范围，评审规则以及包含合同类型、定价方式、续约验收方案、风险管控措施等内容的拟签订合同文本）。

（五）审批采购（招标）文件

1. 采购（招标）文件中的拟签订合同文本由学校法律顾问审定。

2. 采购（招标）文件由使用部门，国有资产管理处，财务处，业务归口管理部门，审计处等部门审批，其中预算金额在50万元（含）至100万元（不含）的需要提交分管校领导审批，达到100万元（含）以上的需要分管校领导审核后提交校长审批。

3. 审批的内容包括对采购需求是否符合预算、资产、财务等管理制度规定；评审规则、合同类型、定价方式的选择是否合理；采购实施计划是否完整；是否具有歧视性；是否具有竞争性；是否落实采购政策；拟签订合同文本是否经学校法律顾问审定等内容进行审查。

（六）组织实施采购

国有资产管理处（招标中心）根据采购项目的预算金额、属性范围等情况，以审批的采购方式委托采购代理机构或自行组织实施采购。与委托的代理机构签订委托采购（招标）项目代理协议。

第六章　合同签订、项目履约验收与文件归档

第二十二条　成交金额达到5万元（含）以上的采购项目必须签订书面合同。合同签订按照《西北民族大学合同管理办法》执行，其中集中采购项目由国有资产管理处牵头办理合同审批及签订事宜；分散采购分别由教务、研究生、科研、学生管理、图书管理和后勤等业务归口部门牵头办理合同审批及签订事宜。

第二十三条　集中采购项目，自中标（成交）通知书发出之日起三十日内，按照采购（招标）文件、中标（成交）供应商投标文件和书面承诺的内容，依据学校合同管理规定，快速完成与中标（成交）供应商的合同签订。

第二十四条　中标（成交）供应商未在规定时间内按要求签订合同或中标（成交）供应商自动放弃中标的采购项目，学校可按采购（招标）文件要求重新确定中标（成交）供应商或重新采购。

第二十五条　合同签订金额应同中标（成交）金额一致，中标（成交）后合同关键条款及标的内容不允许变更，符合相关法律法规或在采购文件规定的范围内的调整，需签订补充合同。

第二十六条　采购需求具有相对固定性、延续性且价格变化幅度小的服务项目，在年度预算控制的前提下，采购合同中的服务期限最多可设为三年。

第二十七条　合同履行期限内，需追加与合同标的相同的货物（服务）的，在不改变合同其他条款的前提下，可以与供应商协商签订补充合同，但所有补充合同的采购金额不得超过原合同采购金额的10%。

第二十八条　学校履约验收按照下列程序实施。

（一）协议供货、集中批量采购、电子卖场和电子竞价采购项目，由使用部门自行组织验收，验收合格后，使用部门和验收人员分别在相对应的电子验收单上盖章、签名。验收人员签字后将承担相应的法律责任。

（二）其他需要验收的采购项目（含单独项目委托采购），使用部门先组织本部门验收，在验收时要根据采购合同、中标通知书、书面承诺等，对货物（服务）的名称、品牌、型号、数量、性能、及合同的履行情况等，逐一进行鉴定，对所购货物（服务）进行试运行测试，并就其中发现的问题与供货方进行协商解决，直至所购货物（服务）达到学校采购要求及采购合同的要求。

1. 纳入集中采购的项目，由使用部门在本部门验收通过后向学校货物（服务）采购验收领导小组办公室［国有资产管理处（招标中心）］提交验收承诺书和采购验收申请表。由国有资产管理处（招标中心）牵头组织对采购项目进行正式验收并出具验收报告。

2. 纳入分散采购的项目，由使用部门在本部门验收通过后向业务归口管理部门提交验收承诺书和采购验收申请表。由业务归口管理部门牵头组织对采购项目进行正式验收并出具验收报告。

第二十九条　采购工作结束后，应将相关采购文件整理归档。其中国有资产管理处（招标中心）负责集中采购项目相关采购文件的档案整理归档；各使用部门负责分散采购项目相关采购文件的档案整理归档。招标采购档案应当真实完整，不得伪造、变造、隐匿或者销毁。

第七章　监督检查

第三十条　学校采购活动自觉接受上级政府采购监督管理部门监督和检查，同时接受学校纪检监察审计和工会等部门的监督。

第三十一条　学校采购与招标工作严格实行回避制度。在采购活动中，采购人员及相关人员与供应商（指提供货物、工程和服务的法人、其他组织、或者自然人）有利害关系的，必须回避。供应商认为采购人员及相关人员与其他供应商有利害关系的，可以申请其回避。

第三十二条　在监督检查过程中，有关部门和当事人应当如实反映情况，提供有关材料。对发现违纪违法问题，依法依规追究有关责任人的责任。

第三十三条　任何单位和个人均有权对学校采购与招投标活动中的违规违法行为进行投诉、检举和控告，有关监督部门应及时受理。任何单位和个人不得以任何方式非法干预和影响招投标过程和结果。

第三十四条　所有参与招标采购工作的人员均应遵守国家相关法律、法规和规章，按规定的权限、程序开展工作，坚持原则，廉洁自律，保守秘密，主动接受监督。对工作中滥用职权、玩忽职守、徇私舞弊者，学校将追究其纪律和行政责任；构成犯罪的，移送司法机关处理。

第八章　附则

第三十五条　对因严重自然灾害和其他不可抗力事件所实施的紧急采购不适用本办法。紧急采购项目可采用急事急办、特事特办的方式灵活采购。

第三十六条　涉及国家安全、机密的采购，不适用本办法。按有关规定执行。

第三十七条　以支持国家政策性采购任务不适用本办法。按有关规定执行。

第三十八条　财政部及上级主管部门对政府采购工作有新规定的，从其规定。

第三十九条　本办法由国有资产管理处（招标中心）负责解释。

第四十条　本办法自印发之日起实施，原《西北民族大学货物（服务）采购管理办法（修订稿）》（民大发〔2017〕164号）同时废止。

西北民族大学教学科研货物（服务）采购工作实施办法

为进一步规范教学科研货物（服务）采购活动，根据《关于进一步完善中央财政科研项目资金管理等政策的若干意见》（中办发〔2016〕50号）和《关于扩大高校和科研院所科研相关自主权的若干意见》（国科发政〔2019〕260号），结合学校实际，制定本办法。

第一条　工作目标

本办法对《西北民族大学货物（服务）采购管理办法》中涉及教学科研货物（服务）采购作出专门规定，旨在通过完善教学科研货物（服务）采购相关管理制度和改进工作流程，实现放管结合、优化服务、提高效率的目标，激发教学科研人员的创新创造活力。

第二条　适用范围

本办法中的教学科研货物（服务），是指用于教学科研活动及各类学生创新能力培养的货物（服务），包括满足其使用功能所需的特殊教学科研环境和条件建设、配套服务及货物（附件、实验耗材、家具、标本、软件、图书资料等），不包括用于行政办公、后勤保障等用途的政府集中采购目录内货物。

教学科研货物（服务）采购不受政府集中采购目录中品目限制的，凡符合本办法适用范围所界定的教学科研货物（服务）采购，均不需要实施政府集中采购。

第三条　具体措施

（一）规范对教学科研货物（服务）的审核认定

使用部门负责人填报《西北民族大学教学科研货物（服务）认定表》和《西北民族大学教学科研货物〔服务〕采购廉洁自律承诺书》，认定表经项目实施部门（学院或其他部门，下同）认定、业务归口管理部门（科研处、发展规划与学科建设处、教务处、研究生处、学生工作部（处）、团委、实验教学部等）审核后按本办法规定实施采购。

（二）明确界定教学科研货物（服务）分散采购限额标准

学校教学科研货物（服务）采购限额标准，为在同一个财政年度内同一预算下同品目、同类别单台（成套）设备采购预算金额在10万元（不含）以下、批量预算金额在25万元（不含）以下以及服务类采购预算金额在25万元（不含）以下的教学科研货物（服务）的采购，由使用部门根据实际情况，按照《西北民族大学货物（服务）分散采购实施意见》规定自行组织实施。采购预算金额超过限额标准的，按照《西北民族大学货物（服务）采购管理办法》执行。

（三）简化进口设备采购程序

进口教学科研仪器设备采购，不再报上级主管部门审批，由使用部门自行组织进口设备论证，并由国有资产管理处（招标中心）通过政府采购计划管理系统进行备案。涉及办理免税事宜的，需在备案的同时提供一份完整合同，交由学校国有资产管理处（招标中心）统一办理。

（四）扩大采购评标（评审）专家推荐权

对于专业性强、技术含量高而且超过采购限额标准的特殊教学科研货物（服务）采购，使用部门可以自行推荐不少于评标委员会（评审小组）三分之一人数的技术专家参与采购评标（评审）工作。

（五）简化采购方式

对独家代理或生产的仪器设备以及横向科研项目中委托方对设备、材料有明确合同约定的，可按有关规定和程序采取更灵活便利的采购方式。对教学科研紧急需要的设备和耗材，在征得学校货物（服务）采购验收领导小组同意的情况下，采用特事特办、随到随办的采购机制，可不走招投标程序。

（六）扩大设备验收自主权

预算金额低于采购限额标准的教学科研货物（服务）采购，使用部门可组成采购验收工作小组，自行进行验收，保存相关验收资料。

第四条　内控要求

（一）使用部门负责人作为学校教学科研货物（服务）采购的发起人，应对教学科研货物（服务）的采购需求负责，保证教学科研货物（服务）采购预算编报与采购计划的准确性、及时性和严肃性。充分做好采购项目前期调研、论证工作，制定科学合理的采购需求和完整可行的采购计划，确保采购项目合法合规、高效有序实施。

（二）使用部门应结合本实施办法制定相关实施细则，并做好相关材料整理工作，保证采购过程可追溯。将涉及到的调研材料、立项材料、论证材料、会商材料、评审材料、采购活动记录、验收材料、履约评价材料及其他相关材料真实、完整留存，按照学校采购管理、资产管理、财务管理和档案管理等相关规章制度要求及时归档或备案。

（三）国有资产管理处（招标中心）应重点加强对教学科研货物（服务）采购中政府采购计划申报（针对需上报国家民族事务委员会、财政部的项目）、采购活动组织、采购程序执行、信息公开、质疑答复、供应商评价等环节的管理监督。

第五条　本实施办法由学校国有资产管理处（招标中心）负责解释，自印发之日起实施。若上级主管部门对教学科研货物（服务）采购工作有新的政策或规定，以新政策或规定为准。

西北民族大学货物（服务）分散采购实施意见

为规范学校货物（服务）分散采购活动，进一步明确采购权责，逐步建立分层管理、分级负责的运行机制，依据《西北民族大学货物（服务）采购管理办法》《西北民族大学教学科研货物（服务）采购工作实施办法》，结合学校实际，制定本实施意见。

第一条　学校货物（服务）分散采购是指使用部门自行采购的学校集中采购范围以外或限额标准以下货物（服务）的行为。

学校货物（服务）分散采购分为教学科研货物（服务）分散采购和其他货物（服务）分散采购。

教学科研货物（服务）分散采购是指用于教学科研活动及各类学生创新能力培养的货物（服务）的采购，包括满足其使用功能所需的特殊教学科研环境和条件建设、配套服务及货物（附件、实验耗材、家具、标本、软件、图书资料等）。

第二条　分散采购使用部门负责采购需求论证，采购文件制定，采购合同文本的草拟、送审及履行，采购项目实施，相关采购文件整理归档等工作。各业务归口管理部门负责分散采购项目审批、合同审批签订以及合同履行过程中的监督等工作。

第三条　分散采购限额标准

（一）被审核认定为教学科研货物（服务）采购的，按照《西北民族大学教学科研货物（服务）采购工作实施办法》的规定执行。

（二）行政（含其他）和后勤等货物类批量采购预算金额在5万元（不含）以下以及服务类采购预算金额在10万元（不含）以下的。

（三）图书、期刊、教材及数字出版物批量采购预算金额在10万元（不含）以下的。

第四条　学生实习和社会实践、教学及学术报告、教学合作、各类讲座、调研考察、培训、学生意外伤害保险等采购均纳入分散采购范围。

第五条　属于下列情况的，无论采购金额多少，均不纳入分散采购。

（一）属于中央预算单位政府集中采购目录内的项目，必须实行集中采购。

（二）能从学校"低值易耗品采购平台"采购的货物必须通过平台采购（以目录为准）。

第六条　分散采购使用部门应成立分散采购的采购验收工作小组，3至5人组成，由使用部门负责人为组长，负责组织实施本部门分散采购工作，并对分散采购过程和结果的合法合规性承担法律责任。

第七条　采购预算金额达到 5 万元（含）以上的分散采购项目，使用部门必须报业务归口管理部门审批同意后方可实施。

第八条　分散采购使用部门不得将学校集中采购范围以内或限额标准以上的采购化整为零，或以其他方式规避学校集中采购。

第九条　分散采购方式主要包括：询价、网上竞价、校内比选、校内磋商、电子卖场、单一来源谈判等方式，使用部门可根据采购项目特点，自行选择适合的采购方式。采购预算低于 5 万元的，可采用上述 6 种方式以外的其他方式采购。分散采购方式和采购结果原则上应由使用部门以会议方式确定，并对采购结果在本单位公告。

（一）询价：网上公开发布询价信息或定向邀请不少于 3 家供应商参与报价，确定满足要求且报价最低的供应商为成交供应商。

（二）网上竞价：在学校或其他网上竞价平台开展网上竞价，确定成交供应商。

（三）校内比选：可在网上公开发布采购信息，也可根据项目实际定向邀请供应商参与，评审小组对各供应商的响应情况进行评审，在实质性满足采购需求的供应商达到至少 3 家的前提下，确定成交供应商。

（四）校内磋商：可在网上公开发布采购信息，也可根据项目实际定向邀请供应商参与，由评审小组与各供应商就项目最终报价及服务等进行磋商并确定成交供应商。

（五）电子卖场：在学校或其他电商平台进行采购，确定成交供应商。

（六）单一来源：符合《中华人民共和国政府采购法》第三十一条规定的，可与唯一供应商进行单一来源谈判。单一来源谈判前，需组织专业人员对唯一性进行论证并在网上公示单一来源采购信息，谈判结束后，需公示成交信息。

第十条　分散采购涉及进口产品的，使用部门自行组织进口设备论证，并报学校国有资产管理处（招标中心）备案后方可购买；涉及办理免税事宜的，需在备案的同时提供一份完整合同，交由学校国有资产管理处（招标中心）统一办理。

第十一条　凡成交金额达到 5 万元（含）以上的采购项目必须签订书面合同。合同签订按照《西北民族大学货物（服务）采购管理办法》执行。

第十二条　在采购合同中约定进行验收的分散采购项目，其验收按照《西北民族大学货物（服务）采购管理办法》执行。

第十三条　使用部门须对分散采购过程中形成的所有文件资料（包括采购文件、会议纪要、合同等）原件进行保存，及时做好归档工作。

第十四条　凡成交金额达到 5 万元（含）以上的分散采购项目，使用部门必须向国有资产管理处（招标中心）报备分散采购信息，凭借国有资产管理处出具报备单进行财务核销。

第十五条　国有资产管理处（招标中心）对分散采购进行指导。对不按本实施意见组织的分散采购活动，有权责令改正；对涉及违规违纪行为的，按学校有关规定处理。

第十六条　校属各部门各单位可根据本实施意见制定实施细则。

第十七条　本实施意见由学校国有资产管理处（招标中心）负责解释，自印发之日起实施。

西北民族大学房产出租管理办法（试行）

第一章　总则

第一条　为加强学校房产出租的规范管理，明确管理责任，提高资产使用效益，根据《国家民委事业单位国有资产使用管理暂行办法》有关规定，结合学校实际，制定本办法。

第二条　本办法所称房产，是指产权归属学校的各类房屋及其附属建筑、构筑物等，以及这些房屋及其附属建筑、构筑物内部或外部的使用空间。

第三条　本办法所称的房产出租，是指学校在确保教学、科研、管理、后勤保障等工作正常进行的前提下，将符合条件的房产，在一定时期内以有偿方式出租给公民、企业法人或其他组织使用的行为。

第四条　用于出租的房产主要是指为方便师生学习、工作和生活在校内开办的公共服务设施、商业用房及其他可用于出租的各类房产（不含周转公寓）。

第五条　有下列情形之一的学校房产，不得出租：

（一）已被依法查封、冻结的；

（二）未取得其他共有人同意的；

（三）产权有争议的；

（四）出租后可能破坏或影响校园环境和秩序的；

（五）有关法律法规、管理制度禁止出租的其他情形。

第六条　学校房产的出租，必须严格依照《国家民委事业单位国有资产使用管理暂行办法》办理报批报备手续。

第七条　未经批准，任何单位或个人均不得擅自将学校房产用于对外出租。

第八条　出租房产的招租、报备报批、合同签订等工作由国有资产管理处负责。

出租房产的管理分别由后勤管理处（后勤集团）（银行、邮局、通信营业厅、商铺等）、信息化建设与服务中心（弱电机房等）、资产经营公司（超市、快递等）负责。

第二章　招租方式及程序

第九条　招租方式

（一）房产出租原则上应采取公开招租的形式确定（公开招租必要时可委托第三方代理机构组织

进行）。

1. 采取公开招租出租房产的，应当发布招租公告。

2. 对参加公开招租的竞租者，应考察其资质条件、承租能力和合法用途。

3. 租金价格不得低于学校确定的租金底价，低于底价的作废标处理，在同等条件下以租金报价高者为首选承租人。

（二）有以下情形之一的房产出租，可以采用学校会议审定的方式确定。

1. 只有特定的承租人才能经营。

2. 经公开招租只有一个竞租者参与且报价大于等于标的租金价格。

3. 需要通过学校会议审定的。

第十条　招租程序

（一）发布招租公告。

（二）编制招租文件。

（三）报名及资格审核。

（四）招租。

（五）签订合同。

第三章　租金价格确定及费用收取

第十一条　租金价格确定

（一）标的租金价格确定

1. 询价。由学校国有资产管理处牵头，财务处、工会、保卫处、后勤管理处（后勤集团）、信息化建设与服务中心、资产经营公司参与，组成不少于 5 人的考察小组，按市场行情、地段并结合学校出租房产的实际情况确定标的租金初步价格。

2. 组织采取评审或者资产评估的办法确定标的租金初步价格。

3. 报学校审定后确定标的租金底价。

（二）以规定的公开招租等形式确定最终租金价格。

第十二条　租金收取

（一）国有资产管理处负责督促后勤管理处（后勤集团）、信息化建设与服务中心、资产经营公司进行租金收缴工作，租金收入按照“收支两条线”管理要求，全部纳入学校预算，实行项目管理。

（二）财务处根据房产出租合同及相关材料，收取和确认已出租房产的租金收入，按规定缴纳相关税费。

（三）国有资产管理处、财务处与后勤管理处（后勤集团）、信息化建设与服务中心、资产经营公司须建立对账机制，定期核对租金收缴情况。

第十三条　凡出租房产必须按合同约定收取押金，合同终止时，将视承租房产设施完好等情况办理退还（无息退还）手续。押金标准为 3 个月的租金。

第四章　合同签订

第十四条　所有对外出租房产必须签订《出租房产租赁合同》，房产出租合同期限一般为 1 至 3 年，原则上最长不超过 5 年，合同到期后须按照规定重新招租。

第十五条　合同签订须按本办法约定，并严格按照《西北民族大学合同管理办法》执行。

第五章　日常管理

第十六条　承租方必须遵守本办法和《出租房产租赁合同》约定用途使用房屋，不得转租。凡违反规定者，视情节轻重给予限期整改、停业整顿、解除合同等处罚，直至追究法律责任。

第十七条　承租方经营期间，不得影响学校正常教学、科研和师生生活秩序。严禁利用承租房产从事非法活动。

第十八条　承租方必须严格按《中华人民共和国消防法》规定和学校有关要求完善消防安全设施、配备消防器材，杜绝火灾隐患，确保校园安全。

第十九条　承租方须保证承租房产设施完好，爱护并合理使用所承租的房产及附属设施。装修必须符合房屋安全和消防等规定，不得擅自拆改、扩建。凡因承租方私自拆改、扩建造成房产损坏或其他损失的，由承租方负责修复或赔偿，并承担连带经济责任；学校将根据合同约定采取解除合同、收回其所承租房产、追究违约责任等维护权利。

第二十条　因城市规划和建设需要、房屋结构存在安全隐患、有关部门认定存在消防安全或其他安全隐患以及学校发展需要拆除、改变用途等原因，承租方须无条件终止《出租房产租赁合同》，交回承租房产。

第二十一条　承租方应按时向学校缴纳租金和水、电、暖、气、物业等各项费用，同时应全力配合学校有关部门做好治安、消防、环保以及环境卫生等工作。

第二十二条　承租方退回承租房产时，应保持房产内设施完好、室内整洁，并结清租金和水、电、暖、物业服务等所有费用。

第二十三条　学校房产出租工作接受全校教职工的监督，对营私舞弊者，一经查实，视其情节按照学校有关规定严肃处理。

第六章　附则

第二十四条　出租房产管理实施细则由后勤管理处（后勤集团）、信息化建设与服务中心、资产经营公司另行制定并组织实施。

第二十五条　本办法由国有资产管理处负责解释。

第二十六条　本办法自公布之日起实施。原《西北民族大学房屋出租管理办法（暂行）》（民大发〔2016〕163号）同时废止。

西北民族大学预算绩效管理办法（试行）

第一章　总则

第一条　为加快建成全方位、全过程、全覆盖的预算绩效管理体系，合理配置学校资源，提高资金使用效益，根据《中华人民共和国预算法》《中共中央 国务院关于全面实施预算绩效管理的意见》《教育部关于实施预算绩效管理的意见》等，结合学校实际，制定本办法。

第二条　本办法适用范围为纳入学校预算管理的各类资金。

第三条　本办法所称的预算绩效管理，是指在预算管理中融入绩效理念，将事前绩效评估、绩效目标管理、绩效跟踪、绩效评价及评价结果应用纳入预算编制、执行、监督全过程，以提高资金使用效益的管理活动。

第四条　预算绩效管理遵循以下原则

（一）绩效导向，目标管理。建立以绩效为核心导向的预算管理体系，做到绩效管理在预算管理工作中的全覆盖，实现资金运用效益最大化；预算编制时要设定明确的绩效目标，预算执行中要实施绩效跟踪监控，预算完成后要评价绩效目标实现程度等情况，围绕绩效目标及其实现的途径和方式开展全过程预算绩效管理。

（二）科学规范、绩效问责。预算绩效管理要采用科学的体系、规范的程序、适当的方法、明确的措施，保障各项管理工作的有效性，提高全过程预算绩效管理质量；预算绩效管理要强化项目收支责任和项目管理责任，将预算绩效管理主体实施绩效管理情况纳入对各单位目标任务的考核范围，充分调动各单位履职尽责和干事创业的积极性。

（三）整体规划、分步实施。全面实施预算绩效管理是政府治理方式的深刻变革，是一项长期的系统性工程，学校的预算绩效管理将根据上级部门有关预算绩效管理的要求，结合学校实际情况分步推进和实施；在学校预算工作中，要全过程加强大财务统筹力度，做好资金预算安排与学校发展规划、年度重点计划的衔接，不断提高资金的总体使用效益。

第二章　组织管理

第五条　学校成立西北民族大学预算绩效管理工作领导小组（以下简称“领导小组”），校长担任组长，分管财务工作校领导担任常务副组长，分管教学、研究生、科研、基建、后勤等工作的校领导担任副组长。财务处、学校办公室、组织人事部、宣传部、学生工作部（处）、发展规划与学科建设处、教务处、科研处、研究生处、国际合作交流处、国有资产管理处、基建处、保卫处、后勤管理处等单位的主要负责人为小组成员。领导小组下设办公室，办公室设在财务处；领导小组常务副组长兼任办公室主任，财务处主要负责人兼任办公室副主任。各单位主要负责人为本单位预算绩效管理工作第一责任人。

第六条　领导小组主要职责

（一）研究学校全面实施预算绩效管理的相关工作。

（二）指导各单位开展预算绩效管理工作。

（三）督促落实预算绩效管理的有关政策措施。

（四）组织协调与预算绩效管理相关的其他事宜。

第七条　领导小组办公室主要职责

（一）组织起草预算绩效管理的有关规章制度等工作。

（二）协调开展学校预算绩效管理日常工作。

（三）落实上级主管部门的预算绩效管理工作。

第八条　预算归口管理单位主要职责

（一）协助领导小组办公室开展预算绩效管理工作。

（二）组织实施归口管理项目的预算绩效管理工作。

（三）研究确定项目预算绩效指标体系，审核、汇总报送项目预算绩效目标。

（四）组织预算执行单位开展预算绩效评价工作，按要求报送绩效工作报告。

（五）跟踪、反馈预算执行存在的问题，落实绩效评价结果整改措施。

（六）其他应当履行的绩效管理职责。

第九条　预算执行单位的主要职责

（一）组织实施本单位的预算绩效管理工作，报告预算绩效实现结果。

（二）按规定编报预算绩效目标和绩效自评报告，配合预算归口管理单位开展绩效目标审核和绩效评价工作。

（三）跟踪、反馈预算执行中存在的问题，落实绩效评价问题整改措施，改进和加强本单位预算管理工作。

（四）其他应当履行的绩效管理职责。

第三章　事前绩效评估

第十条　学校根据政策导向，结合工作需要，确定需纳入事前绩效评估范围的重大项目。优先选择中央财政拨款项目，以及对学校事业发展具有较大影响的校内项目，聚焦覆盖面广、影响力大、师生关注度高的重点项目，聚焦重大改革发展项目。

第十一条　事前绩效评估应结合预算评审、项目立项审批等工作开展，重点评估立项必要性、投入经济性、绩效目标合理性、实施方案可行性、筹资可行合规性等，评估结果作为预算安排的重要参考依据。

第十二条　项目归口管理单位可根据需要委托相关领域专家或第三方机构参与事前绩效评估，并加强对第三方指导、监督、管理，保障评价结果的客观性和公正性。

第四章　绩效目标管理

第十三条　绩效目标是预算资金计划在一定期限内达到的产出和效果。绩效目标是建设项目库、编制项目预算、实施绩效监控、开展绩效评价等的重要基础和依据。按照“谁申请资金，谁设定目标”的原则，绩效目标由预算申请单位在项目申报时设置。

第十四条　绩效目标主要内容

（一）预期产出：指预算资金在一定期限内预期提供的人才培养、科学研究、学科建设、社会服务、学校声誉等产出情况。

（二）预期效果：指上述产出可能对学校人才培养、科学研究、学科建设、公共服务、学校声誉提升等带来的影响情况，以及服务对象或受益人对该项产出和影响的满意程度等。

第十五条　绩效目标以相应的绩效指标体系予以体现，绩效指标体系应突出项目任务特色和建设规律，共性和个性相结合，定量和定性相结合，一级和二、三级指标有序衔接。既体现绩效目标设置依据和要求，又突出结果导向、体现发展阶段和水平。

第十六条　绩效目标设置依据

（一）国家相关法律、法规和政策制度，国民经济和社会发展规划。

（二）政府部门中长期发展规划、年度工作计划或项目规划。

（三）学校事业发展规划、目标及年度计划。

（四）相关历史数据、行业规划、计划等。

第十七条　绩效目标设置要求

（一）指向明确。绩效目标要符合学校事业发展规划等要求，并与相应的预算支出内容、范围、方向、效果等紧密相关。

（二）细化量化。绩效目标应当从数量、质量、成本、时效以及经济效益、社会效益、生态效益、可持续影响、满意度等方面进行细化，尽量进行定量表述。不能以量化形式表述的，可采用定性表述，但应具有可衡量性。

（三）合理可行。设定绩效目标时要经过调查研究和科学论证，符合客观实际，能够在一定期限内如期实现。

（四）相应匹配。绩效目标要与计划期内的任务数或计划数相对应，与预算确定的投资额或资金量相匹配。

第十八条　绩效目标确定后，一般不予调整。预算执行中因预算调整引起绩效目标调整的，或因相关政策变化、突发事件等因素影响绩效目标实现，确需调整绩效目标的，应按照绩效目标管理要求和预算调整流程报批。

第五章　绩效跟踪管理

第十九条　绩效跟踪是全过程预算绩效管理的关键环节。绩效跟踪管理是预算绩效管理主体根据确定的项目绩效目标，通过定期采集项目绩效运行信息，及时、系统地反映预算执行过程中的项目绩效目标的实现程度，纠正绩效运行偏差，促进项目绩效目标实现的管理活动。

第二十条　在预算执行期间，预算归口管理单位及预算执行单位对绩效目标的实现程度和预算执行进度实行"双监控"。原则上中央财政拨款项目绩效跟踪每年应至少开展一次，并根据需要增加跟踪频次。

第二十一条　将绩效跟踪结果作为改进项目管理、合理安排预算、提高财政预算绩效的重要依据。绩效跟踪结果与绩效目标有较大偏差或存在问题的，预算归口管理单位和预算执行单位要及时分析原因进行纠偏和整改，如需调整预算和绩效目标的，应当按照规定程序调整。

第六章　绩效评价管理

第二十二条　绩效评价是全过程预算绩效管理的重要手段，根据设定的绩效目标，运用科学、合理的评价标准和评价方法，对纳入学校预算管理资金的经济性、效率性和效益性进行客观、公正的评价。

第二十三条　预算归口管理单位组织预算执行单位实施绩效自评，对自评中发现的问题及时整改。领导小组办公室组织项目预算归口管理单位实施重点评价和上级主管部门组织的绩效评价，落实评价整改意见。

第二十四条　绩效评价主要内容

（一）绩效目标设定情况。

（二）资金投入和使用情况。

（三）为实现预算绩效目标制定的制度、采取的措施等。

（四）绩效目标的实现程度及效果。

（五）其他相关内容。

第二十五条　绩效评价主要依据

（一）国家相关法律、法规和规章制度。

（二）学校事业发展规划，项目预算归口管理单位或预算执行单位的职能职责、年度工作计划及项目规划等。

（三）预算管理相关制度、项目及资金管理办法、财务和会计资料。

（四）相关行业政策、历史数据、行业标准、专业技术规范及计划标准等。

（五）项目立项政策依据、项目文本和绩效目标，项目预算执行情况、管理情况和验收报告等相关材料。

（六）其他相关资料。

第二十六条　绩效自评按照预算项目批复时确定的绩效目标及其指标体系实施，自评指标的权重原则上统一设置为：预算执行率 10%、产出指标 50%、效益指标 30%、满意度指标 10%。如有特殊情况，一级指标权重可做适当调整，二、三级指标应当根据指标重要程度、项目实施阶段等因素综合确定，准确反映项目的产出和效益。

第二十七条　绩效自评采用定量和定性相结合的比较法，由自评单位对绩效目标的各项指标逐项分析，汇总形成自评得分。

（一）定量指标得分按照以下方法评定：与设定的指标值相比，完成指标值的，记该指标所赋全部分值。对完成值高于指标值较多的，要分析原因，如果是由于原指标值设定明显偏低造成的，要按照偏离度适度调减分值。未完成指标值的，按照完成值与指标值的比例记分。

（二）定性指标得分按照以下方法评定：根据指标完成情况分为达成指标、部分达成指标并具有一定效果、未达成指标且效果较差三档，分别按照该指标对应分值区间 100%—80%（含）、80%—60%（含）、60%—0% 合理确定分值。

第二十八条　重点评价根据学校专项工作等需要确定评价对象及其评价指标体系，评价指标的权重根据所评项目的类型、特点及各项指标在评价体系中的重要程度确定，应当突出结果导向。原则上项目建设成效指标权重不低于 30%，绩效目标完成情况权重不高于 40%。同一评价对象处于不同实施阶段时，指标权重应体现差异性，其中，实施期间的评价更加注重决策、过程和阶段性产出，实施期结束后的评价更加注重产出和效益。

第二十九条　重点评价方法主要包括成本效益分析法、比较法、因素分析法、公众评判法、标杆管理法等。根据评价对象的具体情况，按照简便有效的原则可采用一种和多种方法。

第三十条　绩效评价结果定级标准

绩效评价结果采取评分和评级相结合的方式，具体分值和等级可根据不同评价内容设定。总分一般设置为 100 分，等级一般划分为四档：90（含）—100 分为优、80（含）—90 分为良、60（含）—80 分为中、60 分以下为差。

第七章　绩效评价结果应用管理

第三十一条　各预算绩效自评单位应及时撰写绩效自评报告，绩效自评报告应当依据充分、真实完整、数据准确、分析透彻、逻辑清晰、客观公正。预算绩效评价的结果应当在适当的范围公开。

第三十二条　学校应及时研究学校的预算绩效自评报告，并根据预算绩效评估情况，作为改进后续学校预算管理、提供学校预算管理决策的重要依据。

第三十三条　学校建立预算安排和制度完善与绩效评价结果挂钩机制，将绩效评价结果作为后续立项、资金安排的重要依据，将绩效目标执行偏差情况纳入单位目标任务考核因素。

第八章　监督问责

第三十四条　按照“花钱必问效、无效必问责”的原则，审计部门定期对预算绩效完成情况进行审计监督，对预算绩效管理中出现的问题，及时督促落实整改。

第三十五条　因管理不善导致资金浪费、资产毁损、效益低下的，将视情况收回预算、核减下年度预算，并对相关单位和责任人进行问责。

第九章　附则

第三十六条　本办法由财务处负责解释，自发布之日起施行。

附件1：西北民族大学货物（服务）采购验收领导小组成员调整名单

组　长：马世俊

副组长：郎永杰

成　员：马国柱、冶生贵、索娜仁、李国剑、杨具田、李志强、马志学、田富鹏、乌兰、杨朝继

附件2：2020年度学费收缴管理工作先进集体、先进个人名单

一、先进集体（5个）

预科教育学院、电气工程学院、马克思主义学院、音乐学院、教育科学与技术学院

二、先进个人（10个）

罗佳、苏知洋、先巴东知、康维华、姚春蕊、乔莉、张思怡、果建华、邓攀、朱强盛

综合治理与安全保卫工作

西北民族大学校园交通安全管理办法

第一章　总则

第一条　为维护校园道路交通秩序，创造良好的校园环境，保障师生员工的人身安全和学校公共财产安全，根据《中华人民共和国道路交通安全法》《道路交通标志和标线》《高等学校校园秩序管理若干规定》等法律法规，结合学校实际，制定本办法。

第二条　本办法适用范围为西北新村校区、榆中校区。

第二章　道路交通区域划分

第三条　按照学校总体布局及功能区分，分为公共教学区、学生生活区、公共服务区和家属区。

第四条　道路区域划分

（一）西北新村校区道路区域划分

1. 公共教学区道路。指东门以西至北门以东区域内的道路。

2. 学生生活区道路。指学生公寓区域内的道路。

3. 家属东区道路。指 13 号、15 号、16 号教工住宅小区区域内的道路。

4. 家属西区道路。指校西门以东、北门以西、西门至偃山楼主干道以南区域内的道路。

（二）榆中校区道路区域划分

1. 公共教学区道路。指安定路以南、团结西路以西教学区域内的道路。

2. 学生生活区道路。指安定路以北、团结西路以东、团结北路以南、和谐路以西学生生活区域内的道路。

3. 公共服务区。指公共教学区和学生生活区以外区域的道路。

第三章　通行权限管理

第五条　校园机动车辆通行实行分类管理，不同类型的车辆按不同的通行权限通行，具体通行权限、分类如下：

（一）学校公务车辆，全校通行。

（二）学校教职工私家车辆，原则上可以全校通行，大型活动、交通管制期间除外。

（三）学校教职工家属车辆，原则上只允许在家属区道路通行，遇病、急、险等特殊情况除外。

（四）生活服务保障车辆和施工工程车辆，上下课高峰时段禁止进入教学区，特殊抢修抢救情况的任务除外。

（五）校外来访车辆，经预约、登记和确认后方可进校，严禁在校园内过夜停放。

第六条　机动车辆通行权限由保卫处审核办理。

（一）办理条件。车辆在办理通行权限时需提供车辆驾驶人本人身份证、工作证（一卡通）、驾驶证、车辆行驶证等相关资料原件，现场采集审核信息并签订承诺书后方可办理。

（二）注销。通行权限到期后应及时办理续期手续，逾期3个月未办理的，将注销校园通行权限。

（三）服务保障金。经学校批准的经营场所长期送货车辆、维修工程车辆及建筑工程车辆等服务保障车辆，需向财务处缴纳服务保障金后方可办理出入手续。在配送货物或施工期间如发生损坏公共设施、交通安全事故、治安违法行为等问题，所产生的费用从服务保障金中赔偿支付，超出部分由责任方全部承担；期间如无相关问题发生，在退出学校服务时经审核后由财务处如数退还服务保障金。

1. 各经营场所长期送货车辆由供货商缴纳5000元。

2. 维修工程车辆由施工单位缴纳20000元。

3. 建筑工程车辆由施工单位缴纳50000元。

第四章　交通安全管理

第七条　校园道路交通安全管理，遵循以人为本、全员参与、依法管理、文明服务、保证畅通、确保安全的原则。

第八条　学校各单位应遵照有关法律、法规，加强道路交通安全教育，并将本单位的交通安全管理工作纳入平安甘肃暨校园安全稳定综合治理工作考核体系中，共同做好道路交通安全管理工作。

第九条　未经批准，任何单位和个人不得擅自封闭、占用校园道路或从事其他非正常的交通活动。

第十条　因建设和维修需要在校园道路上开挖施工，相关部门应提前将道路施工地点、时间、工期以书面形式报保卫处备案。

第十一条　车辆出入校门口、经过交叉路口或转弯处应减速慢行。遇风、雨、雪、雾天气和师生上下班、上下课等人流高峰期行车时，应主动避让行人，在确保安全的情况下行驶，夜间行车须开启夜行灯。

第十二条　运输物品出校的车辆，必须出示物品所属单位证明，由门卫登记核实后方可出校门。大型货运车辆应当按照承接单位前期报备后审批时间进入校园，按规定时速和指定路线行驶，装运货物时不得妨碍其他车辆和行人正常通行。

第十三条　校园道路上严禁开展影响交通安全和人身安全的各类活动，严禁实施妨碍道路交通安全的各类行为。

第十四条　根据学校交通管理的需要（如大型活动、突发事件等），交通管理人员可对行人、机动车及非机动车采取疏导、限时通行、限制通行和禁止通行等措施。

第十五条　进入校园的机动车辆，应服从交通管理人员的指挥和引导，按规定行车路线行驶。校园车辆实行自动识别，“一车一杆”升降管理。不得冲卡、抢杆、鸣笛、超车或并行，校园内应按道路标识标线停放。

第十六条　车辆在校内行驶速度不得超过 30 公里 / 小时。

第十七条　执行公务的消防车、救护车、工程救险车等特种车辆，进入校门时门卫应主动疏导，确保安全通行。

第十八条　严禁装载易燃、易爆、易腐、剧毒、辐射等危险物品的车辆进入校园，如需进校须由使用单位提供证明到保卫处备案登记。

第十九条　学校大型会议、重大活动等公务机动车辆需进入校园时，承办单位应提前向保卫处报备。

第二十条　禁止摩托车、共享单车、农用车和发生事故存在安全隐患、噪音超标等车辆进入校园。

第二十一条　非机动车出入校门时应下车推行，禁止骑行或带人。

第二十二条　消防通道、安全出口、室外消火栓、水泵接合器等部位严禁停放任何车辆。

第二十三条　原则上出租车不得进入校园，如遇病、急、险等特殊情况，经门卫确认后方可进入校园，进入校园应严格遵守校园交通管理规定，不得在校园内过夜停放。

第二十四条　任何单位和个人不得在校内道路上无证驾驶机动车辆或进行机动车驾驶实习、培训。

第二十五条　停放在校内的各类车辆，学校不承担车辆在校内停放期间发生的任何损失。

第五章　处罚

第二十六条　处罚细则

（一）对违反本办法的车辆，以教育为主，视情节轻重，采取发放《违章通知单》、警示通知、暂停通行权限等处罚措施。

（二）注册登记车辆校内行驶实行记分制，一年为一个周期，一周期 12 分。

1. 超速记录每次扣 3 分，违停记录每次扣 3 分，一个周期扣分累计满 12 分暂停入校通行权限。

2. 暂停入校通行权限的，车主须写出书面保证，并由其单位综合治理工作第一责任人签字盖章，方可解除限制。

3. 被暂停通行权限两次以上的，注销校园通行权限。

（三）临时进入校园的车辆，被贴《违章通知单》或超速记录 1 次，以电话或短信警示通知；第 2

次被贴《违章通知单》或超速记录超过2次，将暂停本学期进入校园通行权限。

第二十七条　有提供虚假信息、伪造证件、在校园周边从事非法营运等行为的，一经发现永久取消校园通行权限，并移交公安机关依法追究责任。

第二十八条　不得将废弃或长期不用车辆停放在校园，否则将由公安机关交通管理部门实行拖离处罚措施，由此造成的所有损失、费用、责任由车主本人承担。

第二十九条　不按规定办理申办手续或不采取现场安全措施的施工方，禁止施工人员和车辆进入校园。

第三十条　严禁酒后驾驶机动车，一经发现注销校园通行权限。

第六章　交通事故处理

第三十一条　学校大门出入口采用人脸识别系统、车辆道闸系统，如由于人为原因造成设备损坏的，由当事人赔偿。

第三十二条　在校园道路上发生一般性交通事故，仅造成轻微财产损失的，双方当事人责任无异议的应当本着互谅互让相互理解的原则，由当事双方协商解决，协商无法解决的由公安机关处理。

第三十三条　校园内发生交通事故造成人身及财产损害的，由公安机关交通管理部门依法处理。

第三十四条　在校园发生交通事故，车辆驾驶（骑行）人应当立即停车，保护现场，抢救受伤人员，并迅速报警。

第七章　附则

第三十五条　本办法自印发之日起执行，由保卫处负责解释，《西北民族大学校园交通安全管理暂行办法》（民大发〔2012〕618号）同时废止。

西北民族大学校园安防监控系统管理办法

第一章　总则

第一条　为规范学校安防监控系统的使用和管理，维护校园治安秩序，保障师生员工人身和公共财产安全，依据相关法律、法规，结合学校实际情况，制定本办法。

第二条　本办法所称安防监控系统，是指使用数字或模拟等视频技术、通信技术、计算机网络技术和相关设备对学校校园进行实时图像监视和信息存储查询的校园公共安全管理安防监控系统，包括所有硬件设备、软件系统及相关设施。

第三条　校园安防监控系统属于学校安全保密工作范畴，主要用于预防、发现、处理各类案（事）件，维护校园安全稳定。

第二章　校园安防监控系统的建设

第四条　校园安防监控系统分为公共区域监控系统和室内监控系统。

第五条　学校保卫处负责公共区域及楼宇内监控系统的规划、建设，学校相关单位根据职责需要负责规划、建设各单位室内监控系统。

第六条　学校人员密集场所、公共区域、重点实验室以及涉密要害部位应安装监控设备、设施。

第七条　各单位规划建设本单位室内监控系统须向学校保卫处报备，不得在公共区域随意安装监控设施；需接入学校安防平台的新建新增监控设施应符合系统现有技术参数标准。

第八条　各单位在新建、改造、装修施工过程中，不得随意停用、挪移、损坏校园安防监控系统设备。如因单位建设规划确需停用或挪移的，须提前向保卫处报备。如在建设过程中损坏校园安防监控设施，损坏单位应照价赔偿。

第三章　安防监控系统的使用、管理与维护

第九条　按照“谁使用、谁负责、谁维护”的原则，各单位须定期对本单位负责的监控系统所有软件、硬件、线路等设备设施进行安全检查，及时维护，保证系统正常运行。

第十条　校园安防监控系统及各单位监控系统应按本单位使用人员工作职责设定不同权限，逐级监管。各单位监控系统须明确专人负责，并报保卫处备案，如由于人员调动、工作原因更换责任人，需及时通报保卫处进行变更。

第十一条　严禁删除安防监控视频资料。

第十二条　如发现有以下情况者，学校将依法追究相关单位或个人法律责任。

（一）故意遮挡和损坏校园安防监控设备；

（二）擅自删除、修改系统运行程序和记录；

（三）擅自关闭系统或者改变系统的用途和范围；

（四）泄露监控视频资料或其中包含的公民隐私信息，或将资料、信息用于不正当目的，造成不良后果的；

（五）其他妨碍系统正常运行的行为。

第四章　校园安防监控视频资料调阅

第十三条　安防监控系统原则上用于维护校园安全稳定、正常教学秩序等，除相关工作人员和系统维护人员外，未经审批允许，严禁任何人使用安防监控系统进行查看、复制和调阅视频资料。

第十四条　校内单位或个人申请调阅安防监控视频资料的，应严格按照调阅程序登记、报相关单位批准后调阅，工作人员应做好相关资料的备份和保存。严禁在调阅过程中拍照或录像。

第十五条　校外单位原则上只限公安、检察、法院、国家安全机关等部门因案（事）件需要进行调取，其他单位不予以调取。

第十六条　校外单位申请调阅学校安防监控视频资料，须出示单位介绍信、经办人身份证、工作证，经相关单位负责人同意后，方可调阅。个别涉及重要案（事）件的视频资料，需报上级领导批准后，方可调阅。

第五章　附则

第十七条　本办法自印发之日起执行，由保卫处负责解释，《西北民族大学监控系统管理暂行规定》（民大发〔2006〕78号）同时废止。

附件：2020年度校园安全稳定综合治理工作优秀单位、良好单位、优秀责任人和先进个人名单

一、2020年度校园安全稳定综合治理工作优秀单位（7个）

电气工程学院、化工学院、音乐学院、宣传部、统战部、科研处、工会、离退休工作处、后勤管理处。

二、2020 年度校园安全稳定综合治理工作良好单位（10 个）

马克思主义学院、预科教育学院、美术学院、历史文化学院、纪监审办公室、学校办公室、组织人事部、学生工作部（处）、团委、生物医学研究中心、实验教学部。

三、2020 年度校园安全稳定综合治理工作优秀责任人（7 人）

张久献（电气工程学院）、豆存祥（化工学院）、白文宏（音乐学院）、韩瑛（宣传部、统战部）、杨具田（科研处）、安永国（工会、离退休工作处）、马志学（后勤管理处）

四、2020 年度校园安全稳定综合治理工作先进个人（16 人）

郭力（医学部）、刘梅（纪监审办公室）、马鸿波［学生工作部（处）、团委］、闫莉（预科教育学院）、乔自林（生物医学研究中心）、周子坤（学校办公室）、杨扬（组织人事部）、张薇（教务处）、沁根（国际合作交流处）、张霞（财务处）、张思怡（马克思主义学院）、邓琰炳（体育学院）、阿布力克木·喀吾孜（中国语言文学学部）、刁彦（舞蹈学院）、姜俊杰（保卫处）、关晓莉（实验教学部）

西北民族大学 2021 年大事记

1月

4日，校长郭郁烈，副书记、副校长玉苏甫江，副校长王彦斌分别在两校区检查指导学校期末考试工作。

9日—13日，甘肃省普通高等学校招生舞蹈类专业统一考试在西北新村校区举行。

10日，省委教育工委书记、省教育厅党组书记、厅长、省招委会副主任王海燕，省教育厅党组成员、省纪委监委派驻省教育厅纪检监察组组长雷江红赴学校现场调研督查考试工作。学校党委副书记、校长郭郁烈，省教育考试院党委书记、常务副院长王爱平陪同调研督查。

12日，学校在西北新村校区召开疫情防控工作调度会议。党委书记邓光玉出席会议并讲话，党委副书记、校长郭郁烈主持会议。

12日，西北民族大学党委召开2020年巡察意见反馈会议。学校巡察工作领导小组组长、党委书记邓光玉出席会议并讲话，学校巡察工作领导小组副组长、党委副书记、校长郭郁烈主持会议。

12日，党委书记邓光玉主持召开意识形态工作会议，全体校领导、各党委（党总支、直属党支部）书记、机关各党支部书记参加会议。

13日，学校召开四川大学对口支援西北民族大学挂职干部交流座谈会。党委书记邓光玉出席会议并讲话。

13日，学校在西北新村校区文津楼二楼学术报告厅举办国家社会科学基金、自然科学基金项目申报动员会议。校长郭郁烈出席会议，各学院院长、研究院所负责人、分管科研副院长、科研干事及部分老师300多人参加会议。

19日，兰州市公安局党委委员、副局长陈卫一行来校调研，学校党委副书记、副校长李辉，保卫处、学生工作处等职能部门主要负责人参加。

21日，甘肃省思想政治理论课“形势与政策”分教指委专家组第一次会议在学校召开，20位分教指委委员参会，会议由分教指委副主任马玉堂主持。

25日，学校举办“西北民族大学2021届毕业生空中双选会”。

25日，学校党委召开视频会议，传达学习习近平总书记在十九届中央纪委五次全会上的重要讲话精神和十九届中央纪委五次全会公报。

27日，学校召开疫情防控工作集体约谈视频会。党委常委、纪委书记杨晓对各单位各部门党政主要负责人就做好疫情防控工作、落实责任进行了集体约谈。

1月，甘肃省教育厅公布了2020年省级一流本科课程认定结果，学校推荐的26门课程中有21门课程入选。

1月，白银路街道授予西北民族大学2020年度“共驻共建优秀单位”称号。

1月，甘肃省水利厅、教育厅、机关事务管理局联合发文授予西北民族大学等省内10所高校“节水型高校”荣誉称号。

1月，学校“铸牢中华民族共同体意识研究中心”“多语种翻译研究基地”获批为国家民委人文社会科学重点研究基地；“环境友好复合材料实验室”“西北少数民族地区环境生态与人群健康实验室”获批为国家民委重点实验室。

1月，学校开展2021年元旦春节走访慰问活动。党委书记邓光玉，党委副书记、校长郭郁烈等校领导及校属各单位对生活困难党员、老党员、老干部，战斗在脱贫攻坚一线的同志、年度内省部级以上荣誉称号获得者和部分基层生活困难的党务工作者等进行慰问。

2月

22日，甘肃省脱贫攻坚帮扶工作协调领导小组通报省直和中央在甘单位2020年度帮扶工作考核结果，西北民族大学被评为“好”等次。

25日，西北民族大学各部门、各单位通过多种形式组织收看了全国脱贫攻坚总结表彰大会盛况。

2月，中共甘南州委、甘南州人民政府对全州脱贫攻坚先进集体先进个人进行表彰，西北民族大学获“脱贫攻坚帮扶先进集体”，化工学院正处长级辅导员艾力（临潭县流顺镇丁家堡村第一书记、驻村帮扶工作队队长）获“脱贫攻坚先进个人奉献奖”，信息化建设与服务中心副主任马强（临潭县流顺镇汪家咀村驻村帮扶工作队队员）获“脱贫攻坚帮扶先进个人”。

3月

4日，学校召开2021年工作部署会。党委书记邓光玉出席会议并讲话，党委副书记、校长郭郁烈主持会议，校领导出席会议并安排分管领域重点工作。

8日，学校举行2020—2021学年第二学期全校师生升旗仪式。学校领导、校属各单位全体师生分别在两校区参加了升旗仪式。

8日，校领导邓光玉、郭郁烈、玉苏甫江、李辉、王彦斌、马世俊、石迎春、白日霞、杨晓深入两校区教学一线检查工作。

10日，学校启动2021年春季学期“立师德铸师魂　开学第一讲”教师教育系列活动。

12日，学校召开2021年全面从严治党工作会议，部署安排今年重点任务。

12日，学校召开党史学习教育动员部署会议。国家民委党史学习教育领导小组指导组通过视频方式进行指导，校党委书记邓光玉作动员讲话，校党委副书记、校长郭郁烈主持会议。

22日，学校召开2021年全国硕士研究生招生复试及录取工作部署会议。

22日，学校召开2021年度学科学位点建设与科研工作推进会。副校长白日霞出席会议。

25日，学校在西北新村校区召开2021年度第1季度党建工作例会。党委常委、副校长王彦斌主持会议并讲话。

25日，学校在西北新村校区礼堂东厅召开统一战线工作领导小组、民族团结进步创建工作领导小组和民族宗教工作领导小组会议。党委副书记石迎春主持会议。

26 日，西北民族大学大学生铸牢中华民族共同体意识研究会成立仪式在西北新村校区音乐厅举行。

26 日，学校召开党史学习教育领导小组办公室会议，校党委副书记、党史学习教育领导小组办公室主任石迎春主持会议并讲话。

26 日，学校举行“形势与政策”分教指委 2021 年春季学期“形势与政策”课集体备课暨“同上一堂党史课”活动。

27 日，学校召开第八届教职工代表大会暨工会第十一届会员代表大会四次会议。党委书记邓光玉出席会议并讲话，党委副书记、校长郭郁烈作学校工作报告，党委副书记、副校长李辉作学校财务工作报告。

28 日，学校全面启动重点人群新冠病毒疫苗接种工作，截至 3 月 30 日已顺利完成首批 400 名教职工、医务人员的第一针新冠病毒疫苗接种。

29 日，学校学生会倡议在两校区开展“日日升国旗 天天唱国歌”活动。

30 日，西北民族大学与甘肃民族师范学院联合共建马克思主义学院签约仪式在西北新村校区礼堂东厅举行。西北民族大学党委书记邓光玉，党委副书记、校长郭郁烈，党委副书记石迎春，甘肃民族师范学院党委书记杨卓玛、党委副书记杨士钰、副校长牟吉信出席仪式。

30 日，学校召开学生就业工作推进会议。党委常委、副校长马世俊主持会议。

31 日，学校召开党委理论学习中心组党史学习教育（扩大）专题学习研讨会，专题学习中国共产党在新民主主义革命时期历史。校党委书记、党史学习教育领导小组组长邓光玉主持学习会。

3 月，教育部办公厅公布了 2020 年度国家级和省级一流本科专业建设点名单，学校共有 5 个专业获批国家级一流本科专业建设点，8 个专业获批省级一流本科专业建设点。截至目前，学校共有 27 个一流本科专业建设点，其中国家级一流本科专业建设点 7 个，省级一流本科专业建设点 20 个。

3 月，兰州市城关区南北两山环境绿化工程指挥部授予“西北民族大学 2020 年度城关区南北两山绿化管理优秀单位”称号。

3 月，《西北民族大学学报》（哲学社会科学版）入编《中文核心期刊要目总览》2020 年版（第 9 版）民族学、人类文化学类核心期刊。

3 月，《西北民族研究》入编《中文核心期刊要目总览》2020 年版（即第 9 版）民族学、人类文化学类的核心期刊。

3 月，学校 15 件作品在第十二届“挑战杯”甘肃省大学生创业计划竞赛中获奖。

3 月，学校 3 项成果获得甘肃省科学技术进步奖，1 项成果获得甘肃省专利奖。

3 月，学校同新加坡南洋理工大学国立教育学院合作，为 2020 级研究生引进 8 门在线“国际课程”。

3 月，学校在 2020 年全国西部计划绩效考核工作中获“优秀”等次。

3 月，在中国人民大学人文社会科学学术成果评价研究中心和中国人民大学书报资料中心发布的 2020 年度复印报刊资料转载指数排名中，《西北民族研究》位列“民族学学科期刊”全文“转载量”第 3 名、“转载率”第 2 名、“综合指数”第 2 名。

3 月，根据 2017—2019 年度复印报刊资料学术专题刊物转载数据与同行业专家综合评价，《西北民族研究》被评选为“复印报刊资料重要转载来源期刊（2020 年版）”。

4 月

1 日，学校召开 2021 年纪委全委会（扩大）会议。党委常委、纪委书记杨晓主持会议并讲话。

1 日，民建甘肃省委会主委宁崇瑞、副主委高云虹一行 5 人来学校就民建基层组织建设情况走访调研，并与学校民建会员座谈。

6 日，全体校领导、全校副处级以上干部在文津楼二楼学术报告厅分会场以视频形式参加国家民委党史学习教育专题辅导报告会。

9 日，新疆维吾尔自治区博尔塔拉蒙古自治州人社局党组副书记、局长、自治州“引才聚才”办公室主任朱晓明一行 3 人来学校调研校地合作事宜并座谈。

14 日，学校共青团 2020 年度“两红两优一标兵”评选会在榆中校区躬行楼召开。党委副书记、副校长李辉出席会议。

15 日，西北民族大学“百年红色讲堂”——“学党史、悟思想、办实事、开新局”党史学习教育专题读书班开班。学校党委书记、党史学习教育领导小组组长邓光玉作开班讲话，党委副书记、党史学习教育领导小组副组长、办公室主任石迎春主持开班式。国家民委党史学习教育指导组同志到会指导。

15 日—27 日，西北民族大学党史学习教育专题读书班在两校区同步进行。

16 日，学校党委召开意识形态工作领导小组暨统一战线工作领导小组（扩大）会议。党委书记邓光玉出席会议并讲话，党委副书记、校长郭郁烈主持会议，校领导和意识形态工作领导小组成员、统一战线工作领导小组成员、各职能处室主要负责同志、各学院（部）党组织书记、教辅科研单位主要负责同志参加会议。

16 日，学校召开保密暨网络安全与信息化建设工作会议。校党委书记邓光玉出席会议并讲话，校党委副书记、校长郭郁烈主持会议，校党委副书记石迎春安排部署工作。

20 日，学校各级团学组织通过电视、网络等多种形式学习习近平总书记到清华大学考察时的重要讲话精神。

20 日，学校召开“学党史、促整改、正作风”内部审计整改工作推进会。党委副书记、校长郭郁烈主持会议并讲话，校领导李辉、王彦斌、白日霞出席会议。

24 日，学校举行“西北民族大学创意管理研究中心”挂牌仪式。

27 日，四川民族学院党委常委、副校长蒋超一行来校围绕铸牢中华民族共同体意识相关工作进行调研交流。党委常委、副校长王彦斌主持会议。

27 日至 29 日，北方民族大学校党委常委、总会计师李红燕一行 10 人来校开展“大学习、大讨论、大调研、大培训”交流研讨活动。

28 日，学校召开党委常委会会议，专题学习习近平总书记在清华大学考察时的重要讲话精神。党委书记邓光玉主持会议，全体校领导出席会议。

29 日，学校召开 2020 年校园安全稳定综合治理表彰暨 2021 年校园安全稳定综合治理工作会议和 2020 年民族团结进步创建表彰会议，党委书记邓光玉出席会议并讲话，党委副书记、校长郭郁烈主持会议，党委副书记、副校长李辉作综合治理委员会工作报告，玉苏甫江、王彦斌、马世俊、石迎春、白日霞、杨晓等校领导出席会议。

30 日，召开西北民族大学纪念五四运动 102 周年暨 2020 年度“两红两优一标兵”表彰大会。党委副书记、副校长李辉出席会议。

30 日，学校召开党委理论学习中心组（扩大）会议，专题学习社会主义革命和建设时期历史。校党委书记、党史学习教育领导小组组长邓光玉主持学习会，校党委理论学习中心组成员、党委委员、纪委委员参加会议。

30 日，学校召开党史学习教育领导小组会议，校党委书记、党史学习教育领导小组组长邓光玉主持会议并讲话，校领导郭郁烈、王彦斌、石迎春出席会议。

4 月，西北民族大学成立由校领导、党政干部、专业教师、学生党员组成的党史学习教育宣讲团，深入各基层党组织、学生班级开展专题宣讲。

4 月，学校历史文化学院 2019 级历史学专业乔梓桐同学和音乐学院 2018 级音乐表演（演奏）专业张子璇同学获评第五届“甘肃省青年志愿者优秀个人”，爱心社获评第五届“甘肃省青年志愿者优秀组织”。

4 月，学校申报的《西北地区石油污染土壤高校修复技术应用示范人才项目》（负责人：陈丽华）、《新型抗缺氧抗疲劳固体功能饮料研发创新人才培养项目》（负责人：乌兰）获批 2021 年甘肃省省级重点人才项目；《“三共”视角下甘肃文化创意旅游产业发展研究》《陇药秸秆饲料化利用关键技术集成与应用》《 EIPR 模式下高等院校艺术扶贫的模式探索与梯度实践》获批陇原青年创新创业人才团队和个人项目，获资助经费 130 万元。

4 月，学校派驻临潭县流顺镇丁家堡村驻村帮扶工作队长兼第一书记艾力同志获“2020 年度全省脱贫攻坚奖先进个人（贡献奖）”荣誉称号。

5 月

1 日，校团委举办“重温峥嵘岁月 献礼建党百年”第十五届“五四”拉练活动。学校党委副书记、副校长李辉出席出征仪式。

7日，学校召开2021年第二季度党建工作例会。党委常委、副校长王彦斌主持会议并讲话，各二级单位党组织书记参加会议。

7日，学校召开民主党派、统战团体负责人和党外人士代表学习《中国共产党统一战线工作条例》座谈会。党委副书记、统战部部长石迎春主持会议。

10日，武汉理工大学党委常委、副校长王发洲一行3人来校考察调研。学校党委副书记石迎春和发展规划与学科建设处、科研处、土木工程学院等单位负责人、教师代表在榆中校区座谈交流。

10日，国家民委人事司司长、党史学习教育指导组组长黎树斌来校检查指导党史学习教育工作，听取学校党史学习教育情况汇报，查阅资料，举行座谈，校领导邓光玉、郭郁烈、王彦斌、石迎春及学校党史学习教育领导小组成员参加座谈。

12日，学校召开国家民委党组第二巡视组巡视西北民族大学党委工作动员会。第二巡视组组长李学锋传达国家民委党组第三轮巡视动员部署会议精神，通报工作安排，作了动员讲话，提出工作要求。党委书记邓光玉主持动员会并作表态讲话。

15日，文化和旅游部非物质文化遗产司委托江南大学设计学院张毅、原上海市文化和旅游局非遗处处长杨庆红、中央文化和旅游管理干部学院艺术教育部项目主管杜佐夫组成调研组赴西北民族大学就中国非遗传承人群培研计划“十三五”实施情况开展专题调研。学校党委副书记、副校长玉苏甫江出席座谈。

18日至23日，国家民委专职委员、中央民族大学党委书记张京泽一行，就民族院校铸牢中华民族共同体意识等方面调研西北民族大学，并通过召开座谈会和“1对1”访谈等形式，听取有关方面对新时代民族高等教育工作的意见建议。

20日，学校脱贫攻坚帮扶协调领导小组办公室荣获“甘肃省脱贫攻坚先进集体”称号。

20日，甘肃省科技厅引进国外智力管理处处长吕戈、甘肃省外事办公室出入境管理处处长朱莉莉、甘肃省公安厅出入境管理局局长毛万东、兰州市公安局出入境管理处处长冯卉等一行来校调研外事管理服务工作。党委副书记、副校长玉苏甫江出席调研座谈会。

20日，学校召开铸牢中华民族共同体意识工作领导小组会议。党委书记、铸牢中华民族共同体意识工作领导小组组长邓光玉主持会议，领导小组全体成员参会。国家民委党组第二巡视组组长李学锋列席会议。

20日，党委书记、党史学习教育领导小组组长邓光玉主持召开党委理论学习中心组（扩大）党史学习教育第三专题学习研讨会。国家民委党组第二巡视组组长李学锋列席学习研讨会。校党委理论学习中心组成员、党委委员、纪委委员参加会议。

22日，国家社会科学基金重大项目“《钦定理藩院则例》满蒙汉诸本整理与研究”与“俄藏蒙古文献目录译介与研究”成果交流暨课题推进会在我校礼堂三楼召开。副校长白日霞出席开幕式。

24 日，西北民族大学美术学院 2021 届毕业生作品展暨毕业生就业推荐会在兰州市美术馆开幕。

26 日，学校在偃山楼二楼会议室召开党史学习教育领导小组办公室会议，调度党史学习教育。党委副书记、党史学习教育领导小组办公室主任石迎春主持会议。

27 日，学校土木工程学院学子在“第三届全国大学生结构设计信息技术大赛”中再创佳绩。由吴忠铁老师指导的参赛队伍获得一等奖 1 项、二等奖 2 项，高忠虎老师指导的参赛队伍获得二等奖 2 项、三等奖 2 项，共计 7 个奖项。

27 日，学校在礼堂三楼会议室举行“强化社会服务功能 高质量推动学科建设”2021 年校地（企）合作推进会。党委副书记、校长郭郁烈，党委副书记、副校长李辉，副校长白日霞出席会议。

31 日，西北民族大学、甘肃省文物考古研究所合作协议签订暨西北民族大学实习基地和研究生联合培养基地揭牌仪式，在甘肃省文物考古研究所举行。甘肃省文物局副局长白坚，西北民族大学历史文化学院院长赵学东等出席签约揭牌仪式。

5 月，甘肃省教育厅公布 2021 年甘肃省高校教师教学创新大赛比赛结果，学校 6 个教师团队喜获佳绩。张辉刚教师团队获评省级一等奖（文科副高组），乌兰、丁玉芳、张雅青、苑沛霖、廉武辉等 5 个教师团队获评省级三等奖。

5 月，党委副书记、校长郭郁烈一行 6 人赴青海省海东市平安区实地走访、调研，签订《海东市平安区人民政府 西北民族大学校地合作框架协议》。平安区区委书记郭海云、区人大主任阿克明，区委副书记、区长王晓红，区委常委、宣传部部长李玮等出席签约仪式并座谈交流。

6 月

1 日，西北民族大学关工委“五老”与学校附属小学——十九中教育集团西北新村小学全体师生、部分学生家长代表共计 800 余人在学校大礼堂隆重庆祝“六一”国际儿童节。党委副书记、副校长玉苏甫江，副校长白日霞，兰州市城关区教育局副局长徐江，十九中教育集团党委书记、总校校长丁学廉等出席庆祝活动。

2 日，学校邀请甘肃省纪委监委第八监督检查室主任陈中伟作“全面从严治党 强化监督保障促进教育事业健康发展”专题讲座。校领导郭郁烈、玉苏甫江、王彦斌、马世俊、白日霞出席会议，党委常委、纪委书记杨晓主持。

5 日，由西北民族大学、甘肃省高校马克思主义学院联盟主办的“中国共产党人的精神谱系”理论研讨会在礼堂三楼召开。

7 日，天祝县委副书记、县长马扎西一行来校开展校地合作交流。党委副书记、校长郭郁烈，副校长白日霞出席座谈。

9 日，由学生工作部（处）、团委、党委宣传部和新闻传播学院共同出品的红色话剧《映山红》在大礼堂首演。学校共 700 余名师生观看。

11日，由学生工作部（处）、团委主办，校学生会承办的“我唱红歌给党听”第二十九届校园十佳歌手总决赛在大礼堂隆重开唱。

12日—14日，学校举行首届《玛纳斯》学术研讨会暨《玛纳斯》研究中心成立揭牌仪式。

16日，党委书记、党史学习教育领导小组组长邓光玉主持召开党委理论学习中心组（扩大）党史学习教育第四专题学习研讨会。校党委理论学习中心组成员、党委委员、纪委委员参加会议。

17日，学校在榆中校区举行2021年下半年应征入伍宣传启动仪式。党委副书记、副校长李辉，城关区武装部副部长陈瑞慧出席仪式。

23日，2021—2022年度内蒙古红太阳公益基金会与甘肃西北民族大学教育发展基金会捐赠协议签字仪式暨2020—2021年度受助学生代表座谈在榆中校区举行。党委副书记、副校长、甘肃西北民族大学教育发展基金会理事长李辉，内蒙古红太阳公益基金会理事长于秀林出席仪式并签署捐赠协议。

23日，学校在礼堂东厅召开党史学习教育领导小组会议，党委书记、党史学习教育领导小组组长邓光玉主持会议并讲话，校领导郭郁烈、石迎春出席会议。

24日，学校党委召开“在党50年 信仰一辈子”党员座谈会。党委书记邓光玉出席会议并讲话。

24日，甘肃省总工会党组成员、副主席吴俏燕一行3人到榆中校区参观考察了校史馆、图书馆、格萨尔文化研究中心、航空服务艺术与管理实训基地和部分“职工之家”。

25日，学校举行2021届学生毕业典礼暨学位授予仪式。全体校领导、博士生导师、硕士生导师，校友代表等1000余人参加仪式。

29日，党委书记邓光玉在大礼堂三楼以“从百年党史中汲取推动高等教育高质量发展的智慧和力量”为题，向全校讲授党史学习教育专题党课。

29日，西北民族大学召开“两优一先”表彰大会。党委书记邓光玉出席会议并讲话，党委副书记、校长郭郁烈主持会议。校领导玉苏甫江、李辉、王彦斌、马世俊、石迎春、杨晓及师生党员代表参加会议。

30日，学校土木工程学院党委书记董化琪获评“甘肃省优秀党务工作者”称号，铸牢中华民族共同体意识研究院马忠才同志获评“甘肃省优秀共产党员”称号。

30日，学校举办庆祝建党100周年系列活动之“石榴花开 同心向党”专场文艺晚会。校领导、部分离退休职工、师生代表观看了演出。

6月，甘肃省发改委公布了2020年度新认定省级工程研究中心名单，依托学校化工学院建设的“甘肃省生物质功能复合材料工程研究中心”成功获批。

7月

1日，党委书记、党史学习教育领导小组组长邓光玉主持召开党委理论学习中心组（扩大）专题学习研讨会，认真学习习近平总书记在庆祝中国共产党成立 100 周年大会上的重要讲话。中心组成员、学校部分职能部门副处级以上干部参加学习并逐一交流学习体会。

1 日，西北民族大学在两校区同时举行升国旗仪式。全体校领导、两校区师生近 2 万人参加。

1 日，西北民族大学近 2 万名师生在大礼堂、学术报告厅、就业大厅、会议室、教室、教研室等集中收看庆祝中国共产党成立 100 周年大会。

1 日，学校党委在收听收看中国共产党成立 100 周年庆祝大会直播后召开常委会会议，深入学习习近平总书记在庆祝中国共产党成立 100 周年大会上的重要讲话精神，对全校学习宣传贯彻落实工作作出安排部署，迅速掀起学习宣传贯彻落实的热潮。

2 日，甘肃西北民族大学教育发展基金会换届大会暨第二届理事会第一次会议在西北新村校区召开。

5 日—6 日，“全省庆祝建党百年华诞 筑牢国家安全屏障‘百年风华杯’甘肃省国家安全人民防线宣教竞赛”在兰州举行。学校中国语言文学学部党委副书记刘彬荣获一等奖并代表甘肃省参加全国宣教竞赛。

6 日、7 日，党委常委、副校长王彦斌主持召开乡村振兴驻村干部动员培训会和临潭县驻村干部座谈会。

12 日，西北民族大学与中国民族博物馆举行合作框架协议签约仪式。党委书记邓光玉出席签约仪式并致辞，校党委副书记、校长郭郁烈与中国民族博物馆党委书记、馆长顾群签订馆校合作框架协议，党委副书记石迎春主持签约仪式。

13 日，教育部高校高水平足球队复核专家组到校复核高水平足球队。党委副书记、副校长李辉，教务处、学生工作部（处）、财务处、体育学院等负责同志参加评估工作。李辉主持评估汇报会并作专题汇报。

20 日—25 日，党委副书记、副校长李辉带领暑期家访小组赴新疆维吾尔自治区喀什市开展家访。

23 日，西北民族大学与博尔塔拉蒙古自治州人民政府合作框架协议签约仪式在博尔塔拉宾馆举行。州党委副书记、代理州长巴音克西出席签约仪式，学校副校长白日霞，州党委常委、组织部部长李荣年出席签约仪式并致辞。

24 日—26 日，第七届中国国际“互联网 +”大学生创新创业大赛甘肃分赛决赛在兰州交通大学举行。学校共 31 个项目获得省级奖项，其中金奖 3 项，银奖 11 项，铜奖 15 项，由学校张辉刚老师指导的葫芦娃团队“艺路有你 · 助梦青年——构建新型“艺术 +”公益教育模式”项目获得甘肃省分赛“青年红色筑梦之旅”赛道冠军，将代表甘肃省参加 2021 年 10 月在江西南昌举办的全国总决赛，这是学校在此项赛事中取得的重大突破。学校获“红旅筑梦奖”荣誉称号。

26 日，党委副书记、副校长、工会主席玉苏甫江看望在两校区值班值守的教职工，并走访慰问高温下坚守一线的工作人员。

31日，党委书记、疫情防控工作领导小组组长邓光玉主持召开新冠肺炎疫情防控工作领导小组专题会议，传达国家民委、甘肃省关于做好近期疫情防控工作的部署要求，听取各工作组疫情防控工作汇报，研究部署学校疫情防控工作。

7月，学校举办“百年辉煌 丹青颂党”师生美术创作展。

7月，甘肃省教育厅印发《2021年度高校大学生就业创业能力提升工程项目立项的通知》，学校共获批立项大学生就业创业能力提升工程项目8项，包括重大项目1项、重点项目1项、一般项目6项，下达资助经费168万元。其中，党委副书记、校长郭郁烈教授主持申报的“基于“强基行动”+就业创业多维融合模式的应用型人才培养质量提升工程研究与实践”获批重大项目，资助经费100万元。

8月

10日，学校召开疫情防控工作调度会议。会议听取了各工作组防疫情况汇报，研究部署秋季开学事宜。党委副书记、校长、疫情防控工作领导小组组长郭郁烈主持会议。

25—26日，学校教职员工在两校区进行核酸采样，党委书记邓光玉，副书记、校长郭郁烈亲临现场指导工作。

26日，甘肃省总工会二级巡视员高延一行3人来到学校榆中校区，看望慰问学校困难职工。党委副书记、副校长玉苏甫江出席活动。

29日，学校召开党委常委会会议，专题学习习近平总书记在中央民族工作会议上的重要讲话精神，研究部署学习宣传贯彻工作。

8月，共青团甘肃省委发布《关于公布2021年度甘肃省青少年发展研究专项课题立项结果的通知》，学校中国语言文学学部马巍巍主持申报的“文化认同视域下的甘南藏族自治州青少年民族团结教育研究”、预科教育学院马景艳主持申报的“少数民族互联网从业青年发展状况调查研究”、新闻传播学院王玉主持申报的“甘肃文化传承创新与大学生“四史”教育研究”、马克思主义学院研究生曹朦朦主持申报的“乡村振兴视域下的农村青年政治骨干人才队伍建设研究”等4项课题获批立项。

8月，教育部社会科学司公布2021年度教育部人文社会科学研究项目立项名单，学校共2个项目获得立项，其中青年基金项目1项、高校辅导员研究专项任务项目1项。

8月，国家自然科学基金委员会公布2021年度国家自然科学基金项目评审结果，学校10个项目获批立项，立项直接经费344.10万元。

8月，西北民族大学以优异成绩获评“2020年度平安甘肃建设优秀单位”。

9月

3日，党委副书记、校长郭郁烈看望慰问参加第六届全国少数民族文艺会演的师生。

6 日，学校在西北新村校区民和体育场、榆中校区民康体育场举行 2021—2022 学年第一学期第一次升国旗仪式。

7 日，甘肃省委教育工委专职副书记、省教育厅党组成员张晓东一行聚焦秋季学期开学准备、疫情防控等工作来校调研。党委副书记、副校长李辉及相关职能部门负责人一同参加调研。

8 日，党委书记邓光玉主持召开党委理论学习中心组（扩大）专题学习研讨，深入学习中央民族工作会议精神。

13 日，学校举行 2021 级新生开学典礼（军训开训仪式）暨教师节表彰大会。全体在家校领导，承训部队负责人、教官，校属各单位负责人，各学院（部）、研究院党委书记，班主任、辅导员代表，全体 2021 级新生等，约 7300 人参加大会。党委副书记、副校长李辉主持大会。

24 日，学校党委召开 2021 年巡察工作动员部署会。党委副书记、副校长玉苏甫江出席会议并讲话，党委常委、纪委书记杨晓主持会议。

26 日，学校“赓续初心 · 同‘新’筑梦”2021 年迎新文艺晚会在榆中校区篮排馆举行。校领导李辉、石迎春出席晚会。

26 日，学校举行 2021 级新生军训成果汇报暨表彰大会，在西北新村校区民和体育场设分会场，全程直播。党委书记邓光玉出席会议，党委副书记、校长郭郁烈出席会议并讲话，党委副书记、副校长李辉主持大会。

27 日，国家民委党组第二巡视组向西北民族大学党委反馈巡视意见。国家民委党组巡视工作领导小组成员、人事司司长黎树斌主持召开向西北民族大学党委主要负责同志的反馈会、出席向西北民族大学党委领导班子反馈会并对巡视整改提出要求。

9 月，学校党委举办专题读书班。党委书记邓光玉作专题辅导报告和总结讲话，党委副书记、校长郭郁烈作专题辅导报告和开班动员讲话。甘肃省委党校教授、甘肃省委讲师团成员王锐应邀作专题辅导。校领导玉苏甫江、李辉、王彦斌、马世俊、石迎春、白日霞、杨晓、郎永杰作学习交流。

9 月，甘肃省语言文字工作委员会、甘肃省教育厅公布第三届中华经典诵写讲大赛“诵读中国”经典诵读大赛省级初赛获奖作品名单，学生组张培耕、尹泓深等人的《青春中国》获一等奖，教师组马巍巍、杨敏等人的《百年党旗耀中华》《生命之花》分获一等奖和三等奖，教师组刘彬获优秀指导教师奖。一等奖获奖作品将代表甘肃省参加全国复赛。

9 月，学校舞蹈学院阿宫副教授的原创舞蹈作品《雪域汉子》获 2020 年度国家艺术基金小型剧（节）目和作品创作资助项目（一般项目）立项。

9 月，甘肃省科技厅公布 2021 年度省级科技计划项目立项情况，学校 16 项项目获批立项，其中重点研发计划项目 4 项，软科学专项 3 项，自然科学基金和青年科技基金计划项目 9 项，立项总经费 155 万元。

10月

12日，学校王国明、尹伟先入选国家民委突出贡献专家，马忠才、刘华（数计学院）入选国家民委领军人才，丁玉芳入选国家民委教学名师，张辉刚入选国家民委青年教学标兵。

14日，学校召开党建工作例会。党委常委、副校长王彦斌主持会议并讲话。

17日，第十四届全国大学生结构设计竞赛在上海交通大学霍英东体育中心落下帷幕。学校土木工程学院院长曹万智作为领队，组织学生参赛队参加竞赛。参赛队员李佳祺、何贵、石贺元获一等奖，西北民族大学获优秀组织奖。

27日，甘肃省委常委、省委宣传部部长王嘉毅带队调研督导学校疫情防控工作。甘肃省委教育工委书记、省教育厅党组书记、厅长王海燕参与调研，党委副书记、校长郭郁烈、副校长王彦斌等陪同并汇报。

29日，全省高校第9次疫情防控视频调度会召开。会议安排西北民族大学等3所高校作疫情防控经验交流，学校疫情防控办公室主任、副校长王彦斌围绕学生就餐管理、校门管控、条件保障等工作进行了交流发言。

11月

1日，学校以视频方式召开党委常委会会议，听取学校疫情防控工作领导小组关于疫情防控工作情况的汇报，进一步部署调度学校疫情防控工作。党委书记邓光玉主持会议。

4日，学校召开巡视整改动员部署会议，党委书记、巡视整改工作领导小组组长邓光玉作动员讲话，党委副书记、校长郭郁烈主持会议。

12日，党委书记邓光玉主持党委理论学习中心组（扩大）学习，收看中共中央举行的新闻发布会，学习党的十九届六中全会公报，开展学习交流研讨。

20日，学校召开第二十二次学生代表大会。党委副书记、副校长李辉，甘肃省学联驻会执行主席钟卢浩和学校有关职能部门、各学院（部）负责人出席大会开幕式，大会代表和全体共青团干部参加开幕式。

21日、22日，党委书记邓光玉分别在两校区主持召开党委领导班子巡视整改专题民主生活会征求意见暨巡视整改推进会，听取各单位巡视整改推进情况和对党委领导班子及班子成员的意见建议。党委常委、副校长王彦斌及各职能部门、学院（部）、教辅单位和科研院所负责人参加会议。

22日，党委书记邓光玉主持召开巡视整改专题民主生活会督导组组长会议，听取5个督导组工作开展情况汇报，了解各二级单位党组织巡视整改专题民主生活会准备情况，对开好专题民主生活会提出明确要求。党委常委、副校长王彦斌，各督导组组长，组织人事部、纪委办公室有关负责同志参加会议。

24日，甘肃省委常委、省委统战部部长、省政协党组副书记马廷礼来校宣讲党的十九届六中全会精神，作了题为《深入学习贯彻十九届六中全会精神，奋力担当新时代民族院校的责任使命》的辅导报告。

24 日，学校党委在礼堂三楼会议室召开意识形态工作会议，意识形态工作领导小组成员、各单位党政主要负责人参加会议。会议由党委副书记、校长、意识形态工作领导小组副组长郭郁烈主持。

24 日，学校在礼堂三楼会议室召开党史学习教育领导小组会议，学校党史学习教育领导小组组长、党委副书记、校长郭郁烈主持会议并讲话，校领导玉苏甫江、李辉、马世俊、石迎春、白日霞、郎永杰出席会议。

24 日—25 日，学校举办宣传思想工作骨干培训班。

26 日，党委副书记、统战部部长石迎春在礼堂三楼会议室主持召开统一战线成员学习中共十九届六中全会精神座谈会。

30 日，学校启动 2021 年“研究生学术月”活动，邀请西安交通大学“教学名师”周屈兰教授作了题为《研究生综合能力培养及科研生涯规划》的讲座。

11 月 30、12 月 1 日，学校党委召开巡视反馈问题整改推进会。党委书记、巡视整改工作领导小组组长邓光玉主持会议并讲话，校领导郭郁烈、玉苏甫江、王彦斌、马世俊、石迎春、白日霞、杨晓，校长助理郎永杰出席会议，巡视整改领导小组成员单位主要负责人和整改事项牵头单位主要负责人参加会议。

11 月，国务院学位委员会公布 2020 年学位授权审核和动态调整增列学位授权点结果。学校获批新增民族学一级学科博士学位授权点，新增国际商务、教育、翻译、新闻与传播、文物与博物馆等 5 个专业学位硕士授权点；动态调整增列了生物工程、土木工程 2 个一级学科硕士学位授权点。2020 年底，学校自主设置了中华民族共同体意识学二级学科博士点。至此，学校共增设 9 个博士、硕士学位授权点，在工科、教育以及国家急需的关键领域取得了实质性突破。

11 月，教育部办公厅印发《关于公布首批新文科研究与改革实践项目的通知》，学校有 3 个项目获批立项。

11 月，学校召开铸牢中华民族共同体意识工作领导小组会议。领导小组全体成员、各单位党政主要负责人参会。会议由党委副书记、校长、铸牢中华民族共同体意识工作领导小组组长郭郁烈主持。

12 月

1 日，学校召开审计委员会第一次会议。党委书记、审计委员会主任邓光玉主持会议，党委副书记、校长、审计委员会主任郭郁烈，党委常委、纪委书记、审计委员会副主任杨晓出席会议并讲话，审计委员会全体成员参加会议。

2 日—3 日，学校举办纪检委员能力提升培训班。党委常委、纪委书记杨晓参加培训并作了题为《提高政治〈三力〉，提升纪检委员履职能力》专题报告。

4 日—5 日，形势与政策课面向全校学生专题学习贯彻党的十九届六中全会精神。全体校领导面向本科生作专题授课，全体形势与政策课教师参与了本次宣讲活动。

6 日，2021 年度国家社科基金重大项目立项名单正式公布，学校“中华优秀传统生态文化藏文文献资料收集整理与研究”“喜马拉雅南麓历史地理文献搜集、整理与研究”等 2 个项目获批国家社科基金重大项目。

6 日，党委书记邓光玉主持召开学校思想政治工作座谈会，对贯彻落实会议精神情况进行“回头看”，总结经验，谋划推进学校思想政治工作。校领导王彦斌、石迎春出席会议。

10 日，学校举办班主任、辅导员培训班。

10 日—11 日，学校举办语言与翻译学术研讨会暨“多语种翻译研究基地“成立揭牌仪式。校长郭郁烈、中国蒙古语文学会会长、中国社会科学院民族学与人类学研究所呼和研究员分别致辞。郭郁烈教授和白日霞教授共同为“多语种翻译研究基地”揭牌。

15 日，学校召开新增学位点建设暨研究生教育综合改革推进会，申博办、研究生处、科研处、资产经营公司、各学部（院）、新增学位点负责人及学术骨干等 100 余人参会。

25—27 日，2022 年全国硕士研究生招生考试如期进行。西北民族大学考点共组织 2510 名考生参加考试，启用 3 栋教学楼、85 个标准化考场，设 9 个备用考场。学校 300 余名教职工参与本次考试的防疫、考务、监考、后勤、安保等工作。

28 日，西北民族大学 2022 年平安校园暨综合治理综治员工作启动仪式在榆中校区致真楼学术报告大厅举行。

28 日，甘肃省教科文卫工会主席刘虎林一行莅临学校检查指导工会工作，并深入中国语言文学学部参观指导“职工之家”创建。

29 日，党委书记邓光玉主持召开党委全委会（扩大）会议，传达学习陈小江同志对学校全面从严治党工作和学校发展的指示精神，安排部署贯彻落实工作。

29 日，党委书记邓光玉主持召开党委常委会专题会议，传达学习国家民委党组巡视工作领导小组听取巡视整改进展情况汇报会精神。

31 日，学校党委召开 2021 年度二级单位党组织书记抓基层党建工作述职评议考核大会。省委教育工委专职副书记、省教育厅党组成员张晓东出席并讲话，省委组织部干部三处三级调研员雍萧、省委教育工委党建处干部王中平到会指导。党委书记邓光玉逐一点评并作总结讲话，党委副书记、校长郭郁烈主持会议。

12 月，甘肃省委通报 2018—2020 年度省级重点人才项目绩效评价结果，学校三年平均得分列在甘高等院校和科研院所第一名。

12 月，学校荣获 2021 年全国大中专学生志愿者暑期“三下乡”社会实践活动优秀单位，并被团中央青年发展部、中国青年报社评为 2021 年全国大中专学生志愿者暑期“三下乡”社会实践“镜头中的三下乡”活动优秀组织单位；医学部赴甘南临潭县医疗服务小分队被评为优秀报道团队；新闻传播学院王崧麒、王泽瀚被评为优秀通讯员，新闻传播学院何思源、化工学院姜云龙入选中国青年报社主办的“请党放心 强国有我”2021 年全国大学生“千校千项”网络展示名单。

12 月，土木工程学院索俊锋、郑海晨、陈丹华、马宁、赵文玉、马宏斌、王铮等教师团队申报的“基于本体的丝绸之路经济带甘肃段典型古建筑的数字化保护研究”荣获 2021 年甘肃省测绘地理信息学会科技进步奖二等奖，实现了学校在该项目上新的突破。

12 月，学校档案馆获 2021 年“全省档案工作先进集体”荣誉称号。

图书在版编目(CIP)数据

西北民族大学年鉴. 2021 / 西北民族大学学校办公室编. -- 北京：民族出版社，2023. 11
ISBN 978-7-105-17162-0

Ⅰ. ①西… Ⅱ. ①西… Ⅲ. ①西北民族大学－2021－年鉴 Ⅳ. ①G649.284.21-54

中国国家版本馆CIP数据核字（2023）第251472号

西北民族大学年鉴2021

策划编辑　李燕妮
责任编辑　李燕妮
装帧设计　海龙视觉
出版发行　民族出版社
地　　址　北京市和平里北街14号
邮　　编　100013
网　　址　http://www.mzpub.com
印　　刷　北京盛通印刷股份有限公司
经　　销　各地新华书店
版　　次　2023年11月第1版　2023年11月北京第1次印刷
开　　本　880毫米×1230毫米　1/16
字　　数　1000千字
印　　张　42.75
定　　价　420.00元
ISBN 978-7-105-17162-0 / G·2227（汉1084）

该书若有印装质量问题，请与本社发行部联系退换
编辑室电话：010-64228001　发行部电话：010-64224782